Marken als Grundlage der Kreditsicherung

Europäische Hochschulschriften

Publications Universitaires Européennes
European University Studies

Reihe II
Rechtswissenschaft

Série II Series II
Droit
Law

Bd./Vol. 4527

PETER LANG
Frankfurt am Main · Berlin · Bern · Bruxelles · New York · Oxford · Wien

Andreas Warth

Marken als Grundlage der Kreditsicherung

PETER LANG
Europäischer Verlag der Wissenschaften

Bibliografische Information der Deutschen Nationalbibliothek
Die Deutsche Nationalbibliothek verzeichnet diese Publikation in der Deutschen Nationalbibliografie; detaillierte bibliografische Daten sind im Internet über <http://www.d-nb.de> abrufbar.

Zugl.: Potsdam, Univ., Diss., 2006

517
ISSN 0531-7312
ISBN-10: 3-631-56398-1
ISBN-13: 978-3-631-56398-4

www.peterlang.de

Meinem Onkel

Siegfried Warth

VORWORT

Die vorliegende Arbeit ist das Ergebnis einer im Wintersemester 2002/2003 bei der Universität Potsdam eingereichten Dissertation, die allerdings wegen der erst im Wintersemester 2005/2006 erfolgten Disputation vor ihrer Veröffentlichung nochmals gründlich überarbeitet wurde, ergingen in der Zwischenzeit beispielsweise mit der UWG-Reform nicht unwesentliche Änderungen im zugrunde liegenden Rechtsrahmen. Auch war, um die für eine Veröffentlichung angemessene Aktualität herzustellen, die zwischenzeitlich ergangene Rechtsprechung und neu veröffentlichte Literatur einzuarbeiten. Dies zum Anlass nehmend wurde die Arbeit nochmals einer kritischen Durchsicht unterzogen und teilweise eine Straffung vorgenommen, ohne dass allerdings der Inhalt in wesentlicher Weise verändert werden musste. Besondere Berücksichtigung fand bei der Überarbeitung die in jüngster Zeit vermehrt veröffentlichten Arbeiten zu gewerblichen Schutzrechten als Kreditsicherungsmittel. Hier sei nur auf die sehr lesenswerten Arbeiten von Cordula Woeste „Immaterialgüterrechte als Kreditsicherheit im dt. und us-amerikanischen Recht" (2002) und Antje Brämer „Die Sicherungsabtretung von Markenrechten" (2005) sowie die Aufsätze von Carsten Albrecht / Lars Hombrecher, WM 2005, 1689 und Michael Fammler, WRP 2006, 534 hingewiesen. Daneben erging noch eine Reihe weiterer Literatur zu den Fragen rund um das Thema Marken als Grundlage der Kreditsicherung. Ein Vergleich der vorliegenden Arbeit mit der zwischenzeitlich veröffentlichten Literatur lässt erkennen, dass in der hier vorliegenden Arbeit teilweise die dort getroffenen Aussagen bestätigt, teilweise aber auch den dort vertretenen Ansichten widersprochen wird (z.B. bei der Teilung von Markenrechten und der Präferenz der Sicherungsabtretung), teilweise wird die Diskussion um weitere Argumente ergänzt (z.B. zum Wertverlust in der Sicherungsphase, Verwertungsoptionen von Pfandrechten), teilweise werden neue Aspekte angesprochen (z.B. Entwicklung des Markenrechts zum Immaterialgut, Nutzungspfandrecht, anfängliche Übersicherung, Verhältnis zum Wettbewerbsrecht, Gläubigergefährdung). Darüber hinaus werden Vorschläge für ein MarkenG de lege ferenda unterbreitet (z.B. gutgläubiger Erwerb, Parallelität mehrerer Markenrechte). Die zuletzt häufiger zu findenden Auseinandersetzungen mit ähnlich gelagerten Fragestellungen lassen vermuten, dass das Thema in der Praxis an Bedeutung gewinnt.

Danken möchte ich bei dieser Gelegenheit Prof. Dr. Welter, der mir durch die Mitarbeit an seinem Lehrstuhl in Potsdam erst ermöglichte, die Arbeit zu beginnen und mir im Rahmen seiner Betreuung jede erdenkliche Freiheit gelassen hat und nie versuchte, mich in meinem Spiel mit der Wissenschaft beeinflussen zu wollen. Darüber hinaus gilt ein besonders herzlicher Dank Prof. Dr. Jürgen Oechsler, an dessen Lehrstuhl ich kurze Zeit „hospitieren" durfte und dessen kollegialer Umgang und jederzeitige Ansprechbarkeit mir ungeheure Motivation und Unterstützung war. Einen ähnlich besonderen Dank schulde ich Prof. Dr. Tobias Lettl, der nach der Fakultätsentscheidung der Universität Potsdam, einen neuen Erstgutachter zu bestellen, das Verfahren in einem kaum vorstellbaren Tempo forcierte und so einen zügigen Abschluss ermöglichte. In diesem Zusammenhang möchte ich auch Prof. Dr. Stefan Saar meinen besonderen Dank aussprechen, der die Zweitbegutachtung ebenfalls in bemerkenswertem Tempo vorgenommen hat. Danken möchte ich ebenfalls der GRUR-Vereinigung e.V., welche die Unterstützung der Veröffentlichung mit einem Druckkostenzuschuß zugesichert hat.

Ebenfalls besonders herzlich möchte ich mich bei den vielen sonstigen Unterstützern bedanken, ohne welche die Arbeit nicht oder nicht in dieser Form möglich gewesen wäre. An vorderster Stelle ist hier meine liebe Verwandtschaft zu nennen, insbesondere meine Mutter, aber auch meine, damals noch beide lebenden Onkel Siegfried und Fritz Warth. Eine weitere wichtige Unterstützung war Anja Kublik, die sich unermüdlich für das Ausmerzen des Fehlerteufels eingesetzt hat. Zuletzt möchte ich Jesus Christus danken, der mir bei der mitunter aufreibenden Zeit der Abfassung der Dissertation ein wesentlicher Beistand war und in meinem weiteren Leben auch sicherlich weiterhin sein wird.

Stuttgart, im Oktober 2006 *Andreas Warth*

INHALTSÜBERSICHT

Inhaltsverzeichnis

Abkürzungsverzeichnis

a.A.	andere(r) Ansicht
ABl.	Amtsblatt
AcP	Archiv für die civilistische Praxis
a.E.	am Ende
a.F.	alte Fassung
AfP	Archiv für Presserecht
AG	Aktiengesellschaft
AGB	Allgemeine Geschäftsbedingungen
AGBG	Gesetz zur Regelung des Rechts der Allgemeinen Geschäftsbedingungen vom 9.Dezember 1976
Alt.	Alternative
a.M.	am Main
Art. / Artt.	Artikel / Artikel (pl.)
AT	Allgemeiner Teil des BGB
Az.	Aktenzeichen
BankRHdB	Bankrechts-Handbuch
BankVR	Bankvertragsrecht
bay.ObLG	Bayerisches Oberstes Landesgericht
BB	Betriebs-Berater
Bd.	Band
Begr.	Begründer / Begründung
Beil.	Beilage
Beschl.	Beschluß
BGB	Bürgerliches Gesetzbuch
BGBl.	Bundesgesetzblatt
BGH / BGH GS	Bundesgerichtshof / Großer Senat des BGH
BGHZ	Amtl. Sammlung der Entscheidungen des BGH in Zivilsachen
Bl.f.PMZ	Blatt für das Patent-, Muster- und Zeichenwesen
BPatG	Bundespatentgericht
BT-Drucks.	Bundestags-Drucksachen
BVerfG	Bundesverfassungsgericht
BVerfGE	Amtl. Sammlung der Entscheidungen des Bundesverfassungsgerichts
CR	Computer und Recht
DB	Der Betrieb
ders.	derselbe
dies.	dieselbe/-n
Diss.	Dissertation
DPMA	Deutsches Patent- und Markenamt
DStR	Deutsches Steuerrecht
Dt.	Deutsche/-r
DZWir	Deutsche Zeitschrift für Wirtschaftsrecht
EFTA	European Free Trade Association - Europäische Freihandelszone
EG	Europäische Gemeinschaft
EGV	Vertrag zur Gründung der Europäischen Gemeinschaft
ErstrG	Erstreckungsgesetz vom 23.April 1992
EU	Europäische Union
EuGH	Europäischer Gerichtshof
EuZW	Europäische Zeitschrift für Wirtschaftsrecht
EWG	Europäische Wirtschaftsgemeinschaft
EWiR	Entscheidungen zum Wirtschaftsrecht
EWS	Europäisches Wirtschafts- und Steuerrecht
f / ff	für, folgende / fortfolgende
Fa.	Firma
FAZ	Frankfurter Allgemeine Zeitung
FLF	Finanzierung, Leasing, Factoring
FN	Fußnote
FrankfKomm	Frankfurter Kommentar zur Insolvenzordnung
FS	Festschrift
FTD	Financial Times Deutschland
GATT	General Agreement for Tariffs and Trade
GbR	Gesellschaft bürgerlichen Rechts
GebrMG	Gebrauchsmustergesetz vom 5.Mai 1936 in der Fassung vom 28.August 1986
GeschmMG	Geschmacksmustergesetz vom 11.Januar 1876
gew. RS	gewerblicher Rechtsschutz
GG	Grundgesetz vom 23.Mai 1949
GMVO	Verordnung (EG) Nr.40/94 des Rats über die Gemeinschaftsmarke
GRUR	Gewerblicher Rechtsschutz und Urheberrecht
GRUR Int	Gewerblicher Rechtsschutz und Urheberrecht - Internationaler Teil
GS	Großer Senat des BGH
GWB	Gesetz gegen Wettbewerbsbeschränkungen vom 27.Juli 1957
HABM	Harmonisierungsamt für den Binnenmarkt (Marken, Muster, Modelle)
HandelsR	Handelsrecht
HdB	Handbuch
HeidelKomm	Heidelberger Kommentar zur Insolvenzordnung bzw. zum Handelsgesetzbuch
HGB	Handelsgesetzbuch vom 10.Mai 1897
h.M.	herrschende Meinung
Hrgb.	Herausgeber
i.e.S.	im engeren Sinne
IIC	*International Review of Industrial Property and Copyright Law*
InsO	Insolvenzordnung vom 5.Oktober 1994
i.S.v.	im Sinne von
i.V.m.	in Verbindung mit
i.w.S.	im weiteren Sinne
JA	Juristische Arbeitsblätter

Jg.	Jahrgang
JR	Juristische Rundschau
JURA	Juristische Ausbildung
JuS	Juristische Schulung
JZ	Juristenzeitung
KG	Kammergericht / Kommanditgesellschaft
KO	Konkursordnung vom 10.Februar 1877 in der Fassung vom 20.Mai 1898
KOM	Dokumente der Kommission der Europäischen Gemeinschaft
KredSichR	Recht der Kreditsicherung
krit.	Kritisch
LG	Landesgericht
Lit.	Literatur
LizenzV	Lizenzvertrag
LM	Lindenmaier-Möhring, Nachschlagewerk des BGH
MA	Der Markenartikel
MarkenG	Markengesetz vom 25.Oktober 1994
MarkenR	Markenrecht
MarkenRL	1.Richtlinie des Rats zur Angleichung der Rechtsvorschriften der Mitgliedsstaaten über die Marken (89/104/EWG)
MarkenVO	Markenverordnung vom 30.November 1994
MDR	Monatsschrift für Deutsches Recht
m.E.	meines Erachtens
Mitt.	Mitteilungen des Verbands deutscher Patentanwälte
Mm	Mindermeinung
MMA	Madrider Markenabkommen
MüKo	Münchener Kommentar zum BGB
MüKo HGB	Münchener Kommentar zum HGB
mwN	mit weiteren Nachweisen
n.F	neue Fassung
NJW	Neue Juristische Wochenschrift
NJW-RR	Neue Juristische Wochenschrift-Rechtsprechungsreport
NZG	Neue Zeitschrift für Gesellschaftsrecht
OLG	Oberlandesgericht
Pal	Palandt, Kommentar zum BGB
PatG	Patentgesetz vom 5.Mai1936 in der Fassung vom 16.Dezember 1980
PatGebG	Patentgebührengesetz vom18.August 1976
PMMA	Protokoll zum Madrider Markenabkommen
PVÜ	Pariser Verbandsübereinkunft zum Schutz des gewerblichen Eigentums
pVV	positive Vertragsverletzung
RabelsZ	Rabels-Zeitschrift für ausländisches und internationales Privatrecht
RG	Reichsgericht
RGRK	Reichsgerichtsrätekommentar zum BGB
RGZ	Amtl. Sammlung der Entscheidungen des Reichsgerichts in Zivilsachen
RL	Richtlinie
RN	Randnummer/-n
Rs.	Rechtssache
Rspr.	Rechtsprechung
S.	Seite/-n / Satz
SachR	Sachenrecht
Slg.	Sammlung
st.Rspr.	ständige Rechtsprechung
str.	strittig
TLT	Trademark Law Treaty
TRIPs	Agreement on Trade-Related Aspects of Intellectual Property Rigths
UrhG	Urhebergesetz vom 9.September 1965
UWG	Gesetz gegen den unlauteren Wettbewerb vom 7.Juni 1909
VO	Verordnung
Vor. / Vorb	Vorbemerkung
WiB	Wirtschaftsrechtliche Beratung
WIPO	World Intellectual Property Organization
WirtWo	Zeitschrift „Wirtschaftswoche"
WM	Wertpapier-Mitteilungen
WRP	Wettbewerb in Recht und Praxis
WTO	World Trade Organization
WuB	Wirtschafts- und Bankrecht
WuW	Wirtschaft und Wettbewerb
WZG	Warenzeichengesetz vom 5.Mai 1936 in der Fassung vom 2.Januar 1968
ZBB	Zeitschrift für Bankrecht und Bankwirtschaft
ZEuP	Zeitschrift für Europäisches Privatrecht
ZHR	Zeitschrift für das gesamte Handels- und Wirtschaftsrecht
ZIP	Zeitschrift für Wirtschaftsrecht
ZPO	Zivilprozeßordnung in der Fassung vom 12.September 1950
zust.	zustimmend

Einleitung

Marken stellen für Unternehmen ein ungeheuer wichtiges, wenn nicht gar das wichtigste Gut dar[1]. Dies führt unter anderem dazu, daß sie einen immensen Vermögenswert erreichen können, der sogar über der Summe sämtlicher materiellen Werte des Betriebs liegen kann[2]. Jedoch war dieser Wert in Deutschland durch das restriktive Warenzeichenrecht lange Zeit dazu bestimmt, in einem Unternehmen zu schlummern und konnte nur bei der Veräußerung des Betriebs oder des maßgeblichen Betriebsteils aktiviert werden. Von Seiten der Wirtschaft wurde dies als äußerst mißlich empfunden und auch in der Rechtswissenschaft mangelte es nicht an Kritik an diesem Zustand[3]. Trotz dieser Jahrzehnte währenden Kritik musste lange auf eine Änderung gewartet werden. Erst mit der grundlegenden Reform des Markenrechts und dem am 1.1.1995 in Kraft getretenen Markengesetz hat sich dies geändert. Ein sprichwörtlicher Federstrich des Gesetzgebers ließ ganze Rechtsbibliotheken zur Makulatur werden[4]. Nachdem bereits zuvor durch die von der EWG erlassene 1.Richtlinie des Rats zur Angleichung der Rechtsvorschriften der Mitgliedsstaaten über die Marken (89/104/EWG)[5] die Richtung vorgegeben und im Zuge der notwendigen Anpassungsprozesse aufgrund der deutsch-deutschen Wiedervereinigung mit dem Erstreckungsgesetz ein erster Schritt in die neue Richtung gegangen wurde, schuf der Gesetzgeber ein Rechtssystem, welches der ökonomischen Bedeutung der Marke Rechnung trägt und sie zu einem eigenständigen und mannigfach verfügbaren Vermögensgut ausgestaltet. Eine Folge war, daß der in den Marken verkörperte Wert nunmehr eigenständig genutzt werden kann.

Damit wurde das Tor zu verschiedenen, seither kaum denkbaren Möglichkeiten aufgestoßen, mit denen der Wert einer Marke urbar gemacht werden kann. Er braucht nicht länger brach zu liegen, sondern kann zur Steigerung des wirtschaftenden Kapitals und damit der Unternehmensrendite eingesetzt werden. Insbesondere vor dem Hintergrund, daß dadurch die Ressourcen des Unternehmens umfassender ausgeschöpft werden können, erscheint diese Möglichkeit als eine attraktive Ergänzung für den Einsatz von Marken im Geschäftsverkehr. Eine dieser Varianten stellt der Einsatz der Marke als Kreditsicherungsmittel dar, läßt sich auf diese Weise das in dem Zeichen verkörperte Vermögen als Finanzierungsinstrument aktivieren. Vor diesem Hintergrund lohnenswert mutet daher eine Untersuchung des rechtlichen Rahmens beim Einsatz von *Marken als Grundlage der Kreditsicherung* an.

---

1 Vgl. Deichsel GRUR 1998, 343 (343); Kapferer (1992) S.9; Aaker (1992) S.22 f; K.Keller (1998) S.2; Esch in: Moderne Markenführung S.3 (5).

2 Aaker (1992) S.23; Kapferer (1992) S.9; Esch in: Moderne Markenführung S.3 (5 ff).

3 Jsay GRUR 1929, 23 (25 ff); Bußmann GRUR 1949, 170 (170 ff); Reimer GRUR 1949, 181 (181, 186); Heydt GRUR 1971, 575 (575); ders GRUR 1973, 365 (366) mwN, ders. GRUR 1976, 7 (13 f); ders GRUR Int 1976, 339 (341 f); ders GRUR Int 1977, 47 (48 ff); Oppenhoff GRUR Int 1973, 433 (434); Riehle (1968), S.123 ff; Löwenheim (1970) S.243 ff; Schreiner (1983), S.427 f; 451; Baumbach/Hefermehl § 8 RN 2; ausführlich dazu unten Kap.1 B.I.1.a.cc., b.

4 Vgl. Rohnke NJW 1993, 561 (561).

5 Künftig MarkenRL, ABl EG L 40 v.11.2.89 S.1 ff.

Nachdem relativ kurz nach Inkrafttreten des MarkenG bereits auf diese Möglichkeit hingewiesen wurde[6], schien dieses Thema aber in der Praxis keine wesentliche Bedeutung zu erlangen, spielte in der Folgezeit weder in der Rechtsprechung noch der Literatur der vermögensrechtliche Aspekt bei Marken eine bemerkenswerte Rolle. Erst in jüngster Zeit häufen sich wieder Veröffentlichungen, die sich mit gewerblichen Schutzrechten und insbesondere Marken als Sicherungsmittel auseinander setzen[7]. Dies lässt vermuten, dass sich das Bewusstsein für diesen Fragenkomplex in der tatsächlichen Rechtsanwendung langsam ändert. Trotzdem scheint die Umsetzung im Rahmen der Unternehmensfinanzierung noch nicht sonderlich weit entwickelt zu sein[8]. Vor allem bei den finanzierenden Instituten scheinen gewerbliche Schutzrechte noch nicht so in den Blick geraten zu sein, wie es sowohl ihrer Bedeutung für die Untenehmen wie auch ihrem Wert entspräche. So werden inzwischen beispielsweise Marken gerne „routinemäßig" in den Kreis der Sicherheiten aufgenommen[9] – was aber nicht selten die Gefahr einer Übersicherung virulent machen dürfte. Eine prominente Ausnahme – wenngleich wegen der in diesem Zeitraum bestehenden Finanzlage des Sicherungsgebers nur bedingt als Referenz geeignet – bildet der in eine Kapitalgesellschaft umgewandelte Fußballverein Borussia Dortmund, der Teile seines Markenrechts zu Finanzierungszwecken beliehen hat[10].

Will man nun Marken als Sicherungsinstrument einsetzen, so wird man in vielen Punkten auf das umfangreiche Wissen zum Kreditsicherungsrecht zurückgreifen können. Trotzdem ist zu erwarten, daß einige Fragen offen bleiben, bezieht sich der seither erworbene Erfahrungsschatz wesentlich auf Sachen und Forderungen als Sicherungsmittel. Bei Marken handelt es sich aber um Immaterialgüter. Wenngleich das an ihnen bestehende Recht in vielen Punkten dem Eigentum an Sachen ähnelt, so folgt es doch nicht selten anderen Regeln. Augenfällig ist dies etwa bei der Nutzung und der Rolle des Besitzes. Da sich diese Differenzen bei den unterschiedlichen Bestandteilen eines Sicherungsgeschäfts auswirken können, wird sich eine Untersuchung mit sämtlichen Ebenen eines Sicherungsgeschäfts auseinanderzusetzen haben und danach fragen müssen, wo sich Abweichungen von den bekannten Sicherheiten ergeben, um diese sodann eingehend zu beleuchten.

Zu Beginn sollen der Wandel im Markenrecht sowie die Umstände dargestellt werden, die für den Gebrauch von Marken als Sicherungsmittel grundlegend sind (Kapitel 1). Sie sind das Fundament für die gesamte Untersuchung. Hierauf bauen die einzelnen Anforderungen auf, die sich aus dem Zweck eines Sicherungsgeschäfts ergeben (Kapitel 2) und denen die Marke als Sicherungsmittel zu genügen hat (Kapitel 3-7). Dieser dritte Abschnitt und Hauptteil der Arbeit untergliedert sich seinerseits in die drei Phasen eines Sicherungsgeschäfts: der Bestellung der Sicherheit samt der mit der Bestellung zusammenhängenden grundsätzlichen Fragen (Kapitel 3-5), der Sicherungs- oder Latenzphase, in welcher das Sicherungsgeschäft in Hintergrund des

6 So v.a. Rohnke NJW 1993, 889 und Lwowski/Hoes WM 1999, 771.

7 Hingewiesen sei hier einerseits auf die Monographien von Woeste (2002), Knüpfer (2003) und Brämer (2005), sowie die Aufsätze von , Schmidt WM 2003, 461, Klawitter/Hombrecher WM 2004, 1213, Albrecht/Hombrecher WM 2005, 1689, Fammler WRP 2006, 534 sowie Schafft BB 2006, 1013.

8 Vgl. Klawitter/Hombrecher WM 2004, 1213 (1213).

9 Fammler WRP 2006, 534 (534).

10 Albecht/Hombrecher WM 2005, 1659 (1660) mwN.

gesicherten Geschäfts verbleibt (Kapitel 6) sowie der Ausübungsphase, in der die Sicherheit erweisen muß, ob sie die in sie gesetzen Erwartungen erfüllen kann (Kapitel 7). Eine wesentliche Prämisse der Arbeit soll dabei sein, daß neben der juristischen Würdigung der Problemstellung die praktische Anwendbarkeit nicht aus den Augen verloren wird. Schon hier kann aber vorausgesetzt werden, daß überhaupt eine Marke besteht. Denn würde sie fehlen oder irrtümlich von ihrem Bestand ausgegangen, betrifft dies keine Frage, die aus der Neuartigkeit des Sicherungsguts herrührt. Vielmehr wären sekundäre Rechtsfragen betroffen. Sie sollen nicht zum Gegenstand der Untersuchung gemacht werden, zumal ohnehin zu erwarten ist, daß in diesem Bereich die allgemeinen Regeln ohne spezifische Besonderheiten zur Anwendung kommen.

1. Teil: Voraussetzungen

Die Sicherung von Krediten findet ihre Ursache in der Ungewißheit, ob die erst in der Zukunft fälligen Rückzahlungsansprüche bedient werden. Der Kreditgeber versucht dieses Risiko zu minimieren, indem er sich vorbehält, hilfsweise auf andere Vermögenspositionen zuzugreifen, um sich aus ihnen schadlos zu halten. Eine entsprechende Vorgehensweise ist seit Jahrhunderten Usus und gehört zu den alltäglichsten Geschäften der Kreditinstitute.

Ob die Marke ebenfalls zur Sicherung eingesetzt werden kann, hängt wesentlich von der Frage ab, ob bzw. wie Marken den essentiellen Anforderungen an Sicherungsmittel gerecht werden Dazu sollen zuerst die erforderlichen Eigenschaften der Sicherungsmittel herausgearbeitet werden (nachfolgend Kapitel 1, A.), um anschließend zu untersuchen, ob und wie Marken diese Eigenschaften besitzen (Kapitel 1, B.). Dies stellt den ersten großen Punkt dar, dem sich die Marke auf dem Weg zum Sicherungsmittel zu stellen hat. Erst dann lohnt sich eine eingehende Auseinandersetzung mit der Frage nach Marken als Grundlage der Kreditsicherung. Für diesen Hauptteil der Untersuchung werden als weitere Vorfrage die Inhalte eines Sicherungsgeschäfts herauszuarbeiten sein (nachfolgend Kapitel 2). Denn einerseits lassen sie erkennen, in welchen Bereichen Abweichungen zu anderen Sicherungsmitteln zu erwarten sind. Nur diese bedürfen einer eingehenden Betrachtung, in allen übrigen Angelegenheiten kann auf die zahlreich vorhandenen Darstellungen zum Kreditsicherungsrecht verwiesen werden. Andererseits leitet sich hieraus der weitere Aufbau der Untersuchung ab.

Kapitel 1: Die Befähigung der Marke zur Kreditsicherung

A. Grundlegende Anforderungen an Sicherungsmittel

Um zu erkennen, welchen Anforderungen ein Sicherungsmittel ausgesetzt ist, empfiehlt sich ein Blick auf den Zweck und Hintergrund der Kreditsicherung. Durch ihn erschließen sich die Beweggründe und inneren Zusammenhänge und erlauben ihrerseits, den Kern der Kreditsicherung, die grundlegenden und unabdingbaren Anforderungen an jedes Sicherungsmittels, herauszuschälen.

I. Hintergrund und Prinzip der Kreditsicherung

Kredit ist Vertrauenssache. Nicht von ungefähr beginnt eines der bedeutendsten Werke zum Recht der Kreditsicherung mit diesen Worten[1] und finden sich ähnliche Aussagen am Anfang anderer Monographien über das Kreditgeschäft[2]. Diese bereits aus der Abstammung des Wortes[3] ableitbare Aussage rührt von der Vorleistung des Kreditgebers her, der auf die Vorteile verzichtet, die aus der Gegenseitigkeit von Verpflichtungen resultieren[4]. Er muß fortan darauf ver-

1 Gemeint ist Lwowski, KredSichR (8.A) RN 1

2 Vgl. etwa Ganter-BankRHdB § 90 RN 1; Weber, KredSichR (6.A) S.1

3 Lat. credere = glauben, Vertrauen haben

4 Etwa des Leistungsverweigerungs- und des Zurückbehaltungsrechts, §§ 320, 323 BGB. Der Kredit kann dabei auf unterschiedliche Weise eingeräumt werden. Vielfach wird es sich um ein Darlehen nach § 607

trauen, daß, nachdem er seine Verpflichtung erfüllt hat, auch der Kreditnehmer seinem Part am Geschäft nachkommt. Die Erfahrung lehrt aber, daß dieses Vertrauen nicht selten enttäuscht wird. Dabei kann die Nicht- oder verzögerte Leistung auf unterschiedlichen Gründen beruhen. Oft wird der Schuldner sogar leisten wollen, ist aber hierzu wegen der veränderten Vermögenslage nicht mehr imstande. Hinter der Zahlungsverweigerung kann aber auch die Absicht des Schuldners stehen, sich ein lang andauerndes Gerichtsverfahren zu Nutzen zu machen, um auf diese Weise weiteren Zahlungsaufschub zu erhalten.

Unabhängig vom Grund, warum der Kreditgeber letztendlich keine (rechtzeitige) Befriedigung erlangt, wird er bei wirtschaftlicher Betrachtung immer versucht sein, das Ausfall- bzw. Verzögerungsrisiko zu minimieren[5]. Dieses Interesse des Kreditgebers gewinnt neuerdings durch die Reform des Insolvenzrechts zusätzlich an Brisanz. Denn im denkbar ungünstigsten Fall, namentlich wenn mangels hinreichenden Vermögens des Schuldners das Insolvenzverfahren eingeläutet wird, gilt nunmehr das in § 1 S.2 InsO festgeschriebene Ziel der Entschuldung. Der Kreditgeber als Gläubiger hat in der Folge von Gesetzes wegen damit zu rechnen, seine Forderung endgültig nicht erfüllt zu bekommen[6]. Aber auch aus anderen Gründen kann der Kreditgeber gehalten sein, nicht allein auf die Erfüllung durch den Schuldner zu vertrauen. So wirtschaften Kreditinstitute nicht nur mit eigenem Kapital, sondern refinanzieren sich durch sogenannte Einlagengeschäfte. Sie haben in dieser Funktion als Treuhänder die Vermögensinteressen der Anleger zu wahren und die Rückzahlungsfähigkeit der ihnen anvertrauten Summen bestmöglich zu gewährleisten[7]. Darüber hinaus bestehen gesamtwirtschaftliche Zusammenhänge, nach denen die Branche der Kreditwirtschaft aus fiskal- und wirtschaftspolitischen Erwägungen gehalten ist, das Risiko sog. „platzender Kredite“ in einem begrenzten Rahmen zu halten[8]. Denn nicht nur

---

BGB handeln. Aber auch der Warenlieferant, der noch nicht den kompletten Kaufpreis erhalten hat, gewährt dem Vertragspartner Kredit, genauso wie ein Rechtsanwalt, der zuvor seine Beratung durchführt und am Ende seine Leistung abrechnet, vgl. Claussen (2.A) § 8 RN 48, allgemein BankRHdB-Lwowski § 75 RN 1 mwN; zur unterschiedlichen Verwendung des Begriffs „Kredit“ vgl. auch Kümpel (2.A) RN 5.3 ff, Claussen (2.A) § 8 RN 47 ff.

5 Nur in wenigen Ausnahmen wird er den Kredit aus altruistischen Motiven eingeräumt haben und auf die Erfüllung der Forderungen keinen Wert legen. Sie können getrost vernachlässigt werden.

6 Die KO kannte den Grundsatz, daß unbefriedigte Forderungen nach Beendigung des Verfahrens weiterhin geltend gemacht werden konnten, § 164 I KO. Zwar weiß auch die InsO um den Fortbestand nicht endgültig erledigter Forderungen, § 201 I InsO. Sie sollen aber nach der Zielsetzung des Gesetzes die Ausnahme bleiben. Allerdings ist der praktische Nutzen des Fortbestands der Forderung äußerst gering. Denn handelt es sich beim Schuldner um eine juristische Person, stand und steht am Ende des Insolvenzverfahrens vielfach die Liquidation. Selbst in den übrigen Fällen wird beim (Gemein-)Schuldner später selten Vermögen in der Höhe vorhanden sein, daß ein neuerlicher Vollstreckungsversuch Erfolg verspräche.

7 In diesem Sinne auch BankRHdB-Ganter § 90 RN 5; Lwowski KredSichR (8.A) RN 1; Kümpel (1.A) RN 6.1 (S.505). Dieses Ziel soll unter anderem auch § 18 KWG sicherstellen, vgl. nur Lwowski KredSichR (8.A) RN 1. Dieser Zusammenhang ließ auch den europäischen Gesetzgeber die Richtlinie zur Harmonisierung der Einlagensicherungssysteme verabschieden, ABl. EG L 135 v. 31.5.1994, S.1.

8 So führte die ehem. Präsidentin des BAKred Frau Dr. Inge Lore Bähre aus: „Die Funktion der Banken ist von großer Wichtigkeit für die Gesamtwirtschaft. Ohne einen intakten Bankenapparat kann die Volkswirtschaft einer Industriegesellschaft nicht auskommen. Störungen in der Funktionsfähigkeit des Kreditgewerbes, ..., haben Auswirkungen auf die gesamte Volkswirtschaft, wenn sie nicht sogar zu ihrem zeitweiligen Zusammenbruch führen.“ Ähnlich formuliert der Gesetzgeber in der Begründung zum Kreditwesengesetz: „Da alle wesentlichen Zweige der Volkswirtschaft auf das Kreditgewerbe als Kreditgeber und Geldsammel-

daß der Konkurs eines Kreditinstituts zu erhebliche Nachwehen bei breiten Anlegerschichten führt. Noch bedeutsamer ist die Auswirkung auf volkswirtschaftlich relevante Fiskaldaten[9].

Vor diesem Hintergrund hat das Kreditgeschäft längst den Nimbus eines auf Vertrauen basierenden Geschäfts verloren. Der Kreditgeber ist weder gewillt noch unbeschränkt berechtigt, das Ausfallrisiko zu tragen. Eine Möglichkeit, dieses Risiko zu minimieren, stellen Sicherheiten dar[10]. Mit ihnen wird er in die Lage versetzt, bei entsprechenden Verzögerungen bei der Erfüllung der kreditierten Forderungen sich aus der Sicherheit schadlos zu halten. Er ist berechtigt, diese entweder zu verwerten (so bei Realsicherheiten) oder Erfüllung der gesicherten Forderungen durch einen Dritten zu verlangen (so bei Personalsicherheiten). Je nach Vereinbarung kann ihm das Recht ab der ersten Leistungsstockung oder erst ab einem späteren Zeitpunkt zustehen, der bis hin zur endgültigen Zahlungsunfähigkeit aufgeschoben sein kann.

Der Kreditnehmer, dem durch das Verlangen nach einer Sicherheit ein Mißtrauen ob seiner Zahlungsfähigkeit und / oder -willigkeit entgegen gebracht wird, hat sich redlicherweise hierauf einzulassen. Denn einerseits zeigt die Erfahrung, daß er nicht selten das ihm mit dem Kredit entgegen gebrachte Vertrauen wird enttäuschen müssen. Schon deshalb wird sich der Kreditnehmer dem Ansinnen des Kreditgebers nicht verschließen dürfen. Andererseits verzichtet der Kreditgeber mit dem Kreditvertrag zwar auf die gegenseitige Verknüpfung der Hauptleistungspflichten, so daß er sich bewußt und gewollt der allgemeinen Absicherung nach § 320 BGB begibt[11]. Der Verzicht auf die synallagmatische Bindung geschieht aber gerade im Interesse des Kreditnehmers, um ihm die gewünschte finanzielle Flexibilität zu eröffnen. Es ist daher nicht weiter als billig, den Kreditnehmer in die Pflicht zu nehmen und das Risiko, das durch den Verzicht auf die Gegenseitigkeit entsteht, nicht allein dem Kreditgeber aufzubürden.

Das aufgrund dieser Zusammenhänge geschlossene Sicherungsgeschäft stellt demzufolge ein Hilfsgeschäft zur Kreditvereinbarung dar und bleibt vorerst im Hintergrund. Bei Eintritt einer vorher zu bestimmenden Verwertungsreife, dem Sicherungsfall, tritt die Vereinbarung aus dem Schatten des Hauptgeschäfts hervor und erlangt eigenständige Bedeutung. Nun kann die Siche-

---

stelle angewiesen sind, greifen Störungen in diesem Wirtschaftszweig leicht auf die gesamte Volkswirtschaft über.", aus BankRHdB-Fischer § 125 RN 9. Zwar wird versucht, das Risiko im wesentlichen durch andere Mechanismen als die Kreditsicherung einzuschränken. Daß aber auch sie hierbei eine Rolle spielt, zeigt z.B. § 18 I 2 KWG, der die vom Kreditgeber einzuhaltenden Vorschriften bei einer entsprechenden Sicherheit ausdünnt. Diese gesamtwirtschaftliche Bedeutung der Kredite wird auch von der Rechtsprechung anerkannt, vgl. nur RG 143, 51.

9 Daß es sich dabei nicht nur um graue Theorie handelt, zeigte die sogenannte „Asienkrise" Mitte der 90er Jahre, deren eine Ursache die aufgeblähte Kreditwirtschaft ohne hinreichende Sicherheiten war.

10 Sie ist aber nicht die einzige Möglichkeit, Vorsorge zu treffen. In der Praxis macht vom Volumen her der sog. Blankokredit, bei welchem keine Sicherheit gestellt wird, sogar den größeren Teil aus, vgl. Claussen (2.A) § 8 RN 129. In diesem Fall wird die Kreditwürdigkeit des Kreditnehmers für so hoch geachtet, daß ein Ausfall mit den Forderungen nicht befürchtet wird. Die Minimierung des Risikos wird quasi vorverlagert auf die Kreditwürdigkeitsprüfung. In ähnlicher Weise trifft man in den USA Vorsorge. Dort wird ein Kredit vielfach an Bilanzrelationen gekoppelt, Claussen (2.A) § 8 RN 127.

11 Es obliegt aber aufgrund der Privatautonomie allein den Vertragsparteien, ob sie statt dessen eine andere Sicherheit vereinbaren. Sie haben dabei lediglich den gesetzlich vorgegebenen Rahmen zu beachten. Wann im Einzelfall der gesetzliche Rahmen überschritten sein kann, wird noch zu untersuchen sein.

rung die Wirkungen entfalten, für die sie konzipiert wurde. Folglich ist Dreh- und Angelpunkt des Sicherungsgeschäfts der Eintritt der Verwertungsreife. Zu diesem Zeitpunkt hat die Sicherheit zu erweisen, ob sie den an sie gestellten Erwartungen gerecht wird. Nun entscheidet sich, ob sie ihren Zweck erfüllt, den Sicherungsnehmer vor einer drohenden Einbuße durch die verschlechterte Vermögenslage oder Zahlungsmoral beim Kreditnehmer zu bewahren. Dementsprechend muß sich auch der Einsatz einer Marke als Sicherungsmittel vornehmlich daran messen lassen, ob sich mit ihr dieser Zweck erreichen läßt.

II. Die elementaren Anforderungen im einzelnen

Um diesen Zweck, die Minimierung des Ausfall- und Verzögerungsrisikos des Kreditgebers, zu erreichen, muß eine Sicherheit bestimmte Dinge leisten können. Sie muß einen Wert besitzen, der es dem Sicherungsnehmer erlaubt, in der Höhe der gesicherten Forderungen Ersatz zu erlangen. Dieser Wert der Sicherheit muß selbst zu dem Zeitpunkt bestehen, zu dem der Sicherungsnehmer auf die Sicherheit zugreifen möchte, dem Sicherungsfall[12]. Dementsprechend muß die Sicherheit eine hinreichende Wertbeständigkeit aufweisen. Letztlich muß es dem Sicherungsnehmer möglich sein, im Sicherungsfall die Sicherheit versilbern zu können. Von erheblicher Tragweite ist dabei, wie schnell diese Verwertung geschehen kann. Umschrieben werden diese Eigenschaften einer Sicherheit mit Bonität und Liquidität[13].

1. Wert und Wertbeständigkeit (Bonität)

Bei Sicherheiten muß zwischen dem Wert unterschieden werden, welcher ihnen bei ihrer Bestellung zuzumessen ist, dem sogenannten Beleihungswert, und jenem Wert, der sich nach Eintritt des Sicherungsfalls realisieren läßt[14]. Letzteren wird man wegen der Ungewißheit über die zukünftigen Verhältnisse lediglich anhand der unterschiedlichen wertbeeinflussenden Faktoren und von Erfahrungswerten vermuten können. Daneben muß ein Sicherungsgut auch rechtlichen Schutz genießen. Denn nur dann darf ein Sicherungsnehmer darauf vertrauen, von Rechts wegen einen Erlös erzielen zu können.

a) Rechtlicher Schutz des Werts

Nur von der Rechtsordnung anerkannte und geschützte Vermögenspositionen beinhalten eine Gewähr, auf den in ihnen verkörperten Wert zugreifen zu dürfen. Zudem wird regelmäßig nur in diesem Fall die Möglichkeit bestehen, die Position gegenüber Dritten zu verteidigen. Erst dies rechtfertigt das Vertrauen auf einen auch künftig vorhandenen Wert der Sicherheit.

---

12 So führt etwa der BGH in WM 1960, 576 (578) aus: „Erst in diesem Ernstfall zeigt sich der wahre Wert der Sicherheit."

13 vgl. BankRHdB-Ganter § 90 RN 41; ähnlich Kümpel. (1.A) RN 6.12., der beide Elemente als die Kriterien einer „bankmäßigen Sicherheit" im Sinne der Nr.13 I 1 AGB- Banken beschreibt. Beide Elemente entspringen zwar dem ökonomischen Selbstverständnis der Sicherheiten. Trotzdem werden sie wesentlich von rechtlichen Aspekten bestimmt. So bedarf es etwa der Verwertbarkeit. Ebenso ist es erforderlich, daß der Wert der Sicherheit geschützt wird, stünde er ansonsten in der Gefahr, von Dritten beeinträchtigt zu werden.

14 vgl. hierzu Lwowski KredSichR (8.A) RN 297 ff

In aller Regel wird dieses Erfordernis keine Schwierigkeiten bereiten. Denn sowohl Sachen wie auch Forderungen wird unbestritten rechtlicher Schutz des ihnen immanenten Werts gewährt. Anders verhält es sich bei sonstigen Rechten. Beispielsweise genießen Persönlichkeitsrechte zwar rechtlichen Schutz. Obwohl sie zudem eine erhebliche wirtschaftliche Bedeutung erlangen können, wird ihnen aber von der Rechtsordnung kein vermögensrechtlicher Wert beigemessen[15]. Ähnlich verhielt es sich bei Kennzeichenrechten. Hier wurde das Warenzeichen zwar seit langem als Vermögensrecht eingestuft[16], ein eigener Wert wurde ihm aber nicht zuerkannt[17]. Daher ist gerade bei Marken zu fragen, ob und wie sich hieran etwas geändert hat.

b) *Der Wert der Sicherheit*

Um den Wert einer Sicherheit zu ermitteln, wird man zunächst den Marktwert des Sicherungsguts heranziehen. Im Einzelfall mag eine andere Wertermittlung notwendig werden, beispielsweise wenn über eine freie Veräußerung kein adäquater Erlös erzielt werden kann. Trotzdem kann der Gegenstand als Sicherheit sinnvoll erscheinen. Der Wert ist lediglich über andere Kriterien zu bestimmen. In Frage kommen beispielsweise Kostenersparnisse oder sonstige geldwerte Vorteile[18].

Im Einzelfall kann es Grenzen geben, wonach bei Sicherheiten ein gewisser Mindestwert vorausgesetzt wird. So grenzt § 803 II ZPO für die Zwangsvollstreckung das Recht zur Pfändung in der Weise ein, daß aus Gründen des Schuldnerschutzes der Verwertungserlös eine Mindesthöhe erwarten lassen muß, die über den Kosten für die Verwertung zu liegen hat. Der gepfändete Gegenstand muß also gewährleisten, daß er zur Tilgung der Schuld beitragen wird. Wenngleich nicht zu erwarten ist, daß der Gedanke bei Sicherheiten große Relevanz entfalten wird, weil die Parteien kaum Sicherheiten an derart geringwertigen Gegenständen vereinbaren werden, bleiben trotzdem Konstellationen denkbar, die die Norm auf den Plan rufen können[19]. Eine entsprechende Anwendung des § 803 II ZPO scheidet infolge der geltenden Privatautonomie und mangels Regelungslücke aus. Man wird aber wegen der treuhänderischen Stellung des Sicherungs-

---

15 Zwar wird das Persönlichkeitsrecht beispielsweise über § 823 I BGB geschützt, so daß seine Verletzung in Geld auszugleichende immaterielle Schäden verursachen kann. Als Ausfluß der Würde des Individuums ist es aber gerade nicht durch materielle Werte quantifizierbar. Jedoch werden in jüngerer Zeit zurecht Ansichten laut, die von einer Kommerzialisierung des Persönlichkeitsrechts sprechen und ihm partiell vermögensrechtliche Eigenschaften zusprechen, vgl. etwa Götting, Persönlichkeitsrechte als Vermögensrechte, insb. S. 134 ff, 268 ff.

16 vgl. nur BVerfGE 51, 193 (217 f); weitere Nachweise bei Götting, in: FS Beier (1996), S.233; vgl. dazu auch unten C.I.2.

17 näher dazu unten B.I.1.a. Dies zeigte sich etwa im Konkurs, wo das Warenzeichen nicht separat in das Vermögensverzeichnis aufgenommen wurde, dazu Repenn/Spitz WRP 1993, 737 (740); dies. WM 1994, 1653 (1659); Repenn NJW 1994, 175 (175 f), vgl.a. Kap.7 B.I.

18 Selbst rein ideelle Wertgegenstände scheiden nicht prinzipiell als Sicherheit aus. Denn das Gesetz kennt keine Einschränkung, daß nur Sicherheiten zulässig sind, deren Wert objektiv feststellbar ist. Die Parteien werden nur angehalten sein, eine Vereinbarung über den ihnen zuzumessenden Wert zu treffen.

19 Etwa wenn Sicherheiten global vereinbart wurden, die auch solcherlei Gegenstände umfassen, oder der Wert einzelner Sicherheiten entsprechend stark gesunken ist.

nehmers den Gedanken der Norm grundsätzlich als Bestandteil eines jeden Sicherungsvertrags anzusehen haben[20].

c) *Der Wert im Zeitpunkt der Verwertungsreife*

Aufgrund des Hilfscharakters des Sicherungsgeschäfts, das erst bei einer Zahlungsstockung Relevanz entfaltet, hat der Wert der Sicherheit zum Zeitpunkt der Bestellung nur bedingt Bedeutung. Vielmehr ist eine hypothetische Betrachtung erforderlich, die den Betrag suchen muß, der sich mit dem Sicherungsmittel in der Krise erzielen läßt[21]. Dieser kann sich erheblich vom aktuellen Markt- oder Nennwert unterscheiden, wofür die unterschiedlichsten Einflußfaktoren verantwortlich sein können. So hängt beispielsweise der erzielbare Erlös einer sicherungshalber abgetretenen Forderung von durchgreifenden Einwendungen oder Einreden ab[22], genauso wie von der Bonität des Drittschuldners. Genauso lehrt die Erfahrung, daß sich auch bei Gegenständen im Krisenfall nicht immer der erwartete Wert erzielen läßt. Ursächlich kann sein, daß die Gegenstände veraltet oder beschädigt sind, genauso wie sich die Marktverhältnisse insgesamt eingetrübt haben können. Vielfach werden gerade diese Faktoren auch die Zahlungsschwierigkeiten des Schuldners und Sicherungsgebers ausgelöst haben. Daneben werden vorhersehbare Phänomene die Wertbeständigkeit beeinträchtigen. So kann etwa bei Realsicherheiten ein Zeitwertverlust eintreten, der von der Abnutzung aufgrund des Gebrauchs herrühren kann[23].

Mangels allgemeingültiger objektiver Kriterien für die Wertbemessung[24] entwickelten sich verschiedene Bewertungsmodelle und -prinzipien[25]. Jedoch hat der Große Senat des BGH[26] in einem Beschluß zur seit Jahren umstrittenen Problematik der nachträglichen Übersicherung bei revolvierenden Globalsicherheiten in einem wahrhaften Hieb durch einen gordischen Knoten entschieden, daß die widerlegliche Vermutung der §§ 232 ff BGB gelten soll. Danach ist ein Sicherungswert in Höhe von 2/3 des aktuellen Werts der Sicherheit anzusetzen. Diesen Maß-

20 Ohnehin wird man fragen können, ob der Gedanke nicht auch Bestandteil des Grundsatzes von Treu und Glauben und so im Vertragsrecht über § 242 BGB zu berücksichtigen ist.

21 So auch ausdrücklich der Große Senat des BGH in seiner Entscheidung vom 27.11.1997, BGHZ 137, 212 (227; 3.c.bb.(1)) = WM 1998, 227 = ZIP 1998, 235 = NJW 1998, 671 = BB 1998, 438. Der GS erteilt damit der vom IX. Senat vertretenen Ansicht, BGH WM 1997, 750 (756 f), eine Absage, daß Sicherungswert der Marktwert der Gegenstände bzw. der Nennbetrag der Forderungen sei.

22 So ist es anscheinend keine Seltenheit, daß Drittschuldner neben gerechtfertigten Einreden wie Zurückbehaltungsrechte auch den Bestand der Forderung bestreiten oder sich künstlich auf Gegenrechte wie Gewährleistungsansprüche berufen, vgl. Jährig/Schuck/Rösler/Woite (5.A) S. 101 f. Als Folge bleibt dem verwertenden Insolvenzverwalter oder dem Kreditinstitut aus pragmatischen Gründen vielfach nichts anderes übrig, als sich auf Abschläge einzulassen.

23 Zu weiteren möglichen Faktoren vgl. den eindrücklichen Aufsatz von Rellermeyer WM 1994, 1009 + 1053.

24 Dies betonte auch der Große Senat des BGH, BGHZ 137, 212 (225 f) = WM 1998, 227 (233)

25 So werden z.B. das Indexverfahren oder auch das Abschlagsverfahren vertreten, vgl. nur Rellermeyer WM 1994, 1009 (1012 ff) mwN, BankRHdB-Ganter § 90 RN 49 f. Die Anwendung hängt außer von der Präferenz des Anwenders zudem von der Art der Sicherheit, ihres Marktes und weiteren Kriterien ab. Als Beispiel für den Umfang und die Komplexität mögen die Beleihungsgrundsätze der Sparkassen für Immobilien dienen, deren Darstellung und Kommentierung allein bereits eine monumentale Dicke erreicht, vgl. Stanniegel/Kremer/Weyers, Beleihungsgrundsätze für Sparkassen.

26 BGHZ 137, 212 (233 ff) = WM 1998, 227 (234) = ZIP 1998, 235 = NJW 1998, 671 = BB 1998, 438.

stab wird man wegen seiner gesetzlichen Ableitung und dem für den Rechtsverkehr immensen Vorteil der einfachen Handhabung auch auf andere Sicherheiten übertragen müssen, wohlweislich unter dem Vorbehalt, daß es sich hierbei um einen widerlegliche Vermutung handelt[27].

2. *Verwertbarkeit (Liquidität)*

Die Liquidität umschreibt die Faktoren, die auf die Verwertung der Sicherheit Einfluß nehmen. Dies sind die Verwertbarkeit, die Verwertungsbefugnis, die Verwertungsarten sowie das Verwertungsverfahren. Allesamt beeinflussen sie die Attraktivität der Sicherheit.

a) Verwertungsmöglichkeit und -befugnis

Regelmäßig wird der Sicherungsnehmer das Sicherungsgut nicht selbst besitzen und / oder nutzen wollen. Er ist darauf angewiesen, den Wert der Sicherheit über ein Entgelt Dritter zu aktivieren. Von elementarer Bedeutung ist folglich, daß die Sicherheit übertragen oder zur Nutzung überlassen werden kann. Wegen des Zwecks der Sicherheit soll dem Sicherungsnehmer die Verwertungsbefugnis aber erst ab dem Krisenfall zustehen[28]. Um zur Verwertung in der Lage zu sein, bedarf der Sicherungsnehmer der Verwertungsbefugnis. Als Bestandteil der Verfügungsbefugnis richtet sie sich nach der dem Sicherungsnehmer eingeräumten Rechtsposition. Wegen der häufigen Nähe des Sicherungsfalls zur Insolvenz des Schuldners und der üblicherweise fehlenden Insolvenzfestigkeit rein schuldrechtlicher Positionen[29] wird sich der Sicherungsnehmer typischerweise ein dingliches Recht einräumen lassen.

b) Arten der Verwertung

Ebenfalls von erheblicher Bedeutung für die Attraktivität einer Sicherheit sind die zur Verfügung stehenden Verwertungsmöglichkeiten. Denn in Abhängigkeit vom Sicherungsrecht und dem Sicherungsgut wird die Verwertung unterschiedlich erfolgen können oder sogar zu erfolgen haben. Die unterschiedlichen Verwertungsarten werden unter Umständen gar unterschiedliche Erlöse versprechen.

---

27 zur Problematik der Übersicherung sowie Freigabe vgl. ausführlich unten Kap.5 A.

28 Dies läßt sich auf unterschiedliche Weise lösen Bei geborenen Sicherheiten ist die Bedingung bereits in dem Sicherungsrecht selbst angelegt. So muß bei der Bürgschaft zuerst der sog. Bürgschaftsfall eingetreten sein, d.h. die Hauptschuld muß notleidend geworden sein, vgl. Jauernig-Vollkommer § 765 RN, beim Pfandrecht die sog. Pfandreife, § 1228 II. Ebenso ist bei der Hypothek die Fälligkeit der gesicherten Forderung erforderlich, um die Verwertungsberechtigung zu begründen. Bei gekorenen Sicherheiten wird regelmäßig eine fiduziarische Rechtsposition vereinbart und die Verwertungsbefugnis unterliegt einer Beschränkung im Innenverhältnis. Oder sie wird auf den Sicherungsfall aufschiebend bedingt eingeräumt, vgl. dazu Becker-Eberhard (1993) S.61 ff.

29 So verliert der Sicherungsgeber mit dem Antrag auf Eröffnung des Insolvenzverfahrens seine Verfügungsmacht, § 80 I InsO. Einseitige Verpflichtungen des Schuldners erlöschen, vgl. §§ 115-117 InsO, oder werden zu Masseschulden, die allenfalls mit der Insolvenzquote abgespeist werden. Die Erfüllung gegenseitiger Verpflichtungen steht im Ermessen des Insolvenzverwalters, § 103 InsO.

Im allgemeinen wird das Sicherungsgut zur Verwertung übertragen. Diese Alternative besteht unabhängig vom jeweiligen Sicherungsmittel, kann jedoch im Einzelfall ausgeschlossen sein[30]. Vielfach wird sie im Wege einer Veräußerung stattfinden können. Vereinzelt kann aber auch die Zwangsversteigerung vorgeschrieben sein. Neben der Übertragung auf Dritte wird aber auch der Sicherungsnehmer als Erwerber in Frage kommen, trotz der damit verbundenen Probleme[31].

Daß dies nicht zwingend die einzige Verwertungsalternative darstellt, zeigen bereits die Regelungen zu den Grund- / Pfandrechten, welche gem. §§ 1147, 1192 I, 1213 BGB die Zwangsverwaltung bzw. das Nutzungspfand als Befriedigungsvariante kennen. Der Sicherungsnehmer kann sich demnach über ein (dingliches) Sicherungsrecht die Nutzung der Sicherheit vorbehalten und aus ihr die Befriedigung seiner Forderungen suchen. Außer in den gesetzlich geregelten Fällen ist dasselbe Ergebnis auch mittels Parteivereinbarungen möglich. So ist beispielsweise ein fiduziarischer Nießbrauch denkbar oder man trifft zwar eine Vollrechtsübertragung, schränkt aber im Innenverhältnis die zulässigen Verwertungsalternativen ein. Eine derartige Sicherheit kann sogar vorzuziehen sein, weil sie den Sicherungsgeber weniger belastet und ihm dessen Vollrecht beläßt. Ob sie aber auch praktikabler ist und in ausreichendem Maße den Interessen des Sicherungsnehmers gerecht wird, hängt von zahlreichen Faktoren ab wie etwa der Nutzungsmöglichkeit, den erzielbaren wiederkehrenden Erlösen oder den Nebenpflichten gegenüber den nutzungsberechtigten Dritten. Die Entscheidung für eine entsprechende Sicherheit ist daher im Einzelfall zu treffen.
Daß sich diese Möglichkeiten in der Praxis seither keiner großen Beliebtheit erfreuen, rührt wohl daher, daß eine Nutzung oder Verwaltung einen ungleich höheren Verwertungsaufwand bedeutet. Zudem wird die Befriedigung erst im Laufe eines gedehnten Zeitraums erreicht. Jedoch bestehen Möglichkeiten, wie diesen Nachteilen begegnet werden kann. So kann die entsprechende Verwertung einem spezialisierten Dritten übertragen werden, etwa einem Sequestor. Die zeitliche Streckung der Befriedigung wäre zwar nicht behoben. Der Sicherungsnehmer würde sich hierauf aber eventuell einlassen, wenn ihm im Gegenzug eine hinreichende Entschädigung angeboten wird[32].

c) Verfahren

Einen nicht unerheblichen Einfluß auf die Verwertung von Sicherheiten hat auch das Verfahren. Je nach Dauer, Aufwand und zu erwartendem Erlös beeinflußt es die Attraktivität der Sicherheit. So hat das Pfandrecht aufgrund der relativ starren Vorgaben zur Verwertung, §§ 1221, 1228, 1233 ff BGB, nur geringe praktische Bedeutung. Die fehlende Flexibilität schlägt sich dabei nicht

30 So kann z.B. wegen des Inhalts der Forderung eine Abtretbarkeit nach §§ 399 f BGB ausgeschlossen sein. Entsprechend lassen sich bei gekorenen Sicherungsrechten bestimmte Verwertungsalternativen vertraglich ausschließen, regelmäßig allerdings nur mit der Wirkung, daß eine Einschränkung im Innenverhältnis besteht.

31 Beispielsweise kann dies zu einem In-Sich-Geschäft führen, § 181 BGB, zumindest aber eine ähnliche Interessenkollision beinhalten. Es wird regelmäßig zur Frage führen, ob die Übertragung tatsächlich zu einem Wert geschah, den auch ein Dritter aufzuwenden bereit gewesen wäre.

32 Unter Umständen wird der Sicherungsnehmer sich hierauf sogar einzulassen haben, insbesondere wenn die gesicherte Schuld ebenfalls in Raten vereinbart war und ihm insofern kein Nachteil entsteht.

nur in der Dauer des Verfahrens nieder, sondern kann sich zudem auf den erzielbaren Erlös auswirken. Hingegen können rechtsgeschäftlich ausgestaltete Sicherheiten grundsätzlich besser an die jeweiligen Wünsche und Erfordernisse angepaßt werden[33] Auch macht es einen bedeutenden Unterschied, ob das Sicherungsgut einen Börsen- oder Marktwert besitzt[34]. Denn neben dem Vorteil, über den momentan gehandelten Wert schnell den potentiellen Erlös zu kennen, wird eine Verwertung wesentlich schneller möglich sein. In anderen Fällen, in denen es an einem entsprechenden Markt fehlt, muß im Einzelfall die Abnehmerschaft aufgespürt werden. Neben dem erhöhten Aufwand bedeutet dies einen Verlust an Zeit. Mittelbar wird dies zu einem Preisdruck führen.

III. Zusammenfassung

Es bleibt festzuhalten, daß eine Sicherheit aufgrund ihres Zwecks einen Wert aufweisen, und verwertbar sein muß. Beide Voraussetzungen bilden zusammen den Kern einer Sicherung. Bei genauerer Betrachtung dieser Aspekte lassen sich Unterpunkte ausmachen, welche den Wert und die Verwertbarkeit ihrerseits beeinflussen.

So muß der Wert von der Rechtsordnung geschützt werden. Mehr Probleme als dieses Merkmal bereitet aber die Unsicherheit, bei der Bestellung der Sicherheit bereits den potentiellen Erlös im Sicherungsfall abzuschätzen. Zu vielfältig sind die Einflußfaktoren, die sich auf den Wert des Sicherungsguts im Zeitraum zwischen dem Bestellen und der Verwertung auswirken können. Für die Praxis sind demnach Kreditsicherheiten mit einer hohen Wertbeständigkeit besonders attraktiv, bergen sie am wenigsten das Risiko in sich, im Sicherungsfall eine Enttäuschung zu erleben. Beliebt sind daher bei Kreditinstituten Pfandrechte an in Bankbesitz befindlichen Wertpapieren oder auch dingliche Rechte an Immobilien. Aber die Erfahrungen aus früheren Jahren zeigen, daß selbst die als wertbeständig gehandelten Immobiliarsicherheiten keinen hinreichenden Schutz gegen Verluste bieten[35].

Auch bei der Verwertung bedarf es der entsprechenden Rechtsmacht. Sie kann selbst bei dinglichen Sicherheiten ausschließlich dem Insolvenzverwalter zustehen. Noch wichtiger sind aber Faktoren, die sich auf den Erfolg der Verwertung in Form des Aufwands, der Dauer und des erzielbaren Erlöses auswirken. So existieren einerseits Variable durch die unterschiedlichen Verwertungsalternativen und den jeweils vorgegebenen oder optionalen Verwertungsverfahren aufgrund des Sicherungsrechts. Andererseits hängt der Verwertungserfolg von den marktabhängigen Faktoren und damit vom Sicherungsgut ab.

---

33 Gleichsam ein wichtiger Aspekt ist, ob für die Verwertung noch die Gerichte bemüht werden müssen, so etwa bei Personalsicherheiten, sollte der Drittschuldner nicht zahlen, oder bei der Pfandverwertung von Rechten, § 1277 BGB, vgl. dazu Kap.7 A.II. Dies kann bei den heutigen Verfahrenslaufzeiten eine beträchtliche Verzögerung bedeuten und insofern für den Sicherungsnehmer von erheblicher Bedeutung sein.

34 Dies ist nicht notwendigerweise nur bei Sachen der Fall. Auch Forderungen können über den inzwischen verbreiteten Forderungskauf, das Factoring, einen Marktwert besitzen.

35 vgl. Pleyer / Weiser DB 1985, 2233

B. Das neue Markenrecht als Wegbereiter für den Einsatz der Marken als Sicherungsmittel

Daß daran zu denken ist, daß auch Marken Erfordernisse wie Bonität und Liquidität erfüllen und als Sicherungsmittel in Betracht kommen, dafür bedurfte es eines nicht gering zu achtenden Paradigmenwechsels im deutschen Markenrecht. Zwar galt die Marke aus ökonomischer Sicht längst als bedeutsames Wirtschaftsgut, Marketinginstrument und Kapital des Unternehmens[36]. Auch in anderen wissenschaftlichen Bereichen anerkannte man wichtige Aufgaben der Marke in der Kommunikation zwischen Unternehmen und Abnehmern[37]. Allein in der Rechtswissenschaft verwehrte man sich der Anerkennung der wirtschaftlichen Funktionen. Es waren äußerer Anstöße erforderlich, um die seit geraumer Zeit verschiedentlich geforderte[38] Reform des Kennzeichenrechts in Gang zu setzen[39]. Was der Wandel brachte, ob und wie er Marken zu einem rechtlich geschützten Wert verhalf, der selbstständig verwertet werden kann, soll im Folgenden untersucht werden..

I. Die Entwicklung zum neuen Markenrecht

Der Entwicklung zum deutschen Markengesetz kommt nicht nur eine Bedeutung für historische Betrachtungen zu. Durch die erheblichen Veränderungen der Rechtslage haben die auslösenden Umstände auch eine außerordentliche Relevanz für die Auslegung der Normen. Schließlich ist bei einem von außen initiierten Wandel der Rückgriff auf das traditionelle Verständnis weit weniger möglich als üblicherweise[40].

Als Ausgangspunkt hat die Rechtslage nach dem WZG zu dienen. Im Anschluß werden die europäischen und internationalen Entwicklungen im Markenrecht aufzuzeigen sein, welche die

36 vgl. nur Arnold (1992) S.13 ff; Rohnke DB 1992, 1941 (1941); Stein/Ortmann BB 1996, 787 (787); Deichsel GRUR 1998, 336 (336 ff); Güldenberg GRUR 1999, 843 (843 ff)

37 vgl. etwa Adjouri (1994); Unger (1986); Müller, G. (1971); Bergler (1963).

38 vgl. etwa die Arbeit des GRUR-Wettbewerbs- und Warenzeichenausschuß und den Bericht hierüber von Droste/Reimer GRUR 1974, 636; sowie Kunz-Hallstein GRUR Int 1990, 747 mwN; oder Schricker GRUR 1980, 650 zur Warenzeichenlizenz; weitere Nachweise zur schon lange währenden Kritik am WZG unten B.I.1.a.cc. und B.I.1.b.

39 Zur Entwicklungsgeschichte neuerdings auch Meister, WRP 2004, 305 + 543. Daß an der Verzögerung auch andere Umstände eine Rolle spielten, soll hier nicht verschwiegen werden. Dies waren zum einen der lange Prozeß hin zur Gemeinschaftsmarke, an der sich die nationalen Kennzeichenrechte ausrichten sollten und wollten, dazu sogleich unten B.I.2.b. Erst als die Arbeiten materiell-rechtlich nahezu abgeschlossen waren, wurde die MarkenRL zur Angleichung der nationalen Gesetze erlassen. Hinzu kam die deutsche Wiedervereinigung, die während der Frist zur Umsetzung der MarkenRL vordringlich eine Regelung verlangte, vgl. dazu Schmieder NJW 1994, 1241 (1241 f).

40 So auch ausdrücklich der Gesetzgeber in den Materialien, (BT-Drucks. 12/6581 S. 58 f). Doch wird oftmals versucht, neuen Wein in alte Schläuche zu füllen. So sieht etwa Schmieder im MarkenG lediglich die Bereinigung und Konsolidierung der alten Rechtslage, Schmieder NJW 1997, 2908 (2908), wenngleich er am Ende eingesteht, daß „manches liebe Versatzstück aus der alten Spruchpraxis aufgegeben" werden müsse und eine weit stärkere Ausrichtung auf das europäische Recht zu erfolgen hat, ders. NJW 1997, 2908 (2914). Ähnlich versucht v.Gamm die Aussage der Gesetzgebers, es handle sich um einen Neuanfang, zu relativieren und möchte an bewährten Grundsätzen des Warenzeichenrechts festhalten, v.Gamm WRP 1993, 793 (798); hinsichtlich der Herkunftsfunktion Vanzetti GRURInt 1999, 205 (209 ff).

Grundlage für nationale Rechtsanpassungen bilden. Bevor sie allerdings in Deutschland umgesetzt werden konnten, wurden sie durch die deutsch-deutsche Wiedervereinigung überholt, die es vordringlich zu regeln galt. Beide Stränge mündeten schließlich gemeinsam im Markengesetz von 1995.

1. *Die Rechtslage nach dem WZG*

Den Grundstein für die Rechtssituation nach dem WZG bildet das erste reichseinheitliche Gesetz zum Markenschutz aus dem Jahre 1874[41]. Es wurde aber bereits wenige Jahre später durch das 1894 erlassene „Waarenbezeichnungsgesetz"[42] ersetzt, welches verschiedene vehement an der alten Rechtslage kritisierte Punkte abänderte[43]. Obgleich dieses Gesetz wiederum, nun durch das bis zur Reform von 1994 geltende Warenzeichengesetz von 1936[44] abgelöst wurde, hatte es damit seine eigentliche Gestalt gefunden. Im Laufe der Jahre wurden zwar noch verschiedene Änderungen vorgenommen - die bedeutendsten materiell-rechtlichen waren der Schutz der Ausstattung (1936), der Benutzerzwang (1967) sowie die Dienstleistungsmarke (1979) -, in seinen Grundfesten hatte es aber fortwährend Bestand[45]. Dies gilt insbesondere für die Bereiche, die den Gebrauch der Marke[46] als Sicherungsmittel verhinderten: zum einen das Funktionsverständnis, zum anderen die akzessorische Bindung der Marke an den Geschäftsbetrieb. Zur Abrundung des Bildes der vermögensrechtlichen Bedeutung der Marke unter dem WZG dient ein zusätzlicher Blick auf ihren Schutz nach dem UWG und BGB.

a) *Das Funktionsverständnis nach dem Warenzeichengesetz*

Ein wesentlicher Schlüssel zur Rechtslage nach dem WZG liegt im damals vorherrschenden Funktionsverständnis. Schließlich wurde es vielfach bei der Auslegung der Normen herangezogen[47]. Allerdings waren im WZG die Funktionen der Warenzeichen nicht ausdrücklich geregelt. Sie mußten erst aus den einzelnen Normen hergeleitet werden. Wahrscheinlich nicht zuletzt deshalb wurden immer wieder neue Ansätze unternommen, sie zu definieren[48].

---

41 Gesetz über den Markenschutz vom 30.11.1874, RGBl. S.143, vgl. dazu Wadle, Geistiges Eigentum, S.387 ff.

42 Gesetz zum Schutz von Waarenbezeichnungen, vom 12.5.1894, RGBl. S.441

43 Dies waren beispielsweise ein erweiterter freibleibender Bereich, wobei insbesondere erstmals ein Freihaltebedürfnis anerkannt wurde. Ebenso wurde erstmals eine zentrale Registratur beim Reichspatentamt eingerichtet; vgl. dazu Baumbach/Hefermehl WZG Einl RN 66; Fezer MarkenR Einl RN 4, jeweils mwN.

44 Warenzeichengesetz, vom 5.5.1936, RGBl. II S.134

45 vgl. dazu Baumbach/Hefermehl WZG Einl. RN 67 ff; Fezer MarkenR Einl. RN 6 ff.

46 Im folgenden werden die Bezeichnungen Warenkennzeichen und Marke synonym verwandt. Denn zwar war die rechtstechnische Bezeichnung Warenkennzeichen. Dieser Begriff war aber seit der Ausdehnung des WZG auf Dienstleistungszeichen in seinem eigentlichen Wortsinn nicht mehr korrekt. Deshalb soll bereits hier die sprachlich richtige Bezeichnung Eingang finden.

47 So war die Markenfunktion insbesondere für die Bestimmung der Verwechslungsgefahr und damit für den Schutzumfang maßgeblich, vgl. nur Baumbach/Hefermehl WZG § 31 RN 13 ff; Kunz-Hallstein in: FS 100 Jahre Markenamt, S.147 (155)

48 Ein beredtes Zeugnis dessen geben Henning-Bodewig/Kur, die spitzzüngig bemerken: „ ...ist es jedenfalls im deutschsprachigen Rechtskreis üblich geworden, jeder eingehenden Erörterung markenrechtlicher The-

aa) Die Unterscheidungsfunktion

Die Grundfunktion eines jeden Kennzeichens ist die der Unterscheidung[49]. Nur wenn das Zeichen in der Lage ist, das mit ihm versehene Produkt zu individualisieren, kann es die bezweckte Markttransparenz erreichen. Ansonsten würde es sich lediglich um zierendes Beiwerk handeln, das sich in seiner bloßen Darstellung erschöpft. Diese Grundfunktion mußte vom WZG geschützt sein, was seinen Niederschlag etwa in den §§ 1 I, 4 II Nr.1 WZG fand[50].

bb) Die Hersteller- oder Herkunftsfunktion

Als zweite wesentliche Funktion wurde der Marke eine Aussage über ihre Herkunft zugesprochen, die sog. Hersteller- oder Herkunftsfunktion. Sie wurde von der überwiegenden Ansicht[51] neben der Unterscheidung als die eigentliche Aufgabe der Marke gesehen. Durch den Hinweis auf die Herkunft ergänzte sie die Individualisierung mit einer Personalisierung. Nicht nur die Unterscheidung von anderen Waren oder Dienstleistungen sollte Ziel der Kennzeichnung sein, sondern auch der Hinweis auf den Verantwortungskreis, dem die Ware entstammt[52]. Gesetzlich begründet wurde die Herkunftsfunktion überwiegend mit der akzessorischen Bindung des Warenzeichens an den Geschäftsbetrieb. Man leitete sie aber zudem aus der absoluten Rechtsposition ab, die einem Markeninhaber zugesprochen wurde[53].

---

men eine Diskussion der wirtschaftlichen Funktionen ... voranzustellen und hieran anschließend die Frage zu untersuchen, welche dieser Funktionen in welchem Umfang rechtlichen Schutz genießt bzw. genießen sollte.", Henning-Bodewig/Kur Bd.I S.5, mit zahlreichen Nachweisen auf Auseinandersetzungen mit den Markenfunktionen.

49 Vgl. nur Baumbach/Hefermehl WZG Einl. RN 14; Sack GRUR 1972, 402 (404 f); Henning-Bodewig/Kur Bd.I S.228 mwN; Fezer MarkenR Einl. RN 30 mwN; Ingerl/Rohnke Einl. RN 34; Michalsky (1996) S.38 mwN; Kunz-Hallstein in: FS 100 Jahre Markenamt, S.147 (161 ff)

50 vgl. nur Sack GRUR 1972, 402 (405); Baumbach/Hefermehl WZG Einl. RN 14

51 st. Rspr. BGH GRUR 1973, 468 (470 f)-Cinzano; GRUR 1971, 573 (574)-Nocado mwN; Baumbach/Hefermehl WZG Einl. RN 15 mwN; Sack GRUR 1972, 445 (453); Beier/Krieger GRUR Int 1976, 125 (126 f); Henning-Bodewig/Kur Bd.I S.228 mwN in FN 34; zu den anderen Ansichten vgl. u. bei den übrigen den Marken beigemessenen Funktionen, cc.

52 Dies rührte nicht zuletzt von der historischen Entwicklung des Markenschutzes her. Denn vor der großen wirtschaftlichen Liberalisierung Ende des 19.Jh. unterlagen die Waren größtenteils strengen Qualitätskontrollen durch die Zünfte oder staatlichen Beschaustellen. Bei hinreichender Qualität erhielt die Ware ein Prüfzeichen. Diese erlangten dadurch vielfach große Anerkennung, weil sie für gleichbleibende Qualität standen. Folglich wurden die Zeichen gerne von anderen Herstellern auf ihren Waren angebracht, um so an dem den Absatz fördernden Renommee zu partizipieren. Dabei waren die Waren nicht zwingend schlechterer Qualität. Diese Praxis hat sich nach der einsetzenden Liberalisierung der Wirtschaftssysteme durch die Abschaffung des Zunftzwangs, der weitgehenden Einstellung der Kontrollen sowie der beginnenden industriellen Massenfertigung noch um ein vielfaches verstärkt. Mit dem daraufhin erlassenen Markenschutz sollte daher den Herstellern - auf deren heftiges Drängen hin - ein Instrument an die Hand geben werden, mit dem sie sich gegen die Plagiate zur Wehr setzen konnten. Zudem wollten verständlicherweise die nun frei agierenden Hersteller den unter der zwangsweisen Kontrolle erlangten Ruf der Zeichen auf sich übertragen wissen und gegen Dritte schützen können. Die Zeichen sollten daher wesentlich den Rückschluß auf den Hersteller zulassen. Zur geschichtlichen Entwicklung des Markenwesens vgl. vor allem Leitherer S. 24 ff mwN.

53 vgl. Baumbach/Hefermehl WZG Einl. RN 15 mwN; Löwenheim sieht darüber hinaus das gesamte WZG von Normen durchzogen, welche die Herkunftsfunktion zum Gegenstand haben, Löwenheim S.237 f. Teilweise

Die Funktion wurde aber nicht so eng verstanden, wie es der Wortlaut vermuten läßt. Nicht die Herkunft aus einer bestimmten Produktionsstätte mußte vom Zeichen bezeugt werden. Vielmehr sollte der Hinweis auf einen Markeninhaber genügen, der die Möglichkeit zur Einflußnahme auf die Herstellung hat[54]. So wurde etwa dem Handel gestattet, eigene Marken zu führen[55]. Aber auch aufgrund anderer Phänomene hätte die Aussage, daß eine Marke die Herkunft aus ein und demselben Betrieb anzeige, nicht aufrecht erhalten werden können[56].

cc) Sonstige Markenfunktionen

An der Beschränkung auf die Unterscheidungs- und Herkunftsfunktion wurde nicht selten Kritik geäußert. Teile der Literatur sahen dies als sachlich verfehlt an und stritten für die Anerkennung weiterer Funktionen.

(1) Die Qualitäts-, Garantie- oder Vertrauensfunktion

So wurde vertreten, daß den Zeichen auch eine rechtlich geschützte Qualitätsfunktion zukomme[57]. Zur Begründung verwies man darauf, daß der geschützte Herkunftshinweis nur das Ziel hätte, Vertrauen in die gleichbleibende Qualität zu erzeugen. Die Qualität sei aber für den Verbraucher das entscheidende Kriterium. Er würde von derselben Marke auf dieselbe Qualität schließen, sich hingegen über die jeweilige Herkunft keine Gedanken machen[58].

Doch die Rechtsprechung und der überwiegende Teil der Literatur sah die Garantiefunktion allenfalls als Reflex der Herstellerfunktion geschützt. Zwar wurde eine möglichst gleichbleibende Qualität der gekennzeichneten Produkte als ein wesentlicher wirtschaftlicher Aspekt gesehen,

---

wurde die Herkunftsfunktion aber auch allein aus der Bindung an den Geschäftsbetrieb abgeleitet, etwa Kunz-Hallstein, in: FS 100 Jahre Markenamt, S.147 (153 f).

54 BGH GRUR 1973, 468 (470)-Cinzano.

55 BGH GRUR 1962, 647 (648)-Strumpf-Zentrale; Heiseke WRP 1976, 282 (282). Es ist überraschend, daß die Zulässigkeit von Händlermarken nie in Frage stand. Doch erklärt sich dies aus der langen Tradition der Zeichen. Denn schon im Mittelalter arbeiteten gerade Kaufleute mit Markierungen, Leitherer S.14,17. Im Zuge dessen gab es durch die Zeiten hindurch Handelsmarken, beispielsweise die sog. Verlegerzeichen. Verleger waren dabei entweder einzelne Hersteller, die für andere Produzenten den Vertrieb übernahmen, hierzu aber ihr eigenes Zeichen auf den Waren anbrachten. Vielfach handelte es sich aber um reine Kaufleute, die Waren aufkauften, sie mit einem eigenen Zeichen versahen und damit auf den Märkten auftraten. Nicht zu unrecht, waren sie es, die damals für die Qualität der Ware beim Abnehmer einzustehen hatten. Dazu Leitherer, S.17 und zur Rechtslage vor Erlaß des ersten Reichsgesetzes zum Warenzeichenschutz, Wadle, Fabrikzeichenschutz Bd. II, S. 91 ff, 84 ff, wobei Wadle aber den Begriff Verlegerzeichen zu unrecht nur auf Hersteller bezieht

56 So gab es bereits unter dem WZG die Lizenzproduktion. Ebenso konnte die Marke bereits mit Teilen des Geschäftsbetriebs veräußert werden. All das sprach gegen ein strenges Verständnis. Geschützt sollte daher nur die sog. abstrake Herkunftsfunktion sein, vgl. Sack GRUR 1972, 402 (405 ff, insb. 409 ff); Baumbach/Hefermehl WZG Einl. RN 11, § 8 RN 20 ff, Anh § 8 RN 2; Michalski (1996) S.39 ff.

57 etwa Riehle (1968), S.123 ff; Löwenheim (1970) S.243 ff mwN in FN 202 (S.241); wohl in diesem Sinne auch Starck in Busse/Starck, WZG (6.A) Einl. RN 1; § 8 RN 1; vgl. auch die Nachweise bei Sack GRUR 1972, S.445 (445 FN 109); ähnlich Henning-Bodewig/Kur Bd.I S.235 ff, Bd.II S.159 ff mwN, die das Verbrauchervertrauen in gleichbleibende Qualität gleich gekennzeichneter Produkte über § 3 UWG geschützt sehen. Jedoch wird teilweise die Qualitätsfunktion hinsichtlich einer Bindung des Markeninhabers im Sinne einer Qualitätsgarantie eingeschränkt. Sie soll lediglich zugunsten des Markeninhabers wirken.

58 Eine Stütze dieser Ansicht hätte man zudem in § 38a II 1 GWB a.F. (§ 23 II 1 GWB n.F.) sehen können, der als ein Merkmal von Markenware gerade das Gewährleisten von gleichbleibender Qualität nennt.

der durch Marken gefördert werden sollte. Rechtlicher Schutz wurde aber verwehrt, weil weder im Verhältnis zum Endabnehmer noch zu den Wettbewerbern eine bestimmte Qualität gewährleistet werden mußte[59]. Es oblag allein dem Markeninhaber, ob er das in die Marke gesetzte Vertrauen erfüllte oder nicht. Geschützt werde nur die Integrität der Markenware, indem die Marke bezeuge, daß die Ware in dieser Art und Weise mit Willen des Markeninhabers in den Verkehr gelangt ist[60].

(2) Die Werbefunktion

Weiterhin wurde der Schutz der Werbefunktion diskutiert. So sahen Autoren in ihr die eigentliche Bedeutung eines Zeichens. Denn sie verkörpere den Ruf, den die Marke genießt, und stehe für ihre Attraktionskraft. Genau das sei es aber, worauf es einem Markeninhaber ankomme, schließlich soll das Zeichen als Absatzinstrument dienen. Folglich könne das Recht nicht umhin, diese Hauptaufgabe in den Kanon der geschützten Funktionen aufzunehmen[61].

Aber auch hiergegen verwehrte sich die überwiegende Meinung[62]. Begründet wurde dies mit dem Hinweis auf den Zweck der Marke, der gem. §§ 1, 8 WZG lediglich auf die Unterscheidung der Produkte nach ihrer Herkunft abziele. Zwar sah man mitunter im erweiterten Schutzbereich starker Zeichen den Ansatz einer gesetzlich berücksichtigten Werbefunktion. Dies sollte aber nicht für die Anerkennung als rechtliche Funktion ausreichen[63]. Außerhalb des WZG wurde der Werbewerts von berühmten Marken jedoch nach § 1 UWG durch Ansprüche wegen Rufausbeutung und Verwässerung oder als Teil des Gewerbebetriebs über §§ 1004, 823 I BGB geschützt[64]. Die Werbewirksamkeit war damit für diese Art von Marken de facto anerkannt.

(3) Die Wertfunktion

Vereinzelt wurde gar die Ansicht vertreten, daß dem Warenzeichen eine eigene Wertfunktion beizumessen sei[65]. Aber abgesehen davon, ob der Wert eines Rechts überhaupt als eine Funktion angesehen werden kann, ist zu bezweifeln, ob der in einem Zeichen verkörperte Wert vom WZG geschützt werden sollte. Denn der Wert einer Marke leitet sich aus ihrer Werbewirksamkeit ab. Nur wenn Abnehmer zu einer positiven Entscheidung für das Produkt gewonnen wer-

---

59 vgl. GRUR 1973, 468 (471)-Cinzano; ebenso Baumbach/Hefermehl WZG Einl RN 22 mwN; § 15 RN 49, 56; Sack GRUR 1972, 445 (445 ff); Beier/Krieger GRUR Int 1976, 125 (126); Vanzetti GRUR Int 1965, 128 (134); Kaltner EWS 1995, 12 (13 f)

60 vgl. etwa Sack GRUR 1972, 445 (446 ff) mwN

61 so schon Jsay GRUR 1929, 23 (25 ff); desweiteren Heydt GRUR 1976, 7 (13 f); ders. GRUR Int 1976, 339 (341 f); ders. GRUR Int 1977, 47 (48 ff); Oppenhoff GRUR Int 1973, 433 (434 ff); Gamm WZG § 15 RN 26; Troller, Immaterialgüterrecht (2.A 1968) Bd.I S.252 ff. Teilweise wurde dabei die Werbefunktion als dem WZG immanent angesehen, teilweise wurde eine Aufnahme in das Gesetz gefordert.

62 In der Rechtsprechung geschah dies indirekt, indem auf den ausschließlichen Schutz der Herkunftsfunktion verwiesen wurde, vgl. BGHZ 41, 84 (92 ff)-Maja; BGH GRUR 1966, 45 (46)-Markenbenzin; GRUR 1973, 468 (471)-Cinzano. In der Literatur vgl. Baumbach/Hefermehl WZG Einl. RN 23 mwN; Vanzetti GRUR Int 1965, 128 (131 f, 141); Beier GRUR Int 1968, 8 (14); Ulmer NJW 1969, 11 (15 f); Schluep (1964), S.76 ff; Löwenheim (1970) S.263 ff, 288 f; Riehle (1968), S.127 ff

63 Henning-Bodewig/Kur Bd.I S.242 f

64 ausführlicher hierzu sogleich unten c. und d.

65 vgl. Busse/Starck WZG Einl RN 1, Michalsky (1996) S.46, zur Begründung wird led. auf den in der Marke verkörperten Kapitalwert verwiesen, ohne daß auf den rechtlichen Schutz des Werts eingegangen wird.

den, profitiert der Anbieter von der Kennzeichnung seiner Waren oder Leistungen. Wenn aber bereits die Werbefunktion im Rahmen des WZG abgelehnt wurde, so mußte dies erst recht für die Wertfunktion gelten[66].

(4) Die Kommunikationsfunktion

Ein neuerer Ansatz, der sich auf das wirtschaftswissenschaftliche Verständnis von Marken stützt und versucht, sämtliche Markenfunktionen zu vereinen, sieht in der Marke ein Kommunkationsinstrument zwischen Markeninhaber und Abnehmer[67]. Das Kennzeichen diene als Träger all jener Informationen, die der Inhaber des Zeichens über die gekennzeichnete Ware oder Leistung dem potentiellen Kunden mitzuteilen wünscht. Dieser Kommunkationskanal sei Inhalt des Zeichenrechts. Folglich wäre jegliche Handlung, die der Marke eine nicht von ihrem Inhaber beigemessene Information anhaften läßt, eine Störung der Kommunikationsbeziehung und als solche eine Zeichenverletzung.

Rechtliche Anerkennung fand diese Ansicht indes nicht. Von der Rechtsprechung wurde dieser Gedanke erst gar nicht aufgegriffen. Dies mag daran liegen, daß dem Gesetz kein Ansatzpunkt zu entnehmen war, aus dem sich die Funktion herleiten ließ. Zudem könnte durch die Reduzierung der Markenfunktionen auf die der Kommunikation jeder mißliebige Gebrauch der Marke unterbunden werden. Dies widerspräche aber gerade jüngeren Tendenzen im Wettbewerbsrecht, die sich beispielsweise in der Ausweitung der vergleichenden Werbung zeigen[68].

dd) Zwischenergebnis

Trotz zahlreicher Ansätze und Meinungen, die zurecht die wirtschaftliche Bedeutung der Marken im Warenzeichenrecht nur unzureichend wiedergegeben sahen, hielt die Rechtsprechung und herrschende Meinung an der Unterscheidungs- und der Herkunftsfunktion als den einzigen geschützten Markenfunktionen fest. Zwar wurde durchaus der Stellenwert gesehen, der Marken wirtschaftlich und im Wettbewerb zukam. Jedoch wollte man ihn wegen der so verstandenen strengen Ausrichtung des WZG nicht als Teil des Zeichenrechts anerkennen. Das WZG sollte allein dem Zweck der Produktidentifizierung und -personalisierung dienen. Damit wurde die Marke letztendlich auf die Funktion eines Namens reduziert. Dies war aber schon damals wegen der gleichzeitigen Qualifizierung als Vermögens- und gerade nicht als Persönlichkeitsrecht nicht unproblematisch[69].

b) Die Bindung an den Geschäftsbetrieb, insb. nach § 8 I 2 WZG

Festgemacht wurde das enge Funktionsverständnis im wesenlichen an der Bindung des Warenzeichens an den Geschäftsbetrieb[70]. Diese Akzessorietät fand ihren Ausdruck vor allem in der

---

66 Ebenso Schluep (1964) S.78; Löwenheim (1970) S.236 mwN.

67 So insb. Schreiner (1983), S.451 ff; zur neuen Rechtslage Fezer WRP 1998, 1 (12); ders. WRP 2000, 1 (2 f)

68 ähnlich Hening-Bodewig/Kur, Marke & Verbraucher Bd.I S.254 ff

69 In der Rspr. als Vermögensrecht anerkannt seit RGZ 108, 9-Springendes Pferd. Ansonsten vgl. nur BGHZ 32, 105 (113)- Vogler; Baumbach/Hefermehl WZG Einl RN 27 mwN; **a.A.** Busse/Starck WZG Einf RN 4 und die früher vertretenen Ansichten, vgl. Kohler, Warenzeichenrecht (2.A 1910) S.62 ff, 150 ff; dagegen vertritt Schluep eine Doppelnatur, Schluep, S.363

70 vgl. nur Tilmann ZHR 158 (1994) 371 (387);Sack GRUR 1972, 402 (405); Kunz-Hallstein in: FS 100 Jahre Markenamt, S.147 (153); Baumbach/Hefermehl WZG Einl. RN 15

lediglich bedingten Übertragbarkeit der Marke, § 8 I 2 WZG, war daneben aber auch in § 1 I, § 2 I 3 und § 11 I Nr.2 WZG verankert[71]. In ihren Ursprüngen ließ sich sich auf die Einordnung der Marke als Persönlichkeitsrecht zurückführen[72]. Doch selbst nachdem sich ein Wandel hin zu einem vermögensrechtlichen Verständnis der Marke durchgesetzt hatte, rechnete man die Bindung der Marke an den Geschäftsbetrieb dem ordre public des deutschen Rechts zu[73]. Den Zweck sah man im Schutz der Allgemeinheit vor Täuschungen über die Herkunft[74], weshalb der Handel mit den Zeichen unterbunden werden sollte[75]. Zudem wollte man erreichen, daß durch die Bindung der Produktion an ein und denselben Betrieb als Reflex die Qualität des Produkts auf gleichem Niveau bleibt[76].

Die Regelung wurde aber schon frühzeitig heftig kritisiert[77]. Man empfand die Bindung als wenig geeignet, den tatsächlichen, wirtschaftlichen Anforderungen gerecht zu werden[78]. Ohnehin sah man die Vorschrift als nicht imstande, die mit ihr bezweckten Ziele zu erreichen. Der Verkehr wäre nicht vor Irreführung geschützt worden, weil sowohl der Verbraucher keine Möglichkeit gehabt hätte, gegen Irreführungen über die betriebliche Herkunft vorzugehen. Als auch sei eine Umgehung problemlos möglich gewesen. Ebenso wäre die gleichbleibende Qualität der Produkte nicht zu gewährleisten gewesen. Schließlich hätte bereits der Wechsel in der Inhaberschaft des Betriebs oder der Belegschaft eine andere Einstellung und Strategie bewirken können[79].

---

71 dazu Baumbach/Hefermehl WZG § 1 RN 17; Kunz-Hallstein in: FS 100 Jahre Markenamt, S.147 (153)

72 So vor allem Josef Kohler, einer der prägensten Köpfe unter anderem des Kennzeichenrechts, der dies aus der Verwandtschaft der Marke mit dem Namensrecht ableitete, Kohler, Warenzeichenrecht (2.A 1910) S.62 ff, 150 ff; ähnlich Schluep (1964) S.358 ff, der allerdings zu einer Doppelnatur des Markenrechts gelangt

73 BGHZ 100, 26 (29 f) = GRUR 1987, 525 (526)-Litaflex; GRUR 1989, 422 (423)-FLASH; GRUR 1992, 106 (107)-Barbarossa; Palandt-Heldrich Art 6 EGBGB RN 31; Busse/Starck WZG § 1 RN 10. Entsprechend war die Reaktion ungläubiges Staunen, als beinahe beiläufig die Bindung aufgehoben wurde, Albrecht GRUR 1992, 660 (660). Daß die Bindung durch das Recht aber nicht zwingend vorgegeben wurde, zeigte ein Blick auf andere Rechtsordnungen wie GB, F, N, S, BeNeLux, Kanada, Jap.

74 RGZ 146, 325 (331)- Fratelli mwN; BGH GRUR 1973, 363 (365)-Baader mwN; Baumbach/Hefermehl WZG § 8 RN 2

75 Busse/Starck WZG § 8 RN 1 mwN; Traub in: J. Kohler und der Schutz des geistigen Eigentums in Europa, S.133 (134)

76 vgl. BGHZ 41, 84 (89)-Maja; GRUR 1973, 468 (471)-Cinzano; GRUR 1982, 115 (116)-Öffnungshinweis; Baumbach/Hefermehl WZG Einl. RN 22; vgl. dazu auch oben zur Qualitätsfunktion a.cc.(1)

77 Vgl. Jsay GRUR 1929, 23 (26 ff);Bußmann GRUR 1949, 170 (170 ff); Reimer GRUR 1949, 181 (181, 186); Heydt GRUR 1971, 575 (575); ders GRUR 1973, 365 (366) mwN, Oppenhoff GRUR Int 1973, 433 (434); Baumbach/Hefermehl § 8 RN 2; Schreiner (1983) S.427 f; ausführlich zur Diskussion, wenngleich im Ergebnis die freie Übertragbarkeit ablehnend Schwartz MA 1955, 147. Vgl. auch die Arbeit des GRUR-Wettbewerbs- und Warenzeichenausschusses zur geforderten Reform des Warenzeichenrechts und der Bericht hierüber von Droste/Reimer GRUR 1974, 636 (639); weitere Nachweise beispielsweise bei Kunz-Hallstein GRUR Int 1990, 747 (747 FN 2) und im Zusammenhang mit der Warenzeichenlizenz Schricker GRUR 1980, 650 (650 FN 3); ders. in: FS v.Gamm (1990) S.289 (291).

78 vgl. dazu die oben im Rahmen der Funktionslehre ausgeführte Kritik, a.cc.

79 Eine gute Zusammenfassung der Argumente findet sich bei Tilmann ZHR 158 (1994) 371 (382 f), der daraus sogar schließt, daß die Abkehr von der Bindung der Marke an den Geschäftsbetrieb kein revolutionärer Akt sei, sondern mehr einem evolutionären Fortschritt gliche.

Im Laufe der Zeit wurde die Kritik an der akzessorischen Bindung leiser[80], was wesentlich daran gelegen haben dürfte, daß einerseits die Rechtsprechung und herrschende Ansicht beharrlich an dem Grundsatz festhielten, andererseits die Anforderungen an eine Übertragung aber nicht hoch angesetzt wurden. So ließ man die Übertragung durch Löschung und Neueintrag zu, soweit nicht auf Umwegen die Priorität beibehalten werden sollte. Auch genügte für die Akzessorietät die Veräußerung eines Betriebsteils samt Marke, sofern er für das Produkt verantwortlich war. Man ging sogar soweit, daß selbst stillzulegende Betriebsteile ausreichten. Der Erwerber brauchte nicht willens sein, den Betriebsteil fortzuführen. Allein entscheidend war der Erwerb der (ehemals) produzierenden Einheit[81]. Auch ließ man schuldrechtliche Markenlizenzen zu[82].

c) *Schutz nach dem UWG*

Um ein vollständiges Bild des Markenschutzes zur Zeit des WZG zu erhalten, bedarf es eines ergänzenden Blicks auf das UWG. Denn auch hierüber konnten Marken geschützt werden, mit der Folge, daß der Gebrauch von Zeichen durch Dritte nach dem WZG zulässig sein, nach dem UWG aber untersagt werden konnte. Maßgeblich waren insoweit die Generalklauseln §§ 3 und 1 UWG[83].

aa) Schutz qualifizierter betrieblicher Herkunftsangaben, § 3 UWG

Eine Irreführung durch Marken über geschäftliche Verhältnisse im Sinn des § 3 UWG war dann möglich, wenn sie eine sog. qualifizierte betriebliche Herkunftsangabe beinhalteten. Für die schlichten Täuschungen über die betriebliche Herkunft galt das WZG als lex specialis[84]. Sobald aber der Verkehr mit dem Zeichen Aussagen über die Beschaffenheit oder andere qualitätsbildende Faktoren verband, konnte der Tatbestand des § 3 UWG erfüllt sein[85]. Hinzukommen

---

80 Trotzdem begrüßte man es, als sich nicht zuletzt im Zuge des europäischen Integrationsprozesses abzeichnete, daß die freie Übertragbarkeit auch in Deutschland Einzug halten würde, vgl. die Nachweis bei Hennig-Bodewig/Kur, Marke & Verbraucher Bd.II S.310 f

81 BGH GRUR 1973, 363 (365)-Baader; vgl. dazu auch die ausführliche Beschreibung bei Schreiner (1983) S.380 ff oder auch die illustrativen Beispiele bei Schricker in: FS v.Gamm (1990) S.289 (291).

82 Vgl. nur Schricker GRUR 1980, 650 (650 ff). Ihr Inhalt bestand in der Erklärung, beim Gebrauch der Marke durch den Vertragspartner die Ansprüche aus der Marke nicht geltend zu machen. Ebenso ließ man Verpflichtungen zu, sich nicht auf den Löschungs- und Unterlassungsanspruch zu berufen, um einen Dritten die Neueintragung des Zeichens zu ermöglichen. Obgleich diese und ähnliche Verträge Risiken in sich bargen, von der Rspr. gekippt zu werden, wurden sie in der Praxis vielfach verwandt. Dies unterstreicht das Interesse der Wirtschaft an der Übertragung und der Vergabe von Nutzungsrechten, vgl. Sefzig GRUR 1993, 711.

83 Ohnehin erachtete die ganz überwiegende Mehrheit das Markenrecht als Teil des Wettbewerbsrechts. Es sollte zwar ein eigenständiger Rechtsbereich sein, verstand ihn aber als einen Ausschnitt aus den Regelungen zur Vermeidung unlauteren Wettbewerbsverhaltens. Das WZG ließ zwar ein Immaterialgut entstehen, durch das übergeordnete Wettbewerbsrecht wurde dieses absolute Recht aber wiederum stark relativiert und lediglich als dem Wettbewerb dienend angesehen, so schon RGZ 111, 192 (197)-Goldina; RGZ 120, 325 (328)-Sonnengold; BGHZ 52, 273 (279)-Streifenmuster; Baumbach/Hefermehl WZG Einl RN 44 mwN; Reimer, Kap.4 RN 6; Gamm, WZG, Einf. RN 61 ff; **a.A.** Vierheilig GRUR 1977, 704 (712 f), Schroeter WRP 1968, 125 (126 ff).

84 Baumbach/Hefermehl UWG (16.A) § 3 RN 261 mwN

85 Dabei konnte auch der Herkunftshinweis an sich genügen, wenn er selbst zu einem Gütezeichen geworden war. In diesem Sinne schon RGZ 55, 34 (35 f)-Germania; BGH GRUR 1966, 267 (270)-white horse; OLG

mußte jedoch, daß die Marke eine hinreichende Bekanntheit erreicht hatte. Denn nur wenn bedeutende Verkehrskreise überhaupt eine entsprechende Vorstellung besaßen, konnte eine relevante Irreführung angenommen werden[86].

Damit wurde Marken über § 3 UWG ein zusätzlicher Schutz zuteil, sofern sie vom Verkehr als Hinweis auf bestimmte Qualitätsfaktoren oder allgemein auf eine besondere Qualität verstanden wurden. Ob dadurch aber, wie von manchen behauptet, die Qualitätsfunktion Einzug in den geschützten Bereich von Marken gehalten hatte[87], muß bezweifelt werden. Es wurde lediglich möglich, daß eine erarbeitete Anerkennung des Zeichens über § 3 UWG verteidigt werden konnte[88]. Es entstand für die Zeicheninhaber aber weder gegenüber Abnehmern noch gegenüber Wettbewerbern eine Pflicht, bestimmte Qualitätsstandards einzuhalten. Weil es weiterhin im Belieben des Inhabers war, welche Qualität er seinen Produkte und Leistungen beimaß, ist es daher treffender, von einer bedingten Anerkennung der Werbe- oder Imagefunktion zu sprechen.

bb) Schutz nach § 1 UWG

Auch die Generalklausel des § 1 UWG konnte bei Marken von Bedeutung sein. So nahm man ein unlauteres Verhalten im Wettbewerb an, wenn der Ruf einer Marke gefährdet, beeinträchtigt oder ausgebeutet wurde.

(1) Gefährdung oder Beeinträchtigung fremder Marken

Marken konnten über § 1 UWG für ihre Kennzeichenkraft bzw. ihren Ruf Schutz genießen. Je nach Schutzumfang des Zeichens waren unterschiedliche Verletzungstatbestände möglich. So konnte jede Marke, die Verkehrsgeltung erlangt hatte, außerhalb des markenmäßigen Gebrauchs in ihrer Kennzeichnungskraft beeinträchtigt werden, wenn dadurch der Verkehr verwirrt wurde[89]. Ebenso war die Verwendung der Marke als Gattungsbezeichnung verboten[90]. Hatte die Marke über die Verkehrsgeltung hinaus eine besondere Bekanntheit erreicht, wurde ihr zusätzlich Schutz gegen die Annäherung durch Zeichen oder Darstellungen Dritter gewährt[91]. Dieser Schutz konnte sich sogar über das direkte Wettbewerbsverhältnis hinaus erstrecken,

---

Stgt WRP 1993, 353 (355)-MAWEG; KG BB 1994, 2299 (2299)-Grüner Punkt; Baumbach/Hefermehl UWG (16.A) § 3 RN 261. Dabei genügte es, daß der Verkehr, ohne sich konkrete Vorstellungen von den Qualitätsmerkmalen zu machen, den gekennzeichneten Waren eine allgemeine Wertschätzung entgegenbrachte und von „Erzeugnissen der Spitzenklasse" ausging, GRUR 1966, 267 (270)-White Horse; BGH GRUR 1965, 676 (679)-Nevada.

86 so BGH GRUR 1966, 267 (270)-white horse; Knaak GRUR 1981, 386 (392); Henning-Bodewig/Kur Bd.II S.26 ff mwN; Baumbach/Hefermehl UWG (16.A) § 3 RN 262; Das Maß der Bekanntheit sollte sich mit dem der Verkehrsgeltung für den Schutz einer Ausstattung nach § 25 WZG decken, vgl. etwa Baumbach/Hefermehl UWG (16.A) § 3 RN 262.

87 so insbesondere Henning-Bodewig/Kur Bd.II S.159 ff; mwN auf S.150 f

88 Zum aber schon wieder nur sehr eingeschränkten Schutz vor dem Import von Markenware, die sich in ihrer Qualität von der inländischen unterschieden Baumbach/Hefermehl UWG (16.A) RN 266.

89 BGH GRUR 1960, 126 (128)-Sternbild; Baumbach/Hefermehl UWG (16.A) § 1 RN 227

90 schließlich drohte der Verlust von Kennzeichnungskraft, vgl. Baumbach/Hefermehl UWG (16.A) § 1 RN 228 mwN

91 BGH GRUR 1968, 371 (376 f)-Maggi; GRUR 1968, 581 (585)-Blunazit; vgl. Baumbach/Hefermehl UWG (16.A) § 1 RN 229

wenn Dritte die Kennzeichnungs- und Werbekraft des Zeichens auf Bereiche übertragen wollten, auf denen der Markeninhaber seither nicht aktiv war[92].

Der Grund des Schutzes lag in der unter anderem von der Bekanntheit abhängigen Unterscheidungskraft eines Zeichens. Die Eignung als Marke stand in all den Fällen lediglich beim Wandel zu einer Gattungsbezeichnung auf dem Spiel. In den übrigen Konstellationen war die Marke nicht in Gefahr, ihre Unterscheidungs- oder Herkunftsfunktion einzubüßen. Sie konnte lediglich ihre Wirksamkeit teilweise verlieren. Dies bedeutet aber nichts anderes, als daß die Wirkung des Zeichens geschützt wurde, die sie beim Publikum erzielte. Dies entspricht der noch im Rahmen des WZG abgelehnten Werbefunktion. Besonders deutlich wird dies bei den Fallgruppen der Gefährdung wertvoller Kennzeichen. Hier ist qua definitionem die im Verkehr errungene besondere Bekanntheit Ausgangspunkt des Schutzes. Diese gesteigerte Attraktionskraft stellt aber nichts anderes dar als die herausragende Werbewirksamkeit der Marke.

(2) Ausbeutung des Rufs einer Marke

Weiterhin wurden Marken über § 1 UWG gegen die Ausbeutung ihres Rufs geschützt[93]. Vorausgesetzt wurde hierfür, daß die Marke eine besondere Position im Wettbewerb erlangt hatte. Sie mußte einerseits eine hohe Bekanntheit erreicht haben, welche oberhalb der Verkehrsgeltung angesiedelt war. Andererseits mußte die Marke im Verkehr eine besondere Wertschätzung genießen. Schutzfähig war damit über die reine Produktqualität hinaus das Prestige, das Image, welches das Zeichen im Verkehr genoß. Versuchten Wettbewerber nun, diese Position für sich zu nutzen, entweder durch die Täuschung über die betriebliche Herkunft oder durch ein bezugnehmendes Anlehnen an die Marke, so sah man darin ein anstößiges und mißbräuchliches Ausnutzen, welches über das zulässige Maß der Nachahmung fremder Leistung hinaus reichte. Ein konkretes Wettbewerbsverhältnis zwischen dem Schädiger und dem Markeninhaber war nicht erforderlich[94]. Hinzukommen mußte jedoch die Kenntnis oder Kennenmüssen von den Umständen, welche für den Imagetransfer maßgeblich waren[95].

Begründet wurde die Sicht über das Anstößige, das im Schmarotzen, dem Leben vom fremden Organismus, gesehen wurde[96]. Wenn der Ruf fremder Erzeugnisse als Vorspann für die Steigerung des eigenen Absatzes gebraucht werden sollte, erachtete man dies als einen Verstoß gegen den Leistungswettbewerb, den man als den Inbegriff des lauteren Wettbewerbs

---

92 vgl. Baumbach/Hefermehl UWG (16.A) § 1 RN 230; vgl. dazu aber auch die Fallgruppe der Rufausbeutung, sogleich unter (2) und der Schutz über das BGB, unten d.

93 vgl. nur BGH GRUR 1983, 247 (248)-Rolls Royce; GRUR 1985, 550 (552)-Dimple; GRUR 1987, 711 (712 f)-Camel Tours jeweils mwN; aus der ungeheuren Vielfalt der Literatur hier nur die empfohlene Auswahl: Sambuc, Der UWG-Nachahmuungsschutz (1996); Rößler (1997); Beater (1995), Thomasberger (1993), Schulte-Beckhausen (1994). Zu weiteren Nachweisen vgl. Baumbach/Hefermehl UWG § 1 vor RN 541

94 Ein sehr gutes Beispiel hierfür bietet die Entscheidung BGH GRUR 1983, 247-Rolls Royce

95 zum ganzen vgl. Baumbach/Hefermehl UWG (16.A) § 1 RN 541 ff; Berlit, Wettbewerbsrecht RN 95 ff; Emmerich, Unlauterer Wettbewerb (5.A) S 135 ff; **a.A.**, die u.a. zurecht darauf hingewiesen hatte, daß die allgemeine Voraussetzung des Wettbewerbsverhältnisses erheblich litt: Schünemann, Wettbewerbsrecht, S.109; Rößler GRUR 1995, 549 (554 ff) mwN.

96 Vgl. BGH GRUR 1983, 247 (248)-Rolls Royce; WRP 1994, 559 (603)- McLaren; Baumbach/Hefermehl UWG § 1 RN 541 f; Bork GRUR 1989, 725 (734)

verstand[97]. Im Ergebnis anerkannte man damit den Ruf und das Image einer Marke als Absatzinstrument und gewährte ihm Schutz gegen die (teilweise) Aneignung durch Dritte. Der Ruf wurde somit zwar nicht absolut geschützt, jedoch über die dem Wettbewerbsrecht zugrunde liegende Interessenabwägung. Dies führte de facto dazu, daß der Schutz von Marken auf ihre Werbewirksamkeit ausgedehnt wurde. Man wird darin zudem bereits einen Schutz des Markenwerts zu erblicken haben[98].

d) Schutz berühmter Marken über §§ 823 I, 1004 BGB

Neben den Vorschriften des UWG konnten Marken auch über das BGB Schutz genießen[99], insbesondere über die §§ 823 I, 1004 BGB. Zwar verstand man die Marke nicht wie die anderen gewerblichen Schutzrechte als Rechtsgut im Sinne des § 823 I BGB, weil sie durch die akzessorische Bindung an den Geschäftsbetrieb kein eigenständiges Wertobjekt darstellte. Man faßte sie aber als Teil eines Unternehmens unter das Recht am eingerichteten und ausgeübten Gewerbebetrieb. Hierfür mußte sie allerdings eine überragende Verkehrsgeltung erlangt haben, einmalig sein und im Verkehr eine besondere Wertschätzung genießen. Nur dann sollte die Marke eine hinreichende Bedeutung für das Unternehmen haben, damit die Beeinträchtigung ihrer Wirkungskraft als „Verwässerung" einen Eingriff in den geschützten Gewerbebetrieb bedeuten konnte[100] [101].

Neben der Bedeutung der Marke für das Unternehmen erklärte man den Schutz dadurch, daß die Marke eine überragende Kennzeichnungs- und Werbekraft besaß. Diese wurde quasi den in § 823 I BGB geschützten Rechtsgütern gleich geachtet. Lediglich durch die fehlende Selbständigkeit der Marke sah man sich genötigt, den Schutz in den Gewerbebetrieb einzubetten. Es wurde damit den sog. berühmten Marken ein Schutz zuteil, der allein auf der besonderen, erarbeiteten Akzeptanz des Verkehrs und der insofern hervorgehobenen Stellung beruhte. Auf diese Weise hielt die Werbefunktion auch über das BGB Einzug in den geschützten Bereich der Kennzeichen. Zudem wird man auch hier einen ersten Ansatz eines Schutzes des Markenwerts sehen können.

---

97 Zum Leistungswettbewerb vgl. Baumbach/Hefermehl UWG Einl RN 96 ff; Emmerich, Unlauterer Wettbewerb (5.A) S. 44 f;

98 So z.B. auch Rößler GRUR 1995, 549 (556), der jedoch den Schutz über das UWG ablehnt.

99 Ohne Berücksichtigung soll hier § 12 BGB bleiben, welcher ebenfalls Marken zum Gegenstand haben konnte, sofern sie gleichzeitig Namens- oder Firmenbestandteile aufwiesen. Der Schutz gründet sich hier aber auf diesem zusätzlichen Umstand und kann daher zur allgemeinen Einordnung der Marke nichts beitragen.

100 Vgl. BGHZ 28, 320 (327 ff)-Quick; 91, 117 (120, 125)-Mordoro; GRUR 1986, 759 (760)-BMW; Buchner, S.181 f; v.Schultz GRUR 1994, 85 (86 ff) mwN; Baumbach/Hefermehl WZG § 31 RN 190 ff mwN; Löwenheim S.253; **a.A.** MüKo-Mertens (3.A) § 823 RN 153 FN 323, der die Marke selbst als schutzwürdiges Rechtsgut ansieht; ebenso Soergel-Zeuner (12.A) § 823 RN 144, der trotz neueren Datums eine Bezugnahme auf die durch das Markenrecht geänderte Rechtslage vermissen läßt; Deutsch in: FS Gaedertz (1992) S.99 (105 f); Fezer in: FS Nirk (1992) S.247 (256 ff); Bork GRUR 1989, 725 (737 f).

101 Der Schutz lief damit teilweise parallel zu § 1 UWG. Man versuchte durch das Ausweichen auf die §§ 823 I, 1004 BGB das von § 1 UWG vorausgesetzte aber mitunter fehlende Wettbewerbsverhältnis zu umgehen. Trotzdem wurde auch weiterhin § 1 UWG angewandt soweit ein Wettbewerbsverhältnis bestand, vgl. nur Baumbach/Hefermehl UWG (16.A) § 1 RN 230 und oben c.bb.(1).

e) *Zusammenfassung und Analyse*

Die Lage unter dem WZG wurde geprägt vom eisernen Festhalten der herrschenden Meinung an dem Verständnis, daß der Marke lediglich eine Unterscheidungs- und Herkunftsfunktion zukommt. Andere Funktionen wollte man dem Zeichenrecht allenfalls mittelbar zugestehen. Hiervon ließ man sich auch nicht abbringen, nachdem man die Marke als Vermögensrecht verstand. Man hielt damit ausschließlich an solchen Funktionen fest, die eher den Schluß auf ein Namens- und damit auf ein Persönlichkeitsrecht nahelegten. An dieser engen Sichtweise ließ man partout nicht rütteln.
Ein wesentlicher Grund für diese Sichtweise lag in der gesetzlich vorgegebenen akzessorischen Bindung der Marke an den Geschäftsbetrieb[102]. Man maß ihr den Status des ordre public bei und erkannte daher der Marke rechtlich keinen eigenen Wert zu. Jedoch trug man bereits bei der Übertragbarkeit von Marken dem immensen wirtschaftlichen Druck Rechnung und lockerte die Bindung an den Geschäftsbetrieb. Man ließ Betriebsteile für § 8 II Nr.1 WZG genügen und legte dem Erwerber diesbezüglich nicht einmal einen Fortführungszwang auf.
Weil aber die wirtschaftlichen Funktion und Rolle der Marke auch darüber hinaus nicht geleugnet werden konnte, suchte man dem über das Wettbewerbsrecht und das BGB gerecht zu werden. So wurde die Werbewirksamkeit von Zeichen sowohl über §§ 1, 3 UWG wie auch §§ 823 I, 1004 BGB geschützt. Allerdings mußten die Marken hierfür zumindest Verkehrsgeltung erreicht haben. Besaß ein Zeichen darüber hinaus eine noch höhere Bekanntheit und genoß es zudem eine besondere Wertschätzung, wurde zusätzlich der Ruf der Marke unter Schutz gestellt und der Schutzbereich über die Warengleichartigkeit hinaus erweitert. Damit wurde den Marken auf diesem Weg zugestanden, was ihnen im Zeichenrecht versagt blieb: der Schutz ihrer Werbefunktion. Bei bekannten und berühmten Marken führte es sogar ansatzweise zur Verteidigung des in der Marke verkörperten Werts.

Betrachtet man diese Rechtslage, fällt ein gewisser Zwiespalt auf. Einerseits hielt man an dem engen Verständnis der Marke fest, welches sich in seiner Funktion und der Bindung an den Geschäftsbetrieb manifestierte. Andererseits wollte man sich den wirtschaftlichen Zusammenhängen nicht verschließen. Im Ergebnis war der schon damals bekanntermaßen enorme Wert der Marken kaum nutzbar. Eine Verwertung konnte lediglich gemeinsam mit dem Geschäftsbetrieb als unangenehme Komplikation stattfinden. Den Einsatz der Marke als Sicherungsmittel machte dies uninteressant. Denn eine Pfändung schied vollkommen aus, weil sie aufgrund der Akzessorietät am Geschäftsbetrieb hätte erfolgen müssen, dieser aber als Sachgesamtheit nicht als solcher gepfändet werden konnte. Eine Sicherungsabtretung war nur möglich, wenn der gesamte Betrieb als Sicherheit übereignet wurde. Abgesehen von dem sicherlich geringen Interesse, den gesamten Betrieb zu beleihen, stellte die Marke mangels separater Verwertungsmöglichkeit

102 Obgleich nirgends nachzuweisen kann ein wesentlicher Grund hierfür auch im Verständnis des Wettbewerbs als Leistungswettbewerb zu sehen sein, vgl. Baumbach/Hefermehl UWG Einl RN 96 ff; Emmerich, Unlauterer Wettbewerb (5.A) S.44 f. Als solcher sollen die Wettbewerber lediglich über ihre Leistung um die Gunst des Verbrauchers buhlen. Der Marke maß man eine solche Bedeutung nicht bei, stellte sie für sich keinen Vorteil für den Kunden dar. Indem aber das Markenrecht als Teil des Wettbewerbsrechts begriffen wurde, mußte dieser Ansatz auch für das Zeichenrecht gelten, mit der Folge, daß die Marke nicht als Leistungsparameter geschützt wurde.

trotzdem keinen eigenen Sicherungswert dar. Darüber hinaus kämen aufgrund der gelockerten Akzessorietät eventuell weitere Konstruktionen in Betracht, wie die Marke auf Umwegen als Sicherheit hätte eingesetzt werden können. Aufgrund der damit verbundenen Schwierigkeiten und Ungewißheit über die rechtliche Akzeptanz waren entsprechende Sicherheiten jedoch uninteressant.

2. *Die Entwicklung im europäischen und internationalen Recht*

Wie bereits an anderer Stelle angedeutet wurde mit der Änderung des deutschen Zeichenrechts die Umsetzung einer Harmonisierungsrichtlinie der damaligen EWG vollzogen. Mit ihr bezweckte man, das Markenrecht der Mitgliedsstaaten in vielen Punkten anzugleichen, um so einem Ziel des EWG-Vertrags, der Verwirklichung eines einheitlichen Binnenmarkts, Vorschub zu leisten[103]. Dies offenbart bereits, welche Bedeutung den Marken für den Handel im Gemeinschaftsgebiet beigemessen wurde. Entsprechende Einsichten und ähnliche Bestrebungen gab es aber bereits von Anbeginn des modernen Markenwesens. Sie initiierten das Markenrecht sogar maßgeblich. Dementsprechend stellt die MarkenRL lediglich einen Höhepunkt in der internationalen Einwirkung dar.
Um diese Zusammenhänge ihrer Tragweite entsprechend zu würdigen und ihnen den gebotenen Stellenwert für die heutige Rechtslage einzuräumen, sollen die Entwicklungslinien im internationalen und europäischen Markenrecht nachgezeichnet werden. Aus ihnen erklärt sich manche heutige Regelung und sie eröffnen ein tiefergehendes Verständnis der Änderungen und des Rechts in seiner heutigen Gestalt. Auch lassen sie erahnen, in welche Richtung eine zukünftige Entwicklung zu erwarten ist.

Es können auf internationaler Ebene 3 Entwicklungsphasen unterschieden werden. Die erste setzte mit Beginn des modernen Markenwesens ein und kam in den 60er Jahren des 20.Jahrhunderts nahezu zum Stillstand. Quasi im Anschluß begann der Harmonisierungsprozeß auf europäischer Ebene, der zu jener Zeit den einzigen wesentlichen Fortschritt im internationalen Markenrecht darstellte. Erst in jüngerer Zeit konnte man sich wieder jenseits der EU über weitere Fortschritte im internationalen Markenschutz verständigen.

a) *Die erste Entwicklungsphase des internationalen Markenrechts*

aa) Die historische Entstehung

(1) Die Vorgeschichte der Pariser Verbandsübereinkunft

Schon seit langem hatten Kennzeichen eine enorme Bedeutung für den Warenabsatz. Wesentlicher Vorläufer der heutigen Marken waren dabei in Deutschland die seit dem Mittelalter genutzten Prüfzeichen, die im Anschluß an eine Qualitätskontrolle an Waren angebracht wurden. Im Laufe der Jahrzehnte gewannen diese Zeichen, die später vielfach mit betrieblichen Marken gemeinsam verwandt wurden[104], bedingt durch den damals schon regen Fernhandel eine be-

103 So auch der 1. Erwägungsgrund der MarkenRL, Abl. EG 1989 L 40 v.11.2.89 S.1.

104 Diesen Herstellerzeichen kam beim Absatz jedoch anfänglich kaum eine eigene Bedeutung zu. Sie dienten im wesentlichen der Zuordnung der Ware im Rahmen der Qualitätskontrolle, vgl. dazu Leitherer S.39 f.

achtliche Anerkennung im Warenverkehr. Die geprüfte Qualität der Ware manifestierte sich in der Anerkennung der Zeichen. Jedoch waren die Zeichen noch weitgehend in das feste Ständesystem und der in weiten Teilen staatlich gelenkten Produktion eingezwängt. Letztendlich erst mit den Veränderungen in der Gesellschaft, der Liberalisierung der Wirtschaft, der Industrialisierung, der damit möglichen Massenfertigung und der enormen Ausweitung des Handels - nicht zuletzt durch die neuen Märkte in Übersee - wurde auch das Zeichenwesen Mitte des 19.Jahrhunderts liberalisiert. Es entwickelte sich weg vom inzwischen vielfach hoheitlich vergebenen Qualitätszeichen[105] hin zum modernen Markenverständnis, das der Individualisierung der Produkte im Warenverkehr dienen sollte. Damit wurde einerseits den einzelnen Herstellern die Möglichkeit eröffnet, ihre Leistungen eigenständig zu vermarkten, wofür den Zeichen als Marketinginstrument eine große Bedeutung zukam. Andererseits rief es mehr noch als ohnehin schon Zeichenpiraten auf den Plan, die sich das in den Zeichen verkörperte Renommee anzueignen suchten[106]. Die Rechtsprechung und Gesetzgebung versuchte anfänglich, mit den bestehenden Regelungen Herr der Lage zu werden[107]. Bald schon setzte sich aber die Erkenntnis durch, daß dieser Schutz nicht ausreichte. Beinahe parallel formulierten daher verschiedene Gesetzgeber in Europa nationale Schutzgesetze. Die Regelungen konnten der heimischen Industrie und dem sonstigen produzierenden Gewerbe jedoch nur innerhalb der eigenen Landesgrenzen Schutz gewähren. Denn in Fortsetzung des vormals vorherrschenden Protektionismus' wurde Ausländern üblicherweise kein Schutz zugestanden[108]. Wegen der starken internationalen Ausrichtung des Handels bestand aber gerade auch außerhalb der Landesgrenzen ein erhebliches Schutzbedürfnis. Nicht zuletzt aufgrund starker Lobbyarbeit der betroffenen Wirtschaftszweige setzte sich daher die Einsicht durch, daß nationale Gesetze nicht genügten. Folglich suchte man den nationalen Schutz über bilaterale Abkommen zu ergänzen[109]. Doch auch dies wurde noch als unbefriedigend empfunden, weshalb man sehr bald bestrebt war, ein mehrseitiges völkerrechtli-

105 Denn die Zeichen der Herstellerverbände, u.a. der Zünfte, waren in weiten Teilen von Beschauzeichen staatlicher Kontrollstellen ersetzt worden, wodurch sich die Höfe vordringlich eine zusätzliche Einnahmequelle erschließen wollten, vgl. Leitherer S.48; anders Wadle, Bd.1 S.43 ff. Es existierten aber weiterhin auch noch von Zünften durchgeführte Qualitätskontrollen samt den demnach verliehenen Zeichen, vgl. zum Ganzen Leitherer S.48.

106 Wobei vielfach die so mit einem fremden Zeichen markierten Waren keine schlechtere Qualität aufwiesen als die Originalware. Wegen der Anerkennung auf den Märkten hatten sie aber trotzdem weit schlechtere Absatzchancen, vgl. Leitherer S.16 ff.

107 vgl. Wadle in: FS GRUR Bd.1 RN 19 Zur Rechtslage vor Erlaß des ersten Reichsgesetzes zum Schutz von Marken vgl. die Darstellung bei Wadle, FabrikZSch Bd.I S.71 ff.

108 Eine Ausnahme bestand in manchen Ländern für solche Unternehmen, die im Inland eine Niederlassung besaßen, Beier in: FS Stroemholm (1997), S.85 (89).

109 Vgl. Beier in: FS Stroemholm (1997), S.85 (86 f). Regelmäßig wurde in ihnen Reziprozität vereinbart, d.h. man verpflichtete sich gegenseitig, dem anderen im Zeichenrecht Inländerschutz zuteil werden zu lassen. Die Abkommen führten dazu, daß in manchen Ländern vor dem nationalem Schutz bilaterale Regelungen bestanden, vgl. Beier in: FS Stroemholm (1997), S.85 (86 f) mwN. Das von Beier verwandte Beispiel Deutschlands hinkt aber, da zwar schon vor Erlaß des ersten Reichs-Warenzeichengesetzes bilaterale Abkommen bestanden. Wie aber Wadle, FabrikZSch Bd.I S.71 ff, en détail ausführt, wurde in zahlreichen Ländern Deutschlands der Zeichenschutz über herkömmliche Gesetze gewährleistet, beispielsweise dem preußischen allgemeinen Landrecht.

ches Abkommen abzuschließen[110]. Es sollte auf Wechselseitigkeit beruhend die Anerkennung von Marken auch im Ausland sichern. Wie dringlich man die Sache einschätzte, zeigt der Umstand, daß bereits am 20.3.1883, gerade 9 Jahre nach dem Erlaß des ersten deutschen Warenzeichengesetzes, auf internationaler Ebene die bis heute bedeutsame Pariser Vereinbarung zum Schutz gewerblichen Eigentums (PVÜ) geschlossen wurde[111].

(2) Die sich anschließende Entwicklung des internationalen Markenrechts

Von Anfang an war vorgesehen, daß die PVÜ regelmäßig mittels Revisionskonferenzen überarbeitet, ergänzt und verbessert werden sollte, Art 14 PVÜ a.F. Man begann 1886 in Rom und setzte die Treffen in Madrid (1890, 1891), Washington (1911), Den Haag (1925), London (1934), Nizza (1957) bzw. Lissabon (1958) und schließlich Stockholm (1967) fort, wo die zwar noch in einzelnen Punkten abgeänderte, aber noch heute vornehmlich gültige Version entstand[112]. Diese zahlreichen Revisionskonferenzen brachten einerseits mehr oder weniger bedeutsame Änderungen der PVÜ. Andererseits gingen aus ihnen andere wichtige multilaterale Abkommen hervor. So brachten die Madrider Konferenzen von 1890 / 91 schlußendlich gleich zwei neuen Abkommen. Dies war zum einen das als Vereinfachung des Verfahrens gedachte Madrider Abkommen über die internationale Registrierung von Marken (MMA, vom 14.4.1891)[113]. Zum anderen wurde auf dem damals wirtschaftlich überaus bedeutsamen Gebiet der geographischen Herkunftsangabe das Madrider Abkommen über die Unterdrückung falscher und irreführender Herkunftsangaben auf Waren (MHA, ebenfalls vom 14.4.1891) beschlossen[114]. Andere wesent-

110 Die drei wesentlichen Gründe dafür waren die fehlende Beständigkeit - schließlich konnten die Verträge einseitig aufgekündigt werden -, große nationale Unterschiede beim Schutzumfang und die geringe Anzahl an Ländern, mit denen entsprechende Abkommen bestanden, vgl. Beier in: FS Stroemholm (1997), S.85 (89); ders. GRUR Int 1983, 339 (341) mwN.Das Verlangen nach einem entsprechenden multilateralen Schutz wurde bereits 1873 auf dem Wiener Patentkongreß laut, zur Entwicklung vgl. Beier GRUR Int 1983, 339 (339 f).

111 BGBl. II 1970, 391, geänd. BGBl. II 1984, 799 = Fezer MarkenR S.1806 ff. Anfangs gehörten dem Verbund nur 11 Staaten an. Als das Regelwerk im März 1884 in Kraft trat, waren es bereits 14, Beier GRUR Int 1983, 339 (340). Deutschland trat 1903 bei. Zum Inhalt der PVÜ vgl. unten bb.

112 Da die Verbandsstaaten jede abgeänderte Version neu unterzeichnen und ratifizieren mußten, dies aber nicht immer sämtliche Unterzeichnerstaaten der Vorversion taten, haben heute noch unterschiedliche Fassungen Geltung. Welche Versionen von welchen Ländern ratifiziert wurden zeigt sehr übersichtlich die Tabelle bei Fezer MarkenR Int MarkenR nach RN 35 (S.1795 ff).

113 BGBl. II 1970, 418, geänd. BGBl. II 1984, 799 = Fezer MarkenR S.1858 ff. Das MMA konnte aber bei weitem nicht die Bedeutung gewinnen wie die PVÜ. Dies lag wesentlich an den unterschiedlichen Verfahren, wie in den einzelnen Staaten Zeichenschutz erlangt werden konnte, vgl. Beier in: FS Stroemholm (1997), S.85 (99 f); Jaeger-Lenz/Freiwand GRUR 2005, 118 (119). Deutschland trat dem Abkommen am 12.Juli 1922 bei, mit Wirksamkeit am 1. Dezember 1922. Dem MMA gehören heute 56 Staaten an, vgl. www.wipo.org (Stand 04/2006). Zum Inhalt vgl. unten cc.

114 BGBl. II 1961, 293 = Fezer MarkenR MHA (S.2369). Die geographischen Herkunftsangaben hingen eng mit den Marken zusammen. Denn wie oben ausgeführt beruhten Marken vielfach auf den vormaligen Prüfzeichen. Diese wiederum wiesen vielfach gestalterische Züge auf, die auf die herstellende Region schließen ließen. Daraus entwickelte sich nicht selten eine besondere Qualitätsvorstellung mit Waren aus einer bestimmten Region und der geographische Ursprung wurde dadurch zu einem eigenen Qualitätshinweis, den die Verwender der Zeichen verständlicherweise nicht preisgeben wollten. Deutschland trat dem Abkommen 1925 bei. Bis heute gehören dem Abkommen aber nur 31 Staaten an. Dies dürfte insbesondere daran liegen, daß der Schutz des Abkommens als zu dürftig empfunden wird, weil es beispielsweise gänzlich sowohl

liche Neuerungen, die aus den Revisionskonferenzen hervorgingen, waren das Haager Abkommen über die Hinterlegung gewerblicher Muster und Modelle (1925), das Nizzaer Klassifikationsabkommen (NKA, 1957)[115], das Lissaboner Ursprungsabkommen (LUA, 1958)[116] sowie zahlreiche Änderungen des Regelwerks der PVÜ insbesondere auf der Lissaboner (1958)[117] und Stockholmer (1967)[118] Konferenz.
Neben den Änderungen alter und dem Abschluß neuer multilateraler Verträge war man weiterhin bestrebt, den internationalen Schutz durch zweiseitige Abkommen zu ergänzen. Dies war nach Art. 19 (Art. 15 a.F.) PVÜ ausdrücklich möglich, der solcherlei Verträge lediglich unter den Vorbehalt der Übereinstimmung mit der PVÜ stellte. Ihr Grund lag in dem vielfach als unzureichend empfundenen materiell-rechtlichen Schutzbereich der multilateralen Abkommen[119].

Die PVÜ gewann im Laufe der Zeit eine immer größere Akzeptanz, die beständig mehr Staaten dem Verbund beitreten ließ. So waren es 1963 bereits 51 Staaten, ein Jahr später 61, 1968 gar 79 Staaten. Bis heute wuchs die Zahl der beigetretenen Länder auf 169 an[120]. Dieser Anstieg an Verbandsstaaten hatte auf der anderen Seite zur Folge, daß eine Stagnation in der inhaltlichen Weiterentwicklung einsetzte. Denn für Änderungen galt und gilt weiterhin das Prinzip der Einstimmigkeit. Diese Hürde konnte seit der Lissaboner Konferenz in materiell-rechtlichen Angelegenheiten und seit Stockholm selbst in organisatorischen und Verfahrensfragen nicht mehr in nennenswerten Umfang genommen werden[121]. Zu vehement beharrten die Industrieländer auf der einen, die Entwicklungsländer auf der anderen Seite auf ihren Positionen[122].

---

auf zivil- wie strafrechtliche Sanktionen verzichtet. Es wird daher nicht als eine Basis für eine gegenseitige Anerkennung angesehen, vgl. dazu Fezer MarkenR Int MarkenR RN 9 ff mwN

115 Das Abkommen schuf eine einheitliche Klassifikation für die Registrierung der Marken. Es sollte den Erwerb eines Markenrechts wie auch die Nachforschungen nach prioritätsälteren Rechten erleichtern, vgl. Miosga, S. 385 ff. Bis heute traten dem Abkommen 58 Staaten bei, Fezer MarkenR Int MarkenR RN 7.

116 Ihm trat Deutschland nicht bei, da kein Bedarf dafür bestand, vgl. Fezer MarkenR Int MarkenR RN 12 mwN.

117 Auf ihr wurde unter anderem der Schutz bekannter Marken durch ein Benutzungsverbot für Dritte ergänzt (Art 6bis PVÜ), eine Verpflichtung zum Schutz der Dienstleistungsmarke aufgenommen (Art 6^{sexies} PVÜ) oder auch die Unabhängigkeit des Marke vom Schutz im Ursprungsland beschlossen (Art. 6 PVÜ), vgl. den Bericht der deutschen Delegation von der Lissaboner Konferenz Moser v. Filseck GRUR Int 1959, 58 (81); Krieger GRUR Int 1959, 58 (90); Kühnemann GRUR Int 1959, 58 (104)

118 Auf ihr wurden Änderungen hinsichtlich des Verfahrens beschlossen. So wurden insbesondere die das Verfahren der Verbandsstaaten betreffenden Normen der Art 13-17 PVÜ überarbeitet, beispielsweise ein Exekutivausschuß eingeführt (Art 14 PVÜ). In Stockholm wurde auch der Beschluß gefaßt, eine Dachorganisation für alle internationalen Übereinkommen auf dem Gebiet des gewerblichen Rechtsschutzes und des Urheberrechts samt den Leistungsschutzrechten zu gründen, welche die Zusammenarbeit sowohl der Staaten als auch der Verbände fördern sollte, die World Intellectual Property Organization (WIPO)

119 Er ließ beispielsweise bei den geographischen Herkunftsangaben viele Länder dem MHA fernbleiben, vgl. dazu Streber S. 27 ff, Fezer MarkenR Zweiseitige Abkommen RN 1 ff

120 Stand 15.4.2006, vgl. unter www.wipo.org. Die Angaben stellen keinen repräsentativen Ausschnitt der durchschnittlichen Beitrittszahlen dar, können aber die Dynamik der Entwicklung illustrieren, die nach der Revisionskonferenz von Lissabon einsetzte. Zum Nachweis siehe Troller, Mehrseitige Vertäge, S.22; Bodenhausen, PVÜ, S.1; Beier GRUR Int 1983, 339 (340 f). Zu den Gründen, warum das Übereinkommen einerseits bis heute seine Bedeutung beibehielt, andererseits im Laufe der Zeit eine immense Vielzahl an Verbandsstaaten anzog vgl. Beier GRUR Int 1983, 339 (341 f).

121 Eine gewisse Ausnahme bildete lediglich das Wiener Klassifikationsabkommen (WKA, 1973). Aber auch dieses Abkommen spiegelt die allgemein vorherrschende Lage wieder, wurde es selbst bis heute nur von

bb) Der wesentliche für Marken relevante Inhalt der Pariser Verbandsübereinkunft

Die vier großen Ziele, die mit der PVÜ verfolgt wurden, waren, den Gedanken des gewerblichen Rechtsschutzes zu verbreiten, soweit er bereits vorhanden war den Schutz zu verbessern, insgesamt das Recht aber zu vereinheitlichen und schlußendlich das Registrierungsverfahren zu vereinfachen[123]. Die bedeutendsten materiell-rechtlichen Regelungen waren dabei der Grundsatz der Inländerbehandlung, Art. 2 PVÜ, die Unionspriorität, Art. 4 PVÜ, sowie verschiedene Mindeststandards für den Markenschutz, Artt. 5 C, 6 ff PVÜ.

Der Grundsatz der Inländerbehandlung (Art. 2 PVÜ) bildete das entscheidende Prinzip, um das Ziel des Abkommens, die Gewährleistung von Schutz im Ausland, umzusetzen. Ausländische Zeicheninhaber sollten den jeweils inländischen gleich geachtet werden. Damit einher ging ein Verzicht auf Gegenseitigkeit[124], welcher für die Ausbreitung der PVÜ enorm zuträglich war[125]. Die Unionspriorität (Art. 4 PVÜ) sicherte den Schutzrechtsinhabern in Kollisionsfällen für sämtliche Verbandsstaaten den zeitlichen Rang des Ursprungslands. Da durch den Verzicht auf die Gegenseitigkeit das Schutzniveau erheblich differieren konnte, wollte man zumindest einen gewissen Mindeststandard festschreiben. Er umfaßte für das Markenrecht insbesondere den Benutzungszwang (Art. 5 C PVÜ), den Schutz der notorisch bekannten Marke (Art. 6bis PVÜ), die sog. telle-quelle-Regelung[126] (Art. 6^{quinquies} PVÜ) sowie die Dienstleistungsmarke (Art. 6^{sexies} PVÜ).

cc) Der Kern des Madrider Markenabkommens

Die materiell-rechtlichen Regelungen der PVÜ werden v.a. durch das MMA ergänzt, welches das Registrierungsverfahrens zum Gegenstand hat. Der Gedanke des MMA liegt darin, daß ein Markeninhaber auf der Grundlage seiner Registrierung im Ursprungsland ein Markenrecht in allen anderen Verbandsstaaten erwerben kann. Dies soll erreicht werden, indem die ursprüngliche Hinterlegung als Ausgangspunkt für eine internationale Registrierung beim sog. internationalen Büro dient, welches nunmehr bei der WIPO angesiedelt ist. Durch die internationale Registrierung erlangt der Hinterlegende ohne zusätzliche Erfordernisse ein Markenrecht in sämtli-

12 Staaten unterzeichnet. Doch sein Inhalt, die Klassifikation von Bildbestandteilen von Marken, wird trotzdem von über 30 Staaten und insb. dem europäischen Harmonisierungsamt in Alicante und der WIPO angewandt, vgl. Fezer MarkenR Int MarkenR RN 8 mwN. Ergänzend sei fernerhin auf den Trademark Registration Treaty (TRT) hingewiesen, der ebenfalls in Wien beschlossen wurde. Er suchte einen Kompromiß, um die dem MMA ferngebliebenen Staaten doch noch zum Beitritt zu bewegen. Dieser Versuch scheiterte aber, weshalb der Vertrag nie sonderlich Bedeutung erlangte, vgl. Derenberg GRUR Int 1973, 101; Beier/Kur GRUR Int 1991, 677 (682).

122 vgl. ausführlich zu den Ursachen der Stagnation Beier GRUR Int 1983, 339 (345 ff); ders. in: FS Stroemholm (1997), S.95 (98); zum Inhalt der Diskussion vgl. Hilpert GRUR Int 1998, 91 mwN in FN 1; Heath GRUR Int 1996, 1169 mwN in FN 1

123 dazu Beier GRUR Int 1983, 339 (341)

124 Unter „Gegenseitigkeit" versteht man, daß lediglich insoweit ausländischen Rechtsinhabern im Inland Schutz gewährt wird, wie in deren Heimatland den Angehörigen des Landes, in dem Schutz begehrt wird, Rechte zuerkannt werden.

125 Beier GRUR Int 1983, 339 (342 f)

126 Dahinter verbirgt sich die Bestimmung, daß das Zeichen in der Form, wie es in dessen Heimatland Schutz genießt, auch in den anderen Ländern geschützt wird. Die Regelung kann daher einen Verzicht auf die jeweiligen nationalen Schutzvoraussetzungen beinhalten.

chen Mitgliedsstaaten[127]. Allerdings kann die Marke bei entgegenstehenden Gründen in den einzelnen Verbandsstaaten im Laufe eines Jahres zurückgewiesen werden.

b) Der fortschreitende Weg der Europäischen Gemeinschaften

aa) Die Entstehungsgeschichte des europäischen Markenrechts

Zwar nicht als Reaktion auf die stagnierenden Entwicklung im internationalen Markenrecht, trotzdem aber mit lediglich geringer zeitlicher Überschneidung entstand auf europäischer Ebene im Markenrecht eine neue Stufe der Zusammenarbeit. Denn durch die Römischen Verträge von 1957 wurde eine noch intensivere, auf Integration angelegte Harmonisierung gestartet. Aufgrund der im (damals sog.) EWG-Vertrag vorgegebenen Marschroute, dem gemeinsamen Wirtschaftsraum mit seinem freien Verkehr von Waren und Dienstleistungen, war eine Richtung vorgegeben, die zwangsläufig ein Spannungsfeld zwischen nationalen und damit territorial beschränkten Zeichenrechten und dem Anspruch auf ungehinderten Handel zwischen den Mitgliedsstaaten aufbaute. Folglich ließ es nicht lange auf sich warten, bis erste Vorschläge für einen einheitlichen Markenschutz in den Mitgliedstaaten gemacht wurden[128]. So wurde auf europäischer Ebene die Arbeitsgruppe Marken eingerichtet, welche wenige Jahre später, 1964, bereits einen Vorentwurf für ein europäisches Markenrecht in Form einer europäischen Marke vorlegte. Doch wegen anderweitiger, markenrechtsferner Streitigkeiten blieb die Angelegenheit ruhen[129] und wurde erst wieder 1973 im Zuge der nahezu abgeschlossenen Arbeiten an einem europäischen Gemeinschaftspatent aufgegriffen. Der Vorschlag aus dem Jahre 1964 wurde erstmals veröffentlicht. Nach einer grundsätzlich positiven Resonanz, jedoch auch erheblichen Schwierigkeiten[130] legte die Kommission 1978 einen überarbeiteten Entwurf vor. Es folgten weitere Beratun-

---

127 Dies führte dazu, daß die Länder, die Markenschutz nach einer Vorprüfung gewähren, sich benachteiligt sahen und daher dem Abkommen weitestgehend fern blieben; vgl. Beier/Kur GRUR Int 1991, 677 (678 f).

128 so insb. Röttger GRUR Int 1959, 329 und der darauf aufbauende Entwurf des Fachausschusses für Wettbewerbs- und Warenzeichenrecht der Deutschen Vereinigung für gewerblichen Rechtsschutz und Urheberrecht GRUR Int 1960, 359; Zu der auf europäischen Ebene ablaufenden Disskussion vgl. auch Saint-Gal GRUR Int 1960, 169 und Finniss GRUR Int 1960, 337; Croon GRUR Int 1960, 341; Heydt GRUR Int 1960, 348 sowie Beier GRUR Int 1960, 357. Anfänglich herrschten unterschiedliche Ansichten über die sinnvollste Vorgehensweise, ob eine EWG-Marke angestrebt oder die Vereinheitlichung in Europa über das Angleichen der nationalen Markenrechte erreicht werden sollte. Bald schon setzte sich aber der Gedanke einer EWG-Marke durch, vgl. Saint-Gal/ Röttger GRUR Int 1960, 500.

129 Vgl. dazu Krieger GRUR Int 1979, 279 (280); Beier in: Die Neuordnung des Markenrechts in Europa (1997) S.59 (63)

130 Diese kurze Zusammenfassung läßt nicht erahnen, mit welchen Problemen die Väter der Gemeinschaftmarke zu kämpfen hatten. So herrschten zu der Zeit Tendenzen vor, die in den Marken Instrumente des Machtmißbrauchs sahen. Insofern spiegelte sich auch auf europäischer Ebene das Bild der Revisionskonferenzen der PVÜ wider. Hinzu kam der Gedanke des Verbraucherschutzes, den viele im Markenrecht nicht hinreichend gewahrt sahen. Als Beispiel dieser Zeiterscheinung mag das Werk von Henning-Bodewig/Kur, Marke & Verbraucher, dienen. Ähnlich hatte der EuGH ein restriktives Verständnis von Marken, vgl. die kurze Zusammenfassung bei Fezer WRP 1998, 1 (2) mwN; vgl.a. die Nachweise bei Tilmann ZHR 158 (1994), 371 (378). Der Durchbruch wurde erst durch die Denkschrift der Arbeitsgruppe der Kommission möglich (GRUR Int 1976, 481), welche u.a. die Gründe für eine Gemeinschaftsmarke überzeugend darzulegen vermochte. Sie bildete die Grundlage für die weitere Entwicklung. Zu den Zusammenhängen vgl. den interes-

gen und Überarbeitungen[131]. Schließlich gelang man 1988 zu einer konsolidierten Fassung, die alle wesentlichen Punkte regelte. Wegen verbleibender Streitigkeiten über den Sitz des künftigen Markenamts und dessen Amtssprachen konnte aber erst Ende 1993 die Markenverordnung verabschiedet werden[132]. Sie trat sodann am 15. März 1994 in Kraft.

In einer bedeutsamen Denkschrift der Kommission im Jahr 1976 wurde auch der bereits früher geäußerte Gedanke aufgegriffen, daß eine EWG-Marke durch die Harmonisierung der nationalen Markenrechte zu flankieren sei[133]. Denn zur Unterstützung der neuen europäischen Marke[134], aber auch um dem Binnenmarkt und innereuropäischen Handel per se Vorschub zu leisten, sollten auch bei den nationalen Marken zumindest in den wichtigen Fragen einheitliche Grundsätze gelten[135]. Folglich begann man, nachdem sich 1978 die Gemeinschaftsmarke in einer hinreichenden Klarheit abzeichnete, parallel mit der Vorbereitung einer Harmonisierungsrichtlinie für das nationale Markenrecht. Da die Richtlinie nur materiell-rechtliche Fragen betraf, diese aber ganz überwiegend an das Recht der künftigen Gemeinschaftsmarke angelehnt sein sollten, deren Inhalte bereits im Zuge der Verhandlungen zur Markenverordnung ausführlich erörtert waren, kam man schnell zu einem Ergebnis. Folglich konnte die MarkenRL gleichzeitig mit der Vorstellung des konsolidierten Vorschlag der Verordnung für die Gemeinschaftsmarke 1988 verabschiedet werden und wurde am 11. Februar 1989 im Amtsblatt der EG veröffentlicht[136 137].

Im Rahmen der europäischen Rechtsentwicklung ist aber auch der EuGH zu nennen, der sich bereits vor Abschluß der Diskussion im Markenrecht über die Artt. 30, 36 EGV a.F. zum Verhältnis zwischen gewerblichen Schutzrechten und Binnenmarkt geäußert hatte. Er wirkte und wirkt weiterhin in nicht unerheblichem Maße bei der Entwicklung des europäischen Marken-

santen Bericht Beiers in: Die Neuordnung des Markenrechts in Europa (1997), S.59 (64 ff); ergänzend Mühlendahl in: FS 100 Jahre Markenamt (1994), S.215 (217 f)

131 Zu der sich anschließenden Zeit vgl. die Ausführungen des damaligen seitens der deutschen Exekutive Beteiligten Mühlendahl in: Die Neuordnung des Markenrechts in Europa (1997) S.81 ff

132 ABl. EG L 11 v.14.1.1994 S.1; dazu Mühlendahl GRUR Int 1989, 353 (354 f); ders in: FS 100 Jahre Markenamt, S.215 (218 f)

133 Denkschrift GRUR Int 1976, 481 (485 f) vgl. FN 136. Den Grund sah man in der Beilegung von Konflikten zwischen nationalen Marken.

134 Schließlich galt eine Sorge der Akzeptanz der Gemeinschaftsmarke, vgl. Krieger GRUR Int 1979, 279 (283 f). Um diese zu fördern, erachtete man es als hilfreich, in den Mitgliedstaaten möglichst der Gemeinschaftsmarke entsprechende Regelungen zu haben, sowohl um die Entscheidung pro Gemeinschaftsmarke zu erleichtern, als auch um bei Schwierigkeiten mit der Gemeinschaftsmarke einen möglichst vergleichbaren Schutz auf nationaler Ebene anzubieten, vgl. v.Mühlendahl GRUR Int 1989, 353 (353); Krieger GRUR Int 1979, 279 (281).

135 Niemand sollte das Gefälle im Rechtsschutz zwischen den Mitgliedsstaaten für individuelle Zwecke ausnützen können, vgl. v.Mühlendahl GRUR Int 1989, 353 (353); vgl.a. Krieger GRUR Int 1979, 279 (281); zu weiteren Gründen Kunz-Hallstein GRUR Int 1992, 81 (82 f)

136 ABl EG L 40 v.11.2.1989 S.1

137 Neben diesen beiden bedeutendsten Werken wurden weitere Rechtsvorschriften geschaffen, die zum Teil einzelne Ausschnitte betreffen, insbesondere den Schutz von Herkunftsbezeichnungen, zum Teil die beiden großen Normierungen ergänzen sollten, vgl. die Liste an abgedrucktem europäischem Sekundärrecht bei Fezer MarkenR S. 2091 ff. Der in der Gemeinschaft erzielte Konsens wurde auch durch verschiedene bilaterale Abkommen mit Drittstaaten ausgedehnt, vgl. Lewinski in: FS Beier (1996) S.607

rechtsverständnisses mit[138]. Dies geschah allerdings nicht immer im Einklang mit den führenden Köpfen der Diskussion um eine europäische Lösung des Markenschutzes[139]. Nicht zuletzt durch das nunmehr geltende europäische Sekundärrecht hat er aber inzwischen sein Markenverständnis angepaßt[140].

bb) Grundprinzipien des Europäischen Markenschutzes

Treibende Kraft des europäischen Markenrechts war und ist das Ziel eines freien Waren- und Dienstleistungsverkehrs im Binnenmarkt. Denn einerseits erkannte man in den Marken ein unverzichtbares Gut zur Produktdifferenzierung und damit für den Wettbewerb der Anbieter untereinander. Andererseits durfte der Verkehr von Gütern nicht deshalb an Staatsgrenzen stocken, weil ihnen ein unterschiedlicher nationaler Markenschutz entgegensteht. Inhaltlich mußte das Recht den Leitgedanken der EWG entsprechen und damit den freien Binnenmarkt vorantreiben, aber auch den Interessen der Hersteller, Händler und Verbraucher gerecht werden. Dies alles suchte man insbesondere durch folgende Regelungen zu erreichen:

(1) Weiter Markenbegriff

Um in einem von vielen Anbietern umworbenen Markt wie dem der europäischen Gemeinschaften eine hinreichende Möglichkeit zur Produktdifferenzierung zu eröffnen, sollte der Gestaltung von Marken der größtmögliche Spielraum zukommen. Ohnehin sah man keinen rechtfertigenden Grund, die Marke an bestimmte Formen zu binden[141]. Lediglich sofern andere Interessen ge-

---

138 Zur Rechtsprechung des EuGH auf diesem Bereich in der frühen Phase vgl. Schluep in: Hefermehl/Ipsen/Schluep/Sieben S.228; zu den entwickelten Prinzipien für das Verhältnis zwischen dem europäischem Primärrecht in Artt. 30, 36 EGV a.F. und gewerblichem Rechtsschutz vgl. Beier GRUR Int 1989, 603 (607 ff); aus der zahlreiche Literatur insb. nach der EuGH-Entscheidung „Ideal Standard" vgl. nur Mansani in: FS Beier (1996) S.289 (289 ff); Fezer WRP 1998, 1 (2); ders. in: FS Gaedertz (1992), S.153 mwN; Kaltner EWS 1995, 12; zur jüngsten EuGH-Rspr. zum Markenrecht vgl. Ingerl GRUR Int 2001, 581 (581 ff); Schmieder NJW 2001, 2134 (2138, 2141)

139 So ließ er in der vielbeachteten Entscheidung HAG I (EuGH Slg.I 1974, 731 = GRUR Int 1974, 338; bestätigt in EuGH Slg.I 1976, 1039-Terrapin/Terranova = GRUR Int 1976, 402; in der Bewertung der Marke ähnlich bereits EuGH Slg.I 1971, 69 = GRUR Int 1971, 279-Sirena) für ursprungsgleiche Zeichen die Unterscheidungs- und Herkunftsfunktion der Marken hinter der europäischen Grundfreiheit des Warenverkehrs hintenanstehen. Dies löste eine heftige Debatte in der Literatur aus, vgl. nur Gamm GRUR Int 1975, 185; Johannes GRUR Int 1975, 111; Kraft GRUR Int 1975, 283; Ullrich GRUR Int 1975, 291, zeigte aber, daß das Markenrecht einer weitverbreiteten Ansicht entsprechend mehr als Machtinstrument von Unternehmen gesehen wurde denn als gesamtwirtschaftlich nützliche Hilfe für den Warenverkehr. Aber auch hier konnte die Denkschrift der Kommission als Grundlage für einen Umdenkungsprozeß dienen, vgl. dazu die Denkschrift GRUR Int 1976, 481 (484 f).

140 EuGH Slg.I 1990, 3711 (3752) = GRUR Int 1990, 960-HAG II, erweitert durch EuGH Slg I 1994, 2789 = GRUR Int 1994, 614-Ideal Standard; Vorausgegangen war ein vielbeachtetes, engagiert und mit Esprit vorgetragenes Plädoyer des Generalanwalts Jacobs, der den gesamtwirtschaftlichen Nutzen von Marken herausstellte und vehement für ein ausschließliches Recht an Marken eintrat (EuGH-Slg.I 1990, 3725 (insb. S.3731 f) = GRUR Int 1990, 962); zu dem Komplex auch Beier in: Die Neuordnung des Markenrechts in Europa S.59 (65); Joliet GRUR Int 1991, 177.

141 Die ehemals enge Markenfähigkeit von Zeichen erklärte sich aus den Schwierigkeiten für die Registrierung. Dieses Problem bekam man aber durch zusätzliche Hinterlegungsarten in den Griff. Daneben sprachen rein praktische Gründe für diese Lösung. Denn würde in einzelnen Mitgliedsstaaten ein weiterer Markenbegriff

fährdet waren, mußte der Schutz begrenzt werden, was entsprechend dem deutschen Recht über einen Katalog an Eintragungshindernissen erreicht werden sollte[142].

(2) Inhalt des Markenrechts

Das Markenrecht sollte als absolutes und frei verfügbares Recht ausgestaltet werden. Die Berechtigung an der Marke sollte allein dem Inhaber zustehen. Das Markenrecht wurde insofern den anderen gewerblichen Schutzrechten gleichgestellt und damit - nicht zuletzt auf Wunsch der Wirtschaftskreise - als eigenes Wirtschaftsgut ausgestaltet[143]. So findet sich beispielsweise in der Begründung zur GMVO die Erklärung, daß „Die Gemeinschaftsmarke ... als ein ... unabhängiger Gegenstand des Vermögens zu behandeln [ist]."[144] Jedoch ist zu bemerken, daß man sich bei der Harmonisierung der nationalen Rechte gerade nicht auf die vom Geschäftsbetrieb unabhängige Verfügbarkeit von Marken verständigen konnte. Allerdings war abzusehen, dass von der Möglichkeit, die Marke an einen Betrieb zu binden, kaum Gebrauch gemacht werden würde. Als Folge sollte sich der Markenschutz nicht mehr nur auf Verwechslungen über die betriebliche Herkunft erstrecken. Vielmehr sollte er jegliche Ähnlichkeit erfassen und so die Eigenständigkeit der Marke widerspiegeln[145].[146].

(3) Grenzen des Markenschutzes

Der Bestand der Marken wurde von einer Benutzung abhängig gemacht, um den zweckgemäßen Einsatz, die Kennzeichnung von Waren und Dienstleistungen im Verkehr, sicherzustellen. Ebenso gedachte man den Binnenmarkt durch eine gemeinschaftsweite Erschöpfung zu stärken[147]. Weiterhin, um für Rechtssicherheit zu sorgen, wurde ursprünglich überlegt, die Marke ab einer gewissen Zeit als unanfechtbar auszugestalten[148]. Dies schwächte man aber ab und wandelte es in eine Verwirkung von Gegenansprüchen um.

c) Die neuen Entwicklungen im internationalen Markenrecht

Wiederum quasi im Anschluß an die großen Schritte im europäischen Integrationsprozeß setzte eine dritte Phase der Entwicklung des internationalen Markenrechts ein. Der mondiale Dialog wurde wiederbelebt. Anfangs noch mit zaghaften Bemühungen der WIPO durchschlug man den

---

gelten als für die Gemeinschaftsmarke, ginge das zu Lasten ihrer Attraktivität, vgl. Beier in: Die Neuordnung des Markenrechts in Europa (1997) S.59 (68 f).

142 vgl. Beier in: Die Neuordnung des Markenrechts in Europa (1997) S.59 (70 ff)

143 Beier in: Die Neuordnung des Markenrechts in Europa (1997) S.59 (73 f, 76 f); Mühlendahl ebenda S.81 (92 ff).

144 ABl EG L 11 v. 14.1.1994 S.2 (Erwägungsgrund 10)

145 Mühlendahl in: Die Neuordnung des Markenrechts in Europa (1997) S.81 (87 ff)

146 Darüber hinaus sollte die Gemeinschaftsmarke im Gegensatz zum Schutz nach der PVÜ autonom ausgestaltet werden, d.h. nicht vom Bestand eines Rechts im Ursprungsland abhängig sein, sondern mit diesem koexistieren. Sie sollte nur gemeinschaftsweit bestehen können, insbesondere bei Kollision mit nationalen Rechten nicht lückenhaft weiter Bestand haben, vgl. Mühlendahl in: Die Neuordnung des Markenrechts in Europa (1997) S.81 (83 ff); Beier, ebenda S.59 (67 f).

147 Mühlendahl in: Die Neuordnung des Markenrechts in Europa (1997) S.81 (89 ff); Beier ebenda S.59 (74 f); zu jüngeren Überlgungen, doch eine internationale Erschöpfung vorzusehen unten Kap.7 FN 213.

148 vgl. Heydt GRUR Int 1979, 123 (129) mwN; Krieger GRUR Int 1979, 279 (285)

gordischen Knoten der festgefahrenen Verhandlungen insbesondere durch die Einbindung des gewerblichen Rechtsschutzes in die GATT-Runde. Es schlossen sich weitere Ergebnisse an, die auch in Zukunft eine fortschreitende Entwicklung erwarten lassen.

aa) Das Protokoll zum Madrider Markenabkommen

Im Zuge der Verhandlungen zum europäischen Markenrecht kam neuer Schwung in die Überarbeitung der auf der PVÜ basierenden Abkommen. Wesentlich von der WIPO initiiert kam der Gedanke auf, die Gemeinschaftsmarke in die internationale Markenregistrierung nach dem MMA zu integrieren. Man gab vor, damit die Möglichkeit schaffen zu wollen, daß auch Organisationen wie die EWG dem Abkommen beitreten können und damit die Attraktivität des Abkommens gesteigert würde[149]. Also wurden Verhandlungen geführt, die 1989 im Protokoll zum Madrider Markenabkommen (PMMA) mündeten. Dabei wurde insbesondere den EWG-Staaten die Unterstützung abgetrotzt, die seither dem MMA ferngeblieben waren. Dasss damit ein gewisser Durchbruch erreicht wurde, zeigen die jüngsten Beitritte von Japan, den USA oder auch der EU[150].

Inhaltlich wird erstmals zwischenstaatlichen Organisationen der Beitritt zur Madrider Union ermöglicht, sofern sie über ein eigenes Markensystem verfügen. Im übrigen basiert das Abkommen auf dem MMA und unterscheidet sich von ihm lediglich in wenigen Punkten. Die wichtigsten davon sind: Bereits die Markenanmeldung genügt als Grundlage für die internationale Registrierung (Art.2 PMMA), die Frist für nationale Widersprüche kann auf 18 Monate ausgedehnt werden, unter Umständen sogar noch länger (Art.5 Abs.II PMMA), die Schutzdauer wird einheitlich auf 10 Jahre festgelegt (Art.6 PMMA)[151].

bb) Das TRIPs-Abkommen

Weit bedeutsamer war aber eine andere Entscheidung. Beim Start der neuen GATT[152]-Runde 1986 in Punta del Este, Uruguay, wurde auch das Thema „trade related aspects of intellectual property rights ..." in das zu verhandelnde Programm aufgenommen[153]. Dies geschah wesentlich auf das Drängen der Vereinigten Staaten. Durch konzertierte Lobbyarbeit der u.s.-

149 Im Hinterkopf befürchtete man, daß die EWG-Marke der internationalen Registrierung den Rang ablaufen könnte und die internationale Registrierung an Bedeutung verliert, vgl. Kunz-Hallstein in: Die Neuordnung des Markenrechts in Europa (1997) S.30 (32).

150 Vgl. dazu Jaeger-Lenz/Freiwald GRUR 2005, 118; Heute gehören dem PMMA 68 Staaten an, seit 2000 Japan, 2003 die USA und 2004 die EU (www.wipo.org; Stand 15.4.2006); vgl.a. Krieger/Mühlendahl GRUR Int 1989, 734.

151 Zu weiteren Unterschieden und dem Inhalt des Abkommens vgl. Krieger/v.Mühlendahl GRUR Int 1989, 734; Bock GRUR Int 1996, 991.

152 = General Agreement of Tariffs and Trade; das gegründet wurde zur Auseinandersetzung mit Handelsbeschränkungen und nach Möglichkeiten deren Beseitigung, vgl. Senti (2000) RN 3 ff.

153 Dies war allerdings nicht der erste Versuch zur Einbindung des Immaterielgüterrechts in die GATT-Verhandlungen. Bereits Ende der 70er Jahre in der Tokyoer Runde kam der Wunsch auf, auf dieser Ebene gegen die zunehmende Markenpiraterie vorzugehen. Allerdings konnte noch keine Einigung erzielt werden. In der Folgezeit arbeitete man sowohl von u.s.-amerikanischer wie auch von EG-Seite an einer Vereinbarung zur Markenpiraterie, was letztendlich in einem mit Japan und Kanada gemeinsam erarbeiteten Entwurf mündete, welcher dem GATT-Ministertreffen vorgelegt wurde. Dort wurde aber lediglich die Fortsetzung an den Arbeiten beschlossen; vgl. Christians (1990) S.37 f.

amerikanischen Wirtschaft wurden die mit den Verhandlungen betrauten administrativen Kreise davon überzeugt, welcher Schaden dem Land durch unzureichenden Immaterialgüterschutz entstehe[154]. Über die WIPO als die eigens dafür gegründete Organisation sei aber keine Änderung zu erwarten, was man aus dem seit Jahren bestehenden Stillstand schloß. Ohnehin sei neben dem unzureichenden Schutzbereich der PVÜ in den seither vereinbarten Abkommen keine Durchsetzungsmöglichkeit auf zwischenstaatlicher Ebene vorgesehen. Als solche könnten aber gerade handelspolitische Sanktionen dienen, wie sie dem GATT zu eigen sind. Wenngleich von den anderen Staaten die Sichtweise der Vereinigten Staaten nicht in dieser Schärfe geteilt wurde, so war man aus anderen Gründen schnell bereit, das Thema in die Verhandlungen aufzunehmen. Zum einen sah man die Ziele des GATT aufgrund dessen engen Anwendungsbereichs durch neu aufkommende, nicht von ihm umfaßten Handelsbeschränkungen gefährdet. Zum anderen erkannte man durchaus, daß auf diesem Weg dem als bedeutsam eingestuften internationalen Schutz geistigen Eigentums Vorschub geleistet werden konnte[155]. Das Ergebnis findet sich in dem mit Abschluß der GATT-Runde am 15. April 1994 vereinbarten TRIPs-Abkommen[156], ein weiterer Meilenstein auf dem Weg des internationalen Markenrechts.

Von seiner Konstruktion her liegt dem TRIPs-Abkommen die PVÜ zugrunde (Art.2 TRIPs). Diese Basis wird nun um weitere Bestimmungen ergänzt[157]. So wird ein ähnlich weiter Markenbegriff proklamiert, wie er dem europäischen Markenrecht zu eigen ist, und der nahezu jegliche zur Unterscheidung geeigneten Zeichen anerkennt, solange keine Interessen Dritter entgegenstehen (Art.15 TRIPs). Der Schutz erstreckt sich - wiederum entsprechend dem europäischen Recht - nicht nur auf die Warengleichartigkeit, sondern durch das Abstellen auf die Zeichenähnlichkeit auf jegliche Verwechslungsgefahren zu Lasten des Zeicheninhabers. Dabei bedarf es keiner besonderen Bekanntheit des Zeichens (Art.16 TRIPs; Ausnahmen in Art.17 TRIPs). Auch wurde die freie Übertragbarkeit und ein Verbot von Zwangslizenzen festgeschrieben, Art. 21 TRIPs. Schutzgrenzen kennt das Abkommen lediglich in der Benutzung der Marke, die aber aus berechtigten Gründen bis zu 3 Jahre ausgesetzt sein kann, Artt.19 f TRIPs, und der Schutzdauer, die auf 7 Jahre festgelegt wurde, Art.18 TRIPs. Insbesondere konnte man sich nicht auf eine Regelung zur Erschöpfung einigen[158].

---

154 dazu sehr anschaulich Christians (1990) S.39 ff.

155 Zu der Motivlage vgl. die Ausführungen des an den Verhandlungen beteiligten Faupel GRUR Int 1990, 255 (255 f)

156 = Agreement on Trade Related aspects of Itellectual Property rights; Eingebunden ist das Abkommen daher in die Reihe der GATT-Vereinbarungen. Insofern ist auf einen anderen wesentlichen Beschluß der Uruguay-Runde hinzuweisen, dem „Übereinkommen zur Errichtung der Welthandelsorganisation", der WTO als Nachfolgeorganisaton der GATT-Runden. Daß der Ansatz der Einbindung in die GATT-Verhandlungen auch nicht das Ende der Staknation darstellt, zeigen die Schwierigkeiten, eine Basis für neuerliche, nunmehr WTO-Verhandlungsrunden zu finden.

157 Daher wird das Abkommen mitunter als „Paris-Plus" bezeichnet; zum Inhalt vgl.a. Ehring MarkenR 2003, 57.

158 Senti (2000) RN 1314; Staehelin S. 28 ff mwN. Allgemein zum Inhalt des TRIPs-Abkommens vgl. Staehelin S.47 ff; Kur GRUR Int 1994, 987. Aus diesem kurzen Überblick wird deutlich, daß sich durch das TRIPs-Abkommen das internationale Markenrecht stark den europäischen Grundsätzen angeglichen hat, wie sie sich sowohl in der Gemeinschaftsmarke als auch der MarkenRL finden.

cc) Der Trademark Law Treaty

Daß die u.s.-amerikanische Annahme, wonach einer Weiterentwicklung des Immaterialgüterrechts durch die WIPO nur wenig Chancen eingeräumt wurden, nicht gänzlich aus der Luft gegriffen war, hat die Initiative zur Harmonisierung des Markenrechts gezeigt. So berief die WIPO 1989 einen Sachverständigenausschuß ein, welcher auf der Basis eines zuvor intern entwickelten Papiers einen entsprechenden Vorschlag erarbeiten sollte. Relativ bald stellte sich heraus, daß sich die eigentlich angestrebte materiell-rechtliche Vereinheitlichung nicht verwirklichen ließ[159]. Man kam daher überein, das für die Praxis nicht unbedeutende Eintragungsverfahren angleichen zu wollen, was letztendlich mit dem Trademark Law Treaty (TLT) am 27. Oktober 1994 in einem beachtlichen Maß gelang[160]. Dieser Vertrag wurde jüngst durch das Singapurer Abkommen ergänzt, das insbesondere die Registrierung neuer Markenformen wie Hologramme, Farbmarken oder auch Geruchsmarken zu regeln sucht[161].

dd) Die WIPO-Initiative zum Schutz der berühmten und bekannten Marke

Bei den neueren Aktivitäten ist auch das Bemühen der WIPO um ein internationales Abkommen zum Schutz der berühmten Marke zu erwähnen. Seit 1995 beriet ein Expertenkomitee mit dem Ziel, ein Regelwerk für noch offene Fragen des Art. 6bis PVÜ zu finden. Als Ergebnis erzielte man aber lediglich eine gemeinsame Empfehlung[162].

d) Zusammenfassung

Der Blick auf das internationale Markenrecht zeigt, daß es sich bei dem europäischen Harmonisierungsprozeß nicht um eine isolierte Entwicklung handelt. Sie spiegelt vielmehr eine allgemeine internationale Tendenz wider. Zwischen dem europäischen und internationalen Ansatz besteht lediglich insoweit ein wesentlicher Unterschied, als in Europa die Veränderungen auf der Umsetzung einer bereits in den Römischen Verträgen hoheitlich festgelegten Maxime, dem Binnenmarkt, beruhen. Im Gegensatz dazu waren bei den internationalen Abkommen vielfach wirt-

---

159 Zur Rechtfertigung der WIPO ist aber auf die noch nicht abgeschlossenen TRIPs-Verhandlungen zu verweisen, deren Ergebnis man vielfach erst abwarten wollte, vgl. Bastian in: FS Beier (1996) S.213 (214)

160 Der Vertrag hat damit etwas erreicht, was dem 1973 geschlossenen Trademark Registration Treaty (TRT; vgl. oben FN 126) nicht vergönnt war. Die wichtigsten Inhalte des TLT sind: Artt. 3, 13: Maximallisten an zulässigen Anforderungen für die Eintragung und Verlängerung des Markenschutzes; Art. 5: Voraussetzungen für die Zuweisung eines Anmeldetags; Artt.3 Abs.V, 6: Möglichkeit einer einzelnen Eintragung für mehrere Waren / Dienstleistungen; Art.7: Zulässigkeit der Teilung von Anmeldung und Eintragung. Daneben sind noch zu erwähnen: der Nachweis der Legitimation, Änderungen und Berichtigungen von Eintragungen sowie die Bezugnahme auf das Nizzaer Klassifikationsabkommen. Selbst materiell-rechtliche Vorschriften sind enthalten, zum einen durch die Einbeziehung der PVÜ (Art.15), zum anderen durch die Verpflichtung zur Eintragung von Dienstleistungsmarken (Art.16). Zum Inhalt vgl. Bastian in: FS Beier (1996) S.213 (220 ff); Kunze WRP 1996, 982 (984 ff); Fezer MarkenR IntMarkenR RN 13 f. Dem Vertag sind inzwischen 34 Staaten beigetreten, vgl. www.wipo.org., Stand 15.4.2006.

161 Das Singapurer Abkommen vom 18.05.2006 kann nachgelesen werden unter www.wipo.org. Unterzeichnet haben es zu diesem Zeitpunkt 43 Staaten. Deutschland blieb bisher noch fern.

162 Vgl. dazu Höpperger in: Die Neuordnung des Markenrechts in Europa (1997) S.42; Schneider GRUR Int 1998, 461 (468 f).. Die von der WIPO herausgegebene Empfehlung vom September 1999 ist nachzulesen unter www.wipo.org.

schaftliche Kreise die treibende Kraft. Gemeinsam ist aber allen Aktivitäten die Motivation für ein internationales Markenrecht, und insofern unterscheiden sich auch neue Tendenzen nicht von der ersten Entwicklungsphase Ende des 19. Jahrhunderts: Sowohl bei der Realisierung des Binnenmarktes wie auch sonst gründet sich das Bestreben darauf, den sich ausweitenden internationalen Handel zu unterstützen. Hierin ist also die eigentliche Triebfeder für die zahlreichen Vereinbarungen auf dem Gebiet des Markenrechts zu sehen. Folglich muß das europäische Markenrecht als in diese internationale Tendenz eingebettet verstanden werden.

Inhaltlich entwickelten sich die Regelungen vom ursprünglichen Prinzip der Gleichbehandlung mit Inländern und wenigen materiell-rechtlichen Vorgaben hin zur Ausgestaltung des Markenrechts auf internationaler Ebene. Umfaßt war hiervon sowohl das materielle Recht wie auch das Registrierungsverfahren. Von besonderer Bedeutung ist dabei die gewachsene Einsicht in die Rolle der Marke für den Handel und der hierauf beruhenden Einordnung als Immaterialgut – auf europäischer und internationaler Ebene. Als solches wurde ihr sowohl ein eigener Wert wie auch die freie Übertragbarkeit zugesprochen. Die Marke löste sich damit aus der in manchen Staaten bestehenden Umklammerung des Wettbewerbsrechts und näherte sich entscheidend den anderen gewerblichen Schutzrechten an.

Es bleibt die Frage, welche Bedeutung den internationalen Vorgaben im nationalen Recht zukommt. Formal betrachtet verpflichten sie lediglich den unterzeichnenden Staat, bleiben aber bei der nationalen Rechtsanwendung ohne Einfluß. Anders verhält es sich lediglich beim europäischen Sekundärrecht. Trotzdem wird man bei der Suche nach dem richtigen Verständnis der nationalen Vorschriften die internationalen Abkommen mit zu berücksichtigen haben. Nur so wird man den mit den Regelungen verfolgten Interessen gerecht werden können[163]. Insofern ist auch die spannende Frage von Interesse, wie sich das internationale Markenrecht weiterentwickeln wird, zumal sich nun mit der WIPO und der WTO zwei unterschiedliche Organisationen zuständig fühlen werden. Neuere Bemühungen der WIPO zeigen, daß sie nicht gewillt ist, sich an den Rand drängen zu lassen.

3. *Das Erstreckungsgesetz*

Bevor aber die MarkenRL in deutsches Recht umgesetzt und die alte Rechtslage reformiert werden konnte, wurde durch die deutsch-deutsche Wiedervereinigung ein Zwischenschritt erforderlich. Durch den Beitritt der neuen Länder mußte unter anderem die Frage der Harmonisierung der Rechtslage beim Kennzeichenschutz gelöst werden. Es galt Antworten zu finden hinsichtlich der Integration von DDR-Marken in das bundesrepublikanische Recht, der Schutzerstreckung auf das jeweils andere Territorium sowie der Kollision von Schutzrechten aus den unterschiedlichen Ländern. Den ersten, aber lediglich vorläufigen Schritt machte der Einigungsvertrag, der es beim Status quo hinsichtlich der Altrechte beließ und lediglich für neue Marken

163 So wollte der deutsche Gesetzgeber mit der Markenrechtsreform ausdrücklich den internationalen Strömungen Rechnung tragen, was sich auch bei der Auslegung der Normen niederschlagen muß, vgl. Amtl.Begr. BT-Drucks. 12/6581 S.59 f, .dazu sogleich unter 4. Zum Verhältnis des TRIPs-Abkommens zum europäischen Recht vgl. auch EuGH NJW 1999, 2103.

eine Erstreckung auf das gesamte Staatsgebiet vorsah[164]. Endgültige Regelungen sollten dem gesamtdeutschen Gesetzgeber vorbehalten bleiben, der seiner Aufgabe mit dem Erstreckungsgesetz nachkam[165].

Das Erstreckungsgesetz[166] versuchte nun die Rechtseinheit durch einige wenige Grundsätze herzustellen[167]. Wesentlich war dabei insbesondere der gewährte Bestandsschutz für alle zur Zeit der DDR erlangten Schutzrechte und die jeweilige Erstreckung der Marken aus den alten bzw. neuen Ländern auf das andere Bundesgebiet, ohne daß es eines Antrags oder sonstiger zusätzlicher Erfordernisse bedurfte. Ergaben sich daraus - wie zu erwarten war - Kollisionen, sollte eine Benutzung im jeweils anderen Territorium nur mit Zustimmung des dortigen Markeninhabers möglich sein. Bei Verweigerung der Zustimmung sollte es bei der territorialen Begrenzung des Schutzrechtes bleiben, § 30 ErstrG[168]. Allerdings ging der Gesetzgeber davon aus, daß sich die Unternehmen weitestgehend im Vorfeld etwaiger Konflikte einigen würden.

Unter anderem um den Unternehmen die Gestaltung einer solchen Vereinbarung zu erleichtern, wurde die Gelegenheit zur teilweisen Überarbeitung des WZG ergriffen und über § 47 ErstrG die seither in der Bundesrepublik bestehende und sogar dem ordre public zugerechnete Akzessorietät zwischen Marke und Geschäftsbetrieb quasi beiläufig aufgehoben. Diese Hilfestellung für den innerdeutschen Bereinigungsprozeß sollte der Grund für die Gesetzesänderung sein[169]. Die ausschlaggebenden Motive lagen aber auf einer anderer Ebene. Ausgangspunkt war die sich vom WZG unterscheidende Rechtslage in der DDR, welche die freie Übertragbarkeit von Marken vorsah und eine einheitliche Regelung für das gesamte Bundesgebiet erforderlich machte. Bei der Überlegung, welche gewählt werden sollte, nahm man Bezug auf die internationalen Entwicklungen und der sich abzeichnenden europäischen Gemeinschaftsmarke, die beide in Richtung freier Übertragbarkeit wiesen[170]. Zudem wurde man unterstützt von den Stellungnah-

---

164 Abgesehen von den Änderungen, mit denen das Verfahrensrecht und insbesondere der Rechtsschutz bereits zum Großteil angeglichen wurde, vgl. Adrian in: Adrian/Nordemann/Wandtke, Erstreckungsgesetz (1992) S.11 (15)

165 vgl. Adrian in: Adrian/Nordemann/Wandtke, Erstreckungsgesetz (1992) S.11 (11 ff)

166 BGBl. I 1992, 938 = Bl.f.PMZ 1992, 202 = GRUR 1992, 749

167 Zur Entstehungsgeschichte Mühlendahl/Mühlens GRUR 1992, 725 (729 f)

168 Allerdings schätze man die Gefahr nicht allzu hoch ein. Man ging davon aus, daß die meisten der ca. 20.000 registrierten Marken der neuen Bundesländer vom selben Inhaber auch im übrigen Bundesgebiet gehalten wurden, vgl. Amtl. Begr. zum ErstrG, Bl.f.PMZ 1992, 213 (215). Der BGH übertrug diesen Grundsatz aber weder auf den Firmen- noch Titelschutz. In beiden Fällen ging er nach den Grundsätzen bei Gleichnamigen vor, BGHZ 130, 134 (137 ff)-Ass; BGH ZIP 1997, 1353-BZ / Berliner Zeitung; **a.A.** Knaak GRUR Int 1993, 18 (23 f).

169 Amtl. Begr. zum ErstrG, Bl.f.PMZ 1992, 213 (218, 247) = BT-Drucks. 12/1399, S.1 ff = GRUR 1992, 760 (765, 793 f).

170 Amtl. Begr. zum ErstrG, Bl.f.PMZ 1992, 213 (247) = GRUR 1992, 760 (794). Dies ist insofern besonders bemerkenswert, als die zu diesem Zeitpunkt bereits erlassene Harmonisierungsrichtlinie der EG gerade von keiner Regelung hinsichtlich der freien Übertragbarkeit wußte, konnten die Mitgliedsstaaten in diesem Punkt gerade keine Einigung erzielen. Somit bestand kein Anpassungsdruck. **Anders** beurteilt Kunz-Hallstein die Rechtslage. Er sieht in § 5 ErstrG die Beibehaltung des Grundsatzes aus dem Einigungsvertrag, der für DDR-Marken weiterhin das DDR-Recht für anwendbar erklärte, Kunz-Hallstein GRUR 1993, 439 (441). Dieser Sichtweise steht aber der Wortlaut des § 5 ErstrG entgegen, welcher grundsätzlich von der Anwendung

men einschlägiger Kreise, deren Ansichten im Vorfeld zu Rate gezogen wurden. Im Ergebnis wollte man sich dieser Tendenz nicht verschließen und sah die Möglichkeit, durch die Anpassung der Rechtslage an diese Entwicklung den innerdeutschen Bereinigungsprozeß bei kollidierenden Marken zu unterstützen[171].

In der Praxis wurde die Entscheidung teilweise mit großer Skepsis aufgenommen. Man wollte dem Verzicht auf das seither als grundlegend erachtete Prinzip keinen Glauben schenken[172]. Auch war die Rechtsprechung sehr vorsichtig mit der Beurteilung der sich daraus ergebenden Folgen[173]. Man vermochte nicht abzuschätzen, wie sehr der „Federstrich des Gesetzgebers" ganze Bücher der Rechtswissenschaft zur Makulatur werden ließ. Schließlich sah man Auswirkungen der Akzessorietät in den unterschiedlichsten Bereichen des Kennzeichenrechts[174]. Die Wirtschaft begrüßte die Regelung[175].

4. Das neue Markenrecht

Nach dem mit der Angleichung der deutsch-deutschen Rechtslage notwendig gewordenen Zwischenschritt konnte sich der Gesetzgeber der überfälligen Reform des Markenrechts widmen[176]. Dabei wollte er jedoch nicht bei der Umsetzung der Harmonisierungsrichtlinie stehen bleiben. Vielmehr nahm er die notwendig gewordene Anpassung des WZG zum Anlaß, das Recht für sämtliche im geschäftlichen Verkehr verwandten Kennzeichen neu zu organisieren und ein gänzlich überarbeitetes Gesetz zu erlassen. Dieser Prozeß[177] wurde mit der Veröffentlichung des Gesetzes über den Schutz von Marken und sonstigen Kennzeichen (MarkenG) am 25. Oktober 1994 abgeschlossen[178]. Das Gesetz trat am 1. Januar 1995 in Kraft, wurde allerdings insbesondere durch das Änderungsgesetz vom 19. Juli 1996 bereits wieder überarbeitet, um Er-

---

bundesdeutschen Rechts ausgeht und nur für 2 Ausnahmen das Recht der DDR weiterhin als maßgeblich erachtet. Andernfalls hätte § 5 ErstrG keine Bedeutung.

171 Amtl. Begr. zum ErstrG, Bl f PMZ 1992, 213 (247) = GRUR 1992, 760 (794).

172 Vgl. Albrecht GRUR 1992, 660 (660, 661 f); Ahrens GRUR 1995, 635 (636)

173 So entschied der BGH, daß die nunmehr eröffnete Möglichkeit zur freien Übertragung ein künftiges Freihaltebedürfnis begründen könnte, BGH GRUR 1993, 43 (45)-Römigberg

174 vgl. Kunz-Hallstein GRUR 1993, 439 (441 ff), der einen Überblick liefert, wo sich überall die Bindung an den Geschäftsbetrieb wiederfand.

175 Denn seitens der Wirtschaft bestand ein erhebliches Bedürfnis nach Markenübertragungen. So wurde trotz des unter dem WZG bestehenden Risikos versucht, Marken zu veräußern, vgl. dazu o. 1.b. Wie groß dieses Interesse war, läßt der Beitrag von Sefzig erahnen, der mit Vehemenz dafür eintrat, die neue Rechtslage auch auf Altfälle zu übertragen, allerdings ohne auf den Gesichtspunkt der Rechtssicherheit bei der von ihm angenommenen Schwebezeit einzugehen, Sefzig GRUR 1993, 711 (712).

176 Immerhin setzte die Harmonisierungsrichtlinie ursprünglich für die Umsetzung eine Frist bis Ende 1991, Art. 16 I MarkenRiLi, die zwar bis Ende 1992 verlängert wurde, trotzdem aber noch auf eine Umsetzung in vielen Ländern harrte. Zwar gab es bereits seit den 50er Jahren Bestrebungen „in unterschiedlicher Intensität", das WZG grundsätzlich zu überarbeiten, Begr. zum MarkenG BT-Drucks.12/6581 S.54. Es bedurfte aber erst des europäischen Anstoßes, um das Unterfangen endlich in die Tat umzusetzen.

177 So legte das BMJ verschiedene Entwürfe vor, den ersten am 23.2.1993, GRUR 1993, 559 sowie weitere am 15.6.1993 und 9.8.1993

178 BGBl. I 1994, S.3082

gänzungen hinsichtlich der in der Zwischenzeit erlassenen Gemeinschaftsmarkenverordnung vorzunehmen[179].

Inhaltlich setzte sich der Gesetzgeber ausdrücklich das Ziel, neben der Umsetzung der europäischen Vorgaben das Recht sowohl neu zu strukturieren als auch auf die internationalen Entwicklungen abzustimmen, namentlich auf die europäische Gemeinschaftsmarke[180] und das sich abzeichnende TRIPs-Abkommen[181]. Der Inhalt des Gesetzes leitet sich folglich teilweise von den Bestimmungen der MarkenRL ab, andere Teile rühren aber ausschließlich vom Reformwillen des Gesetzgebers her. Bei der Suche nach der Bedeutung einer Norm kommt es daher wesentlich darauf an, das vom Gesetzgeber mit der Regelung verfolgte Ziel zu ermitteln. Im Ergebnis soll das MarkenG zu einer „grundlegenden Neuorientierung des deutschen Markenrechts" führen, auf das viele der alten Grundsätze des WZG nicht mehr angewandt werden können[182].

Änderungen, die durch das MarkenG eingeführt wurden, sind in nahezu allen Bereichen zu finden. Sie betreffen die Markenfähigkeit, die wesentlich erweitert wurde, § 3 MarkenG, die Gleichachtung unterschiedlicher Entstehungstatbestände, § 4 MarkenG, den Schutzumfang, der über die bisherige Gleichartigkeit hinaus reicht, §§ 9 I Nr.2, 14 II Nr.2 MarkenG. Hinzu tritt der ins MarkenG aufgenommene Schutz bekannter Marken, §§ 9 I Nr. 3, 14 II Nr. 3 MarkenG. Das Markenrecht ist außerdem nunmehr ausschließlich dem Zeicheninhaber zugewiesen, was sich unter anderem in der Erweiterung der Verletzungshandlungen widerspiegelt, § 14, I, III, IV MarkenG. Gleichfalls wurden die Grenzen des Schutzes neu gefaßt bzw. erstmals gesetzlich geregelt und insbesondere eine lediglich EU-weite Erschöpfung vorgesehen, § 24 MarkenG. Eine wesentliche Änderung ist ferner die erhebliche Erweiterung wirtschaftlicher Verwertbarkeit durch das Beibehalten der mit dem ErstrG eingeführten Eigenständigkeit der Marke, § 27 I MarkenG, sowie durch die Möglichkeit ihrer Belastung und Lizenzierung, §§ 29, 30, 31 MarkenG. Hinzu kam die Eingliederung von geschäftlichen Kennzeichen, § 5 MarkenG[183], die separate Regelung geographischer Herkunftsangaben, §§ 126 ff MarkenG, und international registrierter Marken, §§ 107 ff MarkenG. Verfahrensrechtlich ist insbesondere der Übergang vom Vorprüfungs- auf ein nachgeschaltetes Widerspruchsverfahren zu nennen, § 42 MarkenG[184].

179 BGBl. I 1996, S.1014; in Kraft getreten am 25.7.1996. Zu sonstigen Änderungen des Gesetzes vgl. Fezer MarkenR Einl RN 11

180 Amtl.Begr. BT-Drucks. 12/6581 S.56.

181 Amtl.Begr. BT-Drucks. 12/6581 S.59 f.

182 Amtl.Begr. BT-Drucks. 12/6581 S.56, 59. Dieses Ergebnis wollten nicht alle Stimmen in der Literatur hinnehmen, sondern versuchten mehrfach, alten Wein in neue Schläuche zu füllen, vgl. nur Schmieder NJW 1997, 2908; v.Gamm WRP 1993, 793; dazu auch oben FN 44.

183 Diese sollten ursprünglich sogar gänzlich den Marken gleichgestellt werden. Doch aufgrund Bedenken der vorab um Stellungnahmen gebetenen Kreise wurde darauf verzichtet. Der Einwand, man würde ohne Not einen ausgewogenen Stand der Rechtsentwicklung aufgeben, hielt den Gesetzgeber von der Harmonisierung ab, Amtl.Begr. BT-Drucks.12/6581 S.61; vgl. hierzu auch Knaak in: FS Beier (1996) S.243; Lehmann, in: FS Beier (1996) S.279; **kritisch** hierzu Tilmann ZHR 158 (1994), 371 (376 f).

184 Zu den hier nicht abschließend aufgelisteten Änderungen durch das MarkenG vgl. die Darstellungen von Ingerl WiB 1994, 109; Ingerl/Rohnke NJW 1994, 1247; v.Gamm WRP 1993, 793; ders. GRUR 1994, 775; Brandi-Dohrn BB 1994, Beil.16; Schmieder NJW 1994, 1241; Dreiss Mitt. 1995, 1

II. Zusammenfassung

Nach einem langen Vorlauf existiert in Deutschland mit dem Markengesetz eine grundlegende Überarbeitung des bisherigen Kennzeichenrechts. Manche der nach der alten Rechtslage grundlegenden und das WZG prägenden Prinzipien wurden aufgekündigt und an eine moderne Sicht angepaßt, die sich international durchgesetzt hatte. Auf diese Weise wurde der Marke erstmals rechtlicher Schutz gemäß ihrer wirtschaftlichen Bedeutung zuteil.

So war unter dem WZG noch das Verständnis vorherrschend, daß die Marke allein der Produktunterscheidung und dem Hinweis auf die betriebliche Herkunft dient. Dies wurde wesentlich an der akzessorischen Bindung der Marke an den Geschäftsbetrieb festgemacht. Doch schon damals wurde erkannt, daß man auf diese Weise der wirtschaftlichen Rolle der Marke nicht gerecht wurde. So versuchte man, dies über das Wettbewerbsrecht bzw. das BGB zumindest für bekannte und berühmte Zeichen zu kompensieren. Schon hier zeigte sich eine erste Kluft zum parallel forcierten internationalen Markenschutz, der bereits seit der Den Haager Revisionskonferenz zur PVÜ von 1925 den Schutz notorisch bekannter Marken dem Kennzeichenrecht zuordnete, Art. 6bis PVÜ. Daß dieser Bruch sich nicht ausweitete, muß wesentlich der auf internationalen Ebene stockenden Kompromißbereitschaft für weitere Veränderungen zugeschrieben werden. Mit der Zeit wuchs jedoch der wirtschaftliche Druck auf das WZG. Eine der Folgen war, daß manche der Regelungen extensiv ausgelegt wurden. Trotzdem verblieben zahlreiche unbefriedigende Lösungen. Wenngleich nationale Reformüberlegungen vorhanden waren, setzte hier nun der europäische Integrationsprozeß ein. Dem Gedanken eines einheitlichen Binnenmarktes folgend schuf man in Brüssel sowohl eine europäische Marke als auch suchte man die nationalen Markenrechte zu harmonisieren. Gezwungenermaßen mußte sich nun auch der deutsche Gesetzgeber ans Werk machen. Dieser nutzte die Gelegenheit zu einer gründlichen Überarbeitung, bei der er nicht nur dem Zwang zur Harmonisierung genüge leistete. Vielmehr wurde das Recht am internationalen Standard ausgerichtet, wie er sich einerseits in der EU-Marke, andererseits im inzwischen auf internationaler Ebene abgeschlossenen - erheblich durch wirtschaftliche Notwendigkeiten initiierten - TRIPs-Abkommen manifestiert hatte. Das Ergebnis findet sich im MarkenG, dessen Inhalt daher wesentlich vom internationalen Hintergrund her zu verstehen ist.

In Abkehr von der Sichtweise des WZG stellt die Marke nunmehr ein eigenständiges Immaterialgut dar. Es wurde weitgehend dem Wettbewerbsrecht entrissen[185] und im wesentlichen den übrigen gewerblichen Schutzrechten gleichgeordnet. Niedergeschlagen hat sich dies unter anderem in den Regelungen zur Marke als Gegenstand des Vermögens, §§ 27-31 MarkenG. Hierdurch wurde nicht zuletzt die Möglichkeit geschaffen, daß sich die Frage lohnt, ob und wie Marken als Sicherungsmittel verwandt werden können. Etwas, das unter dem WZG noch undenkbar war.

185 ausführlich dazu sogleich unter C.I.2.

C. DER ANERKANNTE MARKENWERT (BONITÄT)

Obwohl schon zur Zeit des WZG bekannt war, daß Marken einen erheblichen Wert besitzen können, wurde dieser Aspekt rechtlich nicht anerkannt, geschweige denn geschützt[186]. Inwieweit sich dies mit dem neuen MarkenG geändert hat und Marken eine für Kreditsicherungsmittel hinreichende Bonität besitzen, ist daher die erste der sich anknüpfenden Fragen. Sie beinhaltet einerseits die Suche nach den Belegen eines nunmehr gegebenen rechtlichen Schutzes des Markenwerts. Andererseits interessiert, wie der Wert einer Marke festgestellt werden kann.

I. Die rechtliche Anerkennung und der Schutz des Markenwerts

Ansatzpunkte im Gesetz, die für einen Wandel bei der rechtlichen Beurteilung des Markenwerts stehen können, sind zahlreich vorhanden. Sie finden sich insbesondere in § 14 und im 5.Abschnitt des 3.Teils des MarkenG.

1. Die Marke als ausschließliches Recht, § 14 I MarkenG

Mit § 14 I MarkenG findet sich erstmals eine Bestimmung im Gesetz, nach der Marken ausdrücklich als ausschließliche Rechte deklariert werden. Aber schon nach dem WZG maß man den Marken dieselbe Rechtsnatur bei[187]. Insofern läge es nahe, in dieser Änderung keinen Hinweis auf eine gewandelte Rechtslage zu erblicken. Doch entspricht dies nicht weniger als dem Fundament für den rechtlichen Schutz des Markenwerts. Denn durch die ausschließliche Zuweisung an den Inhaber handelt es sich um ein subjektives Recht. Als solches dient es nicht ordnungspolitischen Aufgaben, wie sie dem Wettbewerbsrecht zu eigen sind[188]. Vielmehr stellen subjektive Rechte ein wesentliches Instrument zur Selbstorganisation des Zusammenlebens dar[189]. Verdeutlicht wird dies durch die Möglichkeit zur Verteidigung der Rechtsposition gegen Eingriffe Dritter[190]. Als Mittel der Selbstorganisation und durch die vor Eingriffen Dritter geschützte Monopolisierung dient die Marke gerade keinem Interessenausgleich, wie er das Ziel

---

186 Vgl. dazu oben B.I.1.a.cc.(3), Baumbach/Hefermehl WZG Einl RN 9 ff; Busse/Starck WZG Einl RN 1.

187 Vgl. Baumbach/Hefermehl WZG Einl RN 27

188 Insofern verwundert das zumindest Verständnis, es handle sich beim Markenrecht um eine Spezialmaterie des Wettbewerbsrechts, vgl. die Nachweise bei Baumbach/Hefermehl UWG, Allg RN 108 ff; dies auch heute noch vertretend Ingerl WRP 2004, 809 (810). Näher zum etwas widersprüchlichen Einordnung der Marke als Teil des Wettbewerbsrechts sogleich unter 2.

189 Larenz/Wolf BGB AT (8.A) § 14 RN 8, 5

190 Ob sich die Ausschließlichkeit darin erschöpft, Dritten zu verbieten, das Zeichen zu gebrauchen, oder ob es gleichfalls ein positives Benutzungsrecht beinhaltet, mag mit der nunmehr herrschenden Meinung dahingehend beantwortet werden, daß auch letzteres gewährleistet wird, zum Nachweis der h.M. vgl. Fezer MarkenR § 14 RN 12; Ingerl/Rohnk § 14 RN 9; zur früher h.M. Baumbach/Hefermehl WZG Einl RN 30. Als Argument ist gerade der grundsätzliche Inhalt eines subjektiven Rechts anzuführen, welcher regelmäßig auch die positive Verfügungberechtigung einschließt. Ein Grund, weshalb dies hier anders sein sollte, ist nicht ersichtlich. Die von Ingerl/Rohnke geäußerten Bedenken, es würde unnötig die Gefahr von Mißverständnissen heraufbeschworen, Ingerl/Rohnke § 14 RN 9, sind zwar nicht von der Hand zu weisen. Aber die Verwirrung, die sich aus den Schwierigkeiten bei der Bestimmung der Grenzen des Benutzungsrechts ergibt, darf nicht zur Einschränkung der Rechtsposition des Markeninhabers führen.

des Wettbewerbsrechts ist[191]. Statt dessen wird dem Inhaber ermöglicht, in dem Zeichen einen Wert aufzubauen. Daran vermögen auch die Einschränkungen des subjektiven Rechts nichts zu ändern, nach welchen ältere Rechte Dritter, sonstige Benutzungstatbestände[192] oder andere Grenzen die Handlungsfreiheit des Markeninhabers beschneiden. Denn sie beeinträchtigen nicht das Wesen des subjektiven Rechts, sondern bilden lediglich seine negative Ausgestaltung.

2. *„Marken als Gegenstand des Vermögens"*

Noch einen Schritt weiter geht die amtliche Überschrift des 5.Abschnitts des 3.Teils des MarkenG. Nach ihr wird die Marke quasi als Vermögensrecht postuliert[193]. Als Teil des juristischen Vermögens muß dem Recht zwar kein wirtschaftliches Äquivalent entsprechen[194]. In aller Regel kommt ihm aber eine geldwerte Bedeutung zu. Folglich kann aus diesem Umstand die Anerkennung eines Markenwerts vermutet werden.

Die Einordnung als Vermögensrecht ist allerdings ebenfalls keine Neuerung des MarkenG. Bereits unter dem WZG wurde die Marke als Immaterialgut und infolgedessen als Gegenstand des Vermögens betrachtet[195]. Bestätigt wurde diese Ansicht durch das BVerfG, das in seiner Entscheidung „Weinbergsrolle" die Marke unter Art.14 I 1 GG subsumierte[196]. Vor diesem Hintergrund überrascht, daß trotzdem das Markenrecht weiterhin als Teil des Wettbewerbsrechts, insbesondere des UWG, begriffen wurde[197]. Denn dessen Schutzzweck wird überwiegend in einem Sammelsurium unterschiedlicher Interessen gesehen, welche wechselseitig gegeneinander abzuwägen sind[198]. Indem aber das UWG auf die unterschiedlichen Interessen der einzelnen Wettbewerber, der Verbraucher und der Allgemeinheit abstellt, kann es keinem der beteiligten Kreise ein ausschließliches Recht zusprechen, wie es bei einem dem Eigentum gleich geachte-

---

191 Zur Einordnung des Wettbewerbsrechts vgl. Baumbach/Hefermehl UWG (21.A) Einl. RN 42 ff, die ähnlich wie hier aber die Meinung vertreten: „Die Zuweisung ausschließlicher Herrschaftspositionen widerspricht dem Wesen des Wettbewerbs." Baumbach/Hefermehl UWG (21.A) Einl RN 49. Sie schließen daraus, daß das Wettbewerbsrecht keine subjektiven Rechte begründen kann.

192 Wie beispielsweise in § 23 MarkenG geregelt.

193 Zwar muß die Formulierung ihrem Wortlaut und Stellung nach nicht zwangsläufig die Einordnung als Vermögensrecht bedingen. Maßgeblich ist insofern der Regelungsinhalt der nachfolgenden Normen. Doch kann aufgrund der Funktion einer Überschrift als Hinweis auf das Folgende davon ausgegangen werden, daß der Gesetzgeber den Titel bewußt als Feststellung gebrauchen wollte. Daß dabei auf den wirtschaftlichen Vermögensbegriff verwiesen werden sollte und nicht auf den rechtlichen, wäre mehr als nur verwunderlich, vgl. zu den Unterschieden Larenz/Wolf BGB AT (8.A) § 21 RN 2 f.

194 Vgl. Larenz/Wolf BGB AT (8.A) § 21 RN 2, 7 ff mwN

195 Zum Wandel der Sichtweise vom Persönlichkeitsrecht zum Immaterialgut vgl. Götting in: FS Beier (1996) S.233 mwN

196 BVerfGE 51, 193 (217 f) = GRUR 1979, 773 = NJW 1980, 383 Das Gericht stellte dabei fest, daß das Zeichen gerade nicht lediglich auf die Herkunft verweisen will, sondern auch Ausdruck eines Leistungswillens des Zeicheninhabers sei. Die Rspr. wurde später auf die Ausstattung ausgedehnt, BVerfGE 78, 58 (71 ff)-Weinbergsrolle II.

197 vgl. Baumbach/Hefermehl WZG Einl RN 44 mwN

198 Sog. sozialrechtliches Verständnis des UWG, vgl. die Nachweise bei Baumbach/Hefermehl UWG (21.A) Einl RN 42. Eine andere, meines Erachtens schlüssigere Ansicht sieht den Zweck des UWG im Schutz des Wettbewerbs als Institution, Emmerich, Unlauterer Wettbewerb (5.A) S.14 f; Baumbach/Hefermehl UWG Einl RN 51.

ten Vermögensrecht der Fall ist. Dies widerspräche dem interessenausgleichenden Charakter des UWG[199]. Insofern ist es nicht nachzuvollziehen, wie Marken einerseits als Vermögensrechte, andererseits als Teil des Wettbewerbsrechts eingeordnet werden konnten[200]. Man muß daher an der Ernsthaftigkeit des vermögensrechtlichen Verständnisses zweifeln. Dieser Eindruck verstärkt sich zudem, weil der Marke – obwohl Vermögensrecht - keine rechtlich (eigenständige) Bedeutung für das Vermögen beigemessen wurde, sondern dieser lediglich in das wirtschaftliche Verständnis der Marken verbannt wurde.

Vor diesem Hintergrund ist es zu begrüßen, daß im neuen Markengesetz durch die Überschrift eines eigenen Unterabschnitts deutlich gemacht wird, um welche Rechtsart es sich bei den Marken handelt. Es müssen nur die sich daraus ergebenden Konsequenzen anerkannt werden.

3. *Die freie Übertragbarkeit von Marken, § 27 I MarkenG*

Die Übertragbarkeit von Gütern vermag zwar keine unmittelbare Aussage über die rechtliche Anerkennung ihrer immanenten Werte zu treffen. Sie regelt aber mit der Verfügbarkeit und Verkehrsfähigkeit zwei Bereiche, die damit in engem Zusammenhang stehen. Denn kein Verkehr von Gütern findet ohne Markt statt und keine Veräußerung erfolgt, ohne daß eine Person gewillt wäre, eigenes Vermögen für den Erwerb aufzuwenden. Folglich stellt die Übertragbarkeit eine, wenn nicht gar die wesentlichste Voraussetzung dar, wie ein Gut seinem Wert entsprechend vermarktet werden kann und impliziert, daß eine Verfügung über das Gut lohnt.

Doch selbst hier schuf das MarkenG nichts gänzlich Neues. So war es dem Markeninhaber unter dem WZG erlaubt, sein Recht gemeinsam mit dem dazugehörenden Geschäftsteil zu übertragen, § 8 I 1, 2 WZG. Trotzdem wurde dieser Umstand aber nicht als Indiz für die Anerkennung des Markenwerts erachtet. Denn man verstand die Attraktivität einer Marke lediglich als Reflex ihrer Herkunft aus einem bestimmten Betrieb, der sich für das Produkt verantwortlich zeichnete. Die Marke sollte daher allein auf das als entscheidend erachtete Herkunftsunternehmen hinweisen, ihr selbst wurde rechtlich kein eigener Wert beigemessen[201].

Durch die Einführung der isolierten Übertragbarkeit von Marken läßt sich an dem früheren Verständnis nicht mehr festhalten[202]. Durch die eigenständige Verkehrsfähigkeit ist für die Veräuße-

---

199 Selbst wenn man versuchte, das Markenrecht in der Weise als Teil des UWG zu verstehen, als es der Konkretisierung des mit umfaßten Individualinteresse der Wettbewerber entsprechen soll, könnte es nicht mit dem Gedanken des UWG in Einklang gebracht werden. Denn durch die Isolierung eines Interesses würde die gegenseitige Abhängigkeit aller Interessen aufgehoben. Sie soll jedoch gerade kennzeichnend für das UWG sein. Dies kann auch nicht durch die nachträgliche Wiedereinbindung in den wechselseitigen Zusammenhang der Interessen kaschiert werden. Einerseits ändert sich dadurch nichts an der dem UWG wesensfremden Art des Markenrechts. Andererseits wird lediglich eine Selbstverständlichkeit ausgesprochen, weil Marken als Instrument wettbewerbsrelevanter Betätigung zwangsläufig den Regeln des Wettbewerbs unterliegen müssen; ähnlich insoweit Baumbach/Hefermehl UWG (21.A) Einl. RN 49 f.

200 Ähnlich Kraft GRUR 1980, 416 (419); a.A: weiterhin Lehmann in: FS Beier (1996) S.279 (280)

201 Ausführlich dazu oben B.I.1.a.bb. und cc.(3). Daß diese Sichtweise selbst nicht einmal mehr mit der tatsächlichen Handhabe übereinstimmte, zeigen die geringen Anforderungen, die an den zu veräußernden Geschäftsbetrieb gestellt wurden, dazu ebenfalls oben B.I.1.b.

202 Hingegen sollen Geschäftskennzeichen nach § 5 MarkenG weiterhin nicht übertragbar sein. Denn nach dem Willen des Gesetzgebers sollte die Regelung des früheren § 16 UWG ohne inhaltliche Änderung in das

rung nicht mehr länger der produzierende Geschäftsbetrieb erforderlich. Damit kann und muß der Marke der bei einer Veräußerung erzielte Wert unmittelbar zugerechnet werden. Er darf nicht länger künstlich auf den vielfach lediglich als Beiwerk mitveräußerten Unternehmensteil projiziert werden.
Daß in der neuen Rechtslage ein Bruch zur früheren Sichtweise zu sehen ist, läßt sich zudem aus der Entstehungsgeschichte der isolierten Übertragbarkeit ableiten. Bereits mit dem ErstrG eingeführt gedachte man im Vorgriff auf die beabsichtigte Reform des Markenrechts die nationale Regelung an der Gemeinschaftsmarke und dem TRIPs-Abkommen auszurichten[203]. Man wollte einen möglichst parallelen Rechtsschutz erreichen. Insofern wurde bewußt eine neue Rechtslage geschaffen, die nicht in der Tradition des deutschen Kennzeichenrechts steht.
Folglich kann der bereits seit langem der wirtschaftlichen Realität entsprechende Erlös bei Veräußerung auch nach rechtlichem Verständnis nicht länger als Gegenwert einer Marke geleugnet werden.

Doch nicht sämtliche Autoren sehen den Bruch zur alten Rechtslage in dieser Schärfe. So wird von Fezer weiterhin bestritten, daß die Marke gänzlich vom Geschäftsbetrieb gelöst wurde. Nach seiner Ansicht soll statt der Akzessorietät nunmehr eine Konnexität zwischen Marke und Geschäftsbetrieb bestehen. Dies meint eine gleichsam losere Bindung, stellt aber ebenso eine Einschränkung der Maxime gänzlicher Eigenständigkeit der Marke dar[204]. Zur Begründung verweist Fezer einerseits auf § 27 II MarkenG, wonach im Zweifel mit Übergang des Geschäftsbetriebs auch die Marke abgetreten wird. Andererseits macht er seine Ansicht an § 3 I MarkenG fest, weil ein Markenrecht die Absicht des Inhabers voraussetze, das Zeichen zur Unterscheidung von Waren oder Dienstleistungen zu verwenden[205].
Dieser Meinung ist aber zu widersprechen. Denn § 27 II MarkenG ist nicht Ausdruck einer weiterhin bestehenden Bindung der Marke an den Betrieb. Vielmehr will die Norm an der weiterhin bestehenden Herkunftsfunktion anknüpfen und ihr bei der Auslegung von Geschäften im Zweifel das entscheidende Gewicht einräumen. Genauso spricht § 3 I MarkenG nur abstrakt von der Eignung zur Unterscheidung, nicht aber von einer Benutzungsabsicht als Voraussetzung für den

MarkenG integriert werden, Amtl. Begr. BT-Drucks. 12/6581 S.61, 67. Es werden aber in der Literatur vermehrt Stimmen laut, die zumindest teilweise die Gleichbehandlung mit den Marken fordern. Sie sehen im strikten Ausschluß ein Praktikabilitätshindernis und eine Systemwidrigkeit, welche durch Auslegung zu beheben sei, vgl. Ahrens GRUR 1995, 635 (636 ff); Decken in: FS Engelschall (1996) S.205 (212 ff); Ingerl/Rohnke Vor §§ 27-31 RN 5; dies. NJW 1994, 1247 (1255); **a.A.** Starck WRP 1994, 698 (700 f).

203 Amtl.Begr. BT-Drucks. 12/6581 S.59; ausführlich dazu oben B.I.3., 4. Damit handelt es sich bei der isolierten Übertragbarkeit gerade nicht um einen Umstand, der auf Druck der Harmonisierungsrichtlinie aufgenommen wurde, da sich die Mitgliedsstaaten damals nicht über eine entsprechende Regelung verständigen konnten. Bemerkenswert ist allerdings, daß in der Zwischenzeit sämtliche Staaten der EU die freie Übertragbarkeit der Marken in ihren nationalen Gesetzen kennen, Nachweis bei Fezer MarkenR § 27 RN 6. Dies zeigt die allgemeine Tendenz im Markenrecht zur freien Übertragbarkeit. Sie hat sich nicht zuletzt aufgrund des Art.21 TRIPs auch international durchgesetzt, vgl. Kur GRUR Int 1994, 987 (996); Knaak in: Die Neuordnung des Markenrechts in Europa S.19 (26); widersprüchlich Fezer, der bei Art.21 TRIPs-Abkommen einmal von einer in das Belieben der Verbandsstaaten gestellten Ermächtigung ausgeht, Fezer MarkenR § 27 RN 5, an anderer Stelle aber von einer Verpflichtung spricht, Fezer MarkenR Int MarkenR RN 28.

204 Fezer MarkenR § 3 RN 81; Fezer ist soweit ersichtlich der einzige, der diese These vertritt.

205 Fezer MarkenR § 3 RN 81 ff

Markenschutz. Folglich kann hierüber auch nicht eine Bindung an einen Geschäftsbetrieb begründet werden[206]. Neben dem Zweck der Normen sprechen weitere Aspekte gegen eine Konnexität. So soll nach § 31 MarkenG bereits das mit der Anmeldung begründete Anwartschaftsrecht übertragbar sein. Ebenso soll die Teilübertragung in Verbindung mit einer Markenteilung möglich sein, § 27 IV MarkenG. Beide Punkte lassen sich zwar auch mit der Konnexität in Einklang bringen. Doch lassen sie den Willen des Gesetzgebers auf eine größtmögliche Verfügungsfreiheit erkennen[207]. Es liegt daher der Schluß nahe, daß diese nicht wieder auf andere Weise, wie etwa der losen Anbindung an das Unternehmen, eingeschränkt werden soll. Schließlich spricht gegen eine Konnexität, daß die isolierte Übertragbarkeit, wie oben ausgeführt, gerade nicht in der Tradition des WZG steht, sondern in Anlehnung an die EU-Marke auf gänzlich anderen Überlegungen beruht. Die Gemeinschaftsmarke kennt aber keinerlei Bindung an einen Geschäftsbetrieb, genauso wenig wie das TRIPs-Abkommen, welches sich Deutschland einzuhalten verpflichtet hat. Daher ist selbst die lose Anbindung der Marke an den Geschäftsbetrieb im Wege einer Konnexität abzulehnen[208].

Folglich wurde mit der bewußten Entscheidung für die isolierte Übertragbarkeit und der damit einhergehenden Verkehrs- und Verfügungsfähigkeit ein weiterer Punkt in das Kennzeichenrecht aufgenommen, der für die rechtliche Anerkennung des Markenwerts spricht.

4. *Sonstige mögliche Verfügungsgeschäfte bei Marken*

Die konsequente Fortsetzung des Gedankens der freien Übertragbarkeit findet sich in den sonstigen, ebenfalls möglichen Verfügungsgeschäften wie der dinglichen Belastung, der Lizenzvergabe sowie der Teilbarkeit, §§ 29, 30, 46 MarkenG, die allesamt auch beim Anwartschaftsrecht aufgrund Anmeldung möglich sind, §§ 31, 40 MarkenG.

a) *Dingliche Belastbarkeit, § 29 MarkenG*

Läßt § 27 I MarkenG Marken aufgrund der unabhängigen Verkehrsfähigkeit zum selbständigen Vermögenswert werden, so ergänzt dies § 29 I MarkenG, der den Marken mit der dinglichen Belastbarkeit die sonstigen Verfügungsgeschäfte erschließt. Die Marke wird endgültig zum frei verfügbaren Immaterialgut und Vermögensobjekt.

Nach § 29 I Nr.1 MarkenG ist es sämtlichen Marken eröffnet, Gegenstand dinglicher Belastung zu werden. Dies umfaßt sowohl Sicherungsrechte, wie das explizit aufgeführte Pfandrecht, § 1273 I BGB, als auch Nutzungsrechte wie den Nießbrauch, § 1068 I BGB. Nicht hierunter zu subsumieren ist die Lizenzvergabe, die in § 30 MarkenG eine eigene Regelung erfahren

---

206 Bejahte man die Benutzungsabsicht, würde durch die Hintertür wiederum einen Geschäftsbetrieb zur Eintragungsvoraussetzung werden, und zwar in Form des Nachweises einer entsprechenden Absicht. Denn nur so wird man Waren oder Dienstleistungen im Verkehr anbieten können. Diese Konsequenz widerspricht aber dem ausdrücklichen Willen des Gesetzgebers, der gerade auf das Erfordernis verzichten wollte, Amtl. Begr. BT-Drucks. 12/6581 S.69.

207 siehe dazu auch die Begründung zum Gesetzentwurf, Amtl.Begr. BT-Drucks 12/6581 S.84.

208 Im Ergebnis ebenso Ingerl/Rohnke § 3 RN 11; § 27 RN 15.

hat[209]. Als Zeichen der umfassenden Verfügbarkeit werden die Marken zudem der Zwangsvollstreckung unterworfen[210].

Infolge dessen sind die Marken regelrecht zu einem Wirtschaftsgut geworden. Ihre freie und umfassende Verfügbarkeit eröffnet dem Inhaber die Chance, sie für die unterschiedlichsten Unternehmensstrategien einzusetzen.

b) Zulässigkeit der Lizenzvergabe, § 30 MarkenG

Die Tendenz zur freien Verfügbarkeit setzt sich mit der Berechtigung zur Vergabe von Lizenzen fort. So waren unter der Geltung des WZG lediglich schuldrechtliche Vereinbarungen zur Nutzungsüberlassung an Dritte möglich[211]. Das MarkenG gestattet nunmehr auch dingliche Lizenzen[212]. Ohne sie als solche zu benennen, folgt dies aus § 30 II MarkenG. Denn er räumt dem Lizenzgeber bei Verletzungen des Lizenzvertrages markenrechtliche Ansprüche ein. Sie erlauben dem Inhaber, selbst Dritten, die ihre Position vom Lizenznehmer ableiten, weiterhin die Rechte aus der Marke entgegenzuhalten[213]. Die dingliche Lizenzen läßt sich zudem an § 30 III, V MarkenG festmachen. Denn einerseits stehen dem Lizenznehmer - in Absprache mit dem Markeninhaber - markenrechtliche Ansprüche zu. Andererseits wird der Lizenz bei Veräußerung der Marke Bestandsschutz gewährt und damit ein quasi-dinglicher Charakter verliehen.

Mit § 30 III, IV MarkenG ging der Gesetzgeber über die bloße Umsetzung des Art.8 MarkenRL hinausging, auf welchem lediglich § 30 I, II MarkenG beruhen. Er orientierte sich statt dessen an Art.22 GMVO[214] und bekennt sich damit in besonderem Maße zum Prinzip der beschränkt-dinglichen Belastbarkeit. Die Regelung rundet auf diese Weise das Bild von der autonomen Verfügbarkeit ab.

---

209 Wenngleich es gute Gründe gäbe, daß auch schon von der Belastbarkeit die Berechtigung zur Vergabe von dinglichen Lizenzen umfaßt ist, vgl. Westermann, SachR (7.A) § 1 I, § 3 III mwN; Forkel (1977) Bd.I S.67 ff, insb. 71 ff.

210 Sämtliche Regeln gelten wiederum genauso für das Markenanwartschaftsrecht, § 31 MarkenG, sollen jedoch nach dem Willen des Gesetzgebers nicht auf die Geschäftskennzeichen anwendbar sein, vgl. Amtl.Begr BT-Drucks 12/6581 S.61

211 Wegen der Bindung an das Unternehmen sollten Marken nicht Gegenstand separater Rechte sein können. Zugestanden wurde aber die schuldrechtliche Gebrauchsüberlassung bei gleichzeitiger Abrede, den Anspruch wegen Verletzung des Markenrechts gegen den Dritten nicht geltend zu machen, vgl. dazu oben B.I.1.b., insb. FN 86 mwN.

212 Vgl. nur Fezer MarkenR § 30 RN 8; Ingerl/Rohnke § 30 RN 7. Daneben sind weiterhin auch obligatorische Lizenzen möglich. Insofern darf aber nicht derselbe Inhalt wie zur Zeit des WZG zugrunde gelegt werden. Durch die Möglichkeit zu absolut wirkenden Lizenzen besteht kein Bedürfnis mehr für ein weites Verständnis. Sie sind in Zukunft allein nach den allgemeinen vertraglichen Grundsätzen zu behandeln.

213 Regelmäßig würde das Inverkehrbringen der gekennzeichneten Produkte durch den Lizenzgeber zur Erschöpfung führen, da es mit Zustimmung des Markeninhabers geschah. Verletzt der Lizenznehmer nun aber sein Verpflichtungen, bestehen ihm gegenüber die markenrechtlichen Ansprüche nach § 30 II MarkenG, weshalb keine Zustimmung mehr vorliegt und Dritte sich wiederum nicht auf die Erschöpfung berufen können, vgl. Ingerl/Rohnke § 30 RN 32, Fezer MarkenR § 30 RN 25 ff.

214 Die Gemeinschaftsmarkenverordnung geht aber in der Verdinglichung zum Teil noch weiter. So wird insbesondere dem Inhaber einer ausschließlichen Lizenz ein von der Zustimmung des Markeninhabers unabhängige Klagemöglichkeit wegen Markenverletzungen zugestanden, Art.22 III 2 GMVO. Auch kann nach der GMVO die Lizenz fakultativ in das Register eingetragen werden, Art 22 V GMVO.

c) *Prinzip der Teilbarkeit, §§ 46, 40 MarkenG*

Ein weiterer Aspekt, den das WZG nicht kannte[215], ist die Teilbarkeit, §§ 40, 46 MarkenG. Durch sie hat es der Markeninhaber in der Hand, sein Recht nachträglich aufzuspalten, ohne dadurch einen Verlust seiner Rechtsposition zu riskieren. Die Übertragung ist nicht mehr nur als ganzes möglich, die Palette der Verfügungsmöglichkeiten wird zusätzlich erweitert.

Die Regelung geht weder auf die Harmonisierungsrichtlinie zurück, noch findet sich eine Entsprechung bei der Gemeinschaftsmarke oder dem TRIPs-Abkommen[216]. Sie ist daher allein ein Produkt der Reformüberlegungen des deutschen Gesetzgebers. Insofern kann sie für das Gesamtverständnis der Marke einen gewichtigen Beitrag leisten. Wenngleich in der Begründung zum Gesetzesentwurf lediglich auf Schwierigkeiten beim Eintragungsverfahren verwiesen wird[217], so lassen die Normen doch erkennen, daß insgesamt eine möglichst umfassende Verfügbarkeit angestrebt wurde. Denn wären verfahrensrechtliche Gründe die einzigen gewesen, hätte ein Teilverzicht bei der Anmeldung ausgereicht, einer teilweisen Übertragbarkeit hätte es nicht bedurft. Die Normen sind daher in einem engen Zusammenhang zu § 27 I MarkenG und zur teilweisen Lizenz nach § 30 I MarkenG zu sehen. Sie geben ein besonders beredtes Zeugnis von der nach dem Willen des Gesetzgebers möglichst umfassenden Disponibilität von Marken nach dem neuen MarkenG[218].

5. *Die Erweiterung des Schutzbereichs*

Einen weiteren Anhaltspunkt für den Wandel des Markenverständnisses bietet der Schutzbereich. Er erfuhr mit der Aufnahme des Schutzes bekannter Marken und der Ausdehnung des Schutzbereichs bei Verwechslungsgefahr eine erhebliche Erweiterung, welche das Bild des Markenrechts nachhaltig verändert hat.

a) *Schutz bekannter Marken, §§ 9 I Nr.3, 14 II Nr.3 MarkenG*

Eine erste wesentlicheAusdehnung des Markenschutzes erfolgte durch die Einbeziehung des Schutzes bekannter Marken nach §§ 9 I Nr.3, 14 II Nr.3 MarkenG[219]. Vormals war dieser Bereich aus dem Kennzeichenrecht ausgeklammert[220] und wurde über § 1 UWG bzw. §§ 823,

---

215 Nach dem WZG war eine Teilung nur in Form eines Teilverzichts und der teilweisen Löschung der Marke möglich. Der Rechtsinhaber mußte also, wollte er seine Markenstrategie in bestimmter Weise ändern, z.B. durch die Ausgliederung eines Geschäftsbereichs, den teilweisen Verlust seiner Priorität in Kauf nehmen, vgl. Baumbach/Hefermehl WZG § 8 RN 21 f.

216 zur Teilbarkeit in andern nationalen Markengesetzen vgl. die Zusammenstellung bei Klaka GRUR 1995, 713 (714)

217 Amt. Begr. BT-Drucks. 12/6581 S.91, 93

218 Zur Durchführung und Auswirkungen der Markenteilung vgl. Klaka GRUR 1995, 713.

219 Aus der äußerst umfangreichen Literatur zum Schutz bekannter Marken und den Neuerungen durch die §§ 9 I Nr.3, 14 II Nr.3 15 III MarkenG vgl. nur Ernst-Moll GRUR 1993, 8; Piper GRUR 1996, 429; Krings GRUR 1996, 624; Baeumer in: FS Beier (1996), S.227; Gamm in: FS Piper (1996), S.537; E.Keller (1994);Großner (1998); weitere Nachweise bei Fezer MarkenR § 14 vor RN 410; Ingerl/Rohnke § 14 vor RN 453.

220 vgl. dazu o. B.I.1.c. und d. Zum Schutz notorisch bekannter Marken hatte sich Deutschland als Mitglied der PVÜ durch dessen Art.6bis verpflichtet. Infolgedessen wurde differenziert nach bekannten (§ 1 UWG), noto-

1004 BGB geschützt.Mit der Einbeziehung in das MarkenG wurde der vormals lediglich außerhalb des Kennzeichenrechts gewährte Schutz der Wertschätzung einer Marke im Verkehr in das Markenrecht integriert und damit der Markenwert für diese Fälle, kennzeichenrechtlich anekannt.

Manche Autoren, darunter namhafte Größen des Kennzeichenrechts, bezweifelten anfangs die markenrechtliche Natur des Anspruchs[221]. Sie wollten ihn weiterhin dem Wettbewerbsrecht zuordnen und verstanden §§ 9 I Nr.3, 14 II Nr.3 MarkenG als Fremdkörper im Markenrecht. Den Normen sei für das Verständnis von Marken keine weitere Bedeutung beizumessen. Gegen diese Ansicht spricht bereits die systematische Stellung der Ansprüche im Markenrecht. Nicht zuletzt durch die Bezugnahme der nachfolgenden Absätze sind sie mit den übrigen Verletzungstatbeständen auf eine Stufe gestellt. Bestärkt wird dies durch Art. 6bis PVÜ, der den Schutz notorisch bekannter Marken als Teil des Kennzeichenrechts versteht[222]. Auch entspricht die neue Einordnung dem Willen des Gesetzgebers. Er gedachte mit der Regelung, sich bewußt vom früheren Verständnis abzuwenden und den „goodwill" der Marke zu schützen[223]. Folglich handelt es sich bei den §§ 9 I Nr.3, 14 II Nr.3 MarkenG um vollwertige markenrechtliche Regelungen[224]. Im Ergebnis führte dies zu einer anderen Qualität der Ansprüche: Beruhte der Anspruch nach § 1 UWG auf einer Interessenabwägung, so will das MarkenG dem Inhaber die mit der Marke erarbeitete Position als Frucht seiner Arbeit ausschließlich zuerkennen[225].

Jedoch existieren auch zu der Frage, wie weit der Schutz der Wertschätzung von Marken gem. §§ 9 I Nr.3, 14 II Nr.3 MarkenG reicht, unterschiedliche Ansichten[226]. Wesentliche Stimmen der Rspr. und Literatur vertreten die Ansicht, dass nur ein kennzeichenmäßiger Gebrauch untersagt werden kann[227]. Andere Autoren sehen jede Benutzung fremder Zeichen erfaßt[228], während eine

---

rischen (Art.6bis PVÜ) und berühmten (§§ 823 I, 1004 BGB) Marken, vgl. dazu Kur GRUR Int 1990, 605; Ernst-Moll GRUR 1993, 8; Sack BB 1993, 869.

221 etwa Gamm WRP 1993, 793 (794); ders. GRUR 1994, 775 (780); ders. in: FS Piper (1996) S.537 (538); Kraft GRUR 1989, 339 (340 ff).

222 vgl. dazu oben B.I.2.a.bb und B.II.

223 Amtl. Begr. BT-Drucks 12/6581 S.74 iVm. S.72

224 so auch die inzwischen weit überwiegende Meinung, vgl. nur Fezer MarkenR § 14 RN 410 ff; Althammer-Klaka § 14 RN 24; Ingerl/Rohnke § 14 RN 458; Lange RN 2231; vgl.a. Eichmann GRUR 1998, 201 (201); Pagenberg in: FS Beier (1996) S.317 (318).

225 Dies folgt nicht zuletzt aus der Systematik zu § 14 I MarkenG, der als Grundsatz vorangestellt wurde. Noch deutlicher wird dies an der Formulierung des Art.5 I MarkenRL, von welchem aus § 14 MarkenG her auszulegen ist. Durch die unterschiedlichen Zielsetzungen ist aber nicht zwingend von einer parallelen Anwendbarkeit der § 1 UWG und § 14 II Nr.3 MarkenG auszugehen (so aber Fezer MarkenR § 14 RN 411 f; Althammer-Klaka §14 RN 24). Vielmehr sprechen andere Gründe dafür, § 14 II Nr.3 MarkenG als lex spezialis zu sehen (vgl. hierzu Ingerl/Rohnke § 14 RN 521 ff; BGH GRUR 1999, 161 (162)-MAC Dog mwN).

226 Zum Nachweis der vertretenen Meinungen vgl. Fezer MarkenR § 14 RN 29 ff; Ingerl/Rohnke § 14 RN 491 f, 50 ff; Nägele (1999); Großner (1998) S.188 ff; Sosnitza WRP 2003,1186 (1188 f).

227 Vgl. nur BGH GRUR 1996, 68 (70)-cotton line; OLG München Mitt. 1996, 174 (175)-FAT TIRE; KG GRUR 1997, 295 (296)-alles wird teurer; OLG Hamburg WRP 1997, 106 (108, 110)-Gucci mwN; Piper GRUR 1996, 429 (434) mwN in FN 61; Sack GRUR 1995, 81 (93 ff); Keller GRUR 1996, 607 (608 ff) mwN; Kunz-Hallstein GRUR Int 1992, 81 (89 f); so wohl auch EuGH Slg.I 1999, 905 (906 Nr.2, 941 Nr.38) = WRP 1999, 407 = GRUR Int 1999, 438-BMW, der aber die Voraussetzung weit auslegt, dazu unten FN 245; weiterhin EuGH GRUR 2003, 55-Arsenal. Im Ergebnis ähnlich Ingerl GRUR 2002, 861, der zudem sehr gut die Schwierigkeiten bei der Bestimmung einer rechterverletzenden Benutzung herausarbeitet.

dritte Richtung zwischen den Nrn.1-3 des § 14 II MarkenG differenzieren möchte[229]. Der EuGH hat in seinen Entscheidungen eine Entwicklung hin zu einer zwar auf einen markenmäßigen Genrauch abstellenden, diesen Begriff aber weit auslegenden Ansicht durchlaufen. Neigte er anfangs einer Begrenzung auf den kennzeichnenden Gebrauch zu, lässt er in neueren Entscheidungen eine Verbindung zum Markeninhaber genügen[230]. Dieser Ansicht schloß sich nun auch der BGH an[231]. Gegen die anfangs u.a. vom EuGH vertretene Ansicht, dass nur ein auf den Hersteller hinweisender und damit im eigentlichen Sinn markenmäßiger Gebrauch erfasst sein soll, sprechen gewichtige Gründe[232]. Zu recht wurde sie daher zugunsten einem erweiterten Verständnis aufgegeben. In jedem Fall spricht die Integration der Regelung in das neue Gesetz für die Akzeptanz des Markenwerts im Rahmen des Markenrechts[233].

---

228 vgl. nur Fezer MarkenR § 14 RN 31 ff; ders. GRUR 1996, 566 (571); Ingerl/Rohnke § 14 RN 53 ff; dies. NJW 1994, 1247 (1251 f); Schmieder NJW 1994, 1241 (1244); Krüger GRUR 1995, 527 (529); Starck GRUR 1996, 688 (691); Berlit MarkenR (4.A) RN 241 (geänderte Ansicht in 6.A, 2005); ders. GRUR 1998, 423 (426); Eichmann GRUR 1998, 201 (202 f); Nägele (1999) S.53 ff.

229 etwa Gamm WRP 1993, 793 (797 f); Sosnitza WRP 2003, 1186 (1189); Ströbele/Hacker-Hacker § 14 RN 62; ders. GRUR Int 2002, 502 (505 ff).

230 So stellte der EuGH anfangs auf den Umstand „zur Unterscheidung von Waren und Dienst-leistungen" ab, Slg.I 1999, 905 (906 Nr.2, 941 Nr.38)-BMW, verstand das Kriterium aber ausgesprochen weit und faßt auch den Hinweis im Sinne des Art.6 I c. MarkenRL (= § 23 I Nr.2 MarkenG) darunter, EuGH Slg.I 1999, 905 (941 Nr.39; 946 Nrn.59 ff)). Später führte er an anderer Stelle aus, daß jede Markenverwendung, die den Schluß auf eine Verbindung mit dem Unternehmen des Markeninhabers nahelegt, als Benutzung zu werten ist, etwa bei Fan-Artikeln, EuGH GRUR 2003, 55 (58)-Arsenal; EuGH GRUR 2004, 58 (60)-adidas/fitnessworld. Einschränkend für den Begriff der Benutzung iSd Art.5 I MarkenRL EuGH WRP 2002, 664-Hölterhoff; vgl. dazu auch Ingerl WRP 2002, 861 (861 ff).

231 BGH GRUR 2005, 583 (584)-Lila-Postkarte mwN; vgl.a. BGH GRUR 2004, 947 (948)-Gazoz; noch von der Notwendigkeit eines Herkunftshinweises auf die Herkunft ausgehend BGH GRUR 2002, 171 (173)-Marlboro Dach mwN.

232 Der *Wortlaut* des § 14 II MarkenG erschöpft sich in der Aussage „zu benutzen". Damit wurde aber gleichzeitig auf eine Einschränkung auf den kennzeichnenden Gebrauch verzichtet, ebenso Ingerl/Rohnke § 14 RN 53; Fezer MarkenR § 14 RN 32. In dieselbe Richtung weist § 14 III Nr.1 MarkenG, der schlicht von „anbringen" spricht und ebenfalls keinen kennzeichnenden Gebrauch vorschreibt, vgl. Starck GRUR 1996, 688 (691); Ingerl/Rohnke § 14 RN 53. Hier hätte aber die Aufnahme eines Zusatzes besonders nahe gelegen, da sich die Frage aufdrängt, ob jedes Anbringen auf dem Produkt oder seiner Verpackung untersagt werden soll. Die *Systematik* des MarkenG weist mit § 23 Nrn.2, 3 MarkenG ebenfalls auf eine Sanktionierung grundsätzlich jeglicher Fremdbenutzung von Marken hin. Denn könnte nach § 14 II MarkenG nur die Benutzung als Marke untersagt werden, wäre § 23 Nrn.2, 3 MarkenG überflüssig, welche keine kennzeichnende Handlungen im eigentlichen Sinne freistellen. Nichts anderes ergibt sich aus der *MarkenRL*, der die angesprochenen Normen nahezu exakt entnommen wurden, vgl. Ingerl/Rohnke § 14 RN 53; Fezer MarkenR § 14 RN 31. Die *Amtl. Begr.* enthält widersprüchliche Aussagen. Einerseits spricht sie von der Neuausrichtung des Schutzes und hält „die Benutzung ... ohne Begrenzung auf bestimmte Benutzungsformen" für unzulässig, Amtl. Begr. BT-Drucks. 12/6581 S. 75, 56. Andererseits hält sie es beiläufig (!) für nicht gerechtfertigt, „einen markenrechtlichen Anspruch dann zu gewähren, wenn die Marke nicht zur Kennzeichnung von Waren oder Dienstleistungen oder im Zusammenhang mit der Werbung für Waren und Dienstleistungen verwendet wird." (Amtl. Begr. BT-Drucks. 12/6581 S.61).Eine gute Zusammenfassung der Problematik bietet Ingerl in WRP 2002, 861 (861 ff), eine umfangreiche Arbeit Nägele, Die rechtsverletzende Benutzung im Markenrecht (1999).

233 So auch Fezer MarkenR § 14 RN 419.

b) Schutz bei Verwechslungsgefahr, §§ 9 I Nr.2, 14 II Nr.2 MarkenG

Ein weiterer Wandel des Schutzbereichs vollzog sich bei der Verwechslungsgefahr mittels der §§ 9 I Nr.2, 14 II Nr.2 MarkenG. Zwar schuf die Reform keinen gänzlich neuen Tatbestand. Denn bereits nach § 31 WZG bestanden Ansprüche bei der Gefahr einer Verwechslung[234] Es wurde aber der Bezugspunkt geändert, anhand dessen die Verwechslungsgefahr zu bestimmen ist. Konnten nach der alten Rechtslage lediglich gleichartige Waren oder Dienstleistungen eine Verwechslungsgefahr begründen, §§ 31, 5 IV WZG[235], stellt man bei den §§ 9 I Nr.2, 14 II Nr.2 MarkenG auf Gesamtschau flexibler Beurteilungskriterien ab, in welche die Zeichen- und Produktähnlichkeit sowie die Kennzeichnungskraft der Marke einzufließen haben[236]. Die Kennzeichnungskraft ihrerseits hängt aber unter anderem von Faktoren ab wie der Bekanntheit, Originalität und dem Abstand zu Drittzeichen[237]. Damit verschob sich der Schutzbereich von der primär produktbezogenen Verwechslungsgefahr, die ausschließlich an der betrieblichen Herkunft ansetzte[238], hin zu einer überwiegend auf die Marke bezogenen Beurteilung. Es verlagerte sich der Schutz von der Vermeidung von Herkunftsverwechslungen zu einer weit stärkeren Berücksichtigung der erarbeiteten Position der Marke im Verkehr. Folglich ist die Anerkennung der Marke im Verkehr nicht nur ab der Schwelle zur bekannten Marke im Sinn von §§ 9 I Nr.3, 14 II Nr.3 MarkenG zu berücksichtigen, sondern gewinnt auch im Schutzbereich der Verwechslungsgefahr nach den §§ 9 I Nr.2, 14 II Nr.2 MarkenG erheblich mehr Gewicht. Wenngleich damit nicht unmittelbar der Wert der Marke geschützt wird, hat er doch indirekt auch hier Eingang in den Schutzbereich gefunden, indem die erarbeitete, sich in der Marke widerspiegelnde Position als gleichwertiges Beurteilungskriterium bei der Bestimmung der Verwechslungsgefahr Beachtung finden muß[239]. Bezeichnederweise stellt daher der BGH inzwischen bei der Bestimmung der Kennzeichnugskraft auch auf den betriebenen Werbeaufwand ab[240].

---

234 Entgegen vereinzelter Stimmen in der Literatur (Gamm GRUR 1994, 775 (780); Keller (1994), S.64) soll sogar die unter dem WZG entwickelte 3-stufige Unterteilung der Verwechslungsgefahr gelten (Amtl.Begr. BT-Drucks. 12/6581 S.71, 74; ähnlich Lehmann/Schönfeld GRUR 1994, 481 (483 f); zum Nachweis der überwiegenden Meinung Ingerl/Rohnke § 14 RN 426; zum 3-stufigen Aufbau unter dem WZG vgl. Baumbach/Hefermehl WZG § 31 RN 22 ff.). Ohne große Beachtung bleibt dabei bisher, dass die Norm nunmehr im Lichte des Art.5 I 2 lit.a, b MarkenRL auszulegen ist. Zwar betrifft die Richtlinie nur eingetragene Marken, § 14 MarkenG hingegen sämtliche Markenarten nach § 4 MarkenG. Wegen der Einheitlichkeit innerhalb des MarkenG sind aber die nach der Richtlinie für eine Markenart geltenden Grundsätze entsprechend auf die anderen Markenarten anzuwenden.

235 Vgl. Busse/Starck WZG § 31 RN 7; Baumbach/Hefermehl WZG § 31 RN 6

236 EuGH GRUR 1998, 387 (389 f)-springende Raubkatze; Ingerl/Rohnke § 14 RN 180; Fezer MarkenR § 14 RN 103, 121; vgl.a. MarkenRL ABl. EG 1989 L 40 S.1 (Erwägungsgrund 10). Daher weist die Amtl. Begr. zurecht darauf hin, daß auf die alte Rechtslage nicht bedenkenlos zurückgegriffen werden darf, Amt.Begr. BT-Drucks 12/6581 S.71

237 Vgl. nur BGH GRUR 2004, 594 (597 f)-Ferrari Pferd; Ingerl/Rohnke § 14 RN 181 ff mwN; Fezer MarkenR § 14 RN 271 ff. Die Kennzeichnungskraft wurde bereits bei der Prüfung nach § 31 WZG berücksichtigt, vgl. Baumbach/Hefermehl § 31 RN 15.

238 Dazu Baumbach/Hefermehl WZG § 31 RN 17

239 Ingerl/Rohnke nennen dies daher die „erste Stufe wettbewerblichen Leistungsschutzes", Ingerl/Rohnke § 14 RN 183; vgl.a. Kunz-Hallstein in: FS Tilmann (2003) S.389 ff.

240 BGH GRUR 2002, 544 (547)-Bank 24; GRUR 2004, 331 (332)-westi Kopf.

6. *Zusammenfassung und Schlußfolgerung*

Der Blick auf die Regelungen des MarkenG zeigt, daß sich ein Wandel der Rolle der Marken gleich einem roten Faden durch das Gesetz zieht. Die Sichtweise und das Verständnis des Markenrechts hat sich grundsätzlich und umfassend geändert. Der Umbruch fußt in weiten Teilen auf den europäischen Vorgaben in der MarkenRL. Doch blieb der deutsche Gesetzgeber nicht dabei stehen, sondern ging in manchen Bereichen darüber hinaus, hat die Rechtslage an die Gemeinschaftsmarke und den internationalen Standard angeglichen und sogar gänzlich eigene Regelungen zur Stärkung der Verfügbarkeit von Marken aufgenommen. Er dokumentiert damit seinen umfassenden Reformwillen, weshalb man sich davor hüten sollte, das Rad durch konservatives Festhalten an WZG-Grundsätzen zurückzudrehen. Eine der Folgen dieser Veränderungen ist die rechtliche Anerkennung der wirtschaftlichen Bedeutung von Marken und zumindest indirekt der Schutz des Markenwerts. Damit wurde die Basis geschaffen, um die Marke für verschiedene vermögensabhängige Unternehmensstrategien einsetzen zu können, unter anderem auch als Sicherungsmittel. Festmachen läßt sich dies an den folgenden Gesichtspunkten:

a) *Die Anerkennung der Marke als ausschließliches Vermögensrecht*

Die Reform des Markenrechts bewirkte eine neue Stellung der Marke im Rechtssystem. Zwar galt die Marke bereits unter dem WZG als Immaterialgüterrecht. Es wurde aber lediglich als ein solches geringerer Ordnung verstanden. Ihr wurde keine den anderen gewerblichen Schutzrechten ebenbürtige schöpferische Leistung zugestanden[241]. Marken sollte nur eine dienende Rolle zukommen, die es im Wettbewerb erlaubt, Produkte zu individualisieren und einer bestimmten Herkunft zuzuordnen. Das BVerfG steuerte dem zwar entgegen, indem es die Marke ausdrücklich unter den Schutz des Art.14 I GG stellte und in ihr eine besondere Leistung des Unternehmens erblickte. Trotzdem wurde das Kennzeichenrecht im Gegensatz zu den übrigen gewerblichen Schutzrechten weiterhin als Unterfall des Wettbewerbsrechts gesehen.

Diese Sichtweise läßt sich nach dem MarkenG nicht mehr aufrecht erhalten. Nicht nur, daß das Gesetz selbst von einem ausschließlichen Recht und der Marke als Gegenstand des Vermögens spricht. Sondern diese programmatischen Sätze werden durch die Selbständigkeit der Marke und der umfassenden Verfügbarkeit untermauert. Die Marke ist zu einem vollwertigen Immaterialgut und gewerblichen Schutzrecht geworden. Folglich ist die Einbettung in das Wettbewerbsrecht aufzugeben. Als eigentumsgleiches Recht ist es innerhalb der Grenzen des Art.14 I GG allein den Interessen des Inhabers zu dienen bestimmt. Es kann nicht gleichzeitig relativ im Sinne des Wettbewerbsrechts verstanden werden. Insofern ist das Markenrecht wie jedes andere (geistige) Eigentum vom Wettbewerbsrecht zu unterscheiden, unterliegt ihm aber wie sämtliche anderen Rechte, die im Wettbewerb eingesetzt werden und deren Gebrauch sich an den allgemeinen Grenzen messen lassen muß.

Die Folge ist ein Markenrecht, das einen eigenständigen Teil des Vermögens des Inhabers bildet und als solcher unter anderem den sich in der Marke widerspiegelnden Wert gewährleistet. Ist dieser schließlich ein entscheidender Faktor, warum Eigentum überhaupt geschützt wird.

---

241 Vgl. nur EuGH GRUR Int 1971, 279 (280 Nr.7)-Sirena

b) Die vielseitigen Verfügungsmöglichkeiten bei Marken

Nach der Reform kann in geradezu umfassender Weise über Marken verfügt werden. Abgesehen von dem schon früher möglichen Verzicht und der bedingten Übertragbarkeit können sie nun uneingeschränkt übertragen, belastet, geteilt und durch die Vergabe von dinglichen Lizenzen genutzt werden. All diese Verfügungsgeschäfte setzen inzident voraus, daß eine Verfügung lohnt. Die Regelungen gehen daher indirekt von einem Wert der Marken aus. Ein solcher wurde zwar auch bereits unter dem WZG angenommen. Dort ordnete man ihn aber nicht der Marke zu, sondern projizierte ihn auf das Herkunftsunternehmen. Diese realitätsferne Betrachtung, welche bei Übertragungen durch die immer geringeren Anforderungen an den mit zu übereignenden Betrieb(-steil) ad absurdum geführt wurde, kann und will man nicht mehr aufrecht erhalten. Mit der isolierten Verfügbarkeit ist den Marken unmittelbar der erzielte Erlös als Wert beizumessen.

c) Die Erweiterung des Schutzbereichs

Weiterhin zeigt sich das geänderte Verständnis der Marke in ihrem ausgedehnten Schutzbereich. Erstreckte sich nach dem WZG der kennzeichenrechtliche Schutz lediglich auf den Bereich der Warengleichartigkeit, erfuhr er durch die Reform eine erhebliche Ausweitung. Einerseits wurde der seither lediglich über das Wettbewerbsrecht oder das BGB gewährte Schutz bekannter und berühmter Marken Teil des Markenrechts. Andererseits erweiterte man den Schutz bei Verwechslungsgefahren über die Warengleichartigkeit hinaus und wertete dadurch die Kennzeichnungskraft des Zeichens als primäres Prüfungskriterium auf. Beide Punkte knüpfen an der Anerkennung der Marke im Verkehr an und machen sie zum Gegenstand des markenrechtlichen Schutzes, zumindest gleichwertig neben anderen Kriterien. Diese geschützte Attraktivität des Zeichens ist zwar nicht mit ihrem Wert gleichzusetzen, da sie auf unterschiedlichen Umständen beruht, die nicht nur mit einem Geldbetrag umschrieben werden können. Trotzdem läßt sie sich auch hierüber ausdrücken, ist er das geldwerte Pendant ihrer Werbekraft. Daher paßt sich dieser Umstand nahtlos in die sonstigen Änderungen ein.

d) Das geänderte Funktionsverständnis

Schließlich läßt sich die neue Rolle der Marke auch in einem geänderten Funktionsverständnis erkennen. Denn ohne hierauf en détail eingehen zu wollen, zeigt bereits das Gesagte die Ausdehnung der rechtlich geschützten Funktionen. Wurde früher im deutschen Recht ganz überwiegend die Herkunftsfunktion - neben der Unterscheidung - als einzige Aufgabe von Zeichen angesehen, geht man heute einhellig davon aus, daß auch die Werbefunktion der Marke geschützt wird[242]. Dies manifestiert sich unter anderem im erweiterten Schutzbereich. Daneben nehmen die beschriebenen Regelungen zur Verfügbarkeit von Marken und die rechtliche Anerkennung des Werts einen so weiten Raum im MarkenG ein, daß sie als ein vom Gesetz ge-

242 vgl. nur Tilmann ZHR 158 (1994), 371 (383 ff); Kunz-Hallstein in: FS 100 Jahre Markenamt, S.147 (161 ff); Fezer WRP 1998, 1 (11 f) jeweils mwN; schon die Erwägungsgründe der MarkenRL sahen in der Herkunftsfunktion nur noch eine unter anderen Aufgaben der Marke, Erwägungsgrund (11) der MarkenRL, ABl. EG L 40 v.11.2.1989, S.1 (2).

schützter Zweck zu berücksichtigen sind. Man wird daher auch vom Schutz der ökonomischen Funktion von Marken sprechen können[243].

Welche Auswirkung dies auf die Auslegung des Markengesetzes hat, hängt von der Relation zu den anderen geschützten Funktionen der Marke ab. Diese müssen mindestens in gleicher Weise für das Bild der Marke prägend bleiben.

e) *Umfang des Schutzes des Markenwerts*

Unterschiedliche Meinungen existieren zu der Frage, wie weit der Schutz des Markenwerts reicht. Entscheidend ist hierfür, wie das Merkmal der Benutzung im Rahmen des § 14 II MarkenG zu verstehen ist. So wird einerseits vertreten, daß lediglich der Gebrauch als Marke untersagt werden kann. Die inzwischen – nicht zuletzt wegen der Entscheidungen des EuGH vorgeprägten – überwiegenden Ansicht stellt aber auf ein weites Verständnis ab und lässt bereits eine gedankliche Verbindung zu dem geschützten Zeichen genügen[244]. Dieses Verständnis, das zwar auf einen markenmäßigen Gebrauch abstellt, geht wesentlich über das Verständnis eines kennzeichnenden Gebrauchs unter dem WZG hinaus.

II. Der Markenwert

Als zweiter Aspekt im Rahmen der Bonität einer Sicherheit ist ihr Wert von Interesse. Schließlich ist er ein wesentlicher Garant dafür, daß das Ziel der Sicherung, die hilfsweise Befriedigung der gesicherten Forderungen, erreicht werden kann[245]. Durch die regelmäßig lange Laufzeit des gesicherten Kredits kommt es dabei aber nicht nur auf die einmalige Bestimmung des Werts der Sicherheit an (nachfolgend 1.), sondern auch auf ihren voraussichtlichen Wert bei Eintritt des Sicherungsfalls. Daher interessiert zudem die Wertbeständigkeit der Sicherheit (nachfolgend 2.). Nicht berücksicht werden sollen an dieser Stelle die Abschläge auf den Wert einer Marke, die vom Risiko eines geringeren Verwertungserlöses im Sicherungsfall herrühren[246]. Derlei Fragen betreffen den Sicherungswert, die vom Gemeinsamen Senat des BGH zu recht klar von der Wertbestimmung beim Sicherungsgut getrennt wurden, um die „spektakulärste Kontroverse des letzten Jahrzehnts“[247], die Frage der Übersicherung, lösen zu können.

1. *Die Bestimmung des Markenwerts*

Wenngleich schon seit längerem der Marke wirtschaftlich ein Wert beigemessen wird, so bereitet es doch immer noch nicht geringe Schwierigkeiten, diesen zu bestimmen. Denn für Marken besteht (noch) kein reger Handel, aufgrund dessen sich ein Marktpreis ermitteln ließe. Dies rührt

243 Der EuGH sieht dem entsprechend den Ruf einer Marke, ihren „goodwill“, als geschützt an, EuGH GRUR Int 1998, 145-Loendersloot / Balantine; EuGH GRUR Int 1998, 140-Dior/Evora; im Ergebnis ebenso Riehle MarkenR 2001, 337.

244 EuGH GRUR 2003, 55 (58)-Arsenal; EuGH GRUR 2004, 58 (60)-adidas/fitnessworld; ebenso BGH GRUR 2005, 583 (584)-lila-Postkarte mwN; .

245 Vgl. dazu oben die Einführung zu A.II. und A.II.1.

246 Anders Woeste S.64, Brämer S.89 f.

247 Canaris ZIP 1996, 1109 (1109).

von den unterschiedlichsten Gründen her. Ein wesentlicher dürfte darin zu finden sein, daß nach den vorherrschenden Markenstrategien langfristige Ziele verfolgt werden[248]. Ein schneller Wechsel in der Inhaberschaft, wie er durch einen regen Handel impliziert wird, widerspräche diesem Anliegen. Ein anderer gewichtiger Grund liegt in der Komplexität einer Marke, die immer eine Bewertung im Einzelfall erforderlich macht. Die Folge dessen ist, daß sich unterschiedliche Ansätze zur Bestimmung des Markenwerts entwickelt haben, die wiederum zahlreiche verschiedene Meßmethoden hervorbrachten[249]. Im Ergebnis unterscheiden sich die Methoden beträchtlich. So lagen in einem Vergleich einzelner Meßmethoden die Werte für ein und dieselbe Marke um bis zu dem zehnfachen auseinander[250]. Ein nicht nur für die Sicherheit des Rechtsverkehrs hinderlicher Fakt.

a) *Der eigentliche Wert einer Marke und die Schwierigkeiten bei der Bestimmung*

Die Ursache für die Schwierigkeiten bei der Bestimmung des Markenwerts liegt überwiegend im Wesen der Marke begründet. Schon die Eigenschaft als immaterielles Gut macht es schwer quantifizierbar, die fehlende Gegenständlichkeit kompliziert die Bestimm- und damit die Meßbarkeit[251]. Hinzu kommt, daß sich der eigentliche Wert eines Zeichens nicht primär in Unternehmenszahlen, sondern „in den Köpfen der Konsumenten“[252] widerspiegelt. Denn der für ein Unternehmen interessante Erfolg einer Marke ist die Entscheidung des Konsumenten für die markierte Ware oder Leistung. Die markenbedingte Kaufentscheidung hängt wiederum ihrerseits, abgesehen von den Faktoren, die außerhalb der Marke anzusiedeln sind wie beispielsweise Preis oder Verfügbarkeit von Konkurrenzprodukten, von dem Bild ab, das der Konsument mit dem Zeichen verbindet. Dieses Bild ist daher der eigentliche Wert einer Marke. Der mit der Mar-

---

248 So besteht in der Wirtschaftswissenschaft die Erkenntnis, daß ein wesentlicher Aspekt für den Wert einer Marke in der Konstanz der markierten Produkte und der daraus resultierenden Markenloyalität der Verbraucher zu sehen ist, vgl. Biel in: Moderne Markenführung, S.61 (68 f). Diese Werte zahlen sich desto mehr aus, je länger mit derselben Marke gearbeitet wird. Ebenso verhält es sich mit dem im Vordringen befindlichen Verständnis der Marke als Persönlichkeit, vgl. Aaker J., in: Moderne Markenführung S.91 (91 ff); Biel in: Moderne Markenführung, S.61 (65 ff, 70 ff). Auch hier gewinnt die Marke ihre Anziehungskraft erst durch die Dauerhaftigkeit. Nicht umsonst liegt daher ein wesentliches Merkmal starker Marke in ihrer Langlebigkeit, vgl. Biel in: Moderne Markenführung, S.61 (88).

249 Zu den Bemühungen, den Markenwert zu bestimmen vgl. nur Sander (1994), S.69 ff, 104 ff mwN; Irmscher (1997), S.85 ff; K.Keller (1998) S.344 ff; Arnold (1992) S.305 ff; Rohnke DB 1992, 1941 (1941 ff) mwN; Ingerl/Rohnke Vor §§ 27-31 RN 2; Fezer § 27 RN 60 ff; Repenn Mitt. 1994, 13 (13 ff); Franzen MA 1995, 562 (562 ff); Stein/Ortmann BB 1996, 787 (788 f); Kaeuffer MarkenR 2000, 396; weitere Nachweise bei Fezer MarkenR § 27 vor RN 59; Esch: in Moderne Markenführung, S.937 (959); Keller in: Moderne Markenführung, S.967 ff; Bernd/Sander in: HdB Markenartikel Bd.II, S.1353 ff; Franzen/Trommsdorff/Riedel in: HdB Markenartikel Bd.II, S.1373 ff.

250 vgl. dazu die Zahlen bei Esch in: Moderne Markenführung S.937 (940); Albrecht/Hombrecher WM 2005, 1689 (1689) mwN.

251 vgl. Esch in: Moderne Markenführung S.937 (939)

252 Esch in: Moderne Markenführung, S.937 (943) mwN; vgl.a. Biel in: Moderne Markenführung S.61 (68); Sander (1994) S.44; **a.A:** Knüpfer S.23, Brämer S.89, die darin lediglich einen „unternehmensinternen Wert“ erblicken wollen; dies verkennt aber, dass der vermeintlich interne Wert Dritten genauso zur Nutzung offen steht, es lediglich eine Frage des Unternehmens ist, ob das Potential gehoben wird.

ke erzielte Umsatz oder andere Unternehmenskennzahlen stellen lediglich einen Reflex dieser Wirkung dar.

Nun liegt aber der Gedanke nicht fern, daß gerade dieser Reflex einen weit besseren Ansatzpunkt für die Wertbestimmung bietet, da er sich bereits in handfesten Zahlen ausdrücken läßt. Diese Sicht verkennt aber die Komplexität des Markenwerts. So müßten beispielsweise aus den Zahlen die Faktoren herausgerechnet werden, die nicht auf der Marke beruhen[253]. Ein für sich schon äußerst schwieriges Unterfangen. Weiterhin muß der Dynamik einer Marke Rechnung getragen werden, schließlich ist sie kein festes Gut, sondern hängt ihrerseits von zahlreichen Einflußfaktoren ab. Solche Faktoren können aus dem Bereich des Markeninhabers stammen wie beispielsweise Marketingaufwendungen oder sonstige mit der Markenführung verbundene Kosten. Sie können aber auch das markierte Produkt betreffen wie etwa spezielle Rezepturen, sonstiges verwendetes Know-how, die Konkurrenzsituation oder die Markenabhängigkeit der jeweiligen Ware bzw. Leistung. Ebenso gilt es, den Eigenarten der Marke selbst Rechnung zu tragen. Diese liegen beispielsweise in ihrem Einfluß auf die Kaufentscheidung und vor allem in ihrer Entwicklungsfähigkeit, d.h. der Möglichkeit, die Bedeutung des Zeichens weiter auszudehnen, sei es durch die Steigerung der Bedeutung für die Kaufentscheidung oder durch die Ausdehnung des Markengebrauchs auf andere Produkte (sog. Markentransfer oder Markenerweiterung)[254]. Neben diesen Parametern, welche die Bestimmung des Markenwerts über Finanzdaten eines Unternehmens erheblich verunsichern, tritt das weitere Problem, daß auf diese Weise kein Ergebnis bei nicht (mehr) benutzten Marken, bei Unternehmen mit negativem Gewinn oder auch solchen Markeninhabern zu erhalten ist, die nicht auf Gewinnerzielung ausgerichtet sind[255].

Nicht von ungefähr bricht sich daher in der Wirtschaftswissenschaft immer mehr die Sichtweise Bahn, daß der Markenwert nicht aufgrund von Finanzdaten, sondern konsumenten- bzw. absatzorientiert zu bestimmen ist[256]. Dabei steht die Wirkung, die eine Marke beim Konsumenten erzielt, im Mittelpunkt der Beobachtung. Wenngleich die Vorgehensweisen nicht homogen sind, so sind doch gewisse Tendenzen auszumachen. Danach sind 2 Faktoren entscheidend: das Markenimage als Sammelsurium der vom Konsumenten mit der Marke verbundenen Eindrücke und die Bekanntheit der Marke als der Grad der Verankerung im Bewußtsein des Konsumenten[257]. Beide Komplexe lassen sich wiederum unterteilen. Bei der Bekanntheit ist dies etwa in

253 vgl. Esch in: Moderne Markenführung S.937 (953 f) mwN; dazu auch Stein/Ortmann BB 1996, 787 (789); dies wird von den Vertretern rein fiskalisch basierter Bewertungsmethoden wie Brämer S.83 ff, Knüpfer S.22 ff, Woeste S.59 ff nicht hinreichend berücksichtigt.

254 Die vorgenannten Punkte sind nur einige der in Betracht kommenden Variablen, von denen der Markenwert abhängt; vgl. dazu Sander (1994), S.19 ff, 69 ff; Irmscher (1997) S.85 ff; in Ansätzen auch Ingerl/Rohnke Vor §§ 27-31 RN 2.

255 beispielsweise Universitäten mit deren äußerst lukrativ zu verwertenden Emblemen, vgl. Ruijsenaars GRUR 1998, 110.

256 vgl. dazu Biel in: Modernes Markenführung S.61 (64 ff); Esch in: Moderne Markenführung S.937 (943 ff) mwN; J.Aaker in: Moderne Markenführung S.91 (91 ff); Sander (1994) S.43 ff; Arnold (1992) S.308 ff; K.Keller (1998) S.42 ff; vgl. auch Fezer MarkenR § 27 RN 67

257 Hinzu können weitere Aspekte treten, die unabhängig vom Konsumenten sind, wie Marktwachstum oder Margen, vgl. hierzu Esch in: Moderne Markenführung S.937 (943 ff) mwN; Biel in: Moderne Markenführung S.61 (65 ff)

aktive und passive Bekanntheit[258]. Komplizierter stellt es sich beim Markenimage dar, welches sämtliche Facetten an funktionalen und emotionalen Eindrücken wiedergeben soll, die eine Marke auszulösen imstande ist. Daher existieren sehr unterschiedliche Einteilungsversuche. Eine Einteilung ist die Aufschlüsselung in 3 „Sub-Images", die auf das Markenimage Einfluß nehmen[259]: das Unternehmensimage (corporate identity), das Produktimage und das Image des Anwenders, wobei alle drei Bereiche in „harte", d.h. funktionale, und „weiche", d.h. emotionale Aspekte zu unterteilen sind. Eine andere Einteilung, die voraussichtlich immer mehr Anhänger finden wird, setzt das Markenimage mit einer Person gleich und beschreibt es über die Markenpersönlichkeit (den Charakter bildende Eigenschaften wie Dominanz, Abenteuerlust), die Markenfähigkeiten (die funktionalen oder emotionalen Leistungen der Marke wie Benutzerfreundlichkeit, Befriedigung der Konsumentenbedürfnisse) und die Beziehung zum Konsumenten (die Verknüpfung der Marke mit der Konsumentenidentität, beispielsweise Bindung, Vertrautheit, Liebe)[260]. Gemeinsam ist den Ansätzen wiederum, daß je nach den erreichten Qualitäten den Marken ein Wert beigemessen wird[261].

b) Die unterschiedlichen Berechnungsmethoden

Auf der Basis dieser Überlegungen haben sich nun überaus zahlreiche Bewertungsmodelle entwickelt. Die einzelnen auch nur im Ansatz vorzustellen würde den Rahmen der Untersuchung sprengen. Will man dagegen einzelne Methoden herausgreifen, würde man weder der Vielzahl an guten Ansätzen noch der vom Einzelfall abhängigen Auswahl der zweckmäßigsten Methode gerecht. Ohnehin beruht jede Berechnungsart auf ökonomischen, unter Umständen gar auf psychologischen Faktoren, nicht jedoch auf rechtlichen Wertungen, weshalb sie in einer juristischen Untersuchung nur eine untergeordnete Rolle spielen können. Zudem existieren bereits einige Auseinandersetzungen mit verschiedenen Modellen, auf die verwiesen werden kann[262]. Daher soll hier lediglich ein kurzer Überblick über die unterschiedlichen Modelle folgen.

Die Berechnungsmethoden lassen sich in drei große Gruppen einteilen: die finanz- oder betriebskennzahlenbezogene, die konsumenten- bzw. absatzbezogene und Mischformen aus beiden vorgenannten. Bei den finanzorientierten Methoden lassen sich wiederum 3 Klassen feststellen, die sich an unterschiedlichen Werten orientieren. Dies sind die Kosten, der Ertrag oder der Kapitalmarkt. Auch hier existieren wiederum Mischformen. Die kostenorientierten Methoden nehmen die Gestehungs- und Erhaltungskosten der Marke als Berechnungsgrundlage und ermitteln quasi den Wiederbeschaffungswert. Sie lassen damit gänzlich die Einsatzmöglichkeiten und Entwicklungschancen einer Marke, ihr eigentliches Potential, außer Betracht. Die am Ertrag

258 näher hierzu Esch in: Moderne Markenführung S.937 (944 f, 947 f)
259 hierzu Biel in: Moderne Markenführung S.61 (70 f)
260 vgl. Biel in: Moderne Markenführung S.61 (71 ff) mwN
261 Diese summenmäßige Bezifferung stellt aber vielfach nicht das eigentliche Ziel der Bemühungen dar. Vielmehr soll die Bewertung einer besseren Markenstrategie Vorschub leisten, Esch in: Moderne Markenführung S.937 (942); Irmscher (1997) S.62 ff
262 vgl. nur Sander (1994), S.43 ff, eigener Ansatz S.104 ff; Irmscher (1997), S.85 ff; Esch in: Moderne Markenführung S.937 (953 ff); K.Keller (1998) S.344 ff; Arnold (1992) S.305 ff; Rohnke DB 1992, 1941 mwN; Kaeuffer MarkenR 2000, 396; Fezer MarkenR § 27 RN 62 ff

ausgerichteten Methoden beziehen sich auf Unternehmenszahlen, aus denen der markenabhängige Erlös herausgerechnet wird. Sie ähneln daher stark der Berechnung eines Unternehmenswerts. Ein großer Nachteil dieser Methode ist, daß nicht ersichtlich ist, in wieweit das Unternehmen überhaupt die Möglichkeiten der Marke ausschöpft. Die am Kapitalmarkt orientierten Berechnungen greifen mit dem Börsenwert des die Marke führenden Unternehmens zwar auf das Potential der Marken zurück, das sich in der Chancen-Risiko-Bewertung des Kapitalmarkts widerspiegelt. Jedoch setzt diese Methode insbesondere ein börsennotiertes Unternehmen voraus. Die konsumenten- oder absatzbezogenen Berechnungsmethoden basieren üblicherweise auf einem Punkteverfahren. Einzelnen gemessenen Eigenschaften der Marke werden Punkte zugeordnet, deren Summe am Ende in einen Geldwert ungerechnet wird. Welche Eigenschaften gemessen werden, wie die Punktezuordnung erfolgt (beispielsweise über die Relation zum Branchenprimus) und wie schließlich die Punkte in einen Geldbetrag umgerechnet werden, unterscheidet sich von Modell zu Modell. Es ist daher nicht verwunderlich, daß zum Teil immense Unterschiede im Ergebnis entstehen, wendet man verschiedene Methoden auf dieselbe Marke an[263]. Die dritte Gruppe der gemischten finanz-konsumentenorientierten Berechnung wendet in der Regel das Punktesystem der konsumentenorientierten Methode an, wobei die Umrechnung in einen Geldwert anhand von Finanzgrößen des Unternehmens erfolgt.

Im Ergebnis bleibt festzuhalten, daß es bis dato noch nicht gelungen ist, eine verläßliche Berechnungsmethode für den Markenwert zu entwickeln. Zu komplex gestaltet sich das Phänomen Marke. Sämtliche Berechnungsmethoden liefern ausschließlich „Daumengrößen"[264]. Trotzdem haben sie ihre Berechtigung, erhält man durch sie doch wertvolle Richtwerte an die Hand. Man sollte sich lediglich der Unzulänglichkeiten der Wertermittlung bewußt sein. Soll nun eine Methode für die Berechnung des Sicherungswerts beim Einsatz der Marke als Sicherungsmittel ausgewählt werden, steht man auch nicht zwangsläufig vor einem dunklen Wald an Möglichkeiten. Vielmehr empfiehlt sich für jede gute Markenführung eine regelmäßige Evaluation des Markenwerts, um die Marke lege artis einzusetzen[265]. Der hierüber erhaltene Wert kann, eventuell unterstützt durch finanzorientierte Berechnungen, als Basis für den Sicherungswert dienen.

2. *Die Wertbeständigkeit von Marken*

Als zusätzlichen Aspekt muß die Marke auch noch bei Eintritt des Sicherungsfalls einen hinreichenden Wert versprechen, der die Befriedigung der gesicherten Forderungen erwarten läßt. Die Marke muß folglich hinreichend wertbeständig sein. Es stellt sich daher die Frage nach den

263 vgl. dazu oben am Anfang von II. und FN 262

264 Esch in: Moderne Markenführung S.937 (941)

265 so schreibt Biel (in: Moderne Markenführung S.61 (84)) in einen trefflichen Vergleich zum Management des Markenwerts: „Management ohne Messung ist wie der Dartwurf eines Blinden: Einige der Darts können die Zielscheibe treffen, aber ohne feedback ist die Wiederholung des Erfolgs reiner Zufall." Ebenso schreibt Esch (in: Moderne Markenführung S.937 (965)) als Fazit im Bezug auf die Markensteuerung und das -controlling: „ ..., sind deshalb periodisch durchgeführte verhaltenswissenschaftliche Messungen des Markenwerts unabdingbar." Entsprechend wird prognostiziert, daß sich ein beständige Evaluation immer mehr durchsetzen wird, Maeuffer MarkenR 2000, 396 (396)

Einflußfaktoren, die sich während der Laufzeit eines Sicherungsgeschäfts auf den Wert einer Marke auswirken können.

Wie bereits bei der Bestimmung des Markenwerts ausgeführt, hängt der Wert der Marke vom Bild des Konsumenten ab, das er mit dem Zeichen verbindet. Folglich wirken sich all die Umstände auf die Wertbeständigkeit der Marken aus, die auf dieses Bild Einfluß nehmen. Daraus läßt sich als erstes schlußfolgern, daß sich durch die Verankerung im Bewußtsein der Verbraucher ein Markenwert nicht verbrauchen läßt. Marken sind also grundsätzlich unbegrenzt wertbeständig[266]. Will man jedoch die konkrete Wertentwicklung von Marken vorhersagen, wird man schnell an Grenzen stoßen. Abgesehen von den allgemeinen Schwierigkeiten bei Prognosen erschwert einerseits die Subjektivität der Verbraucher als Beurteilungsmaßstab eine konkrete Voraussage, andererseits die Vielzahl an einfließenden Aspekten, die dessen Bild von der Marke bestimmen[267]. Sich diesen Umständen zuzuwenden würde eine vertiefte psychologische Auseinandersetzung bedürfen[268]. Allgemein läßt sich jedoch feststellen, daß sich das Bild der Konsumenten, genauso wie die Bekanntheit der Marke, durch entsprechende Marketingaufwendungen beeinflussen läßt[269]. Ebenso läßt sich auf den für den Wert eines Zeichens bedeutsamen Schutzbereich, insbesondere § 14 II Nrn.2, 3 MarkenG[270], einwirken. Demnach sind für die Wertbeständigkeit Faktoren entscheidend wie die Markenstrategie, Aufwendungen für die Verankerung der Marke im Bewußtsein der Verbraucher, die Auswahl der Produkte, für welche die Marke verwandt wird, die Qualität der gekennzeichneten Produkte oder auch die Verteidigung der Marke, um ihre Kennzeichnungskraft zu erhalten. Gemeinsam ist den Parametern, daß sie in den Händen des Markeninhabers liegen. Bei entsprechendem Einsatz der Instrumente läßt sich daher der Wert von Marken in erheblichem Maße steuern und eine hohe Wertbeständigkeit erreichen[271].

Es läßt sich mithin festhalten, daß die erforderliche Wertbeständigkeit bei Sicherungsmitteln von Marken mitgebracht wird. Sie sind sogar grundsätzlich unbegrenzt wertbeständig. Allerdings bedarf es hierfür einer Reihe von Maßnahmen, die auf den Kriterien für eine strategische Markenführung basieren. Im Ergebnis eignen sich Marken demnach auch insoweit als Sicherungsmittel.

---

266 Zur davon zu unterscheidenden Wertbeständigkeit als Hindernis für Abschreibungen, vgl. Stein/Ortmann BB 1996, 787 (789 ff); Gold DB 1998, 956 (958 f); **a.A.** BFH DB 1996, 2265

267 Zu den wertbestimmenden Faktoren vgl.o. 1.; hinzu kommen so unsichere Komponenten wie sich wandelnde Wertvorstellungen, technische Entwicklungen, die ganze Produktgattungen veraltet erscheinen lassen können, Mode, um nur einige zu nennen.

268 Entsprechende Untersuchungen wurden teilweise bereits angestellt, vgl. Adjouri (1994) mwN; Bismarck/Baumann (1995), oder vgl.a. zum Markendesign Latour (1996); Kircher in: Moderne Markenführung, S.445 ff; Esch/Langner in: Moderne Markenführung, S.407 ff, 465 ff

269 vgl. dazu Aaker (1992), S.85 ff, 109 ff, 136 ff; Irmscher (1997), S.202 ff; Sander (1994), S.234 ff; Arnold (1992) S.55 ff; Rossiter/Percy in: Moderne Markenführung, S.493 ff; Joachimsthaler/Aaker in: Moderne Markenführung, S.509 ff.

270 vgl. dazu oben C.I.5. sowie C.I.6.c.

271 vgl. dazu Aaker (1992); Arnold (1992); Sander (1994) Irmscher (1997); Homann (1999); Rossiter/Percy in: Moderne Markenführung, S.493 ff; Joachimsthaler/Aaker in: Moderne Markenführung, S.509 ff.

D. Die Verwertbarkeit von Marken (Liquidität)

Als zweite fundamentale Voraussetzung für den Einsatz als Kreditsicherungsmittel bedarf es der Verwertbarkeit der Marke. Erst sie eröffnet die Möglichkeit, den Wert der Sicherheit zu aktivieren, und erlaubt es dem Sicherungsnehmer, sich aus dem Sicherungsmittel zu befriedigen. Neben der grundsätzlichen Fähigkeit, verwertet werden zu können, beeinflussen Aufwand, Dauer und der am Ende zu erwartende Verwertungserlös die Attraktivität der Sicherheit[272]. Sie hängen wesentlich vom Verwertungsverfahren ab, das sich jedoch erst aus dem jeweiligen Sicherungsrecht ergibt. Interessieren wird aber an dieser Stelle - neben den einzelnen Verwertungsoptionen – ein Blick auf den allgemeinen Markt für Marken.

I. Die Möglichkeiten zur Verwertung der Marke

Elementar für die Verwertung ist, daß der in dem Gegenstand verkörperte Wert auf einen Dritten übertragen oder in sonstiger Weise für Dritte nutzbar gemacht werden kann. Dies ist sowohl schuldrechtlich wie auch absolut denkbar. Um ein dingliches Recht einzuräumen, bedarf es der Verfügbarkeit über das Sicherungsgut. Daß diese nun auch bei Marken isoliert und in vielfältiger Weise gegeben ist, wurde bereits festgestellt[273]. Insofern wurden mit den umfassenden Verfügungsmöglichkeiten auch die Grundlage für die Verwertbarkeit gelegt. Im einzelnen sind dies die Übertragung, die Belastung, die Teilung sowie die Vergabe von Lizenzen.

1. Die Übertragbarkeit, § 27 I MarkenG

Nach § 27 I MarkenG ist nunmehr die uneingeschränkte Übertragbarkeit gewährleistet[274]. Es finden sich keine Einschränkungen hinsichtlich der Art des Rechtsübergangs. Für Sicherungsgeschäfte bedeutet dies, daß sowohl die fiduziarische Übertragung der Marke als auch die Verwertung mittels Veräußerung möglich ist. Selbst eine Verwertung über Zwangsmittel und -vollstreckung ist danach möglich. Denn nach den allgemeinen Grundsätzen soll die Zwangsvollstreckung gerade auch in Vermögensrechte wie Marken möglich sein, § 857 I ZPO[275]. Wahrscheinlich zur Klarstellung der Abkehr von der alten Rechtslage spricht zudem § 29 I Nr.2 MarkenG diese Konsequenz aus[276].

2. Die Belastbarkeit, § 29 I Nr.1 MarkenG

Ebenso wird die Belastung der Marke uneingeschränkt für zulässig erklärt, § 29 I Nr.1 MarkenG[277]. Auch sie ist an keinerlei zusätzliche Voraussetzung gebunden. Für die bei Marken

272 zu alledem vgl. oben A.II.2.

273 Vgl.o. C.I.3.,4.; vgl. auch die Zusammenfassung unter C.I.6.b.

274 zur alten Rechtslage vgl. o.: zum WZG B.I.1.b., zum ErstrG B.I.3.; zur abzulehnenden Meinung Fezers, daß auch nach dem MarkenG eine Konnexität zwischen Marke und Geschäftsbetrieb bestehe vgl.o. C.I.3.

275 Dafür daß die allgemeinen Grundsätze hier nicht zur Anwendung kommen dürfen, ist kein Grund ersichtlich. Zumal der Gesetzgeber gerade nicht die sonstigen Schranken beseitigen wollte, die sich aus anderen Rechtsgebieten ergeben können, vgl. Amtl. Begr. BT-Drucks. 12/6581 S.86.

276 vgl. Ingerl/Ronhke § 29 RN 1; Fezer MarkenR § 29 RN 11

277 vgl. dazu oben C.I.4.a.

möglichen Sicherungsrechte bedeutet dies, daß grundsätzlich sowohl beschränkt dingliche Sicherungsrechte wie das Pfandrecht an Rechten, welches vom Gesetz sogar ausdrücklich genannt wird, § 29 I Nr.1 MarkenG, als auch Nutzungsrechte, beispielsweise der Nießbrauch, bestellt und zur Grundlage von Sicherungsgeschäften gemacht werden können.

3. *Die Vergabe dinglicher Lizenzen, § 30 MarkenG*

Eine besondere Nutzungsalternative bei gewerblichen Schutzrechten ist die Vergabe von Lizenzen. Durch sie wird dem Lizenznehmer das Recht zur Benutzung der Marke eingeräumt, welches sonst ausschließlich dem Inhaber zusteht, § 14 I MarkenG. Durch die Reform sind Lizenzen an Marken nun offiziell zulässig, § 30 MarkenG[278]. Vor allem aber sind nun auch dingliche Lizenzen möglich[279]. Damit steht durch die Vergabe von Lizenzen eine weitere Möglichkeit zur Sicherung wie auch zur Verwertung von Marken offen. Denn es können Dritten geldwerte Nutzungsrechte eingeräumt werden, welche hierfür mitunter beträchtliche Summen aufzuwenden bereit sind. Denkbar sind unterschiedliche Gestaltungsvarianten, wie Lizenzen eingesetzt werden können. So ist abgesehen von der Vielfalt an inhaltlichen Ausgestaltungsmöglichkeiten beispielsweise sowohl die Vergabe durch den Sicherungsnehmer als auch allein ein Recht am Erlös bei Vergabe durch den Markeninhaber denkbar.

4. *Die Teilbarkeit, §§ 27 IV, 40 MarkenG*

Eine durch die Markenrechtsreform neu möglich gewordene Verfügungsvariante ist die Teilbarkeit, sowohl der Marke wie auch der Anmeldung, §§ 27 IV, 40 MarkenG[280]. Im Gegensatz zur früheren Rechtslage kann die Marke daher nun ohne Prioritätsverlust aufgesplittet werden. Im Sicherungsfall eröffnet dies insb. die Chance, die Marke verstärkt an der Höhe gesicherten Forderung ausgerichtet zu verwerten. Auch gestattet sie einerseits dem Markeninhaber, seine Marke für mehrere Sicherungsgeschäfte einzusetzen. Auf der anderen Seite erlaubt sie einem Sicherungsnehmer, bei der Verwertung mehrere Dritte zu bedienen und so die Option zu besitzen, je nach dem zu erwartenden Verwertungserlös zwischen der Verwertung en bloc oder der in Teilen wählen zu können.

5. *Schuldrechtliche Nutzungsvarianten*

Neben den dinglichen Möglichkeiten, den in der Marke verkörperten Wert Dritten zu überlassen, ist dies auch auf schuldrechtliche Weise möglich. In Betracht kommt dabei im wesentlichen die Markenpacht, eine rein obligatorische Lizenz oder das Leasing. Für Sicherungsgeschäfte eignen sich derlei Verträge nicht. Rein schuldrechtliche Positionen bieten selten eine hinreichende Posi-

---

278 vgl. dazu und zur alten Rechtslage unter dem WZG, nach der nur schuldrechtliche Lizenzen möglich waren und die obendrein von erheblichen Unsicherheiten ob der Anerkennung durch die Rspr. geprägt waren, oben C.I.4.b. Der Verdienst der Regelung liegt daher neben der allgemeinen Anerkennung der Markenlizenz in einer festen Grundlage für die Gestaltung entsprechender Verträge.

279 Vgl. dazu auch oben C.I.4.b.

280 vgl. dazu oben C.I.4.c.

tion in der Insolvenz des Markeninhabers und Sicherungsgebers[281]. Sie werden daher regelmäßig lediglich in Verbindung mit dinglichen Geschäften eine adäquate Sicherheit bieten, beispielsweise bei einem sale-and-lease-back-Verfahren.

II. Der Markt für die Verwertung von Marken

Eine vertiefte Auseinandersetzung mit dem Markt für Marken muß zwar anderen Untersuchungen vorbehalten bleiben, handelt es sich hier um Bereiche der Wirtschaftswissenschaft. Doch selbst bei einer lediglich rudimentären Betrachtung lassen sich bereits verschiedene Umstände feststellen. So fand bereits unter dem WZG ein beachtlicher Verkehr an Marken und Markenlizenzen statt[282]. Dies geschah, obwohl nach der damaligen Rechtslage sehr restriktive Anforderungen bestanden. Zudem bekam die Verfügbarkeit über Marken in der Wirtschaft eine immer größere Bedeutung. Nicht zuletzt aufgrund des wirtschaftlichen Drängens setzte sich die Selbständigkeit der Marke als internationaler Standard durch[283]. Allein deshalb ist bereits zu erwarten, daß der Markt für Marken kontinuierlich anwachsen wird. An dieser Einschätzung vermögen auch nicht die regelmäßig langfristig angelegten Markenstrategien etwas zu ändern, die eine Veräußerung von Kennzeichenrechten wenig wahrscheinlich erscheinen lassen[284], ebensowenig wie die geringen absoluten Zahlen an veräußerten Marken, die zumindest in Deutschland in Relation zu den angemeldeten Marken noch kaum eine relevante Größe erreicht haben[285]. Denn einerseits verzichten immer noch viele Unternehmen auf eine bewusste Markenführung, obwohl der Wert von Marken für Unternehmen kaum überschätzt werden kann. Andererseits führen die immer diversifizierteren Markenstrategien der Unternehmen, die den Nutzen der Markenführung erkannt haben, zu einer Ausweitung der Geschäfte mit Marken. So wird beispielsweise versucht, die Marke durch die zusätzliche Nutzung durch Dritte zu stärken oder auf der anderen Seite durch den Gebrauch eines bereits eingeführten Zeichens enorme Markteinführungskosten und -risiken zu umgehen[286]. Daher mag zwar momentan noch kein reger An- und Verkauf von Marken stattfinden. Ein Markt für Marken, der einen hinreichenden Erfolg bei der Verwertung von Zeichen wahrscheinlich erscheinen läßt, kann aber getrost angenommen werden. Jedoch wird zwischen den einzelnen Marken hinsichtlich ihrer Positionierung und ihres Potentials zu unterscheiden sein.

---

281 Denn wie bereits an anderer Stelle angesprochen, bemißt sich der Wert einer Sicherheit nach dem Sicherungsfall, der wiederum häufig mit der Insolvenz des Sicherungsgebers zusammenfallen kann. Folglich muß die Sicherheit insolvenzfest sein. Dies ist sie aber regelmäßig nur als dingliche Rechtsposition, vgl. oben A.I. und unten Kapitel 7 B.

282 vgl. oben B.I.1.b.

283 vgl. dazu B.I.2.b. und B.I.2.c.bb.

284 dazu oben unter C.II.

285 vgl. hierzu die Ausführungen zur Vergleichspreismethode als Ansatz zur Bestimmung des Markenwerts bei Rohnke DB 1992, 1941 (1941); Repenn, HdB Markenbewertung (1998) S.33.

286 Instrumente sind dabei beispielsweise die Lizenzvergabe, aber auch der Markentransfer, d.h. der Gebrauch der Marke für Produkte, die seither nicht mit dem Zeichen gekennzeichnet wurden, vgl. hierzu Hätty, Der Markentransfer (1989); Braitmayer, Die Lizenzierung von Marken (1998). Daß dies immer mehr Anhänger findet beschreibt illustrativ Engeser in: WirtWo v.21.10.2004, S.74 ff.

III. Zusammenfassung

Mit der Übertragbarkeit sowie der Möglichkeit zur Belastung, Lizenzierung und Teilung kann die Marke in unterschiedlicher Weise für Dritte nutzbar gemacht werden. Damit ist sie als verwertbare Position zur Sicherung von Krediten einsetzbar. Abhängig von den unterschiedlichen Verwertungsarten, die sich aus den verschiedenen Verfügungsmöglichkeiten ergeben, ist eine breite Palette an Sicherungsvarianten denkbar. Sie reicht von der Übertragung über die Belastung und die Vergabe von Lizenzen bis hin zum lediglich teilweisen Einsatz der Marke als Sicherungsgut. Auch ist ein hinreichender Markt, auf dem Marken und von Marken abgeleitete Rechte verwertet werden können, wenn nicht bereits als Größe vorhanden, so doch zumindest im Entwickeln begriffen. Dies läßt eine hinreichende Möglichkeit zur Verwertung erwarten. Allein was Kriterien wie Verwertungsaufwand und -dauer betrifft, lassen sich aufgrund verschiedener Unsicherheitsfaktoren keine klaren Vorhersagen treffen. Zu differenziert sind sowohl die einzelnen Marken als auch die Sicherungsrechte. Doch schränkt dies die Eignung der Marke als Sicherungsmittel nicht ein, sondern läßt lediglich gewisse Fragen hinsichtlich einzelner Aspekte der Liquidität offen.

E. Zwischenergebnis

Für die Eignung einer Marke als Kreditsicherungsmittel läßt sich im Ergebnis festhalten, daß nach der Reform des Kennzeichenrechts die grundlegenden Anforderungen der Bonität und Liquidität erfüllt werden. Durch die grundlegende Überarbeitung des Markenrechts, die zwar durch die europäischen Vorgaben ausgelöst wurde, der deutsche Gesetzgeber aber darüber hinaus das Markenrecht am internationalen Standard ausrichtete, wurden die Voraussetzungen geschaffen, um die Marke als Sicherungsmittel einsetzen zu können. Wesentlich war hierfür die rechtliche Anerkennung und der Schutz des Markenwerts, was sich gleich einem roten Faden durch das gesamte Markenrecht zieht. Gleichzeitig wurde durch die quasi umfassende Verfügbarkeit der Grundstein gelegt, daß eine für Sicherungsmittel unabdingbare Verwertung stattfinden kann, ja sogar eine breite Palette an möglichen Sicherungsrechten zur Verfügung steht. Schwierigkeiten bereitet lediglich die wirtschaftliche Greifbarkeit der Marken. So läßt sich sowohl der Wert einer Marke nur näherungsweise bestimmen, als auch lassen sich keine exakten Angaben über ihre Wertentwicklung machen. Genauso fehlt es derzeit noch an einem hinreichenden Markt für Marken, der eine Verwertung mit an Sicherheit grenzender Wahrscheinlichkeit implizieren würde. Trotzdem vermögen diese Unsicherheiten die Eignung der Marke als Sicherungsmittel nicht einzuschränken. Die Bestimmbarkeit des Markenwerts genügt den Anforderungen, die bei Sicherheiten gewährt sein müssen. Die Wertbeständigkeit der Marken läßt sich hinreichend beeinflussen, daß dem Ziel der Sicherung genüge geleistet werden kann. Schließlich läßt die wirtschaftliche Bedeutung von Marken erwarten, daß der Markt für Marken und davon abgeleiteten Rechten beständig wachsen und auch schon jetzt ausreichend Gelegenheit zur Verwertung bieten wird. Alles in allem wurde daher mit der Reform des Kennzeichenrechts das Fundament gelegt, damit Marken nunmehr als ein Finanzierungsinstrument eingesetzt werden können.

KAPITEL 2: DER INHALT EINES SICHERUNGSGESCHÄFTS

Nachdem die grundsätzlichen und weitreichenden Änderungen im Kennzeichenrecht dazu geführt haben, daß Marken im Grundsatz als Sicherungsmittel geeigent sind, sollen in einem zweiten Schritt die Anforderungen bestimmt werden, die bei einem entsprechenden Einsatz zu beachten sind. Sie ergeben sich aus den Inhalten eines Sicherungsgeschäfts, die von der Art des Sicherungsmittels abhängen (nachfolgend A.). Zu allen übrigen Voraussetzungen für Sicherungsgeschäfte existieren hinreichend Darstellungen, auf die verwiesen werden kann. Nebenbei folgt aus den verbleibenden Bereichen der weitere Aufbau der Untersuchung. Darüber hinaus interessieren die für die Geschäfte geltenden rechtlichen Rahmenbedingungen. Hierzu gehören auch die in der Kreditwirtschaft üblichen Klauselwerke, welche bei der Ausgestaltung entsprechender Verträge erheblichen Anteil haben und ohne die das Massengeschäft kaum zu bewältigen wäre (nachfolgend B.).

A. DER INHALT VON SICHERUNGSGESCHÄFTEN

Als Hilfs- und eigenständigem Zusatzgeschäft[287] zu einer Kreditvereinbarung bedarf die Sicherung einer eigenen rechtlichen causa, dem Sicherungsvertrag[288]. Sein Kern ist die Sicherungszweckvereinbarung, worin sich der Sicherungsgeber unter bestimmten Bedingungen verpflichtet, dem Sicherungsnehmer eine Sicherheit zur Absicherung seiner Forderungen zu stellen[289]. Hinzukommen muß das Sicherungsrecht, das als Erfüllung der Verpflichtung aus dem Sicherungsvertrag ein eigenes, abstraktes Geschäft darstellt. Weiterhin empfiehlt es sich wegen der unterschiedlichen Interessen der Parteien, die Rechtsstellungen sowohl des Sicherungsgebers wie auch des Sicherungsnehmers näher auszuführen. Dies betrifft einerseits die möglicherweise lange Phase bis zum Eintritt des Sicherungsfalls oder der Tilgung der gesicherten Forderungen, andererseits das Verfahren bei der eventuell erforderlichen Verwertung der Sicherheit.

Hieraus ergeben sich vier Bereiche, welche für den Inhalt eines Sicherungsgeschäfts bestimmend sind. Als erstes ist dies der Komplex rund um die Sicherungszweckvereinbarung. Mindestens genauso bedeutsam ist die Bestellung des jeweiligen Sicherungsrechts. Komplettiert wird der Inhalt durch die Vereinbarungen für die Zeit bis zum Sicherungsfall bzw. der ordentlichen Befriedigung der gesicherten Forderungen (sog. Sicherungs- oder Latenzphase) und den Bestimmungen im Hinblick auf den Sicherungsfall (sog. Ausübungsphase).

---

287 Dazu oben Kapitel 1 A.I.

288 ganz überwiegende Meinung, vgl. nur BGH NJW 1989, 1732 (1733); BankRHdB-Ganter § 90 RN 155 mwN; Soergel-Mühl § 930 RN 29 mwN; MüKo-Quack Anh §§ 929-936 RN 27; **a.A.**, nach der auch der Kreditvertrag causa der Sicherheitenbestellung ist (sog. Doppelcausa) vgl. Richrath (1995), S. 34 ff. Im Ergebnis ist die Lehre von der Doppelcausa aber abzulehnen, da ein Kreditvertrag nicht notwendigerweise eine Sicherung beinhaltet. Dies zeigt nicht zuletzt auch die Praxis, wonach gerade bei Großkrediten die Vergabe des Darlehens nicht selten allein von der Solvenz des Kreditnehmers abhängig gemacht wird, vgl. oben Kapitel 1 FN 13. Dies als Verzicht auf einen im Kreditvertrag enthaltenen Anspruch auf eine Sicherheit zu werten, würde den Parteiwillen für die eigenen Zwecke zurechtbiegen.

289 vgl. nur Lwowski, KredSichR (8.A) RN 6; BankRHdB-Ganter § 90 RN 151 ff; Kümpel (2.A) RN 6.324 mwN; Weber, KredSichR (6.A) S.8 f mwN.

I. Die Sicherungszweckvereinbarung

Das Kernstück des Sicherungsvertrags bildet die Sicherungszweckvereinbarung. Sie kann unterteilt werden in die Sicherungsabrede, welche die gesicherte Forderung bezeichnet und die Zweckabrede, welche das Sicherungsmittel und das zu bestellende Sicherungsrecht bestimmt[290]. Indem sie die Verbindung zwischen dem gesicherten Anspruch und dem sichernden Recht herstellt, ist sie der Angelpunkt des Sicherungsvertrags und demnach für sein Wesen verantwortlich. Sie qualifiziert die Rechtsposition des Sicherungsnehmers als sicherungshalber und begründet die Abhängigkeit beider Rechte voneinander. Die Sicherungszweckvereinbarung bildet damit die causa für das Sicherungsgeschäft[291]. Sie macht den Sicherungsvertrag zu einem einseitig verpflichtenden Geschäft, bei dem den Sicherungsnehmer keine Hauptpflicht trifft. Mangels Formvorgaben kann sich die Sicherungszweckerklärung auch konkludent aus dem Zusammenhang ergeben oder sich bei geborenen Sicherheiten, d.h. bei den vom Gesetz her als Sicherheit ausgestalteten Rechten wie dem Pfandrecht, der Hypothek, und der Bürgschaft, aus dem Recht selbst ergeben.

Der mit der Sicherungszweckvereinbarung in Verbindung stehende Inhalt eines Sicherungsvertrags hängt wesentlich vom jeweiligen Sicherungsrecht ab. Denn bei geborenen Sicherheiten haben die weiteren Umstände vielfach bereits eine gesetzliche Regelung erfahren. So regeln beispielsweise die §§ 1210 I, 1252 BGB für das Pfandrecht bzw. § 767 I BGB für die Bürgschaft die (akzessorische) Bindung der Sicherheit an die gesicherte Forderung und damit auch das Erlöschen des Sicherungsrechts bei deren Untergang. Ebenso bestimmt § 1228 II BGB, indirekt auch § 768 I BGB, den Sicherungsfall, wenngleich die Parteien nicht daran gehindert sind, zusätzliche Voraussetzungen für die Verwertungsreife aufzustellen.
Bei den gekorenen Sicherheiten qualifiziert die Sicherungszweckvereinbarung die Rechtsposition des Sicherungsnehmers als Treuhand und legt üblicherweise die Voraussetzungen fest, bei deren Vorliegen der Sicherungsnehmer zur Verwertung der Sicherheit berechtigt ist (sog. Sicherungsfall). Entsprechend umfaßt die Vereinbarung aus ihrem Wesen heraus auch die Rückabwicklung der Sicherheit, wenn die gesicherten Forderungen ohne Rückgriff auf die Sicherheit befriedigt wurden.

Die sich an die Sicherungsvereinbarung anknüpfenden Fragen bestehen grundsätzlich unabhängig von der Art des Sicherungsmittels. Soweit sie die Bestimmung der gesicherten Forderungen oder auch die Rechtmäßigkeit der Sicherungszweckvereinbarung zum Gegenstand haben, besteht kein Unterschied zwischen den einzelnen Sicherheiten. Lediglich soweit auf das Sicherungsmittel Bezug genommen wird, beispielsweise die Voraussetzungen für die Verwertung festlegt werden, ist das Sicherungsgut überhaupt Gegenstand der Abrede. Soweit hieraus Fragen erwachsen, können diese aber bei der Bestellung des Sicherungsrechts oder den Regelungen für die Sicherungs- bzw. Ausübungsphase problematisiert werden. Es braucht daher im

---

290 Andere Terminologie bei Bülow, RN 43, der Sicherungszweckvereinbarung nur auf die Realsicherheiten anwenden möchte.

291 Zur Frage, ob daneben bereits die causa durch den Kreditvertrag begründet wird vgl. Richrath (1995) S.39 ff.

Rahmen dieser Untersuchung nicht näher auf den Komplex der Sicherungszweckvereinbarung eingegangen werden.

II. Die Bestellung der Sicherheit

Unabhängig von der Zweckerklärung muß bei jedem Sicherungsgeschäft das jeweilige Sicherungsrecht bestellt werden. Dies wird üblicherweise soweit möglich mit dem Sicherungsvertrag verbunden und in ihn aufgenommen, was aber an der Einordnung als eigenes Rechtsgeschäft nichts ändert[292].

Der Inhalt des Geschäfts bestimmt sich nach der Art der Sicherheit und des zu bestellenden Rechts. Bei Personalsicherheiten genügt regelmäßig die Einigung, die eventuell noch einer bestimmten Form entsprechen muß, vgl. etwa § 766 BGB. Bei Realsicherheiten richtet sich der Vorgang einerseits nach dem Sicherungsgut, auf welches im Sicherungsfall zugegriffen werden soll, andererseits nach dem zu bestellenden Recht. So muß bei Sachen regelmäßig eine Einigung und ein dem Offenkundigkeitsprinzip[293] dienende Handlung erfolgen, sei es die Übergabe, ein Surrogat dessen oder die Eintragung. Bei Rechten als Sicherungsgut genügt dagegen vielfach eine Abtretungvereinbarung gem. § 398 BGB[294]. Hinzuzukommen haben jeweils die sonstigen Wirksamkeitsvoraussetzungen[295].

Soll nun ein Sicherungsrecht an Marken bestellt werden, so sind die dabei einschlägigen Normen aus dem Kennzeichenrecht sowie die Vorschriften zum jeweiligen Sicherungsrecht zu beachten. Zudem ist auf Umstände und Normen zu achten, welche das Entstehen eines entsprechenden Sicherungsrechts vereiteln könnten, z.B. aus das Wettbewerbsrecht.

III. Bestimmungen für die Sicherungsphase

Weil zwischen der Bestellung der Sicherheit und dem Eintritt des Sicherungsfalls bzw. der Tilgung der gesicherten Forderungen eine erhebliche Zeitspanne liegen kann, sollte ein Sicherungsvertrag den während dieser Phase möglichen Fragen Rechnung tragen. Auf Bestimmungen im Gesetz kann nur beschränkt zurückgegriffen werden. Lediglich die Normen zu den geborenen Sicherungsrechten werden hilfreiche vergleichbare Regelungen aufweisen.

292 Lwowski bezeichnet die Verbindung zwischen der schuldrechtlichen Ausgestaltung des Sicherungsverhältnisses und der Bestellung des Sicherungsrechts als „Sicherstellungsvertrag", Lwowski, KredSichR (8.A) RN 6. Zum Teil wird auf die Bestellung der Sicherheit bei Abschluß des Sicherungsvertrags verzichtet. Man läßt es mit der Verpflichtung bewenden und behält sich vor, zu einem späteren Zeitpunkt auf den Anspruch zurückzugreifen. Bei diesem Vorgehen ist aber neben der Gefahr, später keine ausreichenden Vermögensgegenstände zur Sicherung mehr vorzufinden, auch Vorsicht im Hinblick auf eine spätere Insolvenz des zur Sicherung Verpflichteten geboten. Denn trotzdem die Sicherheit selbst dann berechtigterweise bestellt wird, kann sie wegen § 130 InsO ihre Insolvenzfestigkeit verloren haben und unter Umständen vom späteren Insolvenzverwalter angefochten werden.

293 vgl. dazu Westermann, SachR (7.A), § 3 I 2; BankRHdB-Ganter § 90 RN 196 ff

294 Jedoch können bei verbrieften Rechten wiederum zusätzlich die Publizität wahrende Umstände erforderlich sein, vgl. dazu BankRHdB-Ganter § 90 RN 211 ff.

295 zu den bei Sicherungsgeschäften zu beachtenden Normen und Rechtsgebieten vgl.u. B.I.

Zu regeln ist einerseits, wie Veränderungen der Sicherheit aufgefangen werden können. Denn der Sicherungsnehmer muß darauf bedacht sein, daß sich der Sicherungswert im Laufe der Zeit nicht verschlechtert. Zumindest wird er aber Sorge tragen, daß er allenfalls in dem Maße abnimmt wie gleichzeitig die gesicherte Summe zurückgeführt wird. Andererseits hat der Sicherungsgeber bei Realsicherheiten das Interesse, den beliehenen Vermögenswert weiter gebrauchen zu können. Schließlich wird das als Sicherheit eingesetzte Vermögen nicht selten einen wesentlichen Teil des Produktivkapitals darstellen oder sonstige, für den laufenden Betrieb des Unternehmens erforderliche Werte umfassen. Dies sollte daher ebenfalls im Sicherungsvertrag geregelt werden.

1. Schutz der Sicherheit im Interesse des Sicherungsnehmers

Der Sicherungsnehmer wird aufgrund seines Interesses am Erhalt der Sicherheit einerseits bestrebt sein, den Fortbestand der Sicherheit als ganzes gewährleistet zu wissen. Andererseits wird er so weit als möglich Vorkehrungen gegen Werteinbußen bei der Sicherheit im Vertrag enthalten wissen wollen.

a) Schutz gegen den Verlust der Sicherheit

Zuvörderst wird der Sicherungsnehmer Vorsorge gegen den Verlust der Sicherheit als ganzes treffen wollen. Denn nur wenn er im Sicherungsfall noch Zugriff auf die Sicherheit hat, besteht die Chance, sich aus ihr in Ansehung der gesicherten Forderung befriedigen zu können. Der Verlust der Sicherheit kann dabei auf verschiedenen Wegen eintreten. Dies kann bei Realsicherheiten entweder über den Untergang des Sicherungsguts oder durch den Verlust des Sicherungsrechts geschehen.

Gründe, welche das Sicherungsgut regelmäßig zum Untergang bringen können, sind die Zerstörung, andere bestandsverletzende Umstände oder die schlichte wirtschaftliche Wertlosigkeit. Da der Eintritt derartiger Folgen auch nicht im Sinne des Sicherungsgebers liegen wird, schließlich stellt das Sicherungsgut einen Bestandteil seines wirtschaftlichen Vermögens dar, wird hier üblicherweise das Interesse beider Parteien konform laufen. Um aber sowohl gegen sämtliche Eventualitäten gewappnet zu sein, als auch um böswilligen Handlungen das Wasser so weit als möglich abzugraben, empfiehlt es sich trotzdem, in den Sicherungsvertrag Schutzvorkehrungen aufzunehmen.

Der Verlust allein des Sicherungsrechts erfolgt bei dinglichen Rechtspositionen durch den Erwerb bzw. lastenfreien Erwerb des Sicherungsguts. Eine Veräußerung kommt dabei von wenigen zu vernachlässigenden Ausnahmefällen abgesehen ausschließlich durch den Sicherungsgeber in Betracht[296]. Der Verlust kann entweder durch eine berechtigterweise erfolgte Veräußerung eintreten oder dadurch, sollte die Berechtigung fehlen, daß ein Dritter das Sicherungsgut

296 Ein Dritter wird nur dann als Veräußerer in Frage kommen, wenn er den Anschein einer Berechtigung, aus einer abgeleiteten Rechtsposition, vorweisen kann. Dies stellt einen so seltenen Fall dar, daß er hier getrost unberücksichtigt bleiben kann. Der Sicherungsnehmer wird hingegen nicht den Ast absägen, auf dem er sitzt.

aufgrund guten Glaubens erwirbt. Die berechtigte Veräußerung kann dabei sogar im Interesse des Sicherungsnehmers liegen, insbesondere dann, wenn durch den Erlös die gesicherten Forderungen bedient werden, zumindest aber die Chancen auf eine Rückführung steigen. Sofern in diesen Fällen keine ausreichende Sicherung mehr besteht, wird sich der Sicherungsnehmer ersatzweise eine andere Sicherheit einräumen lassen wollen, die den Verlust ausgleicht. Dagegen wird ein Rechtsscheinserwerb durch Dritte nie im Interesse des Sicherungsnehmers liegen. Sollte ein gutgläubiger (lastenfreier) Erwerb möglich sein, wird der Sicherungsnehmer daher versuchen müssen, den für den Erwerb erforderlichen guten Glauben bei Dritten zu zerstören.

b) Schutz gegen Wertverlust während der Sicherungsphase

Ein ähnliches Risiko für den Sicherungsnehmer besteht darin, daß der Wert der Sicherheit Einbußen erleidet. Es droht hier zwar nicht, daß der Sicherungsnehmer im Sicherungsfall mit gänzlich leeren Händen dasteht. Der ursprünglich der Sicherheit zugrunde gelegte Sicherungswert wird aber nicht erreicht, mit der Folge, daß der Ausfall mit einem Teil der gesicherten Forderungen wahrscheinlich ist. Dabei besteht ein fließender Übergang zum Verlust der Sicherheit infolge wirtschaftlicher Wertlosigkeit.

Droht ein Wertverlust des Sicherungsguts, wird der Sicherungsnehmer gut beraten sein, dem gegenzusteuern. Denn nicht nur, daß er den Wert der Sicherheit und damit die Chance auf Befriedigung im Sicherungsfall erhält. Er vermeidet auch die Gefahren, die bei ersatzweise neu zu gewährenden Sicherheiten bestehen[297]. Auch hier wird das Interesse des Sicherungsgebers grundsätzlich in dieselbe Richtung zielen. Denn es droht ihm durch den Wertverlust eine Vermögenseinbuße, ist er weiterhin zumindest der wirtschaftliche Eigentümer des Sicherungsguts. Der Sicherungsgeber wird sich aber regelmäßig die Frage stellen, ob ihm der Werterhalt der Sicherheit die erforderlichen Aufwendungen wert ist. Immerhin wird er die hierfür notwendigen Kosten zu tragen haben[298]. Für den Sicherungsnehmer empfiehlt sich daher, soweit möglich Maßnahmen zur Wertsicherung der Sicherheit in den Sicherungsvertrag aufzunehmen und nur im übrigen auf nachträgliche Bestellung weiterer Sicherheiten zu bestehen[299].

2. Gebrauchsrecht des Sicherungsgebers

Neben der Absicherung gegen die den Sicherungszweck gefährdenden Risiken kann sich bei Realsicherheiten die Frage der Nutzung des Sicherungsguts während der Sicherungsphase

297 Sie bestehen einerseits in einer sich ändernden Vermögenslage des Sicherungsgebers, nach welcher kein Sicherungsgut mehr vorhanden sein kann. Andererseits kann die Insolvenzfestigkeit neuer Sicherheiten wegen der §§ 130 ff InsO fraglich sein.

298 Vgl. nur § 1216 S.1 BGB, der selbst dem Pfandgläubiger, der im Besitz der Sache ist, einen Verwendungsersatzanspruch nach Maßgabe des § 683 BGB zuspricht.

299 Allerdings finden sich in der Praxis der Kreditinstitute in deren AGB nur Bestimmungen, daß der Kreditnehmer bei bereits drohendem Wertverlust der Sicherheiten zur Bestellung weiterer Sicherheiten verpflichtet ist, Nr.13 II 1, 2 2.Spiegelstrich AGB Banken und AGB Volks- und Raiffeisenbanken; Nr.22 I AGB Sparkassen. Jedoch müssen sich auch Regelungen, die sich auf die Wertsicherung beziehen, auf die konkrete Sicherheit ausrichten und können sich daher nur im einzelnen Sicherungsvertrag finden. Trotzdem ist zu vermuten, daß in der Praxis hierauf kein großer Wert gelegt wird.

stellen. Doch taucht die Frage nicht bei sämtlichen Sicherungsrechten auf. So kennen geborene Sicherheiten das Problem nur vereinzelt[300].

Bei Sicherheiten, die dem Sicherungsnehmer das Nutzungsrecht am Sicherungsgut zugestehen, würde der in der Sicherheit verkörperte Gebrauchsvorteil regelmäßig[301] brach liegen. Durch diese ökonomisch nicht optimal ausgenutzte Situation würde die Wirtschaftlichkeit des Sicherungsgebers geschwächt, weil nicht das gesamte Kapital zur Gewinnerzielung eingesetzt wird. Letztendlich fällt dies auf den Sicherungsnehmer zurück. Er raubt sich dadurch Chancen, seine Forderungen vom Schuldner bedient zu bekommen[302]. Außerdem wird man den Sicherungsgeber bis zum Eintritt des Sicherungsfalls als den eigentlich Berechtigten am Sicherungsgut anzusehen haben. Denn der Zweck des Sicherungsgeschäfts zielt lediglich auf die Verwertung nach Eintritt der Sicherungsreife. Vorher ist der Sicherungsnehmer nicht befugt, auf die Sicherheit zuzugreifen. Es muß ihm lediglich erlaubt sein zu intervenieren, wenn der Zweck des Sicherungsgeschäfts gefährdet wird[303]. Dies steht beim Gebrauch durch den Sicherungsgeber zwar insoweit im Raum, als die Nutzung üblicherweise zu einer Abnutzung und daher zur Wertminderung des benutzten Gegenstands führt. Jedoch ist der dadurch eintretende Wertverlust in Relation zu den auch ohne Gebrauch des Sicherungsguts eintretenden Werteinbußen beispielsweise durch Alterung und technische Überholung zu sehen. In Abwägung dieser Umstände wird den Sicherungsnehmer daher aufgrund seiner Stellung als Treuhänder regelmäßig eine Pflicht treffen, im Rahmen des Zumutbaren dem Sicherungsgeber ein Gebrauchsrecht einzuräumen. Allenfalls wenn er selbst die Nutzung übernimmt und die Erträge auf die gesicherten Forderungen angerechnet werden, ist ein anderes Ergebnis möglich. Dies wird aber nur dort in Betracht kommen, wo der Gebrauch der Profession des Sicherungsnehmers entspricht[304].

IV. Bestimmungen für die Ausübungsphase

Das eigentliche Anliegen einer Sicherung, dem Sicherungsnehmer bei ausbleibender Befriedigung der gesicherten Forderung ein Recht zur Verwertung des Sicherungsguts einzuräumen, kommt mit Beginn der Ausübungsphase zum Tragen. Hier nun hat sich die Sicherheit zu bewähren. Wann der entsprechende Zeitpunkt gekommen ist, die Verwertungsreife vorliegt, bestimmt bereits die Sicherungszweckerklärung[305]. Sie regelt die Voraussetzungen, unter denen es dem

300 Sie schränken entweder den Sicherungsgeber nicht in seiner Nutzungsberechtigung ein wie die Hypothek und Grundschuld. Oder sie schließen eine Parteivereinbarung über die Nutzung per Gesetz aus, wie das den Besitz des Sicherungsnehmers voraussetzende Pfandrecht an beweglichen Sachen. Lediglich beim Pfandrecht an Rechten kann sich die Frage nach einer Regelung über den Gebrauch stellen.

301 Denkbar ist zwar auch, daß der Sicherungsnehmer das Sicherungsgut in der Zwischenzeit nutzt; dies wird aber allenfalls in Ausnahmefällen in Betracht kommen; dazu sogleich

302 Dieser Zusammenhang ist ursächlich für die geringe praktische Relevanz des Pfandrechts an beweglichen Sachen. Denn bei ihm hat der Sicherungsgeber wegen des auf den Pfandgläubiger zu übertragenden Besitzes keine Möglichkeit, die Sache weiter zu gebrauchen.

303 Zum rechtspolitischen Zweck des Gläubigerschutzes durch die Bindung des Mobiliarpfandrechts an den Besitz vgl. Staud-Wiegand § 1205 RN 10 f mwN.

304 Daß diese grundsätzlichen Zusammenhänge nicht in derselben Weise für Marken gelten, hat sich bereits im Rahmen der für die Bonität von Sicherungsmitteln erforderlichen Wertbeständigkeit angedeutet.

305 vgl.o. I.

Sicherungsnehmer gestattet ist, sich aus der Sicherheit zu befriedigen. Damit regelt sie aber nur das „ob" der Verwertung. Wie diese sodann zu geschehen hat, muß sich aus anderen Umständen ergeben. Das Verwertungsverfahren ist dabei insbesondere vom Sicherungsobjekt und dem jeweiligen Sicherungsrecht abhängig.

Soweit die Verwertung vom Sicherungsobjekt bestimmt wird, müssen die Spezifika des jeweiligen Sicherungsguts Beachtung finden. Darüber hinaus wird durch das Sicherungsobjekt das zu wählende Verwertungsverfahren beeinflußt. Insgesamt ist die Sicherheit so zu verwerten, daß der größtmögliche Erlös erreicht wird. Dies folgt aus dem Treuhandcharakter, der jedem Sicherungsgeschäft immanent ist[306]. Welches aber das erfolgversprechendste Verfahren ist, läßt sich selten sicher vorhersagen. Daher wird man dem Sicherungsnehmer bei der Auswahl der Verwertungsart ein Ermessen einräumen müssen. Es ist allenfalls insoweit einzuschränken, als die andere Seite vergleichbar dem § 1246 BGB ein zu billigendes Interesse an einer anderen Verwertungsweise oder gar eine bessere Verwertungsalternative nachweist. Um unnötigen Streitigkeiten bei der Verwertung aus dem Weg zu gehen, kann es daher angezeigt sein, das Verwertungsverfahren bereits im Sicherungsvertrag festzulegen.
Daneben hat sich die Verwertung am bestellten Sicherungsrecht auszurichten. Bei geborenen Realsicherheiten wie den Grund- / Pfandrechten beinhaltet das Gesetz entsprechende Vorgaben. Aber gerade auch hier können sich eigene Regelungen im Sicherungsvertrag anbieten, insbesondere um die gesetzliche Bestimmungen zu ergänzen oder - soweit sie zur Disposition stehen - durch eigene zu ersetzen. Dies wird vor allem bei Pfandrechten wünschenswert sein, um das streng reglementierte und vielfach als umständlich empfundene Verwertungsverfahren so weit als möglich an die praktischen Bedürfnisse anzupassen. Soll dagegen die Verwertung aufgrund eines gekorenen Sicherungsrechts erfolgen, werden regelmäßig unterschiedliche Varianten möglich sein. Hier gilt es gemäß der Treuepflicht des Sicherungsnehmers das Verfahren zu wählen, welches den größtmöglichen Erfolg verspricht.

Fällt die Ausübungsphase mit der Insolvenz des Sicherungsgebers zusammen, müssen bei der Verwertung zusätzlich die Vorgaben der InsO berücksichtigt werden. Hier interessiert, wie sich Sicherheiten an Marken in Abhängigkeit vom jeweiligen Sicherungsrecht verhalten und wie eine Verwertung trotz der Insolvenz erfolgen kann.

Im übrigen kann in der Ausübungsphase auch ein Ablöserecht in Frage kommen. Denn selbst ohne ausdrückliche Regelung ist ein entsprechender Anspruch aus dem Wesen einer Sicherung und einem Vergleich mit den gesetzlich geregelten Fällen abzuleiten[307].

---

306 BGH WM 1997, 432 (433) mwN; OLG Düss BB 1990, 1016 (1016 f); Lwowski, KredSichR (8.A) RN 278; Soergel-Mühl §930 RN 57; MüKo-Quack Anh §§ 929-936 RN 76; Serick Bd.III, S.459; eine **Mm** geht sogar soweit, daß sie bei fehlender vertraglicher Regelung die Pfandrechtsvorschriften analog anwenden möchte, Erman-Michalski Anh §§ 929-931 RN 15; Staudinger-Wiegand Anh § 929 ff RN 226 ff; Westermann, SachR (7.A) S.355; Bauer/Stürner (17.A) RN42; ganz **anders** sieht Grundmann den Sicherungsnehmer durch die Freiheit von den Pfandrechtsvorschriften nur seinen eigenen Interessen verpflichtet und lehnt einen Treuhandvertrag ab, Grundmann (1997), S.21

307 vgl. nur Soergel-Mühl §930 RN 57; BankRHdB-Ganter § 90 RN 428 ff; Lwowski KredSichR (8.A) RN 253 ff.

Kommt es nicht zur Verwertung der Sicherheit und endet das Sicherungsverhältnis auf andere Weise, so ist die Sicherheit zurückzugewähren. Dies folgt unmittelbar aus dem Zweck des Sicherungsvertrags und bedarf keiner ausdrücklichen Ausgestaltung.

B. Der Rahmen für Sicherungsgeschäfte

Jedes Sicherungsgeschäft findet einen bestimmten rechtlichen Rahmen vor, in dem es sich bewegen muß. Dieser fand zwar schon teilweise Erwähnung bei den Inhalten eines Sicherungsgeschäfts. Hier soll jedoch eine gesonderte Darstellung das Bild der bei der Untersuchung zu berücksichtigenden Aspekte abrunden, ergänzt um einen Blick auf die in der Kreditwirtschaft entwickelte Praxis.

I. Das Recht der Kreditsicherung

Ein eigenes Kreditsicherungsrecht existiert nicht[308]. Das Gesetz kennt lediglich Vorschriften, welche entweder einzelne Sicherungsrechte zum Gegenstand haben wie etwa die Bürgschaft, das Pfandrecht an beweglichen Sachen und Rechten sowie die Grundpfandrechte. Oder es setzt wie in § 232 BGB die Existenz der Sicherung als solche voraus. Darüber hinaus fehlt es aber an speziellen Normierungen. Dies führt zu der Konsequenz, daß der Inhalt des Sicherungsvertrags allein von den Parteien festzulegen ist, Bestimmungen der gesetzlichen Vertragstypen können allenfalls in einzelnen Bereichen hilfsweise angewandt werden. Der Sicherungsvertrag ist folglich ein Vertrag sui generis[309]. Er findet seine Berechtigung in der das Zivilrecht beherrschenden Privatautonomie. Inhaltlicher Maßstab müssen dabei lediglich die sich aus der Rechtsordnung ergebenden allgemeinen Grundsätze sein. Im übrigen besteht Gestaltungsfreiheit. Im Laufe der Zeit haben sich aber bestimmte gekorene Sicherungsrechte entwickelt, die eine weitgehend standardisierte Ausgestaltung erfahren haben[310].

Dementsprechend vielschichtig ist das Recht, das bei Sicherungsgeschäften zu beachten ist. Ausgangspunkt sind die speziellen Regelungen zu den wenigen geborenen Sicherheiten. Sie sind selbstverständlich für das jeweilige Sicherungsrecht die primäre Quelle der Rechtsfindung. Die Regelungen können darüber hinaus auch in den übrigen Fällen als Hinweis auf die in Normen gegossene Vorstellung des Gesetzgebers zu Sicherungsrechten in Betracht kommen. Inwieweit die Bestimmungen aber übertragbar sind, muß einer Beurteilung im Einzelfall vorbehalten bleiben[311]. Wichtiger ist daher das im übrigen unmittelbar anwendbare Recht. Es erstreckt

308 Zum Vorschlag für ein einheitliches Kreditsicherungsrecht Hadding in: FS Frotz (1993), S.495 ff; Zur Diskussion um ein teilweise normiertes Sicherungsrecht beim Konsumentenkredit vgl. das Gutachten von Hadding für den 53. Deutschen Juristentag 1980, Hadding (1980) S. 296 ff; vgl. auch die Referate auf demselben Juristentag von Hiddemann und Scholz, in: Verhandlungen des 53. DJT (1980), Bd II, Hiddenmann K 8 (K 13, 27 f, 33 f), Scholz K 35 (K 55 ff) und die anschließende Diskussion K 83 ff.

309 Lwowski, KredSichR (8.A), RN 6

310 Dies beruht wesentlich auf den AGB der Kreditinstitute und den von ihnen verwandten Formularverträgen, dazu sogleich unter II.

311 Beispielsweise ist mitunter umstritten, inwieweit Pfandrechtsvorschriften auf die Sicherungsübertragung angewandt werden können. Zum ehemals ausgefochtenen Streit, ob die Sicherungsübertragung überhaupt

sich bei sämtlichen Sicherungsrechten auf die allgemeinen Grundsätze sowie die Bereiche, denen einerseits das Sicherungsgut, andererseits das Sicherungsrecht entstammt. Hinzu kommen die im Einzelfall zusätzlich einschlägigen Gebiete. Diese gesetzlichen Vorgaben werden durch das allgemeine Instrumentarium ergänzt, welches dazu dient, eine interessengerechte Lösung zu finden. Hier ist insbesondere die Vertragsauslegung zu nennen[312].

Entsprechend ist beim Sicherungseinsatz von Marken vornehmlich mit dem Kennzeichenreht das Recht zu beachten, dem die Marke entstammt. Dieses erschöpft sich jedoch nicht im MarkenG, sondern umfaßt auch Normen aus anderen Gesetzen[313]. Hinzu treten die Vorschriften für das jeweilige Sicherungsrecht. Neben diesen ohnehin naheliegenden Bestimmungen haben aber im Laufe der Zeit bei Sicherungsgeschäften verschiedene allgemeine Grenzen eine besondere Relevanz entfaltet und sich als typische Problemkreise herauskristallisiert. Dies ist insbesondere § 138 BGB, an dem schon manche Sicherheit gescheitert ist[314]. Er kennt verschiedene sicherungsspezifischen Unterfälle wie die gestörte Vertragsparität, Übersicherung, Knebelung, Insolvenzverschleppung, Kredittäuschung oder Gläubigergefährdung[315]. Ähnliche Bedeutung wie § 138 BGB hat die AGB-Kontrolle erlangt (§§ 305 ff BGB n.F., ehem. AGBG), weil die Kreditinstitute um der Einfachheit, Ökonomie und ihrer eigenen Sicherheit willen das Sicherungsgeschäft mit vorformulierten Vertragsbedingungen abwickeln[316]. Ergänzt werden diese Bestimmungen durch weitere Schranken, die entweder den allgemeinen Anforderungen entnommen sind wie das Bestimmtheitsgebot, oder speziellen Gebieten entstammen. Von besonderer Bedeutung ist dabei der Verbraucherschutz[317], dessen Streitfragen aber bei der Verwendung von Marken als Kreditsicherungsmittel keine Relevanz erwarten lassen[318]. Vielmehr werden andere

---

neben dem Pfandrecht zulässig sein soll, vgl. nur Lwowski, KredSichR (8.A) RN 528 mwN; Jauernig-Jauernig § 930 RN20 mwN.

312 So werden etwa Inhalte aus dem Wesen des Vertrags geschlossen, insbesondere aus der Treuhand, ohne daß sie ausdrücklich von den Parteien vereinbart wurden, z.B. der Freigabeanspruch bei Übersicherung, dazu unten Kapitel 5 A.II.2.a.aa.

313 etwa §§ 12, 823 I, 1004 BGB oder auch § 37 HGB; allerdings ist der Schutz von Kennzeichen über die §§ 1, 3 UWG durch die Aufnahme der §§ 9 I Nr.3, 14 II Nr.3, 15 III MarkenG als speziellere Rechtsnormen erheblich in Frage gestellt worden.

314 vgl. dazu etwa BankRHdB-Ganter § 90 RN 303 ff; Lwowski KredSichR (8.A) RN 148 ff; Kümpel (2.A) RN 6.8 ff, 6.27 ff, 6.39 ff.

315 Jedoch werden nicht alle bei der hiesigen Untersuchung zu prüfen sein. So betrifft beispielsweise die Sittenwidrigkeit aufgrund zu weiter Zweckvereinbarung einen Bereich, der mangels zu erwartender Besonderheit gegenüber anderen Sicherungsgeschäften von der hiesigen Untersuchung ausgeklammert ist. Ebenso verlangt die gestörte Vertragsparität einen Anhaltspunkt, daß ein Ungleichgewicht zwischen den Vertragsparteien besteht. Auch dies ist qua definitionem bei einer abstrakten Untersuchung, die nicht auf einen konkreten Sachverhalt mit bestimmten Parteien Bezug nimmt, ausgeschlossen.

316 Zu den zahlreichen Entscheidungen auf dem Gebiet der AGB-Kontrolle bei Sicherungsgeschäften, vgl. nur BankRHdB-Ganter § 90 RN 162 ff; Lwowski, KredSichR (8.A) RN 108 ff jeweils mwN

317 Dies insbesondere über das VerbrKrG und das HWiG, vgl. BankRHdB-Ganter (2.A) § 90 RN 397 ff; Fischer WM 2000, 14 ff; Habersack WM 2000, 981 ff.

318 Zwar können auch Privatpersonen Markeninhaber werden, § 7 Nr.1 MarkenG. Damit eine Marke aber eine als Sicherungswert interessante Position im Verkehr erlangt, muß sie im Waren- oder Dienstleistungsverkehr hinreichend eingesetzt werden. Dies wird nicht ohne einen Geschäftsbetrieb möglich sein, welcher sich wiederum mit der Eigenschaft als Verbraucher nicht verträgt.

Rechtsgebiete zu beachten sein, wie etwa das in enger Beziehung zum Markenrecht stehende Wettbewerbsrecht und das Insolvenzrecht.

Unter anderem wegen dieser rechtlichen Zersplitterung, aber auch weil die Kreditinstitute eine unglaubliche Kreativität bei der Suche nach neuen Gestaltungsmöglichkeiten an den Tag legen, sowie dem starken Ungleichgewicht der Verhandlungspositionen insbesondere bei Kleinkrediten an Verbraucher, entstand eine Fülle an Rechtsprechung zum Kreditsicherungsrecht. Diese einzelfallbezogene Auslegungen ergänzen und konkretisieren mannigfach die gesetzlichen Regelungen.

II. Die Vertragspraxis der Kreditinstitute

Ob für den Abschluß eines Darlehensvertrags eine Sicherheit verlangt wird, bestimmt sich allein nach wirtschaftlichen Gesichtspunkten, das Gesetz schreibt die Besicherung nicht vor[319]. Die Entscheidung wird daher überwiegend vom Marktumfeld bestimmt. Jedoch ist es in der Praxis der Kreditinstitute die Regel, daß Sicherheiten verlangt werden[320]. Dies belegen eindrücklich die AGB der Kreditinstitute, die allesamt bereits in ihren allgemeinen Klauselwerken, welche sämtlichen Bankgeschäften zugrunde gelegt werden, Regelungen zur Sicherung von Krediten enthalten[321]. Hinzu kommen vorformulierte Verträge und speziellen AGB für Sicherungsgeschäfte, die das Massengeschäft vereinfachen sollen.

1. Generelle AGB für das Bankgeschäft

Jeder Dachverband erließ für seine ihm angeschlossenen Institute AGB, die diese als Grundlage für die gesamte Geschäftsverbindung zu ihren Kunden gebrauchen. Dabei entsprechen sich nahezu vollständig die AGB der Privatbanken und die der genossenschaftlich organisierten. Zum Teil erhebliche Abweichungen weisen die AGB der Sparkassen und die der Postbank auf[322]. Zuletzt wurden sie allesamt zum Jahr 1993 hin überarbeitet. Dabei entnahm man Teile, die nun als separate Sonderbedingungen fungieren, so daß die AGB von ihrem ursprünglich umfassenden Anspruch Abstriche hinnehmen mußten. Grund für die Neuregelung war neben der transparenteren Gestaltung und anderen Gesichtspunkten[323], daß versucht wurde, gänzlich

---

319 Selbst § 18 KWG kann diese Wirkung nicht zugesprochen werden, der lediglich im Aufsichtsrecht gesicherte Großkredite anders bewertet als sonstige Kredite. Ausnahmen wie etwa nach dem HypBG, welches entsprechende Banken zur hypothekarischen Sicherung auszugebender Darlehen verpflichtet (vgl. § 1 Nr.1 HypBG), beruhen auf anderen Überlegungen. Zu den Gründen für eine Sicherung, auch volkswirtschaftlicher Natur, vgl.o. Kap.1.A.I.

320 Betrachtet man die Kreditvergabe jedoch nicht von der Masse, sondern vom Volumen her, machen die sog. Blankokredite den größeren Betrag aus, vgl. Claussen (2.A) § 8 RN 129.

321 Nr. 13 I AGB Private und Volks-/ Raiffeisenbanken, Nr.21 AGB Sparkassen

322 Zum Nachweis der AGB vgl. die Zusammenstellung im Anhang bei Lange (1995), S.257 ff

323 Horn (1994), S. 68. Denn bereits mehrfach hatte der BGH Klauseln wegen fehlender Transparenz für unwirksam erklärt, vgl. BGH WM 1988, 1780 (1783); WM 1989, 124 (128). Andere Überlegungen waren ein besserer Verbraucherschutz, welcher z.B. zum Verzicht der Institute auf die Freizeichnung von leichter Fahrlässigkeit führte. Auch wurden von der Bankpraxis überholte Regelungen beseitigt, vgl. zu alledem Lange (1995), S. 1 ff.

auf Regelungen zu verzichten, die entweder bereits von der Rechtsprechung beanstandet[324] oder deren Gültigkeit vom Schrifttum ernsthaft in Zweifel gezogen wurden[325].

Gemeinsam ist sämtlichen AGB, daß sie Regelungen für die Kreditsicherung enthalten. Danach lassen sich die Institute zum einen eine Sicherheit in Form eines Pfandrechts an den in ihrem Besitz befindlichen Rechtspositionen einräumen[326]. Zum andern regeln sie im Grundsatz die Folgen einer Über- oder Untersicherung, d.h. sollte der Wert der Sicherheit nach oben oder unten von der Höhe der gesicherten Forderungen abweichen. Im einen Fall wird dem Sicherungsgeber ein Anspruch auf Freigabe eingeräumt, im anderen Fall sich selbst ein Anspruch auf Nachsicherung[327]. Daneben kennen die Regelwerke der Banken zur Sicherung weitere Bestimmungen, die den AGB der Sparkassen fremd sind[328].
Die Normen verstehen sich als Mindestschutz, welcher die Kreditinstitute davor bewahren soll, bei den allgemeinen Bankgeschäften und den darin enthaltenen Kreditrisiken gänzlich ohne Sicherung agieren zu müssen. Denn die mit der Aufnahme einer Bankverbindung eingeräumten Rechte und Verfügungsmöglichkeiten lassen bei dem Institut Forderungen gegen den Kunden entstehen, vermöge der das Unternehmen einen berechtigten Anspruch auf Sicherung geltend machen kann. Trotzdem können die Regelungen darüber hinaus als universelle Grundlage des gesamten Bankrechtsverhältnisses auch Bestandteil zusätzlich geschlossener Kreditverträge werden. Als für eine Vielzahl von Geschäften formulierte Vertragsbedingungen, die einseitig vom Kreditinstitut gestellt werden, unterliegen sie der AGB-Kontrolle (§§ 305 ff BGB n.F., ehem. AGBG).

2. *Spezielle Klauselwerke für Sicherungsgeschäfte*

Neben den AGB für sämtliche Bankgeschäfte werden bei der Sicherung von Krediten regelmäßig standardisierte Verträge eingesetzt. Sie konkretisieren und ergänzen die allgemeinen Bedingungen, wiederholen aber auch zum Teil deren Klauseln. Die Formularverträge werden auf den jeweiligen Fall hin vervollständigt und angepaßt. Ihr Zweck liegt in der Erleichterung des Massengeschäfts. Gleichzeitig dienen sie aber auch als Grundlage für die Vertragsverhandlung[329]. Nicht zuletzt sorgen sie wegen der umfangreichen Rechtsprechung in diesem Bereich durch eine regelmäßigen Anpassung für eine hinreichende Gewähr des rechtlichen Bestands des Sicherungsgeschäfts. Die Formularverträge verstehen sich daher nicht ausschließlich im Sinne allgemeiner Geschäftsbedingungen. Weil sie jedoch auf eine unbestimmte Zahl an Verträgen

324 Wie z.B. für Überziehungszinsen bei gekündigtem Kontokorrent, Nr. 18 I AGB Banken (alt), BGH WM 1986, 8 (9 f), oder bei der Haftung geschäftsunfähiger Kunden, Nr. 23 AGB Banken (alt), BGH WM 1991, 1368 (1370 f).

325 Dazu Lange (1995) S.2

326 vgl. Nr.14 AGB-PrivBanken; Nr. 22 I, II AGB-Sparkassen

327 vgl. Nr. 23 AGB-Sparkassen; Nr. 13 II, 16 II AGB-PrivBanken

328 So enthalten sie insbesondere einen Anspruch auf das Stellen einer Sicherheit, Nr.13 I AGB-PrivBanken, und Sicherungsrechte an Einzugspapieren, Nr. 15 AGB-PrivBanken.

329 Immerhin werden vorformulierte Klauseln weniger Anreiz zu Verhandlungen bieten, als wenn sämtliche Inhalte des Geschäfts von Anfang an als zur Disposition gestellt wirken.

ausgerichtet sind und einseitig vom Kreditgeber eingebracht werden, unterliegen sie ebenfalls in weiten Teilen der AGB-Kontrolle.

Im Rahmen der Verträge findet sich je nach Art der gestellten Sicherheit nicht selten ein Verweis auf die Allgemeine Sicherungsübereignungsbedingungen (ASB) oder die Allgemeinen Bedingungen für die Abtretung von Forderungen (ABAF)[330]. Dabei handelt es sich um spezielle Klauselwerke, die Bestimmungen zum Sicherungsumfang, -dauer und -verfahren zum Gegenstand haben[331]. Sie sind als gänzlich vom Sicherungsnehmer gestellte und von ihm verwandte Bedingungen AGB im technischen Sinn und unterliegen daher in vollem Umfang der AGB-Kontrolle.

C. Zusammenfassung

Sicherungsgeschäfte sind größtenteils nicht im Gesetz geregelt. Trotzdem haben sie sich an zahlreichen Bestimmungen messen zu lassen. Bei Marken als neues Sicherungsgut läßt sich dabei natürlich auf die umfangreichen Erkenntnisse zu anderen Sicherheiten zurückgreifen. Lediglich dort, wo sich der Wechsel des Sicherungsmittels auswirkt, bedarf es einer Übertragung der Grundsätze, unter Berücksichtigung der neuen Ausgangslage. Für den Umfang der Prüfung bedeutet dies folgendes:

Der wesentliche Kern des Sicherungsvertrags, die Sicherungszweckerklärung, bedarf keiner eigenen Betrachtung. Soweit sie auf das Sicherungsmittel Bezug nimmt, werden keine problematischen inhaltlichen Modifikationen erforderlich. Insofern kann in vollem Umfang auf die bereits existierenden Darstellungen verwiesen werden. Anders verhält es sich freilich bei der Bestellung des Sicherungsrechts. Hier ist den jeweiligen Anforderungen des Rechtsbereichs Rechnung zu tragen, dem das Sicherungsgut entstammt. Dies wird daher einen Schwerpunkt der Untersuchung bilden müssen. Weiterhin werden die sonstigen regelmäßig im Sicherungsvertrag geregelten Inhalte zur Sicherungs- und Ausübungsphase anzupassen sein. Dies betrifft zum einen Schutzmaßnahmen, um die Sicherheit bzw. ihren Wert während der Sicherungsphase zu erhalten, genauso wie die Frage nach dem Recht zum Gebrauch der Marke. Zum anderen können sich in Abhängigkeit vom jeweiligen Sicherungsrecht Regelungen für die Verwertung der Sicherheit empfehlen. In diesem Zusammenhang ist für den Sicherungsnehmer von besonderem Interesse, wie sich die Sicherheit in der Insolvenz des Sicherungsgebers verhält. Keine Eigentümlichkeiten gegenüber sonstigen Sicherheiten versprechen dagegen ein Ablöserecht vor Verwertung der Marke oder die Beendigung des Sicherungsverhältnisses durch Befriedigung der gesicherten Forderungen ohne Rückgriff auf die Sicherung samt Rückgewähr der Sicherheit. Beide Gesichtspunkte folgen unmittelbar aus dem Treuhandverhältnis und bestehen daher unabhängig vom jeweiligen Sicherungsgut.

Die dabei zu beachtenden rechtlichen Anforderungen entstammen einem Sammelsurium der unterschiedlichsten Bereiche. Dies sind insbesondere die Bestimmungen zu den wenigen gesetzlich geregelten Sicherheiten. Aufgrund der im übrigen bestehenden Gestaltungsfreiheit ha-

330 Vgl. Kohls (2.A) RN 170

331 so regelt beispielsweise Nr. 1 ASB erneut die Zweckbestimmung der Sicherheit, wie sich bereits eine vergleichbare Regelung in Nr. 13 AGB-PrivBanken findet, vgl. Serick, EV und SÜ (2.A) S.78.

ben sich der Sicherungsvertrag genauso wie die Bestellung der Sicherheit ansonsten nur anhand der allgemeinen Grenzen der Privatautonomie sowie der Rechtsgebiete auszurichten, denen sie entstammen. Für Marken als Sicherungsmittel bedeutet dies, daß wesentlich das Kennzeichenrecht in all seinen Schattierungen sowie das eng mit ihm verwandte Wettbewerbsrecht zu berücksichtigen sein werden. Hinzu kommen die spezifischen Probleme bei Kreditsicherungen, die vornehmlich § 138 BGB, die §§ 305 ff BGB (ehem. AGBG) sowie das Bestimmtheitsgebot betreffen. Der ebenfalls bei Kreditsicherungen häufig bedeutsame Verbraucherschutz kann aufgrund der Tatsache, daß sicherungsrelevante Marken nicht bei Verbrauchern zu vermuten sind, vernachlässigt werden. Je nach den Umständen im Einzelfall können darüber hinaus weitere Rechtsbereiche zu beachten sein. Ergänzt werden die gesetzlichen Bestimmungen durch die Maßstäbe, die durch die umfangreiche Rechtsprechung aufgestellt wurden. Abgerundet wird das rechtstatsächliche Bild durch die verschiedenen AGB der Kreditinstitute.

2.Teil: Das Bestellen des Sicherungsrechts

Eine wesentliche Frage an ein neues Sicherungsmittel ist die der Bestellung eines Sicherungsrechts. Welche Rechte sind möglich und welche Voraussetzungen sind dabei einzuhalten? Dabei sind nicht nur die Umstände zu berücksichtigen, die für die Bestellung des jeweiligen Sicherungsrechts an einer Marke erforderlich sind (nachfolgend Kapitel 3), sondern auch solche, die zusätzlich hierauf Einfluß nehmen. Sie können einerseits dem Bereich des Sicherungsguts entstammen, dem Kennzeichenrecht samt dem verwandten Wettbewerbsrecht (nachfolgend Kapitel 4), andererseits den allgemeinen Grenzen für Sicherungsgeschäfte (nachfolgend Kapitel 5).

KAPITEL 3: MÖGLICHE SICHERUNGSVARIANTEN UND IHRE BESTELLUNG

Als belastbare Rechtsposition und damit als Zugriffsobjekt kommt einerseits die Marke selbst in Betracht. Andererseits bieten dinglich ausgestaltete Nutzungsmöglichkeiten eine sinnvolle Alternative hierzu[1]. Hiervon ausgehend ergeben sich zwei Komplexe möglicher Sicherungsrechte, zum einen diejenigen mit Option auf die Verwertung der Marke als ganzes, zum anderen Rechte, die allein auf die Verwertung von Nutzungsmöglichkeiten abzielen.

A. SICHERUNG DURCH OPTION AUF DIE VERWERTUNG DER MARKE ALS GANZES

Sicherungsrechte, die sich auf die gesamt Rechtsposition erstrecken, sind die Sicherungsabtretung gem. §§ 413, 398 BGB und das Pfandrecht an Rechten nach §§ 1273 I, 1204 I BGB. Alternativ zur Sicherungsabtretung existiert bei den verbrieften Rechten die Möglichkeit der Sicherungsübereignung, vgl. § 793 BGB. Darüber hinaus eröffnet auch das Nutzungspfandrecht die Möglichkeit zur Veräußerung des belasteten Rechts, §§ 1213 I, 1204 BGB. Obgleich es durch den Zugriff auf die Nutzungen den Nutzungsrechten nahesteht, ist es aufgrund der Veräußerungsoption enger mit dem Pfandrecht verwandt und daher hier zu erörtern. Sämtliche der Sicherungsvarianten sind grundsätzlich auch auf Immaterialgüterrechte anwendbar[2].

I. Die Sicherungsübertragung

Die Sicherungsübertragung ist als gekorene Sicherheit nicht gesetzlich ausgestaltet. Allerdings hatte sie der Gesetzgeber bereits bei Erlaß des BGB vorausgesetzt[3]. In ihrer Bedeutung hat sie in vielen Bereichen der gesetzlich geregelten Alternative, dem Pfandrecht, den Rang abgelaufen[4]. Dies liegt insbesondere am Grundsatz der Offenkundigkeit, welcher das Pfandrecht be-

---

1 Vgl. hierzu oben Kapitel 1 D.I.2.b., c.

2 Pal-Heinrichs § 413 RN 1; Pal-Bassenge § 1273 RN 1

3 Lwowski, KredSichR (8.A) RN 528 mwN; Soergel-Mühl § 930 RN 21 mwN; **anders** will Quack den historischen Gesetzgeber verstanden wissen, MüKo-Quack Anh. §§ 929-936 RN 3.

4 vgl. BankRHdB-Ganter § 95 RN 9; Lwowski KredSichR (8.A) RN 5 a.E.; zur Entwicklung der Sicherungsübertragung vgl. Weber KredSich (6.A) S.145 mwN.

stimmt[5]. Er führt dazu, daß bewegliche Sachen dem Pfandgläubiger übergeben, § 1205 I BGB, und Pfändungen von Forderungen dem Schuldner angezeigt werden müssen, § 1280 BGB[6]. Zudem wird beim Pfandrecht das gesetzlich geregelte Verwertungsverfahren, §§ 1233 ff BGB, als störend empfunden[7]. Ob sich diese Unterschiede zwischen der Sicherungsübertragung und Pfändung auch bei Marken auswirken, wird für die Wahl des Sicherungsrechts von entscheidender Bedeutung sein.

Wesentlich ist hierfür, welche Voraussetzungen bei der Bestellung der Sicherheit berücksichtigt werden müssen. Doch bevor sich den einzelnen Voraussetzungen zuzuwenden ist, interessiert, welche markenrechtlichen Positionen überhaupt Gegenstand des Geschäfts werden können. Abschließend bedarf das Problem der teilweisen Übertragung einer ausführlichen Betrachtung.

1. Gegenstand der Sicherungsübertragung

a) Marken und Markenanwartschaften

Daß Marken übertragen werden können, ergibt sich ausdrücklich aus § 27 I MarkenG[8]. Auch nimmt die Norm expressis verbis Bezug auf sämtliche der 3 Markenarten nach § 4 Nrn.1-3 MarkenG, so daß jegliche von ihnen insoweit auch Gegenstand einer Sicherungsübertragung werden kann. Selbst eine durch die Anmeldung zur Eintragung in das Markenregister entstandene Markenanwartschaft kann übertragen und damit für ein Sicherungsgeschäfts in Betracht kommen, § 31 MarkenG.

b) Teile von Marken und -anwartschaften

Daß nicht nur die komplette Marke übertragen werden kann, sondern auch lediglich ein Teil derselben, folgt ebenfalls explizit aus § 27 I MarkenG[9]. Bestätigt wird dies durch § 27 IV MarkenG, welcher zumindest für eingetragene Marken hieran anknüpft[10]. Eine Abtrennung ist aber lediglich hinsichtlich einzelner Waren oder Dienstleistungen bzw. deren Klassen zulässig; eine territoriale Aufteilung oder gar eine der Markenbestandteile ist ausgeschlossen[11]. Auch hier gilt wiederum gleiches für die Markenanwartschaft, auf die § 27 I MarkenG über § 31 MarkenG anzuwenden ist[12].

---

5 Kümpel (2.A) RN 6.314 ff; Soergel-Mühl Einl vor § 1204 RN 4

6 Dieser Umstand war Anlaß eines heftigen Streits über die Wirksamkeit der Sicherungsübereignung. Es wurde ihr vorgeworfen, ein Umgehungsgeschäft zu sein und die Vermögenslage des Schuldners zu verschleiern. Doch der Gesetzgeber stellte klar, daß er auch dieses Sicherungsinstrument anerkannt wissen wollte, vgl Nachweis bei Lwowski, KredSichR (8.A) RN 528.

7 BankRHdB-Merkel § 93 RN 4

8 Vgl. dazu auch die obigen Ausführungen, Kapitel 1 C.I.3. und D.I.2.a.

9 Zur Zulässigkeit einer Teilung in anderen Ländern vgl. Klaka GRUR 1995, 713 (714 f)

10 Auf die Bedeutung der Norm wird aber noch gesondert einzugehen sein, dazu unten 3.

11 Dies ergibt sich insbesondere aus § 46 I MarkenG, der eine entsprechende Teilungserklärung vorschreibt. Es läßt sich aber auch aus der Natur des Markenrechts ableiten, eingehend dazu unten im Rahmen der teilweisen Sicherungsübertragung 3.a.cc.(1).(a). und 3.b.bb.

12 Das entsprechende Verfahren ist in § 40 MarkenG geregelt.

c) *Künftige Marken*

Darüber hinaus stellt sich die Frage, ob auch erst künftige Marken übertragen werden können. Eine derartige Sicherung käme beispielsweise in Betracht, wenn konkrete Pläne über den Einsatz neuer Marken vorhanden sind. Sie kann aber auch ergänzend zu Sicherungsrechten an existierenden Marken sinnvoll erscheinen, um den Zugriff auf die gesamte Position des Sicherungsgebers zu gewährleisten. Dies mag Bedeutung gewinnen, wenn vom Sicherungsgeber eingesetzte Zeichen zu große Abweichungen von der eingetragenen Marke aufweisen, als daß sie noch als dasselbe Zeichen angesehen werden könnten[13]. Die Übereignung zukünftiger Marken kann aber auch dann sinnvoll sein, sollte sich der Sicherungsgeber - aus welches Gründen auch immer - neben der belasteten zum Aufbau einer neuen Marke entschließen.

Daß erst künftig entstehende Rechtspositionen übertragen werden, ist gerade im Kreditsicherungsrecht gang und gäbe. So wird einhellig vertreten, daß erst künftige Forderungen oder auch erst künftiges Eigentum im Rahmen von Sicherheiten mit wechselndem Bestand zum Gegenstand von Sicherungsübertragungen gemacht werden können[14]. Jedoch verlangt die Rechtsprechung in diesen Fällen[15], daß jederzeit möglich ist zu bestimmen, welche Rechte von der Vereinbarung umfaßt sind. Sie leitet dies zurecht aus dem Bestimmtheitsgebot ab, nach welchem zu keiner Zeit die Zuordnung der Sache oder des Rechts zum jeweiligen Rechtsträger fraglich sein darf[16].

Wendet man diese Sichtweise auf Marken an, dann muß auch die antizipierte Übertragung von künftigen Markenrechten grundsätzlich möglich sein. Daß der Gesetzgeber mit der Übertragbarkeit der Anwartschaft gem. §§ 31, 27 I MarkenG eine abschließende Regelung hinsichtlich der vorverlagerten Übertragbarkeit von Marken treffen wollte, kann kaum angenommen werden[17]. Denn einerseits wird auch im Sachenrecht trotz eines Anwartschaftsrechts die antizipierte Übertragung zugelassen. Andererseits deutet die ausdrückliche Zulässigkeit der Übertragung der Anmeldung einer Marke vielmehr in Richtung einer möglichst umfassenden Verkehrsfähigkeit

---

13 Eine entsprechende Konsequenz läßt sich an § 26 III MarkenG festmachen, der von einer Grenze spricht, ab welcher der Gebrauch eines ähnlichen Zeichens nicht mehr als Benutzung der eingetragenen Marke angesehen werden kann. Daß eine solche Entwicklung eines Zeichens auch nicht fernab jeder Realität liegt, zeigen die im Laufe der Zeit modischen Anpassungen von Marken. Die Folge wäre unter Umständen ein eigenes, neues Markenrecht des Sicherungsgebers nach § 4 Nr.2 MarkenG.

14 vgl. nur Lwowski KredSichR (8.A) RN 557 mwN, 560, 705 ff; Westermann SachR (7.A) § 44 II 2 iVm § 41 III.

15 BGH NJW 1995, 2348 (2350); NJW 1995, 1668 (1669); WM 1992, 398 (398); WM 1985, 12 (13 f); BGHZ 7, 365 (367); BGHZ 73, 253 (254); BGHZ 79, 16 (20 f); OLG Düss WM 1990, 1190 (1190 f); OLG Frkf/M WM 1994, 2151 (2151 f).

16 Zum sachenrechtlichen Bestimmtheitsgebot vgl. Baur/Stürner SachR (17.A) § 4 RN 17 ff; Westermann, SachR, (7.A) § 3 II 1. Daß auf diese Weise das sachenrechtliche Bestimmtheitsgebot aufgeweicht wurde, sah man durch die wirtschaftliche Notwendigkeit als gerechtfertigt an, vgl. BGHZ 28, 16 (25). Die Durchführung erfolgt über eine vorweggenommene Einigung evtl. iVm. einem antizipierten Besitzkonstitut, allerdings wegen der lediglich vom Übertragenden abgeleiteten Rechtsposition nur per Durchgangserwerb (iGz Erwerb nach Übertragung eines Anwartsschaftsrechts), vgl. Westermann SachR (7.A) § 41 III, § 44 II 2.

17 Ebenso Lwowski/Hoes WM 1999, 771 (772), die hierin aber anscheinend ein echtes Problem sehen.

von Markenrechten. Man wird aber entsprechend den Grundsätzen des BGH zu fordern haben, daß zu jedem Zeitpunkt unzweifelhaft feststehen muß, wem die jeweilige Marke zusteht[18].

2. *Durchführung der Sicherungsübertragung*

Wie ein Markenrecht bzw. die Anwartschaft übertragen werden kann, dazu schweigt das MarkenG. Es erlaubt nach § 27 I MarkenG lediglich Übertragungen und beschränkt sich in den nachfolgenden Absätzen auf die Regelung einzelner spezieller Punkte. Es ist daher von den allgemeinen Grundsätzen auszugehen. Anschließend müssen die markenrechtlichen Besonderheiten berücksichtigt werden wie die Bedeutung der Eintragung in das Markenregister, die Rolle der Eintragungsurkunde, die Abhängigkeit von einem Geschäftsbetrieb sowie die speziellen Vorschriften für das Verfahren bei lediglich teilweiser Übertragung.

a) *Der allgemeine Verfügungstatbestand*

Als Immaterialgut richten sich Verfügungen über Marken nach den Regeln für Rechte. Demnach erfolgt eine Übertragung gemäß den §§ 413, 398 BGB, es sei denn es handelt sich um ein verbrieftes Recht, dessen Inhaberschaft sich nach der Eigentümerstellung am Papier richtet. Als ein solcher Anknüpfungspunkt käme lediglich bei den registrierten Zeichen die Eintragungsurkunde in Betracht, welche dem Inhaber ausgehändigt wird, § 19 I MarkenV. Sollte sie aber das Markenrecht verbriefen, so müßte sich wegen der Abweichung vom Grundsatz eine ausdrückliche Bestimmung im Gesetz finden. Eine solche sucht man aber vergeblich. Es bleibt daher beim Grundsatz und der Übertragung nach den §§ 413, 398 BGB.

Für die Übertragung reicht insofern - vorbehaltlich den unten zu prüfenden markenrechtlichen Besonderheiten - die schlichte Einigung zwischen Zedent und Zessionar aus. Insbesondere schreibt das Gesetz keinerlei Form vor[19]. Dies gilt sowohl für sämtliche Marken, unabhängig von ihrem Entstehungstatbestand, als auch für die Markenanwartschaft[20].

---

18 Näher dazu sogleich unter 2.b. im Rahmen der Anforderungen aus dem Bestimmtheitsgebot. In diesem Zusammenhang wird auch noch auf die - abzulehnende - Literaturmeinung einzugehen sein, wonach die pauschale Übertragung sämtlicher künftiger Marken ausreichen soll.

19 Ingerl/Rohnke § 27 RN 7; Fezer MarkenR § 27 RN 14; Althammer-Ströbele/Klaka § 27 RN 5; **a.A.** Repenn HdB Markenbewertung (1998) S.16, der von einer Unterzeichnung und damit von einem Schriftformerfordernis ausgeht, ohne allerdings einen Grund hierfür anzugeben.

20 Eine Überlegung wert ist aber die Frage, inwieweit die sonstigen Abtretungsvorschriften auf die Übertragung einer Marke angewandt werden können, obschon § 413 BGB auf sie verweist. Denn aufgrund des unterschiedlichen Inhalts eines Kennzeichenrechts gegenüber einer Forderung wird man sich schwertun, das gesamte Abtretungsrecht auf die andere Ausgangslage zu transformieren. Dies wird insbesondere dort der Fall sein, wo die Vorschriften den Drittschuldner betreffen, vgl. §§ 404-411 BGB. Ob man die hinter den Normen stehende Gedanken beispielsweise auf Lizenznehmer anwenden kann, erscheint bedenklich. Denn der sich in den Regelungen manifestierende Schuldnerschutz findet sich für die Lizenz separat in § 30 V MarkenG normiert. Ebenso wird man wahrscheinlich vergeblich nach einer Konstellation suchen, in welcher durch die Übertragung sich das Markenrecht inhaltlich ändert, § 399 BGB, oder daß die grundsätzlich festgelegte Pfändbarkeit nach § 29 I MarkenG aufgehoben wurde, § 400 BGB. Folglich bleiben an anwendbaren Normen nur der gesetzliche Übergang der Neben- und Vorzugsrechte, § 401 BGB, und die Auskunftssowie die Beurkundungspflicht des Zedenten, §§ 402, 403 BGB.

b) *Bestimmtheit*

Bei der Abtretung muß darüber hinaus der Bestimmtheitsgrundsatz gewahrt werden, wonach die Verfügung keinen Zweifel über ihren Inhalt zulassen darf. Nur an eindeutige Aussagen können Rechtsfolgen angeknüpft werden. Ist die Erklärung nicht eindeutig, steht dies im unauflösbaren Widerspruch zur Klarheit und Sicherheit der Verhältnisse, die gerade durch das Rechtssystem bezweckt werden[21]. Als Folge hat der Abtretungsvertrag den Gegenstand der Vereinbarung so eindeutig zu bezeichnen, daß eine Verwechslung nicht möglich ist. Bei registrierten Marken wird dies einfach zu erreichen sein, kann auf die Registernummer als Identifikationsmerkmal Bezug genommen werden[22]. Schwieriger ist es bei Marken nach § 4 Nrn.2, 3 MarkenG. Je nach Komplexität des Zeichens und gebrauchten Abwandlungen kann es einen erheblichen Aufwand bedeuten, die Marke exakt zu beschreiben oder sämtliche Varianten aufzulisten[23]. Hier wird aber der Umstand zur Hilfe kommen, daß der Zedent selten ähnliche Marken führen wird, von denen er wiederum nur einzelne abzutreten gedenkt. Man wird daher zumindest über die Auslegung der Erklärungen zu einem eindeutigen Inhalt der Vereinbarung gelangen können.

Noch nicht entschieden ist damit aber, inwieweit zur Bestimmung der abzutretenden Rechte auf Umstände Bezug genommen werden darf, die außerhalb des Vertrages liegen. So reicht bei der Sicherungsabtretung von Forderungen die Bestimmbarkeit aus, weshalb beispielsweise der Verweis auf eine separat dem Sicherungsnehmer zu übergebende Urkunde genügen soll[24]. Hingegen wird bei der Sicherungsübereignung von Sachen nur die aus sich heraus schlüssige Übertragung als wirksam angesehen[25]. Der BGH verlangt, daß die zu übereignenden Gegenstände im Zeitpunkt der Einigung so exakt bezeichnet sind, daß jeder, der den Inhalt des Vertrages kennt, das Sicherungsgut von allen anderen Sachen des Sicherungsgebers oder eines Dritten unterscheiden kann[26]. Dies soll erreicht sein, „wenn es infolge der Wahl einfacher, äußerer Abgrenzungskriterien ... ohne weiteres ersichtlich ist, welche individuell bestimmten Sachen übereignet worden sind."[27] Der Unterschied zur bei der Abtretung von Forderungen ausreichenden Bestimmbarkeit ist mit der absoluten Rechtsposition beim verfassungsrechtlich garantierten Eigentum nach Art.14 GG zu begründen[28]. Sie verlangt nach einer bestmöglichen Klarheit über

21 Zur Bestimmtheit als Voraussetzung einer jeden Willenserklärung vgl. Esser/Schmidt, SchR Bd I (AT) (8.A), § 14 I (S.241 f).

22 Ebenso Ingerl/Rohnke § 27 RN 7

23 siehe dazu auch Ingerl/Rohnke § 27 RN 7

24 Die etwa die exakte Liste der jeweils abgetretenen Forderungen umfaßt, vgl. Lwowski, KredSichR (8.A) RN 549.

25 BGHZ 21, 52 (56 f); NJW 1995, 2348 (2350) jeweils mwN; **a.A.** BGH WM 1971, 441 (441).

26 Vgl. BGHZ 73, 253 (254); BGH NJW 1995, 2348 (2350) mwN.

27 BGHZ 73, 253 (254). Voraussetzung dafür ist allerdings, daß keine unterschiedlichen Übertragungsweisen zur Anwendung kommen, BGHZ 28, 16 (21) Ansonsten bedarf es mehrerer Geschäfte, soweit die Erklärungen nicht einer entsprechenden Auslegung zugänglich sind. Derartige Sammelsurien an Mobilien, Immobilien und Rechten können nicht zum Gegenstand dinglicher Rechtsgeschäfte gemacht werden. Eine lediglich schuldrechtliche Verpflichtung ist aber durchaus möglich.

28 Es folgt eben nicht nur aus dem Schutz anderer Gläubiger des Verfügenden (so aber BGHZ 28, 16 (23); Zunft NJW 1957, 445 (446)) oder der Rechtssicherheit der Vertragspartner (so BGHZ 21, 52 (58)). Vielmehr bilden diese Objekte als Vermögenswerte einen wesentlichen Baustein des freiheitlich-demokratischen Rechtsstaates und werden deshalb von Art. 14 GG garantiert. Um dies zu gewährleisten, bedürfen die Ob-

die Zuordnung der Rechtsobjekte. Zwar gilt dies bis zu einem gewissen Grad auch bei Forderungen, deren Inhaberschaft ähnlich absolut besteht. Doch bleiben die Wirkungen für Dritte beschränkt, genauso wie deren Einwirkungsmöglichkeiten. Dies erlaubt es, von der Bestimmtheit in der Weise Abstriche zuzulassen, als die Forderungen lediglich für die Parteien bestimmbar sein müssen[29].

Für die Abtretung einer Marke folgt hieraus, daß sie als Immaterialgüterrecht, welches infolge der absoluten Rechtspositionen dem Eigentum näher steht als relativ wirkenden Forderungen und von der Verfassung gleich dem Eigentum geschützt wird[30], nach den Regeln zu beurteilen ist, wie sie für sonstige Eigentumsrechte gelten[31]. Es können Dritte vom Schutzumfang betroffen sein, weshalb ein erhebliches Interesse an einer möglichst umfassenden Klarheit der Verhältnisse erforderlich ist. Folglich müssen sich sämtliche Umstände, welche zur Bestimmung der abzutretenden Marke erforderlich sind, in der Vereinbarung selbst enthalten sein[32]. Die Bestimmbarkeit anhand außerhalb des Vertags liegender Umstände reicht nicht aus[33].

c) Eintragung ins Markenregister

Als eine zusätzliche Voraussetzung für einen Rechtsübergang käme die Eintragung ins Markenregister in Frage. Schließlich könnte dem Markenregister ähnlich dem Grundbuch die Funktion zukommen, für die Publizität der Rechtsinhaberschaft zu sorgen. Immerhin handelt es sich bei den Marken um absolut geschützte Vermögenspositionen[34], an deren für jedermann erkennbarer Zuordnung ein allgemeines Interesse besteht, dasselbe Interesse, das im Sachenrecht das Publizitätsprinzip begründet[35]. Daß der Gesetzgeber sich aber für einen anderen Weg ent-

---

jekte eines absoluten Schutzes, die Rechtspositionen einer absoluten Wirkung. Daraus folgt wiederum aus Gründen der Rechtssicherheit und des Verkehrsschutzes das Bedürfnis nach einer möglichst klaren Rechtslage. Sie ließ einerseits den numerus clausus der Sachenrechte und das Publizitätsprinzip entstehen. Andererseits führt es dazu, daß bei jeder Rechtsänderung der betroffene Gegenstand respektive das Recht eindeutig feststellbar sein muß, genauso wie die eventuell neue Rechtsträgerschaft, vgl. Baur/Stürner SachR (17.A) § 4 RN 17 ff; Westermann, SachR, (7.A) § 3 II 1. Der für diese Bestimmtheit maßgebliche Zeitpunkt ist die dingliche Einigung, BGHZ 28, 16 (20); BGH NJW 1995, 2348 (2350) mit zahlreichen Nachweisen.

29 Vgl. Lwowski, KredSichR (8.A) RN 704 ff; anders subsumiert Bülow unter Bestimmbarkeit nicht nur die Fälle, daß außerhalb des Vertrages liegende Umstände zur Bestimmung mit herangezogen werden. Sondern er versteht auch schon hierunter, wenn das Objekt nicht direkt bezeichnet wurde, Bülow, KredSichR (5.A) RN 1103 ff, 1187 ff. In diesen Fälle aber von Bestimmbarkeit zu sprechen, ist zumindest irreführend. Es handelt sich vielmehr um beschreibende Angaben.

30 Dazu oben Kapitel 1 C.I.1.

31 ebenso Larenz/Wolf BGB AT (8.A) § 15 RN 14

32 **a.A.** Ingerl/Rohnke § 27 RN 7, welche Bestimmbarkeit genügen lassen wollen und die Markenabtretung mit der Forderungsabtretung gleichsetzen, was sich aus dem Verweis auf BGHZ 70, 86 (90) entnehmen läßt. Andere Äußerungen sind zu dieser Frage nicht ersichtlich.

33 Das heißt nicht, daß zur Bestimmung nicht die Registernummer herangezogen werden darf. Sie stellt keinen Verweis auf ein außerhalb liegenden Umstand, das Markenregister, dar, sondern bezeichnet die Marke selbst. Außerdem wird auf eine öffentlich bekannte Tatsache Bezug genommen, so daß der Zweck der Bestimmtheit gewahrt wird.

34 dazu oben Kapitel 1 C.I.1.,2., 6.a.

35 vgl. Westermann SachR (7.A) § 3 I.2.

schied, darauf deutet bereits das Fehlen einer § 892 I BGB entsprechenden Norm hin, nach welcher das Markenregister mit demselben öffentlichen Glauben ausgestattet wäre, wie er für das Grundbuch kennzeichnend ist. Statt dessen wird der Eintragung von Marken lediglich eine widerlegliche Vermutung der Inhaberschaft gem. § 28 I MarkenG beigemessen.

So wurde in § 27 III MarkenG geregelt, daß der Rechtsübergang lediglich auf Antrag in das Markenregister eingetragen wird, was für eine fakultative Eintragung spricht[36]. Bestärkt wird dies durch § 28 II MarkenG. Die Norm sieht in Markenverfahren allein den im Register Eingetragenen als Inhaber an. Die Regelung wäre überflüssig, wenn ohnehin jeder Rechtsübergang eingetragen werden müßte. Letztlich vermag auch ein Vergleich mit dem Gemeinschaftsmarkenrecht, an dem sich der deutsche Gesetzgeber ausdrücklich orientierte[37], nicht zu einem anderen Ergebnis zu führen. Zwar bestimmen die Artt. 17 IV, 23 I 1 GMVO, daß dort eine Übertragung nur bei ihrer Eintragung im Register Wirkungen gegenüber Dritten entfaltet[38]. Der deutsche Gesetzgeber verzichtete aber trotz seiner grundsätzlichen Intention, das nationale Markenrecht weitgehend an der europäischen Marke auszurichten, auf entsprechende Regelungen. Eine Argumentation von der Gemeinschaftsmarke her muß daher scheitern.

Folglich ist die Eintragung des neuen Inhabers im Markenregister nicht als Wirksamkeitsvoraussetzung für den Rechtsübergang von Marken anzusehen[39]. Es bleibt den Parteien aber unbenommen, den Erwerber gem. § 27 III MarkenG eintragen zu lassen[40].

d) Übergabe der Eintragungsurkunde

Dem Inhaber einer registrierten Marke wird nach § 19 I MarkenV eine Urkunde über die Eintragung ausgestellt. Daß ihr keine Transportfunktion zukommt wurde bereits festgestellt[41]. Damit ist

36 ebenso Ingerl/Rohnke § 27 RN 18; im Ergebnis, per apodiktischer Feststellung, ebenso Fezer MarkenR § 27 RN 20, 35

37 Amtl.Begr. BT-Drucks. 12/6581 S.56; vgl. dazu auch oben Kapitel 1 B.I.4.

38 Eine Ausnahme wird lediglich bei der Gesamtrechtsnachfolge, der Übertragung im Rahmen einer Geschäftsübergabe oder bei bösgläubig zwischen Abtretung und Eintragung erworbenen Rechten gemacht, Art.23 I 2, II GMVO. Insgesamt deuten die Regelungen aber darauf hin, daß die Eintragung für die Übertragung keine Wirksamkeitsvoraussetzung darstellt. Hierfür spricht der Wortlaut, der bei den Artt.17 IV, 23 I 1 GMVO lediglich von den Wirkungen gegenüber Dritten spricht. Auch zeigt ein Vergleich mit Art.17 III GMVO, daß Wirksamkeitsvoraussetzungen als solche benannt werden. Art.17 V GMVO spricht hingegen bereits vor Eintragung von Rechtsübergang. Er deutet aber auch sonst von seinem Wortlaut eher auf eine fakultative Registrierung hin. Ebenso spricht Art. 17 VI GMVO vor Eintragung bereits vom Rechtsnachfolger; vgl. Ingerl (1996) S.110; Mühlendahl/Ohlgart (1998) § 9 RN 13.

39 Vgl. Fezer MarkenR § 27 RN 35; Ingerl/Rohnke § 27 RN 18; Lwowski/Hoes WM 1999, 771 (772); Rohnke NJW 1993, 361 (362); Repenn/Spitz WM 1994, 1653 (1656).

40 An die Entscheidung, den Rechtsübergang eintragen zu lassen oder darauf zu verzichten, knüpfen sich erhebliche Rechtsfolgen, die bei der Wahl mitzubedenken sind. Einerseits gilt, wie erwähnt, in den Markenverfahren lediglich der Eingetragene als der Inhaber, welcher zu Handlungen vor den entsprechenden Stellen berufen ist und allein benachrichtigt wird, § 28 II MarkenG. Andererseits stellt sich die Frage, wer bei den zivilrechtlichen Verfahren passiv- oder aktivlegitimiert ist. Dies sind nicht nur formale Unterschiede, sondern kann bedeutsame Auswirkungen etwa auf die Einflußnahmemöglichkeit oder Überwachungs- und Handlungsverpflichtungen haben, vgl.u. Kapitel 6 B.

41 vgl.o. 2.a.

aber noch nicht entschieden, ob ihr sonstige für die Übertragung bedeutsame Eigenschaften zukommen und der Zessionar ein berechtigtes Interesse an der Herausgabe der Urkunde hat.

Die Eintragungsurkunde findet ihre alleinige Erwähnung in der MarkenV, nach der sie im Rahmen des Eintragungsverfahrens unverzichtbar an den Inhaber erteilt wird[42]. Dies spricht bereits gegen eine materiell- oder verfahrensrechtliche Bedeutung. Bestätigung findet dies in dem Umstand, daß ihr weder im materiellen Recht, noch in Markenverfahren irgendeine Funktion zukommt. Selbst in sonstigen Verfahren sind mit der Urkunde keine Beweiserleichterungen verbunden. Denn sie beinhaltet nicht die genauen Angaben über das Zeichen, sondern dokumentiert lediglich die Eintragung als solche[43] und kann ergo keinen umfassenden Beweis über die geschützte Rechtsposition erbringen[44]. Es ist in diesen Fällen eher auf einen Registerauszug zurückzugreifen. Ein Anspruch auf Herausgabe der Eintragungsurkunde ist somit mangels berechtigten Interesses nicht anzuerkennen, geschweige denn kommt der Urkunde eine Bedeutung beim Erwerbsvorgang von Markenrechten zu.

e) Erfordernis eines Geschäftsbetriebs beim Markeninhaber?

Da die Bindung der Marke an einen Geschäftsbetrieb im WZG ein fest vermurzwelter Grundsatz war und Teile der Literatur weiterhin, in abgeschwächter Form, an einer entsprechenden persönlichen Qualifikation beim Markeninhaber festhalten wollen, ist nochmals[45] auf das Verhältnis Geschäftsbetrieb – Markeninhaberschaft einzugehen.

Nach dem WZG war der Geschäftsbetrieb eine unabdingbare Voraussetzung, um Inhaber eines Warenzeichenrechts zu werden[46]. Bereits durch das ErstrG wurde diese Bindung gelöst. Trotzdem sahen manche Stimmen weiterhin einen Geschäftsbetrieb für den Erwerb einer Marke als erforderlich an[47]. Das MarkenG setzt den begonnen Weg fort und verzichtet ebenfalls auf eine akzessorische Anknüpfung der Marke an einen Geschäftsbetrieb. Aber auch hier vertritt eine Mindermeinung, daß zumindest eine Benutzungsabsicht für die Kennzeichnung von Waren oder

---

42 Die Unverzichtbarkeit ergibt sich aus einem systematischen Vergleich mit § 19 II MarkenV, der im Gegensatz zur Urkunde den Ausschluß einer Erteilung einer Bescheinigung über die Eintragung erlaubt. Ob dieses Ergebnis wegen der Bedeutung der Urkunde zweckmäßig erscheint, mag zurecht angezweifelt werden.

43 Dies ergibt sich aus dem Vergleich mit § 19 II MarkenV, dessen Bescheinigung sonst nur eine Wiederholung des ohnehin in der Urkunde dokumentierten Inhalts darstellen würde.

44 Sie mag daher allenfalls in Abmahnverfahren und bei einstweiligen Verfügungen gegen Markenverletzungen dienlich sein, wenn schnelles Handeln geboten ist und ein erster Hinweis auf den berechtigterweise verlangten Schutz angebracht erscheint. Aber beim einstweiligen Rechtsschutz und damit erst recht bei Abmahnungen genügen auch eidesstattliche Versicherungen, so daß selbst insoweit keine wesentliche Erleichterung eintritt. Die Erteilung der Urkunde ist daher in der Kategorie unnötiger Verfahrensvorschriften zu verbuchen.

45 Vgl. dazu bereits oben Kap.1 C. I. 3.

46 Dies ergab sich aus der strengen Ausrichtung auf die Herkunftsfunktion als Zweck des Warenzeichens, welche unter anderem die Akzessorietät zwischen Warenzeichen und Geschäftsbetrieb zur Folge hatte Näher dazu oben Kapitel 1 B.I.1.b.

47 Albrecht GRUR 1992, 660 (662); Repenn/Spitz WRP 1993, 737 (739). Dies wurde mit § 1 I WZG begründet, der keine Änderung durch das ErstrG erfahren hatte und an dem diese Voraussetzung unter anderem festgemacht wurde, vgl. Baumbach/Hefermehl § 1 RN 4; Busse/Starck WZG § 1 RN 1.

Dienstleistungen vorliegen müsse, wodurch das Erfordernis eines Geschäftsbetriebs durch die Hintertür aufrecht erhalten bleibt[48]. Begründet wird dies über § 3 I MarkenG.

Dieser Sicht ist entgegenzuhalten, daß § 3 I MarkenG nur von der abstrakten Eignung, Unternehmensleistungen zu unterscheiden, spricht, nicht aber von konkreten Voraussetzungen für den Erwerb eines Zeichenrechts[49]. Außerdem erlaubt § 7 MarkenG natürlichen Personen, Inhaber von Marken zu werden. Dies schließt zwar nicht zwingend aus, daß kein Geschäftsbetrieb vorhanden sein muß, legt aber einen entsprechenden Schluß nahe[50]. Weiterhin betonte der Gesetzgeber mehrfach, daß für die Eintragung gerade kein Geschäftsbetrieb mehr erforderlich sein soll[51]. Er wollte mit dem MarkenG gerade nicht an die alte Rechtslage anknüpfen, sondern sich bewußt am europäischen und internationalen Recht ausrichten, worin die absolute Unabhängigkeit vom Geschäftsbetrieb vorherrscht[52]. Diesem Ansinnen würde es widersprechen, würde man auf Umwegen nun doch wieder das Erfordernis faktisch einführen. Es hat sich daher nicht von ungefähr inzwischen die Ansicht durchgesetzt, daß für die Inhaberschaft an einer Marke weder ein Geschäftsbetrieb noch eine Benutzungsabsicht erforderlich ist[53].

3. Teilweise Sicherungsübertragung

Daß die lediglich teilweise Übertragung einer Marke möglich ist und damit auch die lediglich teilweise Sicherungsübertragung, wurde bereits festgestellt[54]. Allerdings hält für diesen Fall § 27 IV MarkenG eine spezielle Regelung bereit, wonach nicht zuletzt durch den ausdrücklichen Verweis auf die Markenteilung weitere Umstände zu beachten sind. Daß dadurch auch zusätzliche Fragen auftreten, läßt bereits ein Blick auf die noch junge Geschichte des MarkenG vermuten. Keine zwei Jahre dauerte es, bis der Gesetzgeber die Bestimmung ein erstes Mal überarbeiten mußte[55]. Schon daher erscheint es angebracht, sich mit der Norm eingehend auseinanderzusetzen.

---

48 Fezer MarkenR § 3 I RN 77. Der Benutzungswillen beim Markeninhaber bedeutet indirekt, entgegen seiner ausdrücklichen Beteuerung (Fezer MarkenR § 4 RN 145, vgl.a. § 27 RN 9), daß ein Geschäftsbetrieb erforderlich ist. Denn wer eine Marke für Waren oder Dienstleistungen benutzt, besitzt zwangsläufig einen Geschäftsbetrieb. Das Erfordernis wird lediglich insoweit abgeschwächt, als er nicht bereits beim Erwerb des Zeichens und nicht zwingend in der Person des Inhabers vorzuliegen braucht. Denn nach Fezer soll auch der Gebrauch durch Dritte ausreichen, Fezer MarkenR § 3 RN 78. Wer dieses Erfordernis bei der Entstehung des Markenschutzes fordert, muß es konsequenterweise auch bei der Übertragung als subjektives Merkmal beim Erwerber voraussetzen. Zum ganzen vgl. a. Kap.1 C.I.3.

49 ähnlich Ingerl NJW 1994, 1247 (1248)

50 ebenso Ingerl NJW 1994, 1247 (1248)

51 Amtl. Begr. BT-Drucks. 12/6581 S.56, 69, 84

52 Vgl. BT-Drucks. 12/6581 S.59 f; dazu oben Kapitel 1 B.I.2.b.bb., c.bb.

53 Ingerl/Rohnke § 3 RN 10; Althammer-Klaka/Ströbele § 7 RN 1; Repenn/Spitz WRP 1993, 731 (739 FN 22); auch Fezer vertritt – etwas inkonsequent - die gänzliche Unabhängigkeit vom Geschäftsbetrieb, Fezer MarkenR § 27 RN 9, § 4 RN 145.

54 vgl.o. 1.b.

55 Denn bei der Umsetzung der alten Norm stellte man fest, daß der vollständige Verweis des § 27 IV MarkenG a.F. auf § 46 MarkenG (vgl. BGBl. I 1994, 3082 (3090)) zu unbefriedigenden Ergebnisse führen würde. Man erachtete es als unbillig, wenn die strenge Wirkung des § 46 III 3 MarkenG auch für Markenteilungen gelten sollte, da sich hier die Verzögerungen aus den unterschiedlichen Gründen ergeben konnten, oh-

Indem § 27 IV MarkenG lediglich von eingetragenen Marken spricht, liegt der Schluß nahe, daß die Bestimmung nur auf die nach § 4 Nr.1 MarkenG entstandenen Marken Anwendung finden soll. Ob dem so ist, wird noch zu untersuchen sein. Zumindest empfiehlt sich aber eine getrennte Betrachtung der eingetragen Marken sowie der sonstigen nach § 4 Nrn.2, 3 MarkenG.

a) Marken kraft Eintragung, § 27 IV MarkenG

Grundsätzlich erfolgt die Übertragung von Marken nach den §§ 413, 398 BGB, ohne daß weitere Umstände hinzukommen müßten[56]. Insofern liegt es nahe, daß dies auch für die teilweise Übertragung gilt, unterscheidet sie sich doch von der Gesamtübertragung lediglich in quantitativer, nicht aber in qualitativer Hinsicht, weshalb die Literatur von einer fakultativen Eintragung ausgeht[57].

Etwas anderes mag sich allenfalls aus § 27 IV MarkenG ergeben, der in S. 3 grundsätzlich § 46 MarkenG für anwendbar erklärt und ihn über § 27 IV 2, 3 MarkenG lediglich in wenigen Punkten modifiziert. Insbesondere könnte damit eine Teilungserklärung gegenüber dem DPMA und evtl. sogar die Eintragung ins Markenregister erforderlich werden, was sich aus den §§ 27 IV 3, 46 I MarkenG schließen lassen könnte. Auf der anderen Seite ist aber denkbar, daß es sich bei § 46 MarkenG um eine rein verfahrensrechtliche Vorschrift handelt. Abgesehen von den zudem möglichen Zwischenformen führt die Bedeutung und Einordnung der Norm daher zu erheblichen Unterschieden bei den Wirksamkeitsvoraussetzungen für eine teilweise Abtretung.

Entscheidend ist deshalb zunächst die Frage, welche Bedeutung und welcher Inhalt dem § 46 I, III 4 MarkenG beizumessen ist, auf den § 27 IV 3 MarkenG verweist. Denn wenn der Norm bereits jegliche materiell-rechtliche Wirkung abzusprechen ist, wäre es äußerst unwahrscheinlich, daß ihr nun durch den Verweis materielles Gewicht zukommen soll. Auf der anderen Seite würde ein materiell-rechtlicher Gehalt des § 46 MarkenG durch die Einbeziehung in § 27 IV MarkenG auch Auswirkungen auf den Teilerwerb von Marken zeitigen.

aa) Bedeutung und Regelungsinhalt des § 46 MarkenG

Um eine Marke zu teilen, bedarf es zumindest einer materiell-rechtlichen Erklärung. Denn als Verfügungshandlung wird man mit Rücksicht auf den Rechtsverkehr nicht auf eine nach außen erkennbare Handlung verzichten können. Daher ist bei § 46 MarkenG nicht die Frage, ob sich aus der Norm das Erfordernis einer Teilungserklärung ableiten läßt. Vielmehr interessiert, ob sie zusätzliche Erfordernisse für die Wirksamkeit einer Markenteilung beinhaltet. Sie könnten etwa in der Hinsicht bestehen, daß einerseits die Teilungserklärung gegenüber dem DPMA ab-

---

ne daß sie dem Erwerber anzulasten wären (vgl. BT-Drucks 13/3841, S.9). Man entschloß sich daher, die Rechtslage über die MarkenV anzupassen und verzichtete auf die Frist zur Einreichung der erforderlichen Unterlagen, § 32 II MarkenV. Zurecht wurde die Vorgehensweise in der Literatur moniert (Klaka GRUR 1995, 713 (716)), so daß man das materielle Recht anpaßte.

56 dazu oben 2.a., c.

57 Fezer MarkenR § 27 RN 24; Brämer S.123 f; Ströbele/Hacker-Hacker (7.A) § 27 RN 38. Andere Autoren schweigen zu dieser Fragestellung. Dies kann nur so erklärt werden, daß sie entweder denselben Schluß für selbstverständlich und eine Erwähnung für überflüssig halten. Oder sie sehen in dem Verweis des § 27 IV MarkenG die unproblematische Einbeziehung der Voraussetzungen des § 46 MarkenG. .

zugeben ist, worauf der Regelungszusammenhang des § 46 MarkenG hindeuten könnte. Andererseits wäre denkbar, daß zur Wirksamkeit gar die Eintragung des abgetrennten Markenteils ins Markenregister erforderlich ist, was unter anderem aus § 46 III MarkenG zu entnehmen sein könnte. Vorentscheidend für beide Fragen ist die Bedeutung des § 46 MarkenG, d.h. ob die Norm rein verfahrensrechtlich oder zumindest auch materiell-rechtlich zu qualifizieren ist.

(1) Bedeutung des § 46 MarkenG für die Markenteilung

Wie § 46 MarkenG einzuordnen ist, wird wesentlich an § 46 I 1, III MarkenG festzumachen sein. Denn einerseits wird in Abs. I S.1 die Teilungserklärung erwähnt, die zu qualifizieren sein wird. Andererseits regelt Abs. III das Verfahren und zeigt die Wirkungen einer Teilung. Sie sollen daher den Ausgangspunkt bilden, um die Bedeutung der Norm zu ermitteln.

(a) Bedeutung des § 46 I 1 MarkenG

§ 46 I 1 MarkenG spricht allein von einer Teilungserklärung, nennt aber keinen Adressaten. Damit könnte es sich auch um eine einseitige, nicht empfangsbedürftige materiell-rechtliche Willenserklärung handeln, die kein zusätzliches Kriterium für die Teilung aufstellt. Doch spricht die Norm einerseits von „Teilung der Eintragung" und einer „abgetrennten Eintragung", was bereits auf eine entsprechende Eintragung ins Markenregister durch des DPMA hindeutet. Andererseits erläutert § 46 III MarkenG, welche Voraussetzungen für eine abgetrennte Eintragung vorliegen müssen. Sie lassen keinen Zweifel daran zu, daß hier das DPMA tätig werden muß. Folglich ist zur Norm hinzuzulesen, daß mit § 46 I 1 MarkenG eine Teilungserklärung gegenüber dem DPMA gemeint ist.

Ohnehin spricht § 46 I 1 MarkenG lediglich von der Teilung einer Eintragung, nicht jedoch von der Teilung eines Markenrechts. Dies könnte so zu verstehen sein, daß der Gesetzgeber keine materiell-rechtliche Regelung anstrebte, sondern lediglich das Verfahren beim DPMA organisieren wollte. Ob dies aber bereits die Norm als rein verfahrensrechtlich qualifiziert, ist zu bezweifeln. Denn allgemein anerkannt handelt es sich bei der Eintragung um eine konstitutive Entstehungsvoraussetzung für den Markenschutz nach § 4 Nr.1 MarkenG[58]. Es liegt also nicht fern, daß auch die Änderung der Eintragung auf die materielle Rechtslage Einfluß ausübt.

(b) Systematische Einordnung des § 46 MarkenG

Betrachtet man die Systematik des § 46 MarkenG ist festzustellen, daß die Norm in ihrem Abs. III vornehmlich Aspekte des Teilungsverfahrens regelt. Ebenso steht die Vorschrift in einem Unterabschnitt der Regelungen des Markenverfahrens. Beides, vor allem aber der zweite Aspekt, deutet auf eine ausschließlich verfahrensrechtliche Rolle hin. Daß aber auch diese Schlußfolgerung nicht zwingend ist, zeigen bereits die § 46 I 2, III 3 MarkenG. Beide Sätze sprechen jeweils eine materiell-rechtliche Konsequenz aus. Insbesondere § 46 I 2 MarkenG zeigt, daß eine Trennung zwischen verfahrensrechtlichen und materiell-rechtlichen Vorschriften nicht durchgehalten wurde, obwohl dies insoweit möglich gewesen wäre. Denn die Regelung hätte problemlos und sachgerecht in § 6 MarkenG aufgenommen werden können. Deshalb deutet der gewählte Aufbau vielmehr darauf hin, daß trotz der Stellung im Rahmen der Verfahrensvorschriften in § 46

58 Vgl. nur Ingerl/Rohnke § 4 RN 6; Fezer MarkenR § 4 RN 16; Althammer-Klaka (6.A) § 4 RN 5

MarkenG die Teilung der Marke umfassend geregelt werden sollte. Dies unterstreicht die Beobachtung, daß die Markenteilung an anderer Stelle im Gesetz keine Erwähnung findet, insbesondere nicht bei den sonstigen Verfügungsmöglichkeiten über Markenrechte[59] im 5.Abschnitt des 2.Teils des MarkenG, wo eine entsprechende materiell-rechtliche Bestimmung zu vermuten gewesen wäre. Will man daher in § 46 MarkenG nicht nur die indirekte, geradezu beiläufige Erwähnung der Teilbarkeit von eingetragenen Marken sehen, kann der Norm kaum materiell-rechtliche Bedeutung abgesprochen werden.

Auch eine weitere systematische Überlegung ist interessant: Vergleicht man die Markenteilung mit den anderen Verfügungsmöglichkeiten, so fällt auf, daß weder bei der Übertragung, der Belastung noch der Lizenzierung Wirksamkeitsvoraussetzungen in Form von Verfahrenshandlungen erforderlich sind. So kennen die §§ 27 III, 29 II MarkenG lediglich die fakultative Eintragung in das Register, Lizenzen sind gänzlich von der Eintragbarkeit ausgeschlossen. Würde man nun für die Teilung eine gegenüber dem DPMA abzugebende Teilungserklärung fordern[60], so bedeutet dies eine gravierende Abweichung vom sonst durchgehaltenen Grundsatz. Um dies annehmen zu können, bedarf es zumindest einer hinreichenden Rechtfertigung.

(c) Teleologisch/systematische Betrachtung der Rolle des Markenregisters

Weiterhin widerspricht die bewußt schwach gehaltene Stellung des Markenregisters der materiell-rechtlichen Bedeutung von Verfahrenshandlungen. Ein entsprechendes Verständnis des § 46 MarkenG würde sich quasi verbieten.

Daß das Register nur fakultativ über Belastungen und Übertragungen von Marken berichtet, §§ 27 III, 29 II MarkenG, wurde bereits erwähnt. Dies belegt die eingeschränkte Bedeutung des Markenregisters, welches nicht den Anspruch erhebt, die materielle Rechtslage zu dokumentieren. § 28 I, II MarkenG untermauert diesen Umstand: So spricht zwar § 28 I MarkenG eine widerlegliche Vermutung aus, wie sie auch dem Grundbuch zu eigen ist, § 891 BGB[61]. Das MarkenG verzichtet aber auf eine dem § 892 BGB entsprechende Regelung. Damit wird gerade nicht das Vertrauen Dritter auf die materiell-rechtliche Richtigkeit der Eintragungen geschützt. Das Markenregister verschließt sich einer Rechtsscheinswirkung und beschränkt sich auf die Gewährleistung der Aktiv- und Passivlegitimation, um Prozesse nicht an Unsicherheiten über die Markeninhaberschaft scheitern zu lassen. Dasselbe Anliegen verfolgt § 28 II MarkenG für das Markenverfahren, wonach allein der eingetragene Inhaber als Verfahrensbeteiligter gilt. Auch hier spielt nicht der Vertrauensschutz Dritter eine Rolle, sondern es wurde eine Regelung geschaffen, die unkompliziert die Handlungsfähigkeit des DPMA gewährleisten und ein Scheitern

59 Denn bei der Teilung handelt es sich als Einwirkung auf ein bestehendes Recht ebenfalls um eine Verfügung über die Marke, vgl. nur Larenz/Wolf BGB AT (8.A) § 23 RN 36 mwN.

60 Die wegen ihrer Unwiderruflichkeit nach § 46 III 4 MarkenG zwangsläufig zur Berücksichtigung im Markenregister führt. Denn sie bewirkt entweder eine sog. getrennte Eintragung oder den Verzicht auf die getrennte Eintragung, § 46 I, III 3 MarkenG. In beiden Fällen hat eine entsprechende Eintragung im Markenregister zu erfolgen.

61 Beide Regelungen beinhalten nicht lediglich einen Anscheins- sondern einen Vollbeweis, der nur durch den Nachweis des Gegenteils erschüttert werden kann; vgl. Ingerl/Rohnke § 28 RN 5 ff; Fezer MarkenR § 28 RN 7; zu § 891 BGB Jauernig-Jauernig § 891 RN 7 mwN; Pal-Bassenge § 891 RN 8 mwN.

von Verfahrenshandlungen aufgrund fehlender Legitimation des Beteiligten verhindern soll. In § 28 I wie auch § 28 II MarkenG wird mithin bewußt in Kauf genommen, daß der materiell Berechtigte nicht am Verfahren beteiligt ist. Der Grund ist darin zu sehen, daß es den Parteien überlassen bleiben soll, für die Eintragung und die Wahrung ihrer Rechtsposition zu sorgen. Folglich liegt die Bedeutung des Markenregisters, anders als beim Grundbuch, nicht in der Wiedergabe der materiellen Rechtslage und dem damit verbundenen öffentlichen Glauben, sondern allein darin, die Durchführung markenrechtlicher Streitigkeiten zu gewährleisten. Alles weitere soll den Parteien überlassen bleiben.

Geht man von diesem Prinzip aus, so will es mit der Bedeutung des Markenregisters nicht zusammenpassen, wenn bei der Teilung die Registrierung vorgeschrieben wird. Denn bereits mit der Eintragung der Marke ist gewährleistet, daß sämtliche Verfahren durchgeführt werden können. So können durch das Zeichen beeinträchtigte Dritte gegen die gesamte Marke vorgehen. Es entspricht daher allein dem Interesse des Inhabers, eine Abspaltung zu erreichen und damit zumindest einen Teil seines Zeichens zu retten. Folglich spricht die Funktion des Markenregisters für eine allenfalls fakultative Eintragung der Teilung.

(d) Systematik zu § 4 Nr.1 MarkenG

Etwas anderes ergibt sich jedoch aus einem Vergleich mit § 4 Nr.1 MarkenG. Danach soll Markenschutz - unabhängig von der Bekanntheit im Verkehr - nur entstehen, wenn das Zeichen im Markenregister eingetragen wurde[62]. Die Folge der Teilung nach § 46 MarkenG soll aber nach ganz einhelliger Meinung eine eigenständige, unabhängige Marke sein[63]. Die Gründe finden sich in folgendem: Einerseits soll eine abgetrennte Eintragung erfolgen, § 46 I 1, III MarkenG. Andererseits deutet hierauf § 46 III 1 MarkenG hin, wonach der Markeninhaber erneut die erforderlichen Unterlagen einzureichen hat, was nur einen Sinn ergibt, wenn eine eigenständige Registrierung angestrebt werden soll. Entsprechend ergänzt § 37 IV MarkenV, daß eine neue Akte samt einer eigenen Registernummer anzulegen ist. Gegen eine neue Marke spricht auch nicht, daß das Eintragungsverfahren lediglich vereinfacht durchgeführt und im wesentlichen auf die §§ 36, 37 MarkenG verzichtet wird. Die Prüfung würde lediglich erneut stattfinden, da eine entsprechende Untersuchung bereits für die gesamte Marke vorgenommen wurde. Wendet man daher § 4 Nr.1 MarkenG auf die aufgrund einer Teilung entstehende selbständige Marke an, so hieße das, daß die Eintragung als Entstehungsvoraussetzung der neuen, abgetrennten Marke unverzichtbar erforderlich wäre.

Um auf die Eintragung als Voraussetzung der Teilung verzichten zu können, bliebe lediglich der Weg, daß man dem abgetrennten Teil zwar die Eigenschaft einer Rechtsposition beimißt, ihm aber die Qualität einer selbständigen Marke verweigert. Es würde sich folglich um ein abgeleitetes Recht handeln. Ein derartiges Recht findet aber nirgends im Gesetz eine Erwähnung. Es allein aus dem Umstand herzuleiten, daß man die Eintragung eines abgetrennten Markenteils -

62 Vgl. nur Ingerl/Rohnke § 4 RN 6; Fezer MarkenR § 4 RN 16; Althammer-Klaka (6.A) § 4 RN 5

63 Fezer MarkenR § 46 RN 2, 14; Ingerl/Rohnke § 46 RN 1 iVm § 40 RN 9; vgl.a. Althammer-Klaka/Ströbele (6.A) § 46 RN 5, § 40 RN 9

aus welchen Gründen auch immer[64] - vermeiden möchte, bedeutete eine Rechtsschöpfung, die allenfalls bei Fehlen einer anderweitigen Lösungsmöglichkeit gerechtfertigt erschiene oder wenn höherrangige Rechtsgüter auf dem Spiel stünden[65]. Beides ist hier nicht der Fall. Hinzu kommt folgender Umstand: Versteht man die abgetrennte Marke lediglich als abgeleitetes Recht, so hinge sie in ihrem Bestand von der Existenz des Mutterrechts ab. Bei Löschung der ursprünglich eingetragenen Marke würde damit ein Schutzmerkmal für den Fortbestand des abgetrennten Zeichens fehlen und die abgetrennte Marke müsste ebenfalls gelöscht werden. Es ist nicht anzunehmen, dass dies vom Gesetzgeber beabsichtigt gewesen ist.

(e) Endgültigkeit der Teilung

Ein weiteres Argument, das für eine materiell-rechtliche Bedeutung der Norm spricht, ist die Unumkehrbarkeit einer einmal nach § 46 MarkenG durchgeführten Teilung. Sie ergibt sich aus der Unwiderruflichkeit der Teilungserklärung nach § 46 III 4 MarkenG[66] und entspricht dem Willen des Gesetzgebers[67]. Eine derartige Endgültigkeit der Abspaltung kann vor einem rein verfahrensrechtlichen Verständnis des § 46 MarkenG schwerlich erklärt werden.

(f) Ergebnis

Trotz gewichtiger Gegenargumente erscheint es nicht angebracht, § 46 MarkenG als reine Verfahrensvorschrift zu verstehen. Hierfür spricht einerseits, daß die Norm die alleinige Bestimmung für die Markenteilung darstellt, folglich materiell-rechtliche Konsequenzen wesentlich an ihr festzumachen sind. Andererseits deutet hierauf die Ausgestaltung der Regelung hin, insbesondere in ihrer Konsequenz, ein eigenes Markenrecht hervorzubringen. Auf das neu entstehende Recht muß § 4 Nr.1 MarkenG Anwendung finden, da ansonsten eine selbständige Marke nicht denkbar ist. Folglich bedarf der abgetrennte Teil wie jedes registerliche Markenrecht der Eintragung.

Selbst die Stellung der Norm, der Vergleich mit den übrigen Verfügungen über Marken und die Funktion des Markenregisters vermögen hieran nichts zu ändern. Sie deuten zwar vehement in eine andere Richtung und widersprechen Wirksamkeitsvoraussetzungen, die auf Verfahrenshandlungen basieren. Doch können sie keine Abweichung von den allgemeinen Entstehungsvoraussetzungen für Marken begründen. Allein wenn schlichtweg untragbare Ergebnisse zu vermeiden wären oder überragende Interessen auf dem Spiel stünden, könnte von dieser Prämisse abzuweichen sein. Lediglich dogmatische Ungereimtheiten vermögen eine andere Beurteilung nicht zu rechtfertigen. Den widersprechenden Umständen bleibt daher nichts anders übrig, als sich der materiell-rechtlichen Bedeutung des § 46 MarkenG zu beugen.

Bestätigt wird dieses Ergebnis von der in § 46 MarkenG verankerten Unumkehrbarkeit einer einmal vorgenommenen Teilung. Auch sie ließe sich vor einem rein verfahrensrechtlichen Hin-

64 Es sind durchaus nachvollziehbare Gründe denkbar, beispielsweise die oben ausgeführten systematischen und teleologischen Ansätze.

65 vgl. Larnez Methodenlehre (6.A) S.366 ff; Bydlinski, Methodenlehre (2.A) S.472 ff.

66 Denn es wäre unlogisch, wenn die Teilungserklärung nicht widerrufen werden dürfte, nach Durchführung der Teilung diese aber wieder rückgängig gemacht werden kann.

67 BT-Drucks. 12/6581 S.93; vgl. a. Klaka GRUR 1995, 713 (717)

tergrund nicht erklären. Sie paßt sich dagegen plausibel in das Bild ein, wenn man den in der Norm vorgeschriebenen Handlungen die Gestaltung der materiellen Rechtslage zugesteht.

(2) Voraussetzungen für die Markenteilung nach § 46 MarkenG

Nachdem feststeht, daß die Teilung nicht ohne Verfahrenshandlungen auskommen kann, schließt sich die Frage an, ob die Eintragung als Wirksamkeitsvoraussetzung zu fordern ist oder ob eine Teilungserklärung gegenüber dem DPMA bereits ausreicht. Zwar deutet die Systematik zu § 4 Nr.1 MarkenG auf die Eintragung als alleinige Wirksamkeitsvoraussetzung. Doch existieren daneben Gründe, welche das Ergebnis in Frage stellen könnten.

(a) Argumente für die Teilungserklärung als Wirksamkeitserfordernis

Die Formulierung des § 46 I 1 MarkenG legt den Schluß nahe, daß die Teilung bereits durch die entsprechende Erklärung gegenüber dem DPMA erreicht wird. Denn die Teilung wird dort allein und unmittelbar von der entsprechenden Äußerung des Markeninhabers abhängig gemacht. Eine Eintragung wird lediglich insoweit erwähnt, als sie Inhalt der Erklärung des Markeninhabers zu sein hat. Auch bei weiterem Studium der Norm findet man keine Bestimmung, nach welcher die Eintragung ins Markenregister gefordert wird. Lediglich § 46 III 1 MarkenG, § 37 IV MarkenV führen durch das Einreichen der Unterlagen, das Anlegen einer neuen Akte und der Vergabe einer Registernummer die Handlungen auf, die für eine Eintragung erforderlich sind[68]. Dies alles spricht dafür, daß bereits die Erklärung gegenüber dem DPMA für die Teilung ausreicht.
Weiterhin tritt durch die Regelung, daß die einmal erklärte Teilung nicht widerrufen werden kann, § 46 III 4 MarkenG, ein gewissermaßen endgültiger Zustand ein: Entweder es werden die weiteren Voraussetzungen erfüllt und es erfolgt die abgetrennte Eintragung. Oder das Fehlen der sonstigen Voraussetzungen gilt als Verzicht, § 43 III 3 MarkenG, mit der Folge, daß der abzutrennende Teil der Marke gelöscht wird, § 48 I MarkenG. Dadurch entsteht mit der Erklärung bereits ein Zustand, der in jedem Fall zur Abtrennung führt. Der jeweilige Vermerk im Markenregister wirkt lediglich als Zusatz und dokumentiert die Teilung.
Zudem spräche für die Teilungserklärung als die eigentliche die Rechtslage bestimmende Handlung, daß dem Register hinsichtlich der materiellen Rechtslage ohnehin nur eine sehr beschränkte Bedeutung eingeräumt und gerade kein Rechtsschein attestiert wird.

Vor diesem Hintergrund liegt der Schluß nahe, daß bereits die Erklärung gegenüber dem DPMA die Änderung der Rechtslage bewirkt, es auf eine Eintragung nicht mehr ankommt. Die Erklärung wäre ein rechtsgestaltenden Akt.

(b) Argumente für die Eintragung als Wirksamkeitserfordernis

Dem steht gegenüber, daß wie bereits ausgeführt durch die Abtrennung eine eigene, neue Marke entstehen soll. Als solche muß für ihre Existenz § 4 Nr.1 MarkenG entscheidend sein, mit der Folge, daß die Eintragung den Entstehungszeitpunkt des Markenrechts markiert. Insofern wäre es verwunderlich und mit § 4 Nr.1 MarkenG nicht in Einklang zu bringen, wenn bei der Teilung

68 Doch wird bereits nicht mehr erwähnt, ob die Teilung zu veröffentlichen ist. Dies läßt sich wiederum nur mittelbar aus § 18 Nrn.1, 29 MarkenV entnehmen, der unter anderem die Registernummer sowie die Teilungserklärung als einzutragende Umstände benennt.

die neue Marke bereits durch die - quasi der Anmeldung entsprechenden - Teilungserklärung entstünde. Zwar kann die Erklärung im Gegensatz zur Anmeldung vom Erklärenden nicht mehr zurückgenommen werden. Zudem besteht bereits eine Eintragung, welche dem Zweck des Markenregisters genüge leistet. Doch steht dem die Entscheidung des Gesetzgebers gegenüber, die Entstehung von Marken an die Eintragung zu knüpfen[69].

In dieselbe Richtung weist die Regelung des Verzichts, § 48 I MarkenG. Auch hier soll die Rechtswirkung grundsätzlich erst mit Löschung der Eintragung aus dem Register eintreten[70]. Dies muß dann auch für den Verzicht nach § 46 III 3 MarkenG gelten, der aus der Säumnis der 3-monatigen Frist des § 46 III 3 MarkenG unwiderleglich geschlossen wird[71]. Andernfalls müßte die Säumnis als materielle Verzichtserklärung unmittelbar zum Untergang des abgetrennten Teils führen. Durch Wiedereinsetzung in den vorigen Stand würde diese Rechtslage aber wieder umgekehrt. Dieses hin und her des materiellen Rechts[72] läßt sich vermeiden, wenn man den wirksamen Verzicht erst mit Löschung annimmt. Ein aus Gründen der Rechtssicherheit zu begrüßender Umstand.
Dieses Verständnis wird zudem durch den Regelungszweck des § 46 III 3 MarkenG gestützt. Denn nach dem Willen des Gesetzgebers bezweckt die Norm die Beschleunigung des Verfahrens, nicht aber die Gestaltung der Rechtslage. Im Patentverfahren machte man nämlich die unangenehme Erfahrung, daß die Unterlagen häufig nicht eingereicht wurden, der Antrag damit nach § 39 III PatG als zurückgenommen galt und alles von neuem beginnen konnte. Dem wollte man einen Riegel vorschieben[73]. Zwar ist damit nicht ausgeschlossen, daß der Gesetzgeber dieses Ziel über eine materiell-rechtliche Regelung erreichen wollte. Es wird dem Zweck der Bestimmung aber eher gerecht, wenn man sie weitestgehend von der Gestaltung der Rechtslage enthebt.

---

69 Zu alledem vgl. auch oben (1).(d).

70 ebenso Ingerl/Rohnke § 48 RN 6; Fezer MarkenR § 48 RN 2, 3 a.E., wenngleich er grundsätzlich auf die ungeklärte Rechtslage verweist, welche Wirkung der Löschung zukommen soll und wie sie im Verhältnis zu einer materiell-rechtlichen Verzichtserklärung steht. Zu begründen ist die Ansicht über die Löschung als actus contrarius zur Eintragung als rechtsbegründender Akt. **A.A.** Althammer-Ströbele/Klaka (6.A) § 48 RN 9, die von der unmittelbaren Wirkung der Verzichtserklärung ausgehen und als Grund die Entstehungsgeschichte der Norm sowie den Willen des Gesetzgebers anführen. Dem ist aber entgegenzuhalten, daß der Gesetzgeber nur eine unmittelbare Wirkung des Verzichts bei Abgabe der Erklärung in einem Löschungs- oder Widerspruchsverfahren vorsieht, BT-Drucks. 12/6581 S.94, somit gerade von der Löschung aus dem Register als weiterhin gültigem Grundsatz ausgeht. Diese mögliche Ausnahme vom Grundsatz erklärt auch den anderen von Stöbele/Klaka angeführten Aspekt, daß entgegen einer ursprünglichen, Art.49 II 2 GMVO entsprechenden Gesetzesversion von dem klarstellenden Zusatz Abstand genommen wurde, daß der Verzicht erst wirksam werde, wenn er eingetragen sei (§ 52 I 2 Entwurf MarkenG GRUR 1993, 599 (610)). Er hätte selbst in diesen Fällen die Eintragung der Löschung erforderlich gemacht.

71 Der Verzicht folgt nicht aus der Teilungserklärung, die ansonsten umzudeuten wäre und damit dem wahren Willen des Erklärenden Gewalt angetan würde. Sie wird vielmehr konkludent aus der Untätigkeit des Erklärenden geschlossen, was allein schon ein mit der tatsächlichen Lage kaum übereinstimmender Fakt sein wird. Richtiger wäre es daher, in diesem Zusammenhang von einem gesetzlichen Untergangsgrund für die Marke zu sprechen, welcher gleich einem Verzicht behandelt wird.

72 Immerhin wären aber mit diesem hin und her keine rechtlichen Schwierigkeiten verbunden, da auch auf diese Situation § 91 VIII MarkenG angewandt werden könnte.

73 BT-Drucks 12/6581 S.91 für die entspr. Regelung der Teilung der Anmeldung nach § 40 II MarkenG.

(c) Ergebnis

Insbesondere aufgrund § 4 Nr.1 MarkenG, aber auch aus weiteren, über § 46 MarkenG hinausgehenden systematischen Überlegungen ist die Eintragung als der entscheidende Umstand für den Vollzug der Markenteilung anzusehen. Obgleich nicht von der Hand zu weisende Argumente für die Teilungserklärung als rechtsgestaltendes Moment sprechen, reicht es nicht aus, allein auf sie abzustellen. Es würden Rechtsfolgen wie die Selbständigkeit der entstehenden Marke nicht hinreichend erklärt werden können. Auch würden sich Abstimmungsschwierigkeiten zum Verzicht und zur Teilübertragung ergeben. Ob daneben die Teilungserklärung nach § 46 I 1 MarkenG zusätzlich zu fordern ist, kann dahinstehen, da sie zwangsläufig der abgetrennten Eintragung vorausgeht[74].

(3) Zusammenfassung

Es bleibt festzuhalten, daß es sich bei § 46 MarkenG um keine reine Verfahrensvorschrift handelt. Die Norm enthält mancherlei Regelungen, die sich auf die materielle Rechtslage auswirken. Dies sind nicht nur die offensichtlich materiell-rechtlichen Bestimmungen der § 46 I 2, III 3 MarkenG. Darüber hinaus führt die Norm zu einer unumkehrbaren Teilung und läßt ein selbständiges Markenrecht entstehen. Aus diesen Umständen und insbesondere der Systematik zu § 4 Nr.1 MarkenG folgt wiederum, daß zur Durchführung der Teilung die Eintragung des abgetrennten Teils in das Markenregister erforderlich ist. Ob darüber hinaus die Teilungserklärung gegenüber dem DPMA gem. § 46 I 1 MarkenG eine Wirksamkeitsvoraussetzung für die Markenteilung darstellt, kann dahingestellt bleiben[75]. Denn sie geht der Eintragung zwangsläufig voraus und daher in ihr auf.

Die Markenteilung bildet damit eine Ausnahme zu sämtlichen anderen Verfügungen, die ohne ein Markenverfahren auskommen, geschweige denn die Eintragung in das Markenregister voraussetzen. Ebenfalls widerspricht dies der sonst dem Markenregister zugewiesenen Funktion, welches lediglich die Durchführung von Markenstreitigkeiten gewährleisten möchte, alles weitere aber den Parteien überläßt. Schließlich will auch nicht die Stellung im Gesetz im Rahmen der Verfahrensvorschriften zu diesem Verständnis passen, um nur die wichtigsten Gründe gegen die Eintragung als Teilungsvoraussetzung zu nennen. Doch vermögen all diese Argumente zu keiner anderen Beurteilung führen. Zu stark wiegt der Umstand, daß der abgetrennte Markenteil ein selbständiges Recht begründet. Dadurch entstehen nicht unerhebliche systematische und daher dogmatische Spannungen im MarkenG, die aber nicht gelöst werden können. Sie sind als solche hinzunehmen. Auch führen sie nicht zu anderweitigen Problemen, da keine schützenswerten Interessen von Teilnehmern des Rechtsverkehrs auf dem Spiel stehen. Es leidet allein die Stimmigkeit des Gesetzes. Hierauf müssen und können sich die betroffenen Kreise einstellen.

---

74 Für die Erklärung als zusätzliches Erfordernis spräche etwa der Wortlaut des § 46 I 1 MarkenG. Auch aufgrund von Zweckmäßigkeitsüberlegungen will eine adressatenlose Teilungserklärung kaum ausreichen. Auf der anderen Seite bleibt aber der nach Möglichkeit einzuhaltende Grundsatz, Verfahrenshandlungen von materiell-rechtlichen Bedeutungen zu trennen. Daher soll die Frage hier offen bleiben.

75 Nicht gemeint ist damit aber die materiell-rechtliche Teilungserklärung, die zur Gestaltung der Rechtslage erforderlich ist. Ob diese aber separat erfolgen kann oder wegen § 46 I 1 MarkenG dem DPMA gegenüber zu erklären ist, ist nicht entschieden. Diese Frage braucht an dieser Stelle nicht beantwortet zu werden.

bb) Auswirkung auf die Teilübertragung durch § 27 IV MarkenG

Nachdem die Bedeutung des § 46 MarkenG feststeht, interessiert nun die Frage, wie sich die Regelung über § 27 IV MarkenG auf die teilweise Übertragung von Marken auswirkt. Denn durch die allein aufgrund eines Abtretungsvertrags mögliche Übertragung der gesamten Marke[76] scheint ein Konflikt vorprogrammiert.

(1) Die unterschiedlichen Ansatzpunkte

(a) Die Regelung des § 27 IV MarkenG

Den Kern des § 27 IV MarkenG bildet der grundsätzliche Verweis auf die Anwendung des Verfahrens der Markenteilung. Zwar kann man hieran Zweifel anmelden, weil § 46 MarkenG auf den ersten Blick doch erheblich modifiziert wird. Bei genauerer Betrachtung ist jedoch festzustellen, daß es sich bei den Änderungen lediglich um vereinzelte Anpassungen an die differierende Ausgangslage der Teilübertragung gegenüber der Markenteilung handelt[77]. So wird einerseits durch den Ausschluß der Anwendbarkeit des § 46 II MarkenG dem Interesse eines Dritten am Erwerb des Markenteils Vorrang vor der mit § 46 II MarkenG verfolgten Verfahrensökonomie[78] eingeräumt[79]. Andererseits wurde der als unbillig empfundene Verzicht auf den abgetrennten Markenteil bei nicht rechtzeitiger Zahlung der Gebühr bzw. nicht pünktlichem Einreichen der Unterlagen entschärft und für die Säumnis der Zahlungsfrist in eine § 39 III PatG entsprechende Rücknahme des Antrags auf Teilübertragung abgeändert, § 27 IV MarkenG, § 6 I 2, II PatGebG[80]. Im übrigen bleibt nach § 27 IV MarkenG die Regelung des § 46 MarkenG anwendbar und damit insbesondere die grundsätzlichen und grundlegenden Entscheidungen, wonach durch die Teilung ein selbständiges Markenrecht entsteht sowie die Teilung unumkehrbar sein soll[81] [82].

---

76 dazu bereits oben I.2.a., c.

77 So auch die Amtl. Begründung zur Gesetzesänderung, nach welcher die Modifikation allein zur Anpassung der Norm an die bei der Teilübertragung zusätzlich zu berücksichtigenden Interessen des erwerbenden Dritten geschieht, BT-Drucks. 13/3841 S.9

78 Denn § 46 II MarkenG schließt das Recht zur Markenteilung lediglich während der Widerspruchsfrist bis zu dem Zeitpunkt aus, an dem tatsächlich ein Widerspruch eingelegt wird. Ab dann soll eine Teilung nur so erfolgen, daß der Widerspruch nach Teilung nur noch für eine der entstehenden Marken fortbesteht. Der Zweck der Regelung kann daher nur darin liegen, durch die Teilung keine mehrfache Widerspruchsprüfung zu provozieren. Dies dient sowohl dem DPMA als auch dem Widerspruchsführer, die lediglich ein Verfahren verfolgen müssen. Ein darüber hinausgehender Schutz vor „Überraschungen der Widerspruchsführer" (so Ingerl/Rohnke § 46 RN 9) kann wegen der Eintragung der Teilungserklärung nur untergeordnete Bedeutung haben. Vgl. dazu auch die Schilderung bei Klaka GRUR 1995, 713 (715 f).

79 Dies übersieht Fezer, der mit seiner Kritik immer noch an der alten, inzwischen geänderten Rechtslage ansetzt, Fezer MarkenR § 46 RN 13.

80 Dies erscheint auch gerechtfertigt, weil zum einen der Erwerber beim Einreichen der Unterlagen auf die Mithilfe des Veräußerers angewiesen ist und dessen Verzögerungen ihm nicht zur Last gelegt werden dürfen. Zum anderen wird üblicherweise die Gebühr vom Erwerber zu zahlen sein. Kommt er seiner Verpflichtung nicht nach, hätte es für den Veräußerer den Verlust des zu übertragenden Markenteils zur Folge. Obwohl er womöglich noch keine Gegenleistung dafür erhalten hat. Hier wäre es unbillig, ihm das Verschulden des Erwerbers aufzubürden. Vgl. dazu und zu den entgegen dem Wortlaut des § 27 IV MarkenG weiterhin erforderlichen Unterlagen unten cc.(1).(b).

81 Daß diese Entscheidung auch vom Gesetzgeber so gewollt ist, bestätigt die ursprüngliche komplette Verweisung des § 27 IV MarkenG auf § 46 MarkenG, die nach der Amtl. Begründung zur Gesetzesänderung (BT-Drucks. 13/3841 S.9) lediglich hinsichtlich der Interessen des erwerbenden Dritten angepaßt werden

Bestätigt wird dies durch die Begründung der Gesetzesänderung, wonach die den die Gebühr auslösenden Tatbestand im Anlegen der neuen Akte sieht, was für ein eigenständiges Markenrecht spricht[83].

Als Folge entsteht durch die teilweise Übertragung ebenfalls ein selbständiges Markenrecht in Form des abgetrennten und auf den Erwerber übertragenen Teils. Eine lediglich abgeleitete Rechtsposition scheidet entsprechend der Begründung bei der Teilung aus[84], die neue Marke muß aus denselben Gründen wie ihr Pendant nach einer Teilung in das Markenregister eingetragen werden. Erst ab diesem Zeitpunkt kann die neue Marke als entstanden gelten. Die Eintragung ist damit auch für die Teilübertragung eine Wirksamkeitsvoraussetzung.

(b) § 27 IV MarkenG als Bestandteil des § 27 MarkenG

Betrachtet man aber die sonstigen Regelungen des § 27 MarkenG, so wird das soeben gewonnene Ergebnis wieder in Frage gestellt. Dabei entstehen die Probleme nicht nur aus dem Verhältnis zur Übertragung des Vollrechts. Auch weitere Aspekte wollen nicht ins Bild passen.

Primär bereitet der Vergleich mit der vollständigen Übertragung von Marken Schwierigkeiten. Sie soll allein nach den §§ 413, 398 BGB erfolgen[85]. Durch den aber lediglich quantitativen, nicht aber qualitativen Unterschied zur Übertragung von Markenteilen läge anhand des argumentum a maiori ad minus[86] der Schluß nahe, daß die Bedingungen, unter denen eine Übertragung stattzufinden hat, dieselben sein müssen. Folglich dürfte auch bei der Übertragung eines Markenteils die Eintragung lediglich deklaratorische Bedeutung haben[87].

In dieselbe Richtung weist die Auslegung des § 27 III MarkenG. Er bestimmt, daß die Übertragung einer Marke auf Antrag in das Markenregister eingetragen werden kann. Die Norm unterscheidet dabei nicht zwischen vollständiger oder nur teilweiser Übertragung. Weil § 27 I MarkenG ausdrücklich beide Varianten erwähnt, Abs. III aber nur noch allgemein von Übertragung spricht, deutet dieser Umstand darauf hin, daß sämtliche Übertragungsmöglichkeiten von der Regelung erfaßt sein sollen. Es würde also den Parteien überlassen bleiben, ob sie die Eintragung wünschen oder darauf verzichten. Auf die Wirksamkeit der Übertragung dürfte dies keinen Einfluß haben.

---

sollte. Doch sollte der Wille des Gesetzgebers hier nicht überbewertet werden, weil die Begründung sowohl zu § 27 IV a.F. (BT-Drucks. 12/6581 S.84) als auch zu § 27 IV n.F. (BT-Drucks. 13/3841 S.9) als Hauptmotiv das Gebührenerfordernis nennen.

82 Zwar wurde auch auf den Verweis auf § 46 III 1 MarkenG verzichtet, der das neuerliche Einreichen der Unterlagen verlangt, der ebenfalls zur Begründung der Eigenständigkeit des abgetrennten Markenteils angeführt wurde. Doch entgegen dem eindeutigen Wortlaut des § 27 IV MarkenG werden die Unterlagen auch bei einer Teilübertragung einzureichen sein, vgl.u. cc.(1).(b).

83 BT-Drucks. 13/3841 S.9, vgl.a.Schulz-Brandi-Dohrn § 27 RN 8; Ingerl/Rohnke § 27 RN 26; **a.A.** Brämer S.123 f.

84 Vgl. dazu oben zur Markenteilung aa.(1).(d), aa.(2).(b); **a.A.** Brämer S.121 ff.

85 vgl. hierzu oben I.2.

86 Zum Argument maiore ad minus, allerdings im Rahmen der Analogie, Bydlinski, Methodenlehre (2.A), S.479 f mwN

87 So Fezer MarkenR § 27 RN 24, der allerdings keine Begründung für seine Ansicht liefert; im Ergebnis ebenso Brämer S.121 ff.

Schließlich könnte § 27 IV MarkenG die Regelung des Abs. III aufgreifen und sie für die teilweise Übertragung allein verfahrensrechtlich ergänzen wollen. Hierauf könnte der Wortlaut hindeuten. Denn die Abs. III und IV des § 24 MarkenG sprechen beide von einem Antrag, den § 46 MarkenG als solchen nicht kennt. Zudem wurde bereits erwähnt, daß der Gesetzgeber § 27 IV MarkenG lediglich von der Gebührenpflicht her begründet hat[88].

(2) Stellungnahme

(a) Abwägung der vorgenannten Argumente

Die vorstehenden Erläuterungen offenbaren ein nicht unerhebliches Konfliktpotential. Auf der einen Seite steht der Verweis auf § 46 MarkenG, durch welchen dem übertragenen Markenteil die Natur eines selbständigen Markenrechts zugesprochen wird, das im Markenregister einzutragen ist. Auf der anderen Seite ist die Bestimmung in eine Norm eingebettet, die gleich in mehrfacher Hinsicht eine lediglich fakultative Eintragung proklamiert, wobei letzteres zudem in Einklang mit der schmal gehaltenen amtlichen Begründung der Norm steht. Es besteht daher erheblicher Bedarf an einer Klärung, welcher Inhalt § 27 IV MarkenG beizumessen ist.

Das Argument des maiore ad minus, wonach von der Vollrechtsübertragung auf die Voraussetzungen der Teilübertragung geschlossen wird, kann nur bedingt Gehör beanspruchen. Es handelt sich dabei lediglich um eine Auslegungshilfe, die nur dann anzuwenden ist, wenn das Gesetz keine speziellere Regelung bereithält[89]. Erst recht kann das Argument nicht dort angeführt werden, wo Gründe vorhanden sind, die eine abweichende Beurteilung des Kleineren im Verhältnis zum Größeren verlangen, wie hier durch das Entstehen der eigenständigen Marke. Folglich kann die Abweichung in § 27 IV MarkenG vom Grundsatz im Abs.I nicht einmal als systematisch unstimmig gelten.

Ähnlich verhält es sich mit § 27 III MarkenG. Soweit die Norm allgemein von Übertragungen spricht, beinhaltet sie eine allgemeine Regel. Ist daneben eine speziellere Norm vorhanden, geht sie problemlos der allgemeinen Regelung vor. So auch hier. Denn § 27 IV MarkenG regelt mit der teilweisen Übertragung einen Unterfall des § 27 III MarkenG. Auch insoweit bestehen daher keine systematischen Bedenken[90]. Lediglich dann, wenn es sich bei § 27 IV MarkenG ausschließlich um eine Verfahrensbestimmung handeln würde, könnte sie die materielle Rechtslage nicht modifizieren. Daß dem trotz der vermeintlichen Ausrichtung auf die Gebühr nicht so ist, ergibt sich aus dem folgenden Aspekt.

Schließlich ist nicht davon auszugehen, daß der Gesetzgeber mit § 27 IV MarkenG die Gebühr für die Teilübertragung in den Vordergrund stellen wollte. Denn obschon er in der Begründung in besonderem Maße auf sie abstellt, zeigte bereits § 27 IV a.F. MarkenG durch den vollumfänglichen Verweis auf § 46 MarkenG, daß es ihm nicht allein hierauf ankam. Vielmehr ist anzunehmen, daß die Gebühr als zusätzliche Belastung der Parteien extra hergeleitet wurde. Die Begründung zu § 27 IV n.F. MarkenG offenbart, daß am grundsätzlichen Verweis nicht gerüttelt

88 BT-Drucks 13/3841 S.9 iVm BT-Drucks. 12/6581 S.84; vgl. dazu oben (1).

89 vgl. Bydlinski, Methodenlehre (2.A), S.479 f

90 Ebenso wird die Sonderbestimmung durch das Entstehen einer neuen Marke auch teleologisch gerechtfertigt.

werden sollte, die Motivation für die Änderung eine andere war. Daß nun aber § 27 IV MarkenG im Gegensatz zu § 46 MarkenG von einem Antrag spricht, irritiert zwar. Doch hängt auch das Teilungsverfahren von einem Antrag ab, obschon er dort als Teilungserklärung bezeichnet wird. Insofern ist die Wortwahl zwar unglücklich, aber kein zwingender Hinweis auf ein gegenteiliges Verständnis der Norm.

Auf der anderen Seite wäre aber in keiner Weise nachvollziehbar, wenn die Teilung an eine Eintragung gekoppelt, bei der Teilübertragung aber darauf verzichtet würde. Denn die Teilung bildet die Vorstufe einer Teilübertragung und muß daher genauso eine neue, selbständige Marke entstehen lassen wie es bei der Markenteilung der Fall ist. Schließlich besteht der Unterschied zwischen beiden Konstruktionen lediglich in der Person des Inhabers des abgetrennten Teils. Anhaltspunkte, die eine andere Einordnung auch nur möglich erscheinen lassen, sind nicht ersichtlich. Daß die neue Marke unmittelbar beim Erwerber entsteht, darf auf die Wirksamkeitsvoraussetzungen keinen Einfluß haben.
Daran ändert auch nichts, daß der Gesetzgeber die Teilung mit der Begründung einführte, dem Markeninhaber ein Instrument an die Hand zu geben, einen Angriff auf seine Marke auf einzelne Bereiche beschränken zu können, um so die Gefahr des vollständigen Verlustes des Rechts zu vermeiden[91]. Immerhin war dies nicht das einzige Motiv des Gesetzgebers[92]. Vielmehr gedachte man mit der Teilbarkeit ein neues Prinzip ins Markenrecht einzuführen, das sich nicht zuletzt auch in der teilweisen Übertragbarkeit äußert und für sämtliche Markenarten gelten soll.

Daher ist der Konflikt zwischen der Bedeutung des § 27 IV MarkenG, die ihm durch die Verweisung auf § 46 MarkenG zukommt und der Systematik innerhalb des § 27 MarkenG lediglich ein vermeintlicher, der sich zugunsten der Parallelität mit der Markenteilung auflöst.

(b) Zusätzlicher Aspekt der Rechtssicherheit

Über die seither vorgebrachten, sich im wesentlichen aus den gesetzlichen Regelungen und den Vorstellungen des Gesetzgebers ergebenden Gesichtspunkte hinaus soll noch ein weiterer Aspekt ins Blickfeld gerückt werden. Denn die Rechtssicherheit gebietet die Eintragung ins Markenregister, weil sie ansonsten angesichts der Verkehrsfähigkeit der Marke nicht mehr in ausreichendem Maße gewährleistet ist. Dies obgleich die Wirkung der Eintragung im Rechtsverkehr auf die Vermutung des § 28 I MarkenG beschränkt wurde.

Nach § 46 I MarkenG, und damit auch mit Wirkung für die Teilübertragung, kann die Marke durch die Teilbarkeit von Waren- und Dienstleistungskategorien in eine Vielzahl von Einzelmarken aufgespalten werden[93]. Dies hat durch die nahezu beliebig mögliche Einteilung in Unterkategorien eine beinahe grenzenlose Fähigkeit zu immer neuen Teilungen zur Folge. Ohne Eintragung in das Markenregister könnte daher eine für Dritte unüberschaubare materielle Rechtslage entstehen. Selbst aus der Benutzung des Zeichens ließe sich kein eindeutiger Schluß ziehen,

91 BT-Drucks. 12/6581 S.91

92 Vgl. BT-Drucks. 12/6581 S.91, wonach die Aufspaltung ausdrücklich auch für weitere Zwecke ermöglicht werden soll.

93 Vgl. dazu oben I.1.b. und Ingerl/Rohnke § 46 RN 5 f; Fezer MarkenR § 46 RN 1, 10 f; Althammer-Klaka (6.A) § 46 RN 5, 10.

da wergen der 5-jährigen Schonfrist ab Eintragung noch kein Gebrauch stattgefunden haben muß, §§ 25 I, 26 V, 49 I 1 MarkenG. Über jedem (Teil-)Erwerb einer Marke schwebte daher das Damoklesschwert längst veräußerter Markenteile[94]. Diese Unsicherheit würde sich besonders gravierend bei Sicherungsübertragungen auswirken. Denn es besteht die Gefahr, am Ende mit leeren Händen dazustehen. Schließlich würden in der Insolvenz Ansprüche aus Vertragsverletzungen durch falsche Angaben über den Bestand der Marke lediglich mit der Insolvenzquote abgespeist[95]. Ein derart ungewisser Zustand verträgt sich weder mit der Verkehrsfähigkeit von Marken noch der Möglichkeit ihrer Belastung.

Das Problem der fehlenden Klarheit stellt sich jedoch mangels Eintragungspflicht auch bei der Übertragung der Marke als ganzes. Insofern ist aber anzunehmen, daß der Gesetzgeber durch die bewußte Entscheidung für die fakultative Eintragung die Unsicherheit künftigen Erwerbern aufbürden wollte[96]. Jedoch ist bei der teilweisen Übertragung die potentielle Undurchsichtigkeit der Rechtslage weitaus größer. Kann bei der Vollrechtsübertragung lediglich der Inhaber variieren, führt die Teilübertragung zu einer ungleich größeren Gestaltungsbreite. Daß der Gesetzgeber auch diese Unsicherheit künftigen Erwerbern aufbürden wollte, ist unwahrscheinlich[97], ist ihnen die Klärung der Sachlage nicht zumutbar. Für die Verkehrsfähigkeit von Marken wäre dies aber im höchsten Grade schädlich.

Will man daher die Rechtssicherheit im Markenschutz nicht gänzlich außer acht lassen und das Risiko nicht vollkommen auf die Schultern künftiger Erwerber legen, muß der Eintragung zumindest hinsichtlich abgetrennter Markenteile konstitutive Wirkung beigemessen werden. Man erhält dadurch wenigstens einen gewissen Grad an Verkehrsschutz. Diese Überlegungen mit dem Argument beiseite zu schieben, es soll den Parteien überlassen bleiben, ihre Rechtspositionen

---

94 Dieses Szenario mag man nicht in allernächster Zukunft zu erwarten haben, nicht zuletzt weil die unabhängige Verkehrsfähigkeit von Marken und Markenteilen eine verhältnismäßig junge Errungenschaft des Zeichenrechts darstellt. Durch den nun aber bestehenden Schutz des in den Marken verkörperten wirtschaftlichen Werts werden in Zukunft vermehrt Marketingstrategien zu erwarten sein, die diesen Wert weiter auszuschöpfen suchen. Mit steigender Akzeptanz der Verkehrsfähigkeit von Marken und insbesondere einer weiteren Zunahme des Marken- bzw. Imagetransfers erscheint die Überlegung daher nicht fernab jeglicher Realität, vgl. Engeser, WirtWo v.21.20.2004, S.74 ff.

95 In diesen Fällen würde dem Sicherungsnehmer auch die Vermutung des § 28 I MarkenG nicht weiterhelfen, da weder ein gutgläubiger Erwerb möglich sein soll (näher dazu unten Kapitel 6 B.II.2.) noch zu vermuten ist, daß dem Dritten der Nachweis der früheren Übertragung nicht gelingt, welcher die Vermutung des § 28 I MarkenG entkräftet.

96 Man kann aber auch hier die Frage stellen, ob dies gerechtfertigt ist. Denn die Verkehrsfähigkeit wird erheblich eingeschränkt, weil sich der Erwerber nie sicher sein kann, tatsächlich das Recht erworben zu haben, selbst wenn der Veräußerer im Register voreingetragen ist und der Erwerber seinerseits seine Eintragung verfolgt. Dies stellt eine nicht unwesentliche Unsicherheit für Erwerber und Beeinträchtigung der Verkehrsfähigkeit dar.

97 Wahrscheinlicher ist dagegen, daß er den Fall nicht bedacht hat. Zwar könnte man aus dem Verzicht auf eine Bestimmung zur Berichtigung falscher Eintragungen aufgrund früherer Verfügungen, schließen wollen, daß er diesem Umstand keine Bedeutung beimaß. Schließlich soll das Markenregister gerade kein Vertrauen bei Dritten begründen können. Dagegen spricht aber, daß der weniger bedeutsame Fall offensichtlicher Unrichtigkeiten mit § 45 MarkenG geregelt wurde. Es ist daher wahrscheinlicher, daß der Gesetzgeber die Beseitigung von fälschlicherweise erfolgten Eintragungen übersehen hat. Diese Sicht wird durch einen fehlenden Hinweis in der Amtlichen Begründung bestärkt.

wahrzunehmen, hieße sonst, den Einsatz der Marke als Sicherungsmittel aufs Spiel zu setzen und die neuen Verfügungsmöglichkeiten auf dem Altar einer zu weit verstandenen Privatautonomie zu opfern.

(3) Ergebnis

Zwar besteht auf den ersten Blick eine Spannung zwischen dem Verweis des § 27 IV MarkenG auf § 46 I, III 4 MarkenG samt der danach erforderlichen Eintragung der Teilübertragung ins Markenregister und den sonstigen Bestimmungen des § 27 MarkenG. Doch löst sich dieser Konflikt bei genauerer Betrachtung auf, weil es sich bei § 27 I, III MarkenG um allgemeine Regeln handelt, denen die speziellere Regelung des § 27 IV MarkenG vorgeht. Es gilt folglich auch für die Teilübertragung der Grundsatz, daß der abgetrennte Teil eine neue selbständige Marke bildet, die zu ihrer Entstehung in das Markenregister eingetragen werden muß. Damit erfolgt die Übertragung eines Teils einer Marke anders als die Übertragung des Vollrechts nicht lediglich durch Abtretung nach den §§ 413, 398 BGB. Sondern es ist zudem die Registrierung erforderlich.

Dieses Ergebnis überzeugt obendrein vor dem Hintergrund der Rechtssicherheit und Verkehrsfähigkeit von Marken. Denn durch die infolge der Teilbarkeit mögliche Vielzahl an einzelnen Markenrechten, die gänzlich unabhängig von der einstmals eingetragenen Marke bestehen können, kann ein unüberschaubarer Rechtszustand die Folge sein. Dieser würde eine erhebliche Einschränkung der wirtschaftlichen Verwertbarkeit der Marke bedeuten. Um dem bis zu einem gewissen Grad vorzubeugen, erscheint es daher angebracht, für eine wirksame Teilung die Eintragung zu verlangen.

cc) Die Bestellung des Sicherungsrechts

Nachdem feststeht, welche Bedeutung § 27 IV MarkenG zukommt, sind noch die einzelnen Voraussetzungen zu betrachten, die bei der teilweisen Sicherungsübertragung von Marken einzuhalten sind.

(1) Durchführung der Teilübertragung

Aus den Ausführungen zur Einordnung des § 27 IV MarkenG ergibt sich, daß für die Übertragung von Markenteilen ein Abtretungsvertrag gem. §§ 413, 398 BGB sowie die Eintragung des abgetrennten Teils ins Markenregister erforderlich ist.

(a) Der Abtretungsvertrag

Wegen der grundsätzlich gleichen Ausgangslage wie bei der vollständigen Übertragung von Markenrechten kann bezüglich des Abtretungsvertrags und der Anwendbarkeit der Abtretungsvorschriften auf die dortigen Ausführungen verwiesen werden[98]. Lediglich soweit durch die Teilung eine eigene Marke entsteht ergeben sich Abweichungen. Insbesondere ist der zu übertragende Teil hinreichend bestimmt zu beschreiben.

Nicht jeder beliebige Teil einer Marke kann abgetreten werden. Dies ergibt sich bereits aus der Natur des Rechts. Denn würde das Zeichen selbst in verschiedene Bestandteile getrennt, würde

98 S.o. 2.a., b.

die Markeneigenschaft des ursprünglichen Zeichens beseitigt[99]. Zudem bestimmt § 46 I 1 MarkenG, daß eine Teilung nur im Hinblick auf Waren oder Dienstleistungen erfolgen kann. Damit sind alle anderen Teilungsvarianten ausgeschlossen, insbesondere ist keine Teilung in regionale Berechtigungen möglich[100].

(b) Eintragung ins Markenregister

Für die Eintragung sind gem. § 27 IV MarkenG die Bestimmungen für die Markenteilung maßgeblich. Danach hat eine Abtrennungserklärung an das DPMA zu erfolgen. Ebenso muß die erforderliche Gebühr beglichen werden. Darüber hinaus stellt sich die Frage, ob der Gesetzgeber tatsächlich auf das Einreichen der Unterlagen bei der Teilübertragung durch den fehlenden Verweis des § 27 IV MarkenG auf § 46 III 1 MarkenG verzichten wollte.

Nach § 27 IV MarkenG, welcher unter anderem auf § 46 I 1 MarkenG verweist, ist entsprechend zur Teilung die teilweise Übertragung zu erklären. Die Erklärung kann entweder vom Markeninhaber oder vom Erwerber[101] abgegeben werden. Der Inhalt der Teilungserklärung ergibt sich aus § 46 I 1 MarkenG, mit der Abwandlung, daß nicht die Teilung sondern die teilweise Übertragung der Marke begehrt wird. Eine entsprechende Erklärung wird im Abtretungsvertrag enthalten sein. Allerdings muß sie nach §§ 27 IV, 46 I 1 MarkenG dem DPMA gegenüber in schriftlicher Form erklärt werden[102]. Die Erklärung ist unwiderruflich, § 27 IV i.V.m. § 46 III 4 MarkenG. Die Höhe der Gebühr bestimmt sich nach dem PatGebG[103].

Unterlagen, wie sie § 46 III 1 MarkenG, § 37 V MarkenV für die Markenteilung fordert, scheinen bei der Teilübertragung nicht erforderlich zu sein. Schließlich verweist § 27 IV MarkenG gerade nicht auf § 46 III 1 MarkenG. Handelt es sich hierbei um eine bewußte Entscheidung des Gesetzgebers, vermögen dies auch die §§ 32 II, 37 V MarkenV nicht zu ändern, die keine Unterscheidung zwischen Teilung und Teilübertragung machen. Denn bei der MarkenV handelt es sich um Durchführungsbestimmungen und somit lediglich um die Verwaltung bindende Exekutivvorschriften, die keine materiell-rechtliche Regelung modifizieren können. Es ist aber anzunehmen, daß die lediglich eingeschränkte Verweisung des § 27 IV MarkenG auf einem Versehen des Gesetzgebers beruht. Laut Begründung wollte er nur die Konsequenz nicht rechtzeitig

---

99 Denn ein wesentlicher Umstand, der eine Marke kennzeichnet, ist die jeweilige Unterscheidungskraft, welche auf der Wechselwirkung der einzelnen Elemente beruht, vgl. nur BGH GRUR 1995, 269 (270)-U-key; GRUR 1995, 408 (409)-Protech; GRUR 1996, 771 (772)-the home depot; Fezer MarkenR § 8 RN 41 f. Würde man ein Aufspaltung in einzelne Komponenten vornehmen, verlöre das Zeichen daher seine eigentümliche Erscheinung, im Ergebnis ebenso Ingerl/Rohnke § 27 RN 20.

100 vgl. Ingerl/Rohnke § 46 RN 5 f; Fezer MarkenR § 46 RN 1, 10 f; Althammer-Klaka (6.A) § 46 RN 5, 10; Klaka GRUR 1995, 713 (715 f) mit illustrativem Beispiel. Anders ist es bei der Lizenzierung. Sie ermöglicht ausdrücklich auch die territoriale Aufteilung, § 30 I MarkenG a.E. Insofern ist bei einer gewünschten regionalen Aufteilung auf dieses Instrument zurückzugreifen.

101 Zur Möglichkeit, daß auch der Erwerber die Teilübertragung erklären kann und welche zusätzlichen Erfordernisse dabei einzuhalten sind, vgl. § 31 III Nr.2 MarkenV, der auf diesen Fall angewandt werden kann, § 32 II MarkenV; **a.A.** Althammer-Ströbele § 27 RN 41..

102 Obgleich das DPMA als Adressat von der Norm nicht ausdrücklich benannt wird, ergibt sich dies doch aus dem Zusammenhang, vgl. dazu oben aa.(1).(a). Die Schriftform folgt aus § 64 I MarkenV.

103 Sie ist in der Anlage zu § 1 PatGebG unter der Nummer 333 100 geregelt und beträgt derzeit 300 Euro, § 7 I PatGebG.

eingereichter Unterlagen für die Teilübertragung ausschließen, nicht aber ganz auf die Unterlagen verzichten[104]. Ohnehin ist kein Grund ersichtlich, warum das DPMA bei der teilweisen Übertragung, die in gleicher Weise wie die Teilung eine neue Registereintragung zur Folge hat, die dafür erforderlichen Unterlagen sich selbst besorgen sollte. Es ist folglich davon auszugehen, daß die Unterlagen lediglich unabhängig von der bei Teilungen geltenden Frist einzureichen sind[105].

Liegen sämtliche Voraussetzungen vor, trägt das DPMA die aus der Abtrennung hervorgehende Marke in das Register ein. Dazu legt es eine neue Akte an und vergibt eine Registernummer, §§ 32 II, 37 IV MarkenV. Anschließend erfolgt eine Veröffentlichung gem. § 20 MarkenV auf Basis der im Register einzutragenden Tatsachen, § 18 Nr.34 MarkenV.

(2) Rechtsfolge der teilweisen Übertragung und Bedeutung für das Sicherungsmittel

Daß durch die teilweise Übertragung eine selbständige Marke entsteht, wurde bereits mehrfach erwähnt. Diese Marke hat dieselbe Priorität wie jene, von welcher der Teil abgespalten wurde, §§ 27 IV, 46 I 2 MarkenG. Die zwei voneinander getrennten Zeichen bestehen fortan unabhängig nebeneinander und können auch nicht mehr zu einer Marke verschmolzen werden[106]. Selbst wenn der Inhaber der ursprünglichen Marke die neue Marke zurückerhält, vermag dies nichts an der Endgültigkeit der Trennung zu ändern.

Für die teilweise Sicherungsübertragung bedeutet dies einen Verlust an Attraktivität. Denn wenn der Sicherungsgeber die gesicherte Forderung abredegemäß begleicht und der abgetrennte Teil der Marke auf ihn zurück übertragen wird, hätte er fortan zwei Marken zu verwalten und zu überwachen. Dies bedeutet für ihn einen Mehraufwand an Zeit und Kosten. Insofern wird der Markeninhaber verständlicherweise kaum ein Interesse an der teilweisen Übertragung haben. Der Sicherungsgeber und redlicherweise auch der Sicherungsnehmer werden daher bestrebt sein, eine andere Konstruktion zu suchen, nach der auf die teilweise Übertragung als Sicherungsvariante nicht verzichtet werden muß, die Rechtsfolge der dauerhaften Trennung aber vermieden wird.

(3) Alternative Gestaltung unter Verzicht auf Eintragung

Bei einer alternativen Gestaltung müßte die Sicherheit bereits bei Kreditierung der Forderungen bestellt werden können, die Wirkung der Teilung dürfte aber erst bei Eintritt des Sicherungsfalls einsetzen. In Betracht kommt daher, daß die Parteien sich über eine Abtretung einigen, die Ein-

---

104 BT-Drucks. 13/3841 S.9

105 Daß in diesem Fall, wenn die Unterlagen nicht innerhalb eines angemessenen Zeitraums eingereicht werden, keine Unbeachtlichkeit des Antrags die Folge ist, erscheint vom Ergebnis vertretbar. Die Unterscheidung zur fehlenden Gebühr rechtfertigt sich dadurch, daß dem Erwerber zwar das Begleichen der Gebühr problemlos zugemutet werden kann. Bei den Unterlagen ist er aber auf das Mitwirken des Altinhabers angewiesen. Sie kann gewisse Verzögerungen bedingen, die nicht dem Antragsteller zur Last zu legen sind. Daß er mit seinem Antrag zu warten habe, bis er die Unterlagen einreichen kann, erscheint unzumutbar, können berechtigte Interessen des Erwerbers auf dem Spiel stehen. Ohnehin können die sich bei der Akte des zu teilenden Rechts befindlichen Darstellungen der Marke als Grundlage für eine Reproduktion auf Kosten des Antragstellers dienen.

106 Zur Endgültigkeit der Trennung vgl. oben aa.(1).(e)

tragung beim DPMA aber noch nicht beantragt wird. Hinzukommen müßte evtl. eine §§ 27 IV, 46 I 1 MarkenG entsprechende Erklärung des Sicherungsgebers, damit im Sicherungsfall der Sicherungsnehmer ohne weiteres die Übertragung vollenden kann. Würde hingegen der Schuldner die gesicherten Forderungen zurückzahlen, hätte der Sicherungsnehmer gemäß der Sicherungsabrede die Teilungserklärung dem Sicherungsgeber zurückzugeben, ohne daß eine Trennung der Marke vollzogen worden wäre. Die Marke würde einheitlich fortbestehen. Inwieweit die Möglichkeit rechtlich durchführbar und wirtschaftlich sinnvoll ist, ist im folgenden zu untersuchen.

(a) Antizipierter Abtretungsvertrag und Teilungserklärung

Die Parteien bedürfen weiterhin eines Abtretungsvertrags gemäß den §§ 413, 398 BGB. Damit aber der Sicherungsnehmer eine hinreichend sichere Position erlangt, dürfte die Vereinbarung nicht vor Ablauf des Sicherungszeitraums rückgängig gemacht werden können, die Erklärung des Sicherungsgebers müßte unwiderruflich sein. Da grundsätzlich die Abtretung bereits mit der Einigung vollendet ist, stellt sich üblicherweise nicht die Frage nach der Widerruflichkeit von Abtretungserklärungen. Jedoch handelt es sich bei der Abtretung um einen Vertrag. Verträge sind grundsätzlich nicht einseitig aufkündbar[107]. Nur auf diese Weise ist eine für den Rechtsverkehr erforderliche Rechtssicherheit zu erreichen. Dies gilt sowohl bei schuldrechtlichen wie auch bei dinglichen Verträgen. Allerdings macht die - in beachtlicher Weise kritisierte - h.M. bei mehraktigen Übereignungstatbeständen eine Ausnahme[108]. Dort sollen die Erklärungen für die dingliche Einigung bis zur Vollendung der Übereignung frei widerruflich sein. Begründet wird dies einerseits mit der Einheitlichkeit des Übertragungsvorgangs[109]. Andererseits wird auf die ansonsten widersprüchliche Rechtslage verwiesen, wonach der Veräußerer zwar die dingliche Einigung herbeiführen, gleichzeitig aber die Übereignung mangels dinglicher Pflicht zur Übergabe bzw. Eintragung noch scheitern lassen kann[110]. Beide Begründungsschienen lassen sich jedoch nicht auf die teilweise Abtretung von Marken übertragen. Zum einen handelt es sich nicht um einen einheitlichen, mehraktigen Erwerbstatbestand. Vielmehr ist die Übertragung im Grundsatz allein mittels übereinstimmender Willenserklärungen möglich. Lediglich weil bei der teilweisen Übertragung eine eigene Marke entsteht, wird die Eintragung als zusätzlicher Umstand erforderlich. Damit handelt es sich gerade nicht wie bei der Übereignung um einen zweiaktigen Erwerbsvorgang, sondern um ein aufgrund der entstehenden Rechtslage zusätzliches Erfordernis. Dies allein würde eine Unterscheidung zu den sonstigen Erwerbsgeschäften schwerlich rechtfertigen, Jedoch kommt ein weiterer Umstand hinzu: Denn zum anderen kann das Argument der ansonsten widersprüchlichen Rechtslage nicht übertragen werden. Durch die Antragsberechtigung ist es dem Erwerber in die Hand gegeben, den Erwerbsvorgang vollenden zu können. Eine entsprechende Situation führt bei Verfügungen über Immobilien nach § 873 II

107 Allgemein umschrieben wird dieser Grundsatz mit „pacta sunt servanda", vgl. nur Larenz/Wolf BGB AT (8.A) § 39 RN 1.

108 Nachweise z.B. bei MüKo-Quack § 929 RN 99 ff; Staud-Wiegand § 929 RN 80 ff; **a.A.** mit guten Argumenten z.B. Westermann SachR (7.A) § 38 4. mwN.

109 Staud-Wiegand § 929 RN 83 f mwN

110 MüKo-Quack § 929 RN 99 mwN

BGB a.E. gerade zum Ausschluß des Widerrufrechts[111]. Liegt daher eine unwiderrufliche Teilungserklärung vor, ist ein echtes Anwartschaftsrecht anzunehmen.

Da die Teilungserklärung bereits unwiderruflich in der Abtretung enthalten ist bedarf es keiner zusätzlichen Erklärung, soweit die für die Eintragung erforderliche Schriftform[112] gewahrt wurde. Um aber dem Willen zur Bindung an die Abtretung trotz erst späterer Eintragung Ausdruck zu verleihen, empfiehlt sich die Abgabe einer gesonderten Teilungserklärung[113]. Es werden dem Erwerber damit augenscheinlich sämtliche Voraussetzungen für die Teilübertragung in die Hand gegeben, der sodann durch einen eigenen Antrag[114] den Erwerb vollenden kann. Die empfohlene zusätzliche Teilungserklärung muß unwiderruflich sein. Dies legen zwar die §§ 27 IV, 46 III 4 MarkenG ausdrücklich fest. Als auf das Eintragungsverfahren bezogene Vorschriften bestimmen sie dies aber erst ab Zugang beim DPMA.

Somit ist die Gestaltung unter Aufschiebung der Eintragung zumindest konstruktiv möglich.

(b) Bestand der Sicherheit während der Sicherungsphase und in zeitlicher Nähe zur Insolvenz

Trotz der technischen Machbarkeit können sich aber Schwierigkeiten ergeben, den Sicherungszweck zu erreichen. Sie rühren aus der erst mit dem Sicherungsfall vollendeten Verfügung her und bestehen zum einen in dem Risiko, daß die teilweise Übertragung im Sicherungsfall ins Leere geht. Zum anderen stellt sich bei zeitlicher Nähe des Sicherungsfalls zur Insolvenz des Sicherungsgebers die Frage nach der Insolvenzfestigkeit[115].

Durch die antizipierte Abtretung erlangt der Sicherungsnehmer die Möglichkeit, ohne weitere Mitwirkung des Sicherungsgebers den Teilerwerb zu vollenden. Der Markeninhaber hat sich insoweit seiner Verfügungsberechtigung über diesen Teil der Marke begeben. Das Geschäft ist gleichsam unter der aufschiebenden Bedingung eines Eintragungsantrags durch den Sicherungsnehmer geschlossen worden, § 161 I BGB. Letzterer könnte sein damit entstandenes Anwartschaftsrecht lediglich dann verlieren, wenn in der Zwischenzeit ein Erwerb eines Dritten kraft Rechtsscheins möglich ist[116]. Einem entsprechenden Risiko könnte aber dadurch begegnet werden, wenn das geschlossene in ein wirksames Rechtsgeschäfts umgedeutet werden kann. Oder die Parteien vereinbaren von vornherein für die Sicherungsphase ein Hilfsgeschäft, um

111 Danach soll der Rechtsinhaber durch die Abgabe einer Eintragungsbewilligung wieder an die dingliche Einigung gebunden sein. Die in der Literatur vertretene Ansicht, es handle sich bei § 873 II BGB um eine Sondervorschrift, die nicht analogiefähig sei, bezieht sich auf einen anderen Aspekt. Einig ist man sich darin, daß die Norm wieder den Grundzustand, die Unwiderruflichkeit der dinglichen Erklärungen, herstellt, vgl. Westermann SachR (7.A) § 38 4. Genau hierauf wird in der obigen Argumentation Bezug genommen.

112 Vgl. § 64 I MarkenV; dazu oben (1).(b).

113 Dies zumindest solange, bis sich die Konstruktion im Verkehr durchgesetzt hat und bei der Auslegung keine Zweifel mehr über den diesbezüglichen Willen der Parteien angenommen werden.

114 Zur Zulässigkeit eines Antrags des Erwerbers vgl. oben (1).(b).

115 Beide Punkte können die Sicherungsvariante wirtschaftlich sinnlos und daher ungeeignet erscheinen lassen. Demzufolge sind sie bereits an dieser Stelle zu erörtern und nicht erst im Rahmen der Sicherungs- bzw. Ausübungsphase.

116 Ob ein Erwerb kraft Rechtsschein bei Marken möglich ist, bedarf noch der näheren Untersuchung. Die herkömmliche Meinung lehnt dies ab. Jedoch sprechen gewichtige Gründe dafür, einen Rechtsscheinserwerb zumindest in Zukuunft zu ermöglichen, s.u. Kap.6, B.II.2.

das Risiko bestmöglich zu kompensieren. In beiden Fällen kommt als Ausweg jeweils eine Lizenz in Betracht.
Nach dem Wortlaut des § 140 BGB ist eine Umdeutung nur bei nichtigen Rechtsgeschäften möglich. Sie ist aber auch bei anderen Unwirksamkeitsgründen anerkannt. So stellt der BGH darauf ab, daß „die Vorschrift ... dem Willen der Parteien, einen bestimmten wirtschaftlichen Erfolg zu erreichen, dadurch zum Ziel verhelfen möchte, daß ein rechtlich unzulässiges Mittel durch ein rechtlich zulässiges ersetzt" wird ..."[117]. Allerdings handelt es sich hier ebenfalls um kein rechtlich unzulässiges Mittel. Vielmehr geht eine Verfügung ins Leere, weil es an der Rechtsinhaberschaft und damit der Verfügungsmacht mangelt. Doch ist der Zweck der Norm entscheidend, der darin zu sehen ist, den Parteiwillen zum Erfolg zu verhelfen. Hierfür ist es grundsätzlich unerheblich, warum das eigentlich geschlossene Rechtsgeschäft scheitert, sofern der Grund nicht in dem rechtlich zu mißbilligenden Ziel selbst liegt[118]. Insofern muß auch ein mangels Verfügungsmacht scheiterndes Geschäft zur Umdeutung fähig[119] und § 140 BGB auf den vorliegenden Fall anwendbar sein.
Mit der Lizenz steht ein Recht parat, das einerseits der bezweckten Teilübertragung der Marke nahe kommt und dessen Wirksamkeitsvoraussetzungen andererseits allesamt erfüllt wären. Denn Lizenzen werden durch eine formlose Vereinbarung begründet und entstehen ohne Eintragung ins Markenregister[120]. Inhaltlich können sie sowohl auf einen Teil der Waren und Dienstleistungen beschränkt als auch dinglich und ausschließlich vereinbart werden. Es bleiben gegenüber der teilweisen Übertragung aber Einschränkungen in der Berechtigung, Markenverletzungen geltend zu machen, § 30 III MarkenG, der Passivlegitimation in Verletzungsprozessen[121] sowie der Stellung in den die Marke betreffenden Markenverfahren. Im allgemeinen sind jedoch die mit Lizenzen erzielbaren Ergebnisse mit denen der teilweisen Übertragung vergleichbar. Insbesondere werden Lizenzen aber von einer späteren Übertragung oder Belastung nicht in ihrer Wirksamkeit beeinträchtigt, § 30 V MarkenG. Nicht verhindern können sie allerdings andere Gefahren wie den Verzicht des Inhabers auf die Marke[122]. Insofern bleiben sie hinter der teilwei-

---

117 BGHZ 40, 218 (222); vgl.a. BGHZ 68, 204 (206 f); NJW 1994, 1785 (1787) mwN.

118 Vgl. Larenz/Wolf BGBAT (8.A) § 44 RN 86; Staud-Roth § 140 RN 1 mwN; MüKo-Mayer-Maly § 140 RN 1; Soergel-Hefermehl (13.A) § 140 RN 1 mwN.

119 So auch Pal-Heinrichs (59.A) § 140 RN 3; Soergel-Hefermehl § 140 RN 3. Erst recht muß dies für Verfügungsgeschäfte gelten, bei denen der Verfügende ehemals berechtigt war, auf seinen Wunsch hin der endgültige Vollzug aufgeschoben wurde und er nun selbst den Eintritt des Erfolgs vereitelt. Würde er sich hier auf die fehlende Nichtigkeit berufen und damit die Umdeutung vereiteln, würde sein unredliches Verhalten belohnt. Zwar kann man dagegen einwenden, daß § 140 BGB nicht Unredlichkeit sanktionieren möchte. Auch mußte dem Sicherungsnehmer bewußt sein, welches Risiko er eingeht, so daß er nicht schutzwürdig erscheint. Doch verkennt dies das Anliegen der Norm, dem bei Abschluß des Rechtsgeschäfts existenten Willen der Parteien bestmöglich gerecht zu werden.

120 Vgl. nur Fezer MarkenR § 30 RN 16 ff, eingehend dazu unten bei Lizenzen als Sicherungsrechte, B.I.1.

121 Insofern wird dies dem Anliegen des Sicherungsnehmers eher entgegenkommen. Befürchtet er aber eine schlechte Interessenwahrnehmung, so ist es ihm unbenommen, als Nebenintervenient auf den Ausgang des Verfahrens einzuwirken, § 65 ZPO, soweit seine Position als Lizenznehmer vom Ausgang des Verfahrens betroffen ist.

122 Zu den sonstigen Gefahren bei abgeleiteten Rechten als Sicherheit wie etwa der Löschung oder dem Verfall vgl. u. Kapitel 6 B.I.

sen Übertragung zurück. Diese Gefahr dürfte aber selten relevant werden[123]. Eine Umdeutung würde also einen beträchtlichen Teil des Risikos des Sicherungsnehmers auffangen. Neigt man aber zu einer engen Auslegung und zur Unanwendbarkeit des § 140 BGB[124], so bleibt den Parteien die Möglichkeit, dasselbe Ergebnis dadurch zu erreichen, daß eine entsprechende Lizenz für die Dauer der Sicherungsphase vereinbart wird[125]. Zumindest auf diese Weise läßt sich daher den Risiken der aufgeschobenen teilweisen Übertragung weitestgehend vorbeugen.

Daneben muß sich die auf den Sicherungsfall aufgeschobene Teilübertragung auch als insolvenzfest erweisen. Dies steht sowohl bei einer Eintragung vor als auch während des Insolvenzverfahrens in Frage, insbesondere wegen § 130 I Nrn. 1, 2 InsO.
§ 130 I InsO setzt unter anderem eine Handlung des Gemeinschuldners[126] voraus. Seine Mitwirkung an der Eintragung ist jedoch mit der Abgabe der Teilungserklärung beendet. Anders wäre es nur, wenn der Gemeinschuldner auf den Vorgang noch Einfluß nehmen könnte. Nur dann ist von einem „Gewähren" oder „Ermöglichen" im Sinne der Norm zu sprechen[127]. Durch die Unwiderruflichkeit der Teilungserklärung wird er aber gerade von einer späteren Einflußnahme abgehalten[128]. Da aber im Rahmen des § 130 I InsO auch Handlungen Dritter ausreichen können[129], bleibt als Anknüpfungspunkt die Tätigkeit des DPMA. Doch müßte der Gemeinschuldner für § 130 InsO auch auf deren Handlungen Einfluß nehmen können, beispielsweise indem er sich dagegen zur Wehr setzen kann. Dies ist ihm hier aber ebenfalls nicht möglich. Folglich muß eine Insolvenzanfechtung nach § 130 I Nrn. 1, 2 InsO scheitern. Auch § 103 I InsO kann bei einer Eintragung während des Insolvenzverfahrens nicht eingreifen. Denn bei der Eintragung handelt es sich weder um einen schuldrechtlichen noch um einen gegenseitigen Vertrag. Die Eintragung stellt vielmehr die Durchführung einer bereits begonnen, unwiderruflichen Verfügung dar, die der Zugriffsmöglichkeit des Insolvenzverwalters entzogen ist. Ebenso fällt der Sicherungsvertrag trotz der noch nicht vollendeten Bestellung des Sicherungsrechts nicht unter § 103 I InsO, nicht zuletzt weil es sich um einen einseitig verpflichtenden Vertrag handelt[130]. Folglich

---

123 Der einzige Fall, daß der alte Markeninhaber daraus Profit schlagen könnte, wäre bei gleichzeitiger Neuanmeldung derselben oder einer ähnlichen Marke durch einen Dritten. In diesen Konstellationen liegt aber die Vermutung nahe, daß ein kollusives Zusammenwirken vorliegt, mit der Folge, daß der Neuinhaber dem Sicherungsnehmer gegenüber schadensersatzpflichtig wäre, § 823 I BGB. Den Nachweis hierüber muß aber letztendlich der Sicherungsnehmer erbringen.

124 Ansatzpunkt für eine entsprechende Ansicht könnte beispielsweise sein, daß die Parteien mit der gewählten Konstruktion bewußt die Vollendung der Abtretung aufgeschoben haben und das Risiko einer ins Leere gehenden Übertragung eingegangen sind.

125 Zum sicherungshalben Bestellen einer Lizenz vgl.u. B.I.

126 Die Bezeichnung taucht in der InsO zwar nicht mehr auf, es ist nur noch vom Schuldner die Rede. Wegen der Eindeutigkeit des Begriffs soll sie aber hier weiter verwandt werden.

127 Vgl. HeidelKomm-Kreft InsO (2.A) § 130 RN 10 f; FrankfKomm-Dauernheim § 130 RN 13

128 Die oben erörterte Möglichkeit, die Teilübertragung durch zwischenzeitliche Verfügungen zu verhindern, reicht nicht aus. Sie setzt ein vertragsbrüchiges Verhalten voraus, das nicht als Maßstab in Frage kommen darf.

129 Zeuner (1999) RN 92 mwN; FrankfKomm-Dauernheim § 130 RN 11, wobei sogar unerheblich ist, ob die Handlung des Dritten mit Willen des Gemeinschuldners vorgenommen wurde.

130 vgl. HeidelKomm-Marotzke InsO (2.A) § 103 RN 5 ff; FrankfKomm-Wegener InsO § 103 RN 4; vgl. dazu auch die Ausführungen zum ähnlich gelagerten Fall der Sicherungslizenz in der Insolvenz des Sicherungsgerbers Kapitel 7 B.II.4.

würde weder die aktuelle noch die alsbaldige Insolvenz den Erwerb des Markenteils durch den Sicherungsnehmer bei Eintritt des Sicherungsfalls verhindern können.

(c) Ergebnis

Somit kann die Sicherung durch Teile eines Markenrechts auch in der Weise erreicht werden, daß der als Sicherheit vorgesehene Markenteil abgetreten wird, die Eintragung aber erst mit Eintritt des Sicherungsfalls erfolgen soll. Die dem DPMA vorzulegende Teilungserklärung ist dabei zwar im Abtretungsvertrag enthalten, so daß dieser bei Schriftform für die spätere Eintragung genügen würde. Um aber zu verdeutlichen, daß die Eintragung dem Sicherungsnehmer auch ohne weitere Mitwirkung des Sicherungsgebers möglich sein soll, kann dem Sicherungsnehmer zudem eine Teilungserklärung des Markeninhabers ausgehändigt werden. Die damit eingeräumte Position genügt, um den Zweck der Sicherung zu erreichen, selbst wenn ein die Übertraung verhindernder Rechtsscheinserwerb möglich sein sollte. In diesem Fall könnte die Vereinbarung in eine dingliche Lizenz umgedeutet werden. Selbst wenn man § 140 BGB eng auslegt und dieser Lösung nicht zustimmen möchte, kann dasselbe Ergebnis mittels einer für die Sicherungsphase vereinbarten Lizenz erreicht werden. Ebenso entstehen durch die erst mit dem Sicherungsfall vollendete Verfügung keine Nachteile bei der Insolvenz des Sicherungsgebers. Der Insolvenzverwalter kann das Geschäft weder nach § 130 I Nrn. 1, 2 InsO anfechten noch sich auf § 103 I InsO berufen.

Durch diese Konstruktion kann der unliebsamen Nebenwirkung bei sicherungshalber übertragenen Markenteilen, der endgültigen Aufspaltung der Marke, begegnet werden. Den Sicherungsnehmer trifft lediglich ein etwas größeres Risiko hinsichtlich der Beständigkeit seiner Sicherheit.

dd) Zusammenfassung

Mit der Teilbarkeit von Marken lassen sich auch einzelne Markenteile als Sicherungsmittel einsetzen. Nach der schon vorher festgestellten weitreichenden Verfügbarkeit von Marken war dieses Ergebnis zu erwarten. Soll aber das konkrete Sicherungsrecht bestellt und die registrierte Marke teilweise übertragen werden, wird man durch eine kaum vermutete Abweichung von der Übertragungsweise des Vollrechts überrascht. Ausgelöst wird dies durch die auf den ersten Blick harmlos wirkende Verweisung des § 27 IV MarkenG auf den Grundsatz des § 46 MarkenG. Obgleich man vom Inhalt des § 46 MarkenG, der die Durchführung von Markenteilungen regelt, und seiner Stellung vermutet, es handle sich lediglich um eine Verfahrensvorschrift, entpuppt sie sich bei eingehender Untersuchung als eine Norm mit erheblichem materiell-rechtlichen Gewicht. Sie führt dazu, daß die Teilung einer Marke unumkehrbar ein neues Markenrecht begründet, weshalb die Eintragung der neuen Marke für ihr Entstehen erforderlich wird. Weil nun aber die Teilübertragung auf diesem Grundsatz aufbaut und ebenfalls eine neue Marke ins Leben ruft, wird die Eintragung des abgetrennten Teils ins Markenregister zur Wirksamkeitsvoraussetzung. Bestärkt wird dieses Ergebnis durch den Grundsatz der Rechtssicherheit, der sonst nur äußerst unzureichend gewahrt würde. Gegen das Ergebnis läßt sich weder § 27 I, III MarkenG ins Feld führen, noch auf die sonstige Rolle des Markenregisters oder den Vergleich mit anderen Verfügungen verweisen. Die Gegenargumente treten entweder hinter dem Erfordernis für neu entstehende Marken zurück oder werden gar durch die lex specialis des § 27 IV MarkenG verdrängt. Zurück bleiben dogmatische Ungereimtheiten, welche die derzeitige gesetzliche Regelung aufzulösen nicht imstande ist. Auch ist festzuhalten, daß wegen eines gesetzgeberischen Versehens § 27 IV MarkenG nicht auf § 46 III 1 MarkenG verweist, obgleich die dort erwähnten Unterlagen einzureichen bleiben.

Demzufolge ist für die teilweise Übertragung einer Marke sowohl die Abtretung als auch die Eintragung des abzutrennenden Teils ins Markenregister erforderlich. Beides bereitet keine besonderen Schwierigkeiten. Es ist lediglich darauf zu achten, daß Marken nur im Bezug auf Waren oder Dienstleistungen geteilt werden können. Insbesondere ist keine territoriale Aufteilung oder gar eine des jeweiligen Zeichens möglich. Jedoch wird der Sicherungsgeber bei teilweiser Übertragung seiner Marke und ordentlichem Begleichen der gesicherten Forderungen mit der ihm unliebsamen Folge konfrontiert, künftig zwei Marken verwalten zu müssen. Dieses Ergebnis können die Parteien über eine alternative Konstruktion vermeiden. So können sie die Abtretung des Markenteils vereinbaren, evtl. in Verbindung mit einer separaten unwiderruflichen, schriftlichen Teilungserklärung, gleichzeitig aber die Eintragung bis zum Eintritt des Sicherungsfalls aufschieben. Obschon unter Umständen der zwischenzeitliche Verlust der sichernden Rechtsposition möglich ist, kann der Sicherungszweck trotzdem erreicht werden. Entweder man folgt der hier vertretenen Auffassung und läßt eine Umdeutung in eine dingliche Lizenz zu. Oder man läßt die Parteien von Anfang an eine entsprechende Lizenz als Absicherung für die Sicherungsphase vereinbaren. Diese Hilfskonstruktion wird das Ausfallrisiko des Sicherungsnehmers auf ein erträgliches Maß reduzieren. Die Konstruktion hat auch Bestand in der Insolvenz des Sicherungsgebers, weil weder § 130 I InsO noch § 103 I InsO durchgreifen kann. Im Ergebnis haben die Parteien daher die Wahl, ob sie entweder den sichernden Markenteil per Abtretung und Eintragung dem Sicherungsnehmer übertragen, mit der Folge, daß dauerhaft zwei voneinander unabhängige Marken entstehen. Oder die Abtretung erfolgt unter Aufschiebung der Eintragung bis zum Sicherungsfall, was dem Sicherungsnehmer notfalls eine Lizenz beschert und ihn insofern gegenüber dem eigentlich geschlossenen Geschäft etwas benachteiligt.

b) Sonstige Marken

Daß die Teilung und damit auch die teilweise Übertragung bei sämtlichen Marken möglich ist, auch bei denen kraft hinreichender Bekanntheit im Verkehr, wurde bereits festgestellt[131]. Es scheint aber eine Überlegung wert, ob § 27 IV MarkenG auch für sie Bedeutung entfalten kann. Zwar deutet der Wortlaut der Norm darauf hin, daß die Norm nur auf Marken kraft Eintragung anwendbar ist. Ebenso ist auch § 46 MarkenG, auf welchen verwiesen wird, allein auf diese Markenart zugeschnitten. Doch will das MarkenG sämtliche Markenrechte auf dieselbe Stufe stellen, § 4 Nrn.1-3 MarkenG[132]. Insofern könnte von Marken kraft Verkehrsgeltung oder notorischer Bekanntheit ebenfalls eine Bekanntmachung der Teilung zu fordern sein.

aa) Übertragbarkeit des § 27 IV MarkenG auf Marken gem. § 4 Nrn.2, 3 MarkenG

Ob die Regelung des § 27 IV MarkenG auf sämtliche Markenrechte anzuwenden ist, entscheidet sich zum einen daran, ob ansonsten eine ungerechtfertigte Ungleichbehandlung der gleich ge-

131 oben 1.b.

132 Ingerl/Rohnke § 4 RN 1 f; Fezer MarkenR § 4 RN 1; dazu auch unten Kapitel 4 A.I.

achteten Markenrechte entsteht. Zum anderen muß bei sämtlichen Markenrechten die Rechtssicherheit und Verkehrsfähigkeit hinreichend gewahrt werden, die als wesentliches Argument für das Eintragunserfordernis bei der teilweisen Übertragung angeführt wurden.

(1) Rechtfertigung der unterschiedlichen Behandlung der Markenrechte

Der entscheidende Grund, warum sowohl Markenteilungen wie auch Teilübertragungen ins Markenregister einzutragen sind, liegt in der Entstehung eines neuen Markenrechts. Hierfür ist nach § 4 Nr.1 MarkenG die Registrierung unabdingbare Voraussetzung. Dagegen gründet sich der Markenschutz bei den Marken nach § 4 Nrn. 2, 3 MarkenG auf die jeweilige Bekanntheit im Verkehr. Insofern läßt sich der Gedanke, der die Registrierung des zu übertragenden Markenteils erforderlich macht, nicht auf die übrigen Markenrechte übertragen. Ihre Entstehungsvoraussetzungen liegen selbst nach Abtrennung für beide Teile vor, da die Bekanntheit der ursprünglich einheitlichen Marke fortan grundsätzlich für beide Teile weiterbesteht[133].

Dieses Ergebnis wird auch durch den Zweck der Registrierung nach § 4 Nr.1 MarkenG gestützt. Da Marken kraft Eintragung nicht zwingend vom Verkehr gekannt werden, in der Benutzungsschonfrist nach den §§ 25, 43, 49 MarkenG bei noch nicht erfolgter Benutzung gar nicht gekannt werden können, muß auf andere Weise der Verkehr von dem Zeichen in Kenntnis gesetzt werden. Nur dann ist die Vergabe eines ausschließlichen Rechts legitim. Ein entsprechendes Vorgehen ist indes bei den gerade aufgrund ihrer Bekanntheit entstehenden Marken nicht erforderlich.

Daß die einzelnen Markenrechte trotz der gewünschten gleichen Ausgestaltung durch das zusätzliche Erfordernis der Eintragung unterschiedlich behandelt werden, ist daher nicht als willkürlich anzusehen.

(2) Wahrung der Verkehrsfähigkeit

Neben dem Aspekt des § 4 Nr.1 MarkenG war aber auch der Schutz der Rechtssicherheit und Verkehrsfähigkeit ein wesentlicher Gesichtspunkt, der für die Registrierung nach § 27 IV MarkenG sprach[134]. Denn für spätere Teil-/ Übertragungen gewährleistet die Eintragung zumindest, daß der Umfang des zu übertragenden Rechts feststeht, wenn schon wegen der nicht einzutragenden Rechtsnachfolge nach § 27 I MarkenG nicht zwingend auf die Inhaberschaft geschlossen werden kann. Dies erscheint angesichts der Vielzahl an Möglichkeiten, eine Marke aufzuspalten, wegen der Rechtssicherheit und Verkehrsfähigkeit von Marken geboten.

Bei Marken kraft Bekanntheit stellt sich dieses Problem nicht in derselben Schärfe. Da sie regelmäßig auf einem Gebrauch im Rechtsverkehr beruhen, werden Marken nach § 4 Nrn. 2, 3 MarkenG nicht dieselbe Vielfalt an Teilungsmöglichkeiten bieten. Schließlich entstehen sie nur für die Waren oder Dienstleistungen, für die sie eingesetzt werden und nicht zwangsläufig für eine gesamte Warenklasse. Zudem ist es einem Erwerber möglich, anhand des Gebrauchs nicht nur auf den Umfang des Rechts zu schließen, sondern es ist ihm auch möglich, Rückschlüsse

---

133 Etwas anderes mag gelten, wenn sich die Bekanntheit an bestimmte Produkte knüpft, die nur von einem Markenteil umfaßt werden.

134 Vgl.o. a.bb.(2).(b).

auf den Inhaber zu ziehen. Dies wird zudem erleichtert, weil von bekannten Marken durch ihre Stellung im Markt Informationen vielfach einfacher erlangt werden können als bei sonstigen Zeichen[135]. Trotzdem bleiben Restrisiken wie etwa die doppelte Besicherung von Marken, da hier die erste Sicherungsübereignung regelmäßig nicht nach außen in Erscheinung tritt. Dasselbe Problem besteht aber sowohl bei eingetragenen Marken bei vollständiger Übereignung als auch bei Mobilien und ist daher als tolerabel anzusehen. Somit gebietet auch nicht die Rechtssicherheit oder Verkehrsfähigkeit, den Inhalt von § 27 IV MarkenG auf die sonstigen Markenarten auszudehnen.

bb) Durchführung der teilweisen Übertragung verkehrsbekannter Marken

Die teilweise Übertragung richtet sich folglich bei nicht registrierten Marken allein nach den allgemeinen Vorschriften und erfolgt gemäß den §§ 413, 398 BGB durch eine formfreie Abtretung.

Jedoch müssen inhaltlich dieselben Grenzen gelten wie bei der teilweisen Übertragung eingetragener Marken. Daß eine Marke nicht in einzelne Bestandteile getrennt werden darf, weil ansonsten ihre Eigentümlichkeit verloren ginge und sie nicht mehr als dasselbe Zeichen wahrgenommen würde, ergibt sich bereits aus der Natur des Markenrechts. Ebenso verbietet sich die territoriale Aufteilung, weil der Verzicht hierauf bei Marken kraft Eintragung nicht auf Unterschieden der Entstehung der Marke beruht. Vielmehr handelt es sich um eine Entscheidung des Gesetzgebers, wie das Teilungsrecht ausgestaltet sein soll. Indem aber sämtliche Markenrechte inhaltlich konform gedacht sind[136], muß dieser Grundsatz auch für die Marken nach § 4 Nrn. 2, 3 MarkenG gelten. Dementsprechend sind auch sie lediglich hinsichtlich der Waren oder Dienstleistungen teilbar, für die sie bestehen.

4. Zusammenfassung

Sämtliche Markenarten sowie die Markenanwartschaft aufgrund Anmeldung können zum Gegenstand von Sicherungsübertragungen sind gemacht werden, §§ 27 I, 31 MarkenG. Allesamt sind sie auch lediglich teilweise übertragbar und zur Grundlage einer Sicherung geeignet. Selbst erst künftige Marken können übertragen werden. Zu beachten ist lediglich, daß der Vereinbarungsinhalt zu keiner Zeit Zweifel über den Gegenstand der Übertragung aufkommen lassen darf.

Durchgeführt wird die Übertragung mittels Abtretung gemäß der allgemeinen Regeln, §§ 413, 398 BGB. Zusätzliche Anforderungen wie die Eintragung in das Markenregister, das Erfordernis eines Geschäftsbetriebs oder auch die Übergabe der Eintragungsurkunde bestehen - außer bei der teilweisen Übertragung - nicht. Bei der Bezeichnung des abzutretenden Rechts ist aber auf die Bestimmtheit zu achten. Dies führt dazu, daß sämtliche Angaben zur Verifizierung des zedierten Rechts im Abtretungsvertrag enthalten sein müssen. Es genügt jedoch, Marken mit ihrer Registernummer anzugeben, da sie das Recht selbst bezeichnet und nicht nur auf das Register

---

135 Zudem werden diese Marken aufgrund ihres üblicherweise weit höheren Werts auch weniger das Objekt von Verfügungen und vor allem Teilungen sein. Denn bei jeder teilweisen Übertragung entsteht durch die neue, eigenständige Marke die Gefahr, daß das Markenimage verwässert wird.

136 Ingerl/Rohnke § 4 RN 1 f; Fezer MarkenR § 4 RN 1; dazu auch unten Kapitel 4 A.I.

verweist. Bei nicht registrierten Marken besteht diese Möglichkeit nicht. Hier wird aber regelmäßig zumindest eine Bestimmung durch Vertragsauslegung möglich sein, ohne daß aufwendige detaillierte Beschreibungen erforderlich werden.

Einen Sonderfall bildet die teilweise Übertragung von Marken kraft Eintragung. Wegen § 27 IV iVm. § 46 MarkenG muß hier zur Wirksamkeit eine Eintragung des abgetretenen Teils ins Markenregister erfolgen. Dies ergibt sich aus der Markenteilung gem. § 46 MarkenG, welche eine selbständige Marke hervorbringt, die wiederum gem. § 4 Nr.1 MarkenG einer Eintragung bedarf. An diesem Ergebnis vermögen auch die zahlreichen Umstände nichts zu ändern, die gegen das Erfordernis einer Eintragung bei Teilung bzw. Teilübertragung sprechen. Sie ergeben sich aus der Systematik des Gesetzes, der allgemeinen Rolle des Markenregisters, dem Vergleich mit den übrigen Verfügungen sowie den Regelungen des § 27 MarkenG. Es bleiben dadurch Ungereimtheiten zurück, welche die derzeitige gesetzliche Regelung aufzulösen nicht imstande ist[137]. Das Resultat der Teilung bzw. Teilübertragung ist eine dauerhafte Trennung der neuen von der ursprünglichen Marke. Dies schränkt die Attraktivität der teilweisen Übertragung als Sicherungsmittel ein, weil es bei ordentlichem Begleichen der gesicherten Forderungen für den Sicherungsgeber den unerfreulichen Mehraufwand bedeutet, künftig zwei Marken verwalten zu müssen. Einen Ausweg bietet hier die Konstruktion über eine antizipierte Abtretung unter Verzicht auf die sofortige Eintragung, wobei die Aushändigung einer unwiderruflichen Teilungserklärung an den Sicherungsnehmer ratsam ist. Auf diese Weise wird die Abtrennung erst bei Eintritt des Sicherungsfalls vollzogen. Der Sicherungsnehmer erhält eine insolvenzfeste Position. Selbst bei vertragsverletzenden und die Teilübertragung vereitelnden Geschäften verbleibt ihm zumindest eine dem Markenteil weitgehend entsprechende Lizenz, in welche die vereitelte teilweise Übertragung umgedeutet werden kann. Will man sich der Anwendbarkeit des § 140 BGB nicht anschließen, bleibt die Möglichkeit, daß die Parteien von vornherein für die Sicherungsphase eine entsprechende Lizenz vereinbaren. Diese Besonderheiten gelten jedoch nur bei Marken kraft Eintragung. Bei den anderen Markenarten erfolgt selbst die teilweise Übertragung allein durch Abtretung.

Sämtlichen Teilübertragungen gemeinsam ist die inhaltliche Einschränkung, daß Teilungen nur hinsichtlich der vom Schutz erfaßten Waren oder Dienstleistungen erfolgen dürfen, nicht aber bspw. in Form territorialer Aufteilung oder gar nach den einzelnen Bestandteilen der Marke.

II. Das Pfandrecht an Marken

Neben der Sicherungsübereignung ermöglicht § 29 I Nr.1 MarkenG auch die Belastung von Marken, wobei ausdrücklich die Verpfändung genannt wird. Damit wurde eine Möglichkeit geschaffen, wie sie noch von der absolut herrschenden Meinung unter dem WZG abgelehnt wurde[138]. Zwar sah man damals bereits das Warenzeichen als ein übertragbares Recht an, welches

137 An dieser Stelle sei noch einmal kurz darauf hingewiesen, daß bei der Neufassung des § 27 IV 3 MarkenG ein gesetzgeberisches Versehen unterlaufen ist. Die Norm enthält keinen Verweis auf § 46 III 1 MarkenG, obgleich die dort erwähnten Unterlagen einzureichen bleiben.

138 vgl. dazu Baumbach/Hefermehl WZG § 8 RN 39 mwN; **a.A.** die vereinzelte Mindermeinung von Reimer (3.A) Kap 34 RN 6

insofern grundsätzlich der Verpfändung zugänglich ist, § 1274 BGB. Wegen der Bindung an das Unternehmen wäre eine Pfändung aber nur in Verbindung mit dem Geschäftsbetrieb möglich gewesen. Dieser setzt sich aber aus den unterschiedlichsten Bestandteilen zusammen, so daß an ihm ein einheitliches Pfandrecht nicht bestellt werden konnte. Folglich wurde das Pfandrecht an Marken zurecht abgelehnt[139].
Durch die Reform des Markenrechts und den Verzicht auf die Akzessorietät zum Geschäftsbetrieb hat sich dies augenscheinlich geändert. Nunmehr kann auch die Marke verpfändet werden, was sich selbst ohne die Regelung des § 29 I Nr.1 MarkenG aus dem Gesetz ergeben hätte[140]. Es verbleiben aber Fragen nach den konkreten Gestaltungsmöglichkeiten.

1. Gegenstand eines Pfandrechts

a) Marken und Markenanwartschaften

§ 29 I MarkenG erlaubt die dingliche Belastung aller Marken. Denn wie § 27 I MarkenG führt die Norm sämtliche Markenarten des § 4 MarkenG namentlich auf. Ebenso ist das Pfandrecht bereits an mit der Anmeldung begründeten Anwartschaften möglich, § 31 MarkenG[141].

b) Künftige Marken

An erst künftigen Marken, die noch nicht das Stadium eines Anwartschaftsrechts erreicht haben, kann ein Pfandrecht nicht bestellt werden[142]. Denn dieses setzt wegen seiner Akzessorietät ein existierendes, belastbares Recht voraus. Es können aber sämtliche Handlungen vorgenommen werden, die für das Bestellen eines Pfandrechts erforderlich sind, so daß mit Entstehung des zu belastenden Rechts gleichzeitig das Pfandrecht begründet wird[143].

c) Pfandrecht an Markenteilen

Im Unterschied zur Sicherungsübertragung kann ein Pfandrecht nicht lediglich an einem Teil einer Marke bestellt werden. Denn Belastungen können sich nur auf das gesamte Recht beziehen. Unbenommen ist es den Parteien natürlich, die Marke zu teilen und sodann am abgespaltenen Teil ein Pfandrecht zu begründen, da durch die Abtrennung eine eigene Marke entsteht[144]. Allerdings wird dies für den Sicherungsgeber keine opportune Variante sein, weil am Ende einer abredegemäßen Erfüllung der gesicherten Forderungen zwei zu verwaltende Marken stehen, was für ihn künftig einen unerwünschten Mehraufwand bedeuten würde.

---

139 vgl. nur Baumbach/Hefermehl WZG § 8 RN 39 mwN; Busse/Stark WZG § 8 RN 9; dazu auch oben Kapitel 1 B.I.1.e.

140 Denn durch die Eigenschaft als eigenständiges Vermögensrecht hätte sich die Verpfändbarkeit bereits aus § 1273 I BGB ergeben. Trotzdem ist die Regelung zu begrüßen, weil sie den Paradigmenwechsel auch in diesem Bereich deutlich macht und tradierten Ansichten von vornherein den Boden entzieht.

141 Daß dies von Gross/Diepold/Hintzen (1996), Muster 117 RN 8 (S.313) in Frage gestellt wird, kann nur ein Versehen sein; zu eindeutig ist der Wortlaut des § 31 MarkenG.

142 Pal-Bassenge § 1273 RN 1; MüKo-Damrau § 1273 RN 4; Lwowski/Hoes WM 1999, 771 (774).

143 Dieser Zeitpunkt ist mit der Existenz des Anwartschaftsrechts erreicht, vgl. Lwowski/HoesWM 1999, 771 (774); MüKo-Damrau § 1273 RN 4.

144 Dazu oben I.3.a.aa.(1).(d).

2. *Bestellung des Pfandrechts*

a) *Allgemeine Anforderungen*

Als Immaterialgüterrecht richtet sich die Verpfändung einer Marke nach den §§ 1273 ff BGB. Somit erfolgt die Bestellung gem. § 1274 I BGB nach den Übertragungsvorschriften, also den § 27 I MarkenG, §§ 413, 398 BGB. Ein Pfandrecht wird folglich durch die schlichte Vereinbarung des Markeninhabers mit dem Sicherungsnehmer begründet. Wie dort ist weder das Einhalten einer bestimmten Form, die Übergabe der Eintragungsurkunde noch die Eintragung ins Markenregister erforderlich[145]. Den Parteien steht es aber offen, die Verpfändung fakultativ in das Register eintragen zu lassen, § 29 II MarkenG.

b) *Anwendbarkeit des § 1280 BGB*

Von besonderem Interesse ist, ob auf die Verpfändung von Marken § 1280 BGB entsprechend anzuwenden ist. Ein Drittschuldner, dem die Verpfändung angezeigt werden könnte, existiert zwar nicht. Jedoch ist zu überlegen, ob statt dessen eine Anzeige an das DPMA erfolgen muß. Hiergegen spricht aber bereits, daß § 29 II MarkenG lediglich eine fakultative Eintragung vorsieht. Damit erlaubt das MarkenG den Parteien zu entscheiden, ob der Vorgang für Dritte publik werden soll. Diesem Gedanken widerspräche es, wenn nun eine Anzeige an das DPMA nach § 1280 BGB verlangt würde. Der Vorgang müßte in der Markenakte vermerkt werden, die für jedermann einsehbar ist, § 62 II MarkenG. Außerdem fehlt es an einem Bedürfnis für die Anzeige. Denn das DPMA besitzt, im Gegensatz zu Drittschuldnern, kein Interesse an einer entsprechenden Nachricht[146]. Im Ergebnis kann das Pfandrecht somit bestellt werden, ohne daß Publizitätsvorschriften zu wahren sind. Es fehlt bei der Verpfändung von Marken an einem wesentlichen Grund für das grundsätzlich in der Praxis vorherrschende Desinteresse am Pfandrecht[147].

3. *Zusammenfassung*

Ein Pfandrecht kann an sämtlichen Marken sowie an durch Anmeldung zur Eintragung begründeten Anwartschaften bestellt werden. An künftigen Marken ist ein Pfandrecht dagegen nicht möglich Jedoch können bereits im Vorfeld sämtliche Umstände vorgenommen werden, so daß das Markenrecht mit einem Pfandrecht belastet entsteht. Dabei sind dieselben Bestimmtheitserfordernisse zu beachten wie sie bei der Sicherungsübereignung künftiger Marken bestehen. Nicht möglich ist die Verpfändung eines Markenteils, wenngleich es den Parteien unbenommen bleibt, die Marke zu teilen und den abgetrennten Teil zu verpfänden. Dies würde aber dauerhaft zu zwei unabhängigen Marken führen, woran der Sicherungsgeber kein Interesse haben wird. Bestellt wird das Pfandrecht durch einfache, formlose Einigung der Parteien. Zusätzliche Voraussetzungen existieren nicht. Insbesondere führt auch § 1280 BGB nicht zu einer Anzeige-

---

145 vgl. zu den Voraussetzungen der Übertragung einer Marke oben 1.b.

146 im Ergebnis ebenso Fezer MarkenR § 29 RN 6; Ingerl/Rohnke § 29 RN 7; Lwowski/Hoes WM 1999, 771 (774)

147 Zu den Gründen, warum Pfandrechte in der Praxis nahezu vollständig von der Sicherungsübertragung abgelöst wurden, vgl.o. A.I. mwN.

pflicht an das DPMA. Auf Wunsch kann die Belastung jedoch ins Markenregister eingetragen werden.

Wenngleich die Sicherungsübereignung dem Pfandrecht vielfach den Rang abgelaufen hat[148], scheint das Pfandrecht bei Marken durchaus eine Alternative zu sein. Denn ein wesentlicher Grund, warum sich das Pfandrecht keiner großen Beliebtheit erfreut, liegt in der einzuhaltenden Publizitätspflicht. Bei Mobilien führt sie zu dem Nachteil, daß der Gegenstand nicht mehr vom Sicherungsgeber genutzt werden kann und ihm dadurch ökonomische Nachteile entstehen. Bei Forderungen führt die Publizität immerhin zur Offenbarung der Vermögensverhältnisse des Sicherungsgebers, was wegen des wachsenden Mißtrauens der Geschäftspartner ebenfalls eine unerwünschte Nebenfolge darstellt. Diese Nachteile treten bei der Verpfändung von Marken nicht auf. Insoweit ist das Pfandrecht durchaus ein adäquates Sicherungsrecht. Letztendlich muß sich die wirtschaftliche Gleichwertigkeit dieser Sicherung daher am anderen wesentlichen Nachteil des Pfandrechts, der stark reglementierten Verwertung, erweisen[149].

III. Das Nutzungspfandrecht

Als ein weiteres Sicherungsrecht, das zur Veräußerung des Sicherungsguts ermächtigt, kommt das Nutzungspfandrecht an Rechten in Frage, §§1273 II, 1213 f BGB[150]. Als Unterform des allgemeinen Pfandrechts stellt es zwar keine gänzlich neue Sicherungsvariante dar. Die erweiterten Befugnisse und die dadurch andere Gestaltung empfehlen aber eine gesonderte Betrachtung. Aufgrund der Verwandtschaft und der im Grundsatz gleichen Ausrichtung können jedoch die beim Pfandrecht entwickelten Ergebnisse weitgehend übertragen werden. Lediglich dort, wo das Nutzungspfandrecht durch den zusätzlichen Zugriff auf die Nutzungen über den Inhalt des allgemeinen Pfandrechts hinausreicht, ist zu untersuchen, wie dies den Einsatz als Sicherungsmittel beeinflußt.

1. Gegenstand des Nutzungspfandrechts

Durch die Einbeziehung der Nutzungen setzt das Recht die Nutzbarkeit des Sicherungsgegenstands voraus. Das heißt, das Sicherungsgut muß in der Lage sein, Früchte oder sonstige Gebrauchsvorteile hervorzubringen, § 100 BGB. Bei Marken liegt dieser Vorteil darin, daß sie benutzt werden können, weshalb insofern an bereits existenten Marken ein Nutzungspfandrecht problemlos möglich ist. Ebenso ist die antizipierte Vereinbarung möglich, welche die Begrün-

---

148 Allerdings erfreut sich das Pfandrecht im Bankensektor nach wie vor großer Beliebtheit, dies insbesondere bei der Verpfändung von Wertpapieren, vgl. Lwowski, KredSichR (8.A) RN 619.

149 dazu unten Kapitel 7 A.II.

150 Indem das Nutzungspfandrecht sowohl eine Sicherungsfunktion erfüllt wie auch ein Nutzungsrecht enthält, stellt sich die Frage nach der Zuordnung. Der Schwerpunkt des Nutzungspfandrechts liegt aber auf der Sicherungsfunktion, was insbesondere die Gesetzessystematik verdeutlicht. Denn das Recht ist einerseits lediglich als Unterform des Pfandrechts ausgestaltet worden. Andererseits haben die Nutzungen dem Sicherungszweck zu dienen, indem ihr Wert auf die gesicherten Forderungen anzurechnen ist, § 1214 II BGB. Daß die Nutzungen dem Sicherungsnehmer zustehen sollen ist regelmäßig nur aus der Natur der Sache begründet, weshalb § 1213 II BGB in entsprechend gelagerten Fällen auch ein Nutzungspfandrecht vermutet. Daher ist das Recht bereits an dieser Stelle zu erörtern.

dung des Pfandrechts auf den Zeitpunkt der Entstehung eines Rechts verlegt, ab welchem das Zeichen der Verwendung offen steht[151]. Lediglich beim Anwartschaftsrecht könnte wegen der erst vorläufigen Rechtsposition fraglich sein, ob der Gebrauch des Zeichens bereits als Nutzung rechtlich geschützt ist. Doch ermöglicht § 31 i.V.m. § 30 MarkenG ausdrücklich die Lizenzvergabe bei Anwartschaften. Als Gebrauchsüberlassung an Dritte stellt dies die Grundlage für eine mittelbare Frucht im Sinne des § 99 III BGB dar[152], so daß auch hier von nutzbaren Rechten ausgegangen werden kann.

Demnach besteht insofern kein Unterschied zwischen Pfand- und Nutzungspfandrechten. Sämtliche Marken sowie das Anwartschaftsrecht aufgrund Anmeldung stehen einer entsprechenden Belastung offen. Selbst erst künftig entstehende Marken können entsprechend den Regeln zum Pfandrecht mit einem Nutzungspfandrecht belegt werden.

2. *Die Bestellung des Nutzungspfandrechts*

a) *Die Begründungsvoraussetzungen*

Hinsichtlich der Bestellung eines Nutzungspfandrechts ergeben sich keine Besonderheiten gegenüber dem allgemeinen Pfandrecht. Die einzige Abweichung, welche auch erst das Pfandrecht als eines im Sinne des § 1213 I BGB qualifiziert, ist der - ausdrücklich geäußerte oder konkludent in der Vereinbarung enthaltene[153] - Wille der Parteien, daß dem Pfandgläubiger auch die Nutzungen an dem Pfändungsgegenstand zustehen sollen. Das heißt, das Nutzungspfandrecht wird bereits mittels eines formfreien Vertrags begründet, kann aber auf Wunsch im Markenregister über einen Antrag beim DPMA vermerkt werden.

b) *Die inhaltlichen Möglichkeiten*

Der wesentliche Unterschied besteht nun im Inhalt des Rechts, das neben der Möglichkeit, bei Eintritt des Sicherungsfalls die Marke zu verwerten, bereits während der Sicherungsphase dem Sicherungsnehmer den Zugriff auf die Nutzungen eröffnet. Die Parteien können dabei dem Pfandgläubiger entweder sämtliche Nutzungen zusprechen, nur einen bestimmten Teil oder sie können einen konkret bezeichneten Teil der Nutzungen vom Recht des Pfandgläubigers ausnehmen[154]. Die Nutzung gemäß den §§ 99, 100 BGB umfaßt dabei neben dem Gebrauch des Zeichens auch die bereits erwähnten mittelbaren Rechtsfrüchte, § 99 III BGB, welche in Form von Lizenzgebühren und Nießbrauchszinsen bestehen können. Zudem bieten Marken die Mög-

151 Vgl. dazu oben die Ausführungen zum Pfandrecht, II.1.a.

152 vgl. dazu Staud-Dilcher § 99 RN 16; Soergel-Mühl (13.A) § 99 RN 14; Jauernig-Jauernig § 99 RN 3

153 Pal-Bassenge § 1213 RN 2; Soergel-Mühl (13.A) § 1213 RN 2; **a.A.** Staud-Wiegand § 1213 RN 2, der grundsätzlich nur ausdrückliche Vereinbarungen ausreichen lassen möchte. Die Ausnahmen seien vornehmlich in Abs.2 geregelt, der aber wegen § 1273 II 2 BGB nicht auf das Pfandrecht an Rechten angewandt werden kann. Dagegen spricht jedoch das Fehlen eines Grundes, warum hier die allgemeinen Vertragsregeln nicht zur Anwendung kommen sollten. Es ist Wiegand aber zuzugestehen, daß das Nutzungspfandrecht die Ausnahme bildet und daher konkrete Anhaltspunkte ersichtlich sein müssen, um es annehmen zu können. Dies ergibt sich aber bereits aus den allgemeinen Auslegungsregeln.

154 Staud-Wiegand § 1213 RN 2; Soergel-Mühl (13.A) § 1213 RN 3; MüKo-Damrau § 1213 RN 1

lichkeit zur Vergabe weiterer Gebrauchsrechte. Hierin kann zwar keine Frucht im eigentlichen Sinn gesehen werden, da dies die rechtliche Selbständigkeit der Position voraussetzt[155]. Doch darf es keinen Unterschied machen, ob der Nutzungsberechtigte das Zeichen selbst benutzt oder es einem Dritten zum Gebrauch überläßt. Der Vergabeberechtigung kommt durch die Auswahl der Dritten auch eine erhebliche wirtschaftliche Bedeutung zu. Sie ist daher gleichwohl den Nutzungsmöglichkeiten zuzuordnen und als ein Teil des Gebrauchsrechts im Sinne des § 100 Alt.2 BGB anzusehen.

Dies eröffnet für Sicherheiten an Marken eine interessante Gestaltungsvariante. Zwar werden die Parteien kein Interesse daran haben, dem Pfandgläubiger sämtliche Nutzungen zu überlassen. Denn weder wird der Markeninhaber auf den eigenen Gebrauch des Rechts verzichten wollen, noch dürfte der Sicherungsnehmer für die Verwendung des Zeichens Bedarf haben. Doch wird es sich bei den mittelbaren Rechtsfrüchten anders verhalten. An ihnen könnte der Sicherungsnehmer durchaus Interesse haben, bieten sie ihm die Chance auf Verrechnung mit seinen gesicherten Forderungen. Ähnlich wird es sich bei der Vergabe weiterer Gebrauchsrechte an Dritte verhalten, durch die er sich weitere zu verrechnende Einnahmen verschaffen kann. Hingegen wird das Interesse des Markeninhabers und Pfandschuldners regelmäßig darauf gerichtet sein, selbst so lange als möglich über die Marke bestimmen und verfügen zu können. Schließlich hängt davon das Image seines Zeichens im Verkehr ab, welches wiederum einen wesentlichen Teil des Marketingkonzepts ausmacht[156]. Solange aber der Sicherungsfall noch nicht eingetreten ist, besteht für ihn kein Anlaß, hierauf zu verzichten. Anders verhält es sich mit den Einnahmen aus Gebrauchsüberlassungsverträgen. Bei ihnen ist kein berechtigtes Interesse ersichtlich, warum diese Forderungen nicht an den Pfandgläubiger abgetreten werden sollten. Denn die Einnahmen bieten dem Markeninhaber rechnerisch keine Vorteile, soweit er gleichzeitig zur Rückzahlung der mit dem Pfandrecht gesicherten Forderungen verpflichtet ist[157].

Daher kann es für die Parteien eine echte Alternative darstellen, ein Nutzungspfandrecht in der Gestalt zu vereinbaren, daß dem Pfandgläubiger die mittelbaren Rechtsfrüchte zustehen sollen. Als Folge würden bei vor Pfandbestellung existierenden Lizenz- und Nießbrauchsverträgen die Zahlungsansprüche ab Entstehen des Pfandrechts als an den Pfandgläubiger und Sicherungsnehmer abgetreten gelten. Bei erst danach begründeten Gebrauchsüberlassungsverträgen würde der Gegenleistungsanspruch direkt in seiner Person entstehen. Die Erlöse wären gemäß § 1214 II BGB nach Abzug entstandener Kosten mit den gesicherten Forderungen zu verrechnen.

3. *Zusammenfassung*

Das Nutzungspfandrecht bietet als Sicherheit an Marken je nach Markenstrategie eine echte Alternative. Denn es läßt sich entsprechend dem herkömmlichen Pfandrecht an sämtlichen Mar-

155 Soergel-Mühl (13.A) § 99 RN 11

156 vgl. hierzu oben Kapitel 1 C.II., wo diese Zusammenhänge als Faktoren für den Markenwert dargestellt wurden.

157 Dies mag im Einzelfall anders sein, z.B. wenn es sich bei dem Lizenznehmer um einen säumigen Schuldner handelt, gegenüber dem den Markeninhaber aus einem anderen Rechtsverhältnis aufrechenbare Verpflichtungen treffen.

ken, der Anwartschaft aufgrund Anmeldung sowie vorbereitend an künftigen Marken bestellen. Auch wird es wie das einfache Pfandrecht begründet, lediglich mit dem Unterschied, daß sich aus der Einigung zumindest konkludent ergeben muß, daß dem Gläubiger auch sämtliche oder bestimmte Nutzungen zustehen sollen. Als Folge ermöglicht es dem Sicherungsnehmer den Zugriff insbesondere auf die mittelbaren Rechtsfrüchte. Sie lassen sich mit den gesicherten Forderungen verrechnen und sorgen so zusätzlich für das Begleichen der Ausstände. Die über diese mittelbaren Rechtsfrüchte hinaus gehenden Rechte wie der Gebrauch des Zeichens oder das Recht zur Vergabe weiterer Nutzungsrechte werden entweder kein Interesse für den Sicherungsnehmer haben oder es wird ein vorrangiges Interesse des Sicherungsgebers anzuerkennen sein. Da die dem Pfandgläubiger zustehenden Nutzungen von den Parteien frei festgelegt werden können, bereitet eine entsprechende Einschränkung keine Schwierigkeiten. Ein Nutzungspfandrecht wird sich jedoch nur dort anbieten, wo die Markenstrategie des Sicherungsgebers den Gebrauch des Zeichens durch Dritte vorsieht.

B. Sicherung durch Option auf Nutzungen

Neben der Marke als ganzes kommen als Sicherheit auch einzelne Nutzungsrechte in Betracht. Denn sie können gleichfalls einen beachtlichen wirtschaftlichen Wert besitzen[158]. Daß auch der Gesetzgeber nicht strikt zwischen Sicherungs- und Nutzungsrechten unterscheidet, sondern durchaus letztere zur Befriedigung gesicherter Forderungen vorsieht, zeigt das Nutzungspfandrecht, §§ 1213 f BGB[159]. Für den Sicherungsgeber hat die Überlassung eines Nutzungsrechts den großen Vorteil, daß er im Sicherungsfall die Marke nicht endgültig verliert. Er ist lediglich verpflichtet, das Zeichen einem Dritten zum Gebrauch zu überlassen, befristet bis zur Befriedigung des Gläubigers. Nicht jede Marke wird aber das Potential in sich bergen, daß die Verwertung allein der Nutzungen einen hinreichenden Erlös verspricht. Dies kann einerseits am Wert der Marke selbst liegen. Andererseits mag die Ursache im Markt für Nutzungsrechte zu finden sein, welcher durch die lediglich abhängige Berechtigung erheblich kleiner sein kann als der für die Marke selbst. Zudem kann der Erwerber die Marke nicht allein nach eigenem Gutdünken einsetzen, was für ihn einen entscheidenden Unterschied ausmachen wird. Ähnliche Fragen bezüglich des Werts und der Verwertbarkeit stellen sich aber bei jedem Sicherungsgut, so daß sie die Eignung als Sicherungsmittel nicht übermäßig belasten. Sie sind hier lediglich in ihrer speziellen Ausprägung im Auge zu behalten.

Eine Spezialität stellt es allerdings dar, daß der Gebrauch einer Marke deren Stellung im Verkehr in Form der Bekanntheit und des Ansehens in erheblichem Maße beeinflußt. Damit bekommt die Nutzung eine wesentliche Bedeutung für die Markenführung und die mit der Marke verfolgten Strategie[160]. Als langfristig angelegtes Konzept, das zumeist nur mit erheblichen Geldmitteln umgesetzt werden kann, wird daher im Vorfeld genauestens zu prüfen sein, inwieweit nicht fundamentale Unternehmensziele gefährdet würden, wenn der Gebrauch Dritten zu

158 Vgl. dazu Kapitel 1 D.I.

159 Zum Nutzungspfandrecht soeben unter A.III.

160 Zum Zusammenhang des Gebrauchs der Marke mit der Strategie und damit letztlich auch für den Wert eines Zeichens vgl. Kapitel 1 C.II.

überlassen wäre[161]. Als Folge kann die Sicherung mittels Nutzungsrechten aus unternehmerischen Gründen ausscheiden. Auf der anderen Seite ist die Nutzung durch Dritte aber auch in der Lage, die Bekanntheit und Verbreitung der Marke zu steigern und ihre Stellung zu stärken. Mitunter stellt dies einen wesentlichen Aspekt der verfolgten Markenstrategie dar[162]. Dieser kurze Einführung zeigt bereits, daß bei derlei Sicherheiten neben den allgemeinen Fragen des Werts und der Verwertbarkeit unternehmensbezogene Überlegungen anzustellen sind.

Nutzungsrechte an Marken sind als Lizenz, Nießbrauch sowie als Pacht denkbar. Letztere stellt aber lediglich einen schuldrechtlichen Anspruch dar und scheidet mangels hinreichenden Schutzes gegen Beeinträchtigungen durch Dritte und in der Insolvenz als geeignete Rechtsposition für die Sicherung aus[163]. Neben diesen als gekorene Sicherungen einsetzbaren Nutzungsrechte sind weitere Varianten denkbar. Dies ist zum einen die Verpfändung eines Nutzungsrechts, zum anderen die Sicherungsabtretung der Gegenleistungsansprüche aus Nutzungsverträgen mit Dritten. Auch auf sie soll eingegangen werden.

I. Die Markenlizenz

Die gebräuchlichste Art, Dritten an gewerblichen Schutzrechten die Nutzung zu überlassen, ist die Vergabe einer Lizenz. Schon unter dem WZG erfreute sie sich bei Marken großer Beliebtheit, obgleich sie nur sehr eingeschränkt möglich war[164]. Nach dem neuen MarkenG wurde die Markenlizenz ausdrücklich in die gesetzliche Regelung aufgenommen und als zulässiges Instrument der Markenverwertung anerkannt, § 30 MarkenG.

Gemeinhin wird der Lizenzvertrag als Vertrag sui generis angesehen. Als Dauerschuldverhältnis steht er zwar der Miete und Pacht nahe, die Regelungen können aber nicht auf die Lizenz angewandt werden. So bezieht sich die Miete nur auf Sachen, nicht aber auf Rechte. Aber auch die Pacht vermag nicht allen Besonderheiten der Lizenz gerecht zu werden[165]. Daher schließt die ganz überwiegende Meinung Vertragslücken nicht über eine Analogie zu deren Vorschriften, sondern greift auf das allgemeine Vertragsrecht zurück, ergänzt um die wenigen gesetzlichen

---

161 Ein Beispiel mag dies illustrieren: Basiert der Ruf und damit die Wertschätzung einer Marke wesentlich auf einer bestimmten Rezeptur, wie etwa bei Parfümen oder limonadenartigen Getränken, so müßte, um nicht den Ruf der Marke zu gefährden, ein wesentliches Unternehmensgeheimnis gleichfalls zur Verfügung gestellt werden. Inwieweit dies angebracht erscheint, muß im Einzelfall entschieden werden.

162 Vgl. dazu Braitmayer (1998) S.35 ff, 114 ff mwN; K.Keller (1998) S.288 ff; Hätty (1992) S.43 ff mwN.

163 vgl. dazu auch oben die allgemeinen Überlegungen Kapitel 1 A.II.2.a.

164 vgl.o. Kapitel 1 B.I.1.b. Zur alten Rechtslage vgl. nur Schricker GRUR 1980, 650; Schanda GRUR Int 1994, 275; zu Franchising-Verträgen Völp GRUR 1985, 843

165 Insbesondere vermag sie nicht die dingliche Ausgestaltung oder die weitläufige Variationsbreite zu erklären, vgl. Weinmann (1996) S.18 mwN in FN 75; noch weiter geht Pfaff, der aus den Erscheinungsformen in der Praxis eine gänzlich neue Einteilung schließt, die über die Qualifikation als reine Gebrauchsüberlassungsverträge hinausreicht, Pfaff (1999) RN 13 ff; a.A. Stumpf/Groß, LizenzV (7.A) RN 23 f.

Regelungen zu Lizenzen[166]. Demnach wird das Lizenzrecht bestimmt von der Privatautonomie, beschränkt durch die allgemeinen Grenzen sowie vereinzelten Sonderbestimmungen[167].

Für die Eignung als Sicherungsmittel stellt sich nun die Frage, ob die Lizenz eine Position gewähren kann, die es ermöglicht, einen Wert über die Sicherungszeitspanne zumindest zu konservieren und im Sicherungsfall eine Befriedigungsmöglichkeit anzubieten, indem sie dem Sicherungsnehmer die Chance einräumt, die Lizenz zu versilbern. Dazu müßte sie sich auf Dritte übertragen lassen.

1. Eignung der Markenlizenz als Sicherungsmittel

Wesentlich für die Eignung der Markenlizenz als Sicherungsmittel ist demzufolge die Verwertbarkeit außerhalb des Eigengebrauchs, für welchen der Kreditgeber regelmäßig keine Verwendung hat (a.). Zudem dürften keine anderen Gesichtspunkte gegen die Verwendung als Sicherungsmittel sprechen, insbesondere nicht die Pflichten eines Lizenznehmers (b.). Letztlich müßte die Rechtsposition auch eine hinreichende Gewähr bieten, die Sicherungszeitspanne zu überdauern und im eventuellen Sicherungsfall verwertbar zu sein (c.).

a) Verwertbarkeit für einen Sicherungsnehmer

Als Verwertungsmöglichkeiten für jemanden ohne Interesse am Eigengebrauch kommt entweder die Veräußerung der Lizenz in Betracht oder die Vergabe von Nutzungsrechten an Dritte, ohne die eigene Position aufzugeben. Letzteres wird regelmäßig über Unterlizenzen geschehen.

aa) Veräußerlichkeit der Markenlizenz

Im MarkenG findet sich keine Regelung zur Übertragbarkeit von Lizenzen. Insofern muß die Beurteilung nach den allgemeinen Grundsätzen erfolgen. Nach überwiegender Ansicht[168] sollen danach wahlweise rein schuldrechtliche[169], beschränkt dingliche[170] sowie quasi-dingliche[171] Lizenzen möglich sind, wobei die Übergänge fließend gestaltet werden können[172].

---

166 vgl. Ilzhöfer, PatR (3.A) RN 175; Steckler, Gew. RS (2.A), S.186; Ingerl/Rohnke § 30 RN 16; Fezer MarkenR § 30 RN 7, 11; zum vergleichbaren Schweizerischen Recht Weinmann (1996) S. 10 ff; **a.A.** z.B. Stumpf/Groß, LizenzV (7.A) RN 19 ff.

167 vgl. Ilzhöfer, PatR (3.A) RN 175; Steckler, Gew. RS (2.A), S.186

168 Stumpf/Groß, LizenzV (7.A) RN 36 38, 39 mwN, Ilzhöfer, PatR (3.A) RN 176 f; Chrocziel, Gew. RS, RN 130; Weinmann (1996) S. 20 ff mwN, auch der a.A.; Schanda GRUR Int 1994, 275 (282) mwN in FN 79; **a.A.** Schluep (1964) S.187 f, der allein schuldrechtliche Lizenzen bejaht, was dem vorherrschenden Schweizerischen Verständnis zu entsprechen scheint, vgl. Bühler (1996) S.40 mwN.

169 Eine rein schuldrechtliche Lizenz liegt vor, wenn aus ihr allein die vertragsschließenden Parteien verpflichtet werden, der Kontrakt keinerlei Auswirkung auf die Rechtsposition Dritter zeitigt. Nach dem WZG waren allein derartige Lizenzen wirksam, Baumbach/Hefermehl WZG § 8 Anh. RN 2 mwN; widersprüchlich Fezer, der die Warenzeichenlizenz einmal als lediglich schuldrechtlich qualifiziert, Fezer MarkenR § 30 RN 10, ihr dann aber auch - zu unrecht - gegenständliche Wirkung zumißt, Fezer MarkenR § 30 RN 7. Denn selbst der Vergleich mit dem Mietrecht durfte nicht zu letzterem Ergebnis führen, weil sich die analoge Anwendung des § 571 BGB mit der Funktion des Zeichens und seiner Bindung an den Geschäftsbetrieb nicht vertragen hätte. Auch stellt es eine Ausnahmevorschrift dar, die nicht anderen Rechtsverhältnissen zugrunde gelegt werden darf, BGHZ 83, 251 (257 f); vgl.a. Schanda GRUR Int 1994, 275 (276 f) mwN.

(1) Literaturmeinung

Daran anknüpfend wird in der Literatur überwiegend die Ansicht vertreten, daß bei ausschließlichen Lizenzen[173] dem Lizenznehmer eine dinglich-absolute Rechtsstellung hinsichtlich der Nutzungen eingeräumt wird, die ihn zur Verfügung und Veräußerung ermächtigt[174]. Dahinter dürfte die Überlegung stehen, daß der Lizenzgeber sich gänzlich seiner Möglichkeit begibt, auf den Gebrauch des Zeichens einzuwirken, und er demzufolge auch auf das weitere Geschick des

---

170 Dabei handelt es sich um Lizenzen, die teilweise dingliche Wirkung entfalten. Dies ist z.B. in der Weise möglich, daß die Lizenz trotz der Veräußerung des lizenzierten Rechts bestehen bleibt und sie in vollem Umfang dem Rechtsnachfolger entgegen gehalten werden kann (sog. gegenständliche Wirkung). Regelmäßig wird sämtlichen Lizenzen eine derartige Wirkung zukommen, da entsprechende Bestimmungen in den Gesetzen vorhanden sind, vgl. § 30 V MarkenG, § 15 III PatG, § 33 UrhG. Trotzdem ist es den Parteien unbenommen, anderes zu vereinbaren; **a.A.** Fezer MarkenR § 30 RN 7, der jeder Lizenz diese dingliche Wirkung beimißt.

171 Eine dingliche Wirkung kommt einer Lizenz dann zu, wenn der Lizenznehmer eine gegenüber jedermann wirksame Rechtsposition erlangt. Das ist der Fall, wenn sich die Lizenz nicht in einem bloßen Anspruch des Lizenznehmers gegen den Markeninhaber erschöpft, sondern ihm ein positives Benutzungsrecht einräumt, das er auch Dritten entgegenhalten kann. Nicht maßgeblich kann dagegen sein, ob der Lizenzgeber bei Verletzung der Lizenz markenrechtliche Ansprüche gegen den Lizenznehmer geltend machen kann (so aber Fezer MarkenR § 30 RN 8). Denn diese stehen ihm gerade auch bei Verletzung schuldrechtlicher Lizenzen zu. Hier kann sich der Lizenznehmer nicht auf das ihm eingeräumte Gebrauchsrecht berufen, weshalb die Benutzung des Zeichens eine Markenverletzung darstellt. Der Anspruch ergibt sich damit zwar nicht unmittelbar aus dem Lizenzvertrag, er folgt aber aus der allgemeinen Anwendung des Markenrechts. Nach § 30 III MarkenG sollen Markenlizenzen regelmäßig dinglich ausgestaltet sein, wenngleich die Ansprüche aus der Lizenz nicht ohne Zustimmung des Lizenzgebers geltend gemacht werden dürfen.

172 Man mag Zweifel haben, ob dies mit tragenden Prinzipien des deutschen Rechts vereinbar ist. Schließlich wird dadurch ein erhebliches Maß an Rechtsunsicherheit in Kauf genommen. Doch besteht insofern Einigkeit, daß die Lizenz von Zwängen wie dem numerus clausus freigestellt bleiben soll. Ihre Konstanz soll darin bestehen, daß sie beliebig ist. Dies mag vor dem Hintergrund der wirtschaftlichen Zweckmäßigkeit geboten und zu billigen sein. Trotzdem hinterläßt es einen Hauch des Unbehagens.
Daß diese Sichtweise problematisch ist, zeigt ein Blick auf dingliche Lizenzen. Hier handelt es sich unbestreitbar um ein Verfügungsgeschäft, vgl. Weinmann (1996) S.45 f mwN. Dagegen bleibt es bei der nichtdinglichen Lizenz bei einem obligatorischen Rechtsgeschäft. Abgesehen von den Schwierigkeiten bei der Einordnung der Zwischenformen kann die Ausgestaltung der Lizenz als dingliches Recht nicht zu einer gänzlich anderen Qualifizierung des Lizenzvertrags führen. Die dingliche Lizenz als eigenständige Verfügung im Rahmen des Lizenzvertrags zu begreifen, erschiene zwar vor dem Hintergrund des Abstraktionsprinzips wünschenswert, würde aber nicht überzeugen. Denn es bleibt ein einheitlicher Lizenzvertrag. Daher wird es der Sache eher gerecht, in der Lizenz die Möglichkeit zur Durchbrechung des Abstraktionsprinzips angelegt zu sehen, welche verpflichtende und verfügende Elemente enthält, dies einfach voraussetzend Pfaff, Lizenzverträge RN 33, 41 ff. Sie hat also eine Zwitterstellung. Diese Fragen sollen aber wegen ihrer grundsätzlichen Bedeutung nicht Gegenstand dieser Arbeit sein, würden sie problemlos hinreichend Stoff für eine eigene wissenschaftliche Untersuchung liefern. Zur Frage der Rechtsnatur von Lizenzen vgl. Weinmann (1996), S.38 ff; Pfaff, Lizenzverträge RN 60-62; Bühler (1996) S.36 ff.

173 Ausschließliche Lizenz meint, daß das der Lizenznehmer allein berechtigt sein soll, den Lizenzgegenstand zu gebrauchen, vgl. nur Stumpf/Groß, LizenzV (7.A) RN 36 f; Ingerl/Rohnke § 30 RN 10; **a.A.** Sosnitza in: FS Säcker (2005), S.183 (185 ff), der eine Dinglichkeit der Lizenz für nicht zwingend hält und zu einer schuldrechtlichen Lizenz tendiert.

174 Ingerl/Rohnke § 30 RN 11; Ilzhöfer PatR (3.A) RN 177; Chrocziel, Gew. RS, RN 131; **a.A.** Bühler GRUR 1998, 196 (199), der in einer abenteuerlichen Weise durch die Abtretung eine inhaltliche Änderung iSv § 399 BGB annimmt; Stumpf/Groß, LizenzV (7.A) RN 369 f.

Gebrauchsrechts keinen Einfluß haben soll. Diese Position stehe nunmehr dem Inhaber der ausschließlichen Lizenz zu, der nach eigenem Gutdünken über die Lizenz verfügen kann.

Hingegen wird die einfache Lizenz[175] als nicht übertragbar erachtet. Indem der Zeicheninhaber weiter zum Gebrauch berechtigt bleibt und weitere Lizenzen vergeben kann, soll es sich um betriebs- bzw. personenbezogene Rechte handeln, die keine Übertragung zulassen[176].

(2) Stellungnahme

Unabhängig davon, daß diese Einteilung wegen der Variationsbreite bei Lizenzen allenfalls als Faustformel dienen kann, vermag sie auch der Rechtslage nicht im gesamten gerecht zu werden. Allein an der dinglichen Ausgestaltung läßt sich die Übertragbarkeit des Rechts nicht festmachen, schließlich können auch schuldrechtliche Rechtspositionen übertragen werden. Auch die sonstigen Überlegungen sind nicht in der Lage, die pauschale Beurteilung zu rechtfertigen, da sie einseitig auf die Ausgestaltung der Lizenz abstellen, andere Umstände aber außer acht bleiben. Indem die Lizenz frei gestaltet werden kann und sich im wesentlichen lediglich an den allgemeinen Grenzen des Vertragsrechts auszurichten hat, muß das entscheidende Kriterium der Parteiwille sein. Zuvörderst sind daher die Lizenzvertragsklauseln maßgeblich. Enthalten sie keine Bestimmungen zur Übertragbarkeit der Lizenz, ist der konkludent geäußerte, andernfalls der mutmaßliche Wille anhand der Parteiinteressen zu bestimmen. Bei der Suche nach dem Parteiwillen kann die gewählte Lizenzart ein Indiz liefern, mehr aber nicht.

(a) Vertragliche Klauseln zur Übertragbarkeit

Verbietet der Lizenzvertrag die Übertragung und damit die Veräußerung der Rechtsposition, so bindet dies den Lizenznehmer. Insbesondere verstößt eine entsprechende Klausel selbst bei dinglichen Lizenzen nicht gegen § 137 BGB. Denn die Regelung gestaltet den Inhalt der Lizenz und stellt keine Beschränkung eines an sich verfügbaren Rechts dar[177]. Ein entsprechender Gedanke liegt etwa auch § 399 BGB zugrunde. Auf der anderen Seite sind die Parteien aber auch in der Lage, die Veräußerung bei jeder Lizenz zuzulassen. Dies ergibt sich aus der den Parteien zustehenden Gestaltungsfreiheit[178].

(b) Die Übertragbarkeit ausschließlicher Lizenzen bei fehlender vertraglicher Klausel

Fehlt es an einer Regelung im Lizenzvertrag, so vermag die Ausgestaltung der Lizenz einen ersten Hinweis auf die vermeintliche Interessenlage liefern. Vereinbart der Rechtsinhaber eine ausschließliche Lizenz, dann verzichtet er quasi auf seine Verfügungsmöglichkeit hinsichtlich der Nutzungen. Darin kann ein Indiz gesehen werden, daß ihm die Auswahl weiterer Lizenznehmer gleichgültig ist. Zudem mag für den Lizenznehmer bei der Wahl einer ausschließlichen Lizenz gerade die Möglichkeit ausschlaggebend gewesen sein, fortan in jeglicher Hinsicht allein

175 Um eine einfache Lizenz handelt es sich, wenn der Lizenzgeber und Rechtsinhaber weiterhin selbst zum Gebrauch des lizenzierten Rechts berechtigt ist und er auch weiterhin Lizenzen vergeben darf, vgl. Stumpf/Groß LizenzV (7.A) RN 39; Ingerl/Rohnke § 30 RN 10. Zu unrecht wird der einfachen Lizenz deshalb jegliche dingliche Wirkung abgesprochen, etwa Bühling GRUR 1998, 196 (196 f).

176 Ilzhöfer PatR (3.A) RN 176; Chrocziel, Gew. RS, RN 132; Starck WRP 1994, 699 (702)

177 Vgl. Bernhardt/Kraßer PatR (4.A) S.695; Stumpf/Groß, LizenzV (7.A) RN 368 ff

178 Die Übertragung richtet sich in diesen Fällen nach den allgemeinen Regeln, dazu sogleich unter (b), (c).

über den Gebrauch des Zeichens entscheiden zu können. Beides legt den Schluß nahe, daß der Lizenznehmer auch zu Verfügungen über das Recht berechtigt sein soll. Daß dieses Ergebnis aber nicht zwingend ist, zeigt bereits, daß der Lizenznehmer nicht abschließend auf die Marke verzichten wollte. Ansonsten hätte eine Veräußerung näher gelegen. Folglich wird er weiterhin ein Interesse am Wert der Marke und seiner Entwicklung haben. Der Wert hängt wiederum einerseits von der Bekanntheit, andererseits von der Wertschätzung im Verkehr ab[179]. Die für die Wertschätzung zumindest auch entscheidende Qualität der gekennzeichneten Produkte hängt wiederum wesentlich vom Unternehmen ab, das sie produziert oder zumindest entscheidet, welche Waren oder Dienstleistungen mit der Marke gekennzeichnet werden. Daher wird der Markeninhaber durchaus weiterhin ein Interesse daran haben, daß das Zeichen nur solche Betriebe gebrauchen dürfen, die eine hinreichende Qualität gewährleisten. Davon geht auch das Gesetz aus, das jedem Lizenzgeber die Möglichkeit eröffnet, Vorgaben zur Qualität mit dinglicher Wirkung in den Lizenzvertrag aufzunehmen, § 30 II Nr.5 MarkenG. Wird die Lizenz veräußert, so ist der Erwerber zwar an die Lizenzklauseln gebunden. Schließlich kann der alte Lizenznehmer nicht mehr übertragen, als ihm selbst zustand. Doch bietet dies nicht dieselbe Gewähr, wie die Auswahl der Berechtigten selbst. Denn bis zur Durchsetzung der - markenrechtlichen - Ansprüche kann das Markenimage durch den fehlerhaften Gebrauch bereits erheblichen Schaden gelitten haben[180]. Folglich mag selbst bei einer ausschließlichen Lizenz ein Kalkül dahinterstehen, welches einer freien Verfügbarkeit des Lizenznehmers entgegensteht. Daher wird man bei der Beurteilung dieser Frage immer sämtliche Umstände zu berücksichtigen haben und darf nicht allein aus der fehlenden Gebrauchsmöglichkeit des Markeninhabers auf die Verfügungsberechtigung des Lizenzinhabers schließen.

(c) Die Übertragbarkeit einfacher Lizenzen bei fehlender vertraglicher Klausel

Ähnlich verhält es sich bei der einfachen Lizenz. Sie kann als ein Hinweis auf den Ausschluß der Übertragbarkeit dienen, kann ihn aber nicht grundsätzlich festlegen. Denn indem der Markeninhaber weiterhin zur Vergabe der Lizenzen berechtigt sein möchte, wird ihm zwar - aus denselben Gründen wie zur ausschließlichen Lizenz - daran liegen, weiterhin die Lizenznehmer auswählen zu können. Zudem wird die Veräußerung einer Lizenz dem Markeninhaber die Möglichkeit nehmen, selbst eine Lizenz an den Erwerber zu vergeben. Auf der anderen Seite kann aber aus der Markenstrategie und der Lizenzvergabepraxis des Inhabers ersichtlich sein, daß es ihm wesentlich auf die Verbreitung seines Zeichens ankommt, er insbesondere anderweitig Vorkehrung zur Sicherung des Qualitätsstandards getroffen hat[181]. Denn die Bekanntheit ist per se in der Lage, den Markenwert positiv zu beeinflussen. In diesem Fall wird er selten etwas gegen die Veräußerung einzuwenden haben.

(d) Zusätzlicher Aspekt bei sicherungshalber bestellten Lizenzen

Bei sicherungshalber bestellten Lizenzen kommt ein weiterer Aspekt hinzu. Der Sicherungsnehmer hat kein eigenes Interesse am Gebrauch des Zeichens. Für ihn ist nur die Verwertung

179 Dazu Kapitel 1 C.II.1.

180 Ebenso kann dadurch die vom Markeninhaber verfolgte Strategie leiden.

181 Dies kann beispielsweise besonders bei Vertriebs- und Gebrauchslizenzen der Fall sein; zu diesen speziellen Lizenzarten vgl. z.B. Stumpf/Groß, LizenzV (7.A) RN 33.

des Benutzungsrechts interessant[182]. Als eine solche liegt aber die Veräußerung besonders nahe, da die andere Verwertungsalternative, die Vergabe von Unterlizenzen, mit einem höheren Aufwand verbunden ist. Dieser Umstand ist beiden Parteien bei Vertragsschluß bewußt, daher als dem Vertrag immanent anzusehen und folglich bei der Auslegung zu berücksichtigen[183]. Man wird also grundsätzlich eine Veräußerungsbefugnis des Sicherungsnehmers annehmen können. Auf der anderen Seite müssen die berechtigten Interessen des Markeninhabers gewahrt werden. Schließlich hat die Auswahl des neuen Lizenznehmers erhebliche Bedeutung für den Markeninhaber[184]. Ohnehin trifft den Sicherungsnehmer bei der Verwertung die Pflicht, auf die Belange des Sicherungsgebers Rücksicht zu nehmen[185]. Es bietet sich daher an, daß dem Markeninhaber vor Veräußerung der Lizenz die Erwerber anzuzeigen sind und er berechtigte Bedenken äußern kann, ohne allerdings die Veräußerung verhindern zu können. Denn dies würde den Sicherungsnehmer in seiner Verwertungsmöglichkeit über die Maßen beeinträchtigen, so daß das Ziel der Sicherung, die Befriedigung aus der Lizenz, gefährdet würde[186]. Die Nichtbeachtung der berechtigten Einwände würde hingegen eine Treuepflichtverletzung gegenüber dem Markeninhaber darstellen, welche Schadensersatzansprüche auszulösen imstande ist[187].

(3) Ergebnis

Entscheidend für die Übertragbarkeit von Lizenzen ist der Parteiwille. Wurde er in Vertragsklauseln zum Ausdruck gebracht, so sind diese aufgrund der Gestaltungsbefugnis der Parteien maßgeblich. Fehlen entsprechende Regelungen, ist der Parteiwille durch Auslegung zu ermitteln. Wesentliches Gewicht kommt dabei der Markenstrategie des Inhabers zu, sofern sie für den Lizenznehmer ersichtlich war. Jedoch wird man bei sicherungshalber gewährten Lizenzen wegen der speziellen Interessenlage immer zur Übertragbarkeit kommen. Dem Interesse des Sicherungsgebers an der Auswahl der Lizenznehmen ist aber insofern Rechnung zu tragen, als ihm der Erwerber anzuzeigen ist und er Bedenken gegen die Veräußerung anmerken kann.

bb) Berechtigung zur Vergabe von Unterlizenzen

Eine andere Verwertungsalternative von Lizenzen stellt die Übertragung der Ausübungsrechte auf Dritte dar. Dies ist vor allem vor dem Hintergrund interessant, daß im Gegensatz zu Sachen eine unbegrenzte Anzahl an Personen eine Marke gleichzeitig gebrauchen können, ohne daß

182 Anders wäre es lediglich bei einem Kreditgeber aus derselben Branche. Daß aber ein derartiger Kredit jemals zustande kommt, dürfte mehr als unwahrscheinlich sein.

183 Entsprechend zur Einlagefähigkeit von obligatorischen Rechten und Lizenzen, Götting AG 1999, 1 (4, 7). Anders mag es allenfalls sein, wenn überragenden Interessen des Markeninhabers auf dem Spiel stehen und der Sicherungsnehmer die Lizenz auch auf anderem Wege verwerten kann. Derartige Konstellationen sind aber kaum vorstellbar.

184 Man stelle sich nur den Fall vor, daß der Erwerber ein Konkurrent des Zeicheninhabers ist, sei es auch nur auf anderen Wettbewerbsfeldern.

185 BGH WM 1962, 673 (674); Lwowski KredSichR (8.A) RN 278; ähnlich, bei der Vergabe von Unterlizenzen Stumpf/Groß, LizenzV (7.A) RN 372, dazu auch Kapitel 2 A.IV. und Kapitel 7 A.I.1., III.1.a.aa.(3).

186 Ausführlich zu diesen Fragen unten Kapitel 7 A.III.1.a.aa.(3).

187 Hier wird aber die Schwierigkeit auftreten, den Schaden nachweisen zu müssen. Dieses Risiko ist aber nicht so außergewöhnlich, als daß es nicht dem Sicherungsgeber auferlegt werden könnte. Zudem besteht die Möglichkeit, bereits bei Abschluß des Sicherungsvertrags den Umstand zu berücksichtigen und Vorsorge zu treffen.

dadurch der einzelne in seiner Ausübung eingeschränkt wäre. Verwirklicht wird dies üblicherweise durch die Vergabe von Unterlizenzen. Auch hier stellt sich daher die Frage, in wieweit in den jeweiligen Sicherungs-/ Lizenzen das Recht zur Vergabe von Unterlizenzen enthalten ist.

(1) Meinungen in der Literatur

Die Meinungen in der Literatur unterscheiden auch hier nach ausschließlicher und einfacher Lizenz. So soll nach der herrschenden Meinung der Lizenznehmer bei ausschließlicher Berechtigung auch zur Vergabe von Unterlizenzen befugt sein[188]. Dies erkläre sich aus seiner alleinigen Gebrauchsberechtigung und dem damit einher gehenden Verzicht des Markeninhabers auf die Verwendung des Zeichens. Hieraus und aus der Dinglichkeit dieser Position wird die Berechtigung des Lizenznehmers zur Vergabe von Nutzungsrechten an Dritte geschlossen.
Andererseits soll es nach der ganz h.M.[189] bei der einfachen Lizenz an einer entsprechenden Berechtigung fehlen. Der Grund liege darin, daß der Schutzrechtsinhaber zur Vergabe weiterer Lizenzen in der Lage sei. Würde nun der einzelne Lizenznehmer seinerseits Unterlizenzen vergeben können, würde dies die Position des Lizenzgebers unmittelbar beeinträchtigen, indem ihm die Möglichkeit zur Vergabe eigener Lizenzen genommen würde. Zudem wird auf eine Personen- bzw. Betriebsbezogenheit abgestellt, die Unterlizenzen mit dem Wesen der einfachen Lizenz unvereinbar mache.
Vereinzelt wird vertreten, daß unabhängig von der Lizenzart der Lizenznehmer immer die Zustimmung des Schutzrechtsinhabers benötigt, um Unterlizenzen vergeben zu können. Dies wird aus einer Analogie zu §§ 581 II, 546 BGB geschlossen und über das Interesse des Markeninhabers begründet[190].

(2) Stellungnahme

Wie bei der Veräußerlichkeit einer Lizenz gilt auch hier, daß der Parteiwille das entscheidende Kriterium sein muß, liegt die Gestaltungshoheit primär bei den Parteien. Demnach ist es ihnen möglich, jede Art der Lizenz mit oder ohne die Ermächtigung zur Vergabe von Unterlizenzen auszustatten[191]. Eine entsprechende Regelung würde die Lizenz inhaltlich ausgestalten, weshalb bereits aus diesem Grund eine entsprechende Klausel keine Einschränkung der Verfügungsmacht darstellen würde, welche § 137 BGB auf den Plan rufen könnte[192].

---

188 Vgl. nur BGH GRUR 1955, 338 (340); Ingerl/Rohnke § 30 RN 11; Henn (4.A) RN 168 mwN; Benkard-Ullmann, PatG § 15 RN 59 mwN; **a.A.** Stumpf/Groß, LizenzV (7.A) RN 372 ff

189 BGHZ 62, 272 (276 ff); Ingerl/Rohnke § 30 RN 11; Stumpf/Groß, LizenzV (7.A) RN 390 mwN; Ilzhöfer, PatR (3.A) RN 176 (der ausdrücklich das Einräumen im Lizenzvertrag fordert); Bernhardt/Kraßer, PatR (4.A) S.695 f. Zur **a.A.** vgl. die nachfolgende FN.

190 Stumpf/Groß LizenzV (7.A) RN 373, insbesondere wird auf die ansonsten möglichen Vergabe von Lizenzen an Konkurrenten abgestellt

191 Statt vieler Ingerl/Rohnke § 30 RN 11; Stumpf/Groß, LizenzV (7.A) RN 371, 390 mwN; **a.A.** Bernhardt/Kraßer, PatR (4.A) S.695 f, die dem ausschließlichen Lizenznehmer immer das Recht zur Vergabe von Unterlizenzen einräumen; anders lautende Bestimmungen im Lizenzvertrag wären nur schuldrechtlich möglich und würden den Lizenznehmer daher nur im Innenverhältnis binden; mißverständlich Benkhard-Ullman PatG § 15 RN 51, was sich nur auf Verpflichtungen bezieht, er aber nicht die inhaltliche Beschränkbarkeit der Lizenz bestreitet, was sich aus RN 59 ergibt.

192 Zudem würde sich das Problem stellen, inwieweit die Vergabe von Unterlizenzen überhaupt eine Verfügung im Sinne des § 137 BGB darstellen würde. Auf diese Frage braucht aber nicht eingegangen werden.

Fehlt es an einer ausdrücklichen Regelung, ist die Vereinbarung wiederum anhand sämtlicher Umstände auszulegen. Dabei geht die h.M., so richtig sie einzelne Punkte würdigt, zu einseitig von der Lizenzart aus. Denn auch hier können andere Aspekte für den Inhalt des Rechtsgeschäfts mindestens ebenso entscheidend gewesen sein. Sie können wie bei der Veräußerung die - für den Vertragspartner erkennbare - Markenstrategie des Schutzrechtsinhabers, aber auch sonstige Interessen umfassen. Besonders deutlich wird dies, wenn der Lizenznehmer bei ausschließlichen Lizenzen auch Konkurrenten des Markeninhabers den Gebrauch des Zeichens gestatten könnte. Deshalb fordert Groß unabhängig von der Lizenzart immer die Zustimmung des Schutzrechtsinhabers zur Vergabe von Unterlizenzen[193]. Ob dies angebracht ist, scheint gleichfalls fraglich. Denn vielfach wird sich gerade aus dem Vertrag entnehmen lassen, ob Unterlizenzen möglich sein sollen oder nicht.

So ist bei Lizenzen, die als Sicherheit bestellt wurden, zu berücksichtigen, daß der Sicherungsnehmer möglichst umfassend zur Verwertung befugt sein möchte. Daher wird sein Interesse auch auf die Berechtigung zur Vergabe von Unterlizenzen abzielen. Daß er als Branchenfremder selten das dafür notwendige Know-how haben wird, ist unerheblich. Denn die Vergabe kann problemlos einem Dritten übertragen werden, der über die erforderlichen Kenntnisse verfügt. Dieser Umstand wird dem Rechtsinhaber auch bekannt sein. Auch muß ihm bewußt sein, daß dem Sicherungsnehmer wegen der weit besseren Verwertungschance an der Vergabe von Unterlizenzen regelmäßig ebensoviel liegt, wie an der Veräußerungsbefugnis. Er wird aber seinerseits in Abhängigkeit von seiner Markenstrategie eventuell kein Interesse an der Vergabe weiterer Lizenzen haben, oder zumindest bei der Auswahl der Lizenznehmer mitwirken wollen[194]. Ein Ausgleich der Positionen kann aber wiederum in der Weise gefunden werden, daß grundsätzlich die Vergabe von Unterlizenzen bei sicherungshalber bestellten Lizenzen möglich sein soll, sofern dem Sicherungsnehmer auferlegt wird, die Interessen des Sicherungsgeber zu berücksichtigen[195]. Anders verhält es sich dort, wo der Vertrag erkennen läßt, daß dem Sicherungsnehmer lediglich die Veräußerung zustehen soll. Trotz fehlender ausdrücklicher Regelung kann dies etwa bei einem besonderen Interesse des Sicherungsgebers gegeben sein, sofern der Sicherungsnehmer um den Sicherungszweck zu erreichen gleichzeitig allein auf die Veräußerung seiner Position verwiesen werden kann.

cc) Zusammenfassung

Im Ergebnis ist sicherungshalber gewährten Lizenzen sowohl die Übertragbarkeit wie auch die immanente Berechtigung zur Vergabe von Unterlizenzen zuzugestehen. Beides folgt aus dem Sicherungszweck und besteht unabhängig von der Lizenzart. Weil aber der Sicherungsgeber regelmäßig weiterhin ein Interesse daran hat, wer das Zeichen nutzen darf, ist der Sicherungsnehmer verpflichtet, dieses Interesse bei der Verwertung zu berücksichtigen und muß die Er-

---

193 Stumpf/Groß, LizenzV (7.A) RN 373, der das dagegen vorgebrachte Argument, der Unterlizenznehmer sei lediglich ein Gehilfe des eigentlichen Lizenzberechtigten trefflich widerlegt.

194 Zur Begründung dessen vgl. die Ausführungen bei der Lizenzveräußerung, die hier entsprechend gelten, aa.(2).(b)., (d).

195 Vgl. hierzu die übertragbaren Ausführungen zur Veräußerlichkeit von Lizenzen, aa.(2).(d). und Kapitel 7 A.III.1.b.

werber dem Sicherungsgeber vorher bekannt geben. Dabei handelt es sich aber lediglich um eine Beschränkung im Innenverhältnis, welche die Verfügungsmacht des Sicherungsnehmers nicht einschränken soll. Andernfalls würde die Verwertung derart erschwert, daß die Sicherheit für den Sicherungsnehmer uninteressant wird. Auch scheint das Interesse des Sicherungsgebers durch die bei Mißachtung der Bedenken entstehenden Schadensersatzansprüche aus Vertragsverletzung in ausreichendem Maße gewahrt.

b) Lizenzvertragliche Pflichten als Hinderungsgrund für den Einsatz als Sicherungsmittel?

Auch wenn sich die Lizenzen verwerten lassen und insofern als Sicherungsmittel geeignet sind, so darf trotzdem nicht außer acht gelassen werden, daß sie als regelmäßig synallagmatische Verträge auch Pflichten für den Lizenznehmer beinhalten. Diese dürften einen Lizenznehmer nicht in der Weise binden, daß der Zweck der Sicherheit oder ihre Handhabbarkeit in einem unerträglichen Maß beeinträchtigt wird. Von den verschiedenen Pflichten, welche einen Lizenznehmer treffen können[196], kommt dies aber nur bei der Gebrauchs- oder Ausübungspflicht und der Verpflichtung zur Zahlung einer angemessenen Lizenzgebühr in Betracht.

aa) Pflicht zur Zahlung einer angemessenen Lizenzgebühr

Wie oben ausgeführt, ist der Lizenzvertrag nicht gesetzlich geregelt, weshalb er in seinem Inhalt weitgehend frei gestaltet werden kann. Dies hat unter anderem zur Folge, daß die Parteien auch nicht daran gebunden sind, eine Lizenzgebühr zu vereinbaren, auch wenn dies regelmäßig der Fall sein wird. Für das Wesen des Vertags ist sie nicht erforderlich[197]. Es steht ihnen frei, die Lizenz zu anderen Zielen einzusetzen, als nur den Gebrauch gegen Geld zu gestatten. So würde es sich bei Sicherungslizenzen zwar nicht um anerkannt zulässige Gratislizenzen[198] handeln, sondern um eine fiduziarische Rechtsstellung, bei der die Ausübung an verschiedene Voraussetzungen geknüpft ist. Die Wirkung, das Auflösen des synallagmatischen Verhältnisses, wäre aber dieselbe. Der Lizenzvertrag wird dadurch nicht als solches in Frage gestellt.

bb) Gebrauchs-, Ausübungspflicht

Regelmäßig wird der Lizenzgeber ein Interesse daran haben, daß von der Lizenz Gebrauch gemacht wird. Dies liegt einerseits an der vielfach zumindest teilweise nutzungsabhängigen Lizenzgebühr. Andererseits verhindert die Benutzung durch Lizenznehmer auch den Verfall einer Marke, §§ 49 I 2, 26 II MarkenG[199] und festigt oder steigert gar die Bekanntheit des Zeichens im Rechtsverkehr, was wiederum dem Wert der Marke zugute kommt. Folglich liegt es nahe, daß der Lizenzgeber und Markeninhaber ein erhebliches Interesse am Gebrauch des Zeichens durch den Lizenznehmer hat. Daher ist der herrschenden Meinung[200] zuzustimmen, die bei ausschließlichen Lizenzen wegen § 49 MarkenG eine Gebrauchspflicht bejaht. Bei einfachen

---

196 Zu den Pflichten aus einem Lizenzvertrag vgl. Stumpf/Groß, LizenzV (7.A) RN 98 ff
197 Bühler (1996) S.37; vgl. auch Fezer MarkenR § 30 RN 39
198 Bühler (1996) S.37; Fezer MarkenR § 30 RN 39
199 Ingerl/Rohnke § 30 RN 21; Stumpf/Groß, LizenzV (7.A) RN 149
200 dazu Stumpf/Groß LizenzV (7.A) RN 151

und alleinigen[201] Lizenzen bleibt der Markeninhaber daneben zum Gebrauch des Zeichens berechtigt[202], so daß die Gefahr des Verfalls nicht allein vom Lizenznehmer abhängt. Insofern müssen wiederum die jeweiligen Umstände im Einzelfall den Ausschlag geben, ob die Parteien eine Gebrauchsverpflichtung in den Lizenzvertrag aufgenommen oder darauf verzichtet haben.

Daß aber die Interessen der Beteiligten bei sicherungshalber gewährten Lizenzen eine Ausübungspflicht begründen, darf getrost bezweifelt werden. Denn die Lizenz wird gerade nicht bestellt, damit der Lizenznehmer die Marke gebraucht. Er will dies auch nicht, was beiden Parteien bewußt ist. Der Sicherungsnehmer soll das Recht erst bei Eintritt des Sicherungsfalls ausüben dürfen. Daher ist weder mit einer bereits vorherigen Nutzung zu rechnen, noch entspräche dies dem Wunsch des Markeninhabers. Will man jedoch eine ausschließliche Lizenz vereinbaren, entsteht die Gefahr eines drohenden Verfalls nach § 49 MarkenG. Doch durch die Gestaltungsfreiheit ist es den Parteien problemlos möglich, diese konstruktiv zu beseitigen, etwa durch eine Gebrauchserlaubnis des Inhabers für die Sicherungsphase. Die Lizenz entspräche dann für diesen Zeitraum einer alleinigen Lizenz.

c) *Schutzmöglichkeit während der Sicherungszeitspanne*

Um als Sicherungsmittel geeignet zu sein, muß die Rechtsposition erwarten lassen, daß sie den Sicherungszeitraum überdauert und im Sicherungsfall die Chance zur Befriedigung gibt[203].

Nach § 30 V MarkenG wird der Lizenz an Marken eine Gegenständlichkeit zugesprochen, wie sie auch dem Mietvertrag zu eigen ist. Dieser Sukzessionsschutz besteht unabhängig von der Art der Lizenz und gilt selbst für eine einfach erteilte[204]. Allerdings ist die Regelung abdingbar[205], so daß rein schuldrechtliche Lizenzen möglich bleiben. Eine entsprechende Regelung wird man aber selten weder ausdrücklich noch konkludent in einem Vertrag finden. Denn der Lizenznehmer wird selten gewillt sein, auf den Sukzessionsschutz zu verzichten und den Verlust durch eine Verfügung des Markeninhabers zu riskieren. Daher dürfte ganz überwiegend § 30 V MarkenG zur Anwendung kommen, wodurch die Lizenz bereits ein beachtliches Maß an Beständigkeit gewinnt.

---

201 Um eine alleinige Lizenz handelt es sich, wenn der Rechtsinhaber zwar zum Gebrauch berechtigt bleibt, im übrigen aber der Lizenznehmer alleiniger Inhaber einer Lizenz ist. Das heißt, der Schutzrechtsinhaber ist insbesondere nicht berechtigt, weitere Lizenzen zu vergeben, vgl. dazu Stumpf/Groß, LizenzV (7.A) RN 38; Ingerl/Rohnke § 30 RN 10.

202 vgl. nur Stumpf/Groß, LizenzV (7.A) RN 152 mwN

203 Es soll an dieser Stelle nicht im einzelnen untersucht werden, wie sich die Sicherheit im Sicherungszeitraum verhält. Dies bleibt einem eigenen Kapitel vorbehalten. Sinn der Untersuchung ist lediglich festzustellen, ob die Rechtsposition erwarten läßt, daß der Zweck einer Sicherheit erreicht werden kann und die Lizenz nicht wegen zu geringer Bestandsgarantie von vornherein als Sicherheit ausscheidet.

204 Dies ergibt sich aus der Norm selbst, welche nicht zwischen einzelnen Lizenzarten unterscheidet, vgl. Ingerl/Rohnke § 30 RN 43; Fezer MarkenR § 30 RN 34.

205 Ingerl/Rohnke § 30 RN 45; vgl. auch zur entsprechenden Rechtslage beim PatG (auf die sich in der Begründung zum MarkenG ausdrücklich bezogen wird, BT-Drucks. 12/6581 S.87) Benkardt-Ullmann, PatG § 15 RN 60.So auch Fezer MarkenR § 30 RN 34, der aber zur Begründung auf eine Entscheidung des BGH verweist, die zur alten Rechtslage erging, welche die dem § 30 V MarkenG entsprechende Regelung des § 15 III PatG noch nicht kannte, und insofern zu dieser Frage keine Aussage treffen kann.

Kein Schutz besteht allerdings beim Untergang des Markenrechts als ganzem. Denn als abgeleitetes Recht hängt die Lizenz vom Bestand des Vollrechts ab. Geht dieses verlustig, geht auch die Lizenz unter. § 30 V MarkenG vermag hiergegen keinen Schutz zu bieten, da er diese Anbindung an das Vollrecht nicht aufzuheben imstande ist. Dieser Nachteil wiegt aber nicht so schwer, daß durch ihn die Eignung der Lizenz als Sicherungsmittel gänzlich in Frage stehen würde[206]. Denn auch der Sicherungsgeber wird regelmäßig ein Interesse am Bestand der Marke haben und hierfür Sorge tragen. Hinsichtlich des Werterhalts unterscheidet sich das Risiko bei einer Sicherungslizenz nicht von dem bei anderen Sicherheiten an Marken.

d) Ergebnis

Trotz ihrer eigentlichen Zielsetzung, einem Dritten den Gebrauch eines Zeichens zu ermöglichen, ist die Lizenz auch als Sicherungsmittel geeignet. Als gekorenes Sicherungsrecht erlaubt sie dem Lizenznehmer, diese Position im Sicherungsfall in Geld umzumünzen, indem er entweder die Lizenz veräußert oder Unterlizenzen vergibt. Auch stehen dem Einsatz als Sicherungsmittel nicht die üblichen Pflichten eines Lizenznehmers wie die Gebrauchspflicht oder die Pflicht zur Zahlung einer Lizenzgebühr entgegen. Denn durch die Gestaltungsfreiheit sind die Parteien nicht an derlei Inhalte gebunden, die Lizenz als solche erleidet durch die Umgestaltung keinen Abbruch. Besonderes Augenmerk verdienen dabei lediglich ausschließliche Lizenzen, bei denen sinnvollerweise dem Markeninhaber während der Sicherungsphase ein Gebrauchsrecht verbleiben sollte, allein schon um den Verlust der Marke aufgrund Verfalls nach § 49 MarkenG zu vermeiden. Schließlich genießen Lizenzen durch die Verdinglichung in § 30 V MarkenG auch hinreichenden Bestandsschutz, um dem Sicherungsnehmer die Befriedigung im Sicherungsfall zu ermöglichen.

2. Mögliche Gegenstände von Lizenzverträgen

Lizenzverträge können an sämtlichen Markenrechten im Sinn von § 4 Nrn.1-3 MarkenG bestellt werden, § 30 I MarkenG, wie auch an Anwartschaften, § 31 MarkenG. Selbst an künftigen Marken können Lizenzen vergeben werden, sofern die Anforderungen an die Bestimmtheit eingehalten werden: Bei dinglichen Rechten bedarf es sämtlicher zur Bestimmung erforderlichen Angaben im Bestellungsakt selbst, bei schuldrechtlichen Positionen genügt die bloße Bestimmbarkeit[207]. Zudem sind Lizenzen beliebig gestaltbar und unter anderem an einzelnen Waren, Dienstleistungen oder -kategorien möglich. Hinzu kommt, daß selbst territorial begrenzte Lizenzen möglich sind, § 30 II Nr.5 MarkenG.

3. Bestellung einer Lizenz als Sicherheit

Begründet wird eine Lizenz durch einen Vertrag, in welchem der Markeninhaber dem Lizenznehmer gestattet, eine oder mehrere bestimmte Marken zu gebrauchen. Weitere essentialia

206 Ohnehin stellt sich bei anderen Sicherungsrechten wie dem Pfandrecht dasselbe Problem, dazu oben A.II., vgl. auch Kapitel 1 C.II.2. Es sollte aber trotzdem nicht vernachlässigt werden, hiergegen Vorkehrung zu treffen, dazu Kapitel 6 B.I.

207 zu den Gründen vgl. oben A.I.2.b.

negotii kennt der Vertrag nicht. Er wird aber immer weitere Angaben beinhalten[208], sowohl zur Gestaltung der Lizenz, als auch organisatorische Vorschriften. Für den Einsatz als Sicherheit interessieren dabei die Erfordernisse für die Bestellung sowie die inhaltlichen Gestaltungsmöglichkeiten.

a) Anforderungen an die Bestellung

Der Vertrag, durch welchen eine Lizenz begründet wird, bedarf grundsätzlich keiner Form. Seit der Reform des GWB[209] besteht auch nicht mehr das Erfordernis des § 34 GWB a.F., welches von Lizenzverträgen mit Klauseln, die über die Inhaltsbestimmung der Lizenz hinausreichten und von der Kartellbehörde zu genehmigen waren, Schriftform im Sinne des § 126 BGB verlangte. Lediglich bei zusätzlichen Inhalten, die für sich an Formvorschriften gebunden sind[210], oder bei Lizenzverträgen, die mit ausländischen Rechtsordnungen in Kontakt kommen, kann sich weiterhin ein Formerfordernis ergeben[211]. Trotzdem wird man das Vertragswerk üblicherweise schriftlich fixieren. Dadurch wird nicht nur die Beweisführung erleichtert. Vielmehr werden auf diese Weise die regelmäßig umfangreichen und komplexen Verträge erst handhabbar.

Für die Wirksamkeit ist auch nicht die Eintragung der Lizenz in das Markenregister Voraussetzung. Im Gegenteil, das Gesetz sieht überraschenderweise nicht einmal die fakultative Eintragung vor[212].

b) Gestaltungmöglichkeiten des Inhalts

Bei der Gestaltung der Lizenz sind den Parteien kaum Grenzen gesetzt[213]. Sie können insbesondere sowohl einfache, alleinige wie auch ausschließliche Lizenzen vereinbaren[214]. Ebenso sind sie in der Lage, die Lizenz in ihrer Dauer, der territorialen Ausdehnung sowie den Waren oder Dienstleistungen, für welche die Berechtigung gelten soll, auf ihre Bedürfnisse hin anzupassen. Dem Lizenzgeber steht sogar frei, in der Vereinbarung einen Mindeststandard an Quali-

---

208 vgl. dazu Pfaff, Lizenzverträge S.376 ff; Groß, Markenlizenzvertrag

209 Zur 6.GWB-Novelle, die am 1.1.1999 in Kraft trat, vgl. z.B. Bechtold, GWB (2.A) Einf. RN 14 ff; Vorsicht ist bei der Kommentierung von Fezer geboten, der trotz des Erscheinungsjahres 1999 seiner 2.Auflage weiterhin von § 34 GWB a.F. ausgeht, Fezer MarkenR § 30 RN 17. Zum Umfang des Erfordernisses, was im Hinblick auf Altfälle durchaus noch Relevanz entfalten kann, vgl. Ingerl/Rohnke § 30 RN 17.

210 z.B. bei gleichzeitiger Regelung eines Grundstückskaufs, § 313 BGB, etwa als Betriebsstätte bei Franchise-Verträgen

211 dazu Stumpf/Groß, LizenzV (7.A) RN 47 f

212 Dies überrascht (zum Vergleich mit anderen Rechtsornungen Stumpf MarkenR 2005, 425). Denn die Wirkungen für Dritte oder der Schutz gegen Löschung, wie ihn § 49 II MarkenG für die anderen Belastungen einer Marke vorsieht, sind insbesondere bei einer ausschließlichen Lizenz mindestens ebenso bedeutend wie bei anderen Verfügungen, vgl. Fezer MarkenR § 30 RN 18. Der lapidare Verweis des Gesetzgebers auf die Begründung zu § 15 III PatG, Dritte könnten sich über das Bestehen von Lizenzen erkundigen (Begründung zu § 30 MarkenG, BT-Drucks. 12/6581 S.87, welche sich auf BT-Drucks 10/5720 S.24, 23 bezieht), wirkt vor diesem Hintergrund selbstgefällig und wird der Sache in keiner Weise gerecht. Zumal nach § 30 IV PatG (§ 34 PatG a.F.) eine ausschließliche Lizenz an einem Patent gerade eingetragen werden kann.

213 zur Gestaltungsfreiheit oben, I., I.1.a.aa.(2).

214 Was sich jeweils hinter den Lizenzarten verbirgt, dazu oben FN 185, 187, 213.

tät festzuschreiben, § 30 II Nr.5 MarkenG, an den sich auch Dritte zu halten haben, welche die Lizenz vom Sicherungsnehmer erwerben wollen[215].

Es muß sich aber der Sicherungszweck in der Vertragsgestaltung niederschlagen. Dies kann in unterschiedlicher Weise realisiert werden. Einerseits kann die Lizenz dem Sicherungsnehmer sofort zustehen. In diesem Fall würde der Sicherungszweck durch eine Ausübungsbeschränkung im Innenverhältnis verwirklicht werden[216]. Andererseits kann die Lizenz auch aufschiebend bedingt eingeräumt werden, mit der Folge, daß dem Sicherungsnehmer erst im Sicherungsfall die Lizenz zustünde, § 158 I BGB. Der Sicherungsnehmer wäre demnach erst dann zur Ausübung der Lizenz berechtigt, wenn die Bedingung in Gestalt des Sicherungsfalls eingetreten ist. Der Nachteil dieser Variante liegt für den Sicherungsnehmer in der Verwertbarkeit. Denn solange Streit über das Vorliegen des Sicherungsfalls herrscht, kann der Sicherungsgeber das Vorgehen aus der Sicherheit verhindern. Dies bedeutet wegen des möglichen Wertverlusts der Sicherheit in der finanziellen Krise des Sicherungsgebers ein nicht unwesentliches Risiko. Entsprechende Probleme treten bei der anderen Gestaltungsvariante nicht auf[217].

4. Zusammenfassung

Auch Markenlizenzen können als Sicherungsmittel eingesetzt werden. Obgleich sie primär den Gebrauch des Zeichens durch den Lizenznehmer zum Ziel haben, eröffnen sie einem Sicherungsnehmer mit der Veräußerung und Vergabeberechtigung für Unterlizenzen Verwertungsmöglichkeiten, durch die der Zweck einer Sicherung erreicht werden kann. Einschränkungen bei den Verwertungsoptionen, wie sie die h.M. bei einfachen Lizenzen macht, sind nicht anzunehmen. Der Sicherungszweck des Geschäfts ist insofern für den Inhalt des Rechts bestimmend. Allerdings ist dem Interesse des Markeninhabers und Sicherungsgebers insoweit Rechnung zu tragen, als ihm die jeweiligen Erwerber der Lizenzen anzuzeigen sind und er berechtigte Bedenken äußern kann. Dadurch wird aber nicht die Verfügungsberechtigung des Sicherungsnehmers beeinträchtigt. Es handelt sich lediglich um Treuepflichten aus dem Sicherungsvertrag, deren Nichtbeachtung zu Ansprüchen aus Vertragsverletzung führen können[218]. Lediglich dort, wo der Markeninhaber darüber hinaus ein besonderes Interesse nachweisen kann, warum dem Sicherungsnehmer eine Verwertungalternative nicht zustehen soll und letzterem eine andere erfolgversprechende Möglichkeit bleibt, das Sicherungsziel zu erreichen, ist dieses Ergebnis zu relativieren.
Aus den üblichen Pflichten eines Lizenznehmers ergeben sich keine nennenswerten Schwierigkeiten.

215 Es handelt sich bei den Qualitätsvorgaben um Ausgestaltungen der Lizenz und nicht lediglich um obligatorische Verpflichtungen, was sich aus den markenrechtlichen Ansprüchen ergibt, die dem Lizenzgeber bei Verletzung der Klausel zustehen, § 30 II Nr.5 MarkenG.

216 Zur Vereinbarkeit dieser Variante mit dem Wesen der Lizenz als Gebrauchsrecht vgl.o. b.bb.

217 Hier bleibt der Sicherungsnehmer zur Verwertung befugt, hat aber das Risiko der unberechtigten Verwertung in Form von Schadensersatzverpflichtungen wegen Vertragsverletzung zu tragen, eingehend unten zu den Voraussetzungen bei der Verwertung Kapitel 7 A.II.1.

218 Unbenommen ist es den Parteien natürlich, die Lizenz anders auszugestalten und die Verfügungsberechtigung des Sicherungsnehmers zu beschneiden. Dies scheint aber vor dem Zweck einer Sicherung nicht angebracht.

Die Rechtsposition während der Sicherungszeitspanne ist durch § 30 V MarkenG zumindest insoweit geschützt, als selbst einfache Lizenzen Sukzessionsschutz genießen. Allerdings bleibt die Gefahr, daß die Lizenz bei Untergang der Marke erlischt. Insofern handelt es sich jedoch nicht um ein spezifisches Risiko. Dieselbe Gefahr besteht auch bei anderen Sicherungsrechten wie etwa dem Pfandrecht[219].

Bestellt wird die Sicherungslizenz durch einfachen, formfreien Vertrag. Die Lizenz bedarf zu ihrer Wirksamkeit auch nicht der Eintragung ins Markenregister. Im Gegenteil, erstaunlicherweise erlaubt das Gesetz nicht einmal die Registrierung. Dies erscheint nicht sachgerecht.
Bei der Gestaltung des Vertrages sind die Parteien weitestgehend frei und können die Lizenz, ihre Art, Dauer sowie territoriale und sachliche Geltung jeweils den eigenen Bedürfnissen anpassen. Auch bei der Umsetzung des Sicherungszwecks haben die Parteien unterschiedliche Möglichkeiten. Jedoch ermöglicht die unbedingte Bestellung der Lizenz eine im Zweifel schnellere Verwertbarkeit.

II. Der Nießbrauch an Marken

Aufgrund der generellen Belastbarkeit von Marken gemäß § 29 I Nr.1 MarkenG kommt als weiteres, zur Sicherung umfunktioniertes Nutzungsrecht der Nießbrauch in Betracht. Er ist an Rechten grundsätzlich möglich, § 1068 I BGB und setzt lediglich voraus, daß das zu belastende Recht übertragbar, § 1069 II BGB, und nutzbar ist[220]. Letzteres folgt aus dem Wesen des Nießbrauchs, da fehlende Nutzbarkeit den Nießbrauch inhaltlich ausschließen würde, §§ 1068 II, 1030 I BGB. Beide Voraussetzungen wurden bereits bejaht: Die Übertragbarkeit folgt aus § 27 I MarkenG[221], die Nutzungsmöglichkeiten wurden im Rahmen der Lizenz besprochen[222].

Um den Nießbrauch aber als Sicherungsrecht einsetzen zu können, ist erforderlich, daß der Sicherungsnehmer seine Berechtigung im Sicherungsfall in Geld ummünzen kann[223]. Sollte ihm dies möglich sein, interessiert fernerhin, wie der Nießbrauch gestaltet und als Sicherheit bestellt werden kann.

1. *Eignung als verwertbare Sicherheit*

Anders als bei der Lizenz kommt für eine Verwertung des Nießbrauchs seine Übertragung nicht in Frage. Sie ist zwingend per Gesetz ausgeschlossen, § 1059 S.1 BGB[224]. Folglich bleibt allein die Chance, Vorteile aus der Nutzungsüberlassung an Dritte zu ziehen. Darüber hinaus darf die Sicherungseignung nicht durch die Pflichten eines Nießbrauchers eingeschränkt werden und

---

219 Auf den Problemkreis wird aber noch bei den Regelungen für die Sicherungsphase ausführlich einzugehen sein , dazu unten Kapitel 6 B.I.

220 Vgl. Westermann (7.A) § 140 2. (S.963); Baur/Stürner (17.A) § 61 RN 2 ff

221 dazu oben A.I.

222 oben B.I.1.

223 vgl.o. B.I.

224 Daß § 1059 S.1 BGB nicht abbedungen werden kann, dazu statt aller Staud-Frank § 1059 RN 2; MüKo-Petzold § 1059 RN 2; Soergel-Stürner (13.A) § 1059 RN 1. Auch bietet § 1059c BGB keinen Ausweg, da sich die Norm lediglich für die Fälle des § 1059a BGB bezieht und folglich nicht einschlägig ist.

muß hinreichend Schutz bieten, um im Sicherungsfall einen lohnenden Verwertungserlös erwarten zu lassen.

a) *Möglichkeiten zur Verwertung durch den Sicherungsnehmer*

Indem sich der Nießbrauch grundsätzlich auf alle Nutzungen erstreckt, kommt sowohl der Zugriff auf bereits bei Abschluß des Nießbrauchs bestehende Nutzungsverträge in Frage, als auch die Vergabe weiterer Gebrauchsberechtigungen.

aa) Bestehende Nutzungsverträge mit Dritten

Der Nießbrauch umfaßt sämtliche Nutzungen, §§ 1068 II, 1030 I BGB, sofern die Parteien nichts anderes vereinbart haben, § 1030 II BGB. Dies hat zur Folge, daß neben den Gebrauchsvorteilen und Sachfrüchten auch die mittelbaren Rechtsfrüchte nach §§ 100, 99 III BGB erfaßt werden[225]. Zu ihnen zählen die Ansprüche auf Gegenleistungen für die Überlassung der Nutzung an Dritte[226]. Bei Nutzungsverträgen, die schon vor der Bestellung des Nießbrauchs abgeschlossen wurden, wurde dieser Zahlungsanspruch zwar bereits mit Abschluß des Nutzungsvertrags begründet. Er entsteht aber als wiederkehrende Forderung erst jeweils für den entsprechenden Nutzungszeitraum. Folglich stehen die nach Wirksamkeit des Nießbrauchs auflaufenden Ansprüche dem Nießbraucher zu. Schon insofern kann dieser also, je nach vorheriger Praxis des Markeninhabers, auf Geldansprüche zugreifen.

bb) Neue Gebrauchsüberlassungsverträge

Ob darüber hinaus ein Sicherungsnehmer selbst Nutzungsrechte vergeben darf, richtet sich wesentlich nach § 1059 BGB. Danach ist der Nießbrauch zwar nicht übertragbar, es kann aber die Ausübung Dritten überlassen werden. Dem Nießbraucher ist es gestattet, schuldrechtliche Nutzungsrechte einzuräumen[227]. Zur Vergabe dinglicher Positionen bleibt weiterhin der Inhaber des Vollrechts berechtigt[228]. Im Vergleich mit einer rein schuldrechtlichen Lizenz bietet das Überlassen der Ausübung eine stärkere Stellung. Denn der Dritte kann sowohl seine aus dem Nießbrauch abgeleitete Position den Ansprüchen des Markeninhabers entgegen halten, als auch mit Ermächtigung des Nießbrauchers gegen Dritte dessen markenrechtliche Ansprüche nach § 1065 BGB geltend machen[229]. Insofern ist die Stellung des Ausübungsberechtigten hinreichend stark, daß dies eine echte Alternative zu einer Lizenz darstellt. Allerdings ist zu vermuten, daß wegen der Dominanz der Lizenz bei gewerblichen Schutzrechten diese Konstruktion

---

225 vgl. nur Soergel-Stürner (13.A) § 1030 RN 9, 14 mwN; MüKo-Petzoldt § 1030 RN 25 mwN

226 vgl. nur MüKo-Petzold § 1030 RN 25

227 ganz herrschende Meinung vgl. nur BGHZ 55, 111 (115); Pal-Bassenge § 1059 RN 3; Soergel-Stümer (13.A) § 1059 RN 2; MüKo-Petzold § 1059 RN 4; Staud-Frank § 1059 RN 18 mwN; Westermann, SachR (7.A) § 140 3. iVm § 139 Nr.4, §121 V.2.; **a.A.** Enneccerus/Wolff/Raiser § 118 I FN 2; Wolf, E., SachR (2.A) § 12 A.IV.

228 Die nachträglich vergebenen dinglichen Rechte sind gegenüber dem Nießbraucher aber nur wirksam, wenn sie entweder keinen Einfluß auf den Nießbrauch haben oder der Nießbrauchsberechtigte zugestimmt hat, § 1071 I BGB.

229 Zum daraus resultierenden Wertungswiderspruch zu § 30 III MarkenG vgl. unten FN 252.

sich in der Praxis kaum durchsetzen wird[230]. Daher ist ein Sicherungsnehmer gut beraten, sich auch um die Berechtigung zur Vergabe von dinglichen Lizenzen zu bemühen.

Um dingliche Lizenzen vergeben zu können, benötigt der Nießbrauchsberechtigte eine gesonderte Ermächtigung nach § 185 I BGB[231]. Gleichzeitig bleibt der Markeninhaber aber zur Verfügung berechtigt, arg. ex § 137 BGB. Für den ermächtigten Nießbraucher ist dies indes unschädlich, da Verfügungen ihm gegenüber unwirksam sind. Dies folgt aus § 1071 I 1 BGB. Es bietet sich daher an, daß sich der Sicherungsnehmer bei Bestellung eines Nießbrauchs eine unwiderrufliche Ermächtigung zur Vergabe dinglicher Lizenzen einräumen läßt.

Um die Interessen des Markeninhabers und Sicherungsgebers zu wahren, wird auch hier, entsprechend zur Lizenz, eine Pflicht des Sicherungsnehmers anzunehmen sein, wonach er die potentiellen Erwerber zuerst dem Sicherungsgeber zu eröffnen und dessen Äußerung abzuwarten hat, bevor er das Gebrauchsrecht vergibt[232].

cc) Ergebnis

Auch der Nießbrauch kann als Sicherheit eingesetzt werden. Eine Befriedigung ist einerseits über die künftig entstehenden Gegenleistungsansprüche der bereits vor Wirksamkeit des Nießbrauchs eingeräumten Nutzungsverträge möglich. Andererseits können weitere Gebrauchsberechtigungen in Form von Ausübungsrechten vergeben werden. Um aber den Anforderungen der Praxis zu genügen, erscheint es ratsam, daß sich der Sicherungsnehmer zusätzlich die Ermächtigung zur Vergabe dinglicher Lizenzen einräumen läßt. Aufgrund von Treuepflichten aus dem Sicherungsverhältnis hat der Sicherungsnehmer die Erwerber aber dem Sicherungsgeber vorher bekannt zu geben und dessen Bedenken abzuwarten.

b) Einschränkungen durch die Pflichten des Nießbrauchers

Auch beim Nießbrauch ist zu überlegen, inwieweit die Pflichten des Berechtigten die Eignung des Rechts als Sicherungsmittel beeinträchtigen. Pflichten, die dies in Frage stellen könnten, sind die Aufträge, einerseits den Nießbrauchsgegenstand ordnungsgemäß zu bewirtschaften, § 1036 II BGB, andererseits für die Erhaltung der belasteten Position im Rahmen des Zumutbaren Sorge zu tragen, § 1041 S.1 BGB[233].

230 Ob dies sachgerecht ist, kann in Frage gestellt werden. Trotzdem ist zu vermuten, daß Dritte auf Lizenzen zurückgreifen wollen, sei es um sich auf gewohntem und damit vermeintlich sicheren Terrain zu bewegen, sei es der Einfachheit oder sonstiger Gründe halber.

231 Westermann, SachR (7.A) § 121 III.3.;MüKo-Petzold Vor § 1030 RN 4 mwN; Soergel-Stürner (13.A) § 1030 RN 19 mwN; Staud-Frank vor § 1030 RN 21; Pal Bassenge § 1030 RN 8. Von der herrschenden Meinung abgelehnt wird die direkte Erweiterung des Nießbrauchs auf Verfügungsgeschäfte, sog. Dispositionsnießbrauch. Zurecht wird darauf hingewiesen, daß er weder mit dem numerus clausus der Sachenrechte vereinbar sei, noch auf diese Weise die gesetzlich vorgesehenen Verfügungsmöglichkeiten beim Nießbrauch ausgedehnt werden dürften, vgl. MüKo-Petzold Vor § 1030 RN 4 mwN; Soergel-Stürner (13.A) § 1030 RN 19 mwN; Staud-Frank vor § 1030 RN 20; Pal Bassenge § 1030 RN 8; Westermann, SachR (7.A) § 121 III.3.; **a.A.** Schön (1992) S.292 ff; Friedrich NJW 1996, 32 (32 f).

232 vgl. dazu die Ausführungen bei der Lizenz, oben I.3.b.

233 Nicht scheitern wird es an dem regelmäßig für einen Nießbrauch gezahlten Entgelt. Denn eine entsprechende Verpflichtung folgt nicht aus dem Nießbrauchsrecht selbst, sondern ist Teil des kausalen Verpflich-

Bei der Pflicht zur ordnungsgemäßen Bewirtschaftung nach § 1036 II BGB wird zwar regelmäßig der übermäßige Gebrauch das Problem bilden. Da der Zweck der Norm aber in der Bewahrung des belasteten Gegenstands zu sehen ist, umfaßt sie auch das Verbot einer zu geringen Nutzung, sollte der Gegenstand dadurch Schaden leiden[234]. Ergänzend führt § 1041 S.1 BGB aus, daß der Nießbraucher in der Weise für den Erhalt des belasteten Guts zu sorgen hat, daß Beeinträchtigungen vermieden werden bzw. zu beseitigen sind, es sei denn sie rühren von der Nutzung selbst her. Beim Nießbrauch an Marken kann dies insofern relevant werden, als der Wert einer Marke unter anderem auf ihrer Bekanntheit im Verkehr beruht. Die Bekanntheit ist aber nur über eine regelmäßige Benutzung zu erreichen. Zudem hängt selbst der Bestand des Markenrechts von der Benutzung ab. Dies gilt sowohl für eingetragene Zeichen, § 49 MarkenG, als auch für Marken kraft entsprechender Bekanntheit im Verkehr[235].
Folglich fordert der Nießbrauch eine Mindestnutzung, die einerseits das Markenrecht nicht untergehen bzw. löschungsreif werden läßt, andererseits den Werterhalt der Marke sicherstellt. Während der Sicherungsphase wird dies kaum zu einem Problem führen, da der Sicherungsgeber selbst an der Nutzung interessiert sein wird und ihm dieses Recht auch zuzubilligen ist[236]. Die Frage stellt sich daher erst ab Eintritt des Sicherungsfalls. Doch wird sich hier kaum eine bestimmte Nutzungsintensität festlegen lassen. Schließlich obliegt es nun grundsätzlich dem Nießbraucher, über den Umfang der Nutzung zu entscheiden. Die seither bestehende Bekanntheit der Marke wird nur einen Anhaltspunkt für den Erhalt im Sinne des § 1041 BGB liefern können. Im Ergebnis kann daher zwar eine Benutzungspflicht für den Nießbraucher bestehen. Sie wird aber bei Sicherungsgeschäften nicht in der Lage sein, die Eignung als Sicherungsmittel auszuschließen[237].

c) *Schutz der Rechtsstellung des Nießbrauchers*

Die Position des Nießbrauchers genießt auch während der Sicherungsphase den für ein Sicherungsrecht erforderlichen Schutz. Denn einerseits bewahrt § 1071 BGB den Nießbrauch vor beeinträchtigenden Verfügungen des Rechtsinhabers durch deren relative Unwirksamkeit. Andererseits wird dem Nießbrauch derselbe Schutz zuteil, wie ihn das belastete Recht genießt, § 1065 BGB. Folglich stehen dem Nießbraucher markenrechtliche Ansprüche gegenüber jeder-

---

tungsgeschäfts. Causa für den Nießbrauch sicherungshalber ist aber der Sicherungsvertrag, welcher die Gegenleistung für das Nutzungsrecht in der Zahlungsverzögerung bei der gesicherten Forderung sieht. Ebenso bleiben sonstige Pflichten des Nießbrauchers wie Lastentragung, § 1047 BGB, und Aufkommen für Verwendungen, arg.ex § 1049 BGB für die Eignung als Sicherungsrecht ohne Bedeutung.

234 Vgl. Soergel-Stürner (13.A) § 1036 RN 3; MüKo-Petzold § 1036 RN 7

235 Denn die Verkehrsbekanntheit speist sich wesentlich von der Präsens am Markt. Doch handelt es sich hier um ein nahezu theoretisches Problem, da sich einerseits selbst bei Nichtgebrauch die Bekanntheit nicht umgehend verflüchtigt, andererseits in diesen Sphären großes Interesse am Gebrauch des Zeichens besteht, sei es durch den Inhaber selbst oder durch Dritte.

236 Dies folgt aus dem Zweck einer Sicherung, die erst ab dem Sicherungsfall in Erscheinung treten möchte; näher dazu unten Kapitel 6 A.I.

237 Ohnehin verbleibt die Möglichkeit, dem Sicherungsgeber daneben die Nutzung zu gestatten. Dies wird sowieso vielfach das Motiv sein, warum man sich überhaupt für eine Sicherungsvariante mittels Nutzungsrecht entscheiden wird.

mann zu, sollte das Recht in Mitleidenschaft gezogen werden. Damit gewährt der Nießbrauch sogar einen größeren Schutz als dingliche Lizenzen[238]. Auch vermag der Nießbrauch seinen Berechtigten in der Insolvenz des Vertragspartners zu schützen, kann er weder von ihm noch einer an seine Stelle tretenden Person einseitig beendet werden[239].

2. *Gegenstand, Bestellung und Gestaltungsmöglichkeiten des Nießbrauchs*

a) *Mit dem Nießbrauch belastbare Positionen*

Möglich ist der Nießbrauch an sämtlichen Markenrechten, unabhängig vom Entstehungstatbestand. Dies folgt aus den §§ 29 I Nr.1, 27 I MarkenG, wonach sämtliche Marken belast- und übertragbar ausgestaltet wurden. Gleiches gilt für die Markenanwartschaft, auf welche die Normen gemäß § 31 MarkenG entsprechend anwendbar sind. Für die Belastung künftiger Marken gelten dieselben Anforderungen wie bei anderen Verfügungsgeschäften[240].

b) *Bestellung des Nießbrauchs*

Begründet wird der Nießbrauch nach denselben Regeln, nach denen eine Übertragung erfolgt, § 1069 I BGB. Demnach bedarf es lediglich einer Einigung der Parteien, zusätzliche Erfordernisse wie das Einhalten einer bestimmten Form oder die Eintragung ins Markenregister sind nicht vonnöten[241]. Letzteres ergibt sich zudem aus § 29 II MarkenG, der die Aufnahme in das Register in das Belieben der Parteien stellt. Die Belastung lediglich eines Markenteils scheitert - wie die Verpfändung - an der Einheitlichkeit der Marke. Aber auch hier ist es den Parteien unbenommen, Marken zu teilen und den Nießbrauch am abgespaltenen Part zu bestellen. Dies führt aber, wie bereits mehrfach erwähnt, zu erheblichen zusätzlichen Belastungen beim Sicherungsgeber, wenn dieser abredegemäß die gesicherten Forderungen bedient. Sie lassen ein solches Vorgehen nicht ratsam erscheinen. Ohnehin ist eine derartige Konstruktion nicht erforderlich, weil der Nießbrauch inhaltlich eingeschränkt werden kann[242].

c) *Gestaltung des Nießbrauchs*

Vom an sich sämtliche Nutzungsmöglichkeiten des belasteten Rechts umfassenden Nießbrauch können einzelne Nutzungen ausgeschlossen werden, § 1030 II BGB. Eine positive Bestimmung der erfaßten Nutzungen darf dagegen nicht erfolgen. Dies erklärt sich aus der Abgrenzung zur

---

238 Diese Rechtsfolge verwundert, weil selbst bei ausschließlichen Lizenzen der Lizenznehmer seine markenrechtlichen Ansprüche nur mit Zustimmung des Markeninhabers geltend machen kann, § 30 III MarkenG. Doch scheidet eine analoge Anwendung der Norm auf den Nießbrauch wegen ihres speziellen Charakters aus. Außerdem würde man sonst den dem numerus clausus der Sachenrechte unterfallenden Nießbrauch inhaltlich abändern. Daher haben die Parteien diesen Unterschied bei der Wahl der Nutzungsberechtigung zu berücksichtigen.

239 Zu den Beendungsgründen vgl. Westermann (7.A) § 140, 3.; § 139, 2. (S.964, 962); Schön (1992), S. 236 ff

240 vgl. dazu oben A.I.1.c. und A.II.1.b.

241 vgl. dazu oben A.I.2.c.

242 dazu sogleich unter c.

beschränkt persönlichen Dienstbarkeit, obgleich diese lediglich bei Grundstücken möglich ist[243]. Deshalb nimmt die wohl noch herrschende Meinung an, dass der negative Ausschluß von Nutzungen auch nicht in der Weise erfolgen darf, daß letztendlich doch nur einzelne Nutzungsarten übrig bleiben[244]. Jedoch gewinnt in jüngerer Zeit eine gegenteilige Ansicht immer mehr Anhänger, die eine Einschränkung bis auf einzelne Nutzungsarten für zulässig erachtet[245].
Einschränkungen nach § 1030 II BGB sind sowohl qualitativ wie auch quantitativ möglich[246]. Demnach ist es zulässig, den Gebrauch sowohl hinsichtlich der Waren und Dienstleistungen wie auch territorial oder der Nutzungsintensität nach zu begrenzen. Es bleibt den Parteien daher ein erheblicher Gestaltungsspielraum, der es ihnen erlaubt, das Recht auf ihre Zwecke hin anzupassen.

Um den Nießbrauch sicherungshalber zu vereinbaren, bieten sich dieselben Möglichkeiten wie bei der Lizenz. Auch hier kann das Vollrecht einerseits ganz und zu treuen Händen übertragen werden, andererseits aufschiebend bedingt nach § 158 I BGB. Entsprechend bestehen die Schwierigkeiten bei der Verwertungsreife[247].

3. *Zusammenfassung*

Auch die Sicherung durch einen Nießbrauch an Marken ist möglich. Denn neben dem für einen Sicherungsnehmer uninteressanten Eigengebrauch erlaubt er sowohl den Zugriff auf Geldansprüche aus Nutzungsüberlassungen, die von Verträgen vor Abschluß des Nießbrauchs herrühren, als auch die Vergabe neuer Gebrauchsberechtigungen an Dritte. Letztere können als Ausübungsberechtigungen gem. § 1059 S.2 BGB vergeben werden. Diese bestehen zwar nur obligatorisch, können aber durch entsprechende Ermächtigungen des Nießbrauchers verdinglicht ausgestattet werden. Trotzdem ist einem Sicherungsnehmer zu empfehlen, sich neben dem Nießbrauch die Ermächtigung zur Vergabe dinglicher Lizenzen einräumen zu lassen. Denn es ist zu erwarten, daß sich in der Praxis einfacher Interessenten für Lizenzen finden lassen als für das ungebräuchlichere Ausübungsrecht.
Pflichten eines Nießbrauchers, welche der Eignung als Sicherheit entgegenstehen könnten, sind nicht vorhanden. Zwar ist auf den Erhalt der Marke zu achten. Dies läßt aber keine Schwierigkeiten erwarten, weil der Sicherungsgeber selbst an der weiteren Nutzung der Marke interessiert ist. Auch bietet der Nießbrauch einen hinreichende Position, die im Sicherungsfall eine Verwertbarkeit und die Befriedigung der gesicherten Forderungen erwarten läßt.

Nießbrauchsfähig sind sämtliche Markenrechte inklusive der Markenanwartschaft. Sie werden jeweils durch einfache Einigung belastet, zu deren Wirksamkeit weder eine bestimmte Form noch die Eintragung im Markenregister erforderlich ist. Auch können die Parteien über § 1030 II

243 Denn aufgrund eines einheitlichen Verständnisses des Nießbrauchs müssen die Einschränkungen grundsätzlich gelten, vgl. dazu Schön (1992) S.296 ff
244 Dies würde ansonsten eine Umgehung der Norm bedeuten, MüKo-Petzold § 1030 RN 30 mwN.
245 Soergel-Stürner (13.A) § 1030 RN 10; Staudinger-Frank (2002) § 1030 RN 55,; sich ihm anschließend Berger GRUR 2004, 20 (23).
246 Soergel-Stürner (13.A) § 1030 RN 10
247 vgl. daher die Ausführungen zur Lizenz, oben I.3.b.

BGB inhaltliche Gestaltungen in Form eines Ausschlusses einzelner Nutzungsarten vornehmen. Dies gestattet eine beachtliche Bandbreite an Möglichkeiten, die den Zuschnitt auf die jeweiligen Belange der Parteien erlaubt.

III. Pfandrecht an Nutzungsrechten

Neben der Möglichkeit, dem Sicherungsnehmer Nutzungsrechte fiduziarisch oder bedingt einzuräumen, kommt grundsätzlich auch ihre Verpfändung in Betracht. Auch dieser Weg würde bei Pfandreife über die Veräußerung oder die Vergabe von Nutzungsrechten die Befriedigung der gesicherten Forderungen erwarten lassen. Vorab ist aber zu klären, inwieweit die einzelnen Nutzungsrechte überhaupt verpfändbar sind und ob sich der Inhaber einer Marke selbst ein Nutzungsrecht einräumen kann, welches er sodann verpfändet. Sollte lediglich die zweite Frage zu verneinen sein, so wäre zwar dem Markeninhaber diese Sicherheit versagt. Jedoch käme die Variante für Nutzungberechtigte in Betracht, die ihrerseits ihre Berechtigung als Sicherheit nutzen wollen[248].

1. Verpfändung von Nutzungsrechten

Die Verpfändung eines Rechts setzt dessen Übertragbarkeit voraus, § 1274 II BGB. Wie an anderer Stelle festgestellt, fehlt dem Nießbrauch diese Eigenschaft[249]. Er ist rein persönlich ausgestaltet, §§ 1068 II, 1059, S.1 BGB, und scheidet somit als Pfandrechtsgegenstand aus. Hingegen können die Parteien aufgrund ihrer Gestaltungshoheit eine Lizenz übertragbar ausgestalten[250]. Diese Option muß sich aber dem Lizenzvertrag ausdrücklich oder konkludent entnehmen lassen. Man wird eine entsprechende Ausgestaltung nur dann annehmen können, wenn es dem Lizenzgeber nicht darauf ankommt, wem das Gebrauchsrecht zusteht. Entgegen der herrschenden Meinung[251] ist dies nicht einmal zwingend bei ausschließlichen Lizenzen anzunehmen[252]. Es wird immer eine Prüfung im Einzelfall erforderlich sein. Wenn aber die Lizenz nachweislich zu dem Zweck bestellt wurde, verpfändet zu werden, lassen sich dieselben Argumente wie bei der Sicherungslizenz anführen[253].

2. Nutzungsrecht an eigener Marke

Um als Markeninhaber eine Lizenz an der eigenen Marke verpfänden zu können, müßte sich der Vollrechtsinhaber selbst ein Gebrauchsrecht an seinem Zeichen einräumen können. Daß dieser Gedanke einer Belastung zu eigenen Gunsten nicht allgemein der Vorstellung des Gesetzge-

248 Dieser Aspekt soll hier aber nicht weiter vertieft werden. Ohnehin ist zu erwarten, daß auftauchende Fragen, wie die Berechtigung des Lizenznehmers, sein Recht zu verpfänden und zu übertragen, auf Basis der sonstigen Ausführungen gelöst werden können. Er soll daher lediglich als Anregung verstanden werden, auch diese Richtung im Blick zu behalten.

249 Oben II.1.a.

250 s.o. I.1.a.

251 Vgl. zur herrschenden Meinung oben I.1.a.aa.(1).

252 zu den Argumenten vgl.o.I.1.a.aa.(2).(b).

253 dazu o. I.1.a.aa.(2).(d).

bers widerspricht, zeigt ein Blick auf die Grundpfandrechte. Sie erlauben in den §§ 1177 II, 1196 BGB durchaus Sicherungsrechte an eigenen Vermögenspositionen. Auch finden sich weder im Markenrecht noch bei den für Lizenzen geltenden Bestimmungen diesem Gedanken zwingend entgegenstehede Regelungen. Im Gegenteil kennzeichnet das Lizenzrecht eine größtmögliche Gestaltungsfreiheit. Sie spricht wesentlich für die Zulässigkeit einer Eigenlizenz.
Auf der anderen Seite besteht aber der Sinn und Zweck einer Lizenz in der Gebrauchsüberlassung. Dieser wird bei einer Eigenlizenz praktisch ad absurdum geführt. Denn der Inhaber ist bereits aus seinem Recht zum Gebrauch der Marke ermächtigt. Eine Lizenz würde ihm dieses Recht, insbesondere bei einer einfachen Lizenz, erneut einräumen. Zwar stellt die doppelte Berechtigung für sich keinen Umstand dar, der so ungewöhnlich wäre, daß aus ihm heraus die Eigenlizenz abzulehnen ist. Doch ist der Vertrag damit darauf angelegt, daß sein eigentliches Ziel nicht erreicht wird. Der Markeninhaber beabsichtigt lediglich den in einer Lizenz verkörperten Wert zu verselbständigen und als Vermögensgegenstand zu gebrauchen. Auch vermag das Bejahen der Sicherungslizenz die Zulässigkeit einer Eigenlizenz nicht zu begründen. Zwar will auch dort der Lizenznehmer das Zeichen nicht für sich gebrauchen. Doch nutzt der Lizenznehmer zumindest andere Eigenschaften, die in der Lizenz enthalten sind, wie das Vergaberecht für Unterlizenzen oder die Veräußerlichkeit. Anders als bei den Grundpfandrechten ist die Eigenlizenz auch nicht aus besonderen Gründen angezeigt. Bei Pfandrechten gilt das Rangprinzip, welches einzelnen Grundschuldgläubigern unterschiedliche Chancen auf die Befriedigung aus der Sicherheit gibt. Der Eigentümer soll die Möglichkeit haben, zuerst die schlechteren Sicherungsrechte einsetzen zu können, um dadurch den Wert des Grundstücks besser auszunutzen[254]. Bei Lizenzen ist ein vergleichbarer Grund für die Eigenbelastung nicht vorhanden. Weiterhin fehlt es an einem praktischen Bedürfnis für eine derartige Option, da der Markeninhaber die Lizenz gleich als Sicherheit vergeben kann. Schließlich ist die Eigenlizenz nicht zuletzt auch deshalb zu vermeiden, weil sie in Form eines Eigengeschäfts ein erhöhtes Mißbrauchsrisiko in sich birgt. Im Ergebnis ist daher die Zulässigkeit einer Eigenlizenz abzulehnen, weshalb die Verpfändung eines Nutzungsrechts durch den Vollrechtsinhaber scheitern muß.

3. Zusammenfassung

Die Verpfändung eines Nutzungsrechts durch den Markeninhaber kommt als Sicherungsalternative nicht in Betracht. Einerseits scheitert die Verpfändung eines Nießbrauchs bereits an dessen fehlender Übertragbarkeit. Andererseits ist, obgleich kein unmittelbarer Verstoß gegen gesetzliche Normen vorliegt, die Eigenlizenz als unzulässig abzulehnen. Sie führt den Zweck einer Lizenz ad absurdum.

Damit ist aber nicht allgemein die Verpfändung von Nutzungsrechten ausgeschlossen. Denn Lizenznehmer, die nicht gleichzeitig Inhaber des Vollrechts sind, können durchaus in der Lage sein, ihr Gebrauchsrecht zu verpfänden. Hier muß aber im Einzelfall geprüft werden, inwieweit die Lizenz übertragen werden kann. Die Entscheidung gemäß der herrschenden Meinung allein

254 vgl. Staud-Wolfsteiner § 1196 RN 2 mit Verweis auf die Motive des Gesetzgeber; MüKo-Eickmann § 1196 RN 1

nach der Art der Lizenz wird nicht genügen[255]. Obgleich die Frage hier nicht vertieft werden soll, ist doch zu erwarten, daß mit den Ausführungen zur Sicherungslizenz hinreichend Anhaltspunkte für eine Lösung vorhanden sind.

IV. Sicherheit am Erlös aus Nutzungsverträgen

Neben der Möglichkeit, Nutzungsrechte als solches zur Sicherung zu verwenden, kommt daneben die Variante in Betracht, daß dem Sicherungsnehmer von vornherein nur die ihn interessierenden[256] Erlöse aus den Gebrauchsüberlassungen übertragen werden.

Der unmittelbare Zugriff auf derlei Forderungen wird Kreditgebern als Sicherungsnehmern eventuell sogar eher in den Sinn kommen, als sich ein Nutzungsrecht an der Marke bestellen zu lassen. Schließlich handelt es sich um auf Geld lautende Forderungen, welche seit langem und in den unterschiedlichsten Konstellationen für die Kreditsicherung eingesetzt werden. Dementsprechend ist ein umfangreiches Know-how im Umgang mit derartigen Sicherheiten vorhanden, sowohl auf der rechtlichen Seite wie der Bestellung, Verwaltung und Verwertung, wie auf der wirtschaftlichen, was beispielsweise das Risikomanagement oder den Markt für die Verwertung der Forderungen anbetrifft. Folglich bietet diese Art der Sicherung, die nur indirekt auf der Marke beruht, nicht unerhebliche praktische und ökonomische Vorteile. Insofern ist nicht nur der Vollständigkeit halber zu untersuchen, wie es sich mit der Sicherung durch die bloße Übertragung der aus Nutzungsvereinbarungen stammenden Gegenleistungsansprüche verhält.

Diese Ansprüche aus Gebrauchsüberlassungsverträgen sind - wie gesehen - als mittelbare Rechtsfrüchte nach §§ 100, 99 III BGB grundsätzlich von sicherungshalber begründeten Nutzungsrechten umfaßt und stellen einen Teil des Verwertungsrepertoires dar. Darüber hinaus bietet ein Nutzungsrecht aber noch weitere Möglichkeiten und bietet ein Mehr an Sicherungsleistung. Dies bleibt bei der Wahl des Sicherungsmittels zu berücksichtigen.

1. Gegenstand und Bestellung der Sicherheit

a) Mögliche Gegenstände der Sicherheit

Grundlage für die Sicherheit sind Nutzungsverträge des Markeninhabers mit Dritten, aus denen übertragbare Ansprüche auf eine Gegenleistung in Geld erwachsen. Als Nutzungsvertrag kommt bei gewerblichen Schutzrechten vor allem die Lizenz in Betracht. Daneben sind entsprechende Ansprüche aber auch aus einem Nießbrauch[257] oder einer Rechtspacht , § 581 BGB[258], möglich. Letztere wird sich aber in der Praxis selten finden, da auch Lizenzen rein schuldrechtlich ausgestaltet werden können. Die dabei bestehende Bandbreite an Gestaltungsmöglichkeiten, die im Gegensatz zur Rechtspacht kaum zwingende Vorgaben kennt, und die größere Vertrautheit der Verkehrskreise mit der Lizenz wird die Beteiligten eher auf sie zurückgreifen lassen.

---

255 ausführlich dazu oben I.1.a.aa.(2)

256 zum Interesse des Sicherungsnehmers bei Sicherheiten mittels Nutzungsrechten vgl. oben I.1.a. und II.1.a.

257 vgl. dazu oben II.2.a.

258 vgl. nur Jauernig-Teichmann § 581 RN 2; Fezer MarkenR § 27 RN 48.

Nach einhelliger Meinung[259] können auch Forderungen erst künftiger Verträge zum Gegenstand der Vereinbarung gemacht werden. Voraussetzung ist allerdings, daß im Entstehungszeitpunkt eindeutig festzustellen ist, welche Forderungen von der Abtretung umfaßt sind. Daß das künftige Rechtsverhältnis, aus welchem die abzutretende Forderung entstammen soll, bereits besteht oder zumindest in seinen Grundzügen angelegt sein muß, ist nicht erforderlich[260]. Folglich können auch aus mutmaßlich zu erwartenden Nutzungsvereinbarungen die Gegenleistungsansprüche antizipiert abgetreten werden.

b) Bestellung der Sicherheit

Die Ansprüche werden gemäß der allgemeinen Regeln abgetreten, §§ 398 ff BGB. Besondere Schwierigkeiten bestehen nicht. Es ist lediglich zu beachten, daß die Schuldnerschutzvorschriften der §§ 404 ff BGB gelten. Dagegen bleibt es regelmäßig ohne Bedeutung, wenn die Parteien des Nutzungsvertrags gem. § 399 S.2 BGB die Abtretbarkeit mit einem pactum de non cetendo ausgeschlossen haben sollten. Zwar wird man darin kein Verleiten zum Vertragsbruch sehen können, welches die Unwirksamkeit nach § 138 BGB nach sich ziehen würde. Hierfür müßte sich die Abtretung der Ansprüche aus Nutzungsverträgen als Finanzierungsform im Verkehr durchgesetzt haben und als üblich gelten.[261]. Doch wird es sich bei den Nutzungsverträgen in quasi allen Fällen um Handelsgeschäfte handeln, so daß § 354a S.1 HGB die Übertragung des Rechts gleichwohl zuläßt[262].

2. Tauglichkeit und zu erwartende Schwierigkeiten

Die grundsätzliche Eignung der Ansprüche als Sicherheit steht außer Frage. Forderungen auf Zahlung bestimmter Geldbeträge werden seit jeher als Sicherungsmittel eingesetzt. Insofern ist auch das Instrumentarium für die Gestaltungsvarianten hinlänglich bekannt[263]. Die Schwierigkeiten treten an anderer Stelle auf.

---

259 Vgl. Lwowski, KredSichR (8.A) RN 705; Staud-Busche § 398 RN 63 mwN; Soergel-Zeiss § 398 RN 7 mwN

260 Staud-Busche § 398 RN 63; MüKo-Roth § 398 RN 75; Soergel-Zeiss § 398 RN 7 mwN

261 Aber selbst dann geht die überwiegende Meinung grundsätzlich davon aus, daß weder ein Verstoß gegen die guten Sitten noch, wenn der Abtretungsausschluß im Rahmen von AGB vereinbar wurde, gegen § 9 AGBG (§ 307 BGB n.F.) vorliegt, BGHZ 110, 241 (243 ff) mwN; ZIP 1997, 1072 (1074); Staud-Busche § 399 RN 56 mwN; Hadding/van Look WM Beil. 7/88 S.7 ff. Lediglich wenn das Interesse des Gläubigers an der Abtretbarkeit der Forderung überwiegt, soll die Übertragung trotzdem möglich sein. Regelmäßig reicht aber bereits das Schuldnerinteresse, seine Vertragspartner übersichtlich zu halten, für die Rechtfertigung eines pactum de non cedendo aus, Staud-Busche § 399 RN 56 mwN; Hadding/van Look WM Beil. 7/88 S.9 ff; **a.A.** insb. Baukelmann, in: FS Brandner (1996), 185 (201 ff).

262 Der Schuldner hat aber nach § 354a S.2 das Recht, weiterhin an den Markeninhaber zu leisten. Dieses Recht soll ihm aber nur zustehen, wenn er trotz Kenntnis von der Zession ein berechtigtes Interesse daran hat, weiter an den Altgläubiger zu leisten. Andernfalls soll er nach § 242 BGB verpflichtet sein, an den Zessionar zu zahlen, vgl. Canaris HandelsR (23.A) § 28 RN 13; K.Schmidt NJW 1999, 400 (401); Saar ZIP 1999, 988 (994); **a.A.**: Derleder BB 1999, 1561 (1565 f), der eine teleologische Reduktion annimmt. Ohnehin wirft die Norm mancherlei Fragen auf, vgl. K.Schmidt NJW 1999, 400, Saar ZIP 1999, 988; Canaris HandelsR (23.A) § 28 RN 5 ff.

263 Vgl. zu den Stichworten wie stille, offene Zession, Einziehungsermächtigung Lwowski KredSichR (8.A) RN 747 ff; BankRHdB-Ganter § 96 RN 72 ff; Bülow KredSichR (5.A) RN 1229 ff.

Der Sicherungsnehmer hat durch die Abtretung allein der Ansprüche auf die Gegenleistung aus Nutzungsverträgen grundsätzlich keine Einwirkungsmöglichkeit auf deren Bestand, Anzahl und Umfang. Ob die Geschäfte abgeschlossen werden, worauf sie sich beziehen und welchen Umfang die Gegenleistung hat bleibt allein Sache des Markeninhabers. Lediglich bei der Auflösung und Änderung hat der Sicherungsnehmer unter Umständen ein Mitspracherecht, §§ 1276 I, II, 1283 I, 1284 BGB. Dies ist einerseits ein Vorteil der Sicherheit, da dem Markeninhaber die unternehmerischen Entscheidungen belassen bleiben und er weiterhin seine Ziele, Pläne und Strategie verwirklichen kann, dem Sicherungsnehmer dagegen ausschließlich die Ansprüche zustehen, auf die es ihm ankommt. Andererseits birgt dies für den Sicherungsnehmer erhebliche Gefahren. So genießt er bei bereits entstandenen Gegenleistungsansprüchen zwar den Schutz der § 1281 und § 1276 BGB, wonach einerseits die Lizenzgebühren nur an Sicherungsgeber und -nehmer gemeinschaftlich geleistet werden können, andererseits Handlungen, die sich auf das Pfandrecht auswirken, der Zustimmung des Pfandgläubigers bedürfen. Doch hat er insbesondere keine Handhabe hinsichtlich der erst durch künftigen Gebrauch entstehenden Gegenleistungsansprüche. Hier vermag ihn § 1276 BGB nicht zu schützen, der ein existierendes Pfandrecht voraussetzt[264]. Die Parteien könnten gegen daraus erwachsende Gefahren zwar Vorkehrungen vereinbaren. Diese wären aufgrund ihrer schuldrechtlichen Natur aber nur bedingt geeignet, für mehr Sicherheit zu sorgen. Der Sicherungsnehmer bliebe letztendlich auf Ansprüche wegen Vertragsverletzungen beschränkt, welche im Falle einer Insolvenz lediglich mit der Insolvenzquote abgespeist würden[265]. Trotzdem kann in einzelnen Konstellationen die Abtretung der Ansprüche als Sicherheit ausreichend erscheinen[266].

3. *Zusammenfassung*

Als indirekt auf Marken beruhende Sicherheit können auch die auf Geld lautenden Gegenansprüche aus Lizenz-, Nießbrauchs- und Pachtverträgen abgetreten werden. Insofern kann umfassend auf die Erfahrungen mit sonstigen Sicherungsabtretungen verwiesen werden. Dies gilt auch hinsichtlich der Übertragung erst künftiger Forderungen.

Die Sicherheit beinhaltet aber das Risiko, daß der Sicherungsnehmer nur Schutz genießt, soweit Gebühren- bzw. Zinsansprüche bereits aufgelaufen sind. Bei den erst künftigen Entgelten für zukünftige Gebrauchsvorteile hat der Sicherungsnehmer keinerlei Handhabe und somit auch

264 Ansonsten würde der Grundsatz ausgehebelt, daß ein Pfandrecht nicht an künftigen Rechten bestellt werden kann, würde man die Wirkungen eines Pfands vorziehen; im Ergebnis ebenso, allerdings für Mietverträge Soergel-Mühl § 1276 RN 1.

265 Die Unsicherheit führt sogar soweit, daß der Sicherheit insgesamt die Insolvenzfestigkeit fehlt. Denn als Dauerschuldverhältnis fällt der Lizenzvertrag unter § 103 InsO, mit der Folge daß der Lizenzvertrag in der Insolvenz mit an Sicherheit grenzender Wahrscheinlichkeit keinen weiteren Bestand hat und damit der Entstehungsgrund für die Sicherheit fortfällt, ohne daß der Sicherungsnehmer hierauf einwirken könnte oder ein Ersatz zustände. Eingehend dazu unten Kapitel 7 B.II.5.

266 Denn das Risiko mag im Einzelfall anders zu beurteilen sein, insbesondere wenn anhand der vorhanden Verträge und der weiteren Geschäftsstrategie des Markeninhabers ein Ausfall mit der Sicherheit unwahrscheinlich erscheint. Dies wäre z.B. der Fall, wenn der Markengebrauch wesentlich auf der Vergabe von Lizenzen beruht. Weil der Bestand der Sicherheit aber rechtlich nicht hinreichend garantiert werden kann, bleibt es letztendlich ein Wagnis und muß von einer betriebswirtschaftliche Entscheidung getragen werden.

keine Gewähr für den Bestand der Sicherheit. Dies mag lediglich in einzelnen Fällen ein hinnehmbares Risiko sein.

C. Resümee

Wenngleich man geneigt sein dürfte, sich bei der Wahl eines Sicherungsrechts an Marken vorschnell auf die Sicherungsübertragung festzulegen, so lassen sich bei eingehender Betrachtung durchaus echte Alternativen feststellen.

Die Sicherungsübertragung wird wohl auch bei Marken zunächst die erste Adresse bleiben, bietet sie für den Sicherungsnehmer den Vorteil, durch den Zugriff auf das Vollrecht sowohl die umfangreichste Position als auch die besten Verwertungschancen zu bieten. Doch bereits hier zeigt ein Vergleich mit dem Pfandrecht, welches in der Rechtspraxis nahezu gänzlich von der Sicherungsübertragung verdrängt wurde, daß bei Marken zumindest einer seiner gravierenden Nachteile nicht gegeben ist: Das Pfandrecht wird ebensowenig publik wie die sicherungshalbe Abtretung. Denn insbesondere § 1280 BGB ist auf die Verpfändung von Marken nicht übertragbar. Hingegen bietet es in der Gestalt des Nutzungspfandrechts sogar über die bloße Verwertungsoption hinaus die Chance, während der Sicherungsphase auf die Erträge aus Gebrauchsrechten an Dritte zuzugreifen. Damit erhöht sich die Wahrscheinlichkeit, ohne Verwertung die gesicherten Forderungen befriedigt zu bekommen. Freilich läßt sich eine analoge Konstellation durch zusätzliche Vereinbarungen auch bei der Sicherungsübertragung erreichen. Trotzdem zeigt dies bereits, daß auch das Pfandrecht insoweit interessant bleibt. Inwieweit die fiduziarische Übertragung des Vollrechts trotzdem noch Vorteile bietet, muß sich daher insbesondere bei der Verwertung erweisen.

Ohnehin wird der Sicherungsgeber dann berechtigterweise nach einer Alternative zur Sicherungsübertragung fragen, wenn der Wert der Marke außer Verhältnis zu den zu sichernden Forderungen steht. Diese ermöglicht zwar die Abwandlung, daß die Marke geteilt und lediglich der abgespaltene Part als Sicherheit eingesetzt werden kann. Das irreversibele Ergebnis sind aber nach den derzeitigen gesetzlichen Regelungen mehrere Marken. Der Sicherungsgeber hätte bei abredegemäßem Bedienen der gesicherten Forderungen künftig mehrere Marken zu verwalten, was für ihn einen inakzeptablen Mehraufwand darstellt. Zudem wird bei Marken kraft Eintragung die Registrierung der neu entstehenden Marke erforderlich. Diese Voraussetzung will zwar aus mancherlei Hinsicht nicht so recht in den Kanon des MarkenG passen. Sie ist aber aufgrund der Entscheidung des Gesetzgebers, durch die Teilung ein neues Markenrecht entstehen zu lassen, und der Voraussetzung für formellen Markenschutz nach § 4 Nr.1 MarkenG zwingend erforderlich. Hierdurch wird nun die Sicherung indirekt publik, da ein vernünftiger Markeninhaber sonst kaum die Teilung seiner unangefochtenen Marke betreiben würde. Beide Nachteile lassen sich aber vermeiden, indem die Parteien den Vollzug der Teilung bis zum Sicherungsfall aufschieben. Dies ist konstruktiv möglich. Das aufrgund eines evtl. möglichen Rechtsscheinserwerbs bestehende Verlustrisiko des Sicherungsnehmers läßt sich durch Umdeutung in eine dingliche Lizenz oder deren hilfsweiser Vereinbarung erheblich begrenzen.

Dies weist den Weg zu einer weiteren Sicherungsmöglichkeit. Die Parteien können von Anfang an ein Nutzungsrecht als Sicherheit vereinbaren. Einerseits bietet das Lizenzrecht durch seine weitläufigen Gestaltungsmöglichkeiten einen großen Spielraum, die Sicherheit auf die jeweiligen Bedürfnisse der Parteien zuzuschneiden. Auch bestehen durch die Befugnis zur Veräußerung sowie der Berechtigung zur Vergabe von Nutzungsrechten an Dritte durchaus Möglichkeiten, wie im Sicherungsfall Befriedigung erlangt werden kann. Andererseits existiert mit dem Nießbrauch eine weitere Alternative, sich eine dingliche und damit hinreichend sichere und verwertbare Position einräumen zu lassen. Jedoch wird bei ihm mit Blick auf die Praxis anzuraten sein, sich daneben zur Vergabe von dinglichen Lizenzen ermächtigen zu lassen. Die Interessen des Sicherungsgebers sind dabei jeweils über ein sich aus vertraglichen Treuepflichten ergebendes Mitspracherecht zu schützen. Will man dagegen von vornherein zur Sicherung lediglich auf die Gegenleistungsansprüche aus Nutzungsverträgen des Markeninhabers mit Dritten zugreifen, würde keine den allgemeinen Anforderungen genügende Sicherheit entstehen. Trotzdem kann sie in bestimmten Konstellationen von den Parteien als ausreichend erachtet werden.

Insgesamt läßt sich daher festhalten, daß mehrere Möglichkeiten vorhanden sind, wie Marken als Sicherungsmittel eingesetzt werden können. Nicht nur die fiduziarische Abtretung von Marken kommt in Betracht. Vielmehr lassen sich Konstruktionen finden, vermöge welcher die Sicherheit darüber hinaus auf die jeweiligen Belange der Parteien zugeschnitten werden kann.

KAPITEL 4: ZUSÄTZLICHE FRAGEN DES KENNZEICHEN- SOWIE WETTBEWERBSRECHTS

Neben den Voraussetzungen für die Bestellung des jeweiligen Sicherungsrechts, die zwar spezifisch auf das Sicherungsmittel Marke zugeschnitten wurden, letztendlich aber dem Bereich des Sicherungsrechts entstammen, gilt es auch den Rechtsbereich im Auge zu behalten, dem der Sicherungsgegenstand angehört. Aus ihm werden ebenfalls Bedingungen für die Nutzung als Sicherungsmittel abzuleiten sein. Zumindest aber ist er auf seine Unbedenklichkeit hin zu untersuchen.

Das Markenrecht umfaßt im wesentlichen folgende Bereiche[267]: Schutzvoraussetzungen - Schutzumfang - Kollision - Beendigung. Wegen seiner engen Beziehung zum Kennzeichenrecht ist ferner das Wettbewerbsrecht zu beachten. Daß ein Markenrecht besteht, wird vorausgesetzt, der Inhalt wurde bereits, soweit erforderlich, bei den allgemeinen Sicherungsvoraussetzungen berücksichtigt, Fragen des Schutzes und der Beendigung stellen sich im wesentlichen bei den Vorkehrungen für die Sicherungszeitspanne[268]. Es bleibt daher der Bereich der Kollision sowie der Einfluß des Wettbewerbsrechts. Sie sind es, auf die an dieser Stelle einzugehen sein wird.

Kollisionen können sich in unterschiedlicher Weise ergeben. Wesentlich ist zunächst die Unterscheidung nach dem Inhaber des Zeichens. Bei kollidierenden Zeichenrechten unterschiedlicher Personen läuft der Konflikt auf die Frage hinaus, wessen Zeichen sich durchsetzt. Letztendlich

---

267 Das europäische und internationale Markenrecht wird nicht separat aufgeführt, es fließt an den jeweiligen Stellen ein, vgl.o. Kapitel 1 B.I.4.

268 Dazu unten Kapitel 6 B.I. Soweit sie ein Sicherungsrecht insgesamt in Frage stellen, wurden sie bereits in Kapitel 3 berücksichtigt.

betrifft dies den Bestand des Rechts und ist an anderer Stelle zu erörtern[269]. Handelt es sich hingegen um unterschiedliche Rechte derselben Person, können diese sich wechselseitig beeinflussen und so Auswirkungen auf die Verwendung als Sicherungsmittel zeitigen. Es können dabei sowohl mehreren Markenrechte zusammentreffen (nachfolgend A.), als auch unterschiedliche Rechte kollidieren (nachfolgend B.).

Wechselwirkungen mit dem Wettbewerbsrecht, die beachtenswert erscheinen, bestehen insbesondere im Bereich der Verwechslungsgefahr und Irreführung (nachfolgend C.). Der darüber hinaus bei Lizenzverträgen an gewerblichen Schutzrechten grundsätzlich zu beachtende § 17 GWB ist auf Marken nicht anwendbar. Denn es droht hier keine Monopolisierung oder das Ausnutzen eines Wissens- und damit Wettbewerbsvorsprungs. Marken beruhen auf einer besonderen unternehmerischen Leistung, die grundsätzlich von jedermann mit einem anderen Zeichen erreicht werden kann[270].

A. Mehrere Markenrechte an einem Zeichen

Nach § 4 Nrn.1-3 MarkenG kann Markenschutz auf dreifach unterschiedliche Weise entstehen: durch Eintragung ins Markenregister, aufgrund Verkehrsgeltung in den relevanten Verkehrskreisen oder durch die notorische Bekanntheit im Bundesgebiet[271]. Daß es sich dabei nicht immer um voneinander unterschiedliche Zeichen handeln muß, sondern die Frage nach dem Verhältnis der Varianten zueinander absolut berechtigt ist, zeigt die natürliche Entwicklung eines Zeichens. So wird sich der Inhaber zuerst eine Marke eintragen lassen, um das Zeichen in dem sich daraus ergebenden Schutz zu einem vollwertigen Marketinginstrument auszubauen. Mit dieser Entwicklung ist regelmäßig eine wachsende Bekanntheit des Zeichens verbunden. Je nach Intensität seines Vorgehens kann die Marke die Schwelle der Verkehrsgeltung[272] überschreiten und damit die Voraussetzungen für einen Markenschutz nach § 4 Nr.2 MarkenG erfüllen. Weitet sich die Bekanntheit des Zeichens über die Verkehrskreise hinaus aus, für die es aufgrund der wirtschaftlichen Aktivität Bedeutung hat, und erlangt auch im sonstigen Verkehr eine notorische Bekanntheit[273], liegen ferner die Voraussetzungen für ein Markenrecht nach § 4 Nr.3 MarkenG vor. Damit würden von ein und demselben Zeichen sämtliche drei Tatbestände erfüllt. Unabhängig von dieser Entwicklung kann der Markeninhaber ein Interesse an einer formal abgesi-

269 Dazu unten Kapitel 6 B.I.2.e.

270 Zur Anwendung von Normen aus dem GWB auf Markenlizenzverträge vgl. Fezer MarkenR § 30 RN 54. Anhaltspunkte, die ein Eingreifen sonstiger Normen des GWB auf den Plan rufen könnten, sind nicht ersichtlich.

271 Man könnte denken, daß die Aufnahme des § 4 Nr.3 MarkenG überflüssig war, wird nach allgemeiner Ansicht Art.6bis PVÜ, auf welchen die Norm zurückgeht, als self executing angesehen, als eine Norm mit unmittelbarer Wirkung für die Verbandsstaaten. Doch hat sie lediglich ein relatives Eintragungshindernis zum Gegenstand, stellt aber die Zeichen nicht gänzlich den inländischen Marken gleich, was beispielsweise bei Verletzungshandlungen oder Verwertungen einen erheblichen Unterschied macht.

272 Zum Begriff und den Voraussetzungen der Verkehrsgeltung im Sinne des § 4 Nr.2 MarkenG vgl. Ingerl/Rohnke § 4 RN 14 ff; Fezer MarkenR § 4 RN 110 ff; Eisenführ in: FS GRUR II (1991), S.75 (788 ff).

273 Ab welcher Marktdurchdringung das der Fall sein soll, ist bislang nicht eindeutig geklärt. Die Unterschiede reichen sogar soweit, daß es keinen verbandseinheitlichen Bekanntheitsgrad gibt, obwohl Art.6bis PVÜ als Mindestschutz in jedem der Verbandsstaaten unmittelbar Geltung beansprucht, vgl. Baeumer in: FS Beier (1996) S.227 (228); Kur GRUR 1994, 330 (334 f).

cherten EU-weiten Rechtsposition haben und sich eine Gemeinschaftsmarke eintragen lassen. Auch hier stellt sich daher die Frage, wie sie sich zu dem nationalen Markenschutz verhält. Folglich interessiert das Verhältnis der Entstehungsvarianten zueinander und welche Auswirkungen dies auf die Bestellung einer Sicherheit an Marken haben kann[274].

I. Verhältnis der Entstehungsvarianten bei nationalen Marken zueinander

Historisch betrachtet ergibt sich für das Verhältnis der nationalen Markenvarianten zueinander ein uneinheitliches Bild. Im Fall des notorisch bekannten Zeichens gewährte das WZG keinen umfassenden Kennzeichenschutz. Die Regelung des § 4 II Nr.5, V WZG, welche den Art. 6bis PVÜ ins nationale Recht eingliederte, ermöglichte mit der Löschung bereits eingetragener Warenzeichen lediglich den vorgeschriebenen Mindestschutz[275]. Zusätzliche Rechte konnte der Inhaber des notorisch bekannten Zeichens nach dem WZG nicht geltend machen. Jedoch wurden bekannte Zeichen über §§ 1, 3 UWG a.F. geschützt, berühmte zudem über § 823 I BGB[276]. Beim Ausstattungsschutz als Vorläufer des § 4 Nr.2 MarkenG stellte sich das Bild anders dar. Auch hier wurde das Recht anfänglich einem eingetragenen Warenzeichen nicht gleich geachtet, weil man der Ansicht war, nur durch einen Hoheitsakt könne ein Schutzrecht begründet werden. Alles andere beträfe nur den lauteren Wettbewerb. Der Schutz fand allein deshalb Eingang in das Warenzeichenrecht, weil zunächst noch keine Normierung für das Verhalten im Wettbewerb vorhanden war[277]. Der Schutz erstreckte sich demzufolge lediglich auf Zeichen, die nicht als Warenzeichen eingetragen werden konnten und endete, wenn ein - selbst jüngeres - Zeichen in das Warenzeichenregister eingetragen wurde[278]. Der formale Zeichenschutz genoß absoluten Vorrang. Erst mühsam, auf vehementes Drängen der Literatur, setzte sich ab Mitte der 20er Jahre des vorigen Jahrhunderts die Sichtweise durch, daß die Ausstattung gleichberechtigt neben dem Warenzeichen stehen solle[279]. Der Gesetzgeber trug dem Rechnung und führte den bis zum Inkrafttreten des MarkenG gültigen § 25 WZG ein. Aber auch diese Norm führte nicht zur gänzlichen Gleichberechtigung mit den Warenzeichen, sondern blieb wegen der Ausgestal-

---

274 Eine vergleichbare Frage stellt sich weder in der MarkenRL noch der GMVO. Die Richtlinie sucht nur das Recht der eingetragenen Marken zu harmonisieren. Hinsichtlich der Schutzrechte kraft Verkehrsgeltung oder Notorität läßt sie den Mitgliedsstaaten freie Hand, Art.1 MarkenRL. Ebenso beschränkt sich die GMVO auf die Regelung registrierter Zeichen, Art.6 GMVO. Der Schutz aufgrund Verkehrsgeltung ist nicht vorgesehen. Damit kann auch nur sehr bedingt auf Anhaltspunkte im europäischen Recht zurückgegriffen werden.

275 Die Löschung konnte über § 10 II Nr.2 WZG von Amts wegen oder nach § 11 I Nr.3 WZG auf Antrag des Inhabers der notorisch bekannten Marke erfolgen, vgl. Baumbach/Hefermehl WZG § 4 RN 153. Ein Widerspruch war nicht möglich, Baumbach/Hefermehl WZG § 4 RN 151, § 5 RN 157 f. Ebenso konnte das Patentamt die Norm natürlich bei der Eintragung als absolutes Hindernis berücksichtigen.

276 Vgl. dazu oben Kapitel 1 B.I.1.c., d.

277 Vgl. dazu Beier GRUR 1967, 628 (629); Eisenführ in: FS GRUR II (1991) S.765 RN 58, 60, 61 ff; Götting in: AusstattungsHdB S.199 RN 7 f mwN.

278 vgl. Reimer (3.A) Kap.26 RN 3; Reimer-Heydt (4.A) Bd.I Kap.37 RN 1.; Beier GRUR 1967, 628 (629).

279 vgl. zur Entwicklung der Rspr., die anfangs dem formellen Warenzeichen Vorrang einräumte und bei Kollision die Ausstattung lediglich über § 1 UWG schützte die Nachweise bei Reimer-Heydt, Wb- u. WZ-Recht (4.A) Kap.37 I.

tung als reiner Verletzungstatbestand dahinter zurück. Es war der Rechtsprechung und Wissenschaft vorbehalten, für eine weitgehendere Angleichung einzutreten und die Ausstattung zu einer umfassenden Rechtsposition weiterzuentwickeln[280]. Dieser Prozeß ging sogar soweit, daß schließlich die Ansicht vorherrschte, die Ausstattung sei das eigentliche, sachliche Markenrecht. Der Schutz kraft Eintragung wäre dagegen nur ein formelles Markenrecht, das lediglich der Entwicklungsbegünstigung diene[281]. Es biete allein eine Hilfe, damit das sachliche Zeichenrecht in seinem Schutz entstehen könne.

Nach der neuen Rechtslage werden nun - unter dem Eindruck dieser Entwicklung - durch § 4 Nrn.1-3 MarkenG sämtliche Marken auf dieselbe Stufe gestellt. Der Gesetzgeber erklärt dazu in seiner Begründung[282], daß nach der neuen Rechtslage der Kennzeichenschutz kraft Verkehrsgeltung neben dem kraft Eintragung stehen soll. Nunmehr herrsche auch von Gesetzes wegen eine Gleichstellung von formellem und sachlichem Markenschutz, die auch zur Kumulation mehrerer Marken führen könne. In diesen Schritt der Gleichordnung wurde das notorisch bekannte Zeichen einbezogen. Wenngleich vom Gesetzgeber nicht ausdrücklich ausgeführt, ergibt sich aus dem Aufbau der Norm, daß damit auch dieser Tatbestand zu einer eigenen, von den beiden anderen Entstehungstatbeständen unabhängigen und mit ihnen gleichgestellten Marke führen soll[283]. Die Literatur folgt diesem Verständnis und geht gleichfalls uneingeschränkt von der parallelen Anwendbarkeit aller drei Begründungsvarianten und drei nebeneinander möglichen Markenrechten aus[284].

Vor diesem Hintergrund – sowohl der historischen Entwicklung mit den sie prägenden Stimmen der Literatur und Rechtsprechung, als auch dem dieser Dynamik Rechnung tragenden Willen des Gesetzgebers – sind die unterschiedlichen Varianten des § 4 MarkenG als eigenständige Tatbestände für unabhängige Markenrechte anzusehen. Sie sollen zu einer parallelen Existenz mehrerer Markenrechte an ein und demselben Zeichen führen können. Folglich ist denkbar, daß bis zu 3 nationale Marken am selben Zeichen bestehen können. Ob dies wünschenswert ist

280 Wesentlich in diesem Zusammenhang gerade die Schrift von Beier GRUR 1967, 628; vgl. dazu Götting in: AusstattungsHdB S.199 RN 79 mwN; Eisenführ in: FS GRUR II (1991) S.765 RN 66 ff

281 So erstmals Beier GRUR 1967, 628 (630); ihm folgend Götting in: AusstattungsHdB S.199 RN 6; Baumbach/Hefermehl WZG Einl. RN 44; die Sichtweise geht zurück auf die grundlegende Arbeit Ulmers, der in einer Synthese das Markenrecht erstmals als - eigenständigen - Teil des Wettbewerbsrechts ansah, Ulmer (1929) S.67 ff. Die Rechtsprechung ging nur zögerlich darauf ein. Erst BGHZ 32, 133 (141 f) machte einen ersten Schritt in diese Richtung.

282 BT-Drucks. 12/6581, S.65

283 In Verbindung mit § 14 II Nr.3 MarkenG wird dadurch ein im Vordringen befindliches internationales Bestreben umgesetzt, welches den Schutz der notorischen Marke nach der PVÜ über den Warengleichartigkeitsbereich hinaus auszudehnen sucht und allgemein auf die Rufausbeutung erstrecken möchte Zu den internationalen Bestrebungen vgl. o. Kapitel 1 B.I.2.c.dd. und Höpperger in: Neuordnung des Markenrechts in Europa (1997) S.42; Baeumer in: FS Beier (1996) S.227; Pagenberg in: FS Beier (1996) S.317; Kur GRUR 1999, 866. Im nationalen Recht wurde durch die Gleichordnung mit anderen Marken der Schutzbereich auch auf die §§ 14, 15 MarkenG ausgedehnt. Damit wird nunmehr insbesondere die Ausbeutung oder Schädigung ihres Rufs markenrechtlich sanktioniert, etwas, was auf internationaler Ebene zwar seit längerem diskutiert wird, aber noch nicht umgesetzt wurde, dazu Eichmann GRUR 1998, 201; Kur GRUR 1994, 330.

284 Ingerl/Rohnke § 4 RN 1; Fezer MarkenR § 4 RN 1, 10, 16; Althammer-Klaka (6.A) § 4 RN 1

muß anhand der damit verbundenen Folgen entschieden werden. Es wurde bereits von Dritter Seite mit nicht ohne weiteres von der Hand zu weisenden Gesichtspunkten darauf aufmerksam gemacht, daß diese Eigenständigkeit zumindest Schwierigkeiten in sich birgt[285].

II. Konsequenzen für Marken als Sicherungsmittel

Für den Einsatz von Marken als Sicherungsmittel bedeutet dies zunächst, daß jeder einzelne Entstehungstatbestand im Auge zu behalten ist und sämtliche Markenrechte separat zu würdigen sind. Denn mangels einer Verknüpfungsvorschrift kann und muß jedes Markenrecht gesondert übertragen bzw. belastet werden - obgleich es sich um dasselbe Zeichen handelt. Wird nur eines der Rechte Gegenstand der Sicherheit, bleiben die anderen Berechtigungen uneingeschränkt beim Sicherungsgeber als deren Inhaber.

Diesem Umstand kann auf einfache Weise begegnet werden, indem die Sicherung jeweils auf sämtliche Markenrechte an einem Zeichen erstreckt wird. Aber unter anderem wirft eine derartige Gestaltung das Problem auf, ob nicht im Übermaß in die Rechtsposition des Sicherungsgebers eingegriffen wird. Daher sind beide Alternativen, sowohl die Verfügung über einzelne Markenrechte, als auch der Zugriff auf sämtliche Positionen, zu betrachten.

1. Folgen bei Sicherheit lediglich an einem Markenrecht

Wird die Sicherheit nur an einer Marke bestellt, obwohl mehrere Markenrechte an dem Zeichen bestehen, hat dies zunächst keine Auswirkungen auf das Sicherungsgeschäft. Durch die Unabhängigkeit der einzelnen Berechtigungen bestimmt sich die Wirksamkeit allein nach den im vorhergehenden Kapitel ausgeführten Voraussetzungen.

a) Kollision nach Auseinanderfallen der Berechtigungen an einem Zeichen

Allerdings macht sich die Unabhängigkeit der Rechte bemerkbar, wenn sie nicht mehr nur einem Inhaber zustehen, sondern unterschiedlichen Personen[286]. Denn durch die Absolutheit jedes einzelnen Markenrechts schließen sie sich notwendigerweise gegenseitig aus. Es kommt zwangsläufig zum Konflikt. Das Markenrecht entscheidet diese Fälle nach der Priorität der Rechtspositionen und räumt dem älteren Recht den Vorrang ein, § 6 I MarkenG. Der Rechtsinhaber hat hierzu seine Position geltend zu machen, bei eingetragenen Marken durch Widerspruch bzw. Löschungsklage, §§ 42, 51 MarkenG, bei nicht eingetragenen Zeichen über eine Verletzungsklage mit inzidenter Prüfung, § 14 II MarkenG. Es würde sich von den ursprünglich harmonisch nebeneinander bestehenden Rechten nur jenes durchsetzen, welches am längsten existiert. Der Erwerber eines Rechts würde seine Position nur behalten, wenn er das Markenrecht in Händen hält, das diesen Konflikt siegreich übersteht. Folglich wäre bei der Bestellung der Sicherheit peinlich genau darauf zu achten, daß das älteste Recht dem Sicherungsgeschäft zugrunde gelegt wird.

---

285 Volkmer (1999) S.97 ff, der den Umstand zum Anlaß nimmt, bei kumulativ vorhandenen Marken deren Kopplung vorzuschreiben, S.273

286 Dies ist bei der Sicherungsabtretung unmittelbar der Fall, beim Pfandrecht erst in der Verwertung.

Man könnte nun auf den Gedanken kommen, daß es dem Sicherungsgeber ohnedies verwehrt wäre, sich auf sein prioritätsälteres Recht zu berufen, sollte dieses bei ihm verblieben sein. Schließlich würde er damit das Sicherungsgeschäft vereiteln und sich in Widerspruch zu dem eigens abgeschlossenen Vertrag setzen[287]. Aber abgesehen davon, ob das Sicherungsgeschäft überhaupt entsprechend ausgelegt werden kann, würde durch die lediglich relative Bindung des Sicherungsvertrags, dem die Einschränkung entspringen kann, kein dauerhafter Schutz erreicht. Spätestens wenn der Sicherungsgeber das ihm verbliebene Markenrecht überträgt, könnte der Erwerber die sich aus dem Recht ergebende Vorrangstellung für sich beanspruchen.

Bestehen daher mehrere Markenrechte an einem Zeichen, muß die Sicherheit am ältesten der Markenrechte bestellt werden[288]. Die Prüfung, welches dies ist, kann mitunter nicht unerhebliche Schwierigkeiten bereiten. Zwar läßt sich bei eingetragenen Marken die Priorität problemlos anhand der Eintragung bestimmen, § 6 II MarkenG. Für Marken nach § 4 Nrn.2, 3 MarkenG ist dies aber nicht möglich. Ihre Priorität richtet sich nach dem Entstehungszeitpunkt, § 6 III MarkenG, also dem Zeitpunkt, an welchem sie erstmals die entsprechende Bekanntheit erreicht haben. Dieser Moment läßt sich nur mühsam, über demoskopische Gutachten, ermitteln, erst recht für Verhältnisse in der Vergangenheit[289]. Lediglich dort, wo die Benutzung des Zeichens nicht vor Eintragung aufgenommen wurde, wird sich das Verhältnis der Markenrechte zueinander ohne weiteres bestimmen lassen.

b) *Verwirkung von Ansprüchen, § 21 I, II MarkenG, und Auswirkung auf den Markenwert*

Eine weitere Frage betrifft die Rechtsstellung des Sicherungsgebers an der bei ihm verbliebenen Rechtsposition. Grundsätzlich ist es ihm unbenommen, die sich daraus ergebenden Möglichkeiten wahrzunehmen, insbesondere das Zeichen zu gebrauchen, Verletzungsansprüche geltend zu machen, Lizenzen zu vergeben oder das Recht auf andere Weise zu belasten. Der Sicherungsvertrag schränkt den Sicherungsgeber diesbezüglich allenfalls obligatorisch ein, sofern entsprechende Inhalte ihm überhaupt entnommen werden können. Freilich ist der Sicherungsnehmer in der Lage, aufgrund der Priorität seiner Marke dagegen vorzugehen. Er wird dies sogar tun müssen, um keine Einbußen zu erleiden. Denn einerseits entsteht sonst nach 5 Jahren der Duldung gem. § 21 I, II MarkenG eine dauerhafte Einwendung gegen die Ansprüche aus dem Markenrecht. Andererseits hätten die unterschiedlichen Berechtigungen an dem Zeichen

287 In Betracht käme entweder die Ergänzung des Sicherungsvertrags um die Pflicht, daß der Sicherungsgeber auf die Ausübung seiner Ansprüche aus dem älteren Recht verzichtet, oder eines „venire contra factum proprium" und würde so über § 242 BGB als unzulässige Rechtsausübung gewertet werden, welche ein formal dem Sicherungsgeber zustehendes Recht vom Geltendmachen ausschließt.

288 Dies gilt nicht nur für die Sicherungsabtretung und das Pfandrecht an Marken. Dasselbe Problem stellt sich auch bei Nutzungsberechtigungen. Denn auch hier kann sich der Nutzungsberechtigte lediglich auf die Rechtsposition und damit Priorität berufen, von der er sein Recht ableitet. Existiert aber ein älteres Recht, steht dessen Inhaber grundsätzlich ausschließlich die Nutzung des Zeichens zu.

289 Vgl. Ingerl/Rohnke § 6 RN 22; Fezer MarkenR § 6 RN 12

Auswirkung auf den Wert der sichernden Marke. Denn die Alleinstellung der Marke ist ein Parameter für den Schutzbereich[290] und damit für den Wert der Marke sehr bedeutsamer Faktor.

c) *Zwischenergebnis*

Wird die Sicherung nur an einem Markenrecht bestellt, kann dies zu beachtlichen Komplikationen führen. Bereits zu ermitteln, welches Recht bei einer Kollision obsiegt, kann wegen der mitunter mühevollen Feststellung des Entstehungszeitpunkts zu beachtlichen Schwierigkeiten führen. Doch selbst wenn das älteste Recht beliehen wurde, vermag dies nicht zwingend vor bösen Überraschungen zu schützen. Der Sicherungsnehmer muß darum darauf achten, daß er nicht Gefahr läuft, sein Recht durch andere Berechtigungen am selben Zeichen wieder zu verlieren oder es zumindest ausgehöhlt zu bekommen. Dies ist am einfachsten möglich, wenn die Sicherung sämtliche Markenrechte des Sicherungsgebers an dem Zeichen umfaßt.

2. *Sicherheit an sämtlichen Markenrechten*

Um den Schwierigkeiten aus dem Verhältnis der Markenrechte zueinander zu begegnen, scheint es also ratsam, die Sicherheit auf sämtliche gegenwärtigen und zukünftigen Markenrechte an dem Zeichen zu erstrecken. Da alle drei Markenarten übertrag-, belast- und lizenzierbar sind, ist dies grundsätzlich denkbar.

a) *Pauschale Bestellung der Sicherheit an allen denkbaren Markenrechten*

Die simpelste Möglichkeit wäre, pauschal alle drei Arten an Markenrechten zum Gegenstand des Sicherungsvertrags zu machen[291]. Dies hätte insbesondere den Vorteil, daß nicht zuvor Marktuntersuchungen über den Bestand von Marken kraft Bekanntheit angestellt werden müßten. Die Folge könnte jedoch sein, daß über ein Recht verfügt werden soll, welches überhaupt nicht besteht. Doch hat dies keinen Einfluß auf die Wirksamkeit des Geschäfts. Die Klausel würde allenfalls ins Leere greifen.

b) *Parallele Sicherheit an künftigen Markenrechten*

Grundsätzlich besteht auch die Möglichkeit, daß Markenrechte erst künftig entstehen. So kann im Laufe der Sicherungszeitspanne eine vormals noch nicht vorhandene Marktdurchdringung erlangt werden. Schließlich wird in aller Regel der Sicherungsgeber für die Dauer der Sicherung das Zeichen benutzen dürfen. Dies kann dazu führen, daß die Marke im Laufe der Zeit ihre Bekanntheit im Verkehr steigert und damit den Tatbestand des § 4 Nr.2 MarkenG erfüllt, theoretisch sogar den Grad des § 4 Nr.3 erreicht. Ebenso ist denkbar, daß ein vormals lediglich sachliches Markenrecht durch eines kraft Eintragung ergänzt werden soll.

---

290 Vgl. nur Ingerl/Rohnke § 14 RN 226 ff; Fezer MarkenR § 14 RN 307 ff

291 Darüber hinaus vertritt Brämer die Ansicht, dass ein Sicherungsgeschäft bezüglich einer Marke so auszulegen sei, dass alle parallel deutschen Markenrechte erfasst sein sollen, Brämer S.112 ff. Ob aber ein hypothetischer Parteiwille so weit reicht und mehrere bedeutsame Vermögenswerte umfassen soll, ist zweifelhaft, muß aber zumindest im Einzelfall festgestellt werden.

Ob ein Sicherungsnehmer für künftig entstehende sachliche Markenrechte Vorkehrungen treffen sollte, hängt davon ab, zu wessen Gunsten das neue Recht entsteht. Nach der herrschenden Meinung steht es demjenigen zu, dessen Handlungen zur Bekanntheit geführt haben[292]. Allerdings bestimmt § 26 II MarkenG, daß die Benutzung mit Zustimmung des Inhabers letzterem zuzurechnen ist. Obgleich dadurch im wesentlichen der Verfall des Zeichens verhindert werden soll, stellt es doch eine grundsätzliche Entscheidung dar. Schließlich bedient sich der Dritte nur einer abgeleiteten Position. Es ist daher nicht weiter als billig, die Folgen des Gebrauchs dem Ermächtigenden zuzuordnen. Dies muß auch für die daraus erwachsenden Rechtsfolgen gelten, insofern insbesondere auch für das durch die Benutzung entstandene Markenrecht[293].
Wurde also ein formelles Markenrecht sicherungshalber übertragen, führt die Benutzung durch den Sicherungsgeber dazu, daß auch erst später entstehende Markenrechte zugunsten des Sicherungsnehmers begründet werden. Wurde hingegen ein Pfandrecht bestellt, bleibt es bei der Belastung der einen Marke. Eine Erstreckung auf später entstehende Rechte ist nur durch eine gesonderte Verfügung möglich[294]. Entsprechend verhält es sich bei sicherungshalber bestellten Nutzungsrechten. Hier drohen aber nur dann Konflikte, wenn dem Sicherungsnehmer ein ausschließliches bzw. alleiniges Nutzungsrecht eingeräumt wurde. In den übrigen Fällen bleiben ohnehin weitere Personen zum Gebrauch des Zeichens berechtigt.
Damit bedarf es im Falle einer Sicherungsübereignung keiner weiteren Vorkehrung bezüglich später entstehender sachlicher Marken. In den anderen Fällen sollte der Sicherungsnehmer sich das Sicherungsrecht auch an den potentiellen künftigen Markenrechten einräumen lassen.

Besteht dagegen bei der Bestellung der Sicherheit zwar ein materielles, nicht aber ein formelles Markenrecht und soll es später eingetragen werden, wird jeweils der Antragsteller Inhaber des Zeichens[295]. Ein Sicherungsnehmer hat hier aber die Möglichkeit, bei Bestellung der Sicherheit

---

292 Vgl. Fezer MarkenR § 4 RN 146; Althammer-Klaka (6.A) § 4 RN 13; Ingerl/Rohnke § 4 RN 21

293 Denn die Verkehrsgeltung knüpft an die Bekanntheit im Verkehr an, welche wiederum wesentlich durch die Benutzung ausgelöst wird. Wenn nun aber die Benutzung dem formellen Markeninhaber zugerechnet wird, würde es nun diesen Zusammenhängen widersprechen, ließe man die daraufhin begründeten Markenrechte in einer anderen Person entstehen, **a.A.** Fezer MarkenR § 4 RN 148; Althammer-Klaka (6.A) § 4 RN 13; wohl auch Ingerl/Rohnke § 4 RN 21. Daß das sachliche Markenrecht in der Person des Benutzenden entsteht, läßt sich auch nicht dadurch rechtfertigen, daß das Zeichen vom Verkehr als Hinweis auf den Betrieb des Gebrauchenden verstanden werde. Dies war zwar unter dem WZG angebracht, da dort Marken ausschließlich als Herkunftshinweis dienten. Nach dem MarkenG soll aber gerade auch der wirtschaftlichen Bedeutung der Marke Rechnung getragen werden, weshalb die Übertragung, Belastung und vor allem die Lizenzvergabe zugelassen wird. Der Verkehr darf daher nicht zwingend vom Gebrauch eines Zeichens auf dessen Inhaberschaft schließen. Daher ist die Ansicht, die Inhaberschaft materieller Markenrechte hänge allein vom Verkehrsverständnis ab, nicht mehr angebracht. Vielmehr würde es der gesetzlichen Erlaubnis zur Vergabe beschränkt dinglicher Rechte zuwider laufen, wenn der Vollrechtsinhaber durch die Gestattung der Benutzung der Gefahr ausgesetzt wäre, sein eigenes Recht auszuhöhlen, weil der lediglich abgeleitet Berechtigte nun ein eigenes Recht an dem Zeichen erwerben würde. Richtiger ist es daher, die neue Marke - nicht zuletzt über die Zuordnung der Benutzung - in der Person des Inhabers des formellen Rechts entstehen zu lassen.

294 Zu den dabei zu beachtenden Voraussetzungen vgl.o. Kapitel 3 A.II.2.b.

295 Dies gilt selbst dann, wenn die Marke übertragen worden ist. Der Zessionar kann die neu eingetragene Marke aufgrund seiner älteren Berechtigung, unter Umständen auch über § 11 MarkenG, allenfalls löschen lassen.

darauf zu dringen, daß das Zeichen sogleich in das Markenregister eingetragen und ihm übertragen bzw. zu seinen Gunsten belastet wird.

c) *Zumutbarkeit für den Sicherungsgeber*

Daß durch derlei Regelungen zu sehr in die Rechtsposition des Sicherungsgebers eingegriffen würde, ist regelmäßig nicht anzunehmen. Denn wie bei der Belastung lediglich einer Marke festgestellt besteht ein berechtigtes Interesse des Sicherungsnehmers, daß die Sicherung sämtliche Marken umfaßt. Auf der anderen Seite ist kein Grund ersichtlich, warum es für den Sicherungsgeber eine übermäßige Belastung darstellen würde, über alle Markenrechte zu verfügen. Insbesondere darf er nicht damit rechnen, bei Beleihung eines Zeichens parallel berechtigt zu bleiben. Es erscheint sogar aus Gründen der Rechtssicherheit angebracht, über sämtliche Rechte einheitlich zu verfügen, sind auf diese Weise spätere Kollisionen der Zeichenrechte zu vermeiden[296].

3. *Ergebnis*

Wird die Sicherheit trotz parallelen Markenrechten am selben Zeichen nur an einer Marke bestellt, kann dies wegen der Ausschließlichkeit der Rechtspositionen zu erheblichen Konflikten führen. Nicht nur daß die Gefahr besteht, wegen einer schlechteren Priorität die gesamte Sicherheit zu verlieren. Sondern selbst bei einvernehmlichem Umgang mit dem Zeichen kann wegen der Verwirkung von Ansprüchen, § 21 I, II MarkenG, und Auswirkungen auf Parameter des Schutzbereichs das Sicherungsrecht Einbußen erleiden. Folglich ist die Sicherheit an sämtlichen Markenrechten zu bestellen. Dadurch laufen die Berechtigungen parallel und die Gefahr des Rechtsverlusts wie auch der Irreführung wird minimiert.

Um dies zu erreichen, sollte die Sicherheit pauschal an sämtlichen möglichen Markenrechten bestellt werden, unabhängig davon, ob die Rechte tatsächlich bestehen. Es werden so die Schwierigkeiten bei der Feststellung von Marken kraft Bekanntheit vermieden. Ist die Existenz der bekanntheitsabhängigen Marken nicht sicher, sollte die Sicherung zudem im Rahmen der Möglichkeiten auf künftige Markenrechte ausgedehnt werden. Lediglich bei der Sicherungsübertragung eingetragener Marken ist dies wegen § 26 II MarkenG nicht erforderlich. Im eher theoretischen Fall, daß zwar sachliche Markenrechte bestehen, das Zeichen aber noch nicht eingetragen wurde, sollte die Eintragung vor Bestellung der Sicherheit beantragt und die Sicherheit hierauf erstreckt werden.

III. Stellungnahme

Obgleich damit das Problem der unterschiedlichen und unabhängigen Markenrechte am selben Zeichen mit verhältnismäßig geringem Aufwand in den Griff zu bekommen ist, scheint trotzdem die Frage angebracht, ob der derzeitige Zustand wünschenswert und sinnvoll ist. Denn nähert man sich der Rechtslage mit den Augen eines rechtlich unbefangenen Betrachters, wird es verwundern, daß der vollumfänglich Berechtigte eines Zeichens gleich mehrere Markenrechte am

296 Zudem wird dadurch die Gefahr von Irreführungen klein gehalten, näher dazu unten C.I.

selben Zeichen besitzen kann, bei erfolgreichen Marken regelrecht besitzen muß[297]. Ein solcher Betrachter mag noch mehr verwundert sein, wenn man ihm erklärt, daß die parallelen Rechte aus dem typischen Gebrauch des einen Zeichens erwachsen. Vollends überrascht wird er wahrscheinlich sein, wenn man ihm dann mitteilt, daß die Markenrechte inhaltsgleich sind, der Inhaber keinerlei Vorteil von der mehrfachen Berechtigung hat.

Verläßt man den Rechtsunkundigen wieder und wendet sich der rechtlichen Würdigung dieser Lage zu, wird man gleichwohl Anfragen an das derzeitige Markenrecht zu stellen haben. Denn nicht nur die natürliche Sichtweise hat ihre Schwierigkeiten mit der mehrfach ausschließlichen (!) Berechtigung, auch juristische Argumente stellen die derzeitige Regelung in Frage. Zudem fehlt es an den Gründen, die unter dem WZG den Ausstattungsschutz neben das Warenzeichen treten ließen.

1. Tatsächliche Betrachtung samt ihrer rechtlichen Legitimation

Es ist nur schwer verständlich, daß der Inhaber einer Marke gleich mehrfach an einem Zeichen berechtigt sein soll. Eine natürliche Betrachtungsweise wird im allgemeinen an einem Zeichen ein einziges Markenrecht annehmen[298]. Dies kommt nicht von ungefähr, denn das Markenrecht möchte die eigentumsgleiche Zuordnung eines Zeichens zu einem bestimmten Inhaber festlegen. Nicht zuletzt deshalb gewährt es ein ausschließliches Recht. Bereits den Gesetzen der Logik folgend müßte daher eine mehrfache ausschließliche Berechtigung ausscheiden. Allenfalls bei der parallelen Berechtigung unterschiedlicher Personen oder wenn die internationale Ausdehnung des Schutzes mit ins Spiel kommt wird eine Ausnahme zu machen sein.

Ebenso widerspricht es der natürlichen Betrachtungsweise, daß durch den Gebrauch eines geschützten Zeichens und der deshalb zunehmenden Marktdurchdringung ein zweites, wenn nicht gar drittes Markenrecht entsteht. Vielmehr wird man annehmen, daß das ursprünglich lediglich eingetragene Zeichen mit der steigenden Bekanntheit gestärkt wird und insofern das bereits bestehende Recht eine Aufwertung erfährt. Schließlich handelt es sich um ein und dasselbe Zeichen und um die Benutzung dieses (!) Zeichens. Hinzu kommt dass der Inhaber des Zeichens durch die mehrfache Berechtigung keinen Vorteil erlangt. Die gewachsene Bedeutung der Marke im Markt wird durch die Zunahme der relativen Stärke im Rahmen der §§ 9 I, 14 II MarkenG hinreichend berücksichtigt[299].

Diese natürliche Sichtweise ist es auch, die als Verkehrsverständnis in vielen Bereichen des Markenrechts das ausschlaggebende Kriterium für Bestand und Umfang des Schutzes bildet[300]. Gerade bei Marken nach § 4 Nr.2 MarkenG richtet sich die Inhaberschaft des Rechts nach die-

---

297 Zum Ablauf bei der Entstehung von Markenrechten und ihrem Verhältnis zueinander vgl. oben I.

298 Nicht zu verwechseln ist dies mit der Frage, ob die Ware immer vom selben Hersteller stammt, wie es Gegenstand der Untersuchung bei Henning-Bodewig/Kur war Bd.I S.100 ff.

299 Vgl. dazu oben Kapitel 1 C.I.5.b.

300 So etwa der Schutzumfang gem. § 9 I Nr.3, § 14 II Nr.3 MarkenG oder auch bei absoluten Eintragungshindernissen zum Schutz des Rechtsverkehrs wie bei § 8 II Nrn.2, 3, 4 MarkenG

ser Sichtweise[301]. Es sollte daher bei der Entstehung des Rechts nicht leichtfertig über diese Sichtweise hinweggegangen werden.

2. *Rechtsvergleich*

Daß sich die Regelung des MarkenG nicht zwingend aus der Natur der Sache ergibt, zeigt ein Vergleich mit anderen Ländern und dem Recht der EU. So schützte beispielsweise das Markenrecht der Benelux-Staaten lediglich solche Zeichen kraft Bekanntheit, die nicht hinterlegt werden konnten[302]. Im europäische Recht finden sich gar keine Regelungen zum Schutz von Marken kraft Verkehrsgeltung. Sowohl gewährt die GMVO kein Recht ohne Eintragung[303], wie auch konnte man sich bei der MarkenRL auf keine entsprechende Klausel einigen[304].

3. *Historische Wurzeln und ihre sachliche Überalterung*

Ihren Ursprung hat die derzeitig vorherrschende Sichtweise paralleler Markenrechte in dem bereits erwähnten Kampf der Ausstattung um Anerkennung als vollwertiges Warenzeichenrecht[305]. Obgleich sich die Ausstattung ab Mitte der 20er Jahre des 20.Jahrhunderts zunehmend durchsetzte und spätestens Mitte des Jahrhunderts quasi die Gleichachtung mit dem formellen Warenzeichen errang, fand dies trotzdem keinen entsprechenden Eingang im Gesetz[306]. So ist anzunehmen, daß erst mit der Neunormierung durch das MarkenG der Gesetzgeber dieser Entwicklung Rechnung zu tragen gedachte. Die Ausstattung wurde endlich als Marke kraft Verkehrsgeltung neben die Marke kraft Eintragung gestellt[307]. Im Zuge dessen wurde der Markenbegriff um der Einheitlichkeit Willen und um internationalen Entwicklungen vorzugreifen gleichzeitig auf das notorisch bekannte Zeichen ausgedehnt, welches über Art.6bis PVÜ und § 4 II Nr.5 WZG zuvor lediglich einen geringeren Schutz genoß[308].

Die Gründe aber, welche die Väter des Ausstattungsrechts zurecht für die Emanzipation und Anerkennung als eigenes, vollwertiges Recht kämpfen ließen, wurden mit der Reform des Markenrechts ebenfalls beseitigt, so daß die Marke kraft Verkehrsgeltung nunmehr wesentliche As-

301 Fezer MarkenR § 4 RN 146; Ingerl/Rohnke § 4 RN 21; Althammer-Klaka (6.A) § 4 RN 10; ebenso bei Marken nach § 4 Nr.3 MarkenG

302 Henning-Bodewig/Bastian in: AusstattungsHdB S.107 RN 1 f; zur Rechtslage vor den Reformen in Europa vgl. die Länderberichte im AusstattungsHdB. Eine gewisse Übersicht bietet Schricker in: AusstattungsHdB S.7, der eine rechtsvergleichende Einführung gibt.

303 Wenngleich die GMVO aber nationale Ausstattungsrechte als Widerspruchsgrund, Art.8 IV GMVO, und als Recht anerkennt, vermöge welchem die Benutzung unter bestimmten Voraussetzungen versagt werden kann, Art.107 GMVO.

304 Dies beruht aber darauf, daß gerade die großen Unterschiede im Recht der Mitgliedsstaaten einer Einigung entgegen standen.

305 Ausführlich dazu oben A.I. und Eisenführ in: FS GRUR II (1991) S.765 RN 61 ff; Reimer-Heydt (4.A) Bd.I Kap. 37 RN 1; Götting in: AusstattungsHdB S.199 RN 7 ff, 2 ff mit zahlreichen Verweisen auf weiterführende Literatur.

306 eindrücklich dazu Beier GRUR 1967, 628 (630)

307 BT-Drucks.12/6581 S.65; damit wurde der bereits von Beier in einem flammenden Plädoyer vorgetragene Gedanke endlich ins Gesetz aufgenommen, Beier GRUR 1967, 628 (631, 632 ff)

308 BT-Drucks. 12/6581 S.59 f, 66

pekte ihrer eigenständigen Berechtigung eingebüßt hat. Die Argumente waren einerseits die beschränkte Schutzmöglichkeit von Warenzeichen, welche die Eintragungsfähigkeit verschiedener Gestaltungen ausnahm, wie beispielsweise dreidimensionale Darstellungen, Hörzeichen oder abstrakte Farbkombinationen[309]. Diese sollten deshalb vom weiteren Begriff der Ausstattung aufgefangen werden[310]. Andererseits war ein wichtiger Vorteil der Ausstattung, daß dem Rechtserwerb kein mitunter langwieriges Verfahren vorgelagert war. Denn nach dem WZG war der Eintragung eines Warenzeichens das Widerspruchsverfahren vorgeschaltet, welches den endgültigen Rechtserwerb erheblich verzögern konnte[311].
Nunmehr gilt aber nach dem MarkenG für sämtliche Marken einheitlich der weite Markenbegriff des § 3 MarkenG. Insofern wurden die Voraussetzungen der unterschiedlichen Schutzrechte angeglichen. Darüber hinaus gestaltete man das Widerspruchsverfahren nicht mehr als eintragungshindernd aus, sondern hat es der Registrierung nachgeschaltet. Damit wurden - durch die Vorgaben in der MarkenRL für sämtliche EU-Staaten sogar einheitlich - die entscheidenden Hindernisse beseitigt, die nicht zuletzt aus praktischen Erwägungen für einen Verzicht auf die Eintragung sprachen und vielfach für ein Ausweichen in den rein von der Bekanntheit im Verkehr abhängigen Schutz sprachen.

4. Interesse des Rechtsverkehrs und Verkehrsschutz

Weiterhin wird durch das unabhängige Nebeneinander von ausschließlichen Markenrechten der Rechtsverkehr der Gefahr von Störungen ausgesetzt. Denn die Folge der den Marken neu zugestandenen Verkehrsfähigkeit ist, daß die einzelnen Marken in unterschiedlicher Weise übertragen oder belastet werden können, d.h. sowohl die separate Abtretung von Markenrechten ist dem Inhaber möglich, als auch die getrennte Vergabe von Sicherungs- und Nutzungsrechten. Die infolgedessen möglichen Kollisionen sich gegenseitig ausschließender Positionen müßten wiederum über die Priorität gelöst werden. Dies gilt sowohl beim Konflikt der Markenrechte selbst, als auch beim Zusammentreffen abgeleiteter Berechtigungen, welche die Priorität des Mutterrechts in Anspruch nehmen[312]. Diese potentielle Aufspaltung der Rechtslage, die im nachhinein wiederum über die Prioritätsregelung korrigiert werden müßte, stellt aber einen Umstand dar, der nur schwer begründbar ist. Warum sollte man vorher jemandem zwei oder mehr unabhängige Rechte an einem Zeichen zubilligen, wenn diese sich bei getrennter Verfügung gegenseitig eliminieren? Es wird in unnötiger Weise eine Rechtslage provoziert, die nachträglich wieder zu bereinigen ist. Dies ist zumindest hochgradig unökonomisch, wenn nicht gar eine Verwirrung über die Inhaberschaft sowie sonstige Berechtigungen am Zeichen einsetzt. Nicht

309 Vgl. dazu statt vieler Baumbach/Hefermehl WZG § 1 RN 59 ff, 62 ff

310 Dazu z.B. Götting in: AusstattungsHdB S.199, RN 7; Eisenführ in: FS GRUR II (1991) S.765 RN 57 ff; Beier GRUR 1967, 628 (629); Schricker in: AusstattungsHdB S.7 RN 18 f.

311 Gerade dies mag manche Zeichennutzer davon abgehalten haben, den Aufwand und die Kosten einer Eintragung zu vermeiden, vgl. Schricker in: AusstattungsHdB S.7 RN 19; Kur in: Neuordnung des Markenrechts in Europa (1997) S.134 (134)

312 Dies ergibt sich z.B. aus § 30 III MarkenG, der besagt, daß der Inhaber des abgeleiteten Rechts die Ansprüche des Inhabers gelten machen kann, sofern weitere Voraussetzungen vorliegen, die hier nicht interessieren.

zuletzt müßte, sollten die Prioritätsregeln nicht mehr weiterhelfen können, im Zweifel salomonisch das Recht beiden zugestanden werden[313].

Als problematisch wurde dies von Volkmer bereits bei der Zwangsvollstreckung in Marken erkannt, da eine Verwertung nur sinnvoll und erfolgreich vonstatten gehen könne, wenn sämtliche Markenrechte von ihr umfaßt werden[314]. Volkmer sucht dem Problem dadurch Herr zu werden, daß er einen Pfändungsantrag für sämtliche Markenrechte verlangt. Zudem forderte er eine nur einheitlich mögliche Übertragbarkeit von Marken[315]. Für die Zwangsvollstreckung wäre damit das Problem des gleichzeitig erforderlichen Zugriffs auf sämtliche Marken behoben. Bei Belastungen würde die Konsequenz aber nicht eingreifen, der Inhaber könnte weiterhin parallel Rechte an den einzelnen Markenrechten vergeben. Es bedarf folglich einer einheitlichen Verfügbarkeit über sämtliche Markenrechte. In diesem Fall liegt es aber näher, nur noch ein Markenrecht anzunehmen[316].

5. *Gründe für eine parallele Existenz bei Markenrechten*

Angesichts dessen ist man versucht, nach Gründen Ausschau zu halten, welche die mehrfache Berechtigung an einem Zeichen rechtfertigen kann. Dabei fallen einem die Eintragungshindernisse des § 8 II MarkenG ein, der territorial begrenzt mögliche Schutzbereich bei Marken nach § 4 Nr.2 MarkenG, die unterschiedlich mögliche Priorität oder auch die verschiedenartigen Beendigungsgründe, namentlich die mangelnde Benutzung bei eingetragenen Marken samt ihren unterschiedlichen Konsequenzen, §§ 25, 49 MarkenG.

a) *Unterschiedliche Schutzvoraussetzungen nach § 8 II MarkenG?*

Nur bedingt wird man sich darauf berufen können, daß die Registrierung wegen Unsicherheiten hinsichtlich der Voraussetzungen des § 8 II MarkenG untunlich erschien[317]. Denn die Verkehrsgeltung im Sinne des § 4 Nr.2 MarkenG ersetzt weder die Verkehrsdurchsetzung nach § 8 III MarkenG[318], noch kann sie die anderen Hindernisse der § 8 II Nrn.4-9 MarkenG, die analog auf

313 Es mag sein, daß diese Problematik keine sonderliche Relevanz entfalten wird, weil die Praxis sich hierauf einstellen wird und Erwerber von Marken und Teilrechten ihre Position ohnehin kaum nur an einer Marke eingeräumt wissen wollen. Wird aber die Marke im Vertrag nur beschrieben oder registrierte Marken mit der Registernummer bezeichnet, können durchaus Fragen über den Gegenstand der Verfügung aufkommen. Eventuell ließe sich in beiden Konstellationen über die Auslegung des Vertrags ein verträgliches Ergebnis finden. So will etwa Fezer Sicherungsübereignungen prinzipiell dahingehend auslegen, daß sämtliche Markenrechte erfaßt sein sollen, Fezer MarkenR § 27 RN 58. Dies darf aber nicht der Weisheit letzter Schluß sein, wenn die gesetzliche Regelung die inakzeptable Rechtslage provoziert.

314 Volkmer (1999) S.96. Ein ähnliches Ergebnis wurde oben für die Sicherungsgeschäfte festgestellt, was wegen der Vergleichbarkeit der Lagen nicht weiter überrascht, vgl.o. II.1.

315 Volkmer (1999) S.273, Anhang eines Vorschlags zur Änderung des Markengesetzes, § 27 I 2, VI 2 n.F.

316 ausführlicher hierzu sogleich unter 6.

317 So aber Kur in: Neuordnung des Markenrechts in Europa (1997) S.134 (134 f)

318 Zum Verhältnis von Verkehrsgeltung und -durchsetzung vgl. Ingerl/Rohnke § 4 RN 7, 16 mwN; Fezer MarkenR § 4 RN 103 f, 100; zu den Voraussetzungen einer Verkehrsdurchsetzung vgl. die zusammengefaßte Rspr. bei Berlit GRUR 2002, 636 (638 f).

jegliche Marken anzuwenden sind[319], überwinden. Bei mangelnder Unterscheidungskraft entsteht markenrechtlicher Schutz trotzdem erst mit Erreichen des höheren Bekanntheitsgrades des § 8 III MarkenG, während die übrigen Ausschlußgründe das Entstehen jedweder Markenrechte verhindern[320]. Folglich bietet die Marke kraft Verkehrsgeltung lediglich die Einsparung der Anmeldegebühr.

b) *Die Möglichkeit zur territorialen Begrenzung von Marken kraft Verkehrsgeltung*

Eine Besonderheit der Marke kraft Verkehrsgeltung ist ihre territorial beschränkt mögliche Existenz. Dies erlaubt ihr, lediglich örtliche Bedeutung zu erlangen und diese zu pflegen. Insbesondere braucht es in diesen Fällen den Inhaber des Zeichens nicht zu kümmern, was sich in anderen Gebieten der Republik abspielt. Dies ist vor allem für Unternehmen mit ausgeprägt lokal ausgerichteten Leistungen interessant[321]. Wäre es nur möglich, ein nationales Markenrecht zu erwerben, müßte das Zeichen im gesamten Bundesgebiet überwacht werden. Andernfalls würde der Inhaber Gefahr laufen, selbst im lokalen Bereich sich irgendwann Verwirkungseinwendungen gegenüber zu sehen, § 21 MarkenG. Dieser Unterschied ist als ein Argument für den Schutz kraft Verkehrsgeltung nicht von der Hand zu weisen. Jedoch betrifft er nicht die Fälle, in denen gerade bei einem Inhaber sowohl ein eingetragenes wie auch ein nicht eingetragenes Recht besteht. Folglich bricht das Argument zwar eine Lanze für den bekanntheitsabhängigen Schutz. Es vermag aber nicht die parallele Existenz von Markenrechten bei einem Inhaber zu rechtfertigen.

c) *Die unterschiedliche Priorität der Markenarten*

Der je Marke unterschiedlich möglichen Priorität kommt nur dann gesteigerte Bedeutung zu, wenn die der eingetragenen Marke jünger sein sollte als die eines der anderen Markenrechte. Denn sie läßt sich am einfachsten durch einen Blick ins Markenregister nachweisen. Hingegen bedarf es bei Marken kraft Bekanntheit regelmäßig eines aufwendigen und teuren demoskopischen Gutachtens[322]. Daher kann es für den Markeninhaber bereits sinnvoll sein, sich lediglich auf die Priorität kraft Eintragung zu berufen. Doch selbst in den Fällen, in denen darüber hinaus

---

319 Einerseits wird dies aus der Gleichwertigkeit der Marken bzw. der Widersprüchlichkeit bei einem Schutz nach § 4 Nr.2 im Gegensatz zum Schutz nach § 4 Nr.1 MarkenG abgeleitet, so Fezer MarkenR § 4 RN 101, Ingerl/Rohnke § 4 RN 7. Andererseits läßt sich dies nicht nur systematisch sondern auch teleologisch begründen und aus dem hinter den Ausschlußgründen des § 8 II MarkenG liegenden, als besonders schutzwürdig erachteten Rechtsgütern erklären. Ihre Schutzwürdigkeit kollidiert prinzipiell mit der Ausschließlichkeit eines Markenrechts und ist allgemein höher zu bewerten als das Interesse eines potentiellen Zeichenverwenders. Bei der fehlenden Unterscheidungskraft ist dies dagegen nur solange der Fall, bis der gegen Verwechslungen zu schützende Verkehr dem Zeichen eine entsprechende Unterscheidungsreife beimißt. Sie ist mit der Verkehrsdurchsetzung erreicht und muß daher auch für sämtliche Marken gelten; näher dazu unten Kapitel 6 B.I.1.b.

320 Ingerl/Rohnke § 4 RN 7; Fezer MarkenR § 4 RN 99, 101 f

321 Als Beispiele kämen speziell lokal bis regional geprägte Dienstleistungsunternehmen in Betracht wie etwa Veranstaltungsorganisatoren.

322 Vgl.o. II.1.a.

ein Interesse an der Priorität weiterer Markenrechte besteht, könnte man diesem ohne parallele Berechtigungen gerecht werden, indem man der Eintragung auch die ältere Priorität eines bereits vorher existierenden Markenrechts zugrunde legen könnte[323]. Zudem würde darüber hinaus eine bessere Informationsmöglichkeit der am Entstehungszeitpunkt der Marke interessierten Kreise erreicht. Dies hätte Vorteile sowohl für Dritte, die unschwer einen besseren Einblick in die wahre Rechtslage erlangen und früher die Erfolgsaussichten einer Klage absehen könnten, als auch für den Inhaber, der so mitunter Verletzungsprozessen vorbeugen kann.
Eine Schwierigkeit ergibt sich aber aus der Kombination der Priorität mit der territorialen Begrenzung einzelner Markenrechte. Denn würde die Priorität der Marke kraft Verkehrsgeltung der Eintragung zugrunde gelegt werden können, würde die eventuell nur örtlich begrenzte Priorität auf das gesamte Bundesgebiet ausgedehnt. Zwischenzeitlich in anderen Landesteilen erworbene Rechte würden damit angreifbar, eine bereits erworbene Rechtsposition könnte vernichtet werden. Doch kann dem auf andere Weise abgeholfen werden. Beispielsweise wäre es problemlos möglich, der Prioritätserstreckung lediglich relative Wirkung beizumessen, die ihre Grenze in bereits bestehenden anderen Markenrechten findet. Im Ergebnis kann dieser Umstand daher nicht als zwingendes Argument für die mehrfache Markeninhaberschaft an einem Zeichen dienen.

d) Unterschiedliche Gründe der Beendigung des Zeichenschutzes

Schließlich kämen die teilweise unterschiedlichen Beendigungsgründe als rechtfertigendes Moment für die Mehrfachberechtigung in Betracht. Kann die eingetragene Marke mangels Benutzung innerhalb einer Zeitspanne von 5 Jahren gelöscht werden, § 49 MarkenG[324], so hängt im Gegensatz dazu die Markeneigenschaft der § 4 Nrn.2, 3 MarkenG allein von der jeweiligen Bekanntheit ab. Eine Marke, die sich im Verkehr durchgesetzt hat, nun aber nicht mehr benutzt wird, trotzdem aber weiter hinreichend im Bewußtsein des Verkehrs verankert ist, würde weiter bestehen bleiben[325]. Doch ist auch hier eine unterschiedliche Behandlung der Marken nicht zwingend erforderlich. So könnte eine eingetragenen Marke bei Nachweis der Verkehrsgeltung erst mit dem Verlust der entsprechenden Bekanntheit löschungsreif werden - entsprechend zur Eintragbarkeit der Priorität. Eine frühere Löschung aufgrund mangelnder Benutzung brächte ohnehin keinen Vorteil. Neueintragungen könnten aufgrund der weiterhin bestehenden Verkehrsgeltung verhindert werden. Zwar hat der Zwang zur Benutzung das Ziel, daß Marken auch tatsächlich zur Kennzeichnung eingesetzt werden. Weil aber Zeichen mit Verkehrsgeltung wei-

323 so auch der Vorschlag von Volkmer, (1999) S.274

324 Doch schon die lediglich noch lokale Benutzung verhindert die Löschung, vgl. BGH GRUR 1986, 168 (169); 1985, 926 (927); Fezer MarkenR § 26 RN 37.

325 Beispielhaft, trotz zusätzlicher Gesichtpunkte BGH NJW 2002, 3332 = GRUR 2002, 967-Adlon; weiterhin etwa die Schokoriegel-Marke „Raider", die trotz der Umstellung auf „Twix" Verkehrsgeltung genießen dürfte. Aber abgesehen von diesem seltenen Fall wird sich der Unterschied kaum bemerkbar machen, selbst in der Insolvenz eines Markeninhabers. Denn die Marke mit Verkehrsgeltung wird ein Objekt darstellen, um das sich die Gläubiger reißen werden. Sollte dies nicht der Fall sein, würde mit Liquidation des Unternehmens auch die Marke kraft Verkehrsgeltung mangels eines Inhabers untergehen und sich der Unterschied auf andere Weise einebnen.

terhin einen beträchtlichen Wert besitzen, erscheint es auch sinnvoll, sie nicht einfach zur Aneignung durch Dritte freizugeben.

Der andere Fall, daß ein eingetragenes Zeichen zwar weiter benutzt wird, seine Verkehrsgeltung aber verloren hat, gewinnt nur dann Bedeutung, wenn das Markenrecht kraft Eintragung die Priorität des materiellen Markenrechts in Anspruch nehmen will. Nach derzeitiger Rechtslage wäre dies nicht möglich, anders als bei der hier vorgeschlagenen Eintragungsmöglichkeit der sachlichen Priorität. Daß hieraus aber dem Markeninhaber auf Kosten Dritter übermäßig Vorteile erwachsen würden, wenn er die alte Priorität beibehalten darf, ist nicht ersichtlich.

e) Zusammenfassung

Aus alledem läßt sich zusammenfassend festhalten, daß mit der Möglichkeit der territorialen Begrenzung einer Marke kraft Verkehrsgeltung ein Umstand vorliegt, der für den Erhalt dieser Markenform spricht. Es konnten aber keine Argumente gefunden werden, die für die mehrfache Markenberechtigung eines Zeicheninhabers sprechen. Zwar bestehen mit der Priorität oder den Beendigungsgründen Unterschiede zwischen den einzelnen Markenarten. Diese können aber keinen hinreichenden Grund liefern, der die unabhängige parallele Existenz rechtfertigt.

6. Schlußfolgerung

Wertet man die genannten Aspekte, so fällt es schwer, weiter an parallelen Marken festhalten zu wollen. Nicht nur daß kein wesentlicher Grund dafür spricht, weil insbesondere die Umstände beseitigt wurden, die noch unter dem WZG zurecht die Angleichung der Rechte fordern ließ. Sondern es sprechen mit der tatsächlichen Sichtweise, dem Schutz des Rechtsverkehrs sowie ökonomischen Argumenten beachtliche Gründe gegen die mehrfache Berechtigung an ein und demselben Zeichen. Das durchaus berechtigte Interesse am Schutz von Zeichen mit Verkehrsgeltung und die Besonderheit der territorialen Beschränkbarkeit läßt es jedoch angebracht erscheinen, nicht wie in Markengesetzen anderer Länder ganz auf den markenrechtlichen Schutz zu verzichten. Abzulehnen sind aber parallele und voneinander unabhängige Markenrechte. Als Alternative bieten sich zwei Möglichkeiten an:

Zum einen könnte die unabhängige Verfügbarkeit über die parallelen Markenrechte aufgehoben werden. Über die Markenrechte könnte quasi nur noch im Bündel verfügt werden, sie würden aber ihre Eigenständigkeit behalten. Zum anderen könnte man die in § 4 Nrn.1-3 MarkenG geregelten Entstehungstatbestände als Alternativen ausgestalten, die allesamt zum selben Markenrecht führten. Bei Erfüllen eines Sachverhalts würde das Markenrecht entstehen und erst untergehen, wenn keiner der Tatbestände mehr vorläge. Der zweiten Alternative ist indes der Vorzug zu geben. Denn sie entspricht der rechtlichen Erscheinung der Marke als ein dem Eigentum entsprechend die Zuordnung regelndes und damit ausschließliches Recht. Sie wird zudem der natürlichen Sichtweise gerecht. Auf der anderen Seite wirkt die Konstruktion der ersten Alternative umständlich und gekünstelt, schafft sie zuerst unterschiedliche Rechte, um sie hernach wieder aneinander zu binden.

Um aber das hier angeratene Zusammenspiel der einzelnen Entstehungstatbestände zu ein und demselben Recht annehmen zu können, bedarf es verschiedener Änderungen im Gesetz. So sollte insbesondere die unterschiedliche Priorität eintragbar, ein territorial begrenzter Schutz von Marken möglich und die Löschung bis zum Verlust der Verkehrsgeltung aufgeschoben werden. Der Vorschlag kann daher nur als Anregung für eine Weiterentwicklung der aktuellen Gesetzeslage verstanden werden. Da aber der Gesetzgeber mit der Reform des Kennzeichenrechts die Neuausrichtung des Rechtsgebiets bezweckte[326], ist ihm zu empfehlen, diesen Weg fortzuschreiten und das kumulative Nebeneinander der Markenrechte in der Hand eines Zeicheninhabers zu beseitigen. Obgleich die durch § 4 Nrn.2, 3 MarkenG erfolgte Aufwertung berechtigterweise geschah, wirkt doch der momentane Zustand wie ein überliefertes Relikt einer früheren, aber überholten Rechtsentwicklung, gleichsam ein bereits bei seiner Geburt zum Fossil erstarrter Zeitzeuge markenrechtlicher Geschichte.

IV. Nationale Marke und Gemeinschaftsmarke

Parallel zum nationalen Markenschutz kann der Zeicheninhaber im Inland auch Schutz mittels einer europäischen Gemeinschaftsmarke genießen. Denn aufgrund ihrer Unabhängigkeit und EU-weiten Wirkung tritt sie neben die Markenrechte der Mitgliedsstaaten[327].

Für Sicherungsgeschäfte bedeutet dies, daß bei der Bestellung einer Sicherheit an einer Marke die parallel mögliche Gemeinschaftsmarke bedacht werden sollte. Ob zugunsten des Sicherungsgebers eine solche besteht, ist durch Recherche beim Harmonisierungsamt für den Binnenmarkt (HABM) problemlos feststellbar. Denn sie kann anders als der nationale Markenschutz lediglich durch Eintragung begründet werden, Art.9 GMVO. Als fungibles Gut kann an ihr ebenfalls eine Sicherheit bestellt werden, was wegen der gleichlaufenden Berechtigung auch zu empfehlen ist[328]. Dies wird vielfach schon deshalb erforderlich sein, weil der Inhaber einer nationalen Marke deren Priorität auf die Gemeinschaftsmarke übertragen lassen kann, Art.34 GMVO. Damit bliebe bei der Beleihung nur der nationalen Marke daneben immer eine gleichberechtigte Position existent. Man wird auch nicht in der Verfügung über die nationale Marke eine konkludente Vereinbarung hinsichtlich der Gemeinschaftsmarke sehen können. Denn als eigenständiges Recht mit insbesondere teilweise unterschiedlichem Inhalt[329] und vor allem erheblich unterschiedlicher Reichweite wird sich der Wille des Sicherungsgebers nicht ohne weiteres dahingehend verstehen lassen. Bei einer Sicherheit an der Gemeinschaftsmarke ist aber darauf zu achten, daß dieses Rechtsgeschäft anderen Voraussetzungen unterworfen ist, weshalb insbesondere die Eintragung in das Gemeinschaftsmarkenregister dringend zu empfehlen ist[330].

---

326 BT-Drucks. 12/6581 S.1, 54, 59

327 Ingerl, Gemeinschaftsmarke (1996) S.28 f; zu den Unterschieden von nationaler und Gemeinschaftsmarke Rohnke GRUR Int 2002, 979.

328 Vgl. zur insoweit übertragbaren Argumentation oben II.1.

329 Stellvertretend sei hier nur auf die unterschiedlichen Übertragungsvoraussetzungen, Art.17 III GMVO, und die differierende Bedeutung des Registers, vgl. Artt.17 VI, 23 GMVO, hingewiesen.

330 Es sei hier insbesondere nochmals auf die Artt. 17 VI, 23 GMVO hingewiesen, nach denen Dritten gegenüber nur Rechte hergeleitet werden können, wenn die Rechtsänderung im Register eingetragen wurde. Fehlt es daran, so ist nach dem Recht der Gemeinschaftsmarke insbesondere auch ein gutgläubiger, las-

V. Zusammenfassung

Nach der derzeitigen Gesetzeslage begründen die Tatbestände der § 4 Nrn. 1-3 MarkenG eigenständige Markenrechte, mit der Folge, daß ein Markeninhaber an ein und demselben Zeichen bis zu drei nationale und zudem eine Gemeinschaftsmarke besitzen kann. Würde die Sicherheit nicht alle Markenrechte gleichermaßen erfassen, könnte sie erhebliche Einbußen erleiden, die bis hin zum Verlust der Sicherheit reichen können, wenn das Sicherungsrecht nicht am prioritätsältesten Markenrecht bestellt wurde. Deshalb ist darauf zu achten, daß sämtliche Berechtigungen des Sicherungsgebers am Zeichen von der Sicherung erfaßt werden. Dazu sollte einerseits die Sicherheit pauschal an allen möglichen nationalen Rechten vereinbart werden. Bestehen sie (noch) nicht, gehen die Verfügungen nur ins Leere, haben aber für die Wirksamkeit der anderen Verfügungen keine Bedeutung. Andererseits sollten mögliche künftige bekanntheitsabhängige Markenrechte ebenfalls zum Gegenstand der Vereinbarung gemacht werden. Lediglich bei der Sicherungsübertragung eingetragener Marken ist dies wegen § 26 II MarkenG nicht erforderlich. Sollte bei Bestellung der Sicherheit lediglich ein materielles Markenrecht vorliegen, ist darauf zu dringen, das Zeichen zur Eintragung anzumelden, damit am Anwartschaftsrecht ebenfalls eine Sicherheit bestellt werden kann. Bei Sicherungsrechten an der Gemeinschaftsmarke ist darauf zu achten, daß für die Wirksamkeit andere Anforderungen gelten als bei den nationalen Rechten.

Auf diese Weise läßt sich zwar der Umstand der mehrfachen Berechtigung eines Inhabers an einem Zeichen in den Griff bekommen. Trotzdem ist an dieser Rechtslage Kritik zu üben. Sie ist nur schwer mit der dem Eigentum vergleichbaren Zuordnungsfunktion der Marke und der daraus abgeleiteten ausschließlichen Berechtigung in Einklang zu bringen. Zudem widerspricht sie der natürlichen Sichtweise und ist ökonomisch mit einem Fragezeichen zu versehen, weil sie unnötig die Gefahr auseinanderfallender Berechtigungen schafft, die wieder über die Priorität zu korrigieren sind. Eventuell werden diese Zustände sogar nicht mehr reparabel sein. Weil aber der markenrechtliche Schutz von Zeichen aufgrund Verkehrsgeltung seine Berechtigung hat, wird angeraten, die in § 4 Nrn. 1-3 MarkenG geregelten Entstehungstatbestände als alternative Möglichkeiten zur Begründung eines (!) Markenrechts auszugestalten. Hierzu sind verschiedene Änderungen im Gesetz beispielsweise zur Priorität, zu den Beendigungsgründen und auch zur territorialen Begrenzung bei auf Verkehrsgeltung beruhenden Markenrechten erforderlich. In der heutigen Form entspricht die Rechtslage eher einer Reminiszenz an eine ehemals stattgefundene Entwicklung im Markenrecht, die inzwischen überholt ist.

B. Marken gleichzeitig als sonstiges Kennzeichenrecht

Marken können gleichzeitig die Voraussetzungen für ein anderes Kennzeichenrecht erfüllen bzw. ein sonstiges Kennzeichenrecht kann mit einer Marke identisch sein. Dies führt insbesondere dann zu Schwierigkeiten, wenn das andere Recht bei Verfügungsgeschäften anderen Regeln folgt. Beispielsweise können Kennzeichen den Persönlichkeitsrechten zuzuordnen sein,

---

tenfreier Erwerb durch Dritte möglich, vgl. Ingerl, Gemeinschaftsmarke (1996) S.113; Fammler WRP 2006, 534 (539) Um dies zu vermeiden ist daher die Eintragung erforderlich.

welche ihrer Natur nach nicht übertragbar und einer Verwertung allenfalls bedingt zugänglich sind. Daher ergibt sich in diesen Fällen das Problem, wie sich die unterschiedlichen Eigenschaften der Rechte wechselseitig beeinflussen. So ist denkbar, daß durch die Identität der Zeichen sich die Eigenschaften des anderen Kennzeichens unmittelbar auf das Markenrecht auswirken und damit die Verfügbarkeit und der Gebrauch als Sicherungsgut eingeschränkt wird. Aus diesem Grund ist zu untersuchen, ob und inwieweit andere Kennzeichenrechte an dem der Marke zugrunde liegenden Zeichen den Einsatz als Sicherungsmittel gefährden können.

Als sonstige Kennzeichenrechte, die an einem Zeichen bestehen können, kommen zum einen die untereinander eng verwandten Firmen, Geschäftskennzeichen und Namensrechte in Betracht, zum anderen die im MarkenG nun zusammengefaßten sonstigen Kennzeichenrechte der geographischen Herkunftsangabe, dem Kollektivzeichen sowie dem Werktitelschutz.

I. Die Marke im Zusammentreffen mit einem Namensrecht im weiteren Sinn

Dem Namen, der Firma wie auch dem Geschäftskennzeichen ist gemein, daß sie der personalen Identifizierung dienen. Der Name fungiert zur Unterscheidung von Personen, § 12 BGB [331]. Die Firma bildet den Handelsnamen eines Kaufmanns bzw. einer Handelsgesellschaft, mit der im Geschäftsverkehr aufgetreten wird, §§ 17 I, 6 I HGB, und dient daher der Identifizierung im geschäftlichen Verkehr. Die Geschäftskennzeichen nach § 5 II MarkenG sind Kennzeichnungen, die ebenfalls zur Individualisierung eines Geschäftsbetriebs eingesetzt werden können. Damit verbindet die drei Kategorien ein personaler Bezug zu einer Person, einer Personengemeinschaft oder einer juristisch verselbständigten Einheit. Sie unterscheiden sich hierdurch von Marken, welche zur Unterscheidung von Waren und Dienstleistungen bestimmt sind. Die Marke wurde zu einem unabhängigen dinglichen Recht[332]. Daher muß es zwangsläufig zu einem Spannungsverhältnis kommen, wenn sie mit einer an ein Persönlichkeitsrecht angelehnten Position zusammentrifft.

1. Marke und Namensrecht

Marke und Namensrecht treffen dann zusammen, wenn zur Bezeichnung von Waren oder Dienstleistungen zumindest neben anderem der Name einer Person, ob natürlich oder juristisch, verwandt wird, sog. Namensmarke[333]. Es kann der eigene des Markenverwenders sein oder auch der Name Dritter[334]. Anders als in anderen Rechtsordnungen[335] ist dies nach deutschem

331 BGHZ 30, 7 (9); MüKo-Schwerdtner § 12 RN 1; Soergel-Heinrich (13.A) § 12 RN 2

332 Zur Entwicklung des Markenrechts vgl.o. Kap. 1 B. Einen kurzen Überblick über die Entwicklung der Marke, die anfänglich ebenfalls als ein Persönlichkeitsrecht angesehen wurde, bietet Götting (1995) S.113 ff.

333 Zu den unter § 12 BGB zu subsumierenden Bezeichnungen vgl. Staud-Weick/Habermann § 12 RN 2 ff; Klippel (1985) S.305 ff.

334 Zur Verwendung der Namen von bekannten Persönlichkeiten vgl. etwa Ah-Yue Lou MA 1991, 404. Als Beispiele mögen die Namen bekannter Sportler für Sportbekleidung, aber auch für Automobile einer „special edition" dienen.

Recht problemlos möglich. Denn für die Eintragung kommt es allein auf die Unterscheidungsfähigkeit und das Fehlen von Freihaltebedürfnissen an. Dies wird bei Namen regelmäßig der Fall sein[336].

a) *Die unterschiedlichen Ansichten zur Namenslizenz im Rahmen des § 12 BGB*

Solange der Markeninhaber gleichzeitig der Namensträger ist, treten keine Schwierigkeiten auf, da es ihm überlassen ist, ob er seinen Namen als Bestandteil einer Marke einsetzen möchte oder nicht. Erst wenn die Berechtigungen auseinanderfallen stellt sich die Frage nach dem Verhältnis zueinander. Denn die Marke gibt ihrem Inhaber ein Benutzungsrecht, der Name als Teil des Persönlichkeitsrechts erlaubt dagegen seinem Träger, unautorisierten Gebrauch zu verbieten, § 12 BGB[337]. Der Schlüssel für das Verhältnis beider Positionen zueinander liegt in einer Gebrauchsbefugnis nach § 12 BGB. Allgemein anerkannt kann der Namensträger den Gebrauch anderen gestatten, sog. Namenslizenz[338]. Konstruktiv wird dies unterschiedlich gelöst. Gemeinsam ist den Meinungen, daß der Name selbst wegen seines persönlichkeitsrechtlichen Einschlags nicht übertragen werden kann. Jedoch vertritt eine Ansicht, daß der Name als außerhalb der Person liegendes Recht und wegen des ihm immanenten Werts wie ein Immaterialgüterrecht zu behandeln sei und erlaubt daher die Vergabe dinglicher Nutzungsrechte[339]. Zurecht nimmt aber die h.M.[340] ein reines Persönlichkeitsrecht an, das trotz seiner vermögensrechtlichen Bedeutung weder übertragen noch belastet werden kann. Folglich handle es sich bei der Namenslizenz um einen schuldrechtlichen Verzicht auf das Geltendmachen des Unterlassungsanspruchs aus dem Namensrecht[341]. Trotzdem soll es auch nach der h.M. möglich bleiben, daß sich einzelne Bereiche des Persönlichkeitsrechts vermögensrechtlich verselbständigen

335 Zur Rechtslage nach u.s.-amerikanischem Recht, wo dem Namen grundsätzlich keine Unterscheidungskraft zugesprochen wird, er diese aber durch entsprechende Verwendung zur Unterscheidung von Waren erwerben kann, vgl. Götting (1995) S.249 ff (insb. 251)

336 Selbst bei einem weit verbreiteten Namen wie Müller oder Schmidt kann die Unterscheidung leicht erreicht werden, indem ein Zusatz aufgenommen wird. Der Name bleibt trotzdem wesentlicher Bestandteil der Warenkennzeichnung, weshalb die Fragen aufgrund des Zusammentreffens von Marke und Namen dieselben bleiben, vgl. dazu Knaak (1979) S.17; Götting (1995) S.108.

337 Denn ein hinreichendes Interesse des Namensträgers kann immer angenommen werden, so schon RGZ 74, 308 (310 f); vgl. weiterhin Götting (1995) S.108; Volkmer (1999) S.100. Eine andere Frage, auf die hier nicht einzugehen ist, stellt es dar, wann dem Namenseigner ein Anspruch nach § 12 BGB zustellen soll. Denn handelt es sich um eine Geschäftsbezeichnung, gehen die §§ 5, 15 MarkenG einem Anspruch nach § 12 BGB vor, vgl. BGH NJW 2002, 2031 (2032 f)-shell.de; BGH NJW 2002, 2096 (2097)-vossius.

338 Vgl. statt vieler MüKo-Schwerdtner § 12 RN 76 mwN; Staud-Weick/Habermann § 12 RN 42 ff; Gauß WRP 2005, 570 (579f).

339 So etwa Forkel NJW 1993, 3181 (3181 ff); Klippel (1985) S.497 ff mwN in FN 36 f (S.492), der beim Namensrecht von einer Doppelnatur ausgeht; ähnlich wohl auch Canaris, HandelsR (22.A) § 10 II d. (S.161), der bei der Firma nach alter Rechtslage von einem beschränkt dingl. Recht am Namen ausgeht. Für den geschäftlichen Verkehr auch MüKo-Schwerdtner § 12 RN 19 f.

340 Vgl. nur die Zusammenstellung bei Staud-Weick/Habermann § 12 RN 35 ff

341 Dogmatisch sehr gut aufgearbeitet wurde dies von Köhler in: FS Fikentscher (1998) S.494 ff (insb S.500 ff) mwN.

und zu einer eigenständig belastbaren oder gar übertragbaren Position und damit zu einem Immaterialgut werden[342].

b) Die Namensmarke als dingliche Abspaltung vom Namensrecht?

Daß es sich bei einer aus einem Namen gebildeten Marke um einen vermögensrechtlich verselbständigten Teil des Namens handelt, kann nicht angenommen werden. Zwar wurde die Marke anfänglich aus dem Persönlichkeitsrecht abgeleitet. Doch hat sie sich längst, auch schon unter dem WZG, des persönlichkeitsrechtlichen Bezugs entledigt[343]. Sie weist mit der Unterscheidung von Waren und Dienstleistungen ausschließlich objektive Bezüge auf und hebt sich damit gerade vom Namen ab. Auch der Hinweis auf die Herkunft stellt nur eine Funktion der Marke dar und genügt nicht, eine hinreichende Verwandtschaft zu begründen. Auch ist abzulehnen, daß die Namensmarke ein dingliches Nutzungsrecht am Namen darstellt. Dagegen ist mit der herrschenden Meinung einzuwenden, daß der Name als reines Persönlichkeitsrecht anzusehen ist, das einer dinglichen Belastung nicht zugänglich ist[344]. Fällt Namens- und Markenrecht auseinander, bedarf es daher einer besonderen Befugnis des Markeninhabers, damit er sich nicht einem Anspruch nach § 12 BGB ausgesetzt sieht.

c) Die Namensmarke als Verzicht auf die Ansprüche aus § 12 BGB

Die Berechtigung eines Dritten zum Gebrauch der aus dem Namen gebildeten Marke muß sich daher aus schuldrechtlichen Gesichtspunkten ergeben. Ohnehin soll für eine Befugnis im Sinne des § 12 BGB ausreichen, daß sich der Verwender auf ein schutzwürdiges Interesse berufen kann[345]. Hier nun kommt durch den freiwilligen Einsatz des Namens als Bestandteil der Marke zudem ein Verzicht des Namensträgers auf seine Ansprüche aus § 12 BGB in Betracht. Wann ein solcher vorliegen soll, wird unterschiedlich beurteilt.

aa) Bisherige Sichtweise des BGH

Der BGH[346] machte früher die Übertragung der Namensmarke an den Voraussetzungen fest, die für die Übertragung der Firma des Markeninhabers galten. Er begründete dies mit dem engen

342 Bedingt ist dies beispielsweise am Recht des eigenen Bildes erfolgt, welches zwar weiterhin als Persönlichkeitsrecht gilt, aber als ein geldwertes Sonderrecht gesetzlich anerkannt wurde, § 22 KUG, näher dazu Götting (1995) S.41 ff, insb. S.49 ff. In Zukunft ist zu erwarten, daß dies auch in anderen Bereichen in zunehmenden Maße stattfinden wird.

343 Vgl.o. Kap.1 C.I.2. Einen Überblick über die Entwicklung des Markenrechts bietet etwa Götting (1995) S.113 f mwN; ausführlicher ders. in: FS Beier (1996), S.233. Einen persönlichkeitsrechtlichen Ansatz vermag selbst die Herkunftsfunktion der Marke nicht zu bieten, die unter dem WZG neben der Unterscheidung als die einzige Aufgabe der Marke angesehen wurde und auch unter dem MarkenG Bestand haben soll, vgl. dazu oben Kap. 1 B.I.1.a.bb., C.I.6.d. Denn die Marke will Waren bzw. Dienstleistungen kennzeichnen. Ebenso mußte sich der Hinweis auf den Hersteller nicht aus dem Zeichen selbst ergeben.

344 Überzeugend vor allem die Ausführungen von Köhler in: FS Fikentscher (1998) S.494 (S.501 f); **a.A.** Klippel S.497 ff.

345 Zu Gründen für einen befugten Gebrauch vgl. Staud-Weick/Habermann § 12 RN 310 ff; MüKo-Schwerdtner § 12 RN 114 ff

346 BGHZ 32, 103 (113 f)-Vogler; BGHZ 109, 364 (366 ff) = GRUR 1990, 601-Benner; daran festhaltend Starck WRP1994, 699 (700); wohl auch Gauß WRP 2005, 570 (580).

Bezug der Marke zum Unternehmen, welcher die Marke lediglich als Annex zur Firma erscheinen lasse. So forderte er bei Namen, die nach dem alten Firmenrecht gezwungenermaßen in die Firma aufgenommenen werden mußten, die Einwilligung des Namensträgers. Durch die vorgegebene Firmenbildung nach §§ 18 I, 6 I HGB a.F. müsse der Kaufmann zwangsweise seinen Namen einsetzen. Folglich bleibe ihm aufgrund des personalen Charakters des Namens und der ihm allein zustehenden Entscheidungshoheit die Vergabe einer Gebrauchserlaubnis an Dritte vorbehalten. Gleiches müsse wegen der Verbindung zum Unternehmen und damit zur Firma für die Marke gelten. Folgerichtig verzichtete er auf die Zustimmung, wenn die Firma, wie bei den Kapitalgesellschaften, frei gebildet werden konnte[347]. Selbst wenn der BGH nun in jüngerer Rechtsprechung betont, dass sowohl Marken wie auch Firmen mit Namensbestandteilen frei übertragbar seien, verzichtet er damit (noch) nicht zwingend auf die – inzident – erteilte Einwilligung, sondern betont lediglich, dass diese Rechte einen Wandel vom Persönlichkeits- zu einem frei verfügbaren Recht durchgemacht haben[348].

bb) Kritik der Literatur

Diese Sichtweise wurde teilweise in der Literatur kritisiert[349]. Denn der Zwang, der bei der Firmenbildung gelte, fand hinsichtlich der Gestaltung von Marken schon unter dem WZG keine Entsprechung. Der Verwender von Marken war in keiner Weise daran gebunden, die Firma oder gar den Namen selbst in die Marke aufzunehmen. Wer aber in Ausübung seiner wirtschaftlichen Selbstbestimmung über seinen Namen disponiere, dürfe sich später nicht wieder auf sein Persönlichkeitsrecht zurückziehen[350].

cc) Stellungnahme

Die Ansicht der Literatur hat zwar manches für sich. Sie würdigt aber die alte Rechtslage nicht in ausreichendem Maße. Dem Warenzeichen kam allein eine Hinweisfunktion auf den Hersteller zu. Ihr konnte nicht besser entsprochen werden als über eine Identität zwischen Marke und Firma. Nahm also ein Verwender eines Warenzeichens dessen Funktion ernst, wäre er auch noch hinsichtlich der Dispositionsfreiheit über seinen Namen bestraft worden. Zudem konnte er aufgrund des Akzessorietätsprinzips darauf vertrauen, daß das Zeichen mit seinem Unternehmen und der Firma fest verbunden ist. Der BGH durfte daher berechtigterweise von einem Annex sprechen, auch wenn in der Praxis die rechtliche Konstruktion vielfach durchbrochen wurde.

Konsequenterweise müßte der BGH diese Rechtsprechung aber nunmehr aufgeben. Denn die Marke ist inzwischen weder an den Geschäftsbetrieb gebunden, noch als strenger Herkunftshinweis zu verstehen. Obendrein muß seit der Reform des Handelsrechts von 1998 auch eine

347 Näher zur Übertragbarkeit der Firma sogleich unter 2.b.

348 BGH GRUR 2000, 709 (713)-Marlene Dietrich; vgl.a. BGH GRUR 1996, 422 (423)-J.C.Winter; **a.A.** Brämer S.176 ff.

349 Einen sehr guten Überblick über die vertretenen Meinungen zum Verhältnis des Namens zu den Immaterialgüterrechten bietet Koos GRUR 2004, 808 (810 ff).

350 So Götting (1995) S.116 f mwN; ihm folgend Volkmer (1999) S.107 f; Steinbeck NZG 1999, 133 (139 f); vgl.a. Woeste S.120; keinen Konflikt zwischen Namens- und Markenrecht sieht Brämer S.176 f, begründet dies aber nur über § 27 MarkenG; vgl.a. den guten, aber der neueren Tendenz kritisch gegenüberstehenden Aufsatz von Koos GRUR 2004, 808 (insb. 813 ff).

Firma nicht mehr mit dem Namen des Kaufmanns gebildet werden. Es genügt nunmehr eine allgemeine Unterscheidbarkeit, § 18 I HGB n.F. Ob der BGH und die wohl noch herrschende Meinung ihre Sichtweise aufgeben werden, bleibt noch abzuwarten. Denn der Eigengebrauch des Namens als Zeichen ist rechtlich wie tatsächlich klar von einer Namenslizenz zu trennen. Nicht jeder, der seinen Namen zur Kennzeichnung verwendet, wird mit dem Gebrauch durch Dritte einverstanden sein. Aufgrund des Persönlichkeitsrechts muß die Entscheidung hierüber aber dem Namensträger vorbehalten bleiben[351]. Dagegen ist aber einzuwenden, daß der Einsatz des Namens als Marke diesen kommerzialisiert[352]. Schließlich werden Marken nunmehr von Gesetzes wegen als verwertbare Vermögensgüter angesehen, worauf sich der künftige Markeninhaber bei der Wahl seines Zeichens einzustellen hat. Verwendet er den Namen als Bestandteil einer Marke, so ist darin die Disposition über die aus dem Namen abgeleiteten Ansprüche enthalten. Andernfalls wäre es ihm möglich, die freie Verfügbarkeit der Marke auf einfache Weise zu beseitigen und so eine wesentliche gesetzgeberische Entscheidung leerlaufen zu lassen[353].

Bei Sicherungsgeschäften tritt noch ein weiterer Aspekt hinzu. Da sie durchweg die Verwertung der Marke zum Gegenstand haben, ist in der Vereinbarung zumindest konkludent eine entsprechende Namenslizenz des Markeninhabers als Namensträger enthalten. Ansonsten wäre der Vertragszweck nicht zu erreichen. Beriefe der Namensträger sich trotzdem auf seine fehlende ausdrückliche Einwilligung, würde er sich widersprüchlich im Sinne eines venire contra factum proprium verhalten[354], der Einwand wäre unerheblich. Die sich aus dem Sicherungsgeschäft ergebende Erlaubnis wird bei der Verwertung an den Dritten abgetreten, so daß dieser sich gleichfalls gegen Ansprüche des Namensträgers nach § 12 BGB geschützt wissen darf.

d) Grenzen der Namenslizenz

Mit der einmal erteilten Namenslizenz hat der Namensgeber aber nicht jegliche Möglichkeit der Einflußnahme auf die Verwendung seines Namens eingebüßt. So entschied der BGH bereits, daß der Erwerber mit der Marke nicht die Befugnis erlangt hat, selbst den Namen zu führen. Er bleibt an die Gestalt gebunden, die der Name in der Marke gefunden hat[355]. Auch darüber hinaus ist dem Träger des Namens ein Schutz zuzuerkennen. Denn durch die Namensnennung können durch den Gebrauch hervorgerufene Eindrücke auf ihn zurückfallen. Bereits zum parallel liegenden Firmenrecht wurde daher dem Namensgeber ein Recht zuerkannt, gegen ein seinen

351 Denn ein Grund der Rspr., bei Firmen von Kapitalgesellschaften die Dispositionsbefugnis des Namensgebers als erschöpft anzusehen, war die Möglichkeit zur Absicherung im Gesellschaftsvertrag, BGHZ 58, 322 (326); 85, 221 (224). Bei Marken fehlt diese Möglichkeit. So kommt etwa Kern über §§ 22, 24 II HGB weiterhin zu einem Zustimmungsvorbehalt des Namensträgers, Kern BB 1999, 1717 (1719 f).

352 Ähnlich Volkmer S.108 mwN, zur vergleichbaren Situation bei Firmen von Einzelkaufleuten und Personenhandelsgesellschaften Uhlenbruck ZIP 2000, 401 (402 f); K.Schmidt HandR (5.A) § 12 I 3.c.; MüKo HGB - Bokelmann § 22 Rn 56 f; **a.A.** Wertebruch ZIP 2002, 1931.

353 Dies wäre unter Umständen gar als ein vorsätzlich die Gläubiger schädigendes Verhalten zu werten, wenn er Marken bewußt auf seinem Namen aufbaut, um ihn dann seinen Gläubigern vorzuenthalten; **a.A.** Starck WRP 1994, 699 (700)

354 Vgl. nur Pal-Heinrichs § 242 RN 5 ff mwN; im Ergebnis ebenso Woeste S.120.

355 BGH WM 1996, 1045 (1047)

Ruf schädigendes Verhalten vorgehen zu dürfen. Konstruktiv handelt es sich dabei um eine inhaltliche Begrenzung der Namenslizenz[356]. Für Sicherungsgeschäfte heißt dies, daß die in der Vereinbarung enthaltene Gebrauchserlaubnis zumindest in der Weise als inhaltlich beschränkt anzusehen ist, wie dadurch der Kern des Persönlichkeitsrechts betroffen wäre[357]. Aber auch darüber hinaus können die Parteien die Einwilligung inhaltlich begrenzen, handelt es sich schließlich um ein rein obligatorisches Rechtsgeschäft. Dies kann ausdrücklich geschehen oder sich aus den Umständen ergeben. Im einzelnen kann das Verhältnis zwischen Markeninhaber und Namensträger von Fall zu Fall differieren.

e) Zusammenfassung

Zusammenfassend ist festzuhalten, daß beim Gebrauch einer Namensmarke eine allein schuldrechtlich mögliche Erlaubnis vom Namensträger vorliegen muß. Ansonsten könnte dieser nach § 12 BGB den Gebrauch verbieten. Nach den Reformen des Marken- und des Firmenrechts ist aber die seither von der Rechtsprechung und überwiegenden Literatur vertretene Ansicht nicht mehr aufrecht zu erhalten, wonach der Namensträger sie zusätzlich zu erklären hat. Vielmehr hat nunmehr der Grundsatz zu gelten, daß im Einsatz des Namens als Bestandteil der Marke ein Verzicht auf die Ansprüche aus § 12 BGB zu sehen ist. Ohnehin ist bei Sicherungsgeschäften zumindest konkludent eine Gebrauchserlaubnis für Dritte vorhanden, weil nur so der Sicherungszweck erreichbar wird. Die Namenslizenz kann aber mittels Vereinbarung der Parteien eingeschränkt werden. Auch wird die generelle Erlaubnis nicht ohne ausdrückliche Einschränkung jegliches Verhalten umfassen. Beispielsweise wird sie bei den Ruf des Namensträgers schädigendem Gebrauch fehlen.

2. Marke und Firma

Genauso wie die Marke einen Namen als Bestandteil aufweisen kann, ist der Konflikt mit einer Firma möglich. Auch hier ist nach dem Verhältnis der Kennzeichenrechte zueinander zu fragen.

a) Grundlagen des Firmenrechts

Die Firma ist nach § 17 I HGB der Handelsname, unter dem ein Kaufmann oder eine Gesellschaft geschäftlich auftritt. Folglich ist eine enge Anlehnung an das Namensrecht vorgezeichnet, wird ihr dieselbe Funktion für Gewerbebetriebe beigemessen, die dem Namen für Personen zukommt. Es verwundert daher nicht, daß weitgehend dieselben Grundsätze gelten und die ganz überwiegende Meinung den Schutz des § 12 BGB auf die Firma anwendet[358]. Im Rahmen

356 Überzeugend für die Firma dargelegt von Canaris, HandelsR (23.A) § 10 RN 35 ff (S.230 f); Köhler in:FS Fikentscher (1998) S.494 (507); zu anderen Ansichten, die zu einem ähnlichen Ergebnis gelangen vgl. Köhler in: FS Fikentscher (1998) S.494 (506 f mit FN 31 f).

357 Man mag dies an dem mutmaßlichen Willen des Namensträgers festmachen, worauf sich der andere Teil redlicherweise einzulassen hatte, so wohl für die Firma Köhler in: FS Fikentscher (1998) S.494 (507); Canaris HandelsR (23.A) § 10 RN 38 (S.231 f) mwN. In Extremfällen wird man zudem auf den unverzichtbaren Kernbereich des Persönlichkeitsrechts verweisen können.

358 Vgl. etwa Bokelmann (5.A) RN 82 ff; MüKo-Schwerdtner § 12 RN 29 f; Staud-Weick/Habermann § 12 RN 191 f; Canaris HandelsR (22.A) § 10 RN 82 mwN.

des geschäftlichen Verkehrs soll sich aber der Schutz nach der insoweit spezielleren Regelng der §§ 5, 15 MarkenG richten[359]. Anders als beim Namen wird aber allgemein angenommen, daß die Firma zumindest auch ein Immaterialgüterrecht darstellt[360]. Dies wird nicht zuletzt daraus geschlossen, daß sie sowohl im Grundsatz übertragbar wie auch vererblich ist[361]. Allerdings beinhaltet § 22 HGB die Einschränkung, daß eine Übertragung nur mit Zustimmung des Geschäftsinhabers erfolgen kann, was auf eine verbleibende persönlichkeitsrechtliche Komponente hinweist[362]. Mit der ganz herrschenden Meinung ist daher ein eigenes subjektives Recht anzunehmen[363].

b) Verhältnis von identischer Marke und Firma

Daraus ergibt sich für das Zusammentreffen von Marke und Firma folgendes Bild: Grundsätzlich kann sich der Firmeninhaber gegen den unbefugten Gebrauch der Firma nach § 15 II, IV MarkenG zur Wehr setzen, ohne daß die Firma einen Namensbestandteil aufweisen müßte. Voraussetzung ist das Vorliegen einer Verwechslungsgefahr, was bei Identität von Marke und Firma regelmäßig der Fall sein wird. Parallel ist der Inhaber zudem in der Lage, nach § 13 MarkenG die Eintragung einer Marke zu verhindern[364] oder sie im nachhinein löschen zu lassen[365]. Folg-

---

359 Vgl. nur BGH NJW 2002, 2031 (2032 f)-shell.de; BGH NJW 2002, 2096 (2097)-vossius; vgl. auch Ingerl/Rohnke § 5 RN 14 ff; Fezer ZHR 161 (1997) 52 (58). § 37 HGB ergänzt dies für den Bereich von Firmenkollisionen, dient aber nicht dem Firmenschutz, sondern allein dem Rechtsverkehr, Koller/Roth/Morck-Roth (2.A) § 37 RN 1.

360 MüKo HGB-Bokelmann § 17 RN 11 mwN; Staub-Hüffer § 17 RN 7; Koos GRUR 2004, 808 (808) mwN;eine im Vordringen befindliche Meinung sieht in der Firma ausschließlich ein Immaterialgüterrecht, vgl. etwa Canaris HandelsR (22.A) § 10 RN 7; Götting (1995) S.122; umfangreiche weitere Nachweise zu sämtlichen Ansichten bei Staub-Hüffer § 17 RN 6;

361 Dies ergibt sich mittelbar aus den §§ 22, 23 HGB, welche beide Verfügungsweisen voraussetzen.

362 Wer zu dieser Zustimmung berufen ist, insbesondere ob sie auch von einem Insolvenzverwalter ausgesprochen werden kann, bedarf für die neue Rechtslage nach der Reform des HGB noch der höchstrichterlichen Entscheidung. Durch die vormals zwangsweise Aufnahme der bürgerlichen Namens zumindest einer für den Geschäftsbetrieb persönlich haftenden Person sah der BGH allein den Namensträger als berechtigt an. Durch die Änderung der Firmenbildung ist nunmehr aber zu erwarten, daß der BGH seine Rechtsprechung zu Firmen mit Namensbestandteilen bei Kapitalgesellschaften auch auf diese Fälle ausdehnt, war für ihn dort das ausschlaggebende Moment die freiwillige Disposition des Gesellschafters über seinen Namen. Die Literatur ging bereits vor der Gesetzesänderung vielfach von der Verfügungsberechtigung des Insolvenzverwalters aus, ausführlich dazu Bokelmann (5.A) RN 672 ff; auch Canaris geht von der Verfügungsbefugnis des Insolvenzverwalters aus, beläßt aber dem Namensträger die Möglichkeit des § 12 BGB, Canaris HandelsR (22.A) § 10 IV 1.a.; umfangreiche Nachweise bei Staub-Hüffner § 22 RN 35. Nach neuer Rechtslage findet die Meinung noch mehr Anhänger in der Literatur, so etwa Koller/Roth/Mork-Roth § 17 RN 25; Steinbeck NZG 1999, 133 (136 ff); **a.A.** weiterhin Kern BB 1999, 1717 (1719 f), die dem Namensrecht wegen §§ 22, 24 II HGB Vorrang einräumen möchte.

363 Vgl. dazu Köhler in: FS Fikentscher (1998) S.494 (496); Staub-Hüffer § 17 RN 5 mwN; Koos GRUR 2004, 808 (808 f).

364 Durch Klage auf Rücknahme der Anmeldung, vgl. Ingerl/Rohnke § 55 RN 45; dies soll trotz des nachgeschalteten Widerspruchsvefahrens möglich sein, da es dem Inhaber des älteren Rechts nicht zugemutet werden kann, bis zur Eintragung zu warten; **aA** Pahlow GRUR 2005, 705 (710 ff), der von einer uneingeschränkten Übertragbarkeit der Firmenmarke ausgeht,.

365 Entweder durch Widerspruch, §§ 42, 43 MarkenG oder mittels Klage auf Bewilligung der Löschung, §§ 51, 55 MarkenG.

lich bedarf es auch für das Verhältnis von Marke zu Firma einer Ermächtigung, damit die Marke trotz Identität mit der Firma gebraucht werden darf.

aa) Gebrauchsbefugnis aus Verwandtschaft zu Firma

Eine Gebrauchsbefugnis könnte darin zu finden sein, daß die Marke in einer engen Beziehung zur Firma steht, sich aus ihr ableitet und als verselbständigter Teil der Firma die Berechtigung zum Gebrauch in sich trägt[366]. Stützen könnte sich diese Sichtweise auf die enge Verwandtschaft beider Rechte. So verblieb der Marke nach dem MarkenG die Herkunftsfunktion. Sie ist also weiterhin dazu bestimmt, auf das Unternehmen hinzuweisen, welches durch die Firma bezeichnet wird. Den BGH[367] veranlaßte dies zurecht zu Zeiten des WZG, das Warenzeichen als Annex zum Unternehmen und dessen Firma zu betrachten. Auch wird sich der Wert der einen Position im Wert der anderen widerspiegeln. Schließlich werden beide Rechte von der ganz überwiegenden Meinung zumindest auch als Immaterialgüterrechte eingeordnet und es kommt ihnen jeweils ein rechtlich anerkannter wirtschaftlicher Wert zu.

Diese Umstände lassen aber trotzdem nicht die Folgerung zu, die Marke trage die Berechtigung zum Gebrauch der Firma bereits in sich. Im Gegenteil, bestünde eine dementsprechende Abhängigkeit zwischen Marke und Firma, läge es näher anzunehmen, daß die Marke gerade nur in Abhängigkeit von der Firma eingesetzt werden dürfte, eine isolierte Berechtigung gerade nicht bestehen soll. Außerdem spricht gegen eine Beziehung beider Rechte zueinander, daß die Marke nunmehr gerade unabhängig von einem Geschäftsbetrieb bestehen soll. Selbst natürliche Personen werden als Markeninhaber zugelassen, § 7 Nr.1 MarkenG. In dieselbe Richtung weist die von der Firma unabhängig mögliche Gestaltung, genauso wie die vermögensrechtliche Eigenständigkeit, die ihren Ausdruck etwa in der Verkehrsfähigkeit der Marken findet[368]. Der Wert von Marke und Firma mag sich zwar wechselseitig im jeweils anderen Kennzeichen wiederfinden. Dieses wirtschaftliche Phänomen ist aber nicht in der Lage, die rechtliche Unabhängigkeit aufzuheben. Im Gegenteil, es kommt der Marke selbst im Wirtschaftsverkehr eine vom Unternehmen losgelöste Funktion und Rolle zu, wie insbesondere verschiedene Marketingstrategien zeigen, beispielsweise die Mehrmarkenstrategie oder auch die Vergabe von Lizenzen für den Markentransfer[369].

Man wird die Marke deshalb nicht als aus der Firma abgeleitet betrachten können. Es handelt sich um voneinander unabhängige Rechte, für deren Nebeneinander es eines zusätzlichen Umstandes bedarf.

bb) Verzicht auf das Geltendmachen der Ansprüche aus der Firma

Die für § 15 II MarkenG erforderliche Berechtigung ist daher wie beim reinen Namensrecht in einem schuldrechtlichen Verzicht auf das Geltendmachen des Anspruchs zu suchen. Ob dieser bereits im bloßen Einsatz als Marke gesehen werden kann, braucht hier nicht entschieden zu

366 Vgl. zur insofern vergleichbaren Argumentation bei Namensrechten oben 1.b.
367 BGHZ 32, 103 (108 ff)-Vogler; dazu oben 1.c.aa.
368 vgl. dazu oben Kap.1 C.I.
369 vgl. hierzu Kapitel 1 C.II.2.; vgl.a. Mayerhofer (1995) S.105 ff; Hätty (1989)

werden[370]. Denn wie bei der Kollision mit dem Namensrecht wird der Abschluß eines Sicherungsgeschäfts zumindest konkludent die Erlaubnis zur Verwertung enthalten, weil ansonsten der Sicherungszweck nicht erreichbar wäre. Andernfalls würde sich der Sicherungsgeber auch hier widersprüchlich verhalten[371].

c) *Grenzen des Verzichts*

Als obligatorischer Vertrag hängt der Verzicht vom Willen der Parteien ab. Sie können über den Inhalt und die Reichweite disponieren. Je nach den Umständen im Einzelfall wird man daher auch hier über die Auslegung der Vereinbarung zu Grenzen des Verzichts kommen können. Anders als beim Namensrecht sind aber ohne vertragliche Regelungen nicht dieselben Schranken anzunehmen. Denn aufgrund ihrer Funktion ist der Firma ein anderer Inhalt beizumessen. Sie verlangt eine stärkere Ausrichtung an den Bedürfnissen des geschäftlichen Verkehrs und an den wirtschaftlichen Erfordernissen. Daß dadurch aber nicht sämtliche persönlichkeitsrechtliche Elemente verloren gehen dürfen, zeigt § 22 HGB. Er verlangt weiterhin die Zustimmung des Geschäftsinhabers zur Fortführung der Firma, obwohl der Name des Inhabers nicht mehr in ihr enthalten sein braucht[372]. Im Ergebnis ist aber den Interessen des wirtschaftlichen Verkehrs im allgemeinen und der Gläubiger im besonderen mehr Gewicht einzuräumen als den verbleibenden Elementen des Persönlichkeitsrechts[373]. Daher ist eine umfassendere Verzichtsmöglichkeit zuzulassen, als dies beim Namensrecht der Fall ist[374].

d) *Zusammenfassung*

Ist die Firma ein Bestandteil der Marke, so würde die Firma über § 15 II, 6 I MarkenG den Konflikt grundsätzlich zu ihren Gunsten entscheiden. Daran vermag selbst das Verwandtschaftsverhältnis zwischen Marke und Firma nichts zu ändern. Denn die Marke bildet ein eigenständiges Recht, welches sich nicht aus der Firma ableitet. Es bedarf folglich wie bei sonstigen Namensrechten einer Gebrauchserlaubnis des Firmeninhabers. Vieles deutet darauf hin, daß durch die

---

370 Obgleich der Fall anders liegt als bei Namensmarken - immerhin besteht zwischen Marken als Waren- oder Dienstleistungskennzeichen ein engerer Bezug zum Unternehmen und dessen Firma als zum Namensträger - deutet vieles auch hier auf eine im Einsatz der Firma als Markenbestandteil immanente Gebrauchserlaubnis hin. Denn die Entscheidung, eine Firma als Marke einzusetzen, erscheint nicht zuletzt wegen der sowohl bei Firmen als auch Marken freinen Gestaltung und Verfügbarkeit durchaus geeignet, darin eine Disposition über das Firmenrecht zu erblicken, vgl. Volkmer S.109 f mwN; ähnlich BGH GRUR 2002, 703 (704 f)-Vossius. Zumal die ausschlaggebende Herkunftsfunktion nach dem MarkenG relativ, unter anderem zur Marke als Vermögensrecht, zu sehen ist.

371 Vgl. oben 1.c.cc.

372 ähnlich HeidelKomm HGB-Ruß § 17 RN 15

373 Im Ergebnis ebenso Koller/Roth/Mork-Roth (2.A) § 17 RN 25; Steinbeck NZG 1999, 133 (136 ff); ebenso bereits unter der alten Rechtslage MüKo-Schwerdtner § 12 RN 87, Götting (1995) S.123 ff mwN, mit ausführlicher Auseinandersetzung Bokelmann (5.A) RN 672 ff; umfangreiche Nachweise bei Staub-Hüffner § 22 RN 35; vgl. dazu auch oben unter a., insb. FN 94.

374 Treten durch den Gebrauch Probleme bei der Zuordnung auf, betrifft dies nicht den Inhalt des Verzichts. Hier werden übergeordnete Interessen beeinträchtigt, die etwa in § 37 HGB oder dem UWG aufgegriffen wurden. Sie werden noch zu berücksichtigen sein, vgl.u. C.

Aufnahme der Firma in die Marke bereits über die Ansprüche nach § 15 II MarkenG disponiert wurde. Die Frage braucht hier jedoch nicht entschieden zu werden. Denn im Rahmen von Sicherungsgeschäften wird bei Firmenmarken die Gebrauchsbefugnis wiederum zumindest in der Sicherungsabrede enthalten sein, weil andernfalls der mit dem Geschäft verfolgte Zweck nicht zu erreichen ist. Der Umfang dieser Ermächtigung richtet sich nach den Parteivereinbarungen. Jedoch bedarf es gewichtiger Umstände, um eine Einschränkung der Erlaubnis anzunehmen. Denn aufgrund der Funktion der Firma im Geschäftsverkehr fällt das persönlichkeitsrechtliche Moment geringer aus als bei Personennamen.

3. Marke und Geschäftskennzeichen

Als weiterer Konfliktherd besteht neben dem Namen und der Firma das Recht der Geschäftskennzeichen. Sie finden ihre gesetzliche Ausgestaltung und ihren Schutz in den §§ 5 II, 15 MarkenG.

a) Das Recht der Geschäftskennzeichen

Unter Geschäftskennzeichen werden solche Zeichen subsumiert, die entweder zur Bezeichnung von nicht kaufmännischen Geschäftsbetrieben dienen, weil die Hürde des § 1 II HGB nicht überschritten wird und der Geschäftsführer die Bezeichnung auch nicht nach § 2 HGB ins Handelsregister eintragen ließ, das Firmenrecht somit nicht auf sie angewandt werden kann[375]. Oder es handelt sich um Zeichen, die zur Bezeichnung eines Handelsgewerbes dienen, ohne Firma zu sein. Dies sind sowohl Zusätze von Firmen, ohne Bestandteil von ihnen zu werden, wie etwa sog. Etablissementsbezeichnungen, die lediglich für einzelne Betriebe des gesamten mit der Firma benannten Unternehmens gelten[376]. Es können aber auch Kurzformen oder sonstige Alternativbezeichnungen für Firmen, Unternehmen oder Betriebe sein. Unerheblich ist jeweils, ob die Bezeichnung vom Inhaber hierzu bestimmt, § 5 II 1 MarkenG, oder ob sie vom Verkehr dazu erhoben wurde, § 5 II 2 MarkenG. Gemeinsam ist ihnen, daß sie einen Geschäftsbetrieb bezeichnen, ohne Firma zu sein[377].

Geschützt werden die Zeichen nach §§ 15, 5 II, 13 I MarkenG und, sofern sie eine hinreichende Unterscheidungskraft besitzen, nach § 12 BGB[378]. Damit genießen sie quasi denselben Schutz wie Firmen.

---

375 Vgl. Bokelmann (5.A) RN 2 f; **a.A.** Ingerl/Rohnke § 5 RN 19, die davon ausgehen, daß im Gegensatz zum Namen oder der Firma die Geschäftskennzeichen nicht auf die Person des Geschäftsinhabers hinweisen, sondern auf den Betrieb als organische Einheit.

376 Etwa die Bezeichnung von Gaststätten, Apotheken oder Hotels, vgl. dazu MüKo HGB-Bokelmann § 17 RN 21; Staub-Hüffer § 17 RN 24; Bokelmann (5.A) RN 8a; Fezer MarkenR § 15 RN 120 f.

377 Wird jedoch der Eindruck einer Firma erweckt, hat das Registergericht einzuschreiten, § 37 I HGB, wobei umstritten ist, wann der widerrechtliche Anschein einer Firma vorliegen soll, vgl. dazu Bokelmann (5.A) RN 8 ff, 9 mwN. Zu den Voraussetzungen eines Unternehmenskennzeichens im einzelnen vgl. Ingerl/Rohnke § 5 RN 19 f; Fezer MarkenR § 15 RN 122 ff; Knaak in: FS Beier (1996) S.243 (244 ff);Lehmann in: FS Beier (1996) S.279 (283 ff); zur Erweiterung der Geschäftszeichen auf bildliche Darstellungen, entgegen der gewünschten Konstanz des Gesetzgebers, Schricker GRUR 1998, 310

378 Zum Schutz nach § 12 BGB vgl MüKo-Schwerdtner § 12 RN 42 ff; Staud-Weick/Habermann § 12 RN 201 ff

b) *Anwendung auf Sicherungsgeschäfte*

Beim Zusammentreffen von Geschäftskennzeichen mit einer identischen oder ähnlichen Marke stellen sich insofern beinahe exakt dieselben Fragen wie bei Firmenmarken. Wegen der vergleichbaren Rechtslage ist zu vermuten, daß am Ende dieselbe Lösung steht, um Wertungswidersprüche zu vermeiden geradezu stehen muß.

Trotz der teilweise noch engeren Beziehung von Marken zu Geschäftskennzeichen als zu Firmen[379], wird man auch hier keine Bindung beider Rechte annehmen können, welche die Marke als Ableitung aus dem Geschäftskennzeichen erscheinen läßt. Dagegen sprechen dieselben Gründe, die bereits bei der Firma den Ausschlag gegen eine abgeleitete Berechtigung gaben. Es sind dies die Gestaltungsfreiheit der Marke, die rechtliche und wirtschaftliche Eigenständigkeit sowie die unterschiedliche Funktion und Aufgabe[380].
Man wird aus dem persönlichkeitsrechtlichen Einschlag des Geschäftskennzeichens nicht einmal ohne weiteres eine separate Einwilligung des Inhabers in den Gebrauch durch Dritte verlangen können. Denn Geschäftskennzeichen besitzen im Verhältnis zur Firma noch geringere persönlichkeitsrechtliche Elemente. Zwar ist die Übertragung nur in Verbindung mit dem Geschäftsbetrieb möglich[381]. Es fehlt aber an einer § 22 HGB entsprechenden Norm.

Das Verhältnis von Marken zu Geschäftskennzeichen richtet sich allein danach, ob der Verwender einer prioritätsjüngeren Marke sich auf eine schuldrechtliche Gebrauchsbefugnis berufen kann[382]. Diese wird wiederum in einem Sicherungsgeschäft enthalten sein, wenn nicht ausdrücklich, so doch konkludent[383]. Folglich bereitet auch hier das Auseinanderfallen beider Kennzeichenrechte keine Schwierigkeiten[384].

379 Zum Beispiel ist denkbar, daß Dienstleistungsunternehmen eine besondere Etablissementsbezeichnung einzelnen Geschäftsbetrieben beifügen, welche als solche nicht zuletzt durch ihren speziellen Bezug zu der ausführenden Einheit zu einem Sinnbild für die konkreten erbrachten Leistungen werden. Verstärkt wird dies durch das zunehmende Bewußtsein einer corporate identity, vgl. dazu Schmidt, Klaus (1994) S.15 ff; Olins (1990) S.27 ff

380 Vgl. dazu oben 2.b.

381 BGH GRUR 2004, 790 (792)-Gegenabmahnung; BGH GRUR Int 2003, 71 (72 f). Dies folgt nicht zuletzt aus dem Willen des Gesetzgebers, der die Regelung des § 16 UWG ohne inhaltliche Änderungen übernommen wissen will, BT-Drucks 12/6581 S.67. Ursprünglich gedachte der Gesetzgeber, auch die Geschäftskennzeichen verfügbar auszugestalten, vgl. §§ 148 ff des Gesetzesentwurfs v.24.3.1993, abgedruckt in GRUR 1993, 599 (624 f). Er hat dies erst fallen lassen, nachdem Bedenken der interessierten Kreise geäußert wurden, vgl. BT-Drucks. 12/6581 S.61, wobei diese Kreise sogar die Geschäftskennzeichen gänzlich von der Reform ausnehmen wollten, vgl. dazu Knaak in: FS Beier (1996) S.243 (243). Dies ist zu bedauern, weil den Geschäftskennzeichen nicht dieselbe Ordnungsfunktion zukommt wie Firmen und so die Chance vertan wurde, das Zeichenrecht von unnötigem Ballast zu befreien und eine homogene Regelung zu verwirklichen.

382 so auch Ingerl/Rohnke Vor § 27 RN 5;entsprechend BGH GRUR Int 2003, 71 (72 f).

383 Dazu oben 1.c.cc., 2.b.bb. Auch hier kann zudem die Frage gestellt werden, ob die Genehmigung nicht bereits im Gebrauch als Marke zu sehen ist. Noch mehr als bereits bei der Firma wird man wegen des geringeren persönlichkeitsrechtlichen Moments und der Verfügbarkeit (vgl. Ingerl/Rohnke Vor § 27 RN 4 f, a.A. noch Ingerl/Rohnke NJW 1994, 1247 (1248)) eine Disposition annehmen können.

384 Im Ergebnis ebenso Volkmer S.110; Zu den Grenzen kann auf die Ausführungen zur Firma verwiesen werden, oben 2.c.

II. Marken im Zusammentreffen mit anderen Kennzeichenrechten

Neben den Kennzeichenrechten, die als Namen im Sinne des § 12 BGB gelten, ist die Marke auch auf ihre Kollisionsfähigkeit mit anderen Kennzeichenrechten hin zu untersuchen. Als solche kommen der Werktitel, die geographische Herkunftsangabe sowie das Kollektivzeichen in Betracht.

1. Marken und Werktitel

Werktitel gehören zu den geschäftlichen Bezeichnungen, zu denen auch die bereits oben erwähnten Geschäftskennzeichen zu rechnen sind, § 5 I MarkenG. Nähere Bestimmungen, wann es sich um einen Werktitel im Sinne der Norm handelt, finden sich in § 5 III MarkenG. Werden die Voraussetzungen von einer Bezeichnung erfüllt, genießt sie Schutz gleich den übrigen Geschäftskennzeichen, insbesondere über § 15 MarkenG. Dies läßt vermuten, daß eine Kollision ähnliche Probleme aufwirft wie die sonstigen Rechte des § 5 I MarkenG. Zu beachten ist dabei, daß Werktitel als Zeichen zur Unterscheidung von Produkten den Marken näher stehen als Geschäftsbezeichnungen, welche sich auf Personen oder -gemeinschaften beziehen[385].

a) Werktitel als Marken

Um mit Marken kollidieren zu können, muß ein Werktitel als Marke schutzfähig sein. Voraussetzungen an einen Werktitel sind einerseits Kennzeichnungskraft hinsichtlich der zu unterscheidenden Produkte, andererseits der Gebrauch für ein Werk des Schutzbereichs[386]. Kennzeichnungskraft soll vorliegen, wenn der Titel zur Unterscheidung des bezeichneten Werks geeignet ist[387]. Wegen der Funktion eines Titels, einen Hinweis auf den Inhalt des Werks zu liefern, sind dabei keine hohen Anforderungen zu stellen[388]. Dies läßt bereits vermuten, daß nicht viele Kollisionen mit Marken zu erwarten sind. Denn die Schutzfähigkeit eines Zeichens als Marke setzt einen weit höheren Grad an Unterscheidungskraft voraus[389], wie auch sind Freihaltebedürfnisse zu berücksichtigen. Beides zusammen wird vielfach den Markenschutz eines Werktitels ausschließen, weil der beschreibende Inhalt eines Titels bei Marken selten zulässig sein wird[390].

---

385 ebenso Ingerl/Rohnke § 5 RN 41

386 Vgl. Ingerl/Rohnke § 5 RN 48 ff; Althammer-Klaka § 5 RN 54 ff; Fezer MarkenR § 15 RN 155 ff; Loschelder in: FS Vieregge (1995) S.585 (589 ff); vgl.a. Oelschläger WRP 1998, 469 (469 ff). Zur Auslegung des Begriffs „Werk" vgl.a. Fuchs GRUR 1999, 460 (463 ff); **kritisch** Schricker in: FS Vieregge (1995) S.775 (783 f), der zudem Verkehrsgeltung für sämtliche Werktitel fordert.

387 Vgl. BT-Drucks. 12/6581 S.68; Fezer MarkenR § 15 RN 155 f; Mittas S.28 f. Sie kann der Bezeichnung entweder originär oder durch Verkehrsgeltung zukommen.

388 Vgl. BGH GRUR 2002, 176 (176)-Auto Magazin; Ingerl/Rohnke § 5 RN 52 ff; Fezer MarkenR § 15 RN 158

389 Vgl. BGHZ 102, 88 (91 f)-Apropos Film; daran anknüpfend BPatG GRUR 1998, 145-Klassentreffen. Denn obschon die Entscheidung des BGH zum WZG erging, kann sie doch weiterhin Geltung beanspruchen. Denn entscheidend war und ist die Unterscheidungskraft von anderen Zeichen. Insofern hat sich an der Rechtslage nichts geändert, vgl. Fezer MarkenR § 8 RN 54; **a.A.** v.d.Decken in: FS Engelschall (1996) S.205 (212, 215), die zu unrecht und unbegründet die Unterscheidungskraft nach § 5 III und 8 II Nr.1 MarkenG gleichsetzt.

390 Vgl. BGH GRUR 2003, 342-Winnetou; dazu Frommeyer GRUR 2003, 919; Besonders deutlich wird dieser Umstand auch bei Zeitungen und Zeitschriften, die beispielsweise einen regionalen Bezug herstellen wollen

Allerdings können beide Hindernisse, sowohl die Unterscheidungskraft wie auch das Freihaltebedürfnis, mittels Durchsetzung im Verkehr überwunden werden, § 8 III MarkenG.

Daraus folgt, daß eine Kollision zwischen Werktitel und Marke nicht in der Häufigkeit auftreten wird, wie dies beispielsweise bei Geschäftskennzeichen sein kann[391]. Im Endeffekt werden Konflikte lediglich bei einer Essenz weniger im Verkehr durchgesetzter Titel und solcher Bezeichnungen auftreten, die wegen ihres gering beschreibenden Inhalts zwar die Voraussetzungen für den Markenschutz erfüllen, aber als schlagkräftiger Werktitel kaum eine Chance besitzen dürften.

b) Kollision von Marken und Werktiteln bei Sicherungsgeschäften

In den verbleibenden Fällen, in denen Werktitel- und Markenschutz zusammentreffen, ist zur Lösung des Konflikts wiederum auf § 6 I MarkenG zurückzugreifen. Weil aber Werktitel akzessorisch an das von ihnen bezeichnete Werk gebunden sein sollen, drängt sich zuvor die Frage auf, ob dies die Verfügbarkeit einer parallel existierenden Marke nicht ohnehin einschränkt.

aa) Eingeschränkte Verfügbarkeit von Marken bei parallelem Werktitelschutz?

Der Gesetzgeber wollte mit § 5 III MarkenG die alte Rechtslage des § 16 UWG fortschreiben[392], dem die herrschenden Meinung die Bindung des Werktitels an das Werk entnommen hatte[393]. Besteht nun an derselben Bezeichnung ebenfalls eine - generell uneingeschränkt übertragbare, § 27 I MarkenG - Marke, könnte, um die Akzessorietät des Werktitels nicht zu unterlaufen, auch die Verfügbarkeit der Marke eingeschränkt sein. Andernfalls hätte der Berechtigte ein Instrument in der Hand, mit dem er die Bindung des Werktitels an das Werk umgehen könnte.

Gegen eine Abhängigkeit der Übertagbarkeit der Marke sprechen aber mehrere Gründe. Dies ist zunächst die unterschiedliche Ausgestaltung. Obgleich sich der Werktitel als Unterfall der Geschäftskennzeichen[394] nun auch im MarkenG geregelt findet, ist er inhaltlich deutlich von der

---

oder auf den ersten Blick die enthaltene Thematik vorzustellen wünschen, vgl. Fezer MarkenR § 8 RN 54; vgl. BPatG GRUR 1997, 832-Bücher für eine bessere Welt; BPatG NJWE-WettbR 1999, 37-Bilderbuch Deutschland; aber BPatG GRUR 1998, 718-Luftfahrt Woche & Weltraum Technologie. Zur Möglichkeit, den Werktitel aber für fremde Warengruppen einzutragen, um sich die Chance auf ein Merchandising zu erhalten, Deutsch GRUR 2004, 642 (644 f).

391 Ebenso, allerdings ohne Begründung, Fuchs GRUR 1999, 460 (462)

392 BT-Drucks. 12/6581 S. 67 f

393 BGH GRUR 1968, 329 (331);- Der kleine Tierfreund; BGHZ 108, 89 (92)-Titelschutzanzeige; OLG Münch NJW-RR 1994, 556; unklar BGH GRUR 1990, 218 (220)-Verschenktexte; Teplitzky AfP 1997, 450 (452); Mittas (1995) S.105 mit zahlreichen Nachweisen in FN 567 f; Starck WRP 1994, 698 (701); Deutsch WRP 1998, 14 (16). **A.A.**: Eine allerdings immer weiter im Vordringen befindliche Ansicht will diese Bindung des Werktitels an das Werk aufheben und das Recht einer isolierten Übertragbarkeit zugänglich machen, vgl. Fezer MarkenR § 15 RN 168c; Ingerl/Rohnke Vor § 27 RN 4; Althammer-Klake § 5 RN 76 mwN; Schricker in: FS Vieregge (1995) S.775 (787 f); Lehmann in: FS Beier (1996) S.279 (285); Jacobs GRUR 1996, 601 (606); differenzierend Fuchs GRUR 1999, 460 (466 f)

394 Der Sinn dieser Einteilung wird zurecht angezweifelt. So spricht Schricker von einen Systembruch, da die Geschäftliche Bezeichnungen charakterisierende Namensfunktion für den Werktitel nicht zuträfe, Schricker in: FS Vieregge (1995) S.775 (783); ähnlich Ingerl/Rohnke § 5 RN 41, die aber die Einordnung mit der Benutzung als gemeinsamen Entstehungszeitpunkt rechtfertigen. Anders Ruijsenaars ZUM 1993, 353 (359),

Marke zu trennen. Dies zeigt nicht zuletzt der lediglich auf Marken anzuwendende 5. Abschnitt des 2.Teils des MarkenG. In dieselbe Richtung weist die unterschiedliche Zweckbestimmung beider Rechte. Ihnen ist freilich noch die Funktion gemeinsam, Produkte zu unterscheiden. Der Werktitel will aber das Werk benennen, weshalb ein weiter Spielraum für die inhaltliche Bezugnahme besteht. Hingegen soll die Marke dem Verkehr die Individualisierung der Produkte ermöglichen und Verwirrungen im Verkehr vorbeugen. Die Aspekte können sich zwar bei beiden Rechten mischen. Die primäre Ausrichtung des jeweiligen Rechts ist aber eine andere[395]. Die Eigenständigkeit wird weiterhin durch die nicht übertragbare Priorität des Werktitels auf die Marke unterstrichen. Schließlich spricht gegen ein Aushebeln der Akzessorietät, daß der Werktitelberechtigte ohnehin allgemein anerkannt schuldrechtliche Lizenzen vergeben darf[396]. Daher bleiben selbst bei Identität von Marke und Werktitel diese rechtlich unabhängig und die Marke trotz der Bindung des Werktitels frei übertragbar.

bb) Allgemeine Kollisionsregeln

Weil nun Marke und Werktitel unabhängig nebeneinander bestehen bleiben, sind Kollisionen über die Priorität der Rechte zu lösen. Folglich setzt sich das ältere gegen das jüngere Recht durch, § 6 I MarkenG. Dabei ist zu vermuten, daß die Priorität regelmäßig dem Werktitel zukommt, beginnt sein Schutz bereits mit der Nutzungsaufnahme, wohingegen bei Marken weitere Umstände hinzuzutreten haben. Der Werktitelberechtigte könnte sich folglich bei Kollisionen auf die Ansprüche nach §§ 15 II, IV, 6 I MarkenG berufen[397]. Jedoch würde dies auch hier wiederum das Sicherungsgeschäft vereiteln. Es ist daher in der Vereinbarung zumindest ein Verzicht auf das Geltendmachen der Ansprüche enthalten[398].

c) Zusammenfassung

Grundsätzlich können Marken auch mit einem Werktitelrecht zusammentreffen. Zwar bestehen relativ hohe Hürden, bis ein Werktitel auch in den Genuß von Markenschutz nach § 4 MarkenG gelangen kann. Es bleibt aber eine Schnittmenge aus im Verkehr durchgesetzten Titeln und solchen möglich, die hinreichende markenrechtliche Unterscheidungskraft besitzen und kein

der den Werktitelschutz dem Urheberrecht zuschlagen möchte; dagegen überzeugend Fezer MarkenR § 15 RN 179.

395 Ein Zeugnis dessen bietet die unterschiedliche Entstehung des Rechts, wonach Werktitelschutz bereits mit Benutzungsaufnahme beginnt, für ein Markenrecht weitere Umstände hinzuzutreten haben. Ebenso führte der BGH aus, daß das Nebeneinander von Werktitelschutz und Markenrecht durchaus sinnvoll sein könne, BGH NJW 1997, 3313 (3314) = GRUR 1998, 155-PowerPoint; NJW 1997, 3315 (3316) = GRUR 1997, 902-FTOS.

396 So auch die Vertreter der Akzessorietät bei Werktiteln, Deutsch WRP 1998, 14 (16); Starck WRP 1994, 698 (703). Andere, die von der Übertragbarkeit des Werktitels ausgehen, erlauben auch dingliche Lizenzen, Fezer MarkenR § 15 RN 168g; Ingerl/Rohnke Vor § 27 RN 4; Schricker in: FS Vieregge (1995) S.775 (789); Lehmann in: FS Beier (1996) S.279 (285, 287 f) ; wohl auch Althammer-Klaka § 30 RN 5.

397 Vgl. dazu Fuchs GRUR 1999, 460 (461 f), der deshalb eine Aushöhlung des Markenschutzes befürchtet.

398 Geht man von einer akzessorischen Bindung des Werktitel an das Werk aus, ist eine schuldrechtliche Befugnis anzunehmen. Folgt man der anderen Ansicht, welche die isolierte Übertragbarkeit des Werktitels vertritt, ist auch eine dingliche Berechtigung möglich, vgl. FN 126. Im Übrigen vgl. hierzu die Ausführungen zu den Namensrechten iwS, oben I.1.c.cc., 2.b.bb., 3.b.

Freihaltebedürfnis verletzen. Die Bindung des Werktitels an das Werk führt in diesen Fällen auch nicht zu einer Einschränkung der Verfügbarkeit der Marke. Es ist hierin keine Umgehung der Akzessorietät zu sehen. Als Konsequenz wird dem Werktitelberechtigten bei Auseinanderfallen der Schutzrechte, entsprechend zu den Geschäftskennzeichen, regelmäßig ein Anspruch nach §§ 15 II, 6 I MarkenG zustehen. Ein Sicherungsnehmer kann aber auf eine im Sicherungsgeschäft enthaltene Befugnis in Form einer zumindest schuldrechtlichen Lizenz verweisen, die dem Anspruch entgegengehalten werden kann. Diese wiederum ist im Rahmen einer Verwertung an Dritte abtretbar.

2. *Marken als geographische Herkunftsangaben*

Weiterhin werfen auch die im MarkenG geregelten geographischen Herkunftsangaben die Frage auf, wie sich ein Zusammentreffen mit Marken auf deren Einsatz als Sicherungsmittel auswirkt.

Geographische Herkunftsangaben finden ihre Ausgestaltung vor allem in den §§ 126 - 129 MarkenG. Diese Bestimmungen werden durch die auf der europäischen Verordnung EWG/2081/92[399] beruhenden Sondervorschriften für Lebensmittel und Agrarerzeugnisse in den §§ 130-136 MarkenG ergänzt. Daneben ist § 8 II Nr.2, III MarkenG zu beachten. Bereits bei einer ersten Betrachtung der Normen fällt auf, daß sie kein eigenes Kennzeichenrecht entstehen lassen. Dies deutet bereits darauf hin, daß ein Konflikt mit Marken nicht nach den Kollisionsregeln zu lösen sein wird. Statt dessen knüpfen sie an der Irreführung an und geben gemäß § 128 I MarkenG ein Verbandsklagerecht, wie es dem UWG zu eigen ist. Bestärkt wird der Eindruck, es handelt sich hier um spezielles Wettbewerbsrecht, wenn man sich den Willen des Gesetzgebers vergegenwärtigt. Er gedachte mit der Aufnahme der vormals quasi ausschließlich über das UWG geschützten geographischen Herkunftsangaben lediglich, den Schutz sämtlicher Kennzeichnungen im MarkenG zusammenzufassen[400]. Inhaltlich sollte das bestehende Recht nicht geändert werden[401]. Es handelt sich bei den Regelungen zu den geographischen Herkunftsangaben folglich um wettbewerbsrechtliche Spezialtatbestände, welche einen Fremdkörper im MarkenG darstellen[402]. Die Regelungen dienen dem Schutz des Verkehrs vor Irreführungen bzw. dem Erschleichen von Vorteilen durch die Assoziation mit einer bestimmten Lokalität, wollen aber kein ausschließliches Herrschaftsrecht begründen.

Für Spannungen zwischen Marken und geographischen Herkunftsangaben bedeutet dies, daß es sich nicht um eine Kollision handelt. Beinhaltet eine Marke einen Hinweis auf eine geographische Herkunft, ist der Konflikt nicht über die Priorität zu lösen, sondern unterfällt den Grundsätzen für einen lauteren Wettbewerb. Es sind daher die im Rahmen des UWG normierten und entwickelten Maßstäbe anzuwenden, welche durch die Bestimmungen zur geographischen Herkunftsangabe konkretisiert werden. Auf die Bedeutung des Wettbewerbsrecht für die Beleihung

399 ABl EG L 208 v.24.7.1992 S.1; geändert durch die VO 1068 / 97 v.12.6.1997, ABl L 156 v.13.6.1997, S.10

400 BT-Drucks. 12/6581 S.117; der parallel existierende § 26 WZG hatte in der Praxis so gut wie keine Bedeutung.

401 BT-Drucks. 12/6581 S.59

402 *ebenso Ingerl/Rohke Vor §§ 126-129 RN 1; im Ergebnis ebenso BGH GRUR 1999, 252 (254)-Warsteiner II; näher dazu und zur* **a.A.** *unten B.I.2.b.bb.*

von Marken wird noch einzugehen sein[403]. Im dortigen Problemkreis ist auf die Regelungen zu den Herkunftsangaben einzugehen.

3. *Marken als Kollektivzeichen*

Neben den Individualmarken des § 4 MarkenG bietet das MarkenG auch die Möglichkeit, Kollektivmarken gemäß den §§ 97-106 MarkenG zu schützen. Auch hier stellt sich daher die Frage, inwieweit Kollisionen mit Individualmarken möglich sind, die sich auf Sicherungsgeschäfte auswirken können.

Der Inhalt einer Kollektivmarke kann nach § 97 I MarkenG in Angaben über Eigenschaften des zu kennzeichnenden Produktes wie seine Art, Qualität, betriebliche oder geographische Herkunft sowie sonstigen Merkmalen sein. Damit enthalten Kollektivmarken gerade derlei Angaben, die aus Rücksicht auf die Interessen der Wettbewerber nach § 8 II Nr.2 MarkenG als Bestandteile für Individualmarken ausgeschlossen sind[404]. Lediglich ausnahmsweise können sie trotzdem Eingang in Marken nach § 4 MarkenG finden, wenn sich diese im Verkehr durchgesetzt haben, § 8 III MarkenG. Folglich treffen Kollektiv- und Individualmarken nur in seltenen Fällen aufeinander[405]. Doch selbst dann werden Individual- und Kollektivmarke nicht ein und demselben Geschäftsbetrieb zustehen. Denn Inhaber von letzteren kann nach § 98 S.1 MarkenG nur ein rechtsfähiger Verein sein[406]. Allenfalls sie können daher Inhaber beider Rechte sein. Folglich handelt es sich nicht um ein Problem, welches aus der mehrfachen parallelen Berechtigung an einem Zeichen herrührt. Vielmehr handelt es sich um das sämtlichen Kennzeichenrechten immanente Risiko eines kollidierenden Zeichens Dritter. Auch diesem Problemkreis wird noch gesondert nachzugehen sein[407].

III. Zusammenfassung

Bei Marken als Sicherungsmittel ist darauf zu achten, ob dem Sicherungsgeber an dem Zeichen neben dem Marken- ein weiteres Recht zusteht. Dies ist dann der Fall, wenn die Marke einen Namen, eine Firma oder ein sonstiges Geschäftskennzeichen als Bestandteil beinhaltet. Obendrein ist möglich, daß parallel Werktitelschutz besteht. Ohne Relevanz sind in diesem Zusammenhang Kollektivmarken sowie geographische Herkunftsangaben, die zu keiner entsprechenden Komplikation führen können. Sie werden aber noch an anderen Stellen zu berücksichtigen sein.

---

403 dazu sogleich unten C.

404 Zur Anwendbarkeit des § 8 II MarkenG auf sämtliche Marken vgl.o. A.III.5.a. sowie unten Kapitel 6 B.I.2.a.bb.

405 Allerdings mussen Kollektivmarken nicht zwingend Angaben enthalten, die dem Individualschutz nicht zugänglich sind. So kann gerade auch der betriebliche Herkunftshinweis als Eigenschaft im Sinne des § 97 I MarkenG genügen (zum Zweck dessen vgl. Ingerl/Rohnke § 97 RN 6). Dieser Inhalt kennzeichnet aber gerade jede Marke. Folglich ist in diesen speziellen Fällen zudem eine Kollision möglich.

406 Zu den Anforderungen an einen Markenverband vgl. die §§ 102-104 MarkenG.

407 Dazu unten Kapitel 6 B.I.2.e.

Weist die Marke einen als Namensrecht im weiteren Sinn geschützten Bestandteil auf oder genießt das Zeichen Schutz als Werktitel, so kommt es bei Sicherungsgeschäften durch die Aufspaltung der Berechtigungen zur Kollision. Bei Namensrechten hätte dies in der ganz überwiegenden Zahl der Fälle zur Folge, daß sie der Marke vorgehen würden. Selbst bei den übrigen Schutzrechten ist selten ein anderes Ergebnis zu erwarten. Der an der Marke Berechtigte benötigt daher eine Gebrauchserlaubnis für das kollidierende Recht. Inwiefern allerdings eine Befugnis angenommen werden kann, wurde seither unterschiedlich beurteilt. Bei Marken mit Namensbestandteilen bedurfte es nach der Rechtsprechung einer gesonderten Einwilligung des Namensträgers zur Benutzung der Marke. Die Gründe, worauf sich diese Ansicht stützte, fielen aber durch die Reformen des Marken- und des Firmenrechts weg. Denn einerseits kann die Marke nunmehr unabhängig vom Geschäftsbetrieb existieren, andererseits besteht kein Zwang mehr, seinen Namen in eine Firma aufzunehmen. Vielmehr ist im freiwilligen Gebrauch der gesondert als Namen, Firma oder als sonstigem Geschäftskennzeichen geschützten Bezeichnung als Bestandteil einer Marke die Disposition über das Recht zu sehen. Hiergegen sprechen weder persönlichkeitsrechtliche Komponenten der Rechte noch §§ 22, 24 II HGB oder die (noch) herrschend vertretene Bindung des Werktitels an das Werk. Bei Sicherungsgeschäften kommt hinzu, daß die aus dem Vertragszweck abzuleitende Verwertungsoption immer eine Gebrauchsbefugnis voraussetzt, andernfalls das Ziel der Sicherung nicht zu erreichen wäre. Beriefe der Sicherungsgeber sich trotzdem auf sein Namens- bzw. sonstiges Schutzrecht, würde er sich in Widerspruch zu vorangehendem Tun setzen. Dies gilt sowohl für das Namensrecht, wie auch für sämtliche geschäftliche Kennzeichen, inklusive des Werktitels.

Allein die Art der Berechtigung kann unterschiedlich sein. So ist an Namensbestandteilen in Marken, wegen des persönlichkeitsrechtlichen Moments ein Gebrauchsrecht nur schuldrechtlich als Verzicht auf das Geltendmachen der Ansprüche aus § 12 BGB möglich. Hingegen sollen bei der Firma und den geschäftlichen Kennzeichen trotz ähnlicher Sachlage, je nach vertretener Meinung, auch dingliche Berechtigungen denkbar sein. Für Sicherungsgeschäfte macht die Art der Befugnis keinen Unterschied, da sowohl die obligatorische wie auch die dingliche Berechtigung vom Sicherungsnehmer an künftige Berechtigte an der Marke abgetreten werden kann.

C. Verwechslungs- und Irreführungsgefahr

Bereits bei den geographischen Herkunftsangaben deutete sich an, daß neben der Kollisionsgefahr auch wettbewerbsrechtliche Fragen auftreten können. Dies rührt vor allem von dem Umstand her, daß spätestens mit der Verwertung des Sicherungsguts sich die Berechtigung an der Marke verändert. Die Folge ist eine mehrfache Berechtigung unterschiedlicher Personen, wenn nicht gar die Inhaberschaft insgesamt übergeht. Obschon beides als notwendige Konsequenzen der Reform des Markenrechts zulässig sein soll, kann dies unter Umständen zu Täuschungen Dritter in ihrer Vorstellung über die Herkunft der gekennzeichneten Produkte oder sonstiger mit der Marke assoziierten Eigenschaften führen[408]. Selbst die wesentlichste Aufgabe einer Marke,

408 Dies kann beispielsweise der Fall sein, wenn die Marke trotz § 8 II Nrn. 2, 4 MarkenG in zulässiger Weise auf bestimmte Produkteigenschaften hindeutet, zu deren Erfüllung weder der Sicherungsnehmer noch ein sonstiger Erwerber imstande ist.

die Unterscheidung von anderen Produkten, kann durch die mehrfache Berechtigung in Mitleidenschaft gezogen werden[409].

Das MarkenG trägt diesen Umständen Rechnung, indem es Verwechslungsgefahren und Irreführungen sanktioniert. Ergänzend sind die Regelungen des UWG zu berücksichtigen, wenngleich noch zu klären sein wird, in wieweit die Bestimmungen neben dem MarkenG anwendbar bleiben. Sicherungsgeschäfte haben sich in dem hierdurch vorgegebenen Rahmen zu bewegen. Unerheblich ist dabei, ob die in die Irre oder zu Verwechslungen führende Handlung im Sicherungsgeschäft selbst angelegt ist oder erst bei der Verwertung auftritt. Denn die Marke ließe sich in beiden Fällen mangels Möglichkeit zum Gebrauch durch einen Dritten nicht verwerten.

I. Gefahr der Irreführung

Eine Marke kann unterschiedliche Aussagen beinhalten. Dies ergibt sich bereits aus ihren Aufgaben, wonach ihr neben der Herkunfts- noch weitere Funktionen zugeschrieben werden[410]. Besonders deutlich wird dies, wenn man sich die Rolle der Marke in der Betriebswirtschaft vergegenwärtigt. So werden Marken im Stile einer Persönlichkeit mit zusätzlichen, produktunabhängigen Aussagen angereichert[411]. Gebraucht nun ein Dritter eine erworbene Berechtigung, so ist denkbar, daß die vom Verkehr mit dem Zeichen verbundenen Assoziationen nicht mehr erfüllt und damit unwahr werden. Eine Person, die gerade wegen jener Eigenschaft auf das Produkt zugreift, würde somit eine Disposition zugunsten eines Produkts treffen, die sie bei Kenntnis der Sachlage nicht getroffen hätte.

Um dies zu vermeiden und die Allgemeinheit vor Täuschungen, wie auch Wettbewerber vor unlauteren Nachteilen zu schützen[412], sanktioniert das MarkenG an unterschiedlichen Stellen die Irreführung. So können Eintragungsanträge mit dem Hinweis auf die Gefahr der Irreführung zurückgewiesen werden, § 8 II Nr.4 MarkenG. Entsprechend können eingetragene Marken gelöscht werden, wenn sie entweder von Anfang an irreführend waren, § 50 I Nr.3, III MarkenG, oder der konkrete Gebrauch eine Täuschung hervorruft, § 49 II Nr.2 MarkenG[413]. Daneben sind bei Irreführungen über die geographische Herkunft deliktische Ansprüche auf Unterlassung und Schadensersatz möglich, § 128 iVm § 127 I, II MarkenG. Schließlich kommen zudem Verletzungen von Normen des UWG in Betracht[414].

409 Ähnlich Rohnke NJW 1993, 561 (564); Starck WRP 1994, 698 (699 f).

410 Vgl. dazu oben Kap.1 C.I.6.d., zur alten Rechtslage B.I.1.a.cc.

411 Vgl. dazu oben Kap.1 C.II. und Aaker (1992) S.129 ff; ders. (1996) S.137 ff; Kapferer (1992) S.105 ff; Upshaw (1995) S.1 ff.

412 Zum Zweck der Vermeidung einer Irreführung vgl. Fezer MarkenR § 8 RN 296, in Ansätzen ebenfalls in § 49 RN 36; vgl.a. Köhler/Piper (2.A) § 3 RN 4; Baumbach/Hefermehl UWG § 3 RN 3

413 A.A. Fezer MarkenR § 49 RN 30, der § 49 II Nr.2 MarkenG sowohl auf die anfängliche wie auch nachträgliche Irreführung anwenden möchte. Dies widerspricht aber § 50 I Nr.3, der für den ersten Fall die speziellere Regelung bereithält. Ohnehin impliziert der Begriff „Verfall" ein erst nachträglich eintretendes Hindernis. Fezer überdehnt den Tatbestand ohne Not.

414 Mangels allgemeiner Bedeutung sollen die zahlreichen Irreführungsverbote in Spezialgesetzen, etwa § 17 I Nr.5 LMBG, § 25 III WeinG, hier keine Berücksichtigung finden. Zu ihrem Nachweis vgl. beispielsweise Ingerl/Rohnke § 8 RN 103.

Von diesen Tatbeständen interessieren hier nur jene, die aufgrund des Wechsels in der Berechtigung verwirklicht werden können. Denn nur insoweit kann der Einsatz als Sicherungsmittel eine Irreführung auslösen[415]. In einem zweiten Schritt ist sich den einzelnen Tatbestandsmerkmalen zuzuwenden.

1. Relevanz der Irreführungstatbestände bei Sicherungsgeschäften

Vergleicht man die einzelnen Irreführungstatbestände, lassen sie sich in zwei Blöcke einteilen: So betreffen die §§ 8 II Nr.4, 49 II Nr.2 und 50 I Nr.3, III MarkenG das Markenverfahren. Die §§ 128, 127 I, II MarkenG sowie die Normen des UWG begründen dagegen zivilrechtliche Unterlassungs- und Schadensersatzansprüche, §§ 8, 9 UWG.

Die §§ 8 II Nr.4, 50 I, III MarkenG greifen nur Sachverhalte auf, die bereits bei Eintragung vorlagen, nachträgliche Veränderungen werden von ihnen nicht berücksichtigt[416]. Sie sind daher für Sicherungsgeschäfte ohne Bedeutung. § 49 II Nr.2 MarkenG dagegen erklärt Marken für löschungsreif, sofern nach Eintragung auftretende Umstände eine Irreführung auslösen. Insofern kann die Norm bei Sicherungsgeschäften relevant werden.

Bei den Normen mit Unterlassungs- und Schadensersatzansprüchen als Rechtsfolge ist zunächst die Konkurrenzfrage zwischen MarkenG und UWG zu klären. Gegen ein komplettes Verdrängen des UWG spricht § 2 MarkenG, der ausdrücklich den Schutz von Kennzeichen nicht allein dem MarkenG vorbehält. Das MarkenG will insofern keine abschließende Regelung sein[417]. Bestärkt wird dies durch die unterschiedlichen Zielrichtungen der Gesetze. So stellt das UWG grundlegende Maßstäbe für das Verhalten im Wettbewerb auf, das MarkenG hingegen weist dem Markeninhaber ein ausschließliches Recht zu. Beide Gesetze verfolgen daher einen jeweils unterschiedlichen Zweck. Wäre das UWG auf kennzeichenrechtliche Sachverhalte nicht anwendbar, wäre das Markenrecht dem Bereich des Wettbewerbsrechts entzogen.
Trotzdem nimmt die herrschende Meinung an, dass im Anwendungsbereich des MarkenG es allein dem markenrechtlich Berechtigten vorbehalten bleibt, Irreführungen zu verfolgen[418]. Lediglich wenn weitere Umstände hinzutreten, soll das UWG parallel anwendbar bleiben[419]. Denn

415 Die übrigen Fälle einer Irreführung sind nicht unerheblich, können sie im jeweiligen Fall zum Verlust der Marke führen. Sie werden daher noch im Rahmen der Schutzvorkehrungen zu problematisieren sein, dazu unten Kap 6 B.I.2.a., b.

416 Zur abzulehnenden **a.A.** von Fezer MarkenR § 49 RN 30, der auf derlei Fälle auch § 49 II Nr.2 MarkenG anwenden möchte, oben FN 145.

417 Vgl. amtl. Begr. BT-Drucks. 12/6581 S.64; In diesem Sinne auch der Erwägungsgrund (6) zur MarkenRL, ABl EG L 40 v. 11.2.1989, S.1.

418 BGH GRUR 2002, 340 (342)-fabergé; WRP 2004, 360 (364)-Davidoff II; ähnlich Klaka GRUR 1996, 713 (718); Sosnitza WRP 2003, 1186 (1187) mwN; Ingerl WRP 2004, 809 (811); **a.A.** Fezer MarkenR § 2 RN 2 ff; Elegant aus der Affäre gezogen hat sich der EuGH GRUR 2006, 416 (418 f)-Emanuel, der das Vorliegen einer Irreführung verneinte; vgl. zur Konkurrenz zwischen MarkenG und UWG den ausführlichen Beitrag von Sack WRP 2004, 1405; Weiterführend hierzu Ingerl WRP 2004, 809 (811 ff); Bornkamm GRUR 2005, 97 ff.

419 Zur Konkurrenz von MarkenG und UWG vgl. BGHZ 149, 191 (195 f) = NJW 2002, 2031 (2032 f)-shell.de; BGH NJW 2002, 2093 (2094)-vossius; Hefermehl/Köhler/Bornkamm-Bornkamm § 5 RN 1.77; ders. in FS Mühlendahl (2005) S.9 (19ff); im Ergebnis entsprechend für den Sonderfall der bekannten Marken, jedoch

durch die Begründung eines Immaterialguts sei der individuellen Position Vorrang vor dem Schutz der Allgemeinheit eingeräumt worden. Insbesondere wegen der Übertrag- und Lizenzierbarkeit der Marke und ihrer Funktion, lediglich auf denselben Verantwortungskreis hinweisen zu wollen, nicht aber eine bestimmte Güte zu garantieren, dürfe sich der angesprochene Verkehr keine berechtigten Vorstellungen über irreführungsrelevante Aussagen der Marke machen[420]. Allein der markenrechtlich Berechtigte ist aufgefordert, markenbedingte Irreführungen zu verfolgen. Verzichtet er hierauf, soll dem Verkehr kein darüber hinaus gehendes Verbotsrecht zustehen.
Um eine solche Sichtweise anzunehmen, müsste der Gesetzgeber mit dem Markenrecht eine Position geschaffen haben, die solange zum Gebrauch gegenüber jedermann nahezu unbeschränkt berechtigt, bis sie aus dem Register ausgetragen wird. In anderen Worten hieße dies, dass wettbewerbsrechtliche Ansprüche wegen Irreführung solange nicht durchsetzbar sind, solange der Störer Inhaber eines Markenrechts ist.. Für ein derartiges Verständnis finden sich aber keine Hinweise in der amtlichen Begründung zum MarkenG. Das wäre aber zu erwarten, stellt dies eine gewichtige Abweichung vom Anspruch des UWG dar, allgemeingültige Regeln für den Wettbewerb aufzustellen. Das Markenrecht würde dem Wettbewerbsrecht entzogen. Gerade aber absolute Rechte, die allein der Disposition des Inhabers unterstehen, noch dazu, wenn sie für den Wettbewerbs so bedeutsam sind wie Marken, müssen sich an den interessenausgleichenden Inhalten des UWG messen lassen. Andernfalls wäre der hauptsächlich vor Irreführungen zu schützende Personenkreis, die Verbraucher, mangels Antragsberchtigung ohne eigenen Schutz. Hieran vermag auch die vom Gesetzgeber vorgesehene Verfügbarkeit von Marken nicht grundsätzlich etwas zu ändern. Denn die Verfügbarkeit betrifft lediglich die betriebliche Herkunft. Insofern besteht tatsächlich ein Vorrang des MarkenG vor dem UWG. Bei den sontigen Umständen muß es aber wegen des unterschiedlichen Zwecks bei einer Unabhängigkeit beider Gesetze bleiben. Dass der Markeninhaber keine Garantie über bestimmte Qualitätsmerkmale der Ware abgeben möchte, kann ihn nicht davon entheben, den Verkehr nicht in die Irre zu führen. Daher ist weiterhin von der grundsätzlich parallelen Anwendbarkeit des UWG und MarkenG auszugehen.

Anders verhält es sich bei den geographischen Herkunftsangaben, §§ 126 ff MarkenG. Hier gehen die Regelungen im MarkenG wegen ihres wettbewerbsrechtlichen Charakters als leges speziales den Regelungen des UWG vor. Gestützt wird dies durch den Willen des Gesetzgebers, der mit den §§ 126 ff MarkenG gerade die vorher über § 3 UWG a.F. entwickelte Rechtsprechung in Normen gießen wollte[421]. Es ist daher mit der überwiegenden Meinung anzuneh-

---

wegen der unterschiedlichen Zielrichtungen des MarkenG und des UWG zu unrecht als spezialgesetzliche Regelung bezeichnet, BGHZ 138, 349 (351 f) = GRUR 1999, 161-MAC Dog mwN; BGH GRUR 1999, 992 (995)-BIG PACK; BGH WRP 2000, 529 (532)-ARD-1; BGH GRUR 2002, 340 (342)-Fabergé; vgl.a. Ingerl/Rohnke § 14 RN 523, § 2 RN 1; Schultz-Schultz § 2 RN 2; Sack GRUR 1995, 81 (93); Piper GRUR 1996, 429 (435); Helm GRUR 2001, 291 (293); **a.A.** OLG Bremen WRP 2002, 460 (463); Fezer § 14 RN 411a; § 2 RN 12 ff; Schulz, in: FS Helm (2002) S.237 (239 ff).

420 So insbesondere Hefermehl/Köhler/Bornkamm-Bornkamm § 5 RN 1.80; ders. in FS Mühlendahl (2005) S.9 (19ff).

421 BT-Drucks. 12/6581 S.59; ausführlich dazu oben B.II.2.

men, daß in diesem Bereich die §§ 3, 5 UWG nur zur Anwendung kommen, wenn weitere, nicht im MarkenG zu berücksichtigende Umstände hinzutreten[422].

Von den Normen des UWG kommt in den Konstellationen bei Sicherungsgeschäften nur § 5 UWG (§ 3 UWG a.F.) zur Anwendung. Denn der sicherungs- bzw. verwertungsbedingte Wechsel in der Berechtigung am Zeichen kann lediglich dazu führen, dass entwender Eigenschaften des Geschäftsbetriebs, der Person des neuen Berechtigten oder des markierten Produkts betroffen sind. Dementsprechend handelt es sich ausschließlich um Irreführungen über geschäftliche Verhältnisse oder Merkmale im Sinne des § 5 II Nrn.1, 3 UWG.

2. *Die Voraussetzungen der Normen*

Betrachtet man die Tatbestände der einzelnen Normen, fallen die unterschiedlichen Formulierungen auf. Daneben kennen die Normen teilweise zusätzliche Voraussetzungen. So erwähnt etwa § 49 II Nr.2 MarkenG eine Täuschung durch die konkrete Benutzung der Marke. Es stellt sich daher die Frage, welche Umstände letztendlich eine Irreführungsgefahr begründen können (a.) und wann jeweils eine Irreführung anzunehmen ist (b.). Abschließend sind noch die teilweise zusätzlich erforderlichen Voraussetzungen zu betrachten (c.).

a) *Zur Irreführung geeignete Umstände*

Welche Merkmale bei Sicherungsgeschäften zu Irreführungen führen können, ist aus den einzelnen Tatbeständen abzuleiten. Gemeinsam ist sämtlichen Normen, daß die irreführende Aussage nicht ausdrücklich getroffen werden muß. Es reicht aus, daß sie sich schlüssig aus der Erscheinung der Marke entnehmen läßt[423].

Nach § 49 II Nr.2 MarkenG muß die Irreführung auf markenimmanenten Angaben über die Art, Beschaffenheit, geographische Herkunft oder vergleichbaren Umständen beruhen. Aufgrund systematischen Vergleichs mit den explizit genannten Beispielen sind daher sämtliche Aussagen der Marke umfaßt, welche das Produkt oder den Verwender des Zeichens beschreiben[424]. Sie müssen lediglich der Nachprüfbarkeit offenstehen. Ausgenommen bleibt die betriebliche Herkunft, für die mit § 51 MarkenG ein spezieller Löschungsgrund vorliegt[425].
Nach § 5 II UWG sind sämtliche Bestandteile der werbenden Aussage relevant. Damit umfaßt der Begriff jegliche Umstände, welche die gewerbliche Tätigkeit im Wettbewerb zu fördern in der Lage sind, sofern ihr Wahrheitsgehalt überprüft werden kann[426]. Ausgenommen sind die Anga-

422 BGH GRUR 1999, 252 (253)-Warsteiner II mwN; BGH GRUR 2001, 73 (76)-Stich den Buben; BGH GRUR 2002 160 (161)-Warsteiner III; Ingerl/Rohnke Vor § 126-139 RN 2; Köhler/Piper § 3 RN 293 mwN Schultz-Gruber Vorb §§ 126-139 RN 5 mwN; Helm GRUR 2001, 291 (293 ff); Hefermehl/Köhler/Bornkamm-Bornkamm § 5 RN 1.79; **a.A.** Fezer § 126 RN 3.

423 Hefermehl/Köhler/Bornkamm-Bornkamm § 5 RN 2.25 ff; zur alten Rechtslage Baumbach/Hefermehl UWG § 3 RN 13 mwN; ähnlich, weil auf die Gesamtheit der Marke abstellend Ingerl/Rohnke § 49 RN 34.

424 Ingerl/Rohnke § 49 RN 34; Fezer MarkenR § 49 RN 32

425 Ingerl/Rohnke § 49 RN 34

426 vgl. nur BGH GRUR 1964, 33 (36)-Bodenbeläge; Hefermehl/Köhler/Bornkamm-Bornkamm § 5 RN 2.64 ff; entsprechend bereits zur alten Rechtslage Baumbach/Hefermehl UWG § 3 RN 121; Köhler/Piper (2.A) § 3 RN 219

ben zur betrieblichen Herkunft. Insoweit verdrängt § 14 II Nrn.1, 2 MarkenG die Regelung des UWG[427].

§ 127 I MarkenG beschränkt sich ausschließlich auf geographische Herkunftsangaben, die in § 126 I MarkenG näher definiert und in § 126 II MarkenG von den Gattungsbezeichnungen unterschieden werden. Grundsätzlich ist danach jede Lokalitätsbezeichnung zur Irreführung geeignet. Darüber hinaus schränkt § 127 II MarkenG den Gebrauch solcher Herkunftsangaben ein, die mit einer besonderen Qualität verbunden werden. Derlei Angaben sollen nur in der bezeichneten Region beheimatete Unternehmen verwenden dürfen.

Von diesem sich teilweise überscheidenden, teilweise unterscheidenden Umständen werden bei einem Wechsel in der Berechtigung nur jene relevant, die in der Marke selbst angelegt sind. Denn Gegenstand des Sicherungsgeschäfts ist allein die Marke in ihrer konkreten Gestalt. Folglich kann die neue Berechtigung an dem Zeichen auch nur dann in die Irre führen, wenn die Marke selbst eine Aussage enthält, die durch den Gebrauch des Zeichens unwahr wird. Obgleich § 5 UWG einen weiteren Anwendungsbereich hat, sind daher bei sämtlichen Tatbeständen nur markenimmanente Aussagen von Bedeutung.

Markenimmanente Aussagen können sich entweder auf das Produkt beziehen, etwa auf dessen Eigenschaften, Beschaffenheit, Bezugsquellen oder errungene Auszeichnungen. Oder sie beschreiben den produzierenden Betrieb, wie dessen Herstellungsmethode[428], Eigenschaften, Sitz oder Inhaber[429]. Aussagen über die betriebliche Herkunft werden nicht erfaßt. Sie fallen unter die spezielleren Regelungen zur Verwechslungsgefahr.

b) Irreführung

aa) Allgemeiner Grundsatz für Irreführungen

Trotz der unterschiedlichen Formulierungen in den einzelnen Normen[430] will man eine Irreführung in sämtlichen Tatbeständen grundsätzlich gleich verstanden wissen[431]. Schließlich werde jeweils derselbe Zweck verfolgt. Demnach muß die Aussage von erheblichen Teilen der angesprochenen Verkehrskreise falsch verstanden werden und für die Entscheidung zugunsten des markierten Produkts relevant sein.

---

427 Dazu oben 1.

428 Hier werden z.B. die immer mehr in den Blick geratenen ökologischen Aspekte eine nicht unwesentliche Rolle spielen.

429 Zu den einzelnen irreführenden Umständen vgl. Hefermehl/Köhler/Bornkamm-Bornkamm § 5 RN 4.1 ff; zur alten Rechtslage Baumbach/Hefermehl UWG § 3 RN 124 ff; die Maßstäbe werden weitgehend auf § 49 II Nr.2 MarkenG übertragen werden können.

430 So spricht § 49 II Nr.2 MarkenG von geeigneten Täuschungen, um das Publikum irrezuführen, § 127 I MarkenG schlicht von der Gefahr der Irreführung, § 127 II MarkenG von Abweichungen bei besonderen Eigenschaften sowie § 3 UWG von irreführenden Angaben.

431 Ingerl/Rohnke § 8 RN 97, § 49 RN 34, § 127 RN 3; Fezer MarkenR § 3 RN 297 f, § 49 RN 32 ff § 127 RN 5; Hefermehl/Köhler/Bornkamm-Bornkamm § 5 RN 2.67 ff, 2.169 ff zur alten Rechtslage Baumbach/Hefermehl UWG § 3 RN 23 ff, 87 ff; Köhler/Piper (2.A) § 3 RN 113 ff, 135 ff; BGH GRUR 1995, 65 (66)-Produktionsstätte; hiervon wird nur bei § 127 I MarkenG teilweise abgewichen, indem auf die wettbewerbliche Relevanz verzichtet wird, Helm in: FS Vieregge (1995), S.335 (349 f); daran anschließend BGH GRUR 1999, 252 (254)-Warsteiner II; GRUR 2001, 420 (421)-SPA, dazu sogleich unter bb.

Indem auf einen erheblichen Teil der angesprochenen Verkehrskreise abgestellt wird, kommt es nicht auf die objektive Wahrheit oder Unwahrheit der Aussage an, sondern allein auf das subjektive Verständnis der umworbenen Abnehmerschaft. Verbinden sie mit einer Aussage eine bestimmte Vorstellung, so ist diese ausschlaggebend. Nicht erforderlich ist, daß die Angabe tatsächlich diesen Inhalt hat, geschweige denn der Verwender ihn der Marke beimessen wollte. Der Vorstellungen der ausschlaggebenden Verkehrskreise kommt daher ein hoher Stellenwert zu. Die Bestimmung ist aber nicht immer einfach. Die kritische Menge, ab der ein erheblicher Teil irregeführt wird, wurde früher bei ca. 10-15% angenommen[432]. Diese enge Sichtweise musste vom BGH mit der Übernahme des europäischen Bilds von einem aufgeklärten Verbraucher korrigiert werden und liegt heute signifikant höher[433].
Die irreführende Aussage muß auch relevant sein, d.h. die Angabe ist zumindest mitursächlich für die Produktentscheidung. Bestandteile der Marke, die für den Verkehr völlig ohne Interesse sind, können keine Irreführung auslösen[434]. Dies erklärt sich aus dem Zweck des Schutzes vor Irreführungen. Die Regelungen sollen lediglich gewährleisten, daß Dritte nicht aufgrund von falschen Vorstellungen über ihr Vermögen disponieren, nicht dagegen sollen unwahre Aussagen an sich sanktioniert werden.

bb) Sonderfall: Geographische Herkunftsangaben, § 127 I MarkenG?

Dieses allgemeine Verständnis von Irreführungen wird von der überwiegenden Meinung für geographische Herkunftsangaben teilweise modifiziert. Zurückzuführen ist dies auf Helm, dessen Meinung sich Klaka und hernach der BGH angeschlossen haben. Letzterer relativiert aber inwischen wieder seine anfänglich vertretene Meinung. Ein vermittelnder Ansatz wurde früher von Fezer vertreten.

(1) Die Ansichten in der Literatur vor der Entscheidung durch den BGH

Relativ bald nach Inkrafttreten des MarkenG vertrat Helm[435] die These, daß im Rahmen des § 127 I MarkenG nicht mehr zu prüfen sei, ob eine unrichtige Angabe für die Kaufentscheidung relevant ist. Er sah in der Norm einen erweiterten Schutz, als er vormals über § 3 UWG a.F. gewährt wurde. Zur Begründung verwies er auf die Einbeziehung der geographischen Herkunftsangaben in das MarkenG und einen damit gewährten „markenrechtlichen Schutz". Gemeint sein dürfte damit eine Ausstrahlung der im Gesetz geregelten absoluten Rechte auf die seither lediglich wettbewerbsrelevant geschützten Zeichen, mit der Folge, daß sie nun im Sinne

432 Ingerl/Rohnke § 49 RN 34; Baumbach/Hefermehl UWG § 3 RN 27; Fezer MarkenR § 127 RN 5

433 Nach Hefermehl/Köhler/Bornkamm-Bornkamm § 5 RN 2.106 bei etwa 25-30%.; vgl.a. Büscher GRUR Int 2005, 801 (804) mwN.

434 Dies wurde damit begründet, dass in § 3 UWG a.F.von „irreführender Angabe" und nicht von „unwahrer Angabe" gesprochen wurde, vgl. Loschelder in: FS Tilmann (2003) S.403 (408) mwN. Bei der Reform des UWG hat der Gesetzgeber diesen Umstand mit § 5 II 2 UWG nun ausdrücklich im Gesetz festgeschrieben; vgl. Ingerl/Rohnke § 49 RN 34, § 127 RN 3, im Ergebnis auch § 8 RN 99; OLG Karlsruhe WRP 1996, 453 (459)-Warsteiner; diffus Fezer MarkenR § 49 RN 34, § 8 RN 306; **a.A.** bei § 127 I MarkenG: BGH GRUR 1999, 252 (254)-Warsteiner II; BGH GRUR 2001, 420 (421)-SPA, Helm in: FS Vieregge (1995), S.335 (349 f); Fezer MarkenR § 127 RN 6a; Baumbach/Hefermehl § 3 RN 188b; vgl. dazu u. bb.

435 Helm in FS Vieregge (1995) S.335 (349 f); Gloy-Helm, HdB WbR (2.A) § 49 RN 218 (vgl.a. RN 199); neuerdings ebenfalls in diesem Sinne Loschelder, in: FS Tilmann (2003), S.403 (408).

subjektiver Rechtsgüter zu verstehen seien. Dadurch werde die Relevanz der geographischen Herkunfsangaben unwiderleglich vermutet. Damit werde ohnehin nur eine schon bisher feststellbare Tendenz der Rechtsprechung fortgeschrieben, nach der in derlei Angaben grundsätzlich bedeutende Informationsträger gesehen werden, die nur bei besonderen Gründen irrelevant seien. Lediglich bei - objektiv - fiktiven Phantasieangaben gelte dies nicht, weil derartige Bezeichnungen nicht den Schutz der §§ 126 ff MarkenG genießen würden.
Klaka schloß sich dieser Ansicht an, indem er sich das Argument der nunmehr markenrechtlichen Schutzkonzeption der geographischen Herkunftsangaben zu eigen machte[436]. Ähnlich vertritt Büscher den Verzicht uaf die Relevanz, in dem er den Herkunftsangaben zwar keinen Markenrechtscharakter beimisst, sie aber doch mehr den Kennzeichenrechten als dem Wettbewerbsrecht zuordnet und dies mit der Bedeutung für die lokalen Anbieter rechtfertigt[437]. Zum selben Ergebnis kommt Gloy[438], der es aber über Beweisfragen und Erfahrungswerte zur Relevanz begründet.

Eine etwas andere Sicht wurde ehemals von Fezer vertreten[439], der nicht gänzlich auf das Merkmal der Relevanz verzichten wollte, sie aber im Gegensatz zu einer wettbewerblichen nach § 3 UWG a.F. im Sinne einer kennzeichenrechtlichen Relevanz verstand. Sie sollte lediglich dann fehlen, wenn - subjektiv - der Verkehr die Angabe nur als Phantasiebezeichnung verstehe.

Allein Ingerl/Rohnke[440] hielten ausdrücklich an dem allgemeinen Grundsatz fest und machten auch die Irreführung nach § 127 I MarkenG von einer Relevanz der Angabe im Sinne des § 3 UWG abhängig[441].

(2) Die Warsteiner-Entscheidung des BGH und die Gefolgschaft der Literatur

Auch der BGH hat sich zu dieser Frage geäußert[442]. Parallel zu dem weit größere Aufmerksamkeit erheischenden Vorlagebeschluß an den EuGH zur Vereinbarkeit der §§ 126 ff MarkenG mit der Verordnung (EWG) Nr.2081/92 (Warsteiner I) entschied er über einen Anspruch nach § 127 I MarkenG (Warsteiner II). Hatte die Vorinstanz noch beinahe nebenbei festgestellt, daß auch im Rahmen des § 127 I MarkenG eine relevante Irreführung erforderlich sei[443], folgte der BGH[444] im

436 Althammer-Klaka (5.A) § 127 RN 1 a.E., der sich zur Begründung aber fälschlicherweise auf eine Entscheidung des OLG Stgt beruft. Das Urteil erging vom OLG Karlsruhe und besagt genau das Gegenteil, OLG Karlsruhe WRP 1996, 453 (459)-Warsteiner. Im ergebnis wie Klaka: Loschelder in: FS Tilmann (2003) s.403 (408), der für seine Gleichstellung mit Marken keine Begründung liefert.

437 Büscher in: FS Erdmann (2003) S.237 (246 f).

438 Gloy in: FS Piper (1996) S.543 (554 ff)

439 Fezer MarkenR (1.A) § 127 RN 6

440 Ingerl/Rohnke § 127 RN 3

441 Im Ergebnis ebenso Berlit (4.A) RN 409, der die alte Rechtsprechung zu § 3 UWG für anwendbar hält; ebenso, aber in der Sache widersprüchlich Knaak GRUR 1995, 103 (105), der für die Voraussetzungen des § 127 I MarkenG auf die Rechtslage nach § 3 UWG verweist, zuvor aber den geogr. Herkunftsangaben die Stellung geistigen Eigentums zuerkennt.

442 BGH GRUR 1999, 252-Warsteiner II = WRP 1998, 1002 = BGHZ 139, 139 = NJW 1998, 3489 = ZIP 1998, 1507 = WM 1998, 1987; neuerdings die Frage offen lassend BGH GRUR 2002, 160 (162) = NJW 2002, 600-Warsteiner III; BGH GRUR 2002, 1074-Oettinger

443 OLG Karlsruhe WRP 1996, 453 (459)-Warsteiner

Ergebnis der Meinung Helms und verzichtete auf eine Prüfung der Relevanz der Angabe für die Kaufentscheidung. In seiner Begründung wandte sich der BGH aber ausdrücklich gegen eine Verdinglichung des Rechts und betonte den wettbewerbsrechtlichen Charakter der Norm. Eine Relevanzprüfung sei aber trotzdem nicht erforderlich, weil die Norm auch den Schutz der Wettbewerber bezwecke, weshalb Waren nicht mit unzutreffenden geographischen Herkunftsangaben versehen werden dürften.

Dieses Ergebnis wurde von der Literatur weitgehend übernommen, teilweise ohne auf die Gründe einzugehen[445]. Inzwischen relativiert aber der BGH seine ursprüglich vertretene Auffassung und lässt die Frage der zusätlich erforderlichen Relevanz offen[446].

(3) Stellungnahme

Betrachtet man die Argumente der Befürworter des Wandels im Verständnis der geographischen Herkunftsangabe, so fällt einerseits auf, daß sie sich auf wenige Aspekte beschränken. Andererseits lassen sie einen mit erheblichen Fragen zurück. So wird der Schutz nach § 127 I MarkenG von der Literatur vielfach nur über eine systematische Auslegung der Stellung der Normen im MarkenG bestimmt, ohne daß die anderen Auslegungsmethoden zur Anwendung kommen. Gerade aber dem Zweck der Norm muß hinreichend Rechnung getragen werden. Dies scheint der BGH sich zum Ziel gesetzt zu haben, indem er auf den Schutz der Wettbewerber abstellt. Doch weder begründet der BGH, warum auch Wettbewerber von den Regelungen geschützt sein sollen, noch setzt er sich damit auseinander, worauf das Interesse der Wettbewerber tatsächlich gerichtet ist. Vielmehr stellt er ihren Schutz apodiktisch fest, schließt daraus die Irrelevanz der Bedeutung der Angabe für die Kaufentscheidung der Verbraucher und verweist zur Begründung auf Literaturmeinungen, deren Argumente er aber zuvor abgelehnt hat. Trotzdem folgt ihm die Literatur, ohne sich näher mit den Gründen auseinander zu setzen. Dies kann sich eigentlich nur daraus erklären, daß im Zuge des Streits mit der EU-Kommission über das Verhältnis des nationalen Schutzes der geographischen Herkunftsangaben zur Verordnung (EWG) Nr.2081/92[447] die rein nationalen Fragen ins Hintertreffen gerieten. Daß diese aber nicht nur theoretischer Natur sind wird anhand der vom BGH entschiedenen Fälle deutlich. Würde

444 BGH GRUR 1999, 252 (254)-Warsteiner II; bestätigt durch BGH GRUR 2001, 420 (421)-SPA; neuerdings die Frage offen lassend BGH GRUR 2002, 160 (162) = NJW 2002, 600-Warsteiner III; BGH GRUR 2002, 1074-Oettinger

445 Ohne Begründung: Althammer-Klaka (6.A) § 127 RN 3; Fezer MarkenR (3.A) § 127 RN 6a; Obergfell GRUR 2001, 313 (317); mit derselben Begründung wie BGH Köhler/Piper (2.A) § 3 RN 292; über ein subjektives Kennzeichenrecht begründend Baumbach/Hefermehl UWG (22.A) § 3 RN 189a; über den Schutz des good wills von ebenfalls Gebrauchsberechtigten Ullmann GRUR 1999, 666 (667).

446 BGH GRUR 2002, 160 (162) -Warsteiner III; BGH GRUR 2002, 1074-Oettinger. Die Ansicht des BGH kritisierend Loschelder, in: FS Tilmann (2003), S.403 (407 ff). Das Gericht erster Einstanz geht bei Gemeinschaftsmarken entgegen der vom BGH vertretenen Ansicht von einer Relevanz für die betroffenen Verkehrskreise aus, wenngleich er das Tatbestandsmerkmal etwas anders bezeichnet, EuG GRUR Int 2006, 47 (48 f)-Peek&Cloppenburg.

447 Vgl. dazu nur Knaak/Tilmann GRUR Int 1994, 161 (163 f); Tilmann GRUR 1996, 959 (959 ff) mwN; Ahrens GRUR 1997, 508 (508 ff); Obergfell GRUR 1999, 551 (551 ff) mwN; dies. GRUR 2001, 313 (313 ff); Ullmann GRUR 1999, 666 (668 ff) mwN; Wichard WRP 1999, 1005 (1005 ff) sowie natürlich die Vorlageentscheidung des BGH, GRUR 1999, 251-Warsteiner I.

man auf die Relevanz der Angabe für die Kaufentscheidung abstellen, hätte weder im Fall Warsteiner, in dem nur 8% der befragten Verbraucher der Angabe Bedeutung bei ihrer Kaufentscheidung beimaßen[448], es des entlokalisierenden Zusatzes bedurft, geschweige denn wäre die vom BGH vorgenommene aufwendige Interessenabwägung erforderlich gewesen. Noch wäre im Fall SPA[449] zu erwarten gewesen, daß der Verkehr in der Angabe einen Hinweis auf den belgischen Bade- und Kurort sieht, so daß der Fall hätte anders entschieden werden müssen. Es soll sich daher hier der Fragen angenommen werden.

(a) Interesse des Verkehrs und Verbraucherbild

Dem Verkehr im allgemeinen und den einzelnen Verbrauchern im besonderen dienen Marken und sonstige beschreibende Angaben auf einem weitgehend anonymen Markt als Hilfe bei der Auswahl von Produkten, mit denen sie meinen, bestmöglich ihre Interessen befriedigen zu können. Kennzeichen haben für sie keinen Selbstzweck. Sie fungieren als Instrumente, um die - subjektiv - richtige Kaufentscheidung zu treffen. Zu recht wird daher angenommen, wenn auf den Schutz des Verkehrs abgestellt wird, daß falsche Angaben nur dann ins Gewicht fallen, wenn sie bei der Kaufentscheidung relevant sind[450]. Möchte man darüber hinaus unwahre Aussagen sanktionieren, so darf man sich zumindest nicht auf das Interesse der Verbraucher stützen[451].

Will man trotzdem auf die Relevanz der Angabe für die Verkehrskreise verzichten, würde dies auch nicht mit dem Leitbild des informierten, aufmerksamen und verständigen Verbrauchers korrelieren, das vom EuGH in ständiger Rechtsprechung vertreten wird[452]. Denn geht man vom Schutz jeder geographischen Herkunftsangabe aus, wird den Verbrauchern die Bedeutsamkeit der Aussage vorgeschrieben. Läßt man ihn nicht selbst urteilen, ob eine Angabe für ihn bedeutsam ist oder nicht, will dies nicht zu einem verständigen Verbraucher passen, der mündig genug für eine eigene Entscheidung ist[453]. Statt dessen wird er bevormundet. An dem Verbraucherleitbild des EuGH hat sich aber das nationale Recht auszurichten. Denn zum einen entstammt der überwiegende Teil des Verbraucherschutzes - und des Markenrechts - der Feder des europäischen Gesetzgebers und unterliegt somit der Auslegungshoheit des EuGH. Zum anderen strahlt das dort vorherrschende Verbraucherbild nicht zuletzt aufgrund der Einheitlichkeit der Rechtsordnung selbst auf rein nationale Normierungen aus.

448 BGH GRUR 1999, 252 (253)-Warsteiner II; zur Feststellung der Vorinstanz OLG Karlsruhe WRP 1996, 453 (457)-Warsteiner.

449 BGH GRUR 2001, 420-SPA.

450 Dazu oben aa.

451 Ähnlich Generalanwalt Jacobs, EuGH, EuGH Slg. I 2000-11(A), S.9187 (9206 Nr.62)-Warsteiner.

452 vgl. nur EuGH WRP 1999, 307 (307, 311)-Sektkellerei Kessler; WRP 1998, 848 (848, 850)-Gut Springenheide; vgl.a. EuG GRUR 2006, 47 (48)-Cloppenburg, das diesen Aspekt gerade als Begründung für eine Relevanz bei Irreführungen durch Marken anführt.

453 Ebenso Generalanwalt Jacobs, EuGH Slg.I 2000-11(A) S.9187 (9207 Nr.63)-Warsteiner, der ansonsten sogar Art.30 EGV verletzt sieht; Im Ergebnis entsprechend EuGH WRP 1999, 307 (310 f)-Sektkellerei Kessler; WRP 1998, 848 (850)-Gut Springheide; vgl.a. die Legaldefinition einer irreführenden Werbung in Art.2 Nr.2 der Richtlinie 84/450/EWG; **a.A.** Loschelder in: FS Tilmann (2003) S.403 (404 ff), dessen wesentliche Begründung für seine Ansicht die Behauptung darstellt, dass jede Herkunftsangabefür den Verbraucher bedeutsam sei, es keine neutralen Aussagen gebe.

(b) Interesse der Wettbewerber

Sollen nun, wie vom BGH angenommen, durch ein Gebot zur wahrheitsgemäßen Verwendung geographischer Angaben auch die Wettbewerber geschützt werden, ist danach zu fragen, ob dies überhaupt ihrem Interesse entspricht. Grundsätzlich ist für Unternehmen im Wettbewerb entscheidend, einen möglichst hohen Gewinn durch einen möglichst großen Absatz ihrer Produkte zu erreichen. Wie sie dieses Ziel verwirklichen, ist sekundär und hängt von der jeweiligen Unternehmensphilosophie ab, die nicht verallgemeinert werden kann. Folglich kommt es den Wettbewerbern, genauso wie den einzelnen Verbrauchern, allein darauf an, ob die dem Produkt beigefügten Aussagen für die Kaufentscheidung maßgeblich sind[454]. An allen weiteren Angaben sind Unternehmen nicht interessiert. An wahren Aussagen haben sie - wenn überhaupt - nur Interesse, wenn sie im Wettbewerb relevant sind. Alles weitere ist für sie unerheblich und wird wahrscheinlich gar als störend empfunden, da es nicht im Fokus der Geschäftstätigkeit liegt. Will man nun, wie der BGH, ein allgemeines Wahrheitsgebot, und sei es nur auf geographische Herkunftsangaben beschränkt, auf das Interesse der Wettbewerber stützen, so mißachtet dies die wahren Zusammenhänge. Es wird den Konkurrenten etwas untergeschoben, was unter Umständen gar ihrer strengen Ausrichtung auf Gewinnmaximierung widerspricht. Zumindest kann aber das Interesse der Wettbewerber nicht die Relevanz einer Aussage für die Kaufentscheidung der Verbraucher ersetzen.

(c) Schutz des Wettbewerbs

Richtiger wäre es daher, wenn das Verbot unwahrer Angaben im Wettbewerb auf den Schutz des Wettbewerbs als solchen gestützt würde. Es ließe sich dahingehend argumentieren, daß ein lauterer Wettbewerb nur mittels wahrer Aussagen möglich sein soll[455]. Doch auch eine solche Intention muß sich die Frage gefallen lassen, was dadurch gewonnen wäre. Wenn sämtliche am Wettbewerb beteiligten Parteien, sowohl die konkurrierenden Wettbewerber als auch die umworbene Abnehmerschaft, keinen Wert auf bestimmte Aussagen legen, weil sie für die ablaufenden Prozesse ohne Bedeutung sind, dann will es nicht überzeugen, wenn dieser Bereich reglementiert wird. Nicht nur daß dies ineffektiv und unökonomisch wäre, da es nur einschränkt, aber keinen Nutzen bringt. Es würde auch eine Bevormundung des Verkehrs bedeuten, welche dem vom EuGH in ständiger Rechtsprechung vertretenen und national zu berücksichtigenden Verbraucherbild zuwider läuft[456]. Zwar ist Gloy[457] zuzustimmen, daß ein Anspruch auf Verwendung unrichtiger Aussagen im Wettbewerb nicht angenommen werden kann. Doch geht es hier nicht um einen Anspruch, sondern um ein die Privatautonomie einschränkendes Verbot. Nicht die Verwendung ist zu rechtfertigen, sondern die Einschränkung der allgemeinen Handlungsfreiheit. Jedoch hat der Gesetzgeber den politischen Entscheidungsspielraum, entsprechende Grenzen des Wettbewerbs zu bestimmen. Es dürfte darin lediglich kein grundrechtsverletzender

---

454 Vgl. dazu die eindrücklichen Schilderungen von Deichsel GRUR 1998, 336 (336 ff)

455 Dies macht etwa Gloy, der ein Verbot unrichtiger Aussagen darauf stützt daß kein schutzwürdiges Interesse an der Verwendung unrichtiger Aussagen bestehen kann, Gloy in FS Piper (1996), S.543 (557); ähnlich BGH GRUR 1982, 564 (565)-Elsässer Nudeln mwN.

456 dazu oben (a).

457 Gloy in FS Piper (1996), S.543 (557); ähnlich BGH GRUR 1982, 564 (565)-Elsässer Nudeln, mwN.

Eingriff in Artt. 2 I, 12 I GG zu sehen sein. Der Sinn und Nutzen einer solchen Entscheidung indes wäre mehr als fragwürdig.

(d) Schutzinhalt des § 127 I MarkenG

Obgleich somit unter teleologischen Gesichtspunkten einem von der Relevanz für die angesprochenen Verkehrskreise unabhängigen Schutz geographischer Herkunftsangaben nicht das Wort geredet werden kann, bleibt zu schauen, welche Regelung der Gesetzgeber mit § 127 I MarkenG tatsächlich getroffen hat. Dazu wird man neben den einzelnen Interessen auch die übrigen Auslegungsmethoden zu berücksichtigen haben.

Beginnt man mit der Systematik der Norm, so wurde von Helm zurecht betont, daß sich der Schutz geographischer Herkunftsangaben nun im Kontext der übrigen, absolut ausgestalteten Kennzeichenrechte befindet. Er und auch andere Autoren[458] schlossen daraus, daß geographische Herkunftsangaben nun als subjektive Rechte, vergleichbar dem Eigentum, zu verstehen seien. Die Rechte würden zwar nicht einzelnen Personen zugesprochen. Sie beständen aber kollektiv zugunsten all derer, welche die Angaben verwenden dürften[459]. Daraus ergebe sich, daß der Schutz nicht mehr von der Relevanz der Aussage für den Verkehr abhängen könne[460]. Hiergegen wandte aber schon der BGH zurecht ein, daß gegen ein subjektiv-rechtliches Verständnis, selbst zugunsten einer Personengruppe, die Klagebefugnis von Verbänden nach § 128 I MarkenG spricht[461]. Geographische Herkunftsangaben werden damit gerade nicht nur den Gebrauchsberechtigten zugewiesen, sondern auch nicht zum Gebrauch berechtigten Wettbewerbern und Verbänden obliegt ihre Verteidigung. Dies ist aber ein Kennzeichen wettbewerbsrechtlichen Schutzes. Denn daß Dritte subjektive Rechte anderer wahrnehmen dürfen, widerspricht dem Charakter einer eigentumsgleichen Stellung.

Betrachtet man die Norm nach ihrem Wortlaut, so läßt sich lediglich feststellen, daß von einer „Gefahr der Irreführung" die Rede ist. Dies impliziert aber nicht, daß auf die wettbewerbliche Relevanz verzichtet wurde. Denn obgleich bereits die Gefahr ausreichen soll, bleibt weiterhin der angesprochene Verkehr der Beurteilungsmaßstab. Wenn die ihm angehörenden Verbraucher einer entsprechenden Angabe aber keine Bedeutung beimessen, scheidet selbst eine potentielle Irreführung aus. Die Formulierung weist eher in die gegenteilige Richtung. Indem auf eine Irreführung abgestellt wird, steht die Regelung in enger Beziehung zu den anderen Irreführungstatbeständen. Dort wird aber generell die Relevanz der Angabe für die zu treffende Entscheidung verlangt[462]. Es liegt daher der Schluß nahe, daß dieses Verständnis auch hier zu

---

458 Helm in: FS Vieregge (1995) S.335 (349); Knaak GRUR 1995, 103 (105); Köhler/Piper (2.A) § 3 RN 287; Fezer MarkenR § 126 RN 4; zum entsprechenden Verständnis auf europ. Ebene EuGH GRUR Int 1993, 76 (78, Nr.28)-Touron; in diesem Sinne wohl auch Art.13 b., c. VO (EWG) Nr.2081/92.

459 Köhler/Piper (2.A) § 3 RN 288.

460 Helm in: FS Vieregge (1995) S.335 (349);Althammer-Klaka (5.A) § 127 RN 1 a.E.; Baumbach/Hefermehl UWG (22.A) § 3 RN 188b.

461 BGH GRUR 1999, 252 (254)-Warsteiner II; **a.A.** Fezer WRP 2000, 863 (869), der dem Gesetzgeber die Entscheidungbefugnis über die rechtliche Natur geographischer Herkunftsangaben absprechen möchte. Aber wer wenn nicht der parlamentarisch legitimierte Gesetzgeber sollte sonst hierzu berechtigt sein? Die Wissenschaft hat sich an ihm auszurichten und seine Entscheidungen zu respektieren!

462 Vgl. dazu oben aa.

gelten hat. Es wäre zu erwarten, daß bei einer Abweichung vom allgemeinen Verständnis dies zumindest hinreichend kenntlich gemacht wird. Daran fehlt es aber gerade.

Auch ein Blick auf die Intention des Gesetzgebers stützt diese Ansicht. Fehlt es im Gesetz bereits an Hinweisen, die auf eine Änderung der allgemeinen Auslegung einer Irreführung hindeuten, so verweist die Gesetzesbegründung sogar ausdrücklich auf die alte Rechtslage nach § 3 UWG a.F.[463]. In dieselbe Richtung deutet die Begründung zu § 127 I MarkenG, wonach der Schutz geographischer Herkunftsangaben gerade nicht absolut gelten, sondern grundsätzlich eine Irreführungsgefahr voraussetzen soll[464].

Damit ist auch dem anderen von Helm vorgebrachten Aspekt[465] der Boden entzogen, wonach der Verzicht auf eine Prüfung der Relevanz lediglich ein weiterer Schritt in die von der Rechtsprechung eingeschlagene Richtung bedeute, geographischen Herkunftsangaben allgemein Relevanz bei der Kaufentscheidung zuzusprechen. Denn dies setzt einen zumindest mutmaßlichen Willen des Gesetzgebers voraus. Dazu müssen aber Umstände vorhanden sein, die entsprechende Schlüsse rechtfertigen, entweder aus der Norm selbst, der Historie oder sonstigen Aspekten.

(4) Zwischenergebnis

Es ist daher festzuhalten, daß auch für eine Irreführung nach § 127 I MarkenG die allgemeinen Maßstäbe zu gelten haben und insbesondere zu prüfen ist, ob die jeweilige Angabe für die angesprochenen Verkehrskreise entscheidungserheblich ist[466]. Eine gegenteilige Ansicht kann sich weder auf das Interesse der Wettbewerber stützen, noch ist in der Eingliederung in das MarkenG eine Aufwertung der Herkunftsangabe zu einem eigentumsgleichen Recht zu sehen, welches absolut geschützt würde. Vielmehr läßt sich bei Auslegung der Norm das Bild gewinnen, daß durch die Kodifizierung in den §§ 126 ff MarkenG nicht vom allgemeinen Verständnis einer Irreführung und dem vormals über § 3 UWG a.F. gewährten Schutz abgewichen werden sollte.

cc) Aufklärende Zusätze

Kommt man im konkreten Fall zu einer irreführenden Aussage, bleibt die Möglichkeit, diese durch aufklärende Zusätze zu beseitigen. Hiervon geht einerseits § 127 IV Nr.1 MarkenG aus, wenngleich die Norm betont, daß Zusätze nicht grundsätzlich die Irreführung beseitigen, sondern es weiterhin auf eine Gesamtbetrachtung der Erscheinung ankommt[467]. Andererseits ist ein entsprechendes Vorgehen auch im Rahmen des UWG anerkannt[468]. Lediglich § 49 II Nr.2 MarkenG stellt dem Wortlaut nach allein auf die Marke als dem irreführenden Umstand ab. Jedoch

463 BT-Drucks. 12/6581 S.59.

464 BT-Drucks 12/6581 S.118; anders soll es lediglich dann sein, wenn die Angabe einen besonderen Ruf genießt, § 127 III MarkenG.

465 Helm n: FS Vieregge (1995) S.335 (349 f).

466 Im Ergebnis ebenso Generalanwalt Jacobs EuGH Slg.I 2000-11(A) S.9187 (9206 f Nrn.62 f)

467 Widersprüchlich. Albrecht, GRUR 2003, 385 (387, 390), der aufklärenden Zusätzen keine Beseitigung der Irreführungsgefahr zutraut, im Rahmen von § 127 MarkenG sie aber doch wieder unterstützt.

468 vgl. Hefermehl/Köhler/Bornkamm-Bornkamm § 5 RN 4.156 ff; zur alten Rechtslage Baumbach/Hefermehl UWG (22.A) RN 94

könnten Zusätze problemlos berücksichtigt werden, wenn die ebenfalls vom Wortlaut geforderte konkrete Benutzung als eigenständiges Tatbestandsmerkmal zu begreifen ist[469].

Bei Sicherungsgeschäften können aufklärende Zusätze außerst hilfreich sein. Durch sie wäre man imstande, Irreführungen durch die Übertragung der Berechtigung zu beseitigen. Die Zusätze bedürfen nicht einmal der Aufnahme in das Sicherungsgeschäft, da sie ohne weiteres durch den die Marke Gebrauchenden beigefügt werden können. Es ist lediglich auf das Markenrecht zu achten, welches nicht beeinträchtigt werden darf. Ansonsten würde der Verlust der Berechtigung oder gar des Markenrechts riskiert.

c) Benutzung als zusätzliche Voraussetzung des § 49 II Nr.2 MarkenG

Neben den allgemeinen Voraussetzungen einer Irreführung spricht § 49 II Nr.2 MarkenG von der Benutzung der Marke als Grund der Irreführung. Der Stellenwert dieses Merkmals ist umstritten. Während teilweise der Formulierung keine Bedeutung beigemessen wird[470], sehen andere darin ein eigenes Tatbestandsmerkmal[471]. Zur Begründung wird von den Anhängern der ersten Meinung vorgebracht, daß die Norm in der Tradition des § 11 I Nr.3 WZG stehe, worauf auch der Gesetzgeber hinweist[472]. Die Norm solle nachträglich eintretende Irreführungen beseitigen und den Gleichklang mit § 8 II Nr.4 herstellen[473]. Auch würde es sich um einen Fall des Wettbewerbs- und nicht des Markenrechts handeln, sofern konkrete Benutzungshandlungen erforderlich wären[474]. Dem wird entgegengehalten, daß § 49 II Nr.2 MarkenG gerade nicht die Angleichung an die Rechtslage nach § 8 II Nr.4 MarkenG bezwecke, sondern diesen einschränke[475]. Denn bei der Eintragung finde nur eine Evidenzprüfung statt. Diese Weite soll in den Fällen korrigiert werden, in denen der Verkehr konkret beeinträchtigt wird. Dies sei an der Benutzung festzumachen, weshalb der Wortlaut sie auch ausdrücklich aufgreife.

Daß die Norm bereits unter dem WZG bestehende Rechtssätze übernimmt bzw. fortschreibt, kann so nicht angenommen werden. Denn bei § 49 II Nr.2 MarkenG handelt es sich um die - beinahe wörtliche - Umsetzung des Art.12 II lit.b MarkenRL[476]. Die deutsche Rechtstradition spielt folglich allenfalls mittelbar hinein, als sich ein deutscher Einfluß auf europäischer Ebene durchgesetzt haben könnte. Dies läßt sich jedoch weder der Norm noch der Richtlinie entnehmen. Auf der anderen Seite kann aber auch schwerlich angenommen werden, daß § 49 II Nr.2 MarkenG die auf die Evidenz beschränkte Prüfung im Eintragungsverfahren korrigieren möchte.

469 Dies wird allerdings nicht von allen so gesehen und selbst die Ausführungen des Gesetzgebers deuten eher in eine andere Richtung. Trotzdem spricht vieles für das hier vertretene Verständnis. Zum Streit und den Argumenten sogleich unter c.

470 so Fezer MarkenR § 49 RN 30 f

471 So Ingerl/Rohnke § 49 RN 33, 35; Klaka GRUR 1995, 713 (718); Althammer-Klaka (6.A) § 49 RN 24

472 BT-Drucks 12/6581 S.95

473 vgl. dazu BT-Drucks 12/6581 S.95; Fezer MarkenR § 49 RN 30, letzterer will § 49 II Nr.2 MarkenG zudem auf Fälle der fehlerhaften Eintragung wegen anfänglicher Irreführungsgefahr anwenden. Hierfür existiert aber der speziellere § 50 I Nr.3 MarkenG.

474 Fezer MarkenR § 49 RN 31

475 Ingerl/Rohnke § 49 RN 33

476 Dies betont auch der Gesetzgeber, BT-Drucks. 12/6581 S.95

Die MarkenRL kennt keine Einschränkung des Eintragungshindernisses auf derartige Fälle, Art.3 I lit.g MarkenRL. Die Prüfungsintensität bei Eintragung wird als Teil des Markenverfahrens nicht durch die Richtlinie vorgegeben und ist lediglich die Folge der Ausgestaltung im deutschen Recht, namentlich § 37 III MarkenG. Das Verständnis des Art.12 II lit.b MarkenRL und damit auch des § 49 II Nr.2 MarkenG hat sich aber an der Richtlinie zu orientieren, nicht am nationalen Recht.
Es erscheint daher angebracht, Art.12 II lit.b MarkenRL im Verhältnis zu Art. 3 I lit.g MarkenRL als dessen systematische Ergänzung zu sehen. Mit der Norm wird das Eintragungshindernis dahingehend abgerundet, daß die notwendigerweise abstrakt bleibende Prüfung bei Eintragung[477] auf die konkreten Fälle des späteren Gebrauchs ausgedehnt wird. Sie hat folglich nachträglich auftretenden Täuschungsgefahren zu begegnen, die sich nicht bereits bei Eintragung abzeichneten[478]. Die Norm konkretisiert die abstrakte Prüfung bei Eintragung. Insofern kommt der Benutzung tatsächlich tatbestandliche Bedeutung zu.
Der Einwand, daß das Markenrecht bei Irreführungen nicht auf die jeweilige Benutzung abstellen dürfe, sondern hierfür das Wettbewerbsrecht zuständig sei, vermag nicht zu überzeugen. Zwar ist der Ansicht insoweit zuzustimmen, als das Verhalten im Wettbewerb regelmäßig nach dem Wettbewerbsrecht zu beurteilen ist, das Markenrecht hingegen am Zeichen anzuknüpfen hat. Doch steht es dem europäischen Gesetzgeber anheim, die gängigen nationalen Grenzen zwischen den Rechtsbereichen zu überschreiten[479].

Der Benutzung kommt daher die Qualität eines Tatbestandsmerkmals zu[480]. Folglich muß sich die Irreführung aus dem jeweiligen Gebrauch der Marke ergeben. Es wird damit nicht sämtlichen markenfremden Umständen die Tür zu § 49 II Nr.2 MarkenG geöffnet. Es wird weiterhin lediglich auf die Marke abzustellen sein, allerdings in Form ihrer konkret eingesetzten Art und Weise. Beispielsweise können so aber aufgedruckte Zusätze berücksichtigt werden, welche die Irreführung zu beseitigen geeignet sind, ohne daß sie Bestandteil der Marke werden müßten[481].

3. *Zusammenfassung*

Durch den Wechsel in der Berechtigung an der Marke, die bei Sicherungsgeschäften entweder bereits mit dem Bestellen des Sicherungsrechts, spätestens aber bei der Verwertung der Marke eintritt, besteht die Gefahr, daß Aussagen, die in der Marke enthalten sind, unrichtig werden. Den Sicherungsgeschäften drohen daher die Rechtsfolgen einer Irreführung. Diese können einerseits im Verfall und der Löschungsreife einer Marke kraft Eintragung liegen, § 49 II Nr.2 Mar-

477 Bei der abstrakten Prüfung handelt es sich um etwas anderes als die für Ingerl/Rohnke, § 49 RN 33, 35, maßgebliche Evidenzprüfung. Letztere betrifft den Maßstab innerhalb der abstrakten Prüfung. Als Teil des Markenverfahrens entstammt sie dem nationalen Recht. Der allgemeinere Umstand der abstrakten Prüfung läßt sich aber direkt aus der MarkenRL entnehmen.

478 insoweit auch noch BT-Drucks 12/6581 S.95; Fezer MarkenR § 49 RN 30 f

479 Dem sind lediglich dort Grenzen gesetzt, wo der EU die Zuständigkeit fehlt. Beim Wettbewerbsrecht ist dies nicht der Fall. Man kann eine fehlende strikte Trennung der Systematik wegen bedauern. Nicht zuletzt vor dem Hintergrund der vermögensrechtlichen Ausgestaltung der Marke ist sie aber zu begrüßen.

480 Im Ergebnis ebenso Ingerl/Rohnke § 49 RN 33, 35

481 Zu den Zusätzen als Mittel, eine Irreführung zu beseitigen, vgl. oben b.cc.

kenG, oder in Ansprüchen auf Unterlassung und Schadensersatz, §§ 127, 128 MarkenG bzw. §§ 3, 5, 8, 9 UWG, die grundsätzlich anwendbar bleiben. und lediglich im Bereich der geographischen Herkunftsnagaben im wesentlichen verdrängt werden.

Da Gegenstand des Sicherungsgeschäfts allein die Marke ist, kann sich eine Irreführung nur aus den ihr immanenten Aussagen ergeben. Irreführende Angaben können dabei entweder die Eigenarten des gekennzeichneten Produkts betreffen, wie dessen Beschaffenheit, Bezugsquellen, besondere Eigenschaften oder errungene Auszeichnungen. Oder es handelt sich um Aussagen über den die Marke verwendenden Betrieb, welche etwa dessen Herstellungsmethode, Sitz, Inhaber oder sonstige seiner Eigenschaften umschreiben. Irreführungen über die betriebliche Herkunft sind insoweit irrelevant. Sie werden abschließend von den Regeln zur Verwechslungsgefahr erfaßt.

Trotz unterschiedlicher Formulierungen in den einzelnen Tatbeständen ist eine Irreführung einheitlich dann anzunehmen, wenn ein nicht unerheblicher Teil der angesprochenen Verkehrskreise unter der Aussage etwas Falsches versteht. Hinzukommen muß die Relevanz der Aussage für die Produktentscheidung. Insbesondere ist auf letzteres Merkmal entgegen der Meinung des BGH[482] und weiter Teile der Literatur auch nicht im Rahmen des § 127 I MarkenG zu verzichten. Denn weder vermag ein Verweis auf die Interessen der Wettbewerber eine solche Annahme zu stützen, noch ist durch die Einbeziehung geographischer Herkunftsangaben in das MarkenG eine Aufwertung dergestalt erfolgt, daß sie nunmehr als eigentumsgleiche Rechte anzusehen sind. Vielmehr führt die Auslegung von § 127 I MarkenG dazu, daß es sich weiterhin um eine rein wettbewerbsrechtliche Norm handelt.

Führt ein Zeichen trotzdem in die Irre, bleibt die Möglichkeit, die Marke mit aufklärenden Zusätzen zu versehen. Davon geht § 127 IV Nr.1 MarkenG aus, genauso wie dieses Vorgehen im Rahmen des § 5 UWG anerkannt ist. Aber auch bei § 49 II Nr.2 MarkenG können Zusätze berücksichtigt werden, und zwar als Teil der konkreten Benutzung. Denn es handelt sich hierbei um ein eigenständiges Tatbestandsmerkmal. Gerade bei Sicherungsgeschäften können Zusätze eine hilfreiche Möglichkeit bieten, evtl. auftretende Irreführungsgefahren zu beseitigen.

Folglich ist bei Marken als Sicherungsmittel darauf zu achten, ob sie Aussagen enthalten, die beim Gebrauch durch Dritte zu Irreführungen über das Produkt oder den Markenverwender führen können und ob sie wiederum durch korrigierende Zusätze überwunden werden können, ohne daß die Marke darunter leidet.

II. Verwechslungsgefahr

Von der Irreführung zu trennen ist die Täuschung über die betriebliche Herkunft[483]. Sie wird in den separaten Normen zur Identitätstäuschung und der Verwechslungsgefahr sanktioniert. Als Konsequenz droht wie bei der Irreführung die Löschung eingetragener Marken, § 9 Nrn.1, 2, § 51 I MarkenG. Ebenso kommen Unterlassungs- und Schadensersatzansprüchen in Betracht, §

482 BGH GRUR 1999, 252 (254)-Warsteiner II; BGH GRUR 2001, 420 (421)-SPA; inzwischen die Frage offen lassend BGH GRUR 2002, 160 (162) -Warsteiner III; BGH GRUR 2002, 1074-Oettinger.

483 vgl. Fezer MarkenR § 49 RN 31 mwN; Ingerl/Rohnke § 49 RN 34; Baumbach/Hefermehl UWG § 3 RN 261

14 I Nr. 1, 2 MarkenG. Im Vergleich mit den Normen zur Irreführung fällt auf, daß es sich hierbei nicht um einen mittels Popularklage einforderbaren Schutz von Allgemeininteressen handelt, sondern lediglich um Individualschutz solcher Personen, die ältere Rechte an Kennzeichen oder sonstigen kollidierenden Rechten geltend machen können. Daher müssen für das Eingreifen der Normen zwei voneinander unabhängige Zeichen existieren und in Konflikt geraten[484].

Für Sicherungsgeschäfte ergibt sich hieraus, daß keine Komplikationen durch die mehrfachen Berechtigungen oder den Inhaberwechsel auftreten. In wieweit Konflikte mit sonstigen Rechten drohen, die nicht am Sicherungsgeschäft beteiligt sind, ist vor Abschluß des Sicherungsrechts zu untersuchen[485]. Sie werden aber nicht durch das Sicherungsgeschäft ausgelöst.

Kapitel 5: Anforderungen aus dem Kreditsicherungsrecht

Neben den spezifischen Besonderheiten des Rechtsgebiets, dem das Sicherungsgut entstammt, müssen jene Anforderungen Beachtung finden, die allgemein an Kreditsicherungsmittel zu stellen sind. Von ihnen wurden bereits die grundlegenden Erfordernisse der Bonität und Liquidität erörtert. Hier nun sind die weiteren Bedingungen zu betrachten, die sich aus dem Kreditsicherungsrecht ergeben. Mangels einer separaten Kodifizierung[486] können sie sämtlichen allgemeinen Gesetzen zu entnehmen sein, die sich auf das konkrete Sicherungsgeschäft auszuwirken in der Lage sind. Im Lauf der Jahrzehnte bildeten sich aber spezifische Problemkreise heraus[487], so daß geradezu von einem eigenen, sekundär entwickelten Kreditsicherungsrecht gesprochen werden kann. Wegen der Sicherung als Tagesgeschäft und demzufolge der Vereinfachung durch standardisierte Verträge nimmt darin die Kontrolle anhand der §§ 305 ff BGB (ehem. AGBG) einen weiten Raum ein. Sie wird hauptsächlich ergänzt durch § 138 BGB. In seinem Anwendungsbereich entwickelten sich die Fallgruppen der Übersicherung, Knebelung, Insolvenzverschleppung, Kredittäuschung, Gläubigergefährdung, gestörten Vertragsparität, des unter Deckung Nehmens von Ansprüchen Dritter sowie der emotional bedingten finanziellen Überforderung. Neben die §§ 305 ff BGB und § 138 BGB treten weitere Aspekte, die stark von der Typik einzelner Sicherungsgeschäfte abhängen wie beispielsweise den beteiligten Parteien. So spielt zunehmend der Verbraucherschutz eine Rolle (ehem. über das HWiG und VerbKrG, neuerdings insb. durch §§ 355 ff, 499 ff BGB), ebenso Schranken aus dem Gesellschaftsrecht in Form von Verträgen, die als Einlagenrückgewähr oder eigenkapitalersetzende Leistungen zu qualifizieren sind[488].

Sämtliche Aspekte sind auch auf Geschäfte mit Marken als Sicherheit zu übertragen. Sie werden jedoch nicht alle Relevanz entfalten. So spielt der Verbraucherschutz eine zu vernachlässi-

---

484 Soweit sich Berechtigungen vom selben Zeichen ableiten, wurde hierauf bereits unter A., B. eingegangen.

485 Zu Maßnahmen im Sicherungsvertrag gegen derlei Gefahren vgl.u. Kap.6 B.I.2.e.

486 Zu den Überlegungen, zumindest teilweise ein eigenes Kreditsicherungsrecht zu schaffen vgl.o. Kap.2 B.I., insb. FN 22.

487 Vgl. dazu oben Kap.2 B.II.

488 Zu den Grenzen bei Kreditsicherungsgeschäften vgl. die zweckmäßigerweise kurz gehaltenen Gesamtübersichten bei Lwowski, KredSichR (8.A) RN 148 ff; BankRHdB-Ganter § 90 RN 160 ff, 242 ff; Kümpel (2.A) RN 6.2 ff.

gende Rolle. Denn Verbraucher können zwar theoretisch Inhaber einer Marke sein, § 7 Nr.1 MarkenG. Marken, die für die Beleihung lukrativ erscheinen, werden aber wegen der Abhängigkeit des Werts von der benutzungsbedingten Bekanntheit kaum Verbrauchern zustehen. Andere Schranken sind von Umständen abhängig, die zwar bei Sicherheiten an Marken auftreten können, die aber kein typisches Problem dieser Sicherungsart darstellen. Dies ist etwa bei den gesellschaftsrechtlichen Fragestellungen der Fall. Hier kann daher auf die allgemeinen Darstellungen verwiesen werden[489].

Geht man unter diesem Blickwinkel die spezifischen sicherungsrechtlichen Fragen durch, kristallisieren sich wenige relevante Bereiche heraus, welche beim Einsatz von Marken als Sicherheiten eine besondere Bedeutung erlangen können. Dies ist einerseits die Problematik rund um die Übersicherung, andererseits der etwaige Mißbrauch einer fehlenden Publizität mit der Folge einer Gläubigergefährdung bzw. Kredittäuschung, § 138 BGB. Eine Sonderrolle nimmt die Sittenwidrigkeit aufgrund Knebelung ein. Sie kann sowohl durch die Höhe der Sicherheit ausgelöst werden als auch durch Einschränkungen, die dem Sicherungsgeber für die Sicherungsphase auferlegt werden. Soweit die Höhe der Sicherheit in Frage steht, entspricht der Problemkreis der Übersicherung. Die Knebelung wird daher separat lediglich als Korrektiv bei der Ausgestaltung der Sicherungsphase zu beachten sein[490].

A. Vermeiden einer Unwirksamkeit infolge Übersicherung

Ein in im Recht der Kreditsicherung viele Jahre diskutiertes Problem ist die Unwirksamkeit eines Sicherungsgeschäft infolge Übersicherung bzw. die Suche nach wirksamen Freigabeklauseln, um die Übersicherung zu vermeiden. Der Grund, der zu einer Unwirksamkeit führen kann, besteht darin, daß Kapital des Sicherungsgebers gebunden wird, an dessen anderweitiger Verfügung er regelmäßig ein berechtigtes Interesse hat, nicht zuletzt um sich weiters Kapital beschaffen zu können, während auf der anderen Seite dem Sicherungsnehmer ein schützenswertes Interesse an seiner Rechtsposition fehlt. Er hält eine Sicherheit in der Hand, welche in einem potentiellen Sicherungsfall weit mehr Erlös erwarten läßt, als er zur Befriedigung der noch ausstehenden Forderungen benötigt. Im Ergebnis kann dies zu einer Sittenwidrigkeit nach § 138 I BGB führen oder, handelt es sich um einen vorformulierten Vertrag, einen Verstoß gegen § 307 BGB (ehem. § 9 AGBG) bedeuten[491]. Um die sich daraus ergebende Rechtsfolge zu vermeiden, bedarf es einer Freigabeklausel im Sicherungsvertrag, nach welcher dem Sicherungsgeber ein Anspruch auf Herausgabe der überzählig gewährten Sicherheiten zukommt.

---

489 vgl. dazu etwa Schön ZHR 159 (1995), 351 ff; Sonnenhol/Groß ZHR 159 (1995), 388 ff; Lwowski/Groeschke WM 1994, 613 ff; Pelzer GmbHR 1995, 15 ff; Kümpel (2.A) RN 6.72 ff; Lwowski KredSichR (8.A) RN 165; BankRHdB-Ganter § 90 RN 333 ff.

490 dazu unten Kap.6 C.

491 Obgleich sich die Gestalt des § 9 AGBG durch die Schuldrechtsmodernisierung geändert hat, führte dies doch nicht zu einer sich hier auswirkenden inhaltlichen Änderung. Insb. entspricht die Einschränkung des § 307 III BGB dem ehemals bestehenden § 8 AGBG.

Das Problem ist allerdings hausgemacht. Denn bei geborenen Sicherheiten tritt die Frage üblicherweise nicht auf[492]. Dort ist die normative Anpassung der Sicherheit an die gesicherte Forderung über eine Akzessorietät angeordnet. Allein die Grundschuld ist als gesetzlich geregelte Sicherheit abstrakt und kennt keine automatische Angleichung, mit der Folge, daß die Sicherheit die gesicherte Forderung übersteigen kann[493]. Dagegen ist eine Übersicherung bei sämtlichen gekorenen Sicherheiten möglich.

Auch bei auf Marken basierenden Sicherheiten kann eine Übersicherung auftreten. Denn weder bei der Sicherungsabtretung noch bei der Sicherung mittels einer Lizenz paßt sich die Sicherheit automatisch an den Wert der gesicherten Forderung an. Als Folge kann der Wert der Sicherheit die Summe der gesicherten Forderungen - mitunter sogar erheblich - übersteigen. Lediglich beim Pfandrecht ist wegen der Akzessorietät keine Übersicherung möglich[494]. Daher bedarf es auch hier der Berücksichtigung der Grenzen, die sich aus einer Übersicherung ergeben können.

An den Voraussetzungen für das Eingreifen der Normen entzündete sich „die wohl spektakulärste Kontroverse des letzten Jahrzehnts“[495]. In einem über Jahre geführten Streit zwischen dem VII., VIII., IX. und XI. Zivilsenat des BGH, der von der Literatur aufgegriffen und in ihr fortgeführt wurde, herrschten unterschiedliche Ansichten über die Bestimmung einer Übersicherung sowie über die Anforderungen an eine wirksame Freigabeklausel vor[496]. Letztendlich war es unausweichlich, den Großen Senat einzuberufen. Er beschied die ihm vorgelegten Anfragen[497] mit Beschluß vom 27.November 1997[498]. Auf diese Weise wurden viele der lange währenden Strei-

492 Lediglich bei der Grundschuld oder Pfandrechten kann ein ähnliches Phänomen auftreten, da sich der Wert dieser Sicherheiten nicht automatisch an die Höhe der gesicherten Forderungen anpasst.

493 BankRHdB-Ganter § 90 RN 309; ders. ZIP 1994, 257; **a.A.** Bülow (5.A) RN 951, der die Meinung vertritt, daß keine Übersicherung auftreten kann, weil die Grundschuld dem Sicherungsnehmer nur in der Höhe zusteht wie sie valutiert wurde. Er verkennt aber, daß allein schon durch die Rückzahlung der gesicherten Forderungen eine Übersicherung eintreten kann.

494 Eine andere Frage stellt es dar, wenn das Pfandrecht eine im Verhältnis zum Wert der Marke geringe Summe sichert und so zur Verwertung des gesamten Zeichens führen kann. Hier hat aber bereits der Gesetzgeber dem vermeintlich unverhältnismäßigen Ergebnis mit der vorherigen Abmahnung einen Ausweg vorangestellt, vgl. § 1234 I, iVm § 1273 II BGB; vgl.a. FN 6.

495 So Canaris ZIP 1996, 1109 (1109)

496 Ihren eigentlichen Anfang nahm die Kontroverse mit der Entscheidung der VIII. ZS vom 29.11.1989 = BGHZ 109, 240 = ZIP 1990, 25. Weitere Entscheidungen waren VII.ZS: BGH ZIP 1990, 852; 1991, 152; IX.ZS: BGHZ 117, 374 = ZIP 1992, 629; BGHZ 124, 371; 124, 380; ZIP 1994, 939; 1995, 1973; XI.ZS: BGHZ 124, 371 = WM 1994, 414; WM 1994, 1161; ZIP 1994, 1010 = EWiR 1994, 731 (Bülow); BGHZ 128, 295 = ZIP 1995, 367; BGHZ 130, 59 = ZIP 1995, 1071; BGHZ 133, 25 = WM 1996, 1128 (nach vorheriger Anfrage an VIII. + IX. ZS, WM 1996, 476 = EWiR 1996, 339 (Tiedtke); als Nachweis der umfangreichen Literatur vgl. nur die Darstellungen zur Übersicherung und Freigabe von Göbel und Wolters, vgl auch Staudinger-Sack § 138 RN 263 ff, jeweils mwN.

497 Den Beschlüssen gingen verschiedene gegenseitige Anfragen der BGH-Senate voraus, BGH XI.ZS WM 1996, 902 = ZIP 1996, 957; BGH IX.ZS ohne besondere Veröffentlichung, vgl. dazu BGH BB 1996, 1789 (1791); BGH IX.ZS WM 1996, 1439 = ZIP 1996, 1429; Anwort des VII.ZS BGH ZIP 1997, 234. Daraufhin ergingen die Vorlagebeschlüsse BGH IX.ZS WM 1997, 750 = ZIP 1997, 632 = EWiR 1997, 483 (Pfeiffer); BGH XI.ZS ZIP 1997, 1185 = EWiR 1997, 725 (Pfeiffer)

498 BGHZ 137, 212 = WM 1998, 227 = NJW 1998, 671 = ZIP 1998, 234 = BB 1998, 671 = EWiR 1998, 155 (Medicus)

tigkeiten beigelegt. Jedoch gelang es nicht, sämtliche Fragen zur Übersicherung zu beantworten. Denn die Entscheidung betraf lediglich die nachträgliche Übersicherung bei Sicherheiten mit wechselndem Bestand und dies nur für Formularverträge. Ohne Klärung blieb die Übersicherung bei nicht wechselnden Sicherheiten, die anfängliche Übersicherung sowie die Beurteilung einer Übersicherung nach § 138 BGB.

Gerade wegen der in manchen Teilen weiterhin bestehenden Unsicherheit, aber auch aufgrund markenabhängiger Besonderheiten wie der schwer prognostizierbaren Wertentwicklung von Marken und der Freigabemöglichkeit bei einer Singularsicherheit kann nicht schlicht auf die vom Großen Senat entwickelten Ergebnisse verwiesen werden. Es bedarf einer eigenen Adaption der gefundenen Grundsätze auf die Fälle mit Markenberührung. Es gilt zu untersuchen, wann eine Übersicherung gegeben ist, welche rechtlichen Konsequenzen sich anknüpfen und ob sie gegebenenfalls durch eine Freigabeklausel vermieden werden können.

I. Übersicherung bei markenabhängigen Sicherheiten

Wann eine Übersicherung vorliegt scheint zwar auf den ersten Blick einfach feststellbar. Die Frage war aber nicht von ungefähr eine derer, über welche die BGH-Senate keine Einigung fanden und daher dem Großen Senat vorlegten. Es empfiehlt sich deshalb, ausgehend von einer Definition der Übersicherung und den daraus vom BGH GS im Anschluß entwickelten Grundsätzen, eine Lösung für markenabhängige Sicherheiten zu suchen.

1. Definition der Übersicherung

Eine Übersicherung liegt vor, wenn der zu erwartende Erlös der Sicherheit im Sicherungsfall die Summe der gesicherten Forderungen samt der bei der Verwertung anfallenden Kosten übersteigt[499]. Vom Sicherungsfall als maßgeblichem Zeitpunkt ist deshalb auszugehen, weil sich die Verwertungssituation in diesem Stadium gänzlich anders darstellen kann als noch bei Bestellung der Sicherheit, der Sicherungsnehmer aber gerade dann auf den Erlös zurückgreifen möchte[500]. Daß zu den gesicherten Forderungen die Kosten hinzugerechnet werden, die bei der Verwertung samt den erforderlichen Vorbereitungshandlungen anfallen, folgt aus dem Umstand, daß sie als Teil der Erfüllungshandlung vom Schuldner getragen werden müssen[501]. Ihr Ersatz kann folglich ebenfalls aus dem Verwertungserlös verlangt werden.

Ganz erhebliche Schwierigkeiten wird aber regelmäßig die Bestimmung des zu erwartenden Verwertungserlöses bereiten[502]. Schließlich ist hierfür eine Prognose erforderlich, wie sich die Situation im Sicherungsfall darstellen wird. Abhängig von den verschiedensten Umständen, ins-

499 vgl. BankRHdB-Ganter § 90 RN 309; Kümpel (2.A) RN 6.8

500 vgl. dazu oben Kap.1 C.II. Nicht immer war man der Ansicht, daß allein der Sicherungsfall als Maßstab in Frage kommen kann, vgl. dazu die Nachweise bei Rellermeyer WM 1994, 1009 (1010 f). Der BGH GS hat dies aber in wünschenswerter Klarheit bestätigt.

501 Dies folgt aus dem Umstand, daß der Schuldner die Erfüllung bewirken muß. Sie ist aber erst erreicht, wenn der Gläubiger sein Geld in Händen hält. Für alle hierfür erforderlichen Maßnahmen trägt daher der Schuldner das Kostenrisiko.

502 An dieser Frage entzündete sich wesentlich der Streit zwischen den einzelnen Senaten des BGH, der sich dann im folgenden auf weitere Fragen ausdehnte, vgl. dazu Canaris ZIP 1996, 1109 (1110 f).

besondere den zu erwartenden Marktverhältnissen, der Wertentwicklung des Sicherungsguts oder auch der vielfach parallelen Insolvenz des Sicherungsgebers[503], werden sich kaum genaue Vorhersagen treffen lassen. Trotzdem gebietet es die Interessenlage, daß zumindest eine näherungsweise Bestimmung vorgenommen wird.

2. *Berechnung einer Übersicherung nach der Entscheidung des Großen Senats des BGH*

Die Definition, wann eine Übersicherung vorliegt, bildete einen Teil der Entscheidung des BGH GS, hatten die einzelnen Senate doch zum Teil erheblich voneinander abweichende Vorstellungen von den Voraussetzungen für eine Übersicherung. In begrüßenswerter Klarheit schlichtete der Große Senat den Streit, indem er die Gemengelage in die zwei Bereiche Deckungsgrenze und Sicherungswert aufteilte.

So legte er einerseits eine Deckungsgrenze von 110% der gesicherten Summe fest, ab der eine Übersicherung erreicht sein soll[504]. Den Aufschlag von 10% auf die Summe der gesicherten Forderungen als Pauschale für die bei der Durchsetzung entstehenden Kosten erhielt er aus einer Analogie zur InsO. Da vielfach der Sicherungsfall mit der Insolvenz zusammenfällt, bot sich als Berechnungsgrundlage § 171 InsO an, zumal die Sicherheiten regelmäßig vom Insolvenzverwalter wegen dessen Besitzes verwertet werden, § 166 I, II InsO, und dieser zum Abzug der Pauschalbeträge nach § 171 InsO berechtigt ist, § 170 I 1 InsO. Danach belaufen sich die Kosten auf 9%. Rechnet man noch 1% für die zusätzlichen Aufwendungen für die Rechtsverfolgung durch den Sicherungsnehmer hinzu, erhält man den vom BGH GS bestimmten Aufschlag.

Andererseits entschied der BGH GS, daß daneben der Sicherungswert der jeweiligen Sicherheit zu berücksichtigen ist, weil der Erlös bei der Verwertung erfahrungsgemäß erheblich unter dem Wert der Sicherheit bei Bestellung liegt. Er bestimmte ihn nach den §§ 232 ff BGB, welche er wegen der vergleichbaren Situation und dem gleich gelagerten Zweck heranzog[505]. Folglich soll der Sicherungswert nach § 237 BGB bei 2/3 des Werts der Sicherheit liegen bzw. der Sicherungsnehmer darf sich eine Sicherheit im Wert von 150 % der gesicherten Summe stellen lassen. Bei Sachsicherheiten ist dabei der Wert vom Marktwert, falls dieser nicht festgestellt werden kann vom Herstellungswert der Sicherheit zu berechnen. Bei Sicherungszessionen von Forderungen ist deren Nennwert zugrunde zu legen. Je nach Art der Sicherheit können die Schwankungen des Werts jedoch stärker oder schwächer ausfallen. Daher sind immer auch die

---

503 Eindrücklich dazu die Ausführungen Rellermeyers WM 1994, 1009 + 1053; vgl. auch oben Kap.1 C.II.

504 BGHZ 137, 212 (225 ff Unterpunkt b.)

505 BGH GS WM 1998, 227 (234 f), der sich damit die erstmals von Liebelt-Westphal (ZIP 1997, 230 (231 f)) in die Diskussion eingebrachte Idee zu eigen machte. Es verwundert, daß der Gedanke erst so spät aufkam, zeigt aber, daß einerseits die Väter des BGB weit mehr zur Verfügung stellten als man annehmen möchte, andererseits daß selbst bei einer so extensiv diskutierten Frage wie der Übersicherung eine zündende Idee auch erst spät geboren werden kann. **A.A.** Saenger ZBB 1998, 174 (180 ff), welcher in den 150% eine einseitige Berücksichtigung der Interessen des Sicherungsnehmers sieht, einen angemessenen Ausgleich dagegen bei 125%. Zur Ablehnung der Berechnung bei anfänglicher Übersicherung durch den BGH IX. ZS WM 1998, 856 = NJW 1998, 2047 vgl.u. II.2.c.bb.(1).

Umstände des Einzelfalls zu berücksichtigen[506]. Wer aber eine von § 237 BGB abweichende Bewertung wünscht, hat die in der Norm enthaltene Vermutung zu widerlegen.

Wird eine Wertbestimmung nach § 237 BGB vorgenommen, so ist der 10%ige Aufschlag für die Verwertungskosten im Rahmen der Deckungsgrenze nicht zusätzlich zu berücksichtigen. Denn auch die Hinterlegungsfälle kennen ähnliche Kosten, so daß sie bereits als in der Pauschale berücksichtigt anzusehen sind[507].

3. Einschränkende Anwendung der Entscheidung des BGH GS durch den IX.ZS des BGH

Der IX.ZS des BGH[508] bezweifelte in der Folgezeit die Allgemeingültigkeit der Berechnungsmethode[509]. Denn die Entscheidung des BGH GS beträfe lediglich Formularverträge, bei denen die Übersicherung zudem erst im Laufe der Sicherungsphase eintrete. Handle es sich hingegen um eine anfängliche Übersicherung, sei § 138 BGB anzuwenden, der die pauschale Bewertung des § 237 BGB nicht vertrage, sondern eine konkrete Betrachtung im Einzelfall erforderlich mache[510].

Dem ist aber entgegenzuhalten, daß § 237 BGB gerade die Bestimmung der Höhe einer Sicherheitsleistung zu Beginn eines Sicherungsverhältnisses regelt, die Norm gerade auf die anfängliche Übersicherung anwendbar ist[511].

---

506 Im einzelnen werden die Sicherheiten eine unterschiedliche Werthaltigkeit besitzen. Auch können Personalsicherheiten wegen der ihnen innewohnenden Unsicherheit überhaupt nicht berücksichtigt werden; vgl. Lwowski in: FS Schimansky (1999) S.389 (407 ff)

507 BGH GS WM 1998, 227 (234); zustimmend Medicus EWiR 1998, 155 (156)

508 BGH v. 12.3.1998, WM 1998, 856 = ZIP 1998, 684 = NJW 1998, 2047

509 Zu den damit zusammenhängenden Fragen der unterschiedlichen Beurteilung anfänglicher und nachträglicher Übersicherung und den differierenden Voraussetzungen von § 307 BGB (ex § 9 AGBG) und § 138 BGB sogleich unter II.2.

510 BGH WM 1998, 856 (857), der eine strikte Trennung bei der Feststellung einer anfänglichen und nachträglichen Übersicherung proklamiert. Denn wegen der unterschiedlichen einschlägigen Normen, einerseits §§ 9, 6 AGBG (§§ 306, 307 BGB n.F.), andererseits § 138 BGB, dürfen seiner Meinung nach nicht dieselben Maßstäbe angelegt werden. Erstere habe wegen der Geltung für eine Vielzahl von Fällen von einer pauschalen Betrachtung auszugehen, § 138 BGB verlange hingegen eine Wertung des Einzelfalls. Unterstützt wird dies von Kümpel (2.A) RN 6.23 ff, und Terlau BB 1998, 1498 (1499). Dem wurde aber bereits zurecht widersprochen, vgl. Rimmelspacher WuB I.F.4.-1.98; Nobbe in: FS Schimansky (1999) S.433 (456), Lwowski in: FS Schimansky (1999) S.389 (413 f). Im einzelnen zu den Unterschieden der jeweiligen Fälle sogleich unter II.

511 Ebenso Nobbe in: FS Schimansky (1999) S.433 (456); Bülow LM §138 B.b. Nr.87; Letzterer rechtfertigt dann aber trotzdem den Verzicht auf die Anwendung der Norm aus beweisrechtlichen Gründen. Dem widerspricht Nobbe zurecht mit dem Hinweis auf dieselbe Rechtslage bei der nachträglichen Übersicherung, Nobbe in: FS Schimansky (1999) S.433 (456). Die Norm will insgesamt die widerstreitenden Interessen der Parteien ausgleichen, vgl. Rimmelspacher WuB I.F.4.-1.98; Nobbe in: FS Schimansky (1999) S.433 (456). Nobbe verweist zudem zurecht darauf, daß dies gerade ein wesentliches Argument für den BGH GS war, die Norm auf die nachträgliche Übersicherung hin anzuwenden. Auch unterscheide sich die Interessenlage nicht bei anfänglicher und nachträglicher Übersicherung. **A.A.** Saenger ZBB 1998, 174 (180 ff), der in den 150% nur die Interessen des Sicherungsnehmers gewahrt sieht.

4. Anwendung auf Sicherheiten mit Marken als Haftungsgut

Die Grundlage für die Entscheidung des BGH GS bildeten Fälle, in denen Gegenstände oder Forderungen als Sicherheit dienten, die auf einen wechselnden Bestand angelegt waren und im Rahmen eines den §§ 305 ff BGB unterfallenden Vertrags bestellt wurden. Obendrein ging das Gericht von Sicherheiten aus, für deren Wertentwicklung empirische Erkenntnisse vorlagen und ihre Verwertung nahezu alltäglich geworden war. Vor diesem Hintergrund stellt sich die Frage, inwieweit die aufgestellten Grundsätze auch bei Marken Anwendung finden können.

Hinsichtlich der Deckungsgrenze wird man die Gedanken des BGH GS problemlos übertragen können. Denn wie bei sämtlichen anderen Sicherheiten bedarf es bei Marken einer Kosten verursachenden Verwertung. Nicht anders als in den übrigen Fällen wird hier der Sicherungsfall vielfach mit der Insolvenz zusammenfallen, so daß die Wertung des § 171 InsO sachgerecht erscheint, selbst wenn man annimmt, daß der Insolvenzverwalter mangels ausdrücklicher Regelung in § 166 InsO nicht zur Verwertung von Rechten berufen sein soll[512]. Daher ist der 10%ige Aufschlag auf die gesicherte Summe gerechtfertigt. Lediglich insofern scheint eine Einschränkung angebracht, wenn nachweislich die Verwertung des Sicherungsrechts bei Marken wegen des derzeit noch engen Marktes für Kennzeichenrechte erheblich mehr Kosten verursacht. Doch auch dieser Eventualität kann im Rahmen der Argumentation des BGH GS problemlos Rechnung getragen werden. Denn § 171 II 2 InsO sieht ausdrücklich die Anpassung der Verwertungskosten vor, sofern sie erforderlich sind und erheblich von der Pauschale abweichen.

Fraglich ist allerdings, ob die Überlegungen zum Sicherungswert übertragen werden können. Der BGH GS ging mit § 237 BGB von einer Norm aus, die sich grundsätzlich nur auf Mobilien bezieht. Allerdings beurteilte er die Situation bei sicherungshalber abgetretenen Forderungen entsprechend, so daß er den aus der Norm gewonnenen Maßstab auch auf diese Fälle analog anwendet. Entscheidend ist daher, ob die zu erwartenden Wertschwankungen bei Marken mit denen bei Mobilien und Forderungen vergleichbar sind.
Wie bereits an anderer Stelle erwähnt, kann der Wert von Marken einem erheblichen Auf und Ab unterliegen[513]. Die dafür ursächlichen Zusammenhänge sind vielschichtig. Das entscheidende Moment für den Wert eines Zeichens ist aber seine Verankerung im Bewußtsein der anzusprechenden Verkehrskreise. Denn als Marketinginstrument dient es dem Absatz der gekennzeichneten Produkte. Um dieses Ziel zu erreichen, muß die Marke eine Aussage enthalten, die zur Entscheidung für die gekennzeichnete Ware oder Dienstleistung animiert. Hierfür können unterschiedliche Strategien verfolgt werden. Gemeinsam ist ihnen, daß der Wert des Zeichens von den Aufwendungen abhängt, die betrieben werden, um das Zeichen im Rechtsverkehr präsent zu halten. Ebenso wird sich im Wert die Qualität widerspiegeln, die die Verkehrskreise mit den gekennzeichneten Produkten verbinden. Zudem kann sich eine eigene Markenpersönlichkeit auswirken[514]. Dies läßt erahnen, daß der Wert von den unterschiedlichsten Faktoren bestimmt wird, was eine Prognose über den zu erwartenden Verwertungserlös äußerst unsicher erscheinen läßt.

---

512 Zur Frage, wer zur Verwertung einer Marke in der Insolvenz berufen ist, unten Kap.7 B.I.

513 Zum Wert von Marken vgl. oben Kap.1 C.II. und die dort angeführten Nachweise.

514 Zu den Einflußfaktoren auf den Wert einer Marke vgl.o. Kap.1 C.II. und Kap.6 B.III.2.

Entsprechend hat Rellermeyer[515] sowohl für Mobiliarsicherheiten wie auch für sicherungshalber abgetretene Ansprüche eindrucksvoll nachgewiesen, daß auch bei ihnen erhebliche Unsicherheiten über den zu erwartenden Verwertungserlös bestehen. Diese sah aber der BGH GS hinreichend in § 237 BGB berücksichtigt. Insofern besteht hinsichtlich des Sicherungswerts bis zu einem gewissen Grad eine vergleichbare Situation. Obgleich man wegen der Vielzahl der Fälle bei herkömmlichen Sicherheiten einen Vergleichsmaßstab besitzt, der die Wertung des § 237 BGB bestätigt, es aber hieran bei Marken noch fehlt, wird man trotzdem auf § 237 BGB zurückgreifen können. Dies macht nicht zuletzt deshalb Sinn, um dem Sicherungsgeber, zu dessen Schutz die Übersicherungsregelung besteht, nicht Steine statt Brot zu geben. Denn vor allem er ist an klaren Verhältnissen interessiert, um überhaupt in den Genuß eines Freigabeanspruchs kommen zu können. Die entsprechende Anwendung des § 237 BGB muß aber wohlweislich vor dem Hintergrund geschehen, daß, wie schon vom BGH GS betont, die Norm lediglich eine widerlegliche Vermutung aufstellt, die von den Parteien nach beiden Seiten hin entkräftet werden kann.

Auch bei Sicherheiten, die auf Marken basieren, ist daher angebracht, den Sicherungswert entsprechend § 237 BGB auf 2/3 des tatsächlichen Werts der Sicherheit zu taxieren, mit der Maßgabe, daß auf Nachweis durch eine der Parteien ein anderer Wert zugrunde gelegt werden kann.

II. Rechtsfolgen der Übersicherung, § 307 (ehem. § 9 AGBG), §§ 138, 242 BGB

Liegt eine Übersicherung vor, führt dies nicht zwangsläufig zur Unwirksamkeit des Geschäfts. Abhängig von der jeweils in Frage kommenden Norm müssen weitere Umstände hinzutreten. So kann entweder § 307 I oder § 138 BGB anzuwenden sein, eventuell gar beide Normen nebeneinander. Gemeinsam ist beiden Normen, daß sie auf einer unangemessenen Benachteiligung des Sicherungsgebers beruhen, welche insbesondere bei Singularsicherheiten nicht zwingend gegeben sein braucht. Welche Voraussetzungen aber im einzelnen vorliegen müssen, bedarf einer differenzierenden Betrachtung nach Vertragsart, Zeitpunkt und Grund der Übersicherung.

1. Anwendbarkeit der § 307 bzw. § 138 BGB bei Singularsicherheiten

Der hinter § 307 I (ehem. § 9 I AGBG) und § 138 BGB stehende Gedanke ist zumindest ähnlich. Beide Normen sanktionieren die unangemessene Benachteiligung eines Vertragspartners[516]. Bei einer Übersicherung liegt die Benachteiligung darin, daß Kapital des Sicherungsgebers in unnötiger und rechtsverletzender Weise gebunden wird. Daraus ergibt sich die Frage, ob Singularsicherheiten überhaupt eine der Normen auf den Plan rufen können. Denn besteht die Sicherheit lediglich in einem einzelnen Vermögenswert, der sich nicht sinnvoll reduzieren läßt, kann es an einer verwerflichen Benachteiligung des Sicherungsgebers fehlen.

515 Rellermeyer WM 1994, 1009 + 1053.

516 Die überwiegende Ansicht nimmt aber kein Spezialitätsverhältnis zwischen den Normen an, vgl. Ulmer/Brandner-Brandner § 9 RN 32 mwN; Wolf/Horn/Lindacher-Wolf § 9 RN 12 ff mwN. Begründet wird dies mit den unterschiedlichen Bewertungsmaßstäben.

a) *Hintergrund der Verwerflichkeit einer Übersicherung*

Der Grund, der die §§ 307, 138 BGB bei einer Übersicherung eingreifen läßt, findet sich in der typischen Interessenlage bei Sicherungsgeschäften. Einerseits will der Sicherungsgeber berechtigterweise nur im Mindestumfang Sicherheiten stellen. Andernfalls würde sein Kapital unnötig gebunden, das er sonst anderweitig einsetzen könnte, beispielsweise zur Beschaffung zusätzlicher Kreditlinien. Andererseits kann der Sicherungsnehmer sich nur insoweit auf ein schützenswertes Interesse berufen, als die Sicherheit sein Risiko abdeckt, mit den gesicherten Forderungen auszufallen. Soweit der Wert der Sicherheit darüber hinaus reicht, fehlt es an einer Berechtigung. Sicherheiten sind jedoch allenfalls dann überzählig, sofern dem Sicherungsnehmer eine sein Risiko abdeckende Position verbleibt. Schließlich ist er nicht verpflichtet, auf seine sichernde Position insgesamt zu verzichten. Bei Singularsicherheiten tritt daher nur dann eine Übersicherung ein, sofern sie teilweise freigegeben werden können oder wenn dem Sicherungsgeber ein Recht zum Austausch der Sicherheit zugebilligt wird[517]. Nur in diesen Fällen darf daher die Unwirksamkeit eines Sicherungsgeschäfts wegen Übersicherung nach § 307 (ehem. § 9 AGBG) oder § 138 BGB drohen.

Darüber hinaus wird für Sicherheiten, deren Bestand bereits bei der Bestellung feststeht, vertreten, daß wegen des für den Sicherungsgebers bekannten Risikos eine Übersicherung weder über die §§ 305 ff BGB noch § 138 BGB zu korrigieren wäre. Ein Freigabeanspruch soll nur bei Sicherheiten in Frage kommen, deren Bestand im Laufe der Zeit wechselt[518]. Dem ist aber entgegenzuhalten, daß nicht der Wechsel im Bestand die Ursache für eine Freigabe ist, sondern das Mißverhältnis zwischen gesicherter Forderung und Sicherheit[519]. Zudem ist auch bei Sicherheiten mit wechselndem Bestand wegen der Rückführung der gesicherten Forderungen mit an Sicherheit grenzender Wahrscheinlichkeit eine Übersicherung abzusehen, so daß dort gleichfalls das Argument der vorhersehbaren Übersicherung eingreifen müßte. Außerdem existieren Erfahrungswerte, welche die Wahrscheinlichkeit einer Übersicherung in diesen Konstellationen belegen. Das Argument des bekannten und abschätzbaren Risikos würde daher die §§ 307, 138 BGB bei Übersicherungen nahezu unanwendbar machen.

b) *Anwendung auf markenabhängige Singularsicherheiten*

Bei Sicherheiten an Marken wird es sich in der überwiegenden Zahl der Fälle um ein einzelnes sicherndes Recht handeln. Daher stellt sich die Frage, ob sich die Sicherheit reduzieren, insbesondere teilen läßt, damit eine Übersicherung überhaupt zur Unwirksamkeit des Sicherungsge-

---

517 Zum modifizierten Freigabeanspruch vgl. früher Scholz/Lwowski, KredSichR (7.A) RN 148l; zu den Möglichkeiten, eine Reduzierung der Sicherheit bei lediglich einem Gegenstand zu erreichen, vgl. Ganter ZIP 1994, 257 (263 f); Nobbe in: FS Schimansky (1999) S.433 (442), letzterer allerdings etwas zu voreilig, was die Neuheit der Idee anbelangt.

518 Vgl. z.B. BGHZ 124, 371 (378 ff); Bülow KredSichR (4.A) RN 955; nicht eindeutig feststellbar ist, ob Bülow diese Ansicht weiterhin vertritt (KredSichR 5.A RN 455). Hierfür spricht aber der Verweis auf Weber WM 1994, 1549, der ihm bereits in der Vorauflage als Rechtfertigung seiner Ansicht diente; allerdings vertritt Weber eine gänzlich andere Lösung, die auf einem sachenrechtlichen Ansatz beruht.

519 So auch Ganter ZIP 1994, 257 (262) mwN in FN 38

schäfts führen kann[520]. Ergänzend kann nach dem Anspruch des Sicherungsgebers gefragt werden, die Sicherheit austauschen zu dürfen.

Für Sicherungsabtretungen von Marken läßt sich auf die oben ausgeführte Teilbarkeit verweisen. Folglich könnte ein Teil der Marke in der Höhe freigegeben werden, wie er nicht mehr für die Sicherung benötigt wird. Wie aber ebenfalls bereits oben festgestellt, ist diese Vorgehensweise nicht unbedingt opportun, führt sie dauerhaft zur Trennung des Zeichens und ist mit einem künftigen, nicht unerheblichen Verwaltungsmehraufwand verbunden. Da aber die Freigabe im Interesse des Sicherungsgebers liegt, welcher später mit den Folgen der Teilung leben muß, wird man ihm die Entscheidung zu überlassen haben. Der Sicherungsnehmer hat demgegenüber kein schutzwürdiges Interesse, dem Sicherungsgeber dieses Verlangen zu verweigern, solange der ihm verbleibende Teil im Sicherungsfall einen hinreichenden Erlös verspricht, nicht zuletzt deshalb, weil er eine gleichartige Sicherheit behält, die nur in ihrem Umfang variiert.
Bei Pfandrechten ist keine Teilung möglich, allerdings kann die sichernde Marke geteilt und das Pfand lediglich an dem Teil bestellt bleiben, Es treten aber dieselben Interessenskonflikte auf wie bei der Sicherungsabtretung.

Bei Lizenzen haben die Parteien eine nahezu uneingeschränkte Gestaltungsfreiheit. Dies hat zur Folge, daß das Sicherungsrecht quasi stufenlos ausgedehnt und eingeschränkt werden kann[521]. Demnach ist auch hier die Möglichkeit vorhanden, die Sicherheit dem Wert der gesicherten Forderungen anzupassen. Jedoch bedarf es dazu jeweils der Angleichung der Lizenz im Wege eines Abänderungsvertrages. Allerdings ist mit der Abänderung ein erheblicher Aufwand verbunden, denn sie setzt eine Wertprüfung der neuen Lizenz voraus. Dem steht das besondere Interesse des Sicherungsgebers gegenüber. Nicht zuletzt weil wegen der Schwankungsanfälligkeit des Werts bei Marken und ihren Lizenzen eine Anpassung nur bei gravierenden Abweichungen in Betracht kommt, wird man daher über eine Interessenabwägung den Anspruch auf eine Anpassung im Rahmen des Zumutbaren bejahen können. Allerdings sind sämtliche anfallende Kosten als Teil des Sicherungsgeschäfts vom Sicherungsgeber zu tragen.
Bei sichernden Nießbrauch ist eine Einschränkung lediglich in der Wiese möglich, dass einzelne Nutzungsarten ausgeklammert werden. Auch hier stellt sich aber für den Sicherungsgeber die Frage nach dem Verhältnis zwischen Aufwand und Nutzen der Ändeurng.

Darüber hinaus besteht die Möglichkeit, entweder die sicherungshalber abgetretene oder verpfändete Marke durch eine Lizenz auszutauschen oder die auf der Marke basierende Sicherheit durch einen gänzlich anderen Vermögenswert zu ersetzen. Wird dem Sicherungsnehmer jeweils eine sein Risiko abdeckende Sicherheit angeboten und ist nicht mit zusätzlichen anderen Schwierigkeiten zu rechnen, verhält es sich wie bei der Anpassung eines Lizenzvertrages. Das heißt, daß nach Abwägung der Interessen dem Sicherungsnehmer ein solches Verlangen des

520 Konkret bezieht sich die Unwirksamkeit auf den Sicherungsvertrag, der die causa für das konkrete Sicherungsrecht darstellt. Unter Umständen kann der Mangel auch auf das abstrakte Geschäft der Bestellung der Sicherheit durchschlagen.

521 vgl. hierzu oben Kap.3 B.I.

Sicherungsgebers grundsätzlich zuzumuten[522] und ebenfalls geeignet ist, eine Übersicherung zu beseitigen.

2. *Die unterschiedlichen Arten der Übersicherung und ihre jeweilige Rechtsfolge*

Wie bereits angedeutet spielen bei der Qualifizierung einer Übersicherung mehrere Aspekte eine Rolle. Einerseits ist nach der einschlägigen Rechtsnorm zu unterscheiden. Danach sind Verträge, die unter die AGB-Kontrolle fallen (sog. Formularverträge) von den sonstigen (sog. Individualverträgen) zu trennen. Weiter wird zwischen anfänglicher Übersicherung, die bereits bei Bestellung der Sicherheit vorlag, und nachträglicher, welche erst im Laufe der Sicherungszeitspanne auftritt, unterschieden. Letztere kann zudem in der vertraglichen Regelung selbst angelegt gewesen sein, indem die gewählte Vereinbarung bereits erwarten ließ, daß zu irgendeinem Zeitpunkt der Wert der Sicherung den der gesicherten Forderung erheblich übersteigt (sog. planmäßige Übersicherung). Das wäre insbesondere dann der Fall, wenn die Vereinbarung bei Verringerung der gesicherten Summe keine wertmäßige Anpassung der Sicherheit durch Freigabe von Sicherheiten vorsieht. Oder sie kann durch Gegebenheiten eintreten, die für die Parteien bei Vertragsschluß nicht vorhersehbar waren (sog. außerplanmäßige Übersicherung). Als auslösende Umstände kämen insbesondere eine schnellere als vorgesehene Tilgung oder eine unvorhergesehene Wertsteigerung der Sicherheit in Betracht.

Sämtlichen Aspekten ist für die Beurteilung der Übersicherung eine Bedeutung beizumessen. Dies läßt eine breite Palette an Unterfällen entstehen, die der Übersichtlichkeit halber getrennt voneinander untersucht werden sollen. Dabei ist von der Entscheidung des BGH GS auszugehen, kommt ihr der besondere Verdienst zu, daß sie - soweit ihr dazu Raum gelassen wurde - den Gordischen Knoten der jahrelangen Kontroverse durchschlug und in mancherlei Hinsicht Maßstäbe setzte.

a) *Nachträgliche Übersicherung in Formularverträgen*

Der Entscheidung des BGH GS lagen Vorlagebeschlüsse zugrunde, die sich auf Sachverhalte mit Warenlagern von wechselndem Bestand sowie Globalabtretungen bezogen, die in Formularverträgen als Sicherheiten bestellt wurden, und die Übersicherung erst im Laufe der Sicherungsphase eintrat[523]. Lediglich hinsichtlich dieser Ausgangslage war der BGH GS aufgefordert, eine klare Linie für die Beurteilung zu finden. Dabei bezogen sich die Anfragen auf Punkte, die nicht unmittelbar die rechtliche Bewertung der Übersicherung als solcher zum Gegenstand hatten[524]. Trotzdem enthält der Beschluß auch Antworten auf diese Frage.

---

522 Vgl. BGH WM 2004, 780 (781); Bei besonderen Umständen mögen Ausnahmen möglich sein, etwa wenn zum wiederholten Male ein Austausch begehrt wird.

523 vgl. die Darstellung des Tatbestands im Rahmen der Entscheidung des BGHZ 137, 212 (213 ff) = WM 1998, 227 (228 f)

524 Die Fragen zielten darauf ab, ob im Sicherungsvertrag fehlende oder unangemessene Maßstäbe zur Bewertung des Sicherungsguts und zur Festlegung einer Deckungsgrenze die Unwirksamkeit des Vertrages herbeiführen oder ob diese auch direkt aus dem Vertrag gewonnen werden können. Daran schloß sich die

aa) Die Entscheidung des BGH GS

Der BGH GS stellte fest, daß aus einer nachträglichen Übersicherung zwingend die Pflicht zur Freigabe der überzähligen Sicherheit folgt[525]. Die Pflicht ergibt sich aus dem fiduziarischen Charakter des Geschäfts, wonach endgültig nicht mehr benötigte Sicherheiten zurückzugeben sind. Diese Verpflichtung ist jedem Sicherungsgeschäft immanent, Sicherungsverträge sind entsprechend auszulegen, § 157 BGB. Die Pflicht bestehe folglich unabhängig davon, ob es sich um einen Formular- oder Individualvertrag, eine revolvierende oder Singularsicherheit handelt.

Fehlt es also an einer Freigaberegelung im Sicherungsvertrag, so ist trotzdem der dem Wesen des Geschäfts entstammende Freigabeanspruch Bestandteil der Vereinbarung, ohne daß es einer zusätzlichen Erklärung bedürfe[526]. Der Vertrag könnte demnach weder nach § 307 I (ehem. § 9 I AGBG) noch nach § 138 I BGB unwirksam sein, weil dem vermeintlich die Unwirksamkeit auslösenden Umstand, die Übersicherung, der dem Vertrag immanente Freigabeanspruch entgegen steht.

Enthält der Vertrag dagegen Regelungen, die im Widerspruch zu diesem Freigabeanspruch stehen, etwa ermessensabhängige Freigabeklauseln, so verstoßen diese gegen wesentliche Rechte und Pflichten, die sich aus der Natur des Vertrages ergeben, und sind gem. § 307 I BGB (ehem. § 9 I AGBG) unwirksam[527]. Als Folge wird der Vertag aber nicht insgesamt unwirksam, § 306 I BGB (ehem. § 6 I AGBG). Lediglich wenn sich die durch die Unwirksamkeit gerissene Lücke nicht über § 306 II BGB (ehem. § 6 II AGBG) korrigieren läßt, und dadurch eine unzumutbare Härte für eine der Parteien entsteht, soll der Vertrag als ganzes untergehen, § 306 III BGB (§ 6 III AGBG). Der BGH GS schließt nun aber die Lücke, indem er den vertragsimmanenten Freigabeanspruch reaktiviert. Dies sei als ergänzende Vertragsauslegung nach § 306 II BGB zulässig[528]. Denn die Norm beziehe sich nicht nur auf dispositives Gesetzesrecht, sondern umfasse auch die §§ 133, 157 BGB. Unzweifelhaft handle es sich dabei um gesetzliche Vorschriften. Auch sei sowohl der Gesetzgeber von der Anwendbarkeit der Normen ausgegangen, als auch sei im Sinne des AGBG (nunmehr §§ 305 ff BGB) nach Möglichkeit der Vertrag als ganzes aufrecht zu erhalten. Es müsse die ultimo ratio sein, den Vertrag insgesamt als unwirksam anzusehen, § 6 I, III AGBG (inzwischen § 306 I, III BGB)[529]. Folglich soll selbst bei ausdrücklich anderer

---

Anfrage an, ob bei Vorliegen einer nachträglichen Übersicherung diese, trotz im Sicherungsvertrag fehlender oder unwirksamer Freigabeklausel, wegen eines ebenfalls aus dem Vertrag zu entnehmenden bestimmten Freigabeanspruchs überwunden wird, vgl. BGHZ 137, 212 (213 ff) = WM 1998, 227 (228 f).

525 BGHZ 137, 212 (218 f, II.1.a.) = WM 1998, 227 (229 f)

526 BGHZ 137, 212 (219 f; II.1.b.; zur Auslegung II.1.a.) = WM 1998, 227 (230, 229)

527 BGHZ 137, 212 (220 f, II.1.c.) = WM 1998, 227 (230)

528 BGHZ 137, 212 (221) = WM 1998, 227 (230) mit Verweis auf BGHZ 133, 25 (33) = WM 1994, 1128, der sich wiederum insbesondere auf BGHZ 90, 69 (74 ff) beruft, wo ausführlich die ergänzende Auslegung als Unterfall des § 6 II AGBG (§ 306 II BGB n.F.) begründet wird.

529 BGHZ 90, 69 (76 f), zum Willen des Gesetzgebers vgl.a. BT-Drucks. 7/5422 S.5 An der Sichtweise des BGH wurde aber verschiedentlich und zum Teil vehement Kritik geübt. So könne man den Parteien nicht entgegen ihrem geäußerten - unwirksamen - Willen einen anderen, hypothetischen unterschieben, so insb. Tiedtke EWiR 1996, 339 (340). Ebenso wurde vertreten, daß § 6 II AGBG (§ 306 II BGB n.F.) nur auf materielles Recht verweise, nicht aber auf rein methodische Vorschriften, vgl. Ulmer/Brandner-H.Schmidt § 6 RN 34; Wolf/Horn/Lindacher-Lindacher § 6 RN 15 jeweils mwN. Weiterhin würde die Grenze zur geltungserhaltenden Reduktion überschritten, vgl. etwa Canaris in: FS Steindorff (1990) S.519 (562 f) ähnlich Hager JZ

Vereinbarung der Vertrag ergänzend ausgelegt werden können. Als Konsequenz kann auch § 138 BGB nicht eingreifen, weil für die Feststellung einer Sittenwidrigkeit sämtliche Umstände zu berücksichtigen sind und damit auch die Wirkung des § 306 II BGB einzufließen hat[530].

bb) Andere Lösungsansätze

Im Ergebnis ähnlich, jedoch mit wichtigen Unterschieden in der Begründung, löst Canaris den Fall[531]. Auch er greift auf die ergänzende Vertragsauslegung zurück, will sie aber im Rahmen des § 6 II AGBG (§ 306 II BGB n.F.) nur in bestimmten Konstellationen anwenden. Nur wenn die Ergänzung unmittelbar dem jeweiligen Vertragstyp entnommen werden kann, soll sie mit dem dispositiven Recht auf eine Stufe zu stellen und von § 6 II AGBG (§ 306 II BGB n.F.) umfaßt sein. Allein in diesem Fall würde die ergänzende Vertragsauslegung nicht mit dem Verbot geltungserhaltender Reduktion kollidieren[532]. Entscheidend sei demnach, ob sich bei Fehlen der Klausel die Rechtslage ohne weitere Ergänzungen aus dem geschlossenen Vertrag ergibt[533]. Für die nachträgliche Übersicherung in Formularverträgen würde Canaris zum selben Ergebnis wie der BGH GS gelangen, da auch er den Freigabeanspruch über das Wesen des Sicherungsvertrages begründet.

Eine andere Ansicht vertritt Serick[534], der einen gewohnheitsrechtlichen Freigabeanspruch annimmt. Er leitet ihn aus dem Umstand ab, daß bei Sicherungsgeschäften dem Sicherungsgeber nach Wegfall des Sicherungszwecks ein gewohnheitsrechtlicher Anspruch auf Rückgabe der Sicherheiten zukommt. Dieser würde eben nicht nur dann eingreifen, wenn der Sicherungszweck gänzlich hinfällig wurde, sondern bereits wenn er teilweise weggefallen wäre. Das sei der Fall, wenn nicht mehr sämtliche Sicherheiten benötigt würden, um die Befriedigung der gesicherten Forderungen zu gewährleisten[535]. Im Ergebnis kommt Serick zum selben Ergebnis wie Canaris und der BGH GS, allerdings auf anderem Weg. Bei fehlender ausdrücklicher Freigabeklausel wäre diese gewohnheitsrechtlich im Sicherungsvertrag als solchem enthalten. Bei vertraglichen Freigabeklauseln, die nicht dem gewohnheitsrechtlichen Anspruch entsprechen, würde man über § 307 I, II Nr.1 BGB gleichermaßen zu deren Unwirksamkeit kommen. Die Lücke würde man mit dem gewohnheitsrechtlichen Anspruch schließen, der allgemein anerkannt mit dem dispositiven Recht auf eine Stufe zu stellen ist und von § 6 II AGBG (§ 306 II BGB n.F.) unbestritten umfaßt wird.

1996, 175 (176) vgl.a. Roth JZ 1989, 411 (415). Bedenken gegen die Entscheidung des Großen Senats meldet auch Medicus an, wenngleich er diese nicht näher benennt, EWiR 1998, 155 (156).

530 Vgl. Canaris ZIP 1997, 813 (816); **a.A.** Bülow KredSichR (5.A) RN 954, der § 138 für einschlägig hält, ihn aber über § 139 relativiert. Zu der etwas anders gelagerten Vorlagefrage, die § 138 BGB lediglich hinsichtlich des Fehlens einer Deckungsgrenze untersucht BGHZ 137, 212 (222 f) = WM 1998, 227 (230 f).

531 Canaris ZIP 1996, 1109 (1114)

532 Canaris ZIP 1996, 1109 (1112 ff)

533 Ähnlich Nobbe ZIP 1996, 657 (662), der von einem „vertragsimmanenten Freigabeanspruch" spricht, den er dem dispositiven Recht gleichordnet. Er verweist aber zur Begründung auch auf die Rechtsprechung des BGH in BGHZ 90, 69 (74 ff); 120, 108 (122); ZIP 1989, 1196 (1198); WM 1984, 1644 (1645), womit er sich doch wieder von Canaris' Lösung distanziert.

534 Serick WM 1997, 345 (350 ff); ders. BB 1995, 2013 (2023); ders. ZIP 1995, 989 (992 f)

535 dag. Ganter WM 1996, 1705 (1705 ff), vgl.a. BGHZ 137, 212 (219); BGH WM 1996, 1436 (1437)

cc) Stellungnahme

Obgleich alle drei Ansichten zum selben Ergebnis führen, sind die Wege, auf denen man zu ihm gelangt, doch so unterschiedlich, daß eine Stellungnahme angebracht ist.

Eine nicht unberechtigte Kritik an der Einbeziehung der ergänzenden Vertragsauslegung in § 306 II BGB, die nicht erst mit der Entscheidung des BGH GS laut wurde, bezieht sich auf die Abgrenzung zum Verbot der geltungserhaltenden Reduktion[536]. Dieser Konflikt darf nicht geleugnet werden[537]. Denn der Zweck des Verbots der geltungserhaltenden Reduktion liegt darin, daß der ausufernde Gebrauch von Klauseln eingedämmt werden soll. Könnte der Verwender von AGB uneingeschränkt Klauseln kreieren, welche durch die Gerichte sodann auf das zulässige Maß zurechtgestutzt würden, bestünde keinerlei Anreiz, sich um eine sorgfältige, der Rechtslage entsprechenden Formulierung zu bemühen. Der Vertragspartner hätte dafür Sorge zu tragen, daß er durch die AGB nicht übermäßig belastet wird. Damit würde der wesentlich mit der AGB-Kontrolle verfolgte Verbraucherschutz geradezu ad absurdum geführt. Es erscheint daher sowohl rechtspolitisch wie auch zum Schutz der Verbraucher angebracht, das Risiko der Wirksamkeit dem Verwender aufzuerlegen. Dies würde zum Teil ausgehebelt, wenn man Vertragslücken aufgrund unwirksamer Klauseln mittels ergänzender Auslegung schließt. Daß dadurch die Klausel nicht auf das zulässige Maß zurückgeführt, sondern durch eine andere Regelung ersetzt wird, ist hierfür unerheblich. Entscheidend ist, daß derjenige, der die AGB stellt, damit einer sorgfältigen Auswahl enthoben wird, weil eine anderweitige Ergänzung Platz greift. Dies erscheint aber nur gerechtfertigt, wenn die Ergänzung wie das dispositive Recht auf einer vorherigen allgemeinen und objektiven Interessenabwägung beruht. Nur in diesen Fällen handelt es sich um keine anlaßbezogene Reduktion, die erst im Einzelfall entwickelt wird und aus den obigen Gründen abzulehnen ist. Daher sind dem dispositiven Recht, welches auch das dispositive Gewohnheitsrecht umfaßt, lediglich die sich aus dem Wesen bzw. der Natur eines Vertrages ergebenden Regelungen gleichzuachten[538]. Aus dem konkreten Vertrag oder gar dem hypothetischen Willen der Parteien abgeleitete Bestimmungen dürfen nicht auf dieselbe Stufe gestellt werden.

---

536 Zum Verbot der geltungserhaltenden Reduktion vgl. die grundlegende Entscheidung des BGH v.17.5.1982, BGHZ 84, 109 (114 ff); im Anschluß daran BGHZ 96, 18 (25); 106, 19 (26); zur auch überwiegend in der Literatur vertretenen entsprechenden Ansicht statt vieler Ulmer/Brandner-H.Schmidt § 6 RN 14 ff mwN; Wolf/Horn/Lindacher-Lindacher § 6 RN 31 ff mwN. Zu den teilweise differierenden Ansichten, die eine geltungserhaltende Reduktion zulassen wollen, vgl. Wolf/Horn/Lindacher-Lindacher § 6 RN 26 ff.

537 Das Argument, es gäbe kein Konfliktpotential (Ulmer/Brandner-H.Schmidt § 6 RN 36 mwN in FN 167), weil die ergänzende Auslegung nicht die unwirksame Klausel zu erhalten suche, sondern eine Lücke mittels objektiver Wertungen schließen will, unterschätzt den Zusammenhang beider Institute. Denn nicht nur dann, wenn das Retten des Vertrags lediglich über die Reduzierung der Klausel möglich ist, befindet man sich im Spannungsfeld zwischen dem Zweck des § 306 BGB und dem Verbot der geltugserhaltenden Reduktion. Nicht umsonst meint Jauernig, daß die Grenze zwischen ergänzender Auslegung und geltungserhaltender Reduktion schwerlich zu treffen ist und bereits mehrfach überschritten wurde, Jauernig-Jauernig § 6 AGBG RN 3.

538 Auch sie entstammen einer objektiven Interessenabwägung. Denn sie müssen für eine Vielzahl von Fällen gelten und dürfen nicht auf die Interessen im Einzelfall Rücksicht nehmen. Insofern gelten die Gründe, die ihren Niederschlag in § 306 II BGB gefunden haben, in gleicher Weise für vertragstypische Inhalte, die nur durch eine abweichende Vereinbarung der Parteien nicht zum Zuge kamen.

Dagegen wird vorgebracht, daß der Vertragspartner nicht aus der Unwirksamkeit einer Klausel einen Vorteil ziehen dürfe[539]. Dieses Argument widerspricht aber einer sachlich gerechten Risikoverteilung: Wer AGB verwendet hat auch die Konsequenz ihrer Unwirksamkeit zu tragen[540]. Andererseits wird der - in § 306 I BGB unwiderleglich vermutete - Wille der Parteien am Erhalt des Vertragswerks vorgebracht. Dieser Grundsatz ist aber über das Verbot einer geltungserhaltenden Reduktion als weiteres tragendes Prinzip der AGB-Kontrolle zu relativieren. Beide Aspekte der AGB-Kontrolle müssen berücksichtigt werden und führen in ihrer Abwägung zu dem oben beschriebenen Ergebnis[541]. Ansonsten würde auch § 306 III BGB leerlaufen[542].

Daher ist mit Canaris die ergänzende Vertragsauslegung nur in den Fällen zuzulassen, in denen sich die Ergänzung aus dem Wesen des Vertrags ergibt. Bei der Freigabeklausel, die vom BGH GS zurecht aus der Natur von Sicherungsverträgen abgeleitet wird, ist das aber der Fall.

Sericks Ansatz hat den Vorteil, daß er weder mit der Frage konfrontiert wird, ob der Freigabeanspruch über § 306 II BGB ergänzt werden darf, weil das Gewohnheitsrecht allgemein anerkannt von der Norm erfaßt wird[543]. Noch tritt der Konflikt mit dem Verbot geltungserhaltender Reduktion auf, da es sich bei ihnen um allgemeine Rechtssätze handelt, die gleich dem dispositiven Gesetzesrecht bei der Unwirksamkeit einer Klausel reaktiviert werden können. Trotzdem ist mit dem BGH GS die Ansicht abzulehnen[544]. Das Gewohnheitsrecht verlangt eine Verfestigung der Grundsätze in der Rechtsprechung[545]. Dies mag bei einem allgemeinen Rückgabeanspruch nach gänzlicher Beendigung des Sicherungszwecks der Fall sein. Wie die jahrelange Kontroverse aber hinreichend zeigt, trifft dies bei lediglich teilweiser Erledigung des Sicherungszwecks gerade nicht zu. Daß sich der teilweise Anspruch aus dem Rückgabeanspruch nach Erledigung des Sicherungszwecks ableiten läßt, stellt keine zwingende Annahme dar, sondern gründet sich

539 BGHZ 90, 69 (77 f) mwN

540 Freilich dienen die AGB nicht ausschließlich der Unterdrückung von Vertragspartnern, sondern haben einen volkswirtschaftlichen Nutzen, indem sie Massengeschäfte vereinfachen. Daher mag es auf den ersten Blick unbillig erscheinen, wenn der Verwender unabhängig von einem ihm eventuell zu Last zu legenden Verschulden allein das Risiko der Unwirksamkeit zu tragen hat. Doch ist dies von dem Grundgedanken des Zivilrechts, wonach jeder für sein Auftreten die Verantwortung zu übernehmen hat, nicht weiter als billig. Es existiert kein Anspruch auf eine sozialfürsorgliche Korrektur, nur weil man die Konsequenzen seines Verhaltens nicht kannte oder kennen mußte. Dies ist nur dann zu relativieren, wenn andere Gesichtspunkte hinzutreten, welche die Rechtsfolge unangebracht erscheinen lassen, z.B. wenn der Vertragspartner weiterhin ein schützenswertes Interesse am Fortbestand des Vertrags hat.

541 Von manchen Autoren wird eine Differenzierung vorgeschlagen, die sich an der vom Verwender aufgewandten Sorgfalt orientiert. Bestand für ihn kein Anlaß, an der Wirksamkeit zu zweifeln, soll die Ergänzung mittels Auslegung zulässig sein. Damit wird aber das Verwenderrisiko an ein Verschulden geknüpft, welches sich nirgends im Gesetz findet. Dies würde zudem den Verbraucherschutz einschränken, wie er von der EU in der den Regelungen zugrunde liegenden Richtlinie vorgesehen ist: Auch dort ist an keiner Stelle von Verschulden die Rede, RiLi 93/13/EWG, ABl. L 95 v.21.4.93, S.29 ff.

542 Es blieben für § 306 III BGB nur noch die Fälle unklarer oder inhaltsleerer Verträge übrig, Pal-Heinrichs § 6 AGBG RN 9; Jauernig-Jauernig § 6 AGBG RN 6. Sie stellen aber perplexe Situationen dar, für deren Unwirksamkeit es keiner eigenen Norm bedarf.

543 Vgl. nur Ulmer/Brandner-H.Schmidt § 6 RN 27 mwN; Wolf/Horn/Lindacher-Lindacher § 6 RN 14 mwN

544 BGHZ 137, 212 (219) mwN, der sich aber nicht inhaltlich mit der Meinung von Serick auseinandersetzt.

545 vgl. Larenz/Wolf BGB AT (8.A) RN 23

auf zusätzliche - schlüssig vorgetragene - Argumente. Diese Sichtweise bedarf aber der eigenen Durchsetzung bei der Rechtsanwendung, um als Gewohnheitsrecht gelten zu können.

dd) Zusammenfassung und Anwendung auf Sicherheiten an Marken

Es ist daher mit der Entscheidung des BGH GS bei nachträglicher Übersicherung in Formularverträgen davon auszugehen, daß sowohl bei fehlenden als auch unwirksamen Freigabeklauseln jeweils der aus der Natur des Sicherungsvertrags als fiduziarisches Rechtsgeschäft erwachsende Freigabeanspruch über § 306 II BGB (ehem. § 6 II AGBG) Bestandteil des Vertrages wird. Eine Unwirksamkeit nach § 307 I BGB (ehem. § 9 I AGBG) oder § 138 BGB kann allein aufgrund der Übersicherung nicht eintreten. Dieses Ergebnis ist unabhängig von der Art des Sicherungsrechts und Sicherungsguts. Folglich existiert der Freigabeanspruch auch bei auf Marken basierenden Sicherheiten, soweit es sich um Fälle der nachträglichen Übersicherung im Rahmen von Formularverträgen handelt.

In seinen Voraussetzungen richtet sich der Anspruch nach den oben ausgeführten Regeln[546]. Das heißt, sobald der Sicherungswert die gesicherte Summe unter zusätzlicher Berücksichtigung der Deckungsgrenze dauerhaft überschreitet, kann der Sicherungsgeber Freigabe der Sicherheiten in Höhe des nicht mehr benötigten Teils verlangen. Inhaltlich zielt der Anspruch bei sicherungshalber abgetretenen Marken entweder auf Rückübertragung einzelner Marken bzw. auf eine Teilung der Marke samt Rückübertragung des nicht mehr benötigten Teils[547], oder auf zumutbaren Austausch gegen eine andere Sicherheit, die wertmäßig näher an der Grenze zur Übersicherung liegt. Allerdings wird der Sicherungsgeber sich genau überlegen, ob er die Teilung der Marke verlangen wird, weil er als Folge künftig mehrere einzelne Marken zu verwalten hat. Ebenso ist beim Austausch von Sicherheiten der Anspruch an der Zumutbarkeit für den Sicherungsnehmer zu messen. Bei sicherungshalber gewährten Lizenzen, deren Sicherungswert die Deckungsgrenze überschreitet, wird der Sicherungsgeber Anpassung des Lizenzvertrages verlangen können, ebenso wie den Austausch der Sicherheit.

b) Nachträgliche Übersicherung bei Individualverträgen

Handelt es sich bei dem Sicherungsvertrag nicht um ein vorformuliertes Werk, so daß die § 305 ff BGB nicht zum Zuge kommen, können wesentliche Überlegungen des BGH GS, die auf den §§ 306, 307 BGB beruhen, nicht zur Anwendung gelangen. Der Sachverhalt ist folglich bei den sog. Individualverträgen an anderen, allgemeinen Regelungen zu messen, insbesondere den §§ 138, 242 BGB. Welche Auswirkungen dies auf die Beurteilung einer nachträglichen Übersicherung und ihre Rechtsfolgen zeitigt, bedarf daher einer gesonderten Feststellung. Im Rahmen dessen empfiehlt sich eine Trennung nach dem obigen Muster in Verträge mit und ohne Freigabeklausel, da insofern schon dort Unterschiede aufgrund eines vertragsimmanenten Freigabeanspruchs zum Tragen kamen.

---

546 vgl.o. I.2. und II.1.b; zum Wahlrecht des Sicherungsnehmers, welche Sicherheit freizugeben ist BGH WM 2002, 1643 (1644).

547 wobei durch die Teilung eine eigenständige Marke entsteht, die dann rückübertragen werden kann, vgl.o. Kap.3 A.I.3.a.cc.

aa) Sicherungsverträge ohne Freigabeklausel

Kennt der Vertrag keine eigene Freigabeklausel, so drängt sich der Gedanke auf, daß auch hier der Vereinbarung ein Freigabeanspruch immanent ist. Denn der Treuhandcharakter eines Sicherungsverhältnisses, aus welchem der Anspruch abgeleitet wird, ist derselbe, egal ob es sich um einen Formular- oder Individualvertrag handelt. Entsprechend führt der BGH GS aus, daß die Pflicht zur Freigabe bei Übersicherung „ohne Rücksicht darauf [besteht], ob es sich um einen Individual- oder um einen Formularvertrag handelt..."[548]. Folglich wird man auch hier den Sicherungsvertrag aus seiner Natur heraus mittels Auslegung nach den §§ 133, 157 BGB um den Freigabeanspruch ergänzen können. Da er exakt denselben Ursprung hat, entspricht er auch inhaltlich dem oben Ausgeführten.

Allerdings kann sich bei der Auslegung des Vertrages ergeben, daß die Parteien im Sinne einer Individualvereinbarung bewußt auf eine Freigaberegelung verzichtet haben[549]. Dies steht ihnen zu, weil der aus der Vertragsart abgeleitete Anspruch grundsätzlich der Disposition der Parteien unterliegt[550]. Würde man nun trotzdem einen Anspruch aus dem allgemeinen Charakter des Vertrages ableiten, setzte man sich in Widerspruch zum Parteiwillen. Für eine Ergänzung bleibt folglich kein Raum. Vielmehr wird man die Rechtslage an denselben Regeln zu messen haben, wie wenn die Parteien eine Freigabeklausel vereinbart haben[551].

bb) Sicherungsverträge mit Freigabeklausel

Haben die Parteien eine Freigabeklausel ausgehandelt und in den Vertrag aufgenommen, kann die aus der Natur des Sicherungsverhältnisses erwachsende Pflicht zur Freigabe keine Wirkung entfalten. Sie wird von der individuellen Vereinbarung verdrängt. Die geschaffene Rechtslage kann aber trotzdem zu einer Übersicherung führen, wenn die Freigabe erst zu einem zu späten Zeitpunkt einsetzt oder sie gar von zusätzlichen, übersicherungsfremden Voraussetzungen abhängig gemacht wird. Wo diesem Vorgehen Grenzen gesetzt sind, muß anhand der allgemeinen Grundsätze in Form der hier in Betracht kommenden §§ 138, 242 BGB festgestellt werden.

(1) § 138 BGB

Damit ein Verstoß gegen § 138 BGB vorliegt, muß der sittenwidrige Zustand bereits bei Vertragsschluß im notwendigen Ausmaß absehbar gewesen sein[552]. Folglich kann die Norm bei einer nachträglichen Übersicherung nur dann eingreifen, wenn sie für die Parteien bei Abschluß des Sicherungsvertrags erkennbar gewesen ist. Dies ist lediglich bei einer planmäßigen Übersi-

548 BGHZ 137, 212 (219) mwN

549 Es ist aber zu erwarten, daß dies äußerst selten der Fall sein wird.

550 Dies setzt auch der BGH GS voraus, weil sich ansonsten die Überlegungen zu § 9 AGBG (§ 307 BGB n.F.) erübrigen würden, BGHZ 137, 212 (220 f).

551 Dazu sogleich unter bb. Denn es erscheint angebracht, die Prüfung erst im dortigen Zusammenhang vorzunehmen, da der bewußte Verzicht auf eine Freigabe im Gegensatz zu vertraglich vereinbarten Freigabeklauseln weitaus weniger häufig und bedeutsam sein dürfte.

552 Statt aller Soergel-Hefermehl (13.A) § 138 RN 40 mwN

cherung der Fall. In den übrigen Fällen, wenn die Übersicherung durch unvorhersehbare Umstände außerplanmäßig eintritt, kommt § 138 BGB nicht in Betracht[553].

Ob eine Sittenwidrigkeit vorliegt bestimmt sich nach dem Gesamtcharakter des Geschäfts. Es sind sämtliche Umstände des Einzelfalls abzuwägen, wobei das größte Gewicht auf Inhalt, Beweggrund und Zweck liegen wird. Teilweise wurde verlangt, daß eine besonders verwerfliche Gesinnung hinzukommen muß. Doch beinhaltet die Sittenwidrigkeit nicht zwingend eine persönliche Vorwerfbarkeit[554]. Besondere subjektive Momente sind nur im Rahmen des Gesamtcharakters zu berücksichtigen, dort aber gleichberechtigt neben allen anderen Umständen[555].

Um einen Verstoß gegen § 138 BGB anzunehmen, können nicht dieselben Maßstäbe gelten, wie sie bei § 307 I BGB angelegt werden[556]. Für die Sittenwidrigkeit kann nicht genügen, daß merklich von den üblichen, ausgleichenden Vertragsinhalten abgewichen wird. Vielmehr muß ein Überschreiten des üblicherweise anzusetzenden Werts in dem Maße erfolgen, daß am Ende ein untragbares Ergebnis steht. Im Vergleich mit anderen Fallgruppen des § 138 BGB ist man geneigt, eine Parallele zu den Fällen einer Sittenwidrigkeit aufgrund eines auffälligen Mißverhältnisses zu ziehen[557]. Denn dort leitet man einen Sittenverstoß allein aus dem Verhältnis zu üblichen Geschäften ab. Man schließt aus der Übervorteilung des Vertragspartners auf das Ausnutzen seiner wirtschaftlich schwächeren Lage[558]. Ähnlich verhält es sich bei der Übersicherung. Auch hier liegt der Vorwurf in der einseitigen, am Wert festzumachenden Benachteiligung des Vertragspartners. Zudem steht bei der Übersicherung eine übermäßige Beeinträchtigung des freien Willens in Form einer Knebelung im Raume. Es erscheint daher nicht nur legitim, sondern wegen der Rechtseinheitlichkeit geradezu geboten, eine vergleichbare Höhe der Abweichung anzusetzen.

Bei den sogenannten wucherähnlichen Geschäften vertritt die Rechtsprechung, daß ab einer Überschreitung des Gegenwerts von ca. 100% ein auffälliges Mißverhältnis und damit eine Sittenwidrigkeit gegeben sein soll[559]. Dies würde für die Übersicherung bedeuten, daß bei einer

---

553 Zur planmäßigen Übersicherung und außerplanmäßigen Übersicherung vgl.o. I.1. Inwieweit hier aber § 242 BGB eingreift, bleibt noch zu prüfen, hierzu sogleich unter (2).

554 Dies ist aber zu unterscheiden von den üblichen, weiterhin erforderlichen subjektiven Voraussetzungen, die zumindest bei manchen der Fallgruppen hinzuzutreten haben. Sie werden aber regelmäßig bei Vorliegen des objektiven Tatbestands vermutet, vgl. sogleich unten.

555 Zur Feststellung einer Sittenwidrigkeit vgl. nur Soergel-Hefermehl (13.A) § 138 RN 19 mwN; MüKo-Mayer-Maly § 138 RN 21 ff mwN. Wann die Voraussetzungen einer Sittenwidrigkeit durch eine Übersicherung erfüllt werden, ist an anderer Stelle, bei der anfänglichen Übersicherung, bereits Gegenstand einer neuerlichen Kontroverse geworden, die nach den Stimmen in der Literatur zu urteilen wiederum einen Streit zwischen den Senaten des BGH heraufbeschwören kann. Denn für die eine Ansicht steht der IX. ZS des BGH und der ihm angehörende Ganter, für die andere unter anderem Nobbe als Mitglied des XI. ZS. Da der Streit an anderer Stelle entflammte, soll er auch dort ausgeführt werden, vgl. dazu unten c. Dem Folgenden wird allein die eigene Ansicht zugrunde gelegt.

556 So insbesondere auch Canaris ZIP 1996, 1109 (1122)

557 So für die Sittenwidrigkeit bei anfänglicher Übersicherung auch Lwowski in: FS Schimansky (1999) S.389 (390 f, 414); ähnlich Nobbe in: FS Schimansky (1999) S.433 (450 ff).

558 Vgl. dazu Soergel-Hefermehl (13.A) § 138 RN 86 ff.

559 St. Rspr BGHZ 110, 338; 104, 105; NJW-RR 1998, 1065 (1066); zur Literatur vgl. nur Pal-Heinrichs § 138 RN 27, 65 ff.

Überschreitung von 100% der zulässigen Sicherung § 138 BGB eingreifen würde. Der zulässige Umfang einer Sicherung bestimmt sich aber nach dem Sicherungswert, der für Marken in Anlehnung an § 237 BGB im Zweifel ebenfalls auf 2/3 des momentanen Werts der Sicherheit empfohlen wurde[560]. Folglich läge eine Sittenwidrigkeit wegen Übersicherung vor, wenn der momentane Wert der markenabhängigen Sicherheit ca. 300% der Summe der gesicherten Forderungen entsprechen würde[561]. Dieser Wert erscheint auf den ersten Blick recht hoch. Doch wenn man sich vergegenwärtigt, daß er als Grenze zu verstehen ist, ab der eine Sittenwidrigkeit ohne weitere Umstände vermutet wird, wirkt er gerechtfertigt. Daneben bleibt es natürlich möglich und geboten, im Rahmen der Gesamtschau weitere Umstände zu berücksichtigen. Sollten zusätzliche Aspekte eine Rolle spielen, werden diese den Grenzwert modifizieren[562].
Der Feststellung eines zusätzlichen subjektiven Moments bedarf es nicht. Es wird - widerleglich - bei Vorliegen des objektiven Tatbestands vermutet[563]. Hinzu kommt, daß bei der mitschwingenden Knebelung der die Sittenwidrigkeit begründende Umstand allein schon in der objektiven Freiheitsbeeinträchtigung zu sehen ist[564].

(2) § 242 BGB

Als Korrektiv bei nachträglichen Übersicherungen trotz individualvertraglichen Freigabeklauseln kommt auch § 242 BGB in Betracht. Denn der Sicherungsnehmer könnte mit dem Beharren auf den vertraglichen Vereinbarungen eine ihm formal zustehende Rechtsposition unzulässig ausüben[565], der Sicherungsgeber trotz der noch nicht eingetretenen Vertragsklausel zur Forderung einer teilweisen Freigabe der Sicherheiten berechtigt sein[566]. Dies wäre dann anzunehmen, wenn zum Zeitpunkt, in welchem der Sicherungsgeber die teilweise Freigabe des Sicherungsguts begehrt, der Verweis des Sicherungsnehmers auf die ihm vertraglich eingeräumte Rechtsposition unter Berücksichtigung der konkreten Interessen und der Umstände im Einzelfall grob unbillig erscheint und die andere Seite in nicht mit der Gerechtigkeit zu vereinbarender Weise benachteiligt würde[567]. Wegen der objektiven Unverhältnismäßigkeit bedarf es auch hier keiner subjektiven Vorwerfbarkeit und damit keines Verschuldens[568].

560 Dazu oben I.4. Bedenken an dieser Vorgehensweise äußerten im Rahmen der anfänglichen Übersicherung der IX.ZS des BGH, WM 1998, 856 (857), der diesem Senat angehörende Ganter WM 1998, 2045 (2046 f), Kümpel (2.A) RN 6.23 ff, Terlau BB 1998, 1498 (1499); zur Auseinandersetzung mit diesen Ansichten unten c.bb.(3).

561 Vor diesem Hintergrund würden Klauseln, wie sie früher von der Kreditwirtschaft verwandt wurden und die eine Freigabe nach billigem Ermessen vorsahen, in Individualverträgen für sich genommen keine Sittenwidrigkeit auslösen, vgl. Canaris ZIP 1996, 1109 (1122 f); ders. ZIP 1997, 813 (815 f).

562 Als Beispiel mag die Entscheidung OLG Braunschweig ZIP 1991, 362 = WM 1991, 802 dienen, nach welcher der Sicherungsnehmer den stark schwankenden Marktpreis für Wolle geltend machen wollte.

563 Soergel-Hefermehl (13.A) § 138 RN 86 mwN; Staud-Sack § 138 RN 236 ff

564 Vgl. Staud-Sack § 138 RN 259; Soergel-Hefermehl (13.A) § 138 RN 117, 37 ff, insb.39; **a.A.** Serick Bd.III S.88 f; Lwowski, KredSichR (8.A) RN 159; eingehend dazu unten Kap.6 C.

565 Vgl. zur unzulässigen Rechtsausübung in diesen Fällen BGH DtZ 1996, 82; Jauernig-Jauernig § 138 RN 4.

566 MüKo-Roth § 242 RN 467 ff, 46; Soergel-Teichmann § 242 RN 293 ff.

567 BGH LM § 387 Nr.48 (Bl.2 4.c.); MüKo-Roth § 242 RN 468 mwN.

568 MüKo-Roth § 242 RN 261; Soergel-Teichmann § 242 RN 290

Für nachträgliche Übersicherungen bedeutet dies, daß eine unzulässige Rechtsausübung zwar kaum bei einer planmäßigen Übersicherung anzunehmen ist. Denn hier war die Übersicherung vorauszusehen, so daß sich der Sicherungsgeber selten im nachhinein darauf berufen kann, die aufgrund eigener Säumnis eingetretene Rechtslage sei unbillig[569]. Konnte aber die Übersicherung nicht vorhergesehen werden, handelt es sich also um eine außerplanmäßige Übersicherung, ist der Sicherungsgeber verstärkt schutzwürdig und -bedürftig, da er keine anderweitige Vorsorge treffen brauchte. Ihm muß in besonderer Weise die allgemeine Grenze des § 242 BGB zugute kommen, welche auf den Zeitpunkt der Rechtsausübung abstellt. Wegen der Einheitlichkeit der Rechtsordnung wird man ähnliche Maßstäbe anzulegen haben wie bei § 138 BGB.

Folglich kann § 242 BGB im Gegensatz zu § 138 BGB gerade bei einer außerplanmäßigen Übersicherung weiterhelfen[570]. Die Norm schließt die Lücke zwischen der ergänzenden Auslegung bei fehlender Freigabeklausel und der Anwendbarkeit des § 138 BGB bei planmäßigen Übersicherungen.

cc) Zwischenergebnis

Bei nachträglicher Übersicherung außerhalb des Anwendungsbereichs der §§ 305 ff BGB ist nach vorhandener oder fehlender vertraglich geregelter Freigabe zu unterscheiden. Fehlt es an einer Klausel, kann der Vertrag entsprechend der Entscheidung des BGH GS mit der sich aus dem Wesen des Sicherungsvertrags ergebenden Freigabeverpflichtung ergänzt werden. Haben die Parteien hingegen über die Freigabe entschieden, ist die Ergänzung wegen des entgegenstehenden Parteiwillens ausgeschlossen. Hier ist der Vertrag an den §§ 138, 242 BGB zu messen. In Anlehnung an die Rechtsprechung zur Sittenwidrigkeit aufgrund auffälligen Mißverhältnisses ist dabei angebracht, § 138 BGB bei einem Überschreiten des Sicherungswerts um 100% ohne weitere Voraussetzungen eingreifen zu lassen. In Verbindung mit der Vermutung des § 237 BGB liegt folglich eine Sittenwidrigkeit allein aufgrund Übersicherung vor, wenn der Wert der Sicherheit mindestens dem 3-fachen Wert der gesicherten Forderungen entspricht. Dieser Betrag ist zu modifizieren, wenn weitere Umstände vorliegen, die bei der Feststellung einer Sittenwidrigkeit zu berücksichtigen sind. Da § 138 BGB die Vorhersehbarkeit bei Vertragsschluß voraussetzt, vermag die Norm aber nur bei planmäßigen Übersicherungen einzugreifen. Bei außerplanmäßigen nachträglichen Übersicherungen ergibt sich jedoch mit der unzulässigen Rechtsausübung ein entsprechendes Korrektiv aus § 242 BGB.

c) Anfängliche oder ursprüngliche Übersicherung

Gemeinhin wird zwischen anfänglicher und nachträglicher Übersicherung unterschieden[571]. Die Trennung findet sich auch in der Entscheidung des BGH GS wieder, der seine Ausführungen

---

569 Jedoch kann sich der Sicherungsgeber hier u.U. auf § 138 BGB berufen, welcher die Umstände bei Vertragsschluß wertet, dazu oben (1).

570 Unter Umständen kommt bei außergewöhnlichen Veränderungen beim Wert der Sicherheit auch der Wegfall der Geschäftsgrundlage zur Anwendung, vgl. MüKo-Roth § 242 RN 632 ff. Da dieser Anspruch aber nicht geeignet ist, zusätzliche Türen zu öffnen und sich nur auf einen Aspekt der außerplanmäßigen Übersicherung bezieht, kann auf eine nähere Ausführung verzichtet werden.

571 Vgl. nur Lwowski KredSichR (8.A) RN 152 ff; Canaris ZIP 1996, 1109 (1122 f); OLG Hamm WM 2002, 451; dazu auch oben 2.

strikt auf die nachträgliche Übersicherung begrenzt verstanden wissen möchte[572]. Nicht zuletzt deshalb soll die Unterscheidung hier aufgegriffen und der anfänglichen Übersicherung ein eigener Unterabschnitt gewidmet werden. Inwiefern dies gerechtfertigt ist, wird sich im Rahmen dessen herausstellen müssen.

Jedoch bereits eine erste Betrachtung der anfänglichen Übersicherung läßt erhebliches Konfliktpotential erkennen. Auslöser ist eine Entscheidung des IX. ZS des BGH[573], in welcher der Senat den Fall klar von der Entscheidung des GS unterschieden wissen möchte. Er erhielt dafür Zustimmung[574], erntete aber auch vehementen Widerspruch, teilweise sogar aus dem Kollegenkreis der BGH-Richter[575]. Nicht zu unrecht mahnte Nobbe daher an, die Kommunikation zu suchen, um einen neuerlichen Streit zu vermeiden und um frühzeitig für Rechtssicherheit zu sorgen[576].

aa) Definition der anfänglichen Übersicherung

Nach dem IX. ZS handelt es sich um eine anfängliche Übersicherung, „wenn bereits bei Vertragsschluß gewiß ist, daß im noch ungewissen Verwertungsfall ein auffälliges Mißverhältnis zwischen dem realisierbaren Wert der Sicherheit und der gesicherten Forderung bestehen wird."[577] Die Definition umfaßt damit sowohl die Fälle, bei denen von Anfang an eine Übersicherung vorlag, genauso wie jene, bei denen erst im Laufe der Zeit die Übersicherung eintritt, die Entwicklung aber bereits bei Vertragsschluß absehbar war[578], sog. planmäßige Übersicherung[579]. Es ist aber fraglich, ob eine derart weite Definition gerechtfertigt ist.

Wie oben festgestellt, ist für die nachträgliche Übersicherung entscheidend, daß sie erst im Laufe der Zeit, nach dem Bestellen der Sicherheit einsetzt. Sie vermag zwar zu einer Sittenwidrigkeit zu führen, ihr kann aber über einen Freigabeanspruch begegnen werden. Dieser braucht nach der Entscheidung des GS nicht einmal vereinbart worden sein, sondern ergibt sich aus

572 BGHZ 137, 212 (223) = WM 1998, 227 (231)

573 BGH IX. ZS WM 1998, 856 = ZIP 1998, 684 = NJW 1998, 2047 = EWiR 1998, 627-Medicus = WuB I.F.4.-1.98-Rimmelspacher

574 Kümpel (2.A) RN 6.23 ff, Terlau BB 1998, 1498 (1499); ebenso Ganter WM 1998, 2045 (2046 f), dessen Zustimmung aber nicht verwundert, gehört er doch dem IX. BGH-Senat an.

575 Lwowski in: FS Schimansky (1999) S.389; Nobbe in: FS Schimansky (1999) S.433

576 Nobbe in: FS Schimansky (1999) S.433 (456). Die Äußerung erhält besondere Bedeutung dadurch, daß Nobbe dem XI.ZS des BGH angehört und die unterschiedlichen Ansichten insofern auf einen neuerlichen Streit der Zivilsenate hinauslaufen können.

577 BGH WM 1998, 856 (857); wiederholt vom selben Senat in BGH NJW-RR 2003, 1490 (1492). Diese Definition wurde mehrfach übernommen, vgl. Kümpel (2.A), RN 6.23; Medicus EWiR 1998, 627; Ganter WM 1998, 2045 (2047); OLG Hamm WM 2002, 451 (454).

578 Lediglich wenn man bei der Def. des IX. ZS „gewiß" derart versteht, daß die Rückführung des Kredits nicht mehr umfaßt ist, weil sie nicht sicher stattfindet, würde die planmäßige nachträgliche Übersicherung nicht umfaßt sein. Daß der Senat aber die Definition in diese Richtung verstanden wissen wollte, ist unwahrscheinlich. In diesem Fall hätte eine andere Formulierung näher gelegen, die dies klar zum Ausdruck bringt, weil die quasi sofortige Einstellung der Zahlungen auf die gesicherten Forderung höchst unwahrscheinlich ist.

579 oben I.1.

dem fiduziarischen Charakter des Sicherungsvertrags. Wird er Vertragsbestandteil, ist das Sicherungsgeschäft weder nach den §§ 305 ff BGB noch nach § 138 BGB unwirksam[580].
Anders verhält es sich in den Fällen, in denen bereits bei Abschluß des Sicherungsvertrages eine Übersicherung vorliegt. Will man hier in den Vertrag einen Freigabeanspruch hineinlesen, stände dies im Widerspruch zum Verhalten des Sicherungsnehmers. Denn eine soeben bestellte Sicherheit müßte sofort wieder zurückgegeben werden[581]. Die umgehende Verpflichtung zur Freigabe widerspräche dem Willen des Sicherungsnehmers, der gerade Sicherheiten in diesem Umfang wünscht. Er wird regelmäßig sogar die Gewährung des Kredits hiervon abhängig machen[582]. Die Folge wäre ein in sich widersprüchlicher Sachverhalt.
Bei der planmäßigen Übersicherung verhält es sich anders. Hier war die Höhe der Sicherheit anfänglich berechtigt. Insofern widerspricht ein Freigabeanspruch nicht der anfänglichen Höhe der Sicherheitsleistung. Eine Parallele zur anfänglichen Übersicherung entsteht auch nicht dadurch, daß die spätere Übersicherung absehbar war. Zwar kann man auf den Gedanken kommen, daß wegen der Vorhersehbarkeit der Übersicherung keine ergänzungsfähige Lücke angenommen werden dürfe[583]. Hiergegen sprach sich aber bereits der BGH GS aus. Indem er den Freigabeanspruch aus dem fiduziarischen Charakter der Sicherungsgeschäfte ableitete und selbst bei Singularsicherheiten anwenden möchte[584], bei denen der Wert der Sicherheit und daher auch eine Übersicherung wegen der Rückführung der gesicherten Forderungen feststeht, soll seiner Ansicht nach der Anspruch auch bei einer planmäßigen Übersicherung gelten[585].

Folglich ist eine Unterscheidung zwischen anfänglicher und nachträglicher Übersicherung zwar berechtigt und sogar geboten. Die Definition des IX.ZS des BGH geht aber zu weit. Anfängliche Übersicherung ist nur im Sinn einer bereits bei Abschluß des Sicherungsvertrags bestehenden Übersicherung zu verstehen[586].

bb) Rechtsfolge anfänglicher Übersicherung

Liegt ein Fall der anfänglichen Übersicherung vor, übersteigt also der Sicherungswert die gesicherte Summe schon beim Bestellen der Sicherheit, ist dieser Zustand an den allgemeinen ge-

580 dazu oben II.2.a.dd.

581 Dies entspräche der Fallgruppe des „dolo agit" des § 242 BGB, ebenso Ganter WM 2001, 1 (1).

582 Vgl. Scholz/Lwowski KredSichR (7.A) RN 148d; Nobbe in: FS Schimansky (1999) S.433 (443) mwN; BGHZ 26, 178 (186). Im Ergebnis ebenso Wolters (1995) S. 52; Wiegand/Brunner NJW 1995, 2513 (2520).

583 So wohl Ganter, WM 1998, 2045 (2046 f). Denn er knüpft den Freigabeanspruch gem. §§ 133, 157, 242 an den wechselnden Sicherheitenbestand bei Globalsicherheiten, WM 1998, 2045 (2046 f). Dies legt den Schluß nahe, daß er den Anspruch ausgeschlossen sieht, wenn bei Abschluß des Sicherungsvertrages eine zuverlässige Bestimmung des Sicherungswerts möglich ist, eben bei planmäßigen Übersicherungen. Dies würde auch die Definition des IX.ZS des BGH erklären, dem Ganter angehört.

584 BGHZ 137, 212 (219) = WM 1998, 227 (229).

585 Auch das Fehlen einer Freigabeklausel deutet nicht zwingend auf einen entgegenstehenden Willen hin. Schließlich kann der Umstand auf Nachlässigkeit der Parteien beruhen. Sollte er sich aber nachweisen lassen, wäre er bei Formularverträgen nach §§ 307 I, 306 BGB unbeachtlich, vgl.o. a.cc. Lediglich bei Individualverträgen würde er sich bemerkbar machen, dazu oben b.aa.

586 So nun auch Ganter WM 2001, 1 (1); mit entsprechender Formulierung OLG Hamm WM 2002, 451 (453), jedoch wird später, S.454, die Formulierung des BGH IX.ZS verwandt. Allerdings liegt nur dann eine Übersicherung vor, wenn die gesicherten Forderungen sich nicht im Laufe der Zeit erhöhen können und der Wert der Sicherheit daher gerechtfertigt ist.

setzlichen Grenzen zu messen. Wie erwähnt läßt sich dieser Zustand nicht über eine Freigabe korrigieren, die sonst in sachlichem Widerspruch zur erst vorgenommenen Bestellung der Sicherheit stände. Insofern ist es bei der anfänglichen Übersicherung unerheblich, ob der Sicherungsvertrag eine Freigabeklausel aufweist oder ob auf sie von vornherein verzichtet wurde.

Maßgebliche Norm ist hier wiederum § 138 BGB, selbst bei Formularverträgen. Denn in den seltensten Fällen werden die §§ 305 ff BGB eingreifen können. Schließlich wird die Klausel im Sicherungsvertrag, aufgrund der die Sicherheit bestellt wird, üblicherweise keine Vorgaben hinsichtlich der zu bestellenden Sicherheit enthalten[587]. In den anderen Fällen, in denen die konkrete Sicherheit im Sicherungsvertrag benannt wird, handelt es sich nicht mehr um eine Klausel für eine Vielzahl von Fällen. Folglich fehlt es an einem Ansatzpunkt für eine AGB-Kontrolle. Das Mißverhältnis zwischen Sicherheit und gesicherter Summe läßt sich daher lediglich an den allgemeinen Grenzen messen. Folglich ist auf § 138 BGB abzustellen, der auf die Rechtslage bei Vertragsschluß abzielt. Die Sittenwidrigkeit hat sich dabei nach dem Gesamtcharakter des jeweiligen Geschäfts zu bestimmen[588], in welchen sämtliche Umstände des Einzelfalls einzufließen haben.

(1) Entscheidung des BGH IX.ZS v.12.3.1998

Den Beurteilungsmaßstab des § 138 BGB und vor allem die sich anknüpfende Rechtsfolge vor Augen kam der IX.ZS des BGH zu der Ansicht, daß die Bewertungsmaßstäbe, wie sie vom GS im Rahmen der §§ 9, 6 AGBG (§§ 306, 307 BGB n.F.) aufgestellt wurden, für die Prüfung der Sittenwidrigkeit keine Relevanz entfalten können. Denn die §§ 232 ff BGB vermögen als bloße Vermutung für das Interesse des Sicherungsnehmers „zur Feststellung anfänglicher Übersicherung, die sehr viel weiterreichenden Wirkungen haben kann, ... nichts beizutragen. Entscheidend ist vielmehr der realisierbare Wert nach den ungewissen Marktverhältnissen im Falle einer Insolvenz des Schuldners. Dieser Wert läßt sich nur anhand der Besonderheiten des Einzelfalls ... ermitteln."[589] Damit will der IX. ZS die 150%-Regelung des § 237 BGB als zu pauschal für die Bestimmung des Sicherungswerts und der Übersicherung über Bord werfen und statt dessen im jeweiligen Fall ein angemessenes Verhältnis ermitteln. Hierfür verweist er auf die allgemeinen Begrifflichkeiten des § 138 BGB, anhand derer ein auffälliges Mißverhältnis festzustellen sei. Insbesondere müsse der Sicherungsnehmer eine verwerfliche Gesinnung, „aus eigensüchtigen Gründen eine Rücksichtslosigkeit gegenüber den berechtigten Belangen des Sicherungsgebers an den Tag...[legen], die nach sittlichen Maßstäben unerträglich ist."[590]

---

587 Sicherungsverträge werden regelmäßig nur die Verpflichtung kennen, eine hinreichende Sicherheit zu stellen, vgl. Nr.13 AGB-Banken, Nr.21, 22 AGB-Sparkassen für Kredite im Rahmen der allgemeinen Bankgeschäfte. Dies ist insbesondere vor dem Hintergrund sinnvoll, daß Änderungen in der Sicherheit durch einfache Zusätze in den Sicherungsvertrag aufgenommen werden können und nicht das Vertragswerk an sich eine Abänderung erfahren muß.

588 Vgl. soeben unter b.bb.(1).

589 BGH WM 1998, 856 (857); ähnlich Terzlaff ZIP 2003, 1826 (1831), der mit seiner Begründung aber ehrlicherweise auch wieder die Entscheidung des BGH GS in Frage stellen müsste, ein ergebnis, das sicherlich niemand wünscht.

590 BGH WM 1998, 856 (857)

Erläuternd führt Ganter aus[591], der dem für die Entscheidung verantwortlichen BGH-Senat angehört, daß die Intention der §§ 306, 307 BGB einerseits und § 138 BGB andererseits gänzlich verschieden wären und insofern eine Gleichbehandlung geradezu verböten. Auf der einen Seite stünde die Ausgestaltung eines handhabbaren Freigabeanspruchs, ohne den Bestand des Sicherungsgeschäfts antasten zu wollen. Auf der anderen Seite ginge es um Sein oder Nichtsein des Vertrages[592]. Die Anwendbarkeit des § 237 BGB sei deswegen ausgeschlossen, weil die Norm nur das Mindest-, nicht aber das Höchstmaß einer zulässigen Sicherheit regle und insofern nicht zur Begründung einer Sittenwidrigkeit angeführt werden dürfe[593]. Außerdem sei der Schuldner weniger schutzwürdig als bei der nachträglichen Übersicherung, weil er bei den Verhandlungen über die Sicherheit Einfluß auf die Sicherungshöhe nehmen könne[594]. Die Sittenwidrigkeit könne daher nicht allein aus der Übersicherung abgeleitet werden, sondern müsse über den Gesamtcharakter des Geschäfts festgestellt werden. Auch ließe sie sich nur auf diese Weise auf krasse Fälle beschränken, für die sie gedacht sei. Erreicht sein solle sie etwa bei einer verwerflichen Gesinnung des Sicherungsnehmers[595].

Eine entsprechende Meinung vertritt Kümpel[596], der die Nichtigkeit eines Vertrages nicht von bloßen Rechenspielen abhängig wissen möchte. Vielmehr halte eine Prüfung der Sittenwidrigkeit immer dazu an, Inhalt, Bedeutung und Zweck des Vertrages als ganzes zu berücksichtigen. Ähnlich lehnt Terlau[597] eine Pauschalierung des Werts nach § 237 BGB ab, der bei der generalisierenden Betrachtung im Rahmen der AGB-Kontrolle seine Berechtigung hätte, nicht aber bei § 138 BGB, bei dem immer eine Einzelfallbetrachtung vorgenommen werden müsse.

(2) Kritik an der Entscheidung des BGH

Gegen diese Sichtweise wurden verschiedentlich Einwände vorgebracht. So meint Rimmelspacher[598], § 237 BGB würde zu unrecht abgelehnt, beinhalte er doch eine gerechte Abwägung der Interessen bei der Bestimmung des Sicherungswerts[599]. Statt dessen würde der IX.ZS des BGH den Parteien Steine statt Brot geben, weil mangels Konkretisierung der Merkmale des § 138 BGB Rechtsunsicherheit entsteht, ob der Sicherungsvertrag nun wirksam sei oder nicht[600]. Ähnlich kritisiert Medicus, daß der BGH sich auf formelhafte und wenig aussagekräftige Beschreibungen der Sittenwidrigkeit zurückgezogen hätte, die es zu überwinden gelte[601].

591 WM 1998, 2045 (2047 f, insbesondere FN 16a); erneut, als Replik auf die Kritiken, in WM 2001, 1 (3 ff)
592 Ganter WM 1998, 2045 (2047 f); ders. WM 2001, 1 (4 f)
593 Ganter WM 2001, 1 (5)
594 Ganter WM 2001, 1 (5)
595 Ganter WM 1998, 2045 (2048)
596 Kümpel (2.A) RN 6.23 ff
597 Terlau BB 1998, 1498 (1499).
598 Rimmelspacher WuB I.F.4.-1.98.
599 Rimmelspacher WuB I.F.4.-1.98 (S.677); ebenso Schwab WM 1997, 1883 (1890); so auch der BGHZ 137, 212 (233); **A.A.** Saenger ZBB 1998, 174 (183), der in den 150% nur die Interessen des Sicherungsnehmers gewahrt sieht.
600 Rimmelspacher WuB I.F.4.-1.98 (S.677).
601 Medicus EWiR 1998, 627 (628).

Ebenso widerspricht Nobbe[602] der Ansicht, soweit § 237 BGB für nicht anwendbar erachtet wird. Denn bei der Situation, die der Norm zugrunde liegt, handle es sich gerade um einen Fall der anfänglichen Übersicherung[603]. Zudem werde die Bedeutung des § 237 BGB verkannt, weil bis zur 150%-Marke in der Regel noch keine Übersicherung gegeben sei[604]. Richtig sei zwar, daß der Fall der anfänglichen Übersicherung von dem durch den BGH GS entschiedenen zu unterscheiden sei. Dies sei aber an der Deckungsgrenze festzumachen. Sie wurde für die Freigabe bei 110% angesetzt bzw. als in den 150% enthalten angesehen, sei aber für eine Sittenwidrigkeit anders zu bestimmen[605]. Hierfür gehe der IX.ZS des BGH richtigerweise von der Fallgruppe des auffälligen Mißverhältnisses im Rahmen des § 138 BGB aus. Daraus ergebe sich aber gerade im Vergleich mit den in diesem Bereich entschiedenen Fällen zu Ratenkredit-, Finanzierungsleasings- oder auch Kaufverträgen, daß ein Mißverhältnis ab einer ca. 100%igen Überschreitung angenommen werden könne. Auf die anfängliche Übersicherung bezogen hieße dies, eine Sittenwidrigkeit sei dann erreicht, wenn der Wert der Sicherheit bei ihrer Bestellung die gesicherte Summe um ca. 300% übertrifft[606].

Zu einem ähnlichen Ergebnis gelangt Lwowski, der ebenfalls eine Vergleichbarkeit mit der Sittenwidrigkeit bei wucherähnlichen Rechtsgeschäften sieht[607]. Er geht aber bei der Berechnung eines Grenzwerts auf die Besonderheiten der einzelnen Sicherungsrechte ein[608] und versucht damit, auf der Schiene des IX.ZS des BGH durch die Berücksichtigung der Unterschiede bei den Sicherheiten trotzdem zu Bewertungskriterien für ein auffälliges Mißverhältnis zu kommen, die über den Einzelfall hinausragen, um die Unsicherheit bei der Bestellung der Sicherheit zu beseitigen. Im Ergebnis kommt er zu einem der über § 237 BGB gewonnenen 300%-Marke vergleichbaren Wert.

(3) Stellungnahme

Der Kritik an der Entscheidung des IX.ZS des BGH ist zuzustimmen und § 237 BGB, ob direkt oder entsprechend, anzuwenden. Natürlich stimmt es, daß bei der anfänglichen Übersicherung andere Rechtsfolgen ausgelöst werden als durch die §§ 306, 307 BGB und sie deshalb nicht über einen Leisten geschlagen werden dürfen. Aber das ist auch nicht die Folge, wenn man § 237 BGB seinem Anspruch gemäß lediglich auf den Sicherungswert von Sicherheiten anwendet. Richtigerweise wird von Nobbe darauf hingewiesen, daß mit den 150% des Wertes des Sicherungsmittels gemäß § 237 BGB regelmäßig erst eine Übersicherung erreicht ist. Davon zu trennen ist die Grenze, ab der eine Sittenwidrigkeit anzunehmen ist. Daß der dafür entscheidende

602 Nobbe in: FS Schimansky (1999) S.433 (447 f, 450 ff, 455 f)

603 Nobbe in: FS Schimansky (1999) S.433 (456); ähnlich Bülow LM §138 B.b. Nr.87; Letzterer rechtfertigt dann aber trotzdem den Verzicht auf die Anwendung der Norm aus beweisrechtlichen Gründen. Dem wiederum widerspricht aber Nobbe zurecht unter Hinweis auf dieselbe Rechtslage bei der nachträglichen Übersicherung, Nobbe in: FS Schimansky (1999) S.433 (456).

604 Nobbe in: FS Schimansky (1999) S.433 (453); vgl. Schwab WM 1997, 1883 (1891)

605 Nobbe in: FS Schimansky (1999) S.433 (447)

606 Nobbe in: FS Schimansky (1999) S.433 (448, 451 f, 453)

607 Lwowski in: FS Schimansky (1999)S.389 (391); ders. in eine r Widergabe seines Vortrags auf dem Bakrechtstag 2004, WM 2004, 1613.

608 Lwowski in: FS Schimansky (1999) S.389 (396 ff)

Wert sich von dem zu unterscheiden hat, der einen Freigabeanspruch auf den Plan ruft, begegnet keinem Widerspruch. Als Anhaltspunkt drängt sich hierfür aber nicht zuletzt wegen der Einheitlichkeit der Rechtsordnung geradezu die 100%-Grenze auf, die eine Sittenwidrigkeit in Form eines auffälligen Mißverhältnisses allgemein anerkannt in zahlreichen unterschiedlich gelagerten Fällen indiziert. Darüber hinaus trägt dieses Vorgehen erheblich zur Rechtssicherheit bei. Denn den Parteien wird ein Maßstab angeboten, an dem sie sich beim Abschluß des Vertrages ausrichten können. Sie werden nicht wie beim wenig greifbaren Verweis des IX.ZS auf die allgemeinen Kriterien des § 138 BGB im Regen stehen gelassen[609]. Auch ist in § 237 BGB nicht lediglich eine Mindestsicherheitsleistung zu sehen, wie von Ganter vorgebracht wird, sondern ein normativ festgelegter Ausgleich der beteiligten Interessen. Ohnehin handelt es sich bei der Norm lediglich um eine widerlegliche Vermutung, von der nach beiden Seiten (!) bei entsprechendem Vorbringen abgewichen werden kann.

Soweit sich die Gegenseite darauf beruft, daß die Sittenwidrigkeit nicht von bloßen Rechenspielen abhängen dürfe, wird verkannt, daß gerade bei wucherähnlichen Rechtsgeschäften nichts anderes geschieht: Aus dem Überschreiten einer bestimmten Grenze wird widerleglich auf eine Sittenwidrigkeit samt der dafür erforderlichen verwerflichen Gesinnung geschlossen[610]. Der in dieselbe Richtung zielende Einwand, bei § 138 BGB dürfe die Sittenwidrigkeit nur aufgrund einer Gesamtbetrachtung festgestellt werden, ist zwar richtig. Er mißachtet aber, daß bereits einzelne Kriterien einen so starken Unwertgehalt in sich tragen können, daß sie ohne weitere Umstände auf eine Sittenwidrigkeit schließen lassen. Damit wird aber nicht die Gesamtbetrachtung ausgehebelt. So können zusätzliche Umstände die Sittenwidrigkeit bereits vor Erreichen der 300%-Grenze begründen oder sie erst später eintreten lassen. Gleichermaßen vermag der Verweis des IX.ZS auf den im Sicherungsfall realisierbaren Wert nicht zu einer anderen Beurteilung führen. Insoweit unterscheidet sich die anfängliche nicht von der nachträglichen Übersicherung. Wegen der damit verbundenen Prognoseentscheidung ist den Parteien nur ein hinreichender Beurteilungsspielraum einzuräumen[611]. Daher und auch um dem berechtigterweise von Ganter formulierten Anliegen, § 138 BGB müsse auf krasse Fälle beschränkt bleiben, erscheint eine Grenze bei ca. 300% des Werts der Sicherheit im Verhältnis zur gesicherten Summe angebracht.

---

609 Der Aussage, daß der Schuldner bei der anfänglichen Übersicherung weniger schutzwürdig ist als bei der nachträglichen und deshalb keine Pauschalierung erforderlich sei, kann ebenfalls nicht zugestimmt werden. Denn bei der anfänglichen Übersicherung vermag nicht einmal ein Freigabeanspruch weiterhelfen, weswegen sogar ein besonderes Interesse an einer hinreichend ersichtlichen Grenzziehung vorhanden ist. Zur Wahrung allein auf die Konkurrenz der unterschiedlichen Kreditgeber untereinander zu verweisen (so Ganter WM 2001, 1 (5)), mißachtet die Komplexität einer Bankbeziehung, die nicht zu wechseln ist mit dem Kauf der morgendlichen Brötchen.

610 diesen Gedanken bei der anfänglichen Übersicherung einfach anwendend OLG Hamm WM 2002, 451 (454), für andere Fälle BGH WM 1981, 404 (404 f); 1984, 874; Soergel-Hefermehl (13.A) § 138 RN 86; Staud-Sack § 138 RN 236 ff. Der Einwand Ganters (WM 2001, 1 (5)), die 100%-Regelung bei auffälligen Mißverhältnissen gelte für Fallgruppen, bei denen keine Prognose über einen künftigen Wert angestellt werden müsse und deshalb unpassend sei, verkennt, daß das Prognoserisiko nicht hierüber abgegolten werde, sondern über den Abschlag von 1/3 auf den Wert der Sicherheit nach § 237 BGB.

611 ebenso Lwowski in: FS Schimansky (1999) S.389 (413); ähnlich OLG Hamm WM 2002, 451 (454).

(4) Zwischenergebnis und Anwendung auf Marken als Sicherungsmittel
Deshalb verdienen die Ansichten von Lwowski und Nobbe Zustimmung, die analog zu den anderen Fällen eines auffälligen Mißverhältnisses eine Sittenwidrigkeit bei einer 100%igen Überschreitung des Zulässigen annehmen. Als zulässig ist dabei anzusehen, was für die Befriedigung im Sicherungsfall unter Berücksichtigung der bis dahin möglichen Einflüsse als erforderlich angesehen werden darf. Diesen sogenannten Sicherungswert bestimmt § 237 BGB in gerechter Interessenabwägung für sämtliche Übersicherungen. Demnach kann grundsätzlich von einem Sicherungswert in Höhe von 150% des momentanen Werts der Sicherheit ausgegangen werden, soweit von keiner Partei berechtigterweise andere Umstände geltend gemacht werden, welche diese Vermutung in Frage stellen können. Das heißt erst ab einem Verhältnis von Wert der Sicherheit zu gesicherten Forderungen von ca. 3:1 ist eine Sittenwidrigkeit zu vermuten. Aufgrund der Widerleglichkeit, aber auch weil man einer Gesamtschau sämtlicher Umstände nicht enthoben ist, handelt es sich dabei lediglich um einen Richtwert, der im Einzelfall zu modifizieren sein kann[612].

Auf Sicherheiten, die Marken zum Gegenstand haben, können die Ergebnisse ohne weiteres übertragen werden. Denn wie oben ausgeführt kann man sich des § 237 BGB auch bei dem schwankungsanfälligen Wert von Marken bedienen[613]. Doch ist es den Parteien freigestellt, andere Zusammenhänge geltend zu machen, die Vermutung im Einzelfall zu entkräften und den Wert auf andere Weise zu bestimmen. Um eine Sittenwidrigkeit festzustellen, können die Ergebnisse ebenfalls in vollem Umfang auf Sicherheiten an Marken übertragen werden, gründen sich die Voraussetzungen auf Merkmale, die vom Sicherungsrecht und -gut unabhängig sind. Sie orientieren sich allein am Verhältnis vom Wert der Sicherheit zur Höhe der gesicherten Forderungssumme. Jedoch kann im Rahmen der für § 138 BGB erforderlichen Gesamtbetrachtung als zusätzlich zu berücksichtigender Umstand zu beachten sein, daß der Sicherungsgeber zwar die Marke als Sicherheit verwenden möchte, er aber nicht gewillt ist, sie aufzuteilen oder zu belasten. Dies muß den Parteien möglich bleiben, ohne daß eine Sittenwidrigkeit vorliegen soll. Trotzdem kann grundsätzlich ab einem Wert der Sicherheit von 300% der gesicherten Summe von einer sittenwidrigen anfänglichen Übersicherung gesprochen werden kann.

III. Zusammenfassung

Trotz der Entscheidung des BGH GS, welche in mancherlei Hinsicht die einem gordischen Knoten gleichende Lage bei Übersicherungen durchschlug, sind zahlreiche Fragen und sich daraus ergebende unklare Rechtsfolgen verblieben. Diese bestehen auch bei auf Marken basierenden Sicherheiten, weshalb mangels anderweitiger Darstellungen eine ausführliche Auseinandersetzung mit dem Problemkreis erforderlich ist. Denn obwohl es sich bei Marken als Grundlage der Sicherung überwiegend um Singularsicherheiten handeln wird, ist durch die Teilbarkeit der Marke, die geradezu stufenlos mögliche Ausgestaltung von Lizenzen und nicht zuletzt die Austauschbarkeit der Sicherheit eine teilweise Freigabe von Sicherheiten möglich. Die für den Si-

612 Ergänzend vgl.a. die Ausführungen oben unter b.bb.(1).
613 Vgl.o. I.4.

cherungsgeber nachteilige Wirkung einer Übersicherung ist folglich nicht aus der Natur der Sache bedingt und als unabänderliche Konsequenz hinzunehmen.

Um eine Übersicherung festzustellen und zu bewerten, kommt der Entscheidung des BGH GS weitreichende Bedeutung zu. Sie kann auch als Grundlage für die Lösung noch offener Fragen dienen. So ist etwa eine Übersicherung generell von der Regelung des § 237 BGB abhängig zu machen. Die Wertung besteht unabhängig von der Art der Übersicherung und kann bei nachträglichen wie auch anfänglichen Übersicherungen als Richtlinie dienen. Die darin enthaltene Vermutung, wonach der Sicherungswert mit 2/3 des aktuellen Werts der Sicherheit angenommen wird, überzeugt auch für den schwankungsanfälligen Wert einer Marke. Damit kann den Parteien ein Maßstab an die Hand gegeben werden, der für Rechtssicherheit sorgt. Es bleibt den Parteien aber im Einzelfall möglich, bei berechtigten Gründen den Sicherungswert auf andere Weise zu bestimmen.

Bei der Beurteilung einer Übersicherung müssen verschiedene Fälle unterschieden werden. Zum einen ist zwischen anfänglicher und nachträglicher Übersicherung zu trennen, zum anderen danach, ob die Parteien im Vertrag eine Freigaberegelung getroffen haben. Zudem gilt es bei Formularverträgen die §§ 305 ff BGB zu beachten. Vor diesem Hintergrund und ausgehend von der Entscheidung des BGH GS ergibt dies für Marken folgendes Bild:
Bei einer nachträglichen Übersicherung in Formularverträgen ist mit dem BGH GS ist dem Sicherungsvertrag ein sich aus dem Wesen des Sicherungsgeschäfts ergebender Freigabeanspruch des Sicherungsgebers als immanent anzusehen, unabhängig davon, ob auf eine Freigabeklausel verzichtet wurde oder diese nach § 307 I BGB (ehem. § 9 I AGBG) unwirksam ist[614]. Die Übersicherung führt in diesen Fällen weder über die §§ 305 ff BGB noch sonstige Normen zur Unwirksamkeit des Geschäfts. Inhaltlich zielt der Anspruch darauf ab, daß bei Sicherungszessionen von Marken im Zweifel abzutrennende Teile rückübertragen werden müssen. Ebenso kann der zumutbare Austausch der Sicherheit verlangt werden, beispielsweise gegen eine Lizenz. Bei sicherungshalber gewährten Lizenzen wird der Sicherungsgeber im Bereich des Zumutbaren Anpassung des Lizenzvertrages verlangen können, ebenso wie den Austausch der Sicherheit. Ob der Freigabeanspruch wahrgenommen wird, muß aber der Entscheidung des Sicherungsgebers vorbehalten bleiben. Dies betrifft vor allem die Rückübertragung von Markenteilen, da der Sicherungsgeber hernach mit der dauerhaften Trennung der Marke belastet bleibt. Tritt eine nachträgliche Übersicherung bei Individualverträgen ein, ist zunächst danach zu unterscheiden, ob der Vertrag eine Freigaberegelung enthält. Wurde über die Freigabe nicht disponiert, wird man auch hier den Sicherungsvertrag per Auslegung mit der fiduziarischen Freigabeklausel zu ergänzen haben. Inhaltlich gleicht der Freigabeanspruch jeweils dem der ersten Fallgruppe.In den übrigen Fällen ist dies nicht möglich, weil es dem ausdrücklichen Parteiwillen widerspräche. Hier ist der Vertrag an den §§ 138, 242 BGB zu messen. Danach liegt eine Sittenwidrigkeit bzw. ein Rechtsmißbrauch vor, wenn eine Freigabe nicht zumindest ab dem 3-fachen Wert der Sicherheit gegenüber den gesicherten Forderungen vorgesehen wurde. Sowohl

614 Es ist dem BGH GS aber zu widersprechen, soweit er das Instrument der ergänzenden Vertragsauslegung für uneingeschränkt anwendbar erklärt. Dies läßt sich nicht mit dem Verbot der geltungserhaltenden Reduktion vereinbaren, dazu oben II.2.a.cc.

bei § 138 BGB wie auch § 242 BGB bleibt es aber bei der Gesamtbetrachtung aller Umstände, so daß die Grenze zu modifizieren sein kann.

Hiervon zu trennen ist die anfängliche Übersicherung. Sie ist anzunehmen, wenn bereits bei Bestellung der Sicherheit eine Übersicherung vorliegt[615]. Über ihre Beurteilung herrscht Streit. Zwar ist man sich noch insoweit einig, daß § 138 BGB entscheidend sein muß. Schließlich werden allenfalls in ganz seltenen Ausnahmefällen die §§ 305 ff BGB eingreifen können. Auch vermag ein Freigabeanspruch eine Sittenwidrigkeit nicht zu verhindern, weil er im Widerspruch zur bestellten Sicherheit stünde. Über die Bestimmung einer sittenwidrigen Übersicherung gehen die Meinungen jedoch weit auseinander. Es ist aber auch hier von einer Sittenwidrigkeit auszugehen, wenn der Wert der Sicherheit den 3-fachen Wert der gesicherten Forderungen übersteigt. Daneben können und müssen im Rahmen einer Gesamtbetrachtung die Umstände des Einzelfalls bei der Prüfung berücksichtigt werden. Sie können den Grenzwert wiederum modifizieren.

B. SITTENWIDRIGKEIT AUFGRUND GLÄUBIGERGEFÄHRDUNG

Als ein weiterer potentieller Gefahrenherd für Sicherungsgeschäfte, der auch bei Sicherheiten an Marken seine Relevanz entfalten kann, kommt die Gläubigergefährdung in Betracht. Sie kann ebenfalls zur Sittenwidrigkeit und über § 138 BGB zur Unwirksamkeit des Geschäfts führen[616]. Als Auslöser dient häufig die bei manchen Sicherungsgeschäften fehlende Publizität. Durch sie kann die Vermögenslage des Sicherungsgebers derart verschleiert werden, daß durch das Hinzutreten weiterer Umstände Gläubiger des Sicherungsgebers ernsthaft in Gefahr geraten, ihre Forderungen nicht mehr bedient zu bekommen. Ein entsprechender Vorgang kann auch bei Sicherheiten an Marken auftreten. Auch hier braucht weder die Sicherungsabtretung, die Verpfändung noch die sicherungshalber bestellte Lizenz nach außen in Erscheinung zu treten. Zwar können die ersten beiden Positionen im Markenregister vermerkt werden, die Parteien sind hierzu aber nicht verpflichtet. Bei einer Lizenz fehlt diese Möglichkeit sogar ganz.

I. Inhalt einer Gläubigergefährdung und Abgrenzung von anderen Instrumenten

Grundsätzlich ist eine Gläubigergefährdung denkbar, wenn durch das Einräumen einer Sicherheit andere Gläubiger des Sicherungsgebers die Erfüllung ihrer Ansprüche gefährdet wird. Dies reicht aber für sich genommen als Sittenwidrigkeitsgrund nicht aus, denn jede Sicherheit schmälert im Ernstfall das anderen Gläubigern zur Verfügung stehende Vermögen. Es müssen daher zusätzliche Umstände den Ausschlag geben, durch welche sich „ein besonderes Maß an Rücksichtslosigkeit und ein Mangel an Loyalität im Rechtsverkehr manifestiert"[617]. Wann das der Fall sein soll, wird aber weder von der Rechtsprechung noch von der Literatur eindeutig beantwortet.

---

615 Die Definition des IX.ZS des BGH, WM 1998, 856 (857), legt dagegen den Schluß nahe, daß auch die planmäßige nachträgliche Übersicherung umfaßt sein soll. Dies geht zu weit.

616 Vgl. zur Gläubigergefährdung etwa Lwowski KredSichR (8.A) RN 158, 160 ff; BankRHdB-Ganter § 90 RN 328; Kümpel (2.A) RN 6.49 ff; Bülow KredSichR (5.A) RN 959; Staud-Sack § 138 RN 335 ff, 348 ff

617 MüKo-Mayer-Maly § 138 RN 85

Vielmehr läßt sich feststellen, daß unterschiedliche Einteilungen vorgenommen werden. So wird die Gläubigergefährdung teilweise mit einer Kredittäuschung und der Insolvenzverschleppung vermengt[618], teilweise als Unterfall der Kredittäuschung gesehen[619], anderswo aber wieder als Oberbegriff verstanden[620]. Diese Sprachverwirrung rührt von der Verwandtschaft der Fallgruppen her. Denn für eine Gläubigergefährdung ist ein Zusammenhang mit der Insolvenz des Schuldners und Sicherungsgebers vonnöten. Nur dann stehen die übrigen Gläubiger in der Gefahr, ihre Forderungen nicht bedient zu bekommen. Insofern ergibt sich einerseits ein Zusammenhang mit der Insolvenzverschleppung, andererseits aber auch die Notwendigkeit zur Abgrenzung von der Insolvenzanfechtung nach den §§ 130 ff InsO. Führt man sich zudem vor Augen, daß der wesentliche Grund für eine Kredittäuschung in der Gewährung eines Kredits durch einen Gläubiger liegt, welchen er bei Kenntnis der tatsächlichen Vermögenssituation nicht mehr abgeschlossen hätte, so weist dies ebenfalls einen Bezug zu einer absehbaren Insolvenz auf. Denn die mangelnde Kreditwürdigkeit wird in aller Regel auf einer Überschuldung beruhen. Insofern besteht in der Tat eine wechselseitige Nähe der einzelnen Bereiche.Es empfiehlt sich daher, vorab die einzelnen Fallgruppen voneinander abzugrenzen und sich um begriffliche Schärfe zu bemühen.

1. Sittenwidrige Kredittäuschung

Durch die fehlende Publizität mancher Sicherungsrechte kann die Vermögenslage des Sicherungsgebers derart schwer durchschaubar gestaltet werden, daß Dritte einen falschen Eindruck von seiner Kreditwürdigkeit erhalten. Sie können demnach dazu verleitet sein, Kredite zu gewähren, die sie bei Kenntnis der tatsächlichen Lage nicht vergeben hätten. Damit dies eine Sittenwidrigkeit begründet, müssen aber zusätzliche Umstände hinzutreten. Denn allein das Vorrecht einer Sicherheit verpflichtet nicht zur Fürsorge gegenüber sonstigen Gläubigern. Es stellt eine jedem mögliche Risikominimierung dar, selbst wenn es sich bei dem Sicherungsgut um das letzte freie Vermögen des Sicherungsgebers handelt[621]. Ein zusätzliches, die Sittenwidrigkeit auslösendes Moment kann aber darin zu finden sein, daß der Sicherungsnehmer durch sein Vorgehen gerade die Täuschung Dritter bezweckt, um sie zu weiteren Krediten zu veranlassen[622]. Überwiegend wird sogar angenommen, daß es bereits ausreicht, wenn der Sicherungsnehmer die Täuschung und darauf beruhende Vermögensdisposition des Dritten billigend in Kauf nimmt[623]. Es soll selbst genügen, daß er über die Zusammenhänge grob fahrlässig hin-

---

618 so bei BankRHdB-Ganter § 90 RN 328; Kümpel (2.A) RN 6.49

619 so insb. Lwowski KredSichR (8.A) RN 160

620 so etwa Koller JZ 1985, 1013 (1016 ff); Staud-Sack § 138 RN 350; MüKo-Mertens § 826 RN 145; in diesem Sinne wohl auch Bülow KredSichR (5.A) RN 959

621 BGHZ 20, 43 (49 f); NJW 1995, 1668 (1668); BankRHdB-Ganter § 90 RN 328 mwN; Bülow KredSichR (5.A) RN 959

622 Lwowski KredSichR (8.A) RN 158, 160, bei ihm als Kreditbetrug bezeichnet; BankRHdB-Ganter § 90 RN 328 mwN

623 BGH NJW 1995, 1668 (1668, II.1.a.aa.); BGH WM 1998, 968; Ganter WM 1998, 2045 (2448); Kümpel RN 6.43 f; Staud-Sack § 138 RN 335; Bülow KredSichR (5.A) RN 959; so auch nach seiner Definition die Gläubigergefährdung bei Lwowski, KredSichR (8.A) RN 158.

wegsieht, sofern der finanzielle Kollaps des Schuldners und Sicherungsgebers für den Sicherungsnehmer absehbar war[624].

Folglich liegt eine Kredittäuschung vor, wenn künftige Gläubiger vorsätzlich über die Vermögenssituation getäuscht werden und sie daraufhin Kredit gewährten. Ausnahmsweise genügt grobe Fahrlässigkeit, wenn der finanzielle Ruin des Sicherungsgebers für den Sicherungsnehmer erkennbar war, er sich hierüber aber grob fahrlässig hinwegsetzt. Die Sittenwidrigkeit ist in diesen Fällen darin begründet, daß, obwohl bereits die begründete Gefahr besteht, seine Ansprüche vom Schuldner nicht mehr erfüllt zu bekommen, Dritte weiterhin Forderungen begründen, weil ihnen vorsätzlich eine falsche Vermögenssituation vorgegaukelt wird[625]. Als Rechtsfolge ist die jeweilige Abrede nichtig, § 138 BGB. Darüber hinaus können aber auch Schadensersatzansprüche nach § 826 BGB in Betracht kommen.

2. *Die Insolvenzverschleppung als Sittenwidrigkeitsgrund*

Eine Insolvenzverschleppung ist anzunehmen, wenn ein Gläubiger bewußt den Eintritt der Insolvenz verzögert und dadurch die übrigen Gläubiger vorsätzlich schädigt oder er sich dadurch einen Vermögensvorteil sichern will. Dies geschieht regelmäßig in der Weise, daß in Kenntnis des drohenden finanziellen Zusammenbruchs dem Schuldner bis zum Beginn des Insolvenzverfahrens soviel Liquidität gegen Sicherheiten verschafft wird, damit dieser sich über Wasser halten kann[626]. Ist dabei die Unvermeidlichkeit der Insolvenz bekannt, wird regelmäßig eine Sittenwidrigkeit vorliegen, weil dem Handelnden die Umstände für die wachsende Zahlungsunfähigkeit des Schuldners und das Sinken der Befriedigungsquote bekannt ist[627]. Folglich werden die übrigen Gläubiger nicht nur gefährdet, sondern handfest beeinträchtigt. Verfolgt der Gläubiger mit der Insolvenzverschleppung einen eigenen Vermögensvorteil, etwa um eigne ungesicherte Kredite zurückzuführen, bei denen er ansonsten mit der Insolvenzquote abgespeist würde, impliziert dieses Verhalten bereits eine sittenwidrige Rücksichtslosigkeit, ohne daß der Nachweis

---

624 BGH NJW 1995, 1668 (1668, II.1.a.aa.) mwN; ebenso Staud-Sack § 138 RN 335; ausführlich zur Wechselwirkung von Nähe zur Insolvenz und Verschulden seitens des Sicherungsnehmers Koller JZ 1985, 1013 (1015 ff).

625 Nicht einsichtig ist, wie teilweise damit die Gefahr vermengt wird, daß bereits bestehende Forderungen Dritter durch die Bestellung der Sicherheit nicht mehr bedient werden können, so Obermüller (1997) RN 6.39 ff; BankRHdB-Ganter § 90 RN 328; Staud-Sack § 138 RN 335. Hier besteht bereits die Verpflichtung und weder eine Täuschung vermag sich hierauf auszuwirken, noch erfolgt eine Vermögensdisposition seitens des Altgläubigers. Allenfalls dann entsteht eine vergleichbare Lage, wenn der Altgläubiger sich herausgefordert fühlt, auf die Kündigung des Kredits zu verzichten, obwohl er hierzu berechtigt gewesen wäre. Dies wird aber erst der Fall sein, wenn der Schuldner in einen hinreichenden Zahlungsverzug kam. In diesen Fällen besteht aber keine Schwierigkeit, die Kredittäuschung unmittelbar hierauf, ohne Rückgriff auf die bloße Gefahr, anzuwenden, da im Unterlassen der Kündigung ein der Kreditgewährung vergleichbares Verhalten zu sehen ist.

626 Kümpel RN 6.46 ff mwN; vgl.a. BankRHdB-Gantzer § 90 RN 330; Lwowski KredSichR (8.A) RN 158, 160 ff; Staud-Sack § 138 RN 336; Bülow KredSichR (5.A) RN 960; vgl.a. BGH NJW 1984, 1893 (1900); BGHZ 96, 231 (235 f); MüKo-Mertens § 826 RN 152

627 Nicht erforderlich ist, daß der Handelnde in der Zwischenzeit beispielsweise seine ungesicherten Kredite zurückführt, bei denen er ansonsten mit der Insolvenzquote abgespeist würde, vgl. BGH NJW 1984, 1893 (1900); BGHZ 96, 231 (235 f); MüKo-Mertens § 826 RN 152.

über zusätzliche subjektive Merkmale wie der Kenntnis von der bevorstehenden Insolvenz geführt werden müßte, geschweige denn zusätzlich eine besonders verwerfliche Gesinnung erforderlich wäre[628].Lediglich wenn es sich um einen erfolgversprechenden Sanierungsversuch handelt, wird die Sachlage anders zu bewerten sein[629].

Im Unterschied zur Kredittäuschung liegt hier nicht nur eine abstrakte Gefährdung, sondern eine konkrete Beeinträchtigung der Interessen der übrigen Gläubiger vor. Auch bedarf es grundsätzlich keiner zusätzlichen Umstände wie besonderer subjektiver Merkmale. Gemeinsam ist den Fallgruppen, daß andere Gläubiger benachteiligt werden. Auch schwingt bei der Insolvenzverschleppung eine Täuschung der übrigen Gläubiger mit, indem sie hinsichtlich der brisanten Vermögenssituation des Schuldners im unklaren gelassen werden. Man könnte deshalb daran denken, die Insolvenzverschleppung als Unterfall der Kredittäuschung anzusehen[630]. Aber es würden dadurch nicht nur die objektiven Voraussetzungen der Insolvenzverschleppung zu Lasten der subjektiven Kredittäuschung aufgegeben. Auch ist, wie Ganter zutreffend feststellt, nicht zwangsläufig derselbe Personenkreis betroffen[631].

3. Die Gläubigergefährdung

Von einer Gläubigergefährdung ist auszugehen, wenn durch das Bestellen eines Sicherungsrechts andere Gläubiger des Sicherungsgebers in Gefahr geraten, ihre Forderungen nicht erfüllt zu bekommen. Da hierunter sämtliche Sicherheiten fallen würden, bedarf es zusätzlicher Umstände, die ein sittenwidriges Maß an Rücksichtslosigkeit und Illoyalität im Rechtsverkehr an den Tag legen. Grundsätzlich wird dafür eine gewisse Nähe zumindest zur drohenden Zahlungsunfähigkeit des Schuldners und Sicherungsgebers bestehen müssen. Denn nur dann existiert die ernsthafte Gefahr, daß nicht alle Verpflichtungen bedient werden.

In einem Vergleich mit der Kredittäuschung sowie der Insolvenzverschleppung ist festzustellen, daß beide Varianten durch ihren Schutz der übrigen Gläubiger des Sicherungsgebers als Unterfall der Gläubigergefährdung angesehen werden können. Die zusätzlichen, die Sittenwidrigkeit auslösenden Umstände wurden lediglich in unterschiedlicher Weise konkretisiert. Insofern handelt es sich bei der Gläubigergefährdung entgegen zum Teil anderer Einteilungen[632] um einen Oberbegriff für alle drei Tatbestände.

Daneben könnte der Gläubigergefährdung aber auch eine eigenständige Bedeutung als Fallgruppe zukommen. In Frage kämen etwa die Konstellationen, in denen im Gegensatz zur Kredittäuschung nicht künftige, sondern aktuelle Gläubiger in Mitleidenschaft gezogen werden. So wurde vom BGH entschieden[633], daß das Ausnutzen einer Machtstellung des Sicherungsneh-

---

628 Vgl. Lwowski KredSichR (8.A) RN 160; Kümpel RN 6.46BankRHdB-Ganter § 90 RN 330;

629 Staud-Sack § 138 RN 351; Kümpel (2.A) RN 6.52 ff mwN; BankRHdB-Ganter § 90 RN 330; Lwowski KredSichR (8.A) RN 160; Bülow KredSichR (5.A) RN 960

630 So nach seiner Systematik wohl Staud-Sack § 138 RN 335 f; ebenso Lwowski KredSichR (8.A) RN 160.

631 BankRHdB-Ganter § 90 RN 330

632 dazu oben I.

633 BGH WM 1955, 402 (403 f); WM 1958, 249 (251 f); vgl. auch Staud-Sack § 138 RN 352; Obermüller (1997) RN 6.46 ff

mers dann sittenwidrig sein soll, wenn ihm quasi sämtliche Vermögenswerte als Sicherheit eingeräumt werden und ein absehbares Insolvenzverfahren mangels Masse scheitern mußte. Man wird aber mit Obermüller fragen müssen, ob diese Entscheidungen nach dem Wegfall des § 419 BGB noch zeitgemäß sind[634]. Als anderes Beispiel einer Gläubigergefährdung könnte man an Altgläubiger ungesicherter Forderungen denken, die im Vertrauen auf die Kreditwürdigkeit des Schuldners von möglichen Beitreibungsmaßnahmen absahen[635]. Aber abgesehen von der geringen Wahrscheinlichkeit derartiger Fälle und der schweren Beweisführung wird man sie als ein der aktiven Vermögensdisposition gleichstehendes Unterlassen werten und unter eine Kredittäuschung subsumieren können.
Obgleich also kaum Anwendungsbeispiele verbleiben dürften, ist die Gläubigergefährdung neben der Kredittäuschung und Insolvenzverschleppung trotzdem nicht als überflüssig anzusehen. Denn im Rahmen des § 138 BGB können und müssen sämtliche Umstände Beachtung finden. Die beiden Unterfallgruppen der Kredittäuschung und der Insolvenzverschleppung beschränken sich aber jeweils auf einzelne, konkret umrissene Tatbestände. Es ist jedoch denkbar, daß die Gesamtbetrachtung erst zu einer Sittenwidrigkeit führt. So könnte etwa der Sicherungsnehmer einen Wissensvorsprung besitzen, dessen Ausnutzen zum eigenen Vorteil die Grenze des lauteren Wettbewerbsgebaren überschreitet[636].

Daher sollte die Gläubigerbenachteiligung als Auffangtatbestand weiterhin eine eigene Fallgruppe des § 138 BGB bilden, wenngleich ihr bisher keine Entscheidungen zugeordnet werden können.

4. Abgrenzung zur Insolvenzanfechtung, §§ 130 ff InsO

Von den Tatbeständen des § 138 BGB ist die Insolvenzanfechtung abzugrenzen. Durch sie lassen sich insolvenznah bestellte Sicherungsrechte beseitigen, weil sie entweder per se so knapp vor der Insolvenz bestellt wurden, daß Gläubigerschutz gelten muß. Oder die Zahlungsunfähigkeit war für den Sicherungsnehmer absehbar, weshalb ihm selbst der Erhalt einer ihm eigentlich zustehenden Sicherheit als unlautere Benachteiligungshandlung ausgelegt wird, §§ 130, 131 InsO. Daneben können solche Geschäfte angefochten werden, bei denen Sicherungsgeber und -nehmer kollusiv zur Benachteiligung anderer Gläubiger zusammenwirkten, § 133 InsO[637]. Allerdings ist jeweils ausschließlich der Insolvenzverwalter zur Anfechtung berechtigt, § 129 I InsO.

Im Vergleich mit den insolvenznahen Fallgruppen des § 138 BGB lassen sich Überschneidungen feststellen. Soweit aber die Anfechtungsregeln eingreifen, müssen sie als speziellere Normierungen der Sittenwidrigkeit vorgehen. Treten jedoch weitere Umstände hinzu, die von den §§ 130 ff InsO nicht berücksichtigt werden, bleibt § 138 BGB aufgrund des anderen Ansatzes paral-

634 Obermüller RN 6.48. Man wird hier ohnehin über die Fallgruppe der Knebelung zu ausgewogenen Ergebnissen kommen können. Sie bezweckt zwar den Schutz der wirtschaftlichen Freiheit des Sicherungsgebers. Mittelbar kommt dies aber auch den übrigen Gläubigern zugute, da sie von der aufrecht zu erhaltenden Dispositionsmöglichkeit ihres Schuldners profitieren.

635 vgl. Obermüller (1997) RN 6.57

636 Vgl. zur Bedeutung von Aufklärungspflichten nach § 242 BGB Canaris, BankVR (2.A) RN 15; Fischer/Klanten (3.A) RN 5.65.

637 Smid-Zeuner InsO § 133 RN 5 mwN

lel anwendbar[638]. Ebenso kann § 138 BGB eingreifen, solange noch kein Eröffnungsantrag für ein Insolvenzverfahren gestellt wurde. Denn erst ab diesem Zeitpunkt ist die Insolvenzanfechtung möglich.

II. Die Voraussetzungen einer Gläubigergefährdung

Es interessiert nun, ob und wie markenspezifische Besonderheiten bei Sicherungsgeschäften die Voraussetzungen einer Gläubigergefährdung erfüllen bzw. begünstigen. Sie müßten entweder die Gefahr für andere Gläubiger erhöhen, Einbußen zu erleiden, die über das allgemeine, durch das Bestellen von Sicherheiten erfüllte Maß hinausreichen. Gleichzeitig müßte das Verhalten des Sicherungsnehmers als rücksichtslos zu werten sein, wobei zumindest eine Gefährdung anderer Gläubiger in Kauf genommen wurde. Je nachdem wie wahrscheinlich eine bevorstehende Insolvenz ist, würde selbst grobe Fahrlässigkeit ausreichen. Dies könnte etwa durch das Verschleiern der wahren Vermögenslage erreicht werden.

1. Gefährdung anderer Gläubiger

Daß Gläubiger durch das Bestellen von Sicherheiten zugunsten einzelner beeinträchtigt werden, weil die ihnen im Ernstfall zur Verfügung stehende Masse geschmälert wird, wurde bereits oben erwähnt. Dies wird selbst dann eine abstrakte Gefahr bedeuten, wenn zu diesem Zeitpunkt das Vermögen des Schuldners und Sicherungsgebers noch nicht überschuldet ist, da es langfristig Wertgegenstände dem Zugriff entzieht, das verbleibende Vermögen aber keineswegs garantiert ist. Insoweit handelt es sich aber um für sämtliche Sicherungsgeschäfte geltende Umstände.

Bei Marken als Sicherungsgut kommt hinzu, daß zwar der Zugriff auf die Marke als vielfach bedeutender Vermögenswert bereits gegenwärtige wie zukünftige Gläubiger des Sicherungsgebers gefährdet. Doch wird es sich bei der Marke weder um das einzige Vermögen handeln. Noch würde dies nach Wegfall des § 419 BGB für sich als Gefährdung ausreichen. Es ist aber zu berücksichtigen, daß derzeit Sicherungsrechte an Marken noch keine allzu verbreitete Rolle im Geschäftsverkehr spielen. Wenn Marken in den Kreis der Sicherheiten einbezogen werden, so wird es derzeit überwiegend zur Abrundung der Zugriffsrechte auf das Vermögen geschehen. Dies führt dazu, daß Gläubiger eventuell (noch) vermehrt darauf vertrauen, daß Kennzeichenrechte in der Insolvenz zur Masse gehören und zugunsten sämtlicher Insolvenzgläubiger verwertet werden können. Durch den beträchtlichen Wert, der Marken innewohnen kann, ist es daher nicht fernliegend, daß Geschäftspartner des Markeninhabers dies zum Anlaß nehmen, die Geschäftsverbindung aufrecht zu erhalten. Dieses Verhalten mag - insbesondere nach der Reform des Markenrechts - blauäugig erscheinen und wird für sich genommen auch nicht als hinreichend schutzwürdig zu erachten sein, um § 138 BGB eingreifen zu lassen. Es stellen aber Zusammenhänge dar, die kaum als rechtlich irrelevant eingestuft werden können, gründen sie sich immerhin auf die Verkehrsgepflogenheiten[639]. Gerade hinsichtlich möglicher Irreführungen von

638 BGH NJW 1993, 2041 (2041 f); NJW 1995, 1668(1668) jeweils mwN; BankRHdB-Ganter § 90 RN 329; Staud-Sack § 138 RN 349

639 Die sich zweifellos ändern können, vor allem, wenn sich Sicherheiten an Marken durchsetzen sollten.

Gläubigern, die daraufhin Vermögensdispositionen vornehmen, kann der Gesichtspunkt im Rahmen einer Gesamtwürdigung daher durchaus Gewicht entfalten.

2. *Rücksichtslosigkeit durch bewußte Verschleierung der tatsächlichen Vermögenslage*

Regelmäßig wird der Markeninhaber und Sicherungsgeber es vermeiden wollen, daß der Umfang der Belastung seines Vermögens publik wird[640]. Besonders wird dies bei Marken gelten, die nicht selten einen, wenn nicht gar den wesentlichen Kern des Unternehmens ausmachen. Entsprechend könnte eine Reaktion der Wettbewerber und Gläubiger ausfallen, käme ihnen die Beleihung zu Ohren. Es wäre nicht auszuschließen, daß sie vermuten würden, das Unternehmen müsse bereits die Grundfesten des Betriebes angreifen. Zwar wird auch diese Sichtweise stark von der Gebräuchlichkeit von Sicherheiten an Marken im Verkehr abhängen und bei einer weiteren Verbreitung dieses Finanzierungsinstruments anders gesehen werden. Derzeit liegt die Reaktion aber durchaus nicht fern. Demzufolge wird dem Markeninhaber daran gelegen sein, das Sicherungsgeschäft nicht zu offenbaren. Dies bedeutet aber nichts anderes, als daß die wahre Vermögenslage Dritten bewußt verborgen bleiben soll. Sie wird nichts anderes als ihnen gegenüber verschleiert, um kein Mißtrauen zu wecken und damit die bisherigen Geschäftsverbindungen weiterhin aufrecht erhalten bleiben. Wird der Sicherungsnehmer davor nicht bewußt die Augen verschließen, werden ihm diese Umstände bekannt sein. Derartige Zusammenhänge bilden aber wesentliche Elemente einer Kredittäuschung.

Allein die Verschleierung wird aber nicht ausreichen, um die für eine Sittenwidrigkeit erforderliche Rücksichtslosigkeit zu bejahen. Denn man wird auch zu berücksichtigen haben, daß die fehlende Publizität nicht einseitig den Sicherungsparteien angelastet werden darf. Sie gebrauchen lediglich ein ihnen zur Verfügung stehendes Gestaltungsinstrument. Außerdem bezweckt das Vorgehen allein, daß voreilige und verfehlte Schlußfolgerungen Dritter vermieden werden sollen. Denn wie gezeigt können sich an die Bestellung der Sicherheit Mutmaßungen anschließen, die sich wesentlich auf die fehlende Verkehrsdurchsetzung des Instruments gründen. Daher wird das Vorgehen nur dann als rücksichtslos gegenüber den übrigen Gläubigern und als sittenwidrig zu qualifizieren sein, wenn weitere Umstände hinzutreten. Als ein solcher ist etwa denkbar, daß die finanzielle Lage bereits angespannt ist und deshalb die Gefahr in Kauf genommen wird, daß die Forderungen künftiger Vertragspartner nicht bedient werden. Natürlich können aber auch andere Aspekte im Rahmen der Gesamtwürdigung hinzutreten oder eigenständig eine Rücksichtslosigkeit nahelegen und so das Geschäft als sittenwidrig erscheinen lassen.

III. Wahrscheinlichkeit einer Gläubigergefährdung

Will man die Umstände zusammenfassend werten, die sich aus den Besonderheiten markenabhängiger Sicherheiten ergeben, ist festzuhalten, daß sie für sich genommen keinesfalls eine Sittenwidrigkeit begründen. Es müssen weitere Gegebenheiten hinzutreten, um § 138 BGB ein-

640 vgl. nur Lwowski /HoesWM 1999, 771 (772); dazu auch oben Kap.3 A.I.2.c.

greifen zu lassen. Jedoch scheint in mancherlei Hinsicht ein guter Nährboden für eine sittenwidrige Gläubigergefährdung vorhanden zu sein. Kommt beispielsweise hinzu, daß bereits eine stark angespannte finanzielle Situation herrscht, dürfte der Schritt hin zu einer Kredittäuschung nicht mehr weit sein. Dies gilt es bei der Bestellung einer Sicherheit im Auge zu behalten. Um der Gefahr zumindest bei der Sicherungsabtretung und Verpfändung aus dem Weg zu gehen, können die Sicherungsrechte ins Markenregister eingetragen werden. Bei einer Lizenz ist dies zwar nicht möglich. Hier scheint die Gefahr einer Sittenwidrigkeit aber auch nicht ganz so augenscheinlich. Denn Lizenzen erstrecken sich regelmäßig nur auf einen Teil des Markenrechts und entziehen das Zeichen nicht dauerhaft dem Vermögen des Sicherungsgebers.

3. Teil: Die Sicherungsphase

Kapitel 6: Bestimmungen für die Sicherungsphase

Beide Seiten eines Sicherungsvertrags werden aufgrund ihres jeweiligen Interesses Regelungen für die Sicherungs- oder Latenzphase wünschen. Auf der einen Seite liegt die Ursache im wesentlichen in der Sorge, die Sicherheit über die mitunter erhebliche Zeitspanne bis zur Tilgung der gesicherten Forderung als geeignetes Sicherungsmittel in der Hand zu behalten und ihren Wert bewahrt zu wissen. Auf der anderen Seite wird der Sicherungsgeber neben seinem Interesse auf Rückerhalt der unbeeinträchtigten Rechtsposition aus wirtschaftlichen Gesichtspunkten ein starkes Interesse daran haben, das Sicherungsgut bis dahin oder bis zu seiner Verwertung nutzen zu können. Daneben können und werden zahlreiche weitere Interessen eine Rolle spielen, die teilweise die vorgenannten Hauptanliegen der Parteien ergänzen, teilweise neben ihnen bestehen. Sie existieren aber unabhängig vom Sicherungsmittel, so daß auf allgemeine Darstellungen verwiesen werden kann[1].

Je nach Sicherungsrecht trägt bereits das Gesetz dieser typischen Interessenlage Rechnung. So kennen die geborenen Sicherheiten teilweise entsprechende Bestimmungen. Aber selbst diese bedürfen der Ergänzung oder sind gar wegen ungenügender Berücksichtigung der tatsächlichen Interessen für die Praxis nahezu untauglich, wie etwa das Mobiliarpfandrecht. Ganz anders verhält es sich bei den gekorenen Sicherheiten. Sie müssen auf die speziellen Erfordernisse eines Sicherungsgeschäfts hin zugeschnitten werden. Teilweise wird man die Ergänzungen bereits mittels Auslegung aus der Natur des Geschäfts gewinnen können[2]. Für den weit überwiegenden Teil haben aber die Parteien eigenständig Vorsorge zu treffen.

So wird einerseits der Sicherungsgeber Vorkehrungen in den Vertrag aufgenommen wissen wollen, die ihm den Gebrauch des Sicherungsguts wie auch die sonstige Nutzung möglichst uneingeschränkt gewährleisten und wonach nicht mehr benötigte Sicherheiten an ihn rückübertragen werden (nachfolgend A.). Demgegenüber wird der Sicherungsnehmer um Regelungen zum Werterhalt der Sicherheit nachsuchen (nachfolgend B.). Dies wird zum einen der Schutz vor Verlust der Sicherheit sein. Zum anderen umfaßt dies das eng damit verbundene Bemühen, den Wert der Sicherheit so hoch wie möglich zu halten oder gar zu steigern. Die Regelungen sind wiederum an den allgemeinen Grenzen, insbesondere den §§ 305 ff BGB und § 138 BGB zu messen (nachfolgend C.).

A. Interessen des Sicherungsgebers

I. Nutzungsrecht des Sicherungsgebers

Der Sicherungsgeber wird typischerweise ein erhebliches Interesse daran haben, die Marke trotz des Einsatzes als Sicherungsmittel benutzen zu können. Schließlich stellt sie in aller Regel

1 Vgl. dazu Bülow KredSichR (5.A) RN 50 ff mwN.

2 So beispielsweise bei der lange Zeit umstrittenen und noch immer nicht umfassend geklärten Freigabeverpflichtung, vgl. oben Kap.5 A.II.

ein wesentliches Element seiner Geschäftstätigkeit dar. In Abhängigkeit vom Sicherungsrecht wird daher eine entsprechende Regelung zu treffen sein, sofern nicht ohnehin bereits für die Sicherungsphase ein Nutzungsrecht besteht, weil die Sicherung von sich aus nur auf eine Verwertung im Sicherungsfall angelegt ist. Darüber hinaus stellt sich bei sämtlichen Sicherheiten die Frage, welche Nutzungsrechte beim Sicherungsgeber verbleiben sollen. Immerhin wirkt sich der Gebrauch auf den Wert des Sicherungsmittels aus und zeitigt einen Einfluß auf die Befriedigungschancen des Sicherungsnehmers.

1. Die allgemeine Interessenlage

Jeder Gegenstand, der zur Sicherung eingesetzt werden kann, verkörpert einen Wert. Er macht das Gut für den Sicherungsnehmer erst interessant. Neben dem Wert als solchem kann der Gegenstand aber auch Gebrauchsvorteile bieten, die eventuell sogar für den Wert verantwortlich sind. Mit der Beleihung wird nun zwar der Wert der Sache wirtschaftlich genutzt. Damit bleiben aber die Möglichkeiten, welche das Sicherungsmittel als Gebrauchsgegenstand bietet, unberücksichtigt. Sie stellen jedoch einen nicht unbeträchtlichen Vorteil dar, der brach läge, würde er nicht von einer der Parteien in Anspruch genommen. Einerseits wird der Sicherungsnehmer regelmäßig kein eigenes Interesse an den Gebrauchsvorteilen haben. Denn es bedeutet einen zusätzlichen Aufwand, die Nutzungen zu ziehen, der nicht im Sinne des regelmäßig rein auf Finanzgeschäfte spezialisierten Sicherungsnehmers liegen wird. Unter Umständen wird es gar eines besonderen Know-hows bedürfen, das vorzuhalten die Angelegenheit für ihn ohnehin unrentabel machen würde[3]. Andererseits wird eine Sicherheit ihrer Zielsetzung nach lediglich für den Sicherungsfall bestellt[4]. Alle Vorteile, die vor diesem Zeitpunkt angesiedelt sind und den Sicherungszweck nicht gefährden, sind daher dem Sicherungsgeber zuzuerkennen. In diesen Fällen besteht keine Veranlassung, ihm die Vorteile an dem Sicherungsgut vorzuenthalten. Vor diesem Hintergrund wird man sogar zu dem Ergebnis kommen müssen, daß der Sicherungsgeber während der Sicherungsphase aus dem Sicherungsgeschäft einen Anspruch auf die Gebrauchsvorteile geltend machen kann[5]. Ohnehin wird der Sicherungsnehmer mitunter sogar ein Interesse an der Nutzung der Sicherheit durch den Sicherungsgeber haben. Sofern dieser gleichzeitig der Kreditschuldner ist, wird es ihn schneller in die Lage versetzen, die gesicherten Forderungen zu begleichen.

Über diese Interessenlage hinaus sind beim Einsatz von Marken als Sicherungsmittel zusätzliche Aspekte zu berücksichtigen. Marken sind von ihrem Zweck her auf Gebrauch angelegt und sollen sich gerade nicht in ihrer bloßen Existenz als Immaterialgut und Vermögenswert erschöpfen. Dies zeigt die im Markenrecht geltende Benutzungspflicht, die ihren Ausdruck in den §§ 25,

3 Es bliebe ihm natürlich die Möglichkeit, die Nutzungen durch Dritte ziehen zu lassen. In diesem Fall liegt es aber näher, sie gleich dem Sicherungsgeber zu belassen, der über das erforderliche Wissen verfügt und mit dem man ohnehin bereits in Vertragsbeziehung steht.

4 Vgl. oben Kap.1 A.I.

5 Dieser ist natürlich zu relativieren, wenn die Gefahr besteht, daß das Sicherungsgut dadurch einen Wertverlust erleidet, der die Rechtsposition des Sicherungsnehmers unzumutbar beeinträchtigen würde. Dieser Frage wird noch unter dem Aspekt der Bewahrung des Sicherungsnehmers vor Wertverlust der Sicherheit nachzugehen sein, dazu unten B.III.2.

26, 49 MarkenG findet[6]. Würde auf den Gebrauch während der Sicherungsphase verzichtet, liefe man Gefahr, die Ansprüche, die sich aus der Marke ergeben, oder gar die gesamte Marke zu verlieren. Insofern hat auch der Sicherungsnehmer ein Interesse daran, daß sich die Marke während der Zeit als Sicherungsgut in Gebrauch befindet. Als eine weitere Besonderheit kommt bei Marken hinzu, daß im Gegensatz zu den meisten sonstigen Sicherheiten ihr Wert durch den Gebrauch grundsätzlich positiv beeinflußt wird. Denn indem der Erfolg einer Marke als Absatzinstrument unter anderem aus dem im Verkehr erzielten Wiedererkennungseffekt gespeist wird, steigt ihr Wert mit zunehmender Bekanntheit[7]. Folglich liegt beiden Parteien daran, daß der Sicherungsgeber seine begonnene oder auch erst geplante Markenstrategie weiter verfolgen kann.

2. *Inhalt und Umfang des Nutzungsrechts des Sicherungsgebers im einzelnen*

Grundsätzlich existieren mehrere Möglichkeiten, wie ein Gegenstand genutzt werden kann. Dies zeigt bereits ein Blick auf die §§ 100, 99 BGB. Daß dies bei Marken in gleicher Weise gilt, wurde bereits im Rahmen der Sicherung mittels Nutzungsrechten aufgegriffen[8]. Es stellt sich nun aber die Frage, welche der Nutzungsmöglichkeiten dem Sicherungsgeber zustehen sollen. Denn die Wechselwirkung zwischen Nutzung und Wert der Sicherheit läßt es nicht nur ratsam erscheinen, sondern macht es sogar erforderlich, den Inhalt und Umfang des Gebrauchsrechts zu suchen, der den Interessen beider Seiten am besten gerecht wird. Die dabei zu betrachtenden Nutzungsmöglichkeiten sind einerseits der Gebrauch, § 100 2.Alt BGB, andererseits die mittelbaren Rechtsfrüchten im Sinne des § 99 III BGB: die Vergabe von Gebrauchsrechten an Dritte und die Belastung mit sonstigen dinglichen Rechten.

a) *Der Gebrauch der Marke durch den Sicherungsgeber*

Die allgemeine Interessenlage bei Sicherungsgeschäften spricht für ein möglichst umfassendes Gebrauchsrecht des Sicherungsgebers. Denn die Bestimmung der Sicherung ist es, dem Gesicherten im Sicherungsfall die Befriedigung zu ermöglichen. Zu einem früheren Zeitpunkt ist der Sicherungsnehmer nicht befugt, auf die Sicherheit zuzugreifen. Folglich müßten aus dem Zweck des Geschäfts heraus die Nutzungen, die vor der Verwertungsreife anfallen, weiterhin dem Sicherungsgeber als dem wirtschaftlichen Eigentümer der Sicherheit zustehen. Dieser Gedanke wird durch die gesetzliche Regelung des Nutzungspfandrechts bestätigt, nach der die Nutzungen dem Sicherungsnehmer vor Verwertungsreife nur nach gesonderter Vereinbarung zustehen sollen, § 1213 I BGB. Lediglich für die Erzeugnisse macht das Gesetz eine Ausnahme, § 1212 i.V.m. §§ 100, 99 I BGB.

Man mag gegen diese Sichtweise einwenden, daß beim Prototyp des Sicherungsrechts, dem Mobiliarpfandrecht, wenngleich nicht rechtlich, so doch faktisch die Nutzungen dem Sicherungs-

6 Zum Benutzungszwang etwa Ingerl/Rohnke § 26 RN 7 ff, die zurecht auf einen Wandel in der Bedeutung hinweisen. Vgl. auch zu den Sichtweisen unter dem WZG Fezer, Der Benutzungszwang im Markenrecht (1974)

7 dazu oben Kap.1 C.II.1.

8 oben Kap.3 B.

geber entzogen sind. Denn durch den erforderlichen Besitz des Pfandgläubigers, § 1205 I 1 BGB[9], fehlt es dem Sicherungsgeber an der nötigen Einwirkungsmöglichkeit auf das Sicherungsgut. Folglich nahm der Gesetzgeber in Kauf, daß der Pfandgeber von Sachen auch sein Nutzungsrecht verliert. Dies erklärt sich aus dem Zweck des § 1205 I 1 BGB, der - neben der Gewährleistung der Publizität - vor substanzbeeinträchtigenden Handlungen des Sicherungsgebers schützen will. Hierzu zählt bei Sachen üblicherweise der Gebrauch, der den Gegenstand verschleißen lässt. Ein vergleichbarer Effekt fehlt jedoch bei Marken, deren Wert mit zunehmendem Gebrauch regelmäßig sogar steigt. Wertet man diese Gesichtspunkte, ist das Nutzungsrecht grundsätzlich dem Sicherungsgeber zu belassen und lediglich dort, wo der Gebrauch die Tauglichkeit der Sicherheit beeinträchtigt und den Sicherungszweck gefährdet, wäre dem Sicherungsnehmer zum Schutz seiner Rechtsposition ein Mitspracherecht zuzubilligen. Dieses Ergebnis entspricht auch den tragenden Gedanken des Pfandrechts an Rechten, welches dann die Mitwirkung des Pfandgläubigers vorschreibt, wenn der Bestand des Sicherungsrechts gefährdet wird, §§ 1276 I, II, 1281 S.1 BGB[10]. Im übrigen soll aber die Verfügungsmacht beim Sicherungsgeber verbleiben[11].

Man wird demnach davon ausgehen dürfen, daß dem Sicherungsgeber bei sämtlichen markenbasierten Sicherungsgeschäften aus dem Wesen des Vertrags der Gebrauch in vollem Umfang zusteht[12]. Der Sicherungsnehmer ist aber in den Fällen zur Mitsprache berufen, wenn seine Rechtsposition gefährdet wird[13]. Konkret bedeutet dies, daß der Sicherungsgeber über Art und Intensität des Gebrauchs, d.h. über Strategie und Einsatzweise der Marke entscheidet, soweit das Erreichen des Sicherungszwecks gewährleistet bleibt. Allerdings bleibt es bei den gekorenen Sicherheiten den Parteien überlassen, hiervon abweichende Vereinbarungen zu treffen. Diese müssen sich dann aber insbesondere an den §§ 305 ff, 138 BGB messen lassen[14].

b) *Nutzung durch Vergabe von Gebrauchsrechten an Dritte*

Eine Nutzung der Marke kann auch in der Weise erfolgen, daß der Gebrauch Dritten überlassen wird, wobei das dafür entrichtete Entgelt eine mittelbare Rechtsfrucht im Sinne des § 99 III BGB

9 Dem Sicherungsgeber ist lediglich gestattet, Mitbesitz am Gegenstand zu halten, § 1206 BGB.

10 Natürlich bleibt es den Parteien insbesondere bei den gekorenen Sicherheiten unbenommen, etwas anderes zu vereinbaren. Bei Formularverträgen müßte sich aber eine abweichende Klausel die Frage gefallen lassen, ob sie nicht gegen wesentliche Inhalte eines Sicherungsvertrags verstößt und nach § 307 I, II Nr.2 BGB unwirksam wäre.

11 Vgl. dazu MüKo-Damrau § 1276 RN 1 mwN; Staud-Wiegand § 1276 RN 1

12 Brämer S.189 ff (vgl.a. Woeste S.98), schlägt zu recht vor, dem Sicherungsgeber bei einer Sicherungsabtretung eine Lizenz einzuräumen. Die Lizenz ist allerdings auf den Sicherungsfall auflösend bedingt abzuschließen. Bei den übrigen Sicherungsrechten stellt sich die Frage nicht, da dort der Sicherungsgber immer ohne weitere Regelung zur Nutzung berechtigt bleibt.

13 In wieweit aus dem Gebrauchsrechte eine Gebrauchspflicht werden kann, weil der Einsatz der Marke erheblichen Einfluß auf ihren Wert, unter Umständen gar auf ihren Bestand, zeitigt und insofern die Tauglichkeit als Sicherheit tangiert, und wie der Sicherungsnehmer entsprechende Vorsorge treffen kann, wird noch zu thematisieren sein; dazu u. B.I., III., IV.

14 Insbesondere bei Formularverträgen müßte sich eine Klausel die Frage gefallen lassen, ob sie nicht gegen wesentliche Inhalte eines Sicherungsvertrags verstößt und nach § 307 I, II Nr.2 BGB unwirksam wäre.

darstellt. Auch hier ist daher zu fragen, ob und in welchem Umfang der Sicherungsgeber zur Vergabe derlei Rechte berechtigt bleibt.

aa) Grundsatz

Als ein Unterfall des allgemeinen Nutzungsrechts wird man dem Sicherungsgeber diese Möglichkeit grundsätzlich nicht absprechen dürfen. Lediglich wenn ein berechtigtes Interesse am persönlichen Gebrauch durch den Sicherungsgeber vorläge, wird man hiervon abzuweichen haben[15]. Ein solches ist aber nicht ersichtlich. Daher ist der Sicherungsgeber im Grundsatz bis zum Sicherungsfall befugt, Nutzungsrechte zu vergeben[16].

bb) Problem der Gebrauchsrechte bei Verwertungsreife

Allerdings wurde oben festgestellt, daß die Nutzungsberechtigung nur insoweit besteht, als die Position des Sicherungsnehmers nicht beeinträchtigt werden darf. Es stellt sich daher die Frage, ob der Sicherungsgeber auch zur Vergabe von Gebrauchsrechten befugt ist, die zeitlich über den Sicherungsfall hinausreichen. Schließlich werden Dritte nur an Rechten interessiert sein, die nicht in Gefahr stehen, im Sicherungsfall zu enden. Reichen aber die Gebrauchsberechtigungen über diesen Zeitpunkt hinaus, schmälern sie in aller Regel den erzielbaren Verwertungserlös und beeinträchtigen damit die Position des Sicherungsnehmers.

Grundsätzlich wird man konstatieren können, daß die zumindest wirtschaftliche Eigentümerstellung, die den Sicherungsgeber während der Sicherungsphase zur Vergabe der Nutzungsrechte ermächtigt, mit Eintritt des Sicherungsfalls endet. Dieser Zustand wird untergraben, wenn ihm die Möglichkeit zusteht, Verfügungen zu treffen, die über diesen Zeitpunkt hinauswirken und die Position des Sicherungsnehmers schwächen. Es wäre dem Sicherungsgeber möglich, das Sicherungsrecht auszuhöhlen. Diesen Gedanken greift § 1276 II BGB auf. Allerdings ist die Norm ihrem Wortlaut nach nur auf Verfügungen anzuwenden, die sich auf den Bestand des Sicherungsrechts als solchem auswirken. Wöllte die Norm aber nur den Bestand des Pfandrechts als solches garantieren, könnte die Sicherheit zu einer inhaltslosen Hülle werden, deren für ihren Wert verantwortliches Kapital, die Gebrauchsvorteile, anderweitig vergeben wurden. Deshalb ist die Norm ihrem Anliegen nach dahingehend zu verstehen, daß sie die grundsätzlich beim Pfandschuldner belassene Verfügungsmacht[17] auch gegen inhaltliche Entleerung des Sicherungsrechts hin begrenzt. Hieran vermag auch § 1282 BGB nichts zu ändern, der als hinreichender Schutz des Pfandgläubigers gesehen werden und ab der Verwertungsreife die Einziehung der mittelbaren Rechtsfrüchte dem Sicherungsnehmer zuschreiben könnte. Denn abgesehen davon, ob die Norm als spezielle Vorschrift für beliehene Forderungen, § 1279 BGB, überhaupt entsprechend angewandt werden darf, bietet sie dem Sicherungsnehmer keinen adäquaten Ersatz. Hätte der Pfandgläubiger sonst die Möglichkeit, sich aus einem höheren Veräußerungserlös zu befriedigen, blieben ihm so nur wiederkehrende Ansprüche, was die Befriedigung

15 Ausschlaggebend könnten hierfür Eigenschaften der konkreten Person oder ein besonderes Vertrauensverhältnis sein; so bereits schon bei Mietverhältnissen, in denen nicht ohne Erlaubnis des Vermieters untervermietet werden darf, § 540 BGB.

16 Dies folgt beim Pfandrecht aus dem Eigentum des Pfandschuldners, bei der Sicherungsübereignung ist der Sicherungsnehmer aus dem Sicherungsvertrag verpflichtet, den Sicherungsgeber hierzu zu ermächtigen.

17 Vgl. dazu MüKo-Damrau § 1276 RN 1 mwN; Staud-Wiegand § 1276 RN 1

und damit das Erreichen des Sicherungszwecks zumindest aufschieben würde. Zum selben Ergebnis wird man mittels Auslegung bei Sicherungsübertragungen kommen müssen. Das qua Rechtsposition dem Sicherungsnehmer zustehende Nutzungsrecht wird mit der Einschränkung seiner Wirkungen bis zum Sicherungsfall aufgrund des Vertragscharakters dem Sicherungsgeber zuzuordnen sein[18]. Allein bei sicherungshalber bestellten Nutzungsrechten wird man fragen können, ob dem Interesse des Sicherungsnehmers nicht regelmäßig genügt wird, wenn ihm die mittelbaren Rechtsfrüchte zustehen[19].

Folglich dürften sich vom Sicherungsgeber vergebene Nutzungsrechte nur auf die Sicherungsphase erstrecken. Dritte, die am Gebrauch des Zeichens interessiert sind, werden aber Planungssicherheit und eine fest umrissene Nutzungszeitspanne wünschen. Sie werden kaum eine entsprechende Begrenzung des Rechts akzeptieren.

cc) Lösungsvorschlag

Weil trotz dieser Einschränkung der Sicherungsgeber dennoch vielfach ein erhebliches Interesse daran haben wird, insbesondere Lizenzen vergeben zu können[20], wird man nach einer Lösung suchen müssen, die sämtlichen Interessen gerecht wird. Es empfiehlt sich daher, dem Sicherungsgeber ein Vergaberecht unter Vorbehalt der Zustimmung durch den Sicherungsnehmer einzuräumen. Dies entspräche auch dem Gedanken des § 1276 BGB. Darüber hinaus wird man aufgrund des besonderen Interesses des Markeninhabers am möglichst uneingeschränkten strategischen Einsatz seines Zeichens einen Anspruch auf Zustimmung durch den Sicherungsnehmer aus dessen Treuepflicht ableiten können, der lediglich bei berechtigten Einwänden ausgeschlossen ist. Als Ausgleich für die damit für den Sicherungsnehmer verbunden Einbußen sind ihm bereits in der Sicherungsphase die mittelbaren Rechtsfrüchte zuzuerkennen, die wiederum auf die gesicherten Forderungen anzurechnen sind. Auf diese Weise behält der Sicherungsgeber weitestgehend die Entscheidungszuständigkeit über den Einsatz der Marke. Er ist in der Lage, die von ihm verfolgte Strategie bestmöglich zu verwirklichen. Der Sicherungsnehmer erhält demgegenüber einen Ausgleich für die Einbußen, die er erleidet, weil sich der zu erwartende Verwertungserlös schmälert bzw. sich die Befriedigung durch die erst im Laufe der Zeit erwachsenden mittelbaren Rechtsfrüchte verzögert. An diesen Erlösen hat der Sicherugnsgeber auch kein schützenswertes Interesse, da sie sowohl auf Kosten der Sicherheit erzielt werden, als auch er zum Bedienen der gesicherten Forderungen angehalten ist. Der Dritte schließlich erhält ein über den Sicherungsfall hinaus beständiges Gebrauchsrecht und die von ihm gewünschte Planungssicherheit[21].

---

18 Freilich ist es den Parteien überlassen, im Sicherungsvertrag etwas anderes zu vereinbaren und dem Sicherungsgeber insbesondere die Ermächtigung einzuräumen, auch Gebrauchsrechte zu evrgeben, die über den Sicherungsfall hinausreichen.

19 Dies mag in Einzelfällen anders sein, insbesondere wenn der Sicherungsnehmer nachweist, daß er höhere Erlöse aus der Vergabe von Gebrauchsrechten erzielen würde.

20 Je nach mit der Marke verfolgten Strategie werden Lizenzen einen beträchtlichen Teil der Präsenz der Marke im Verkehr ausmachen, vgl. dazu die Ausführungen zum Markenwert Kap.1 C.II.

21 Dieser Interessenausgleich läßt sich aber nur erreichen, wenn Schuldner der gesicherten Forderung und Sicherungsgeber identisch sind. Handelt es sich um eine Drittsicherheit, treten zusätzliche Schwierigkeiten auf. Solche Fälle sind jedoch nicht häufig zu erwarten. Aber selbst dort bietet sich dieser Weg an, allerdings

c) *Nutzung durch anderweitige wirtschaftliche Verwertung*

Schließlich kommen neben dem Gebrauch auch sonstige Nutzungsmöglichkeiten in Betracht, die wirtschaftliche Vorteile versprechen. Hierzu zählt einerseits die Beleihung des Werts, d.h. das zusätzliche Einräumen von Sicherungsrechten, andererseits der markenfremde Gebrauch des Zeichens, das Merchandising.

Der Sicherungsgeber wird unter Umständen wegen des Werts der Marke, wenn dieser die gesicherte Forderung weit übersteigt, ein Interesse an der zusätzlichen Vergabe von Sicherheiten haben. In wieweit ihm dies möglich ist hängt wesentlich von der Art des bereits bestellten Sicherungsrechts ab[22]. Soweit die Mitwirkung des Sicherungsnehmers erforderlich ist, wird man dem Sicherungsgeber aufgrund seiner Berechtigung in dem Umfang einen Anspruch zuzugestehen haben, soweit der Sicherungszweck nicht gefährdet wird. Der Anspruch hat sich an den Voraussetzungen für die teilweise Freigabe von Sicherheiten auszurichten[23]. Hinsichtlich des Zusammentreffens der Sicherungsrechte kann auf die allgemeinen Regeln verwiesen werden, sowohl zum Verhältnis der unterschiedlichen Rechtspositionen zueinander, als auch zum Konflikt mehrerer Sicherungsrechte an einem Sicherungsgut.

Für die markenfremde Benutzung eines Zeichens im Wege des Merchandisings liegt eine entsprechende Lösung zur Vergabe von Gebrauchsrechten an Dritte nahe. Denn auch hier besteht einerseits eine entsprechende Interessenkollision, weil der Ansatz für das Merchandising das Ansehen und die Bekanntheit der Marke im Verkehr ist. Andererseits erfolgt die Vergabe der Merchandisingrechte ebenfalls über Lizenzen. Insofern bietet sich eine Parallele zur Vergabe sonstiger Gebrauchsrechte an. Allerdings wird Merchandising hauptsächlich dort in Betracht kommen, wo die Marke eine beträchtliche Bekanntheit und damit einen enormen Vermögenswert erlangt hat. Die gesicherten Forderungen werden in diesen Fällen aber bereits durch die sonstigen Verwertungsmöglichkeiten abgedeckt sein, so daß diesem Komplex regelmäßig keine besondere praktische Bedeutung zukommen wird.

3. *Zusammenfassung*

Indem Sicherungsgeschäfte grundsätzlich nur den Wert des Sicherungsguts im Auge haben, bleiben die Nutzungsvorteile, welche eine Marke bietet, außer Betracht. Dies führt dazu, daß während der Sicherungsphase erhebliche Werte brach lägen, würde die Marke in dieser Zeitspanne nicht benutzt werden. Doch haben ohnehin beide Parteien ein Interesse daran, daß die Marke genutzt wird, steigt einerseits der Wert der Sicherheit, andererseits profitiert der Sicherungsgeber sowohl vom ihm überlassenen Gebrauch als auch langfristig vom Wertzuwachs. Daher wird üblicherweise Einvernehmen darüber bestehen, daß der Sicherungsgeber die Marke

---

ergänzt um einen Ausgleich zwischen Forderungsschuldner und Sicherungsgeber. Da beide Parteien ohnehin in einer rechtsgeschäftlichen Verbindung zueinander stehen werden, dürfte dies keine besonderen Probleme aufwerfen.

22 So ist bei der Verpfändung der Marke ohne weiteres ein zweites Pfandrecht möglich. Anders verhält es sich bei den übrigen Sicherungsrechten wie der Sicherungszession, -lizenz oder dem sicherungshalber bestellten Nießbrauch.

23 Vgl. dazu oben Kap.5 A.II.2. sowie unten II.

bis zum Sicherungsfall nutzen darf. Ein entsprechender Anspruch läßt sich obendrein aus dem Wesen eines Sicherungsgeschäfts ableiten.

Dem Inhalt nach steht dem Sicherungsgeber zunächst der Gebrauch des Zeichens zu. Dabei hat er grundsätzlich freie Hand was Art und Intensität der Nutzung angeht. Lediglich wo das Sicherungsziel gefährdet würde, stößt das Recht an Grenzen. Im Ergebnis bleibt der Sicherungsgeber weitgehend frei in seiner Entscheidung über Strategie und Einsatzweise der Marke. Um Streitigkeiten vorzubeugen, kann es aber ratsam sein, Vereinbarungen über die Art und Weise des Gebrauchs anzustreben.
Bei der Nutzung durch die Vergabe von Lizenzen stellt sich die Sachlage anders dar. Denn durch das Interesse potentieller Lizenznehmer an klaren Laufzeiten, würde die Lizenzvergabe regelmäßig das Recht des Sicherungsnehmers beeinträchtigen und damit von seiner Zustimmung abhängen. Der Sicherungsgeber wird aber unter Umständen ein erhebliches Interesse an der Lizenzierung der Marke haben. Als Lösung bietet sich an, die Vergabe zwar von der Zustimmung durch den Sicherungsnehmer abhängig zu machen. Dem Sicherungsgeber ist aber aus der Treuepflicht des Sicherungsnehmers ein Anspruch hierauf zuzubilligen, es sei denn letzterer kann berechtigte Einwände geltend machen. Dem Sicherungsnehmer sind als Ausgleich für die Einbußen an seiner Sicherheit die Erlöse aus den Lizenzverträgen zuzusprechen, die ihrerseits mit den gesicherten Forderungen zu verrechnen sind.
Zusätzliche Nutzungsmöglichkeiten wie die Vergabe weiterer Sicherheiten oder der markenfremde Gebrauch des Zeichens können gemäß dieser Regeln entschieden werden. So wird dem Sicherungsgeber grundsätzlich auch das Recht zur Vergabe weiterer Sicherheiten zustehen, nach Maßgabe des Anspruchs auf teilweise Freigabe der Sicherheit. Das Merchandising ist entsprechend der Lizenzvergabe zu behandeln.

II. Anspruch auf Freigabe nicht mehr benötigter Sicherheiten

Der Sicherungsgeber ist üblicherweise darauf bedacht, schon vor endgültiger Erledigung des Sicherungszwecks nicht mehr benötigte Sicherheiten zurückzuerhalten. Denn ansonsten würde Kapital gebunden, das er anderweitig einsetzen könnte, nicht zuletzt um sich zusätzlichen finanziellen Spielraum zu eröffnen. Auf der anderen Seite hat der Sicherungsnehmer kein schutzwürdiges Interesse an solcherlei Sicherheiten, weil auch mit dem verbleibenden Wert das Sicherungsziel erreicht werden kann.

Der diesen Umständen Rechnung tragende Anspruch auf Freigabe wurde bereits im Rahmen der Übersicherung erörtert. Schließlich bildet er das Mittel, um einer drohenden Umwirksamkeit gem. §§ 305 ff BGB oder § 138 BGB wegen zu extensiver Absicherung zu begegnen. Daher wurden schon dort Grundlage, Voraussetzungen und Inhalt des Anspruchs auf Basis der Entscheidung des Großen Senats des BGH dargelegt. Er ist aber zudem in den Kontext der Regelungen für die Sicherungsphase zu stellen. Immerhin bildet er einen wesentlichen Anspruch des Sicherungsgebers und rundet das Bild der Rechtslage dieser Phase ab. Hinsichtlich der Entwicklung, wie es zu der Entscheidung des Großen Senats des BGH kam, welche Punkte geregelt wurden, wo Kritik an der Entscheidung und den Stellungnahmen in der Literatur angebracht ist sowie welche Fragen weiterhin einer abschließenden Beurteilung bedürfen sei auf die obigen

Ausführungen verwiesen[24]. Im Folgenden wird lediglich das Ergebnis hinsichtlich des Freigabeanspruchs bei auf Marken beruhenden Sicherheiten wiederholt, welches sich aus dem gerade insoweit ausgezeichneten Beschluß des Großen Senats des BGH ableitet.

1. *Grundlage des Anspruchs*

Einer der Eckpunkte der Entscheidung des Großen Senats war, daß er den Freigabeanspruch im Wesen des Sicherungsgeschäfts begründet sah[25]. Damit ist der Anspruch grundsätzlich jedem Sicherungsvertrag immanent. Er leitet dies aus dem Vertragszweck ab, welcher dem Sicherungsnehmer allein die Befriedigung der gesicherten Forderungen ermöglichen möchte. Sind dafür nicht alle Sicherheiten oder die Sicherheit nicht in dieser Höhe erforderlich, so begründet der fiduziarische Charakter des Geschäfts einen Anspruch auf Herausgabe der endgültig nicht mehr benötigten Sicherheiten. Lediglich dann, wenn sich der Mehrwert der Sicherheit nicht sinnvoll und ohne Gefährdung des Sicherungsziels herausgeben läßt, soll der Anspruch nicht durchgreifen.
Allerdings handelt es sich bei dem Anspruch um einen disponiblen Vertagsbestandteil. Ändern ihn die Parteien ab, insbesondere hinsichtlich der Voraussetzungen, oder verzichten bewußt auf eine Freigabe, dann verstößt dies als AGB-Klausel gegen § 307 I 1, II Nr.2 BGB. Jedoch wird in diesen Fällen die vertragsimmanente Freigabeklausel über § 306 II BGB reaktiviert. Bei Individualverträgen und bei anfänglicher Übersicherung kann der bewußte Verzicht auf eine Freigabeklausel die Sittenwidrigkeit gemäß § 138 BGB bedeuten, in seltenen Fällen auch § 242 BGB auf den Plan rufen[26].

2. *Voraussetzungen und Grenzen für ein Freigabeverlangen*

Wann Sicherheiten endgültig nicht mehr benötigt werden, d.h. die verbleibende Sicherheit einen hinreichenden Erlös verspricht, um die gesicherten Forderungen zu befriedigen, ist selten einfach festzustellen. Denn einerseits ist hierfür eine Prognose samt der immer damit verbundenen Unsicherheiten erforderlich. Andererseits hängt der Erlös bei Marken von zahlreichen und schwer kalkulierbaren Faktoren ab[27].

Um diese Unsicherheiten in den Griff zu bekommen, aufgrund der vergleichbaren Schwankungsanfäligkeit der Sicherheiten und um den Vertragsparteien einen Richtwert an die Hand zu geben, erscheint es angebracht, die vom BGH GS[28] zu Sicherheiten mit wechselndem Bestand entwickelten Grundsätze entsprechend anzuwenden[29]. Danach ist zwischen Deckungsgrenze und Sicherungswert zu unterscheiden. Die Deckungsgrenze, ab deren Überschreiten die Freigabe beansprucht werden kann, ist in Anlehnung an die InsO auf 110% der gesicherten Forde-

24 Kap.5 A.

25 vgl. dazu oben Kap.5 A.II.2.a.aa. und BGHZ 137, 212 (218 f) = WM 1998, 227 (229 f) unter II.1.a.

26 dazu oben zur nachträglichen Übersicherung in Individualverträgen und der anfänglichen Übersicherung, Kap.5 A.II.2.b. + c.

27 vgl. dazu oben Kap.5 A.I.4.

28 BGHZ 137, 212 (224 ff) = WM 1998, 227

29 ausführlich dazu oben Kap.5 A.I.4.

rungen festzulegen. Der Sicherungswert als der im Sicherungsfall zu erwartende Erlös ist anhand der entsprechend anzuwendenden §§ 232 ff, insb. § 237 BGB zu bestimmen. Somit besteht ein Sicherungswert in Höhe von 2/3 des aktuellen Werts. Dies bedeutet in anderen Worten, daß die Freigabe von Sicherheiten verlangt werden kann, sofern der aktuelle Wert der übrigen Sicherheiten zumindest 150% der gesicherten Summe ausmacht. Im Rahmen des § 237 BGB ist die Deckungsgrenze nicht zusätzlich zu berücksichtigen, weil der 10%ige Aufschlag für die Verwertungskosten in der Norm bereits enthalten ist. Bei dieser Bewertung handelt es sich aber um eine widerlegliche Vermutung. Anders wäre den Bedürfnissen im Einzelfall nicht gerecht zu werden.

Handelten die Parteien eine individuelle Freigabeklausel aus oder steht eine anfängliche Übersicherung im Raume, so hat sich die Rechtslage insbesondere an § 138 BGB auszurichten[30]. Danach ist das gesamte Sicherungsgeschäft regelmäßig unwirksam, wenn der Sicherungswert die 3-fache Höhe der gesicherten Summe erreicht. Wegen der im Rahmen des § 138 BGB erforderlichen Gesamtbetrachtung aller Umstände ist dieser Wert aber je nach den zudem zu berücksichtigenden Aspekten zu modifizieren[31].

3. *Inhalt des Anspruchs bei Sicherheiten an Marken*

Soweit es sich bei der Sicherheit um mehrere Marken handelt, ist die teilweise Freigabe problemlos. Sie kann hier für einzelne Marken erfolgen. Doch wird es sich in der überwiegenden Zahl der Fälle um Singularsicherheiten handeln, bei denen das Zeichenrecht entweder abgetreten, verpfändet oder eine Lizenz bestellt wurde[32]. Hier gilt es, die jeweils gewährte Sicherheit an die geänderte Höhe der gesicherten Summe anzupassen[33].

Bei sicherungshalber abgetretenen oder verpfändeten Marken ist dies entweder über die Rück- / Übertragung eines Markenteils möglich oder über den Austausch der Sicherheit. Bei der teilweisen Rückabtretung ist jedoch zu beachten, daß nach Rückgabe der gesamten Sicherheit der Sicherungsgeber künftig mehrere dauerhaft voneinander getrennte Marken zu verwalten hat. Für die andere Alternative des Austauschens der Sicherheiten bietet sich an, statt der Marke als ganzes dem Sicherungsnehmer eine Lizenz an der Marke anzubieten. Der Sicherungsnehmer wird aber nur im Rahmen des Zumutbaren verpflichtet sein, sich hierauf einzulassen. Schließlich unterscheiden sich Vollrecht und Lizenz nicht nur in der Höhe ihres Werts, sondern auch qualitativ, was sich insbesondere bei den Verwertungschancen auswirken kann.

Besteht die Sicherheit in Form einer Lizenz, so kann diese durch die vielfältigen Gestaltungsmöglichkeiten quasi stufenlos angepaßt werden. Allerdings ist ein Anpassungsvertrag erforderlich. Zudem muß gewährleistet sein, daß sich auch mit der neuen Lizenz der Sicherungszweck erreichen läßt. Weitere Einschränkungen sind hier aber nicht zu machen, weil es sich um eine

30 Lediglich bei der sog. außerplanmäßigen nachträglichen Übersicherung kommt § 242 BGB zur Anwendung, in dessen Rahmen aber die Maßstäbe zu § 138 BGB entsprechend gelten.

31 Ausführlich hierzu oben Kap. 5 A.2.b.bb., c.

32 Ein einzelnes Pfandrecht kennt keinen Freigabeanspruch, da es sich aufgrund der Akzessorietät an die Höhe der gesicherten Summe anpaßt.

33 Zum ganzen ausführlich oben Kap.5 A.II.1.b.

gleichartige Sicherheit handelt, die nur quantitativ, nicht aber qualitativ von der alten Sicherheit abweicht.

B. Interessen des Sicherungsnehmers

Das Interesse des Sicherungsnehmers zielt darauf ab, im Sicherungsfall seine gesicherten Ansprüche mit der größtmöglichen Wahrscheinlichkeit befriedigt zu bekommen. Als Voraussetzung hierfür muß zum einen die Sicherheit bis zur Verwertung Bestand haben, zum anderen sollte ihr Wert beständig oberhalb der gesicherten Summe liegen. Folglich wird ihm an Vorkehrungen gelegen sein, die diese Anliegen zu gewährleisten suchen. Primär wird es dem Sicherungsnehmer deshalb darauf ankommen, sich gegen Risiken des Verlustes der Sicherheit zu schützen. Die potentiellen Verlustgründe lassen sich dabei in zwei Kategorien einteilen: einerseits dem Verlust bzw. Untergang der Marke als Grundlage der Sicherheit (nachfolgend I.), andererseits dem Untergang allein des Sicherungsrechts, sofern dieses nicht in der Inhaberschaft der Marke besteht und bereits unter die erste Fallgruppe fällt (nachfolgend II.). Daneben wird er darauf bedacht sein, daß der Wert der Sicherheit die Befriedigung der gesicherten Forderungen im Sicherungsfall verspricht. Er wird daher Vorkehrungen wünschen, um sich gegen einen Wertverfall der Sicherheit zu schützen (nachfolgend III.).

I. Schutz des Sicherungsnehmers gegen Untergang des Markenrechts

Indem sich das Sicherungsrecht auf das Markenrecht gründet, wenn es nicht ohnehin mit der Markeninhaberschaft identisch ist, würde der Sicherheit das Fundament entzogen, sollte die Marke ihre Existenz einbüßen. Als Gründe, die zu einem Untergang des Markenrechts führen können, kommen einerseits absolute Hindernisse in Betracht wie der Wegfall von Schutzvoraussetzungen, die Abhängigkeit von der Einhaltung zusätzlicher, für den Bestand des Rechts erforderlicher Bestimmungen oder auch eine Dereliktion. Hinzu treten relative Untergangsgründe, die auf der Kollision mit anderen Schutzrechten beruhen. Daneben sind auch Gründe denkbar, die lediglich einen teilweisen Verlust der Ansprüche aus dem Markenrecht bedingen, das Recht damit aber praktisch nutzlos machen. Dies würde einen faktischen Untergang bedeuten. Andere Umstände, wie sie bei Sachen zum Untergang führen können, etwa die Zerstörung oder die wirtschaftliche Unbrauchbarkeit, stellen bei Marken kein Problem dar. Eine Zerstörung scheitert an der fehlenden Körperlichkeit, die wirtschaftliche Verwendbarkeit kann bei Marken praktisch immer angenommen werden.

Betrachtet man die Normen des MarkenG, die an derlei Umstände anknüpfen, so fällt auf, daß sich ihre Rechtsfolge nahezu ausschließlich in der Löschungsreife eingetragener Marken erschöpft, §§ 48-51 MarkenG. Dies überrascht aus verschiedener Hinsicht. Denn zum einen könnte dies darauf hindeuten, daß eingetragene Marken nur über eine Löschung zu beseitigen wären[34], was insbesondere vor der im übrigen schwachen Rolle des Markenregisters verwundert. Zum anderen fehlen gänzlich Bestimmungen, die den Verlust von Marken betreffen, die nicht

34 zu dieser Frage im Rahmen der Konkurrenz zwischen MarkenG und UWG vgl.o. Kapitel 4 C.I.1.a.

auf einer Eintragung beruhen. Bevor daher die einzelnen Untergangsgründe betrachtet werden, soll das Erlöschen von Markenrechten geklärt werden.

1. *Der Untergang von Markenrechten*

Neben der Löschungsreife, §§ 48-51 MarkenG, regelt das MarkenG nur die Wirkung einer Löschung und das zugehörige Verfahren, §§ 52-55 MarkenG. Gelöscht werden können aber lediglich ins Markenregister eingetragene Zeichen. Bei der Suche nach den Gründen für einen Untergang eines Markenrechts ist daher zwischen eingetragenen und den übrigen Marken zu unterscheiden.

a) *Der Untergang eingetragener Marken*

aa) Der rechtliche Untergang

Das Gesetz kennt mit den §§ 48-51 MarkenG zwar verschiedene Löschungsgründe, verzichtet aber darauf, das Erlöschen selbst zu regeln. § 52 I MarkenG knüpft lediglich an das Austragen aus dem Register in Abhängigkeit vom Grund unterschiedliche Wirkungen, regelt aber nicht den Untergang des Markenrechts[35]. Die Regelung läßt jedoch vermuten, daß in der Löschung der Untergangszeitpunkt zu sehen ist. Diese Sichtweise wird zusätzlich durch § 4 Nr.1 MarkenG gestützt. Denn die Austragung aus dem Register ist der actus contrarius zur rechtsbegründenden Eintragung. Folglich würde ein Markenrecht mit der Löschung durch das DPMA untergehen[36]. Dies würde bedeuten, daß das Markenrecht solange wirksam bleibt, wie es im Markenregister eingetragen ist.

Hieran kann man Bedenken anmelden. So spricht § 50 I MarkenG von einer Nichtigkeit bevor die Marke gelöscht wird. Eine nichtige Rechtsposition kann aber keine Wirkung entfalten. Zwar wird dagegen eingewandt, daß der Begriff hier nicht im Sinne des § 134 BGB verstanden werden dürfe[37]. Wegen der Einheitlichkeit der Rechtsordnung und dem selbst im Verwaltungsrecht entsprechenden Verständnis von Nichtigkeit[38] bedarf es aber einer besonderen Begründung, wenn in diesem Zusammenhang eine andere Interpretation gelten soll. Es würde eine soweit ersichtlich einzigartige Ausnahme bedeuten. Der Verweis allein auf die konstitutive Wirkung der Eintragung erscheint als Gegenargument nicht ausreichend[39]. Schließlich kann es sich dabei lediglich um eine von mehreren Wirksamkeitsvoraussetzungen für Marken handeln und insbesondere der Verstoß gegen §§ 3 oder 7 MarkenG unabhängig ein Hindernis für die Entstehung

35 Ebenso Ingerl/Rohnke § 52 RN 5.

36 So Ingerl/Rohnke § 52 RN 5; Fezer § 52 RN 1

37 Fezer § 50 RN 1; Ingerl/Rohnke § 50 RN 1. Zur Begründung wird aber lediglich auf die Eintragung als konstitutive Voraussetzung für das Entstehen des Markenrechts verwiesen.

38 Badura-Erichsen, Allg. VwR § 15 RN 23; Maurer § 10 RN 35; Wolff/Stober § 49 RN 43. Der Vergleich mit dem Verwaltungsrecht ist deshalb angebracht, weil er zum einen das homogene Verständnis der Nichtigkeit in der Rechtsordnung belegt, zum anderen weil es sich im Markenverfahren auch in gewisser Weise um ein Verwaltungshandeln dreht. Man könnte allenfalls auf den Gedanken kommen, mangels einer im Verwaltungsrecht erforderlichen Evidenz hier die Rechtsfolge für nicht angemessen zu halten. Dies würde aber bedeuten, daß der Gesetzgeber den Begriff unachtsam gebraucht hätte. Eine gewagte Unterstellung.

39 So aber Fezer § 50 RN 1; Ingerl/Rohnke § 50 RN 1.

eines Markenrechts bedeuten. Besonders einleuchten mag es bei der Fähigkeit zur Markeninhaberschaft, § 7 MarkenG. Würde ein eingetragenes Zeichen nur durch Austragung untergehen, wäre es möglich, daß eine Marke besteht, die keiner markenrechtsfähigen Person zugeordnet werden könnte, etwa weil sie zuvor einer nun liquidierten Gesellschaft gehörte[40]. Das Ergebnis könnte nur wieder über gekünstelt wirkende Auslegungsmanöver korrigiert werden. Daneben kann man einwenden, daß dem Markenregister allgemein eine verhältnismäßig schwache Position zukommt[41]. So fehlt es an einem Anspruch, die wahre Rechtslage an dem Zeichen wiedergeben zu wollen, genauso wie kein Vertrauenstatbestand geschaffen werden soll[42]. Es will daher nur schwerlich ins Bild passen, würde man nun die Buchposition so stark ausgestalten, daß erst die Löschung zum Untergang des Markenrechts führt.
Doch spricht das MarkenG insofern eine andere Sprache. Es macht die Marke nach § 4 Nr.1 MarkenG allein von der Eintragung abhängig und erwähnt für die Begründung eines Markenrechts gerade nicht die zusätzlichen Voraussetzungen der §§ 3, 7, 8 MarkenG. Ebenso ist es für den Rechtsverkehr von Vorteil, wenn Klarheit über den Bestand eines Markenrechts herrscht, indem erst die Löschung es wieder beseitigen kann. Daß aber auch dem Gesetzgeber am Schutz des Rechtsverkehrs gelegen ist, zeigt nicht zuletzt § 52 III MarkenG, der abgewickelte Verhältnisse trotz Löschung für bestandskräftig erklärt. Diese Ausnahme ist zwar auch der zivilrechtlichen Nichtigkeit nicht fremd[43]. Sie verdeutlicht aber den Willen des Gesetzgebers zum Schutz des Rechtsverkehrs. Insofern ist mit den Stimmen der Literatur[44] auf die Löschung als Zeitpunkt für den Untergang des Markenrechts abzustellen.

bb) Faktischer Untergang aufgrund undurchsetzbarer Markenansprüche

Als Untergangsgrund ist auch denkbar, daß die Rechte aus einer Marke so stark beschnitten werden, daß dies einem faktischen Untergang gleich kommt. Die Rechtsposition würde quasi ausgehöhlt. Werden die Rechte aus der Marke aber nur teilweise außer Kraft gesetzt, bleibt die Marke als solche weiterhin sinnvoll nutzbar. Dies führt durch die eingeschränkte Berechtigung lediglich zu einem niedrigeren Wert der Marke. Das Zeichen bliebe aber als Sicherheit einsetzbar[45].

Grenzen des Markenrechts kennt das MarkenG im 4.Abschnitt des 2.Teils. Daneben können auch die Gründe, die zur Löschung einer Marke berechtigen, als Einrede entweder über § 1 UWG oder § 242 BGB eingewandt werden[46]. Die Tatbestände führen indes überwiegend ledig-

---

40 Vgl. zum Untergang einer Firma BGH GRUR 2005, 871 (871)-seicom; Zur Rechtsfähigkeit und damit auch der Markenfähigkeit der GbR vgl. BPatG GRUR 2004, 1030-Markenfähigkeit der GbR; Wertenbruch DB 2001, 419, Ulmer ZIP 2001, 585 (588); Fezer in: FS Ulmer (2003) S.119 (123 ff); früher ablehnend BGH GRUR 2000, 1028-Ballermann 6; zum Richtungswechsel des BGH hin zur Rechtsfähigkeit der GbR, BGHZ 146, 341 = NJW 2001, 1056 = WM 2001, 408 = ZIP 2001, 330; BGH NJW 2002, 1207; dazu K.Schmidt NJW 2001, 993; Ulmer ZIP 2001, 585; Jauernig NJW 2001, 2231; Scholz NZG 2002, 153 mwN; vgl.a. BVerfG JZ 2003, 43 m.Anm. Stürner.

41 zur Bedeutung des Markenregisters vgl. die Ausführungen im Rahmen der Markenteilung, Kap.3 A.I.3.a.

42 Einzig § 28 I MarkenG knüpft an die Eintragung eine allerdings nur widerlegliche Vermutung.

43 vgl. etwa die erfüllten Verpflichtungen bei Wettspielen, § 762 I BGB

44 Fezer § 50 RN 1; Ingerl/Rohnke § 50 RN 1.

45 Zum Schutz vor derlei Umständen vgl. u. III.1.

46 vgl. Ingerl/Rohnke § 49 RN 31, ähnlich § 50 RN 26; Fezer § 9 RN 2 f; § 50 RN 33

lich zur Beschränkung der Durchsetzbarkeit von Ansprüchen gegenüber einzelnen Rechtsträgern. Insofern bleibt dem Markeninhaber und damit auch dem Sicherungsnehmer im übrigen eine Position, die sich zu gebrauchen und zu verwerten lohnt.
Anders verhält es sich bei den §§ 23 - 25 MarkenG sowie den Löschungseinreden, die auf absoluten Hinderungsgründen beruhen, §§ 49, 50 MarkenG. Sie können von jedermann vorgebracht werden. Die §§ 23, 24 MarkenG regeln jedoch nur spezielle Einschränkungen des ansonsten absoluten Rechts und sind weder in der Lage noch darauf angelegt, das Markenrecht wesentlich einzuschränken. Dagegen können § 25 MarkenG sowie die auf den §§ 49, 50 MarkenG beruhenden Löschungseinreden insbesondere den Ansprüchen aus § 14 MarkenG entgegen gehalten werden. Zwar schränken sie damit nicht den Gebrauch der Marke ein, so daß die Marke samt ihren Belastungen erhalten bleibt. Das Markenrecht büßt aber mit den Ansprüchen aus § 14 MarkenG eine wesentliche Eigenschaft ein. Zudem schwebt in den Fällen der §§ 49, 50 MarkenG über der Marke das Damoklesschwert der Löschung. Der endgültige Verlust kann lediglich bei § 25 I und § 49 I 1 MarkenG durch rechtzeitige erneute Benutzungsaufnahme vermieden werden[47]. Im Ergebnis führen die Einschränkungen und die Gefahr des endgültigen Verlustes in den übrigen Varianten der §§ 49, 50 MarkenG dazu, daß die Marke wirtschaftlich unbrauchbar wird. Trotz noch nicht erfolgter Löschung besitzt die Marke letztendlich keinen Wert mehr.

Im allgemeinen haben somit die Grenzen und Einschränkungen des Markenrechts keinen hinreichenden Einfluß, um es faktisch untergehen zu lassen. Insbesondere die §§ 20-25 MarkenG führen wegen ihrer eingeschränkten Wirkung bzw. korrigierbaren Rechtsfolge lediglich zu teilweisen Einbußen und bedeuten daher allenfalls einen Wertverlust. Besteht aber eine Löschungsreife nach den §§ 49 II, 50 MarkenG, so ist die Marke äußerst risikobehaftet und daher wirtschaftlich wertlos.

b) Untergang nicht eingetragener Marken

Indem eingetragene Marken nur durch die Löschung aus dem Register untergehen, abgesehen von den Fällen wirtschaftlicher Unbrauchbarkeit, stellt sich die Frage nach dem Untergang der Marken nach § 4 Nrn.2, 3 MarkenG. Das MarkenG schweigt hierzu. Jedoch liegt der Gedanke nahe, daß sie mit dem Verlust ihrer Begründungsvoraussezungen die Existenz einbüßen.

Problemlos wird man annehmen können, daß der Verlust der Voraussetzungen, die § 4 MarkenG selbst nennt, zum Untergang des Markenrechts führt. Insoweit entspräche der Wegfall der jeweiligen Bekanntheit, einerseits der Verkehrsgeltung, andererseits der inländischen notorischen Bekanntheit, der Löschung eingetragener Marken.

Diffiziler ist es, soweit Erlöschensgründe in Frage kommen, die den §§ 48-51 MarkenG entsprechen. Dies sind die Dereliktion mittels Verzichts, die eventuell sonstigen an Marken zu stellenden Anforderungen nach den §§ 3, 7, 8 MarkenG[48] sowie die relativen Grenzen durch die Kollision mit älteren Rechten. Vergleicht man die Situation mit der Rechtslage bei eingetragenen

47 Zu den Möglichkeiten, einer Irreführung im Sinne des § 49 II Nr.2 MarkenG durch eine gesteigerte Durchsetzung im Verkehr oder über aufklärende Zusätze zu begegnen, vgl.o. Kap.4 C.I.2.b.bb.

48 Inwieweit die Normen bei sämtlichen Marken gelten, dazu unten 2.a.bb, 2.b.bb.

Marken, so ist festzustellen, daß dort die Marke trotz Fehlens der Voraussetzungen entstehen kann. Erst wenn der Mangel geltend gemacht wird, nicht notwendigerweise von einem Wettbewerber, und die Änderung im Register eingetragen wurde, wirken sich die Umstände auf den Bestand des Markenrechts aus. Ein entsprechendes Ergebnis wird sich aber bei den anderen Markenrechten weder ohne weiteres erreichen lassen, noch würde es vor dem Hintergrund des rein tatsächlich angelegten Schutzes angebracht erscheinen. Es werden andere Wege zu suchen sein.
So wird man bei den absoluten Hindernissen wie einem Verzicht oder den soweit anwendbaren §§ 3, 7, 8 MarkenG allein auf das tatsächliche Vorliegen abzustellen haben. Denn dies entspricht dem Charakter der Marken, die im Gegensatz zu § 4 Nr.1 MarkenG nicht auf formalen Prüfungen beruhen, sondern sich allein auf das Bestehen bzw. Fehlen der einzelnen Voraussetzungen gründen. Ist eines der Merkmale von Beginn an nicht vorhanden oder geht es nachträglich verloren, so entsteht entweder erst gar kein Markenrecht oder es erlischt mit dem Verlust automatisch, ohne daß es einer zusätzlichen Feststellung bedürfte.

Noch schwieriger stellt es sich bei relativen Hindernissen dar. Hier wird man nicht zuerst an den Untergang des kollidierenden Zeichens denken. Dem Rechtsinhaber wird vielmehr an Ansprüchen auf Unterlassung des Gebrauchs, Schadensersatz oder ergänzende Ansprüche wie auf Auskunft gelegen sein. Die Aufgabe oder Abtretung des kollidierenden Rechts wird lediglich zusätzlich in Betracht kommen. Schließlich will der Inhaber des verletzten Rechts vorrangig den Gebrauch des anderen Zeichens unterbinden. Nun beinhaltet § 51 MarkenG aber für eingetragene Marken einen Untergangsgrund. Durch die Parallelität der Markenrechte liegt daher ein entsprechender Anspruch auch für nicht eingetragene Marken nahe. Auch hat der Zweck der Norm durchaus bei sämtlichen Markenrechten seine Relevanz. Denn durch das Erlöschen wird sichergestellt, daß das verletzende Zeichen nicht im Verhältnis zu Dritten weiterhin Rechtswirkungen entfaltet. Der Schutzbereich des prioritätsälteren Rechts wird auf diese Weise von störenden Einflüssen frei gehalten. Man wird daher bei Kollisionen dem Verletzten auch einen Anspruch auf Verzicht oder Abtretung[49] zuzusprechen haben.

2. *Die einzelnen Untergangsgründe und Schutzmöglichkeiten für den Sicherungsnehmer*

Nachdem feststeht, wie ein Markenrecht erlöschen kann, können nun die einzelnen Untergangsgründe betrachtet werden. Es handelt sich dabei um die absoluten und relativen Hindernisse, vgl. §§ 48-51 MarkenG. Hinzu treten bei Marken kraft Eintragung besondere Bestimmungen, welche den Markenschutz beenden können, wie der Zeitablauf, § 47 I MarkenG, oder die Frage der grundlosen Löschung. In Abhängigkeit dieser Untergangsgründe ist nach Lösungen zu suchen, wie das damit verbundene Risiko für das Sicherungsrecht minimiert werden kann.

---

49 Grundsätzlich wird man nur einen Anspruch auf Verzicht annehmen können. Schließlich hat der Rechtsinhaber keinen Anspruch auf das Zeichen, sondern nur auf ungestörten Gebrauch seines eigenen Rechts. In einzelnen Konstellationen mag dies aber anders sein. Unabhängig ob ein Verzicht oder eine Abtretung geltend gemacht wird, führt das Vorgehen aber zu der erstaunlichen Folge, dass eine ältere, unbedeutende Registermarke im Verkehr urplötzlich der Wert eines durchgesetzten Zeichens zukommen kann, vgl. dazu die ähnliche Problematiken unter c., e.aa.

a) *Anfängliches Fehlen von Schutzvoraussetzungen, § 50 MarkenG*

Wird eine Marke trotz des Fehlens einer Voraussetzung nach §§ 3, 7, 8 MarkenG in das Markenregister eingetragen, so führt dies lediglich zu einem Löschungsgrund, sofern der Mangel weiterhin besteht, § 50 I MarkenG. Kann dieser Umstand beseitigt werden, können Sicherungsrechte vor ihrem Untergang bewahrt werden.

aa) Die Eintragungsvoraussetzungen der §§ 3, 7, 8 MarkenG

§ 3 MarkenG bestimmt in Abgrenzung zu § 8 II MarkenG die abstrakte Markenfähigkeit. Sie wurde gegenüber dem WZG stark erweitert und ist nunmehr quasi umfassend, denn selbst die Aufzählung des § 3 I MarkenG ist lediglich beispielhaft. Allein entscheidend bleibt die Unterscheidungseignung des Zeichens[50]. Da bei der Beurteilung auf die jeweiligen Verkehrskreise abzustellen ist, müssen sie das Zeichen als ein Unterscheidungsmerkmal wahrnehmen. Nicht zwingend muß die Marke als betrieblicher Herkunftshinweis verstanden werden[51]. Begrenzt wird die weite Markenfähigkeit lediglich durch § 3 II MarkenG, der dreidimensionalen Marken keinen Schutz gewährt, bei denen sich die Form aus anderen Gründen ergibt als dem Zweck der Produktunterscheidung. Damit wird vermieden, daß sich ein Wettbewerber über das Markenrecht einen Gegenstand dauerhaft monopolisieren kann, dem über die dafür vorgesehenen technisch ausgerichteten Schutzrechte nur zeitlich begrenzten Schutz verliehen wird[52].

Ergänzend zur abstrakten - objektiven - Markenfähigkeit nach § 3 MarkenG regelt § 7 MarkenG die subjektive Markenrechtsfähigkeit. Die Norm greift die zivilrechtliche Rechtsfähigkeit auf, §§ 1, 21 BGB, verweist aber nicht auf die Paragraphen des BGB, sondern bestimmt selbst die potentiellen Inhaber eines Markenrechts. Dies mag auf den ersten Blick verwundern, zumal die Regelung nicht von der MarkenRL vorgegeben wurde und der Hinweis auf eine europarechtliche Auslegung die eigene Normierung rechtfertigen würde. Es ist jedoch zu vermuten, daß der Gesetzgeber mit § 7 MarkenG klarstellen wollte, daß die Teilrechtsfähigkeit, wie sie früher der GbR beigemessen wurde, gerade nicht ausreichen sollte[53]. Inzwischen wird aber auch die GbR als markenrechtsfähig angesehen[54].

Über die Rechtsfähigkeit hinaus verzichtet die Norm auf weitere Erfordernisse an einen Markeninhaber. Selbst für Ausländer wird nicht mehr die Gegenseitigkeit des Schutzes gefordert, wie es noch § 35 WZG zu eigen und früher allgemein üblich war. Hierauf konnte verzichtet werden, weil in der Zwischenzeit sämtliche wichtige Handelsnationen Mitglieder der PVÜ oder WTO sind, weshalb ein Mindeststandard an Markenschutz gewährleisten ist[55].

---

50 Vgl. dazu und zur nur zögerlichen Akzeptanz neuartiger Marken durch das Markenamt Fezer WRP 1999, 575; ders. WRP 2000, 1 (7 f).

51 Fezer § 3 RN 221

52 Vgl. Ingerl/Rohnke § 3 RN 35; Althammer-Klaka § 3 RN 19; vgl.a. Bauer GRUR 1996, 319

53 Vgl. die Amtl.Begr. BT-Drucks. 12/6581 S.69; ebenso Ingerl/Rohnke § 7 RN 9; **a.A.** Fezer § 7 RN 36.

54 BPatG GRUR 2004, 1030-Markenfähigkeit der GbR; schon früher ebenso Wertenbruch DB 2001, 419, Ulmer ZIP 2001, 585 (588); noch ablehnend BGH GRUR 2000, 1028-Ballermann 6; zum vom BGH initiierten Richtungswechsel hin BGHZ 146, 341 = NJW 2001, 1056 = WM 2001, 408 = ZIP 2001, 330; BGH NJW 2002, 1207; dazu K.Schmidt NJW 2001, 993.

55 Zur PVÜ vgl.o. Kap.1 B.1.2.a.bb., zur WTO und dem TRIPs-Abkommen Kap.1 B.I.2.c.bb.

Schließlich regelt § 8 MarkenG noch spezielle Voraussetzungen, die bei der Eintragung und damit für Marken nach § 4 Nr.1 MarkenG zu beachten sind. Die Norm setzt vor allem zwingende Vorgaben der MarkenRL um, daneben aber auch Teile der fakultativen Bestimmungen des Art.3 MarkenRL. Demnach ist § 8 MarkenG vorwiegend im Lichte der MarkenRL zu verstehen und auszulegen. Der Zweck der Regelung liegt einerseits in der Gewährleistung der Unterscheidungsfunktion der Marke, andererseits im Schutz von Allgemeininteressen, teilweise auch von Wettbewerberinteressen. Besonders bemerkenswert ist dabei, daß Allgemeininteressen hinter das Interesse des Markeninhabers zurücktreten und einzelne Eintragungshindernisse überwunden werden können, § 8 III MarkenG[56]. Dies führt im Rahmen des § 50 MarkenG dazu, daß ein anfänglich bestehender Löschungsgrund im Laufe der Zeit wegfallen kann, § 50 II MarkenG.

bb) Anwendbarkeit der §§ 3, 7, 8 MarkenG auf nicht eingetragene Marken

Von den §§ 3, 7, 8 MarkenG gilt nur § 3 MarkenG unmittelbar für sämtliche Markenarten. §§ 7, 8 MarkenG betreffen ihrem Wortlaut nach nur eingetragene bzw. angemeldete Zeichen. Es bleibt daher die Frage, ob sie auch auf die Marken nach § 4 Nrn.2, 3 MarkenG übertragen werden können.

Bei § 7 MarkenG ist kein Grund ersichtlich, welcher die Einschränkung auf Registermarken rechtfertigen würde. Gerade die Parallele zur zivilrechtlichen Rechtsfähigkeit legt es nahe, daß die Norm für sämtliche Markenarten zu gelten hat. Dies entspricht auch der bereits mehrfach erwähnten Intention des Gesetzgebers, die Markenrechte auf dieselbe Stufe zu stellen. Folglich ist anzunehmen, daß die in § 7 MarkenG geregelte subjektive Markenrechtsfähigkeit für sämtliche Marken zu gelten hat[57].

Auch erscheint es angebracht, daß § 8 MarkenG über seinen Wortlaut hinaus nicht nur bei einzutragenden Marken relevant ist. Denn sämtlichen der in § 8 II MarkenG geregelten Fälle liegt ein Allgemeininteresse zugrunde, welches als wichtiger erachtet wurde als das Individualinteresse am Schutz des Zeichens. Nicht anders kann und darf die Abwägung der gleichartigen Interessenlage bei den anderen Markenrechten ausfallen. Soweit ein Zeicheninhaber durch die höhere Bekanntheit der Marke in Form der Verkehrsgeltung oder als notorische Bekanntheit eine schützenswertere Position[58] und damit ein gesteigertes Interesse geltend macht, ist er auf § 8 III MarkenG zu verweisen. Dort hat der Gesetzgeber eine Abwägung getroffen, wann die Bekanntheit eines Zeichens das Allgemeininteresse überwinden kann[59]. Ebenso müssen auch die Ausnahmen der § 8 IV MarkenG für sämtliche Marken gelten, beruhen sie gleichfalls auf grundsätzlichen Überlegungen. Anders verhält es sich lediglich mit der graphischen Darstellbarkeit nach § 8 I MarkenG. Sie trägt allein den besonderen Anforderungen Rechnung, daß ein Zeichen ins Markenregister eingetragen werden soll. Folglich sind die § 8 II-IV MarkenG auf sämtliche Marken anzuwenden[60].

---

56 dazu auch oben Kap.4 C.I.2.c.

57 ebenso Ingerl/Rohnke § 7 RN 1; Fezer § 7 RN 11

58 Daß dem so ist, zeigt der Einfluß der Bekanntheit des Zeichens auf ihre Kennzeichnungskraft und damit auf den geschützten Bereich, vgl. Ingerl/Rohnke § 14 RN 221; Fezer § 14 RN 121 f

59 Zur entsprechenden Anwendung des § 8 III MarkenG auf § 8 II Nr.4 MarkenG vgl.o. Kap.4 C.I.2.b.bb.

60 so auch Ingerl/Rohnke § 8 RN 9 mwN

cc) Bedeutung für Sicherungsgeschäfte

Für Sicherungsgeschäfte bedeutet dies, daß einem Sicherungsnehmer ein Verlust seiner Sicherheit nur bei eingetragenen Marken droht. Bei nicht eingetragenen Zeichen ginge bereits der Bestellungsakt des Sicherungsrechts ins Leere, so daß zu keiner Zeit eine Sicherheit existiert. Mithin ist es auch nicht möglich, sich gegen einen Verlust abzusichern[61].

Dem Verlustrisiko bei eingetragenen Marken kann nur sehr beschränkt begegnet werden. Denn sollten tatsächlich entsprechende absolute Hindernisse bei der Eintragung übersehen worden sein, werden sie sich nur selten beheben lassen. Lediglich § 8 III MarkenG bietet eine Heilungsmöglichkeit für manche der Mängel. Um aber ein Zeichen über die Schwelle der Verkehrsdurchsetzung zu hieven, sind beträchtliche Kapitalanstrengungen vonnöten, die allenfalls in seltenen Ausnahmen angebracht erscheinen. In den übrigen Fällen würde den Beteiligten nur die Möglichkeit bleiben, das Zeichen umzugestalten, damit es den gesetzlichen Anforderungen genügt. Es ist aber zu vermuten, daß dabei der Wiedererkennungseffekt und folglich der Wert der Marke stark leiden würde.

Zu empfehlen ist daher lediglich eine eingehende Prüfung vor Bestellung der Sicherheit auf mögliche Verstöße gegen die §§ 3, 7, 8 MarkenG. Jedoch ist davon auszugehen, daß das Verlustrisiko nach § 50 MarkenG nicht allzu groß sein wird.

b) Wegfall von Schutzvoraussetzungen, § 49 II MarkenG

Indem der Schutz von Marken an bestimmte Voraussetzungen anknüpft, sei es daß das Zeichen nur bei Vorliegen der Voraussetzungen in das Register eingetragen wird, §§ 4 Nr.1, 36, 37 MarkenG, sei es daß eine hinreichende Bekanntheit im Verkehr erreicht werden muß, § 4 Nrn.2, 3 MarkenG, kann es vorkommen, daß einzelne dieser Voraussetzungen im Laufe der Zeit verloren gehen. Das Gesetz kennt für diese Fälle allein § 49 II MarkenG, der bei eingetragenen Marken die Löschung vorsieht, sofern die Marke nachträglich gegen die absoluten Schutzhindernisse des § 8 II Nrn.3, 4 MarkenG[62] verstößt oder die Markenrechtsfähigkeit des Inhabers gem. § 7

---

61 Es würde daher auch keinen Sinn machen, soweit das Hindernis überwunden werden könnte, darauf zu dringen. Denn abgesehen von dem regelmäßig unzumutbaren Aufwand, der hierfür erforderlich wäre, dürfte es sehr fraglich sein, ob die Erklärungen auf Abschluß des Sicherungsgeschäfts soweit erstreckt werden könnten.

62 Zwar weisen die Formulierungen von § 49 II Nrn.1, 2 und § 8 II Nrn.3, 4 MarkenG leichte Unterschiede auf, insbesondere wird bei § 8 II Nr.3 MarkenG iGz § 49 II Nr.1 MarkenG zwischen üblich und gebräuchlich unterscheiden. Inhaltlich macht dies aber keinen Unterschied, vgl. die Amtl. Begr., BT-Drucks. 12/6581 S.95, ebenso Fezer § 49 RN 25; dies selbstverständlich voraussetzend Ingerl/Rohnke § 49 RN 29. Auch verlangt der Verfall zusätzlich die Zurechenbarkeit der Umwandlung der Marke in eine Gattungsbezeichnung. Diese wird aber in den seltensten Fällen zu verneinen sein, vgl. Ingerl/Rohnke § 49 RN 30; Fezer § 49 RN 27. Ohnehin wäre zu fragen, ob diese durch Art.12 II a. MarkenRL vorgegebene Einschränkung überhaupt berechtigt ist, weil bei Gattungsbezeichnungen unabhängig vom zurechenbaren Verhalten des Markeninhabers das Interesse der Allgemeinheit am Gebrauch des Zeichens höher zu bewerten ist als der Bestandsschutz. Zumindest ist es aber falsch, beim Wandel zur Gattungsbezeichnung nur eine außermarkenrechtliche Löschungsklage nach § 1 UWG anzunehmen, so aber Fezer § 50 RN 42. Er übersieht die in § 49 II Nr.1 MarkenG erfolgte gesetzliche Ausgestaltung. Unproblematisch ist dagegen die Übereinstimmung zwischen § 8 II Nr.4 und § 49 II Nr.2 MarkenG, wenngleich der Verfall eine konkrete Täuschung verlangt, im Gegensatz zu einer abstrakten Täuschungsgefahr wie bei den absoluten Schutzhindernissen.

MarkenG nicht mehr gegeben ist. Eine Löschung soll zudem nur auf Antrag möglich sein[63]. Es ist aber fraglich, ob dies tatsächlich die einzigen Fälle sind, in denen die nachträgliche Änderung zum Wegfall des Markenrechts führen kann. Ohnehin fehlt es gänzlich an einer Regelung für den Verlust der Schutzvoraussetzungen bei Marken kraft Verkehrsgeltung.

aa) § 49 II MarkenG und seine Erweiterung auf weitere Fälle des § 8 II MarkenG

Marken kraft Eintragung hängen gem. §§ 36 I, 37 I MarkenG von den §§ 3, 7, 8 und 10 MarkenG ab. Nicht alle dieser Voraussetzungen können sich im nachhinein ändern. So wird sich beispielsweise die grundsätzliche Markenfähigkeit eines Zeichens nach § 3 MarkenG nicht wandeln. Ebenso kann es bei § 10 MarkenG immer nur auf den Eintragungszeitpunkt ankommen. Neben den in § 49 II MarkenG geregelten Umständen ist es aber durchaus denkbar, daß an einer Bezeichnung, die ehemals zurecht eingetragen wurde, durch einen Bedeutungswandel des ihr zugrunde liegenden Wortes oder sonstiger Markenbestandteile ein Freihaltebedürfnis entsteht oder ihr Gebrauch gegen die Moralvorstellungen, die öffentliche Ordnung im allgemeinen oder einzelne Normen verstößt, § 8 II Nrn.2, 5, 9 MarkenG[64]. Es ist kein Grund ersichtlich, warum diese Umstände anders gewertet werden sollen als die Verfallsgründe des § 49 II Nrn.1, 2 MarkenG[65].

Sowohl § 8 II Nr.2 MarkenG wie auch § 8 II Nrn.5, 9 dienen zumindest auch dem Schutz der Allgemeinheit[66]. Daß trotz ihres nachträglichen Eintretens kein Verfall vorliegen soll, könnte allenfalls durch den Bestandsschutz eines einmal rechtmäßig entstandenen Markenrechts legitimiert werden. Damit würde letzterem aber uneingeschränkt Vorrang vor den Allgemeininteressen eingeräumt. Wegen der überragenden Bedeutung sowohl eines funktionierenden Wirtschaftsverkehrs, den freihaltebedürftige Zeichen wesentlich unterstützen, als auch der guten Sitten und öffentlichen Ordnung als Fundament der Rechtsordnung kann dies nicht angenommen werden. Dem steht auch nicht entgegen, daß es sich um ein absolutes Recht handelt, das gewährt wurde[67], und dessen Löschen einem enteignungsgleichen Eingriff gliche. Denn das Markenrecht unterliegt von Anfang an dieser Einschränkung und konnte zu keiner Zeit ohne

---

63 Dies überrascht, weil es sich um absolute Hindernisse handelt, deren Beachtung im Rahmen des § 8 II MarkenG von Amts wegen vorgesehen ist. Denn das Markenamt kann von Amts wegen einschreiten, wenn eine Marke wegen Verstoßes gegen § 8 II Nrn.4-9 MarkenG zu unrecht eingetragen wurde, § 50 III MarkenG. Da aber die Löschungsklage, § 55 II Nr.1 MarkenG, wie auch der Antrag beim DPMA von jedermann eingereicht werden kann - weder § 53 MarkenG noch § 43 MarkenV regeln die Aktivlegitimation; es ist daher auf die Bestimmung bei der alternativ möglichen Löschungsklage zurückzugreifen, § 55 II MarkenG, zustimmend, aber ohne Begründung Ingerl/Rohnke § 53 RN 6, Fezer § 53 RN 3 -, wird dadurch lediglich das DPMA von einer laufenden Überprüfung entbunden und auf die „Selbstreinigungskräfte" des Wettbewerbs vertraut. Hierbei nehmen traditionell Verbraucherverbände eine gewichtige Rolle ein, die ebenfalls antrags- und klagebefugt sind.

64 Daß im Laufe der Zeit die Marke zu einem staatlichen Hoheitszeichen, einem Prüfzeichen oder dem Zeichen einer internationalen Organisation wird, § 8 II Nrn.6-8 MarkenG, erscheint daher so unwahrscheinlich, daß darauf nicht näher einzugehen ist.

65 A.A. BGH GRUR 2003, 1040 (1042)-kinder mwN.

66 Beim Freihaltebedürfnis ist neben dem Interesse momentaner und künftiger Wettbewerber auch der Wirtschaftsverkehr im allgemeinen geschützt, Ingerl/Rohnke § 8 RN 52, Fezer § 8 RN 118. In den anderen Fällen ist das öffentliche Interesse augenscheinlich.

67 Dazu oben Kap.1 C.I.1.

diesen Vorbehalt existieren. Die Sichtweise verstößt auch nicht gegen die MarkenRL, die in Art.12 II den Verfall ebenfalls lediglich für die Fälle des § 49 II Nrn.1, 2 MarkenG vorsieht. Denn bei den durch § 8 II Nrn.2, 5, 9 MarkenG geschützten Interessen handelt es sich um überragende Rechtsgüter, die systematisch gesehen nicht hinter den in Art.12 II MarkenRL aufgegriffenen Allgemeininteressen zurückbleiben dürfen. Daher kann die Regelung nicht als abschließend verstanden werden[68].
Jedoch ist beim Freihaltebedürfnis die Grenze des § 8 III MarkenG zu beachten. Denn soweit der Verkehr mit dem Zeichen eine bestimmte betriebliche Herkunft assoziiert, soll nach dem Willen des Gesetzgebers das trotzdem weiterhin bestehende Allgemeininteresse zurücktreten[69].

Der Schutz der nachträglich auftretenden Allgemeininteressen darf nicht lediglich auf außerhalb des MarkenG liegende Ansprüche wie etwa einem auf Löschung nach § 1 UWG verlagert werden[70]. Bei den geschützten Interessen handelt es sich um allgemeine Grenzen des Markenschutzes, die ihren Niederschlag im Markenrecht zu finden haben. Außerhalb des Rechtsbereichs liegende Korrektive basieren auf anderen Ansätzen. Diese können sich durchaus mit denen des Markenrechts überschneiden. Sie sind aber weder zur inhaltlichen Ausgestaltung des Markenschutzes gedacht noch vielfach in der Lage, die Lücken, die das MarkenG beläßt, zu schließen[71]. Folglich ist ein entsprechender Löschungsanspruch aus dem Markenrecht zu entnehmen. Hier bietet sich an, § 49 II MarkenG analog auf sämtliche Fälle nachträglich kollidierender öffentlicher Interessen anzuwenden[72].

bb) Verlust von Schutzvoraussetzungen bei Marken nach § 4 Nrn.2, 3 MarkenG

Keine gesetzliche Regelung fand der nachträgliche Wegfall von Umständen, die den Schutz der Marken nach § 4 Nrn.2, 3 MarkenG begründen. Nach allgemeiner Meinung führt aber der Verlust der Verkehrsgeltung zur Beendigung des Markenschutzes[73]. Nichts anderes kann für notorische Marken gelten, denen die notorische Bekanntheit im Inland abhanden kommt. Als Besonderheit ist lediglich zu beachten, daß genauso wie Markenschutz nach § 4 Nr.2 MarkenG nur für einen Teil des Bundesgebiets möglich ist, auch der Verlust des einmal bestandenen Markenrechts auf einzelne Territorien beschränkt sein kann[74].

---

68 Im Ergebnis ebenso Fezer § 50 RN 42; **a.A.** Ingerl/Rohnke § 50 RN 28.

69 Vgl. dazu Kap.4 C.I.2.b.bb. Dies widerspricht auch nicht § 49 II Nr.1 MarkenG, der beim Wandel der Marke zu einer Gattungsbezeichnung keine Begrenzung des Verfalls entsprechend § 8 III MarkenG kennt. Denn wurde aus einer Marke eine Gattungsbezeichnung, versteht der Verkehr unter ihr gerade nicht mehr in erster Linie ein Produkt eines bestimmten Unternehmens.

70 So Fezer § 49 RN 1, der § 49 als abschließend betrachtet und im Übrigen auf das UWG zurückgreifen möchte. Allerdings greift er die Fragestellung – systemwidrig – unter § 50 wieder auf, Fezer § 50 RN 42.

71 Ähnlich Fezer § 50 RN 42

72 Demgegenüber schlägt Fezer vor, § 50 III MarkenG analog anzuwenden, Fezer § 50 RN 42. Naheliegender erscheint aber der Rückgriff auf § 49 II MarkenG, da diese Norm ohnehin den Verfall einer Marke aufgrund sich nachträglich ändernder Umstände regelt. § 50 MarkenG will dagegen nur anfängliche Fehlentscheidungen korrigieren. Daß § 49 II MarkenG im Gegensatz zu § 50 III MarkenG einen Antrag voraussetzt, bleibt ohne ausschlaggebende Bedeutung. Insofern kann auf die Selbstreinigungskräfte vertraut werden.

73 Ingerl/Rohnke § 4 RN 20; Fezer § 4 RN 214; vgl. a. BGH GRUR 2002, 340-fabergé

74 Z.B. bei lediglich regionaler Weiterbenutzung der Marke, vgl. Fezer § 4 RN 216; Es wird aber im Einzelfall schwer nachweisbar sein, wo die Grenzen verlaufen.

Wie oben ausgeführt, gelten die absoluten Schutzhindernisse des § 8 II MarkenG entgegen dem Wortlaut der Norm auch für Marken kraft Verkehrsgeltung[75]. Folglich können auch sie als Voraussetzungen für den Schutz verloren gehen und dem Fortbestand des Markenrechts entgegen stehen. Daher gilt für sie in gleicher Weise das zu eingetragenen Marken Ausgeführte, mit der Besonderheit, daß durch eine relativ geringe Steigerung der Bekanntheit hin zur Verkehrsdurchsetzung manche der Hindernisse gem. § 8 III MarkenG überwunden werden können.

cc) Schutz des Sicherungsnehmers gegen den Verlust von Schutzvoraussetzungen

Der Sicherungsnehmer wird nun darauf dringen, dieses Risiko des Verlustes der Marke zu minimieren. Erforderlich ist dafür, daß einerseits bei Marken kraft Eintragung, soweit es in der Macht des Verwenders eines Zeichens steht, der Wegfall absoluter Schutzvoraussetzungen verhindert wird. Andererseits muß bei Marken kraft Verkehrsdurchsetzung oder notorischer Bekanntheit zusätzlich der dafür erforderliche Bekanntheitsgrad aufrecht erhalten bleiben.

Dem Verfall kann dabei nur in den Fallgruppen vorgebeugt werden, in denen Einfluß auf den Eintritt des geschützten Allgemeininteresses genommen werden kann. Dies ist nur bei Gattungsbezeichnungen, bei der Vermeidung von Täuschungen sowie dem Schutz trotz eines Freihaltebedürfnisses möglich und selbst dort jeweils nur bedingt.
Gegen den Wandel zur Gattungsbezeichnung bleibt nur der Versuch, die diesen Prozeß unterstützenden Handlungen zu unterbinden. Dies ist insoweit möglich, als das Markenrecht verletzt wird oder Wettbewerber sich im Sinne des UWG unlauter verhalten. Der Sicherungsnehmer hat daher darauf zu achten und sicherzustellen, daß diese Ansprüche verfolgt werden[76].
Um Täuschungen zu vermeiden, kann es erforderlich sein, daß der Marke bei ihrer Verwendung ein Zusatz beigefügt wird, der die Irreführung beseitigt[77]. Hier hat daher der Sicherungsnehmer vor allem Regelungen zu finden, nach denen die Entwicklung um das Zeichen unter Beobachtung bleibt und gegebenenfalls Maßnahmen zur Vermeidung von Irreführungen ergriffen werden.
Dem Verlust infolge eines entstehenden Freihaltebedürfnisses kann man begegnen, indem die Marke die Verkehrsdurchsetzung im Sinne des § 8 III MarkenG erreicht. In wieweit diese Strategie wegen des enormen Kapitalaufwands adäquat erscheint, muß im Einzelfall entschieden werden. Empfehlenswert erscheint ein entsprechendes Vorgehen dort, wo tatsächlich eine gewisse Gefahr besteht, daß Inhalte des Zeichens aufgrund eines Anstiegs an Bedeutung zur Beschreibung von Produkten oder wegen eines Bedeutungswandels zu Schwierigkeiten führen können. Es ist aber zu erwarten, daß diese Gefahr auf sehr seltene Fälle beschränkt bleiben wird.

75 Dazu oben a.bb.; vgl. auch Ingerl/Rohnke § 8 RN 9 mwN.
76 Zum Schutz vor dem Wandel zur Gattungsbezeichnung bei der Wiedergabe in Nachschlagewerken, § 16 MarkenG, vgl. Ingerl WRP 1997, 817. Jedoch kann nicht jede Gefahr des Wandels vermieden werden. Insbesondere wird man nichts unternehmen können, wenn Marken in nicht kennzeichnender Weise von Personen verwandt werden, die in keinem Wettbewerbsverhältnis zum Zeicheninhaber stehen. Trotzdem wird durch die vorgeschlagenen Maßnahmen manchem Entwicklungsprozeß das Wasser abgegraben werden können, vgl. Ingerl/Rohnke § 49 RN 35; Lehmann-Richter WRP 2002, 1391 (1392); zum Wandel in eine Gattungsbezeichnung BGH WRP 2002, 116-Mozart
77 vgl.o. Kap.4 C.I.2.b.cc.

Um die für die entsprechenden Marken erforderliche Verkehrsgeltung bzw. notorische Bekanntheit aufrecht zu erhalten, empfiehlt es sich, den seitherigen Umfang des Gebrauchs des Zeichens zumindest festzuschreiben. Denn dieser führte zur Entstehung der Marke und sollte insofern auch in Zukunft genügen, diesen Status beizubehalten. Hiergegen wird auch der Sicherungsgeber kaum etwas einwenden können.

c) *Verfall der Marke wegen ungenügender Benutzung, § 49 I MarkenG*

Ein weiterer Verfallsgrund besteht dann, wenn eingetragene Marken innerhalb der letzten 5 Jahre nicht ernsthaft benutzt wurden, § 49 I 1 MarkenG[78]. Auch hier besteht die Gefahr, die Marke und an ihr bestellte Sicherungsrechte dauerhaft zu verlieren, sofern die Benutzung nicht rechtzeitig i.S.v. § 49 I 2 MarkenG wieder aufgenommen wird.

Zwar gilt auch diese Norm qua Wortlaut und nach ihrer Rechtsfolge nur für Marken kraft Eintragung. Doch drängt sich wiederum die Frage auf, ob die Regelung nicht auf die übrigen Marken entsprechend anzuwenden ist. Hierfür spricht erneut die grundsätzlich vom Gesetzgeber verfolgte Parallelität der Markenrechte[79]. Unterstützt wird dies durch den Zweck einer Marke, welcher in der Kennzeichnung von Waren oder Dienstleistungen besteht: Wird eine Marke nicht mehr benutzt, erscheint sie auch nicht mehr schutzwürdig. In ähnlicher Weise hat der europäische Gesetzgeber die Regeln zum Benutzungszwang argumentiert. So nennt die MarkenRL als Grund für die Bestimmungen das Vermeiden von Kollisionen. Ausgediente Zeichen sollen künftigen Markeninhabern den Schutz ihrer Zeichen nicht unnötig erschweren[80]. Diese Zweckbestimmung muß auch für den Benutzungszwang im MarkenG gelten, welcher die Vorgaben der Richtlinie umzusetzen hat und bei dessen Auslegung der Wille des europäischen Gesetzgebers maßgeblich ist. Folglich kann nicht mehr an dem Verständnis festgehalten werden, wie es unter dem WZG galt[81]. Damals wurde der Benutzungszwang als Mittel zur Vermeidung von passiven Marken verstanden[82], worunter Marken kraft Verkehrsgeltung oder notorischer Bekanntheit nicht subsumiert werden konnten[83]. Obgleich die MarkenRL nur für eingetragene Marken gilt[84], liegt

78 Dies als neben dem Verzicht als einzigen Problembereich ausmachend Klawitter/Hombrecher WM 2004, 1213 (1218); vgl.a. Albrecht/Hombrecher WM 2005, 1659 (1665). Zum Benutzungszwang vgl. auch oben A.II.1.

79 BT-Drucks. 12/6581 S.65; vgl. dazu auch oben Kap.1 B.4.; Fezer Vorb § 27 RN 1.

80 Erwägungsgrund 8 der EU-Richtlinie 89/104/EWG v.21.12.1988, ABl EG L 159 v.10.6.1988 S.60.

81 So aber v.Gamm in: FS GRUR II (1991) S.801 (807 f).

82 Dabei handelte es sich um Zeichen, die lediglich zur Erweiterung des Schutzbereichs eines anderen Zeichens eingetragen wurden, nie aber zur eigenständigen Verwendung vorgesehen waren; vgl. Baumbach/Hefermehl WZG Einl RN 32. Das Verständnis manifestierte sich beispielsweise darin, daß der Benutzungszwang lediglich im Widerspruchs- und Löschungsverfahren geregelt war. Die Normen wurden aber als unvollständig wie auch unübersichtlich angesehen, vgl. Fezer Vorb § 25 RN 4; Ingerl/Rohnke § 25 RN 2; § 26 RN 4. Der BGH wandte daher § 11 I Nr.4 WZG analog als sogenannten Einwand der Löschungsreife auch auf Verletzungsverfahren an, vgl. BGH GRUR 1984, 813 (814); GRUR 1978, 642 (644). Trotzdem blieb es bei der Sichtweise, was den Zweck der Bestimmungen anbetraf.

83 Denn sie beruhen ja gerade darauf, daß sie im Verkehr publik gemacht wurden, folglich gerade nicht passiv blieben. Eine Besonderheit bilden lediglich die notorischen Marken, die auch ohne Benutzung im Inland einen entsprechenden Bekanntheitsgrad erreicht haben. Aber auch hier handelt es sich nicht um passive Marken, bei welchen der Schutz lediglich für andere Zwecke mißbraucht wird.

die Ausdehnung des nun geltenden Verständnises auf sämtliche Marken nahe. Schließlich greift das Argument auch dort ein. Denn alte ungenutzte Zeichen beeinträchtigen nicht nur das Entstehen einer einzutragenden Marke. Teleologisch und nach der Gleichachtung aller Markenrechte müßte daher der Benutzungszwang auf sämtliche Marken angewandt werden.
Gegen ein derartiges Ergebnis spricht aber Art. 6bis PVÜ. Er bestimmt für notorische Marken, daß sie gerade ohne inländische Benutzung geschützt werden sollen. Gleiches ist bei Marken kraft Verkehrsgeltung anzunehmen. Dadurch daß sie aufgrund ihrer Bekanntheit - selbst nachdem der Gebrauch eingestellt wurde - im Bewußtsein der Verkehrskreise verankert sind, beruht ihr Schutz auf einer Leistung des Markeninhabers[85]. Die Aberkennung dieser beachtlichen Leistung erscheint angesichts der mit dem Benutzungszwang verfolgten Bereinigung der Markenlandschaft nicht gerechtfertigt. Denn insbesondere nach der Ausweitung des Markenbegriffs stehen genügend Gestaltungsvarianten zur Verfügung, so daß keine Verknappung der markenfähigen Zeichen zu befürchten ist. Die ansonsten mögliche Aneignung des Zeichens mit Verkehrsgeltung und des in ihm weiterhin verkörperten Werts durch Dritte wäre im Verhältnis zu dem mit dem Benutzungszwang verfolgten Ziel unangemessen. Es verbietet sich daher eine entsprechende Anwendung der Regeln auf die übrigen Markenrechte.

Um sich nun als Sicherungsnehmer gegen die verbleibenden Gefahren des Verlustes bei eingetragenen Marken abzusichern, wird man auf eine ernsthafte Benutzung im Sinne des § 26 MarkenG zu dringen haben. Hierfür reicht aber bereits aus, daß die Marke, bezogen auf die Produkte, objektiv nach Art, Umfang und Dauer wirtschaftlich und verkehrsüblich angebracht gebraucht wird[86]. Wie aber bereits oben festgestellt[87] besteht wegen des Interesses des Sicherungsgebers an der Nutzung des Zeichens in aller Regel keine Gefahr, die Schwelle einer hinreichenden Benutzung nicht zu erreichen.

d) *Verzicht auf Markenrechte, § 48 MarkenG*

Ein weiterer Untergangsgrund einer Marke kann der Verzicht sein, § 48 I MarkenG. Der Markeninhaber kann einen sich hierauf stützenden Antrag auf Löschung aus dem Register an das DPMA stellen. Sobald ihm nachgekommen und die Marke unter Maßgabe des § 48 II MarkenG ausgetragen wird, erlischt die Rechtsposition[88]. Der Austragung aus dem Register soll dabei als

84 vgl. dazu oben Kap.1 B.I.2.b.

85 Ob dieser Fall allerdings eine erhebliche praktische Bedeutung entfalten wird, darf getrost bezweifelt werden. Denn wenn eine Marke über einen Zeitraum von 5 Jahren nicht mehr benutzt wurde, müßte sie schon eine außerordentliche Bekanntheit im Verkehr gehabt haben, um danach überhaupt noch die Schwelle zur Verkehrsgeltung zu überschreiten. Hat aber eine Marke eine solche Bedeutung, wäre ihr Inhaber schlecht beraten, würde er das darin vorhandene Kapital über diesen Zeitraum brach liegen lassen.

86 Vgl. Ingerl/Rohnke § 26 RN 108 ff; Kunz-Hallstein GRUR 2001, 643 (645 f); zur alten Rspr. BGH GRUR 1995, 347 (349).

87 Dazu oben, A. I.1. Insofern ist die Forderung von Klawitter/Hombrecher WM 2004, 1213 (1218) nach einer ausschließlichen Lizenz für den Sicherungsnehmer nicht nur überflüssig. Sie übersehen zusätzlich, dass bei einer ausschließlichen Lizenz der Sicherungsgeber nicht mehr zur Benutzung befugt wäre, was sicherlich von keier Partei gewollt und zudem sicherungsrechtlich fragwürdig ist.

88 Ingerl/Rohnke § 48 RN 7 a.E.; Fezer § 48 RN 2; **a.A.** Althammer-Ströbele/Klaka § 48 RN 9, die davon ausgehen, daß bereits die Erklärung zum Untergang der Marke führt und dies mit der Entstehungsgeschichte

actus contrarius zur konstitutiven Eintragung konstitutive Wirkung zukommen. Nur ausnahmsweise geht die Marke bereits vor der Löschung unter, und zwar wenn die Verzichtserklärung in einem Widerspruchs- oder Löschungsverfahren abgegeben wird[89].

aa) Verzicht bei nicht eingetragenen Marken

Auch § 48 MarkenG bezieht sich nur auf Registermarken. Ein Verzicht auf sonstige Markenrechte findet sich nicht im MarkenG geregelt. Trotzdem ist man geneigt zu vermuten, daß auch bei ihnen ein Verzicht möglich sein muß.

Grundsätzlich ist es dem Eigentümer überlassen, wie er mit seinem Eigentum verfährt. Unter anderem ist es seine Entscheidung, es im Wege der Dereliktion aufzugeben, sofern er hierdurch nicht gegen gesetzliche Verbote verstößt[90]. Indem nun die Markeninhaberschaft dem Eigentum gleich zu achten ist, muß dieser Grundsatz auch hier Anwendung finden. Man könnte lediglich dagegen einwenden, daß die absolute Position des Markeninhabers an den numerus clausus gesetzlich geregelter Verfügungsmöglichkeiten gebunden ist[91]. Daß demnach ein Verzicht nicht möglich sein soll, überzeugt aber mangels sachlichen Grundes nicht[92]. Vielmehr ist anzunehmen, daß der Gesetzgeber die Möglichkeit zum Verzicht für selbstverständlich hielt und daher von einer Aufnahme in den Gesetzeskanon absah. Schließlich brachte er mit den §§ 27 - 31 MarkenG seinen Willen nach einer möglichst weitgehenden Verfügbarkeit zum Ausdruck. Daß hiervon ausgerechnet der Verzicht ausgeschlossen bleiben soll, ist äußerst unwahrscheinlich. Daher ist ein Verzicht bei sämtlichen Marken möglich[93].

Mangels anderer Vorschriften und insbesondere weil eine analoge Anwendung des § 48 MarkenG ausscheidet, hat der Verzicht bei sachlichen Markenrechten nach den allgemeinen Regeln zu geschehen. Danach genügt eine einseitige, formfreie und adressatenungebundene Willenserklärung.

bb) Bedeutung für Sicherungsgeschäfte

Bei Sicherungsgeschäften wird der Verzicht für sämtliche vom Markenrecht abgeleiteten Rechte relevant. Lediglich bei der Sicherungsübertragung fehlt es dem Sicherungsgeber durch die Mar-

---

des MarkenG begründen; widersprüchlich Schultz-Stuckel § 48 RN 1, der einerseits die Wirksamkeit des Verzichts mit Eingang der Erklärung beim DPMA annimmt, andererseits die Löschung als konstitutiv bezeichnet; ohne eindeutigen Hinweis ist die teilweise zur Begründung angeführte Amtl. Begr., die einer Verzichtserklärung lediglich im Widerspruchs- und Löschungsverfahren rechtsgestaltende Wirkung beimißt , BT-Drucks. 12/6581 S.94. Dies zeigt eine doch gewichtigere Rolle des Markenregisters als sie nach anderen Regelungen zu vermuten wäre, vgl.o. Kap.3 A.I.3.a.aa.(1).(c). Insgesamt entsteht dadurch ein dogmatisch schwer faßbares Bild der registrierten Marke, dem eine gewisse Vereinheitlichung gut täte.

89 Amtl.Begr. BT-Drucks 12/6581 S.94, BGH GRUR 2001, 337 (339)-easypress; BPatG 10, 74 (79); Fezer § 48 RN 3, 5.

90 Der Verstoß gegen ein Verbot führt dazu, daß die für die Eigentumsaufgabe erforderliche Willenserklärung unwirksam ist, § 134 BGB, und kein Eigentumsverlust eintritt, vgl. MüKo-Quack § 959 RN 4, 14; **a.A.** Pal-Bassenge § 959 RN 1; Bauer/Stürner (17.A) §53 RN 69.

91 vgl. dazu oben Kap.3 A.I.2.b.

92 Allein denkbar wären nicht zu tolerierende Belastungen der Allgemeinheit. Solche wollen aber bei aller Phantasie nicht einfallen.

93 Dies stillschweigend voraussetzend Fezer § 48 RN 4, 5; Ingerl/Rohnke § 48 RN 13.

keninhaberschaft des Sicherungsnehmers an der erforderlichen Verfügungsberechtigung. Alle übrigen, selbst dingliche Sicherungsrechte stehen grundsätzlich in der Gefahr, durch einen Verzicht auf das Markenrecht unterzugehen.

Jedoch könnten die dinglich berechtigten Sicherungsnehmer aufgrund ihrer absoluten Position über einen Zustimmungsvorbehalt gegen den Verlust geschützt und ein Verzicht ihnen gegeüber unwirksam sein. Für den Nießbrauch bzw. das Pfandrecht an Rechten wird dies durch die §§ 1071 I, 1276 I BGB ausdrücklich vorgeschrieben. Entsprechendes käme jedoch auch für die übrigen dinglichen Rechtspositionen wie etwa dingliche Lizenzen in Betracht. Nur auf diese Weise wäre das Recht seinem Anspruch nach absolut, hinge es andernfalls vom Verzicht auf den Verzicht des Vollrechtsinhabers ab.
Allerdings findet sich für eingetragene Marken mit § 48 II MarkenG eine Bestimmung, wonach die Löschung von Marken, bei denen Belastungen zugunsten Dritter eingetragen sind, nur mit deren Zustimmung erfolgen dürfe. Dies legt den Schluß nahe, daß nicht eingetragene Inhaber abgeleiteter Rechte keine Möglichkeit besitzen sollen, sich gegen die Löschung zur Wehr zu setzen. Es stellt sich daher die Frage, ob diese Norm die §§ 1071 I, 1276 I BGB verdrängt und wie die Sachlage bei dinglichen Rechten ohne derartige Regelungen ist. Außerdem interessiert, wie sich die abgeleiteten Rechte beim Verzicht auf gem. § 4 Nrn.2, 3 MarkenG entstandene Marken verhalten.

(1) Dingliche Belastungen bei eingetragenen Marken

Daß § 48 II MarkenG die allgemeinen Regeln der §§ 1071 I, 1276 I BGB modifiziert und nur eingetragenen dinglich Berechtigten an der Marke ein Veto gegen den Verzicht zugestehen will, erscheint nicht angemessen. Zwar ließe sich hierfür ins Feld führen, daß die Norm als spezielleres Recht die allgemeinen Grundsätze verdrängt[94]. Dies müßte aber auch sachlich gerechtfertigt sein. Insofern könnte man noch auf den Schutz des Rechtsverkehrs verweisen, der ein berechtigtes Interesse an klaren Verhältnissen hat. Dies wäre am besten zu erreichen, wenn mit der Löschung aus dem Register alle Berechtigungen an der Marke ebenfalls beseitigt würden. Hält man aber §§ 1071 I, 1276 I BGB weiterhin für anwendbar, wäre der Verzicht trotz Löschung der Marke aus dem Register den Pfandgläubigern und Nießbrauchsberechtigten gegenüber unwirksam[95]. Die Inhaber derlei Rechte sind aber nicht einmal in besonderem Maße schutzwürdig, hätten sie ihre Position im Markenregister vermerken lassen können, § 29 II MarkenG. Diesem Verständnis ist aber entgegenzuhalten, daß das Markenrecht auch in anderen Bereichen nicht bestrebt ist, für klar erkennbare Rechtsverhältnisse zu sorgen. So sind abgeleitete dingliche Rechte gerade ohne ihre Eintragung ins Register wirksam, können teilweise, wie die Lizenz, erst gar nicht in das Register eingetragen werden. Zudem wurde das Markenregister gerade nicht mit einer besonders starken Stellung ausgestattet. Es würde seiner Funktion - und auch der noch im Rahmen des § 29 II MarkenG proklamierten fakultativen Eintragung - widersprechen, wenn man nun beim Verzicht über die Hintertür die Wirksamkeit einer Belastung doch von der

94 Diese Meinung vertretend Klawitter / Hombrecher WM 2004, 1213 (1218), ohne allerdings näher auf die Zusammenhänge einzugehen.

95 Abgesehen von der dadurch entstehenden unübersichtlichen Lage führt dies zu nicht geringen konstruktiven Schwierigkeiten, vgl.u.FN 94.

Registrierung abhängig machen würde. Dem könnte man zwar wiederum entgegenhalten, daß diese Prinzipien auch an anderer Stelle durchbrochen werden[96]. Hier kommt aber als weiterer und entscheidender Aspekt hinzu, daß damit die Absolutheit der Rechte beeinträchtigt würde. Ihre ohne Eintragung wirksame Berechtigung hienge von einem ausbleibenden Verzicht des Markeninhabers ab, es sei denn sie hätten sich für die Registrierung entschieden. Dies würde eine so immense Abweichung von allgemeinen Grundsätzen bedeuten, daß hierfür mehr als der oben angeführte Verkehrsschutz auf dem Spiel stehen müßte, der im Markenrecht ohnehin keine große Rolle spielt[97].
Daher ist § 48 II MarkenG dahingehend zu verstehen, daß die Norm lediglich sicherstellt, daß eingetragene Berechtigungen im Löschungsverfahren berücksichtigt werden. Dies wäre ohne die ausdrückliche Regelung nicht der Fall. Insofern garantiert die Norm dem eingetragenen Inhaber einer Belastung eine automatische Berücksichtigung seiner Position, er muß sie nicht erst eigenständig durchsetzen. Wird aber eine Marke gelöscht, die mit einem nicht eingetragenen Pfandrecht oder Nießbrauch belastet ist, so ist der Untergang der Marke dem Pfandgläubiger bzw. Nießbrauchsberechtigtem gegenüber unwirksam, §§ 1071 I, 1276 I BGB[98].

Steht insoweit die Bedeutung des § 48 II MarkenG fest, interessiert nun, wie es sich mit den sonstigen dinglichen Rechten an eingetragenen Marken verhält, die keine den §§ 1071, 1276 BGB entsprechende Regelungen kennen. Dies betrifft insbesondere die dingliche Lizenz. Sie wird wesentlich über den Sukzessionsschutz des § 30 V MarkenG abgesichert. Es käme aber in Betracht, daß man wegen der grundsätzlichen Vergleichbarkeit der Rechte § 1071 I MarkenG analog anwendet. Hierfür spräche, daß allgemein anerkannt die Lizenz eben auch dinglich ausgestaltet werden kann. Zwar soll der Lizenznehmer markenrechtliche Ansprüche nur mit Zustimmung des Markeninhabers geltend machen dürfen, § 30 III MarkenG[99]. Insofern könnte die absolute Wirkung von Lizenzen gerade in Frage stehen. Doch kann die Zustimmung bereits vorab erklärt und somit die abolute Wirkung hergestellt werden. Auch will es nicht überzeugen, warum sämtlichen Lizenzen der Schutz des § 30 V MarkenG zukommt, hingegen aber ein Verzicht des Markeninhaber ohne Zustimmung des Lizenznehmers möglich bleiben sollte. Stimmiger und sachgerechter erscheint es, wenn die Lizenznehmer bei sämtlichen rechtsgeschäftlichen Verfügungen des Markeninhabers geschützt sind. Dem mag man entgegenhalten, daß es sich bei Lizenzen um Rechte sui generis handelt[100], bei denen es dem Gesetzgeber überlassen

---

96 vgl. dazu etwa die Ausführungen zur teilweisen Übertragung, Kap.3 A.I.3.a.

97 dazu oben Kap.3 A.I 3.a.

98 **A.A.** allerdings ohne Begründung Fezer § 48 RN 8. Was dies allerdings für Konsequenzen zeitigt, wäre gesondert zu überlegen. Hat nun der Pfandgläubiger nach Eintritt der Pfandreife einen Anspruch auf erneute Eintragung der Marke? Dies läge nahe, wobei eine Eintragung sogleich zugunsten des Erwerbers am sinnvollsten erschiene. Oder in welcher Form besteht künftig die Berechtigung des Nießbrauchers? Steht ihm ein dingliches (!) Nutzungsrecht zu, ohne daß eine entsprechende Marke im Register eingetragen ist? Dies wäre zu vermuten. Diese Gedanken zeigen bereits, daß eine gesetzliche Überarbeitung angebracht erschiene. Sie könnte etwa so aussehen, daß Belastungen für ihre Wirksamkeit der Eintragung bedürfen.

99 Diese Einschränkung gilt unabhängig von der Lizenzart und insbesondere auch für ausschließliche Lizenzen, so ausdrücklich der Gesetzgeber, BT-Drucks. 12/6581 S.86; daher kann auch nicht in der ausschließlichen Lizenz dies Zustimmung als konkludent enthalten angesehen werden, im ergebnis ebenso OLG München Mitt. 1997 123 (125); Ingerl/Rohnke § 30 RN 40; Althammer-Klaka § 30 RN 21.

100 Dazu oben Kap.3 B.I.

bleibt, wie er sie ausgestaltet. Insofern bliebe keine Regelungslücke für eine analoge Anwendung des § 1071 BGB. Doch wiegen demgegenüber die systematischen und teleologischen Bedenken weit schwerer, so daß auch bei Lizenzen für die Wirksamkeit des Verzichts gegenüber dem Lizenznehmer in Analogie zu § 1071 I BGB dessen Zustimmung zu fordern ist[101].

(2) Dingliche Belastungen bei sonstigen Markenrechten

Es bleibt die Frage, wie sich die dinglichen Belastungen bei einem Verzicht auf eine nach § 4 Nrn.2, 3 MarkenG entstandene Marke verhalten. Da selbst bei Marken kraft Eintragung § 48 II MarkenG nichts an der Anwendbarkeit der §§ 1071 I, 1276 I BGB zu ändern vermag, müssen erst recht bei den übrigen Markenrechten die Normen wirksam bleiben und der Verzicht auf die Marke von der Zustimmung eines Pfandgläubigers bzw. Nießbrauchers abhängig sein. Gleiches muß für die Lizenzen gelten, lassen sich die oben ausgeführten ausschlaggebenden Argumente ohne Einschränkung auf die hiesigen Marken übertragen. Schließlich gilt § 30 MarkenG ausdrücklich für sämtliche Markenarten, § 30 I MarkenG.

(3) Ergebnis

Trotz § 48 II MarkenG sind Sicherungsnehmer ohne Ausnahme gegen den Verlust der Sicherheit aufgrund eines Verzichts auf die Marke geschützt. Ergibt sich bei Sicherungsübertragungen dieses Ergebnis bereits aus der Markeninhaberschaft des Sicherungsnehmers, folgt es bei den übrigen Sicherungsrechten aus den §§ 1071 I, 1276 I BGB, die entweder direkt oder, so bei Lizenzen, analog anwendbar bleiben. Damit entsteht auch ein Gleichklang zwischen sämtlichen Markenrechten. Schließlich kommt bei den Marken nach § 4 Nrn.2, 3 MarkenG nicht in Frage, daß die allgemeinen Grundsätze nicht mehr anwendbar sein könnten. Aber ohnehin ist zu erwarten, daß in der Praxis ein Verzicht selten vorkommen wird und es sich daher bei den Fragen wesentlich um solche theoretischer Natur handeln wird.

e) *Relative Verlustgründe aufgrund älterer Rechte, § 51 I MarkenG*

Der Verlust einer Marke kann auch von der Seite drohen, daß Inhaber anderer Rechte gegen sie zu Felde ziehen. Bei eingetragenen Marken kann dies im Wege einer Löschungsklage erfolgen, §§ 51 I, 55 MarkenG. Der Dritte hat dazu einen Fall der §§ 9-13 MarkenG geltend zu machen, d.h. sofern er sich auf ein Markenrecht stützt, muß er sich auf § 9 I Nrn.1-3 bzw. § 14 II Nrn.1-3 MarkenG[102] berufen können. Sofern eine geschäftliche Bezeichnung oder ein Recht im Sinne

---

101 Dies gilt unabhängig von der Lizenzart, weil auch § 30 III, V MarkenG keine entsprechenden Unterscheidungen machen und grundsätzlich alle Lizenzen dinglich ausgestalten. Lediglich bei rein schuldrechtlichen Lizenzen ist die Lage anders zu beurteilen. Daher anders für das Patentrecht Bernhardt/Kraßer (4.A) § 26 I.4. (S.404) Busse-Schwendy PatG § 20 RN 19, die § 1071 BGB nur auf ausschließliche Lizenzen analog anwenden möchten; hingegen verweisen Ingerl/Rohnke auf eine pVV, aufgrund der sich der Lieznznehmer gegen die Löschung zur Wehr setzen kann, Ingerl/Rohnke § 48 RN 11; dies erscheint wegen des Abstraktionsprinzips aber nicht ausreichend. **A.A.** Plaß GRUR 2002, 1029 (1031ff), Fezer § 48 RN 8 letzterer aber ohne Begründung.

102 Das Gesetz ist an dieser Stelle etwas unübersichtlich. Der Kläger hat sich auf § 9 I Nrn.1-3 MarkenG zu berufen, wenn er sich auf eine eingetragene Marke stützt, § 51 I MarkenG direkt, oder auf eine notorische Marke, § 51 I iVm § 10 I MarkenG, der seinerseits auf § 9 I MarkenG verweist. Stützt er sich hingegen auf eine Marke kraft Verkehrsgeltung, hat er sich auf § 14 II Nrn.1-3 MarkenG zu berufen, § 51 I iVm § 12 Mar-

des § 13 MarkenG in Rede steht, hat er sich auf § 15 IV iVm. § 15 II, III MarkenG bzw. auf außerhalb des Markenrechts liegende Vorschriften wie etwa § 12 BGB[103] zu stützen.

aa) Untergang von Marken nach § 4 Nrn.2, 3 MarkenG wegen Kollision

Bei Marken, die nicht auf einer Eintragung beruhen, fehlt es an einer Norm, die eine Marke bei einer Kollision zum Untergang bringen könnte. Der Inhaber des kollidierenden Rechts ist lediglich in der Lage, die Benutzung des Zeichens zu unterbinden, entweder nach §§ 14 II, 15 IV MarkenG oder nach außerhalb des MarkenG liegenden Normen. Um darüber hinaus auch gegen künftige Verletzungshandlungen vorzubeugen, genügt zumeist eine strafbewährte Unterlassungserklärung. Da diese Erklärung aber lediglich inter partes wirkt, die Marke aber weiterhin nach § 27 I MarkenG übertragen werden kann, könnte das Spiel von neuem beginnen. Der Dritte hätte seinen Unterlassungsanspruch gegen den Erwerber geltend zu machen[104]. Um dem vorzubeugen, aber auch aufgrund des mit § 51 MarkenG verfolgten Zwecks, den Schutzbereich des prioritätsälteren Rechts vor störenden Einflüssen frei zu halten[105], erscheint es daher sinnvoll, neben dem Anspruch auf Untersagung der Benutzung auch die endgültige Beseitigung der Kollision zu ermöglichen. Am besten zu erreichen ist dies durch einen sich aus der Kollision ergebenden Anspruch auf Verzicht[106]. Infolgedessen kann auch bei Marken kraft Bekanntheit die Kollision mit Rechten Dritter den Untergang der Marke bedeuten.

bb) Folgen für das Sicherungsgeschäft und Schutzmöglichkeiten für den Sicherungsnehmer

Voraussetzung für den Verlust der Marke wäre in sämtlichen Fällen, daß ein älteres Recht besteht, dessen Schutzbereich mit dem des der Sicherung zugrunde liegenden Zeichens kollidiert. Damit existiert der Grund für den Untergang der Marke bereits bei Entstehen des Markenrechts und folglich vor dem Bestellen der Sicherheit. Der Sicherungsnehmer kann also während der Sicherungsphase nicht auf den Eintritt des Untergangsgrunds als solchem Einfluß nehmen. Um aber dem nie ganz auszuschließenden Risiko prioritätsälterer Rechte Dritter bestmöglich zu begegnen, bleiben daher nur eingeschränkt Möglichkeiten.

---

kenG, der auf die Möglichkeit zur Untersagung der Nutzung abstellt. Letztendlich macht dies aber keinen Unterschied, da sich die Fälle des § 9 I Nrn.1-3 MarkenG und die des § 14 II Nrn.1-3 MarkenG exakt entsprechen, vgl. Fezer § 9 RN 4, mißverständlich Ingerl/Rohnke § 9 RN 9, die von der „weiterreichenden Norm des § 14" sprechen, damit aber die Rechtsfolgen und verfahrensrechtlichen Besonderheiten, nicht aber die Tatbestände als solche meinen, vgl. nur Ingerl/Rohnke § 14 RN 137, 148, 453.

103 Da § 13 II MarkenG auch auf andere gewerbliche Schutzrechte und das Urheberrecht verweist, ist daneben auch an Normen in deren Spezialgesetzen zu denken. Aus ihnen muß sich ein Anspruch auf Unterlassung des Gebrauchs der Marke entnehmen lassen.

104 Man würde hier bereits vor Benutzungsaufnahme eine sog. Erstbegehungsgefahr annehmen können. Denn es ist nicht anzunehmen, daß die Marke lediglich aus Sammelleidenschaft erworben wird, sondern daß sie für ihren bestimmungsgemäßen Gebrauch vorgesehen ist. Dies mag im Einzelfall anders sein, z.B. wenn lediglich die Kennzeichnungskraft und der Schutzbereich eines anderen Zeichens ausgebaut werden soll.

105 Vgl. dazu auch oben 1.b.

106 In Betracht käme zwar auch ein Anspruch auf Abtretung. Da aber der den Anspruch geltend machende Rechtsinhaber lediglich ein Recht auf ungestörte Ausübung seiner Position hat, nicht aber auf das kollidierende Recht, ist der erzwungene Verzicht die richtige Lösung.

So kann und sollte, bevor die Sicherheit bestellt wird, eine Recherche durchgeführt werden, die mögliche Konfliktherde aufspürt. Dies wird aber aller Voraussicht nach ohne besonderen Erkenntnisgewinn bleiben. Denn ein gewissenhafter Markeninhaber wird dies bereits erledigt haben, bevor er sein Zeichen in Gebrauch nahm, allein schon um das Risiko des Verlustes der mit einer Markeneinführung verbundenen Kosten zu minimieren.
Während der Benutzung des Zeichens kann der Sicherungsgeber als der regelmäßig zum Gebrauch Berufene angehalten werden, das Zeichen in einer möglichst geringen Variationsbreite zu verwenden. Zwar könnte dieser unter Umständen das Zeichen auch in abgewandelter Form benutzen wollen, um über § 26 III 1 MarkenG den Schutzbereich des Zeichens auszudehnen[107]. Doch wird durch die Verwendung allein des eingetragenen Zeichens das Risiko von Kollisionen klein gehalten. Ohnehin würde der Schutzbereich nur unwesentlich vergrößert. Denn entscheidend für eine Verwechslungsgefahr als Anknüpfungspunkt für Kollisionen sind die kennzeichnenden Eigenheiten eines Zeichens, die für § 26 III MarkenG gerade nicht verändert werden dürfen[108].
Weiterhin ist darauf zu dringen, daß bei einer Kollision sämtliche Schutzmöglichkeiten in Anspruch genommen werden. Dies umfaßt neben der Wahrnehmung sämtlicher Einwände auch das Ausweichen auf Zusätze oder Änderungen der Marke, sofern dies hilfreich und angebracht erscheint. Auch hieran wird der Sicherungsgeber regelmäßig schon ein erhebliches Eigeninteresse haben. Dies kann aber mitunter schwinden, so daß das schlichte Vertrauen auf das Engagement des Sicherungsgebers enttäuscht werden kann[109]. Folglich sollte er auf andere Weise sicherstellen, daß die Verteidigung des Zeichens gewährleistet ist. Unbenommen bleibt dem Sicherungsnehmer natürlich die Möglichkeit, sich anderweitig mit klagenden Dritten zu einigen.

f) Spezielle Untergangsgründe bei eingetragenen Marken

Neben den Untergangsgründen, die für sämtliche Markenrechte bedeutsam sein können, finden sich aber auch solche, die nur bei registrierten Marken in Betracht kommen. Dies ist einerseits der Zeitablauf der Schutzdauer, § 47 I MarkenG, andererseits die Frage, wie es sich verhält, wenn Marken ohne berechtigten Grund aus dem Register ausgetragen werden. Auch hier gilt es für Sicherungsnehmer, dem potentiellen Erlöschen vorzubeugen.

aa) Zeitablauf, § 47 I MarkenG

Der Schutz einer eingetragenen Marke kann durch Zeitablauf enden, § 47 I MarkenG. Anders als bei Marken nach § 4 Nrn.2, 3 MarkenG, die lediglich von den jeweiligen Entstehungsvoraussetzungen abhängen und, soweit diese Umstände vorliegen, unbegrenzt existieren[110], ist der

107 Zu den für den Schutzbereich maßgeblichen Faktoren vgl. Fezer § 14 RN 121 ff; Ingerl/Rohnke § 14 RN 181 ff. Jedoch ist anzunehmen, daß auch der Markeninhaber regelmäßig auf abgewandelte Zeichen verzichten wird. Sie würde bei den Verkehrskreisen eventuell zu Verwirrung führen und wären damit kontraproduktiv.

108 vgl. dazu Klette WRP 2000, 913 (914 f) mwN

109 Beispielsweise wenn der Sicherungsgeber absehen kann, daß er das Zeichen endgültig an den Sicherungsnehmer verliert.

110 Dies folgt aus denselben Gründen, warum auch der Benutzungszwang nur für eingetragene Marken gilt, vgl.o. c.

Schutzzeitraum bei eingetragenen Marken auf 10 Jahre befristet. Er kann allerdings jeweils um weitere 10 Jahre verlängert werden, § 47 II MarkenG, so daß letztendlich bei sämtlichen Marken eine unbegrenzte Lebensdauer erreicht werden kann.

Auch hier wird das Interesse regelmäßig so gelagert sein, daß der Sicherungsgeber selbst Sorge für die Verlängerung der Schutzdauer trägt, da die damit verbundenen Vorteile durch wenig Aufwand erreicht werden können. Es ist daher nicht zu erwarten, daß eine ernsthafte Gefahr von der begrenzten Schutzdauer droht. Um sie aber trotzdem zu minimieren, genügt es, daß der Sicherungsnehmer darauf achtet, daß die Verlängerungsgebühr rechtzeitig an das DPMA gezahlt wird. Sollte er nicht selbst als Inhaber eingetragen sein und ihn daher die Benachrichtigung gemäß § 47 III 4 MarkenG erreichen, hat er hierfür lediglich den Fristablauf zu recherchieren.

bb) Löschung einer Marke ohne berechtigten Grund

Da eingangs festgestellt wurde, daß Marken kraft Eintragung durch Löschung untergehen, besteht die Gefahr, daß eine Marke ausgetragen wird, ohne daß ein berechtigter Grund vorlag. Man mag geneigt sein zu sagen, daß diese Fälle keiner eigenen Auseinandersetzung bedürfen. Denn der Inhaber wird vor jeder Löschung durch das DPMA benachrichtigt, § 54 III 1 MarkenG, bzw. bekommt die Klage zugestellt, § 55 I MarkenG. Insofern liege es immer an ihm, sich mit allen ihm zur Verfügung stehenden Mitteln zu verteidigen. Daß aber bei Sicherungsgeschäften für den Sicherungsnehmer trotzdem nicht zu vernachlässigende Gefahren vorhanden sind, liegt wesentlich an einer Besonderheit des Markenverfahrens. Denn nach § 28 II, III MarkenG wird lediglich die als Inhaber im Markenregister vermerkte Person von Löschungsanträgen benachrichtigt. Regelmäßig wird aber der Sicherungsgeber selbst im Register vermerkt bleiben wollen, einerseits um die Marke zu verteidigen, andererseits um eine Belastung nicht publik zu machen. Dies kann zu der Situation führen, daß ohne berechtigten Grund, nur weil der Sicherungsgeber, aus welchen Gründen auch immer, die Lust an der Verteidigung der Marke verloren hat, die Marke gelöscht wird. Der Sicherungsnehmer erhält davon keine Kenntnis und ist nicht imstande, rechtzeitig Rechtsmittel einzulegen.

Obgleich dieses Szenario nicht häufig zu erwarten sein dürfte, schließlich setzt es ein erhebliches Maß an illoyalem Verhalten, geradezu eine Schädigungsabsicht des Sicherungsgebers voraus, wird einem Sicherungsnehmer doch daran gelegen sein, auch hiergegen bestmöglich gewappnet zu sein. Schließlich ist die Löschung wirksam, wenn sie aufgrund eines ordentlichen Löschungsverfahrens erfolgte. Der Sicherungsnehmer hat daher nur die Möglichkeit, dem entgegenzuwirken, soweit er von entsprechenden Anträgen erfährt. Neben der Möglichkeit, sich selbst im Register eintragen zu lassen, kennt das Markenverfahren auch das Bestellen eines Vertreters, § 76 MarkenV. Er erhält danach, je nach Ausgestaltung der Vollmacht, zumindest auch die Mitteilungen des DPMA zugeschickt, vgl. § 77 I MarkenV. Da es aber grundsätzlich sinnvoll ist, daß der Sicherungsgeber wegen seiner Sachnähe die Verteidigung übernimmt, empfiehlt sich, die Vertretung so auszugestalten, daß beide, sowohl Sicherungsgeber wie auch -nehmer die Benachrichtigungen des DPMA erhalten, der Sicherungsgeber aber sodann intern aufgefordert ist, die Rechte wahrzunehmen und die Verteidigung der Marke zu übernehmen.

3. *Zusammenfassung*

Der Sicherungsnehmer sieht sich während der Sicherungsphase der Gefahr ausgesetzt, seine Sicherheit durch den Untergang der Marke zu verlieren. Jedoch regelt das MarkenG an keiner Stelle das Erlöschen eines Markenrechts. Lediglich § 47 I MarkenG spricht vom Ende der Schutzdauer und § 52 MarkenG bestimmt unterschiedliche Zeitpunkte, ab wann Marken nach der Löschung keine Rechtswirkungen mehr entfalten. Erst über Auslegung und insbesondere aufgrund des Verkehrsschutzes erhält man die jeweiligen Untergangsgründe: Bei eingetragenen Marken ist der maßgebliche Umstand die Austragung aus dem Register. Bei den sonstigen Marken ist auf das tatsächliche Vorliegen der für den Markenschutz maßgeblichen Voraussetzungen abzustellen.

Daraus ergibt sich für eingetragene Zeichen, daß sie wegen anfänglichem Fehlen oder nachträglichem Wegfall der in den §§ 3, 7, 8 II MarkenG geregelten Umstände, §§ 50, 49 II MarkenG, einer nicht hinreichenden Benutzung, § 49 I MarkenG, aufgrund Kollision mit einer prioritätsbevorrechtigten Position, § 51 MarkenG, sowie wegen Verzichts oder Ablauf der Schutzdauer, §§ 47 f MarkenG untergehen können. Dabei ist zu beachten, daß § 49 II MarkenG entgegen seinem Wortlaut auch beim nachträglichen Wegfall der in § 8 II Nrn.2, 5, 9 MarkenG geregelten Umstände zum Verfall führen kann. Dies folgt aus der Wertigkeit der dort geschützten Allgemeininteressen.

Markenrechte nach § 4 Nrn.2, 3 MarkenG erlöschen, wenn die erforderliche Bekanntheit im Verkehr in Form der Verkehrsgeltung oder Notorität verloren gegangen ist. Darüber hinaus läßt das anfängliche Fehlen der in den §§ 3, 7, 8 II MarkenG geregelten Bedingungen eine Marke und an ihr bestellende Sicherungsrechte nicht erst zur Entstehung gelangen. Fallen sie im Laufe der Zeit fort, geht das einmal entstandene Markenrecht ohne weiteres unter. Ebenso muß es dem Markeninhaber möglich sein, auf sein Recht zu verzichten. Hierzu kann er sogar gezwungen werden, wenn der Inhaber eines älteren, kollidierenden Rechts ihn dazu auffordert. Im Unterschied zu Registermarken endet der Schutz jedoch weder mangels hinreichender Benutzung, noch durch Ablauf einer Schutzdauer. Beides folgt aus den Spezifika der Marken, die auf der besonderen Leistung des Inhabers beruhen.

Zum Schutz gegen den Untergang empfehlen sich für einen Sicherungsnehmer mehrere Maßnahmen.

Bevor die Sicherheit bestellt wird, sollte eine gründliche Überprüfung der Marke stattfinden, in wieweit Gefahr von den §§ 3, 7, 8 II MarkenG droht. Denn sollte die Marke trotz eines Verstoßes gegen eine der Schutzvoraussetzungen eingetragen worden sein, bestehen später nur geringe Chancen, die Sicherheit zu erhalten. Ebenfalls kann dadurch das Risiko besser abgeschätzt werden, in wieweit gegen einen Verfall der Marke nach § 49 II MarkenG Vorsorge zu treffen ist. Weiterhin sollte bereits vor Bestellung der Sicherheit eine Recherche auf mögliche Kollisionen durchgeführt werden. Beide Maßnahmen werden aber üblicherweise bereits vom Markeninhaber durchgeführt worden sein, so daß sie regelmäßig kaum neue Erkenntnisse bringen werden. Trotzdem bieten sie hinsichtlich mancher Untergangsgründe die einzige Vorsorgemöglichkeit, die dem Sicherungsnehmer bleibt.

In der Sicherungsphase sollte der Sicherungsgeber verpflichtet werden, einerseits die Marke mit allen zur Verfügung stehenden Mitteln zu verteidigen, nötigenfalls auch die Marke soweit zu ändern oder Zusätze beizufügen, daß Schutzvoraussetzungen eingehalten und Kollisionen vermieden werden. Bei Sicherheiten an Marken nach § 4 Nrn.2, 3 MarkenG sollte dem Sicherungsgeber zudem ein der seitherigen Nutzung des Zeichens entsprechender Gebrauch aufgegeben werden, um den Erhalt der für den Markenschutz erforderlichen Bekanntheit im Verkehr sicherzustellen[111]. Bei eingetragenen Marken genügt die Verpflichtung zur ernsthaften Benutzung. Schließlich sollte der Sicherungsnehmer bei Registermarken den Ablauf der Schutzdauer selbst im Auge behalten. Dies stellt keinen großen Aufwand dar, schützt aber vor bösen Überraschungen. Ebenso kann es ratsam erscheinen, sich in der Weise als Vertreter beim DPMA registrieren zu lassen, daß sämtliche Nachrichten der Behörde an den Markeninhaber auch den Sicherungsnehmer erreichen. Hierüber wird eine Kontrolle geschaffen, die ebenfalls vor unliebsamen Begebenheiten warnen kann.
Ein Schutz gegen Verlust wegen eines Verzichts des Sicherungsgebers auf die Marke ist nicht erforderlich. Hier greifen zugunsten des Sicherungsnehmers bereits allgemeine Rechtsgrundsätze ein. Sie verhindern, daß bei einer Sicherungsübertragung überhaupt ein Verzicht des Sicherungsgebers möglich ist. Abgeleiteten Positionen werden über die §§ 1071, 1276 BGB direkt oder, bei Lizenzen, analog geschützt. Hieran vermag bei eingetragenen Marken auch § 48 II MarkenG nichts zu ändern.

Mit diesen Maßnahmen läßt sich zwar kein umfassender Schutz gegen den Verlust der Marke erreichen. Sie gewähren aber eine hinreichende Sicherheit, auch im potentiellen Sicherungsfall noch auf die Marke zugreifen zu können. Ohnehin werden viele der Risiken quasi nur theoretischer Natur sein.

II. Schutz gegen isolierten Verlust des Sicherungsrechts

Neben dem Untergang der Marke, welcher gleichzeitig die an ihr bestellte Sicherheit vernichtet, ist grundsätzlich auch der von der Marke unabhängige Verlust des Sicherungsrechts denkbar. Gründe, die hierfür in Betracht kommen, können sich einerseits aus dem jeweiligen Sicherungsgeschäft ergeben. Andererseits ist an Verfügungen zu denken, welche zwar das Markenrecht nicht beeinträchtigen, die aber das an ihr bestellte Sicherungsrecht untergehen lassen. Namentlich wäre das der Fall, wenn ein gutgläubiger oder gutgläubig lastenfreier Erwerb stattfindet.

1. Untergang des Sicherungsrechts aufgrund des Sicherungsgeschäfts

Das regelmäßig aus zwei Teilen bestehende Sicherungsgeschäft bietet einerseits auf der kausalen Ebene Angriffspunkte für einen Untergang des Sicherungsrechts. Andererseits kommt der Bestellungsakt in Frage, weshalb die Sicherheit keinen Bestand haben kann.

111 In seltenen Fällen kann es anzuraten sein, daß darüber hinaus eine Verkehrsdurchsetzung im Sinne des § 8 III MarkenG angestrebt werden sollte. Dies würde für den Sicherungsgeber regelmäßig einen enormen Kapitalaufwand bedeuten, der allenfalls dann gerechtfertigt sein könnte, wenn ernsthaft Gefahren drohen, die durch § 8 III MarkenG überwunden werden könnten. Selbst dann kann eine entsprechende Verpflichtung des Sicherungsgebers für diesen noch unzumutbar sein. Es ist daher kaum vorstellbar, daß ein Fall eintreten wird, in dem eine derartige Verpflichtung Sinn machte.

Die Umstände, die auf obligatorischer Ebene den Verlust des Sicherungsrechts herbeiführen können[112], knüpfen an denselben Fragen an, wie sie sich bei allen Sicherheiten stellen. Hierzu gehören insbesondere solche hinsichtlich der Vertragsparteien – inkl. der Fragen aufgrund der Insolvenz einer Vertragspratei -, der gesicherten Forderungen oder der Sicherungsabrede. Insoweit kann auf die vorhandene Literatur zum Kreditsicherungsrecht verwiesen werden[113]. Lediglich wenn sich Klauseln auf das konkrete Sicherungsmittel beziehen, können sich Besonderheiten ergeben. Bei ihnen wird es sich wesentlich entweder um Regelungen zur Gestaltung der Sicherungsphase oder der Verwertung handeln. Sie sind daher sinnvollerweise im jeweiligen Zusammenhang zu untersuchen[114].

Auf der anderen Seite besteht die dingliche Ebene der Sicherheitenbestellung. Gründe, die hier in der Lage sind, das bestellte Sicherungsrecht zu beseitigen, sind das Durchschlagen von Einwendungen der schuldrechtlichen Ebene sowie der Verlust durch gutgläubigen oder gutgläubig lastenfreien Erwerb Dritter. Auf die Einwendungen gegen den Sicherungsvertrag wurde bereits soeben eingegangen. Es bleibt daher allein der Verlust aufgrund gutgläubigen oder gutgläubig unbelasteten Erwerbs der Marke zu untersuchen.

2. *Gutgläubiger und gutgläubig lastenfreier Erwerb von Marken*

Damit Sicherungsrechte an Marken überhaupt durch einen gutgläubigen Erwerb verloren gehen können, muß dieser bei Marken zulässig sein. Als dafür erforderlicher Rechtsscheinsträger, der bei Dritten das für einen derartigen Erwerb nötige Vertrauen entstehen lassen kann, kommt nur die Registereintragung in Betracht. Einen Anhaltspunkt, daß dem Register eine solche Funktion zukommen könnte, bietet § 28 I MarkenG.

a) *Herkömmliche Ansicht*

Nach herkömmlicher Meinung wird ein Rechtsscheinserwerb bei Marken abgelehnt[115]. Dies wird anhand unterschiedlicher Aspekte begründet. So wird auf den Grundsatz verwiesen, daß bei Abtretungen die fehlende Verfügungsmacht generell nicht durch den guten Glauben des Erwerbers überwunden werden kann, Rechte könnten nicht durch einen Vertrauenstatbestand übertragen werden[116]. Der Rechtsschein nach § 28 I MarkenG vermöge hieran nichts zu ändern,

112 Wegen der Abstraktheit der Geschäfte führen sie zwar regelmäßig nur zu einem Rückgewähranspruch. Allein wenn der Nichtigkeitsgrund des kausalen Geschäfts auf die dingliche Ebene durchschlägt, kann der Umstand direkten Einfluß auf das Sicherungsrecht nehmen. Da aber in beiden Fällen letztendlich der Verlust der Sicherheit droht, werden hier die Störungen auf kausaler Ebene in die Betrachtung einbezogen.

113 Vgl. nur Lwowski, KreditSichR (8.A); Bülow, KredSichR (5.A) Kümpel (2.A) Kap.6; BankRHdB §§ 90 ff.

114 Dazu unten C. bzw. werden sie gleich in dem Rahmen anhand der allgemeinen Grundsätze bewerten, in dem sich mit ihnen auseinandergesetzt wird, etwa Kap.5 A., Kap.7 A.

115 Vgl. Fezer § 41 RN 4; § 28 RN 8; Ingerl/Rohnke § 27 RN 18; Althammer-Klaka § 27 RN 10; Schultz-Brandi-Dohrn § 27 RN 1; Knüpfer S.81 ff; Brämer S.155 ff; Woeste S.80; Albrecht/Hombrecher WM 2005, 1659 (1662) mwN. Im Gegensatz dazu wird zur Gemeinschaftsmarke von der ganz überwiegenden Ansicht vertreten, dass wegen Art.23 I GMVO ein gutgläubiger Erwerb möglich sein soll, vgl.statt vieler Fammler WRP 2006, 534 (536 ff) mwN.

116 Ingerl/Rohnke § 27 RN 10; Fezer § 28 RN 8; Schultz-Brandi-Dohrn § 27 RN 1.

zumal das Register nicht zwangsläufig den wahren Rechtsinhaber wiedergeben will[117]. Denn sowohl nach § 27 III MarkenG wie auch § 29 II MarkenG ist es den Parteien überlassen, ob sie die Eintragung der jeweiligen Verfügung wünschen oder nicht. Die Wirksamkeit des Rechtsgeschäfts hängt hiervon aber nicht ab[118]. Bei Lizenzen, die auch dinglich bestellt werden können[119], ist die Eintragung ohnehin gänzlich ausgeschlossen, so daß das Register nicht einmal in der Lage ist, die wahre Rechtslage widerzuspiegeln. Weiterhin wird gegen einen Rechtsscheinserwerb ins Feld geführt, daß es sich bei der Vermutung des § 28 I MarkenG um eine widerlegliche handelt[120]. Derjenige, der sich auf sie stützt, muß folglich damit rechnen, daß die im MarkenG eingetragene Rechtslage nicht der tatsächlichen entspricht. Es fehlt an einer § 892 BGB entsprechenden Klausel, die dem Register einen öffentlichen Glauben beimessen würde.

b) Eigener Ansatz

Neben diesen Argumenten existieren andere Gesichtspunkte, die als Ansatz für eine gegenteilige Auffassung dienen können. Diese sind wesentlich an § 30 V MarkenG und der Verkehrsfähigkeit von Marken festzumachen.

§ 30 V MarkenG regelt den Sukzessionsschutz bei Lizenzen, einfachen wie ausschließlichen[121]. Der Lizenz kommt damit eine dingliche Wirkung zu, an die auch spätere Erwerber der Marke oder von Markenteilen gebunden sind, § 30 V MarkenG[122]. Damit wird den Lizenzen ausdrücklich und insoweit unbestritten Bestandsschutz zuerkannt[123]. Eines solchen Sukzessionsschutzes

117 Ingerl/Rohnke § 27 RN 10; in diesem Sinne wohl auch Althammer-Klaka § 27 RN 10.

118 vgl. dazu oben Kap.1 A.I.2.c., II.2.a., B.I.3.a.

119 dazu oben Kap.1 B.2.

120 BGH GRUR 1998, 699 (701); vgl. Ingerl/Rohnke § 28 RN 5 ff, die in der Regelung sogar lediglich eine Beweislastverteilung erblicken möchten; Fezer § 28 RN 5; Woeste S.80; Brämer S.155 f.

121 Mangels Einschränkung in der Norm bezieht sie sich auf sämtliche Lizenzen; zur dogmatischen Begründung eindrücklich Leßmann DB 1987, 145 (149 ff) mwN, der zwar Patentlizenzen behandelt, die Ausführungen durch die entsprechende Regelung im MarkenG und der Bezugnahme auf das PatG aber genauso für Markenlizenzen gelten, vgl. BT-Drucks. 12/6581 S.87.

122 Zwar soll der Lizenzvertrag zwischen den Parteien, die den Vertrag geschlossen haben, bestehen bleiben, vgl. Ingerl/Rohnke § 30 RN 45; Fezer § 30 RN 36; Benkhard-Ullmann PatG § 15 RN 64. Dies ist aber irreführend. Denn es ist lediglich der schuldrechtliche Teil der Vereinbarung gemeint. Das Lizenzrecht selbst wird als dingliches Recht vom Vollrecht „abgespalten", mit der Folge, daß ein Erwerber letzteres nicht in vollem Umfang erwirbt, sondern die Lizenz gegen sich gelten lassen muß. Er erwarb das Recht quasi mit der Lizenz „belastet", wenngleich es sich bei der Lizenz nicht um eine dingliche Belastung sondern um eine Teilübertragung handeln soll, zusammenfassend Leßmann DB 1987, 145 (149 ff).

123 Nicht eindeutig ist die Meinung zur Anwendbarkeit des § 30 V MarkenG auf weiterhin mögliche rein schuldrechtliche Lizenzen, die einen Verzicht des Markeninhabers auf das Geltendmachen seiner Ansprüche zum Gegenstand haben. Lediglich Fezer äußert sich dahingehend, daß § 30 V MarkenG nur für dingliche Lizenzen gälte, Fezer § 30 RN 34, ähnlich Leßmann DB 1987, 145 (152). Als Argument führt Fezer die Gesetzesbegründung an, die aber keinerlei Hinweise enthält. Sie verweist lediglich ihrerseits auf § 15 III PatG, BT-Drucks. 12/6581 S.87. Weiterhin verweist er auf BGHZ 83, 251 (255 ff). Die Entscheidung, die zum PatG erging, gründete sich aber auf eine ganz andere Rechtslage und taugt daher ebenfalls nicht zur Begründung. Denn § 15 III PatG wurde erst später ins Gesetz eingeführt. Der BGH äußert sich in der Entscheidung zwar dahingehend, daß der Sukzessionsschutz des § 571 BGB nicht entsprechend auf Patente angewandt werden kann. Denn der Erwerber übernehme im allgemeinen keine fremden schuldrechtlichen Verpflichtungen. Bei Immobiliarmietverhältnissen sei dies nach § 571 BGB lediglich deshalb anders, weil

bedarf es aber nur dann, wenn die Lizenz ohne die Regelung in der Gefahr stünde, durch zwischenzeitliche Verfügung beeinträchtigt zu werden. Bei dinglichen Lizenzen ist das aber nur möglich, wenn der Markeninhaber und Lizenzgeber in der Weise über die Marke verfügen kann, daß er in die - absolute - Position des Lizenznehmers eingreift. Er würde folglich als Nichtberechtigter verfügen. Derlei Handlungen dürfen aber nur dann wirksam sein, wenn Dritte hieran ein besonderes Vertrauen knüpfen oder / und der Schutz des Rechtsverkehrs dies erforderlich macht. Nur in diesen Fällen ist es gerechtfertigt, den Nichtberechtigten in die grundrechtlich geschützte Position des dinglich Berechtigten eingreifen zu lassen. Folglich macht der Sukzessionsschutz bei dinglichen Lizenzen nur bei gleichzeitig zulässigem Rechtsscheinserwerb Sinn.
Sieht man § 30 V MarkenG zudem in systematischem Zusammenhang einerseits mit dem Verzicht auf eine entsprechende Regelung bei den anderen Verfügungsarten, andererseits zur fehlenden Eintragbarkeit der Lizenz in das Markenregister, will dieses Verständnis der Norm noch mehr überzeugen. Denn indem der Sukzessionsschutz die Lizenz vor einem Verlust durch Rechtsscheinserwerb bewahrt, bedarf sie keiner Bekanntmachung nach außen, um jederzeit und gegenüber jedermann wirksam zu bleiben. Wenn demgegenüber bei den sonstigen Verfügungen über Marken sowohl auf die Bestandsgarantie verzichtet wurde, als auch die Eintragung ins Markenregister zugelassen wird, macht diese unterschiedliche Behandlung gerade vor dem Hintergrund eines Erwerbs kraft guten Glaubens Sinn. Denn der Berechtigte hat es durch die Eintragbarkeit seiner Position in der Hand, den guten Glauben bei Dritten zunichte zu machen. Verzichtet er hierauf, ist er darüber hinaus nicht schutzbedürftig, sollte er sein Recht infolge eines gutgläubigen Erwerbs verlieren. Anders verhält es sich bei den Lizenzen, bei denen sich der Lizenznehmer mangels Eintragbarkeit nicht gegen einen lastenfreien Erwerb eines Dritten stemmen könnte. Zum Schutz seiner Position wurde aber § 30 V MarkenG gewährt. Daher würde sich die Sonderstellung der Lizenz mit ihrer fehlenden Registrierbarkeit und dem Sukzessi-

---

dort der Erwerber anhand der Besitzlage unschwer entsprechende Verpflichtungen erkennen könne, BGHZ 83, 251 (256 ff). Auch die Ausnahme des § 33 UrhG könne nicht auf das Patentrecht übertragen werden. Sie rechtfertige sich aus der zu erwartenden Lizenzierung. Bei Patenten sei aber weit weniger mit Lizenzen zu rechnen, BGHZ 83, 251 (258 f). Diese Sicht wurde als realitätsfern teilweise heftig kritisiert vgl. nur Leßmann DB 1987, 145 (151) mwN. Nach der Einführung der § 15 III PatG , § 30 V MarkenG ist diese Sichtweise aber noch weniger überzeugend als vorherund läßt sich nicht auf das Markenrecht mit seiner gewünschten Lizenzierbarkeit übertragen, § 30 MarkenG, **a.A.** Benkhard-Ullmann (9.A) § 15 RN 64. Zudem unterscheidet § 30 MarkenG nicht nach dinglichen und schuldrechtlichen Lizenzen. Dies macht besonders Sinn vor dem Hintergrund der vorherrschenden Gestaltungsfreiheit, vgl. nur Fezer § 30 RN 6; Stumpf/Groß, LizenzV (7.A) RN 25. Nach ihr lassen sich dingliche und schuldrechtliche Elemente beinahe beliebig kombinieren und führen zu einer Einordnung des Vertrags sui generis, dazu oben Kap.3 B.I. Es ist den Parteien überlassen, welche dinglichen Wirkungen sie der Lizenz beimessen wollen und auf welche sie zu verzichten gedenken. Wann es sich dann aber um eine dingliche, wann „nur" um eine schuldrechtliche mit vereinzelten dinglichen Wirkungen handelt, läßt sich daher nur schwerlich abgrenzen, vgl. Ingerl/Rohnke § 30 RN 7. Schon deshalb ist in § 30 V MarkenG ein genereller Sukzessionsschutz zu sehen, der für sämtliche Lizenzen zu gelten hat, solange er nicht von den Parteien abbedungen wurde, Ingerl/Rohnke § 30 RN 43 ff; Benkhard-Ullmann PatG (9.A) § 15 RN 60. Der Wortlaut des § 30 V MarkenG, wonach die Verfügung den Lizenzvertrag nicht beeinträchtigt, müßte zwar korrigierend ausgelegt werden, weil eine Einwirkung in Form eines Parteiwechsels stattfindet. Da dies aber inhaltlich nichts an dem Vertrag ändert, wäre das vom Sinn der Regelung als umfaßt anzusehen. Eine Beschränkung der Norm auf dingliche Lizenzen, wie von Fezer angenommen, erscheint daher sachlich nicht gerechtfertigt, wie auch tatsächlich kaum durchführbar.

onsschutz gerade bei der Zulässigkeit eines gutgläubigen bzw. gutgläubig lastenfreien Erwerbs schlüssig erklären lassen.

Ließe man den Rechtsscheinserwerb zu, hätte das den zusätzlichen Vorteil, daß die mit der Reform des Markenrechts verfolgte Verkehrsfähigkeit der Marken[124] erheblich unterstützt und geradezu erst gewährt würde. Denn Erwerber, die sich auf die Rechtslage im Markenregister stützen, können sich derzeit nicht sicher sein, daß sie die Marke tatsächlich erworben haben. Die Marke kann bereits an einen Dritten übertragen worden sein. Das Interesse am Erwerb kann dadurch erheblich gemindert werden. Zudem ließe sich die unsichere Rechtslage vermeiden, die aus der potentiellen Unwirksamkeit des Geschäfts mangels Verfügungsmacht des Veräußernden resultiert[125].

Daß dem Register nicht derselbe öffentliche Glaube zukommt wie dem Grundbuch mit § 892 I BGB und auch nicht den Anspruch erhebt, die tatsächliche Rechtslage widerspiegeln zu wollen, mag man bedauern. Dies hindert aber genauso wenig die Eignung als Rechtsscheinsträger wie die Widerleglichkeit der Vermutung des § 28 I MarkenG. Denn der Gesetzgeber hätte es damit nur den Parteien überlassen, ob ihnen ihr Interesse an der Geheimhaltung der Transaktion wichtiger ist als die Gefahr, das Recht mittels guten Glaubens eines Dritten zu verlieren. Der Rechtsinhaber würde es selbst in der Hand haben, ob er sich gegen den Rechtsscheinserwerb schützen möchte. Verzichtet er darauf, ist er nicht weiter des Schutzes bedürftig. Allerdings müßte der Dritte ins Register eingetragen werden. Denn ein Rechtsscheinserwerb darf nur stattfinden, wenn der Erwerber den Rechtsscheinsträger, von dem er seine Berechtigung ableitet, hernach in Händen hält[126].

Weiterhin bietet diese Sichtweise den Vorteil einer Parallele zur Europäischen Gemeinschaftsmarke. Diese kennt in Art.23 I GMVO den gutgläubigen Erwerb, indem Berechtigte gegenüber Dritten nur Rechte geltend machen können, sofern ihre Rechtsposition im Register eingetragen ist[127]. Indem nun das MarkenG unter anderem an den Regelungen der GMVO ausgerichtet werden sollte, auch wenn nicht die gänzliche Angleichung angestrebt wurde[128], wäre doch in einem äußerst wichtigen Punkt[129] eine Übereinstimmung erzielt.

c) Vorbehalte gegen den neuen Ansatz

Freilich lassen sich gegen diese Sichtweise verschiedene Gesichtspunkte vorbringen. Vornehmlich wird man auf den Willen des Gesetzgebers verweisen können, der diese Auslegung kaum vor Augen gehabt haben wird. Denn die Regelung findet weder eine Entsprechung in der Tradition des Warenzeichenrechts, noch läßt sie sich aus der MarkenRL ableiten. Wenn aber ein neues Gebilde in die Rechtsordnung eingeführt wird, wäre ein Hinweis in der Gesetzesbegrün-

---

124 vgl. dazu die obigen Ausführungen unter Kap.3 A.I.3.a.bb.(2).(b)

125 vgl. dazu auch oben Kap.3 B.I.3.a.bb.(2).(b).

126 Nichts anderes gilt beim gutgläubigen Erwerb von Sachen, vgl. §§ 932 ff. Ansonsten wäre auch eine unübersichtliche Rechtslage die Folge, die mehr schaden als dem Verkehr nützen würde.

127 vgl. Ingerl (1996) S.113; Schönfeld (1994) S.75

128 so die Begründung zum MarkenG, BT-Drucks. 12/6581 S.59

129 vgl. Schönfeld (1994) S.75

dung zu erwarten. Einen solchen sucht man aber vergeblich. Daher ist vielmehr anzunehmen, daß § 30 V MarkenG allein der Klarstellung halber in das Gesetz eingefügt wurde, damit sich bei einfachen Lizenzen nicht dieselbe Diskussion wiederholt, wie sie im Patentrecht geführt wurde. Dort stritt man darüber, ob sie als dingliche Rechte geschützt sind oder lediglich relative Verpflichtungen seien. Dies gedachte der damalige Gesetzgeber mit der Einführung des § 15 III PatG zu beenden, welchem § 30 V MarkenG nachempfunden wurde[130]. Die Norm hätte demzufolge im wesentlichen nur deklaratorische Bedeutung, weil sich das Ergebnis bereits aus der Dinglichkeit der Lizenzen selbst ergibt[131]. Ungeklärt bleibt nach dieser Sichtweise aber der Verzicht auf die Eintragbarkeit der Lizenz. Denn die Eintragung wäre dann bei den anderen Verfügungen lediglich für Beweiszwecke bestimmt[132] und um in Verletzungprozessen dem Geschädigten einen Adressaten für seine Ansprüche an die Hand zu geben. Dieses Anliegen besteht bei Lizenzen nicht minder.

Gewichtiger als die vom gesetzgeberischen Zweck her formulierte Kritik, die ihrerseits nicht frei von Unklarheiten ist, sind systematische Bedenken. Wie von anderer Seite zurecht betont, ist bei der Abtretung nach §§ 413, 398 ff BGB als allgemeiner Regelung kein gutgläubiger Erwerb vorgesehen. Will man nun im Markenrecht hiervon abweichen, bedarf es einer speziellen Norm. Sie lediglich aus § 30 V MarkenG und einem Vergleich mit der Rechtslage bei sonstigen Verfügungen im Markenrecht abzuleiten, erscheint wegen der Bedeutung eines Erwerbs kraft Rechtsscheins kaum ausreichend.

Das von der herkömmlichen Meinung vorgebrachte Gegenargument, das Markenregister erhebe nicht den Anspruch, die materielle Rechtslage wiederzugeben, weshalb es an einem § 892 BGB entsprechenden öffentlichen Glauben fehlt, wurde bereits im Rahmen der Erläuterung des eigenen Ansatzes entkräftet. Es würde einem Rechtsscheinserwerb nicht entgegen stehen.

3. Ergebnis

Der neue Ansatz, nach welchem zumindest ein gutgläubiger lastenfreier Erwerb möglich sein soll, würde eine Rechtsfortbildung bedeuten, die sowohl von der Intention des Gesetzgebers wie auch vom allgemeinen Grundsatz abweicht. Zwar kann nicht gesagt werden, es würde sich um eine Regelung „contra legem" handeln, da nicht anzunehmen ist, der gutgläubige Erwerb wurde bewußt dem Markenrecht fern gehalten[133]. Es wäre lediglich bis zu einem gewissen Grade eine

---

130 vgl. zu § 15 III PatG BT-Drucks. 11/5720 S.24 mit Verweis auf S.23 f; sowie zum MarkenG BT-Drucks. 12/6581 S.87.

131 Illustrativ Leßmann DB 1987, 145 (152, bezugnehmend auf 150 f); vgl.a. Kap.3 B.I.1.a.aa.(2). Lediglich wenn man der Norm Bedeutung für rein schuldrechtlich zu wertende Lizenzen beimißt, bekommt sie als Entsprechung zu § 571 BGB eine eigene Bedeutung. Dies wird zwar von der herrschenden Meinung abgelehnt, wird aber sonst nicht dem Inhalt eines Lizenzvertrages gerecht, dazu ausführlich FN 123.

132 So das allgemeine Verständnis des § 28 I MarkenG, Ingerl/Rohnke § 28 RN 5; nichts anderes bedeutet es, wenn Fezer von einer Rechtsvermutung spricht, da sie auch lediglich die Beweislastverteilung umkehrt, Fezer § 28 RN 5, 7.

133 Hierauf würde lediglich ein Vergleich mit Art.23 I GMVO hindeuten, der im deutschen Recht keine Entsprechung findet. Hieraus aber den Willen zu schließen, der Erwerb kraft Rechtsscheins soll ausgeschlossen sein, wäre pure Spekulation.

Regelung „extra legem“, die keine ausdrückliche Regelung im Gesetz fand, sich aber auf Wertungen aus dem Gesetz beruft, höher geachtete und an anderer Stelle rechtlich geschützte Interessen wie den Rechtsverkehr aufgreift und sich daher „intra ius“ befindet. Damit bewegt sich der Ansatz in einem Bereich, der in anderer Hinsicht für die Rechtsprechung bereits anerkanntermaßen Anlaß war, das bestehende Recht weiterzuentwickeln und insbesondere neue Rechtsinstitute zuzulassen[134]. Es läge daher nicht fern, auch in diesem Bereich über eine Fortbildung des Rechts ernsthaft nachzudenken, zumal keine neuen Rechtsinstitute zugelassen werden müßten, sondern es lediglich der Ausdehnung vorhandener auf neue Rechtsbereiche bedarf.

Es wäre aber illusorisch, dem neuen Ansatz vorerst mehr zuzutrauen, als den Anstoß für eine Auseinandersetzung mit den aufgeworfenen Fragen zu liefern. Wegen der erfahrungsgemäß erheblichen Dauer, bis sich ein entsprechender Gedanke in der Rechtsanwendung durchzusetzen vermag, soll daher der Untersuchung die seither allgemein vertretene Sichtweise zugrunde gelegt werden[135]. Sie sieht keinen gutgläubigen lastenfreien Erwerb vor, der ein Sicherungsrecht zu Fall bringen könnte.

III. Schutz gegen Wertverlust der Sicherheit

Genauso wie sich der Sicherungsnehmer gegen den Verlust des Sicherungsrechts schützen möchte, wird er darauf bedacht sein, daß im Sicherungsfall der Wert der Sicherheit die Befriedigung der gesicherten Forderungen erwarten läßt. Um dafür die bestmöglichen Voraussetzungen zu schaffen, gilt es, rechtliche Einschränkungen des Sicherungsguts, die sich wegen der verminderten Rechtsposition auf den Wert auswirken, zu vermeiden (nachfolgend 1.) sowie auf die tatsächlichen Faktoren zu achten, die den Wert einer Marke ausmachen (nachfolgend 2.).

1. Wertmindernde rechtliche Einschränkungen des Sicherungsguts

Einschränkungen des Sicherungsrechts können sich entweder aus Begrenzungen des Markenrechts ergeben oder auf nachträglichen Beschränkungen des Sicherungsrechts selbst beruhen. Allerdings bedarf es für letztere der Zustimmung des Sicherungsnehmers. Insofern hat er bereits durch diesen Umstand eine hinreichenden Schutz gegen derartige Beeinträchtigungen[136]. Es bleiben lediglich Einschränkungen des Markenrechts, soweit sie sich auf das Sicherungsrecht auszuwirken imstande sind.

a) Die Bedeutung der §§ 20-25 MarkenG für den Wert der Sicherheit

Das MarkenG kennt im 4.Abschnitt des 2.Teils unterschiedliche Gründe, die den Schutz eines Markenrechts begrenzen können. Daß diese in ihrer Folge das Sicherungsrecht nicht gänzlich

134 Dazu Larenz/Canaris, Methodenlehre (3.A), S.233 ff, 245 ff. Zu den hierfür erforderlichen Kriterien gehört einerseits die positive Begründung einer Regelungslücke im Sinn eines nicht speziell geregelten, aber aus den Erfordernissen der Gesamtrechtsordnung einer geeigneten Lösung zuzuführenden Sachverhalts. Andererseits dürfte kein bestehendes Recht widersprechen. Beide Voraussetzungen wären hier erfüllt.

135 Ansonsten würde die Untersuchung erheblich an praktischer Verwertbarkeit einbüßen.

136 Soweit es sich dabei um die nachträgliche Vergabe von Lizenzen handelt, die durchaus Einfluß auf den Wert der Marke und jede Art der Sicherheit an ihr haben, kann auf die Erörterung als Teil des Gebrauchsrechts des Sicherungsgebers verwiesen werden, vgl.o. A.I.2.b.

beseitigen, wurde bereits oben festgestellt[137]. Nicht entschieden ist, in wieweit sie in der Lage sind, den Wert des Sicherungsrechts zu beeinträchtigen.

Die §§ 22 I Nr.1, 23, 24 MarkenG stellen auf Umstände ab, die entweder auf einen bestimmten Zeitpunkt in der Vergangenheit bezogen sind, § 22 I Nr.1 MarkenG, oder die inhaltlich den Markenschutz von vornherein beschränken, §§ 23, 24 MarkenG[138]. Folglich bestehen sie unabhängig von einem vermeidbaren Verhalten, welches der Sicherungsnehmer durch Vorkehrungen im Sicherungsvertrag steuern könnte. Es handelt sich um absolute Grenzen, die zwar auf den Wert der Marke eventuell einwirken[139], die aber außerhalb der Verfügungsmacht der Parteien stehen. Die Normen brauchen daher bei Sicherungsgeschäften nicht berücksichtigt werden.
Die §§ 22 I Nr.2 und 25 MarkenG beruhen auf der ernsthaften Benutzung bzw. absoluten Schutzhindernissen. Beide Fallgruppen sind in der Lage, die Marke insgesamt untergehen zu lassen, §§ 49 I, 50 I MarkenG. In diesem Zusammenhang wurde bereits untersucht, wie von ihnen ausgehende Gefahren bestmöglich vermieden werden können[140]. Da hier lediglich andere Rechtsfolgen drohen, kann insofern auf die obigen Ausführungen verwiesen werden.

Für eine erforderliche gesonderte Betrachtung der Auswirkungen auf den Wert der Sicherheit bleiben daher lediglich die Verjährung und die Verwirkung von Ansprüchen, §§ 20, 21 MarkenG.

b) Die Verjährung sowie die Verwirkung von Ansprüchen, §§ 20, 21 MarkenG

Die Verjährung wie auch die Verwirkung erlauben Dritten den Gebrauch von Zeichen, der eigentlich hätte unterbunden werden können, §§ 20, 21 I i.V.m. § 14 II MarkenG[141]. Damit können Zeichen am Markt auftreten, die im Sinne des § 14 II MarkenG entweder mit der beliehenen Marke identisch bzw. verwechslungsfähig sind oder ihren Ruf schädigen bzw. ausbeuten. In jedem Fall wird der Schutzbereich sowohl direkt, durch das in ihm liegende kollidierende Zeichen, beeinträchtigt, als auch mittelbar, indem der Gebrauch des verletzenden Zeichens Einfluß auf die Kennzeichnungskraft nimmt[142]. Diese stellt ein wichtiges Kriterium bei der Bestimmung der Verwechslungsgefahr in künftigen Kollisionsfällen dar, die ihrerseits für den Schutzumfang

137 oben I.1.a.aa.

138 Zu § 23 MarkenG vgl. Fezer WRP 1996, 10

139 Dies wird aber kaum der Fall sein, da es sich bei § 23 MarkenG lediglich um einen geringen Gebrauch des Zeichens handelt, der die Interessen des Markenberechtigten nicht sonderlich beeinträchtigt, vgl. Ingerl/Rohnke § 23 RN 9, 33 ff, 49 ff. § 24 MarkenG bezieht sich nur auf im Verkehr befindliche gekennzeichnete Produkte und § 22 I Nr.1 MarkenG regelt allein den überschaubaren Bereich der Kollision im erweiterten Schutzbereich mit Kennzeichen, die bereits vor der entsprechenden Bekanntheit der beliehenen Marke existierten.

140 S.o. I.2.a., c. Ebenso verhält es sich mit den aus den §§ 49, 50 MarkenG abgeleiteten und über § 1 UWG oder § 242 BGB geltend zu machenden Löschungseinreden. Auch zur Vermeidung ihrer relativen Beeinträchtigung kann auf die obigen Ausführungen verwiesen werden.

141 Für andere Ansprüche, die von § 20 MarkenG betroffen sein können, gelten die Ausführungen entsprechend. Sie werden aber nur selten imstande sein, auf den Wert der Marke Einfluß zu nehmen. Zur Bedeutung des § 21 MarkenG vgl. insb. Kochendörfer WRP 2001, 1040; ders. WRP 2005, 157.

142 Zur Schwächung der Kennzeichnungskraft durch ähnliche Drittzeichen Ingerl/Rohnke § 14 RN 226 ff mwN; Fezer § 14 RN 281, 307 ff.

des Zeichens maßgeblich ist[143]. Der Schutzbereich wiederum ist die Basis für die Stellung im Markt und damit für den Werts verantwortlich. Folglich ist zu erwarten, daß der potentielle Verwertungserlös sinkt, wenn der Gebrauch fremder Zeichen nach den §§ 20, 21 MarkenG geduldet werden muß.

Um dem gegenzusteuern hat ein Sicherungsnehmer darauf hinzuwirken, daß eine Verjährung oder Verwirkung nicht eintritt, die Verletzungsansprüche rechtzeitig verfolgt werden. Der Sicherungsnehmer sollte daher sicherstellen, daß die Marke umfassend verteidigt wird. Sinnvollerweise wird dies als Pflicht dem Sicherungsgeber auferlegt, der ohnehin regelmäßig ein eigenes Interesse an der Rechtsverfolgung hat[144].
Jedoch bietet die Verpflichtung des Sicherungsgebers noch keine Gewähr der tatsächlichen Durchführung. Bleibt dieser untätig, stehen dem Sicherungsnehmer lediglich Ansprüche aus einer Vertragsverletzung zu. Anders als beim Schutz vor dem Wandel der Marke in eine Gattungsbezeichnung oder der Verteidigung bei Kollisionen, bei denen ebenfalls die Verpflichtung des Sicherungsgebers zur bestmöglichen Wahrnehmung der Rechte aus der Marke empfohlen wurde[145], ist hier dem Sicherungsnehmer dringend anzuraten, sich darüber hinaus abzusichern. Denn das Risiko, daß kollidierende Zeichen den Schutzbereich der sichernden Marke beeinträchtigen, ist ungleich größer. Es besteht eine hohe Wahrscheinlichkeit, daß sich Zeichen annähern werden. Zudem wird der Sicherungsgeber, wenn der Sicherungsfall droht, selten gewillt sein, weiter die Verteidigung zu übernehmen, sei es aus finanziellen oder anderen Gründen.
In Betracht kommt, daß sich der Sicherungsnehmer die Option vorbehält, selbst für die Verteidigung der Marke zu sorgen. Zu erreichen ist dies über eine eigene Anspruchsberechtigung, die dann Dritten zur Ausübung überlassen werden kann. Erforderlich dafür ist, daß der Sicherungsnehmer entweder originär Berechtigter der Ansprüche ist oder er über§ 185 BGB zur Ausübung ermächtigt wird[146].

Doch auch diese Lösung wird kaum einen umfassenden Schutz gewähren können. Schwierigkeiten finden sich auf einer anderen Ebene. So genügt zwar für den jeweiligen Beginn der Verjährungs- bzw. Verwirkungsfrist lediglich positive Kenntnis. Auch steht ihr allein die mühelose Möglichkeit der Kenntnisnahme gleich, nicht aber selbst die gröbste fahrlässige Unkenntnis[147]. Jedoch ist die entscheidende Person für die Beurteilung der Kenntnis grundsätzlich der Marken-

143 Zur Bestimmung der Verwechslungsgefahr durch Abwägung von Zeichen-, Produktähnlichkeit und Kennzeichnungskraft Ingerl/Rohnke § 14 RN 180; Fezer § 14 RN 103, sowie zum von der Verwechslungsgefahr abhängigen Schutzbereich Ingerl/Rohnke § 14 RN 148.

144 Vgl. dazu auch oben bei den Untergangsgründen, wo ebenfalls bereits vorgeschlagen wurde, dem Sicherungsgeber die bestmögliche Verteidigung der Marke als Pflicht aufzuerlegen, I.2.b.cc. und I.2.e.bb.

145 Dazu oben I.2.b.cc. sowie I.2.e.bb.

146 Nicht möglich ist die bloße Abtretung der Ansprüche. Denn bilden den Inhalt des Markenrechts und dürfen daher nicht vom Recht gelöst werden, welches sie zu gewährleisten haben. Im Ergebnis ebenso, aber ohne Begründung Ingerl/Rohnke Vor §§ 14-19 RN 9; vgl. zur entsprechenden Situation beim Eigentum und den sich daraus ergebenden Ansprüchen nach §§ 985 ff MüKo-Medicus Vor §§ 985 ff RN 5; Soergel-Mühl § 985 RN 2. Zur Ausübungsermächtigung Soergel-Mühl aaO mwN.

147 Ingerl/Rohnke § 20 RN 15, dies. § 21 RN 9; Fezer § 20 RN 25; ders. § 21 RN 13. Schließlich trifft den Markenberechtigten keine Pflicht zur Marktbeobachtung, Ingerl/Rohnke § 20 RN 15.

inhaber[148]. Selbst bei Übertragung der Ausübungszuständigkeit wird die Kenntnis des Sicherungsgebers ausreichen. Ansonsten könnte er sich auf einfache Weise der Zurechnung seiner ihm durch die Sachnähe zukommenden Kenntnis entziehen. Der Sicherungsnehmer wird eine entsprechende Kenntnis kaum besitzen. Ihm bliebe nur die Möglichkeit, selbst Marktbeobachtungen durchzuführen oder durchführen zu lassen. Nur so erlangt er einen ähnlichen Kenntnisstand, wie er einem in der Branche tätigen Unternehmer zu eigen ist. Dies bedeutet aber einen erheblichen Mehraufwand, der den Sinn der Sicherheit in Frage stellen würde[149].

2. *Schutz vor Wertverlust aufgrund Einbußen bei wertbildenden Faktoren*

Weitaus gewichtiger für die Wertbildung bei Marken als die rechtlichen Grenzen des Markenrechts sind aber andere Faktoren. Denn erstere schränken regelmäßig nur den einmal erworbenen Wert ein. Für seinen Aufbau und die Nachhaltigkeit müssen andere Umstände sorgen.

Im einzelnen ist es nicht einfach, den Wert einer Marke zu bestimmen, geschweige denn ihn an einzelnen Aspekten festzumachen[150]. Man wird aber zumindest konstatieren können, daß er wesentlich von der Bekanntheit und Wertschätzung im Verkehr abhängt. Denn nur wenn die Marke beim anzusprechenden Verbraucher bekannt ist und positive Assoziationen hervorruft, wird das Zeichen sein Ziel, den Absatz des gekennzeichneten Produkts, erreichen. Die Entscheidung eines Verbrauchers wird daher einerseits vom Wiedererkennen der Marke abhängen[151], andererseits von einer damit verbundenen positiven Erinnerung[152].
Einflußfaktor für einen Wiedererkennungseffekt ist zunächst die dem Zeichen zukommende originäre Kennzeichnungskraft[153]. Auf sie kann aber nachträglich nur sehr bedingt Einfluß genommen werden[154], so daß sie sich als Anknüpfungspunkt für werterhaltende Maßnahmen nicht eignet. Einen zweiten und erfolgversprechenden Ansatz stellt es dar, versucht man, die Be-

148 Ingerl/Rohnke § 20 RN 16

149 Daher zu einer anderen Absicherung des Risikos nachlassender Verteidigungsmotivation des Sicherungsgebers unten IV.

150 Zu den Schwierigkeiten bei der Ermittlung des Werts einer Marke vgl. Rohnke DB 1992, 1941 (1941 ff); Stein/Ortmann BB 1996, 787 (788 f); Fezer § 27 RN 60 ff; zu den unterschiedlichen Methoden in der Betriebswirtschaftslehre vgl.o. Kap.1 C.II. mwN.

151 Ausnahmen bilden die „sprechenden" Marken, bei denen das Zeichen selbst bereits eine die Entscheidung beeinflussende Aussage trifft, wie beispielsweise „merci", „...Küsschen", oder es ist ein spezielles Design, welches bestimmte Erwartungen auslöst. Derartige Fälle können hier außer Betracht bleiben, weil derartige Faktoren nicht nachträglich gesteuert werden können.

152 Die positive Erinnerung braucht sich dabei nicht allein auf die Marke zu beziehen. Sie kann beispielsweise auch von dem Ruf des Unternehmens herrühren, auf welches durch das Zeichen hingewiesen wird, z.B. „Nescafé" auf Nestlé. Oder sie kann von einer Dachmarke herrühren, die den Kennzeichnungen verschiedener geschätzter Produkte immanent ist wie „NIVEA", vgl. allgemein zu den Funktionen einer Marke Sambuc WRP 2000, 985 (988 f), der die ausufernde Diskussion zutreffend auf einige wenige Punkte reduziert hat. Vgl.a. Kap.1 C.II.

153 vgl. dazu Ingerl/Rohnke § 14 RN 195 f; Fezer MarkenR § 14 RN 282 ff

154 Das Markenrecht gilt grundsätzlich nur für das Zeichen in seiner konkreten Gestalt. Daher würden nachträgliche Veränderungen nicht mehr vom Schutz umfaßt. Eine Ausnahme gilt lediglich bei kleineren, z.B. modisch motivierten Veränderungen, welche den Gesamteindruck des Zeichens nicht beeinträchtigen, vgl. hierzu in ansprechender Weise, mit Aufarbeitung der alten Rspr. und Vergleich mit der neuen Rechtslage nach § 26 III MarkenG Giefers in: FS Vieregge (1995) S.267 (zur neuen Rechtslage ab S.276 ff).

kanntheit zu fördern. Denn je mehr die Marke im Bewußtsein der Verkehrskreise verankert ist, desto höher ist die Wahrscheinlichkeit, daß das Zeichen wiedererkannt wird. Erreicht werden kann dies im wesentlichen durch eine entsprechende Gegenwart des Zeichens im Verkehr. Sie ist sowohl über die Präsenz der gekennzeichneten Ware selbst möglich, als auch durch die unterschiedlichsten Arten an Werbung. Neben der Bekanntheit des Zeichens ist aber auch die Verteidigung der Marke für das Wiedererkennen von Bedeutung. Denn wie bereits oben erwähnt, steht der Schutzbereich der Marke in unmittelbarem Zusammenhang mit der Unterscheidungskraft des Zeichens[155]. Je geringer der Abstand zu fremden Zeichen ist, desto exakter hat der Verkehr die Marke zu kennen, um sie zur Grundlage seiner Entscheidung zu machen. Dies wiederum würde einen höheren Aufwand vom Verwender der Marke fordern, sie im Gedächtnis der Verkehrskreise zu verankern[156].
Um den durch derlei Aktionen erreichten Wiedererkennungseffekt mit positiven Assoziationen[157] zu verknüpfen, ist der Nutzen der gekennzeichneten Produkte für den Verbraucher zu optimieren. Dies kann über die Qualität der Produkte geschehen und / oder über den immer wichtigeren Zusatznutzen, der sich im wesentlichen aus einem besonderen Image der Marke ergibt[158].

Folglich sollten die wertbildenden Faktoren wie Bekanntheit, Verteidigung des Schutzbereichs sowie Nutzen für die angesprochenen Kreise während der Sicherungsphase beeinflußt werden. Durch ihre Veränderung kann die Marke extrem an Wert verlieren oder hinzugewinnen. Je nachdem ist durch entsprechende Vorgaben im Sicherungsvertrag der Wert der Marke bestmöglich zu konservieren bzw. auf- oder auszubauen. Hierfür geben aber nicht mehr rechtliche Überlegungen den Ausschlag, sondern wirtschaftliche Zusammenhänge. Im Rahmen einer juristischen Untersuchung können und sollen derartige Aspekte nicht erschöpfend erörtert werden. Wegen ihrer Bedeutung für das Sicherungsgeschäft ist auf sie aber auch nicht gänzlich zu ver-

---

155 Vgl. soeben 1.b. mit weiteren Verweisen in FN 144

156 Der Wiedererkennungseffekt hängt eng zusammen mit dem markenrechtlichen Begriff der Kennzeichnungskraft, die wiederum für den zentralsten Begriff des Markenrechts, der Verwechslungsgefahr maßgeblich ist. Die Verwechslungsgefahr ihrerseits bestimmt wesentlich den Schutzbereich eines Markenrechts und findet sich daher als Kriterium in zahlreichen Normen wieder, §§ 9 Nr.2 (samt den §§ 10 I, 12, 13 I, die alle auf diese Vorschrift verweisen), 14 II Nr.2, 15 II MarkenG. Wenngleich grammatikalisch exklusiv, §§ 9 Nr.1, 14 II Nr.1, 15 II MarkenG, würde von ihr doch systematisch der Schutzbereich der Identität mitumfaßt. Sie wurde aber separat ausgestaltet, nicht zuletzt deshalb, weil sie unproblematisch feststellbar ist. Ergänzt wird der auf der Verwechslungsgefahr beruhende Schutzbereich lediglich durch den Schutz besonders bekannter Zeichen, §§ 9 Nr.3, 14 II Nr.3, 15 III MarkenG, die aber in der Praxis einen nur geringen Teil ausmachen. Festgestellt wird die Verwechslungsgefahr gemeinsam mit der Zeichen- sowie Produktähnlichkeit anhand der Kennzeichnungskraft. Für sie ist grundsätzlich die originäre Unterscheidungskraft des gewählten Zeichens ausschlaggebend, kann aber im nachhinein beeinflußt werden, entweder positiv durch die Bekanntheit der Marke oder negativ durch die Annäherung von Zeichen Dritter, vgl. Ingerl/Rohnke § 14 RN 181 ff; Fezer § 14 RN 271 ff.

157 „Positiv" meint in diesem Sinne verkaufsfördernd. Denn es ist nicht zwingend erforderlich, daß nur positiv besetzte Zeichen Erfolge versprechen. Auch eine berüchtigte Marke vermag als Kaufanreiz zu dienen, vgl. die Schockwerbung von Benetton. Doch werden zum einen diese Fälle die Ausnahme bleiben. Zum anderen können sie durch ein entsprechendes Verständnis unter dem der positiven Assoziation zugeordneten Markenimage subsumiert werden.

158 Dazu oben Kap.1 C.II.

zichten. Daher wird im folgenden versucht, Hilfen zu finden, wie der mit der Sicherung verfolgte Zweck auch auf dieser Ebene gewährleistet werden kann.

a) *Sicherstellung der Benutzung der Marke*

In anderem Zusammenhang wurde bereits ein Interesse des Sicherungsnehmers an einer Mindestbenutzung festgestellt. Es galt, den Verlust bzw. Wertverlust der Marke zu vermeiden, der ansonsten wegen der Benutzungslast droht. Bei Marken kraft Verkehrsgeltung kam hinzu, daß ihr auf einer entsprechenden Bekanntheit fußende Entstehungsgrund erhalten bleiben muß[159].

Zu diesen sich aus dem Markenrecht selbst ergebenden Gründe treten nun die wirtschaftlichen Faktoren für den Wert der Marke. Sie hängen wesentlich mit der jeweiligen Strategie zusammen, die mit der Marke verfolgt wird. Je nachdem werden unterschiedliche Schwerpunkte gesetzt, wie der Gebrauch des Zeichens erfolgen soll. An dieser Stelle können und sollen daher nur Maßstäbe gesucht werden, die von diesen Spezifika unabhängig sind und bei Sicherungsgeschäften als grundsätzlicher Anhaltspunkt dienen können. Dabei sind die unterschiedlichen Interessen der Parteien zu berücksichtigen. Denn auf der einen Seite möchte der Sicherungsnehmer eine möglichst große Bekanntheit des Zeichens erreichen. Er wird zudem eine möglichst genaue Beschreibung des Gebrauchs wünschen, um die Unsicherheit über die Entwicklung der Marke so gering wie möglich zu halten. Auf der anderen Seite wird der Sicherungsgeber zwar ebenfalls den Wunsch besitzen, eine möglichst bekannte Marke innezuhaben. Er wird aber kaum die dafür erforderlichen immensen Kosten aufzuwenden bereit sein. Obendrein wird er sich eine möglichst weitgehende Freiheit hinsichtlich des Einsatzes der Marke ausbedingen wollen, damit ihm so viele unternehmerische Optionen als möglich offen bleiben. Beide Seiten gilt es bei der Suche nach einer angemessenen Regelung zu berücksichtigen, wobei der Zweck des Sicherungsgeschäftes nicht gefährdet werden darf.

aa) Umfang der Benutzung

Beim Umfang der Benutzung kann vornehmlich der Aufwand als Maßstab herangezogen werden, den der Inhaber seither, in einem bestimmten repräsentativen Zeitraum, betrieben hat und der den Wert hervorbrachte, welcher nun Grundlage der Sicherheit sein soll. Damit würde ein Kriterium gewählt, welches an den status-quo anknüpft und versucht, ihn für die Zukunft zumindest einzufrieren. Der Sicherungsnehmer hätte wenn nicht die Gewißheit, so doch die berechtigte Hoffnung, auch künftig wenigstens mit dem Wert rechnen zu können, der seiner Sicherheit bei der Bestellung zukam. Der Sicherungsgeber hingegen wird sich redlicherweise auf einen entsprechenden Umfang einzulassen haben, wählt er gerade die Marke, um sich den in ihr aktuell manifestierten Wert zunutze zu machen.

Aber nicht immer wird der Sicherungsgeber hiermit einverstanden sein, insbesondere dann nicht, wenn er die ehemals verfolgte Markenstrategie ändern möchte. Als eine Möglichkeit, wie in diesen Fällen seine Wünsche berücksichtigt werden könnten, wäre das Fixieren der künftigen Nutzungen denkbar. Der Sicherungsgeber hätte seine Vorstellungen zu konkretisieren und in

159 Vgl. oben I.2.c. und I.2.b.

einer Aufstellung zu formulieren. Das Ergebnis wäre ein Plan, welcher den künftigen Gebrauch festschreibt. Dieser müßte, um dem Interesse des Sicherungsnehmers an einer konkreten Aussage über die Wertentwicklung genüge zu leisten, bewertet werden. Nur so ließe sich zumindest ansatzweise erreichen, daß die Marke auch für die Zukunft nichts von ihrer Tauglichkeit als Sicherungsmittel einbüßt und die neue Strategie die Zustimmung des Sicherungsnehmers findet[160]. Dieser Gebrauchsplan müßte sodann, wenn ihm das Wohlwollen nicht mehr berechtigterweise verweigert werden kann, zum Bestandteil des Sicherungsvertrags gemacht werden. Es wäre ähnliches erreicht wie mit der Festschreibung des status-quo, allein mit dem Unterschied, daß die neue Markenstrategie in der Praxis noch nicht erprobt wurde und insofern eine größere Unsicherheit für den Sicherungsnehmer verbleibt. Die Beschreibung der Faktoren wird aber nicht einfach und erst recht nicht pauschal für eine Vielzahl von Fällen möglich sein.

In beiden Fällen kann es zudem vorkommen, daß der Sicherungsgeber noch während der Sicherungsphase seine Vorgehensweise ändern möchte. Dies könnte er aber bei einer starren Regelung nur mittels eines Vertragsbruchs erreichen. Man wird aber sein Interesse insbesondere vor dem Hintergrund sich mitunter schnell ändernder Märkte und Verbraucherverhalten anerkennen und die einmal getroffene Fixierung als ein hinderliches Korsett begreifen müssen. Aber auch die Änderung der Nutzungsbestimmungen wird man nicht in sein Belieben stellen können, würde damit der Zweck der Regelungen, den Wert der Sicherheit kalkulierbar zu halten, zunichte gemacht. Es sind daher Öffnungsklauseln in die Vereinbarung aufzunehmen, nach denen ein neuer Gebrauchsplan aufgestellt werden kann. Auch er bedürfte entweder der Zustimmung durch den Sicherungsnehmer oder eines Nachweises der Adäquanz der neuen Vorgehensweise mit der fixierten.

bb) Kriterien für Klauseln zur Konkretisierung der Nutzung

Diese den Benutzungsumfang fixierenden Regelungen müssen nachprüfbare Tatsachen enthalten. Nur so läßt sich Klarheit erzielen, ob die Benutzung dem vereinbarten Maß entspricht. Hierfür kommen unterschiedliche Kriterien in Betracht. So eignen sich beispielsweise Summen, die für Werbung ausgegeben werden müssen, Mindeststückzahlen der in den Handel zu gelangenden gekennzeichneten Produkte, Angaben zur territorialen Verbreitung und wie sie erreicht werden soll oder auch die Vergabe von Lizenzen und die Wahl des Vertriebssystems[161]. Nur bedingt wird der Umsatz mit der Marke hilfreich sein. Denn er kann vom Sicherungsgeber nur mittelbar beeinflußt werden. Zudem spiegeln sich in ihm zahlreiche weitere Umstände wider wie etwa die allgemeine Wirtschaftslage. Das Verfehlen der Vorgabe kann daher dem Sicherungsgeber nicht zwingend angelastet werden.

160 Das Vorgehen beinhaltet aber eine nicht unerhebliche Unsicherheit, beruht die Bewertung doch allein auf Prognosen. Auch wenn die Wirtschaftswissenschaft hier sicherlich reichlich Modelle bereithalten wird, darf man sich doch keinen Illusionen über die Aussagekraft derartiger Bewertungen hingeben.

161 Letzteres wird nicht unmittelbar auf die Benutzung der Marke einwirken. Der Absatzweg hat aber einen nicht unerheblichen Einfluß auf den Umsatz und damit auf den Zeichengebrauch. Er wirkt aber ebenso auf der Ebene des Markenimages, dazu unten c.

Wie derartige Merkmale kombiniert und ob zusätzliche Kriterien hilfreich oder besser geeignet erscheinen, hängt vom Einzelfall ab. Die Auswahl soll lediglich einen Anhalt bieten, auf welche Umstände man sich stützen kann.

b) *Verteidigung der Marke*

Weiterhin ist die Verteidigung der Marke von erheblicher Bedeutung. Denn je größer der Abstand ist, den andere Zeichen von der Marke einzuhalten haben, desto einfacher fällt es dem Verkehr, die Marke zu identifizieren[162]. Die Wechselwirkung ist aber nicht gänzlich unumstritten, weil sie sich schwer nachweisen läßt[163]. Man wird sie aber unterstellen können[164]. Bei Marken kraft Verkehrsgeltung oder im Verkehr durchgesetzten Zeichen kommt diesem Zusammenhang weniger Bedeutung zu. Bei ihnen wird der Verkehr zuerst an die bekanntere Variante des Zeichens denken, so daß fremde Zeichen die Kennzeichnungskraft nicht in derselben Weise beeinträchtigen können[165].

Um der Gefahr der Beeinträchtigung der Kennzeichnungskraft und damit des Schutzbereiches vorzubeugen, ist darauf zu achten, daß sämtliche Ansprüche gegen Zeichen Dritter durchgesetzt werden. Hierfür ist erforderlich, daß als Grundlage der Markt beobachtet wird, neu angemeldete und eingetragene Marken auf ihre Kollision mit der beliehenen Marke hin untersucht und gegebenenfalls die sich daraus ergebenden Ansprüche geltend gemacht werden. Hieran wird auch der Sicherungsgeber interessiert sein. Da er das dafür nötige Know-how sowie die erforderliche Nähe zum Markt besitzt, liegt es nahe, ihm diese Aufgabe zu übertragen[166].

c) *Der Nutzen für die angesprochenen Verkehrskreise*

Schließlich sollte die Marke beim Verkehr positive Assoziationen auslösen[167]. Hierfür sind verschiedene Kriterien maßgeblich. Ein wesentliches, aber zu unrecht teilweise jeder Marke beigemessenes[168], ist die Qualität des gekennzeichneten Produkts. Sie kann, muß aber nicht, die

---

162 Grundlegend BGHZ 46, 152 (156 ff) = GRUR1967, 246 (249 ff)-Vitapur; darauf bezugnehmend BGH GRUR 1999, 241 (243)-Lions; Fezer § 14 RN 306, 308c; Ingerl/Rohnke § 14 RN 226; dazu oben 2.

163 Sie wird etwa bezweifelt von Ingerl/Rohnke § 14 RN 226.

164 So die langjährige Rechtsprechung und die überwiegende Ansicht, vgl. Fezer § 14 RN 307 ff mwN.

165 Vgl. dazu Ingerl/Rohnke § 14 RN 232 mwN. Hier wird aber an ein Ausnutzen fremden Rufs zu denken sein, der mittelbar wiederum die Marke schwächt. Denn wenn der Verbraucher die Zeichen nicht deutlich auseinanderhält, wird der Umsatz mit der Marke darunter leiden. Regelmäßig wird auch das aufgebaute Markenimage beeinträchtigt werden.

166 So schon beim Schutz vor dem Untergang der Marke, vgl.o. I.2.b.cc. und I.2.e.bb. Zu den damit verbundenen Schwierigkeiten oben III.1.b.

167 Zu den psychologischen Zusammenhängen bei Marken vgl. die Nachweise in Kap.1 FN 279, vgl.a. Henning-Bodewig/Kur, Bd.I S.57 ff. Es muß weder etwas besonderes mit der Marke assoziiert werden noch ein bewußter Prozeß ablaufen. Es kann ausreichen, daß die Marke lediglich wiedererkannt wird. In den meisten Fällen wird aber ein irgendwie gearteter positiver Eindruck von der Marke hinzukommen, bewußt oder unbewußt.

168 Verschiedene Autoren messen der Marke allgemein eine Qualitätsfunktion bei, vgl. die Nachweise bei Kap.1 B.I.1.a.cc.(1), zur Rechtslage unter dem MarkenG indirekt Fezer WRP 1999, 1 (12), indem er alle ökonomischen Funktionen für geschützt erklärt; teilweise Funk, S.210 ff. Damit kann aber nicht gemeint sein,

Marke kennzeichnen. Wegen der sich immer mehr angleichende Qualität austauschbarer Produkte wird der Wettbewerb zunehmend über andere Parameter geführt.

aa) Die Qualität der gekennzeichneten Produkte

Zu Beginn des modernen Markenwesens diente Kennzeichnung wesentlich zur Unterscheidung minderwertiger von qualitativ hochwertiger Ware. Dadurch daß Zeichen nicht in dem Maße wie heute gebräuchlich waren, wurde mit ihnen fast immer der Zweck verfolgt, einen besonderen, auf Qualität gründenden Ruf am Markt aufzubauen[169].

Die heutige Sach- wie auch Rechtslage ist grundsätzlich anders. Die Marke ist zu einem allgemeinen Unterscheidungszeichen geworden, ohne das kein Produkt mehr am Markt auftritt. Auch bei Dienstleistungen wird sich diesem Zustand immer weiter angenähert. Zudem hat sich das Qualitätsniveau in vielen Bereichen massiv angeglichen. Auf dieser Grundlage hat sich im Wirtschaftsverkehr in vielen Bereichen, insbesondere bei Massenwaren, die Bedeutung der Qualität für den Produktabsatz stark zurückgebildet. Andere Faktoren bestimmen mindestens in derselben Weise die Absatzmethodik eines Unternehmens. Trotzdem wird es sich kaum ein Unternehmen leisten können, auf ein Management der Produktqualität zu verzichten[170].

Für den Inhalt eines Sicherungsgeschäfts bedeutet dies, daß die Qualität der gekennzeichneten Produkte nicht außer acht gelassen werden sollte. Zu erreichen ist dies über Bestimmungen im Sicherungsvertrag, nach denen der seither bestehende Qualitätsstandard festgeschrieben wird, vergleichbar mit der Regelung zur Benutzung[171]. Dies wäre wiederum durch den Zusatz zu ergänzen, daß eine Abänderung möglich sein soll, wenn der Wert der Marke nicht darunter leidet.

bb) Sonstige Parameter für das Markenimage

Die anderen Kriterien, die heutzutage an die Stelle der Qualität als Wettbewerbsparameter getreten sind, werden gemeinhin unter dem Stichwort der Markenpersönlichkeit oder dem Marken-

---

daß der Markeninhaber verpflichtet ist, Markenware auf bestimmtem oder auch nur gleichbleibendem Niveau zu halten. Die Qualität ist lediglich ein Umstand, der von Unternehmen als Marketinginstrument eingesetzt werden kann. Der Markeninhaber wird auch gut daran tun, die Qualität nicht gänzlich zu vernachlässigen. Er ist aber nicht verpflichtet, sie zum Gegenstand seiner Markenstrategie zu machen. Zur Qualitätsfunktion vgl.o. Kap.1 B.I.1.a.cc.(1).

169 Dies erklärt sich aus der Entstehungsgeschichte des modernen Markenwesens, das aus einem System staatlicher, verbandsabhängiger (insb. Zünfte) oder freiwilliger Qualitätskontrollen hervorging. Mit der Einführung der Gewerbefreiheit sowie anderer Programme der Wirtschaftsliberalisierung wollten die Wettbewerber das mit den Zeichen erworbene Renommee in die neue Zeit hinüber retten. Zumal mit den Qualitätszeichen der Beschaustellen vielfach Markierungen der einzelnen Hersteller verbunden waren. Zum ganzen auch oben Kap.1 FN 56; Leitherer S.16 ff, 33 ff, 64 ff Schluep (1964) S.40 ff.

170 Wobei Produktqualität nicht im Sinne einer einfachen Größe zu verstehen ist, was aber das in rechtlichen Kreisen kursierende Stichwort Qualitätsfunktion vermuten läßt. Sie setzt sich vielmehr aus zahlreichen Faktoren zusammen, die unter anderem stark von den individuellen Nutzungserwartungen abhängen, vgl. dazu nur Herrmann (1998) S. 32 ff. Nicht umsonst nimmt das Produktmanagement ein breites Feld im Marketing ein, vgl. nur Herrmann (1998), Koppelmann (1997), Lehmann/Winer (1997)

171 Auch hier kann wie bei der Benutzung auch von vornherein ein anderer Standard als Grundlage vereinbart werden, vgl.o. a.aa. vgl.a. Albrecht/Hombrecher WM 2005, 1659 (1665).

image zusammengefaßt[172]. Die darin enthaltenen Aspekte sind vielfältig, was nicht zuletzt eine breite und immer weiter zunehmende Literatur zum Aufbau einer Markenpersönlichkeit belegt[173]. Beispielhaft sei hier nur der schon beinahe fest mit Tabakunternehmen verwobene lifstyle von unbegrenzter Freiheit und Abenteuer erwähnt. Aber auch andere Eigenschaften wie Ästhetik, Luxus oder selbst das Image des billigen Jakob lassen sich absatzfördernd der Marke einflößen. Hinzu treten einzelne Verkaufsstrategien, die zwar nicht unbedingt ein langfristig angelegtes Markenimage schaffen sollen, die aber kurzfristig die Marke in einem bestimmten Licht erscheinen lassen und insofern durchaus diesem Bereich zuzuordnen sind. Exemplarisch ist hier die immer mehr um sich greifende Einstellung des „sex sells". Neben den einzelnen markenbezogenen Eigenschaften können die Zeichen aber auch in eine komplexe, das gesamte Unternehmen umfassende Strategie eingebettet sein, welche sich in der jeweiligen Markenpersönlichkeit widerspiegelt[174].

Wegen der Bedeutung für den Absatz und damit für den Wert der Marke ist es ratsam, auch diesen Bereich in das Sicherungsgeschäft aufzunehmen. Allerdings wird man dabei schnell an Grenzen stoßen. Denn durch die Vielfältigkeit der Ansatzpunkte könnte man durch die Festlegung eines bestimmten Profils der Komplexität kaum gerecht werden. Es kann hier nur gelten, daß im Einzelfall ein gangbarer Weg gefunden werden muß, dessen Festlegung rechtlich nachprüfbar ist. Etwas einfacher verhält es sich allerdings bei solchen Marken, die bereits ein festes Image besitzen. Hier läßt sich an ihm anknüpfen und es als aufrecht zu erhaltenden status-quo in den Vertrag aufnehmen.

3. *Zusammenfassung*

Ein Wertverlust der Sicherheit kann im Laufe der Sicherungsphase aufgrund unterschiedlicher Gründe eintreten. Einerseits kann er von rechtlichen Einschränkungen des Schutzbereichs herrühren, andererseits von Einbußen bei den tatsächlichen Umständen, die für den Wert der Marke ursächlich sind.

Rechtliche Restriktionen, um die sich ein Sicherungsnehmer sorgen sollte, existieren lediglich in Form der Verjährung und der Verwirkung, §§ 20, 21 MarkenG. Beide Tatbestände schränken den Schutzbereich der Marke sowohl direkt ein, indem sie den Gebrauch von Zeichen gestatten, die im Schutzbereich der Marke liegen. Als auch führen sie mittelbar zur Einengung der Reichweite der Marke, indem sich die nun zulässige Existenz der Zeichen auf die für den Schutzbereich maßgebliche Kennzeichnungskraft der verletzten Marke auswirkt.

172 Vgl. Upshaw (1995), Aaker in: Moderne Markenführung, S.91; Weinberg/Diehl in: Moderne Markenführung, S.185; vgl.a. Kap.1 C.II.

173 Vgl. dazu oben Kap.1 C.II; stellvertretend sei hier nur Upshaw (1995) und die zahlreichen Beiträge in den beiden großen Werken zur Markenführung, Bruhn, HdB Markenartikel (1994); Esch, Moderne Markenführung, (2001), erwähnt.

174 Als Beispiele sei auf die Strategie von Beiersdorf verwiesen, wonach einerseits die Dachmarke „NIVEA" gepflegt wird, andererseits regelrecht eine Markenfamilie um den Begriff „tesa" entwickelt wurde. Derartige Strategien können soweit reichen, daß für das gesamte Unternehmen eine Persönlichkeit geschaffen wird, die „corporate identity", auf welche die Marke zurückgreift. Vgl.a.Kap.1 A.II.

Bei den tatsächlichen Umständen, welche für den Wert eines Zeichens verantwortlich sind, handelt es sich um ökonomische Parameter, die von Überlegungen zur jeweiligen Markenstrategie bestimmt werden. Sie können aber im Rahmen einer juristischen Untersuchung nur bedingt berücksichtigt werden. Bei der Suche nach dem Grund, der die Marke ihren Zweck als Absatzinstrument bestmöglich erfüllen läßt, ist dieser einerseits im Wiedererkennungseffekt zu entdecken, andererseits im positiven Bild, das der einzelne mit der Marke verbindet. An beiden Punkten kann angesetzt werden, um den Wert der Sicherheit zu schützen. Der Sicherungsnehmer hat folglich auf eine mit positiven Assoziationen besetzte bekannte Marke zu dringen.

Um vor diesem Hintergrund dem Wertverlust der Sicherheit vorzubeugen, empfehlen sich für den Sicherungsnehmer vornehmlich solche Maßnahmen, die auch schon den Verlust der Sicherheit verhindern sollen. So kann der Verjährung wie auch der Verwirkung von Ansprüchen begegnet werden, indem die sich aus der Marke ergebenen Ansprüche rechtzeitig und in vollem Umfang verfolgt werden. Nicht zuletzt wegen der Sachnähe erscheint es ratsam, dies dem Sicherungsgeber als Pflicht aufzugeben.
Ebenso empfiehlt sich, um die für den Wiedererkennungseffekt erforderliche Bekanntheit im Verkehr zumindest aufrecht zu erhalten, dem Sicherungsgeber einen hinreichenden Gebrauch aufzuerlegen. Hinzu kommt nun aber, daß sowohl Umfang wie auch Art und Weise der Benutzung festgelegt werden sollten, um spätere Meinungsverschiedenheiten über ein den Wert garantierendes Mindestmaß an Gebrauch zu vermeiden. Dieses Mindestmaß muß zudem kontrollierbar sein. Der Umfang kann sich dabei am seither erfolgten Gebrauch des Zeichens ausrichten. Da aber eine Fixierung hierauf den Sicherungsgeber in seiner Unternehmensführung zu lähmen droht, bietet sich eine Öffnung in der Weise an, daß andere Nutzungspläne vereinbart werden können. Erweisen sie sich nach einer Bewertung mindestens ebenso geeignet, das Sicherungsziel zu gewährleisten, hat sich der Sicherungsnehmer hierauf redlicherweise einzulassen. Allerdings ist zu erwarten, daß eine geeignete Beschreibung nicht immer leicht fallen wird.

IV. Absicherung der Verpflichtungen des Sicherungsgebers

Soweit zum Schutz der Interessen des Sicherungsnehmers dem Sicherungsgeber die Verteidigung wie auch Benutzung der Marke übertragen werden, stellt sich die Frage der Absicherung solcher Regelungen. Zwar wird der Sicherungsgeber üblicherweise ein eigenes Interesse an den Aufgaben haben. Doch ist dadurch nicht garantiert, daß er auch seiner Verpflichtung nachkommen wird[175]. Als Obliegenheiten geben sie dem Sicherungsnehmer lediglich einen Anspruch auf Durchführung. Erfüllt der Sicherungsgeber seine Verpflichtung nicht, stehen dem Sicherungsnehmer ausschließlich Ansprüche aus Vertragsverletzung zu. Gerade wenn auf den Sicherungsfall zugesteuert wird, helfen diese kaum weiter, werden sie in der vielfach einher gehenden

175 Das Interesse des Sicherungsgebers an diesen Aufgaben kann rapide nachlassen, wenn die Lage auf den Sicherungsfall zusteuert. Nicht zuletzt deshalb, weil die Durchführung mit Aufwendungen verbunden ist, und in finanzkritischen Zeiten der Sicherungsgeber an derlei Ausgaben kein Interesse haben wird, dienen sie lediglich dem Erhalt der Marke, die wiederum als Sicherungsgut dient. Selbst ohne kollusives Zusammenwirken mit Dritten ist daher der Wert der Sicherheit nicht unerheblichen Risiken ausgesetzt.

Insolvenz mit einer Quote abgespeist. Es empfiehlt sich daher, zusätzlich Regelungen aufzunehmen, die diesem Risiko begegnen.

So besteht die Möglichkeit, sich eine Option dergestalt einräumen zu lassen, selbst für den Gebrauch und die Verteidigung sorgen zu können. Mag dies bei der Verteidigung der Marke gegen kollidierende Zeichen auf den ersten Blick als eine durchaus adäquate Alternative erscheinen - beispielsweise wäre bei einer Sicherungslizenz nur eine Zustimmung entsprechend § 30 III MarkenG vonnöten -, wird es aber vielfach an der praktischen Durchführung scheitern. Denn die erforderliche Marktüberwachung, um überhaupt Verletzungshandlungen wahrnehmen zu können, bedeutet einen solchen Aufwand, daß die Selbstverteidigung allenfalls bei einer bereits bekannten Störung in Betracht kommt[176]. Dem Sicherungsnehmer bliebe zwar die Möglichkeit, einen Dritten mit den Aufgaben zu betrauen. Dies würde aber wiederum die Kosten des Sicherungsgeschäfts erheblich steigern. Ohnehin wird es auszuschließen sein, daß ein Sicherungsnehmer für die Benutzung der Marke sorgen möchte. Denn selbst die Vergabe von Gebrauchsrechten wird für den Sicherungsnehmer eine solche Mehrarbeit bedeuten, daß es die Sicherheit in der Mehrzahl der Fälle unattraktiv werden läßt.

Ratsamer erscheint es daher, einen Pflichtverstoß des Sicherungsgebers als einen Grund zur Kündigung des Kredits auszugestalten. Die gesicherten Forderungen würden fällig und sollte der Sicherungsgeber seiner daraus erwachsenden Zahlungsverpflichtung nicht nachkommen, könnte der Sicherungsnehmer die Befriedigung aus der Sicherheit suchen. Dies stellt zwar eine reichlich harte Konsequenz dar, erscheint aber einzig erfolgversprechend, um den Sicherungsgeber zum Einhalten der Klauseln zu motivieren[177]. Zudem ist das Resultat auch nicht unberechtigt. Schließlich kann der Pflichtverstoß des Sicherungsgebers schnell zu Einbußen bei der Sicherheit führen. Diese gefährden ihrerseits das Erreichen des Sicherungszwecks. Dem kann nur vorgebeugt werden, indem die Sicherheit zu einem Zeitpunkt verwertet wird, in welchem die Befriedigung der gesicherten Forderungen noch zu erwarten ist.

V. Zusammenfassung

Damit das Interesse des Sicherungsnehmers, welches auf den Erhalt der Sicherheit und ihres Werts gerichtet ist, gewahrt wird, muß Vorsorge einerseits gegen den Untergang des Sicherungsrechts getroffen werden, andererseits dahingehend, daß der Wert der Sicherheit zumindest konstant bleibt. Nur auf diese Weise besteht im Sicherungsfall die Chance, einen zur Befriedigung der gesicherten Forderungen ausreichenden Erlös zu erzielen.

Betrachtet man die einzelnen Untergangsgründe ist festzustellen, daß derzeit der Verlust der Sicherheit lediglich durch das Erlöschen des Markenrechts droht. Ein isolierter Untergang des Sicherungsrechts, der durch einen gutgläubigen bzw. gutgläubig lastenfreien Erwerb einer Marke möglich wäre, wurde vom Gesetzgeber nicht vorgesehen. Allerdings sprechen insbesondere mit der Verkehrsfähigkeit der Marke und dem Schutz des Rechtsverkehrs gewichtige Gründe für

176 Vgl.o. III.1.b.

177 Zur Abmilderung sollte dem Sicherungsgeber vor der Verwertung die Möglichkeit gegeben werden, eine andere Sicherheit zu stellen.

eine Änderung der Rechtslage. Diese kann über eine entsprechende Auslegung der vorhandenen Normen des MarkenG erreicht werden. Denn mit der fehlenden Eintragbarkeit der Lizenz bei gleichzeitigem Sukzessionsschutz nach § 30 V MarkenG einerseits und den gegenteiligen Bestimmungen bei den sonstigen Verfügungen andererseits sind Regelungen vorhanden, die erst bei Annahme eines gutgläubigen Erwerbs ein schlüssiges Bild ergeben. Trotzdem ist nach derzeitiger Rechtslage noch von der fehlenden Möglichkeit eines Erwerbs kraft Rechtsscheins auszugehen.

Bei den Gründen für das Erlöschen von Markenrechten fällt auf, daß sie im Gesetz nicht geregelt wurden. Durch Auslegung läßt sich ermitteln, daß Marken kraft Eintragung durch Löschung, die übrigen durch tatsächlichen Verlust der Schutzvoraussetzungen untergehen. Bei den einzelnen Untergangsgründen handelt es sich bei sämtlichen Marken um das anfängliche Fehlen oder den nachträglichen Wegfall der in §§ 3, 7, 8 II MarkenG geregelten Punkte, dem Verzicht auf das Markenrecht, vgl. § 48 MarkenG, sowie das Geltendmachen von Kollisionsansprüchen aus bevorrechtigten Positionen. Hinzu treten spezielle Untergangsgründe, bei eingetragenen Marken der Ablauf der Schutzfrist sowie die ungenügende Benutzung, §§ 47, 49 I MarkenG, bei den sonstigen Markenrechten der Wegfall der den Schutz begründenden Bekanntheit.

Gründe, die zu einem Wertverlust führen und den Sicherungszweck gefährden können, bestehen sowohl in den rechtlichen Begrenzungen des Schutzbereichs nach §§ 20, 21 MarkenG als auch in Einbußen bei den tatsächlichen den Markenwert begründenden Umständen. Bei letzteren handelt es sich insbesondere um die Bekanntheit und das positive Bild der Marke im Verkehr.

Zum Schutz vor derartigen Umständen sind einem Sicherungsnehmer mehrere Maßnahmen zu empfehlen. Die entscheidendsten sind die Verpflichtung des Sicherungsgebers zur bestmöglichen Verteidigung der Marke, inklusive ihrer eventuell erforderlichen Änderung oder der Aufnahme von Zusätzen, sowie die in einem Gebrauchsplan mit Art und Umfang festzulegende Benutzung. Das Maß der Nutzung kann sich dabei vornehmlich am seither erfolgten Gebrauch ausrichten. Um aber dem berechtigten Interesse des Sicherungsgebers auf mögliche Änderung des Gebrauchs nachzukommen, ist eine Öffnung vorzusehen, wonach ein anderer Gebrauchsplan aufgestellt werden kann. Sofern dieser erwarten läßt, daß der Wert der Marke keine Einbußen erleidet, hat der Sicherungsnehmer diesen zu akzeptieren. Zur Absicherung dieser schuldrechtlichen Verpflichtung sollte an Verstöße die Kündigung des gesicherten Kredits bzw. das Fälligstellen der gesicherten Forderungen geknüpft werden. Nur so läßt sich hinreichend gewährleisten, daß die Sicherheit ihren Zweck erfüllen wird.

Zur Abrundung des Schutzes gegen mögliche Risiken während der Sicherungsphase kann es ratsam sein, die Marke, bevor die Sicherheit angenommen wird, auf eventuelle Risiken bei den §§ 3, 7, 8 II MarkenG und auf Kollisionen hin untersuchen zu lassen. Zudem ist es bei der Bestellung der Sicherheit an Marken kraft Eintragung hilfreich, daß der Sicherungsnehmer zumindest als Vertreter im Markenregister eingetragen wird, um von eventuellen Markenverfahren Kenntnis zu erlangen. Während der Sicherungsphase sollte er zudem die Schutzfrist im Auge behalten.

Selbst alle Maßnahmen gemeinsam vermögen nicht jegliches Risiko auszuschalten. Trotzdem werden sie die Gefahr, Überraschungen zu erleben, auf ein mehr als akzeptables Maß reduzieren können.

C. Kontrolle der Klauseln für die Sicherungsphase anhand der Sittenwidrigkeit aufgrund von Knebelung, § 138 I BGB

Die vorgenannt empfohlenen Klauseln, die gemäß der Parteiinteressen in den Sicherungsvertrag aufzunehmen sind, müssen sich im Rahmen der allgemeinen Grenzen halten. Bei der Kontrolle spielen dabei erfahrungsgemäß die §§ 305 ff BGB sowie § 138 BGB eine herausragende Rolle[178]. Andere Normen drängen sich nicht als Korrektive auf. Die AGB-Kontrolle wird hier allerdings kaum Bedeutung entfalten Sie setzt nach § 305 I BGB voraus, daß die Klauseln für eine Mehrzahl von Verträgen bestimmt sind. Dies wird aber in den seltensten Fällen zutreffen. Denn die hier in Rede stehenden Verpflichtungen des Sicherungsgebers zu Gebrauch und Verteidigung der Marke haben sich an den Gegebenheiten des jeweiligen Einzelfalls auszurichten, insbesondere an der jeweils verfolgten Markenstrategie, so daß regelmäßig zumindest eine Anpassung der Klauseln an die konkreten Verhältnisse erfolgen muß. Dies wird vor allem bei den Vorgaben zur Benutzung notwendig sein. Aber auch bei der Verteidigung der Marke ist empfehlenswert, diese nicht nur pauschal dem Sicherungsgeber zu übertragen, sondern risikospezifisch zu formulieren. Je nachdem wo bei der jeweiligen Marke besonders Gefahren drohen, ob von einzelnen Schutzvoraussetzungen oder aufgrund von Kollisionen, kann es ratsam sein, den Sicherungsgeber entsprechend zu verpflichten.

Als Prüfungsmaßstab bleibt daher § 138 BGB. Von den Fallgruppen, die sich im Kreditsicherungsrecht herausgebildet haben[179], kommt hier - durch die detaillierten Vorgaben zum Erhalt der Sicherheit und ihres Werts - eine sittenwidrige Knebelung in Betracht.

I. Die Voraussetzungen einer Knebelung

Eine Knebelung soll dann vorliegen, wenn eine Vertragspartei ihre wirtschaftliche Bewegungsfreiheit ganz oder in wesentlichen Teilen einbüßt und in sittlich zu mißbilligender Weise von der anderen Vertragspartei abhängig wird[180]. Der Anknüpfungspunkt für den Sittenverstoß ist eine Beeinträchtigung der wirtschaftlichen Freiheit, die so gravierend ist, daß sie nicht mehr mit den Vorstellungen des Geschäftsverkehrs von Anstand und Moral vereinbart werden kann. Die übermäßige Beschneidung der wirtschaftlichen Bewegungsfreiheit greift die Grundfesten der privatautonomen Vertragsgestaltung an[181]. Diese leitet sich ihrerseits aus der Freiheit zur Entfaltung der Persönlichkeit ab, die ein Teil des unverzichtbaren Kerns der Menschenwürde ist. Hierin beruht im Grunde die Sittenwidrigkeit der diese Zusammenhänge mißachtenden Verträge[182].

178 Vgl. dazu oben Kap.2 B.I.

179 Zu den einzelnen Fallgruppen vgl.o. im Rahmen der einführenden Bemerkungen zu Kap.5.

180 vgl. BGHZ 19, 12 (18); 83, 313 (316); Staud-Sack § 138 RN 259; vgl.a. Lwowski KredSichR (8.A) RN 149; Pal-Heinrichs § 138 RN 39 mwN; Bülow KredSichR (5.A) RN 958.

181 Soergel-Hefermehl (13.A) § 138 RN 116.

182 Ähnlich Larenz, BGB AT (7.A) § 2 II (S.41); vgl.a. MüKo-Mayer-Maly § 138 RN 16

Wegen der Beeinträchtigung dieser absolut zu schützenden Rechtsposition bedarf es auch keines subjektiven Tatbestandes[183]. Bei Sicherungsgeschäften kristallisierten sich dabei verschiedene Unterfallgruppen heraus[184], die teilweise wiederum mit anderen Fallgruppen des § 138 BGB korrelieren. Die Beurteilung muß daher im Wege einer einzelfallabhängigen Gesamtbetrachtung erfolgen[185]. Als Unterfälle der Knebelung wurden seither die Übernahme des gesamten Vermögens, das Aussaugen sowie die stille Geschäftsinhaberschaft entwickelt. Auch die Übersicherung kann diesem Bereich zugeordnet werden. Sie ist allerdings wegen ihrer Bedeutung eigenständig zu behandeln[186].

II. Knebelung durch Vorgaben zum Wert-/ Erhalt von Marken

Indem die Bestimmungen, die den Erhalt der Marke und ihre Wertsicherung zum Ziel haben, weitreichend in die Markenführung eingreifen, könnte dies bereits die Freiheiten des Sicherungsgebers in sittenwidriger Weise beschneiden. Denn wesentliche Bereiche der Geschäftsführung könnten dem Sicherungsgeber faktisch entzogen und vom Sicherungsnehmer abhängig werden. Genauso ist daran zu denken, daß die eingeforderten Aufwendungen für den Werterhalt der Marke den Sicherungsgeber aussaugen, er sein Vermögen zum Erhalt der Sicherheit eines einzelnen Gläubigers einzusetzen hat und dadurch die Befriedigungsmöglichkeit anderer Gläubiger unzulässig eingeschränkt wird. Selbst wenn beide Ansätze zu verneinen wären, bleiben die Umstände gemeinsam im Rahmen einer Gesamtbetrachtung an den allgemeinen Kriterien für eine Knebelung zu messen.

1. Stille Geschäftsinhaberschaft

Eine Knebelung im Sinne einer stillen Geschäftsinhaberschaft soll vorliegen, wenn durch Schutzmaßnahmen für sicherungshalber übertragene Vermögenswerte dem Sicherungsnehmer Rechte eingeräumt werden, welche den wesentlichen Gehalt der Unternehmereigenschaft ausmachen[187]. Diskutiert wird dies bei nahezu vollständiger Gewinnentnahme[188] oder bei der

---

183 Im Ergebnis ebenso Staud-Sack § 138 RN 259; Soergel-Hefermehl (13.A) § 138 RN 117, 37 ff, insb.39; **a.A.** Serick Bd.III, S.88 f; Lwowski, KredSichR (8.A) RN 159; letzterer will die Beurteilung gerade in besonderer Weise von der Motivlage des Sicherungsnehmers abhängig machen. Dies erscheint aber wegen des beeinträchtigten Rechtsguts auf Seiten des Sicherungsgebers nicht gerechtfertigt. Etwas anderes stellt es dar, wenn berechtigte Interessen des Sicherungsnehmers bei der Feststellung einer sittlich zu mißbilligenden Beeinträchtigung in die - objektive - Abwägung eingestellt werden. Eine entsprechende Abwägung erscheint auch angebracht, wird aber dazu führen, daß je weiter in das Freiheitsrecht des Sicherungsgebers eingegriffen wird, desto weniger werden Interessen des Sicherungsnehmers dies rechtfertigen können, ähnlich Soergel-Hefermehl (13.A) § 138 RN 120.

184 vgl. BankRHdB-Ganter § 90 RN 306 ff; Lwowski, KredSichR (8.A) RN 148 f; Bülow, KredSichR (5.A) RN 958

185 vgl. statt vieler Soergel-Hefermehl (13.A) § 138 RN 19; MüKo-Mayer-Maly § 138 RN 21 ff

186 ähnlich Soergel-Hefermehl (13.A) § 138 RN 119; Staud-Sack § 138 RN 159 ff, 263 ff; von vornherein als eigene Fallgruppe: Lwowski KredSichR (8.A) RN 151 ff; BankRHdB-Ganter § 90 RN 309 ff

187 So formulierte das RG, der Sicherungsgeber sei nur noch ein Strohmann, der nach außen hin als Inhaber auftritt, er aber im Innenverhältnis die Stellung eines abhängigen Verwalters hätte, RGZ 136, 247 (253); ebenso Lwowski, KredSichR (8.A) RN 158; Soergel-Hefermehl (13.A) § 138 RN 119. Daß aber bereits vorher die wirtschaftliche Bewegungsfreiheit sittenwidrig beeinträchtigt sein kann, zeigt ein Vergleich mit den Bierlieferungsverträgen, BGH NJW 1985, 2693 (2695); 1974, 2089 (2090); 1972, 1459 (1459). Wenn bereits die

Einflußnahme auf die Unternehmensführung[189]. In beiden Fällen soll aber eine Sittenwidrigkeit ausgeschlossen sein, wenn der Eingriff in die Unternehmerstellung nur für notleidende Kredite vorbehalten ist[190].

Eine stille Geschäftsinhaberschaft kommt hier in der Weise in Betracht, als die Regelungen zum Gebrauch sowie der Verteidigung so weitreichend in die Markenführung als wesentlichem Teil der Unternehmensführung eingreifen, daß grundlegende Befugnisse eines Geschäftsinhaber auf den Sicherungsnehmer übergegangen wären.
Zumindest wird man anzunehmen haben, daß die Markenführung als bedeutende, wenn nicht gar bedeutendste Außendarstellung des Unternehmens einen wesentlichen Bereich der Unternehmensführung ausmacht. In ihr manifestiert sich gerade heutzutage auf einem weitestgehend anonymen Markt die Beziehung zum Verbraucher. Erst durch die Marke können Informationen an die Adressatenkreise weitergegeben und damit Marketing betrieben werden. Mit ihr tritt das Unternehmen am Markt auf und erntet in ihr den good-will, welcher den gekennzeichneten Produkten zukommt. Der Marke kommt folglich bei der Unternehmensführung eine herausragende Stellung zu[191].
Man wird aber nur schwer begründen können, daß die Einflußnahme auf die Markenführung so stark in das Unternehmensmanagement eingreift, daß bereits von einer stillen Inhaberschaft gesprochen werden kann. Zu vielfältig sind die Anforderungen, um einen Geschäftsbetrieb zu führen. Soweit aber nur wesentliche Teile betroffen sind, müssen strengere Anforderungen gel-

---

langfristige Bindung in einem Bereich für die Sittenwidrigkeit ausreicht, auch wenn eine besonders verwerfliche Absicht hinzukommt, erscheint es daher als zu weitgehend, wenn der Geschäftsinhaber jeglichen unternehmerischen Spielraums beraubt und zu einer Marionette des Sicherungsnehmers degradiert werden muß.

188 Vgl. dazu Lwowski, KredSichR (8.A) RN 158. Man wird allerdings bei der Gewinnentnahme fragen müssen, ob sie überhaupt eine Knebelung bewirken kann. Denn mit dem abgeführten Gewinn wird lediglich ein Kredit bedient. Die Entscheidung über die Disposition der finanziellen Mittel wurde damit lediglich zu einem früheren Zeitpunkt getroffen. Es müßten daher weitere Umstände hinzutreten, welche die getroffene unternehmerische Entscheidung als Beeinträchtigung der unternehmerischen Freiheit erscheinen lassen. Man wird es schwer haben, die Dispositionsbefugnis über den Gewinn als so wesentlich anzusehen, daß damit der Unternehmer zu einer Marionette degradiert wird. So vortrefflich der Gewinn sich als Indikator für einen guten Unternehmer eignet, so stellt er doch „nur" die Frucht der im übrigen erfolgreichen Unternehmensführung dar. Ist diese weiterhin möglich, wird man keine Knebelung annehmen können.

189 Vgl. BankRHdB-Ganter § 90 RN 306; Lwowski, KredSichR (8.A) RN 159. Beispielsweise soll die Abhängigkeit sämtlicher Rechtsgeschäfte samt der Abwicklung des Zahlungsverkehrs von der Zustimmung des Vertragspartners knebelnd wirken, BGH NJW 1993, 1687 (1588), genauso wie das Einsetzen eines allumfassend zuständigen Treuhänders zum Zwecke der Sanierung, OLG Frankfurt/Main NJW 1967, 1043 (1043 f). Jedoch soll keine Sittenwidrigkeit vorliegen, wenn sich freiwillig unter die fremde wirtschaftliche und kaufmännische Entscheidungsmacht unterworfen wurde und die Sachlage etwa als Sanierungsversuch gerechtfertigt ist, BGH WM 1959, 626 (628).

190 BGH NJW 1962, 102 (102 f); Staud-Sack § 138 RN 261 mwN; Lwowski, KredSichR (8.A) RN 150; Soergel-Hefermehl (13.A) § 138 RN 120 mwN; Bülow KredSichR (5.A) RN 958

191 Zur Bedeutung der Markenführung für ein Unternehmen vgl. nur Kapferer (1992) S.9 („In Zukunft ist die Marke das wichtigste Kapital des Unternehmens"); Arnold (1992) S.13 ff; Esch/Wicke in: Moderne Markenführung S.3 (5 ff).

ten, um eine Sittenwidrigkeit anzunehmen[192]. Doch ist bereits fraglich, ob mit der festgeschriebenen Benutzung samt Verteidigung der Marke dem Sicherungsgeber überhaupt die Entscheidungsmacht über die Verwendung der Marke entzogen wird. Den Entschluß, wie mit der Marke verfahren wird, trifft nicht der Sicherungsnehmer. Er soll lediglich die Befugnis erhalten, die jeweilige Strategie des Sicherungsgebers in ihren hinreichend konkreten Umrissen zu kennen, auf ihre Auswirkungen auf den Wert der Marke hin untersuchen und auf die Einhaltung eines Mindeststandards dringen zu dürfen. Damit kann der Sicherungsnehmer zwar auf unternehmerische Entscheidungen Einfluß nehmen. Sie werden aber nicht gänzlich von ihm abhängig gemacht, geschweige denn ihm überlassen. Ohnehin bleibt die Möglichkeit bestehen, neue Nutzungsvarianten zu vereinbaren, wobei dem Sicherungsnehmer nur insoweit ein Vetorecht zukommt, als der Wert der Marke darunter leiden würde.

Es kann daher nicht von einer stillen Geschäftsinhaberschaft gesprochen werden.

2. *Aussaugen des Sicherungsgebers*

Mit dem Aussaugen wird ein Vorgehen umschrieben, bei dem einer Person Vermögenswerte schleichend, peu à peu entzogen werden, und das zur Folge hat, daß zum einen der Sicherungsgeber zusehends seinen finanziellen Spielraum einbüßt, zum anderen immer weniger Sicherungs- und Befriedigungsmöglichkeiten für andere Gläubiger verbleiben[193]. Der Sicherungsgeber wird allmählich in die Insolvenz getrieben[194]. Der Sicherungsnehmer mag zwar durch seine Kredite ein nachvollziehbares Interesse belegen können, gerade wenn keine Übersicherung, eventuell sogar eine Untersicherung vorliegt[195]. Aber sowohl durch die Einwirkung auf die Unternehmensführung, indem der Sicherungsgeber sehenden Auges mit der Insolvenz in den extremsten Fall der wirtschaftlichen Unfreiheit gedrängt wird, als auch durch die - verständliche - Aneignung weiterer Vermögenswerte zu Lasten der übrigen Gläubiger verfolgt der Sicherungsnehmer rücksichtslos seine eigenen Interessen. Dies kann für eine Sittenwidrigkeit ausreichen. Dem Sicherungsgeber muß zumindest soviel Bewegungsfreiheit bleiben, daß er in der Lage ist, „in einem seinen Verhältnissen angemessenen Rahmen ... auch andere Gläubiger zu befriedigen"[196].

Gegen die Annahme einer Sittenwidrigkeit in diesen Fällen spricht, daß im Vorfeld einer Insolvenz die Anfechtungsregeln der §§ 130, 131 InsO einen abschließenden und ausreichenden

---

192 Solange dem Unternehmer wesentliche Bereiche der Unternehmensführung verbleiben, liegt daher noch keine Sittenwidrigkeit vor, BGH WM 1959, 964 (964) mwN; Soergel-Hefermehl (13.A) § 138 RN 120.

193 Mit dem Schutz anderer Gläubiger kommt ein weiterer Aspekt in die Beurteilung hinein, der nicht auf die Beschränkung der Freiheit des Sicherungsgebers abzielt. Trotzdem wird er infolge der Rücksichtslosigkeit gegenüber Dritten als regelmäßig enthaltenes Sittenwidrigkeitsmerkmal zur Begründung des Aussaugens angeführt, vgl. Lwowski, KredSichR (8.A) RN 158; Soergel-Hefermehl (13.A) § 138 RN 119.

194 Lwowski KredSichR (8.A) RN 158; BankRHdB-Ganter § 90 RN 306; Soergel-Hefermehl (13.A) § 138 RN 119 ff

195 Man wird aus diesem Grund die Beleihung der letzten freien Vermögenswerte des Sicherungsgebers nicht per se als sittenwidrig ansehen können, vgl. BGHZ 20, 43 (49 f); Lwowski, KredSichR (8.A) RN 160 (S.144); Bülow KredSichR (5.A) RN 958; Soergel-Hefermehl (13.A) § 138 RN 120 mwN. Erst bei zusätzlichen Umständen kann eine Knebelung angenommen werden.

196 BGHZ 19, 12 (18) = NJW 1956, 337; vgl.a. MüKo-Mayer-Maly § 138 RN 66

Schutz anbieten. Doch stellen die Anfechtungsregeln zwar einen Sondertatbestand für derlei Fälle dar. Soweit lediglich Umstände eine Rolle spielen, die von der InsO geregelt werden, ist daher die Anwendung des § 138 BGB als lex generalis ausgeschlossen. Im Rahmen des § 138 BGB können aber zusätzliche Gesichtspunkte berücksichtigt werden. Insofern bleibt neben den Anfechtungsregeln auch eine Sittenwidrigkeit möglich[197].

Hier nun müßte der Sicherungsgeber durch die Auflagen hinsichtlich des Erhalts der Marke und ihres Werts quasi ausbluten. Sein verbleibendes Vermögen müßte in der Gefahr stehen, gänzlich der einen Sicherheit zum Opfer zu fallen. Dies könnte durch beträchtliche Aufwendungen drohen, die für den qualifizierten Gebrauch der Marke erforderlich sind. So müssen ständig weitere Vermögenswerte aufgewandt werden, die letztendlich nur dem Sicherungsnehmer zugute kommen, weil er den Verwertungserlös aus der Marke selbst in der Insolvenz für sich vereinnahmen kann. Auch würde § 138 BGB in diesen Fällen nicht durch die Insolvenzanfechtung verdrängt, da weder dem Sicherungsnehmer eine Leistung zugewandt wurde, §§ 130 f InsO, noch eine unmittelbare Gläubigerbenachteiligung vorliegt[198] oder sonstige Anfechtungstatbestände eingreifen.

Trotzdem ist aber noch keine Beeinträchtigung der wirtschaftlichen Bewegungsfreiheit erreicht, wie sie das Aussaugen voraussetzt. Sie läge nur vor, wenn die dem Sicherungsgeber verbleibenden Vermögensgegenstände seiner Verfügungsbefugnis sowie der Zugriffsmöglichkeit Dritter direkt entzogen werden. Hier handelt es sich aber lediglich um eine Verpflichtung im Sicherungsvertrag, die keinen unmittelbaren Einfluß auf die Vermögenslage beim Sicherungsgeber nimmt. Freilich riskiert der Sicherungsgeber bei Nichtbeachtung der Bestimmungen, die als Sicherheit gegebene Marke zu verlieren. Damit tritt aber lediglich die Konsequenz ein, die jedem Sicherungsgeschäft immanent ist. Will man Verpflichtungsgeschäfte als Freiheitsbeeinträchtigung ausreichen lassen, müßte jede Überschuldung des Sicherungsgebers und damit jede Insolvenz als sittenwidrig gelten. Ein Aussaugen ist demgegenüber nur anzunehmen, wenn die Sicherheit selbst dazu führt, daß die Dispositionsfreiheit des Sicherungsgebers sowie die Zugriffsmöglichkeit anderer Gläubiger beseitigt wird. Denn nur dann ist er in wesentlichen Freiheitsrechten beeinträchtigt. Dies ist aber gerade nicht der Fall[199].

3. Sittenwidrigkeit aufgrund der allgemeinen Voraussetzungen einer Knebelung

Auch wenn die Unterfälle der Knebelung nicht zu einer Sittenwidrigkeit des Geschäfts führen, ist damit das Eingreifen des § 138 BGB nicht zwingend ausgeschlossen. So kann sowohl über die Gesamtschau der Umstände unabhängig von den untersuchten Fallgruppen eine Knebelung zu bejahen sein, als auch aufgrund zusätzlicher, noch nicht berücksichtigter Umstände.

---

197 vgl. dazu auch Soergel-Hefermehl (13.A) § 138 RN 67; vgl.a. oben Kap.5 B.I.4.

198 So nützt etwa die Werbung für die Marke allenfalls ihrem Wert und nicht den übrigen Gläubigern. Doch reicht dies für die Benachteiligung nicht aus. Der Sicherungsgeber erhält mit der Durchführung der Werbung eine adäquate Gegenleistung, weshalb § 132 InsO ausscheidet, vgl. Hess InsO § 132 RN 30 ff.

199 Zudem erscheint das Vorgehen des Sicherungsnehmers billigenswert. Schließlich ist es den Parteien unbenommen, eine andere Sicherheit zu vereinbaren. Wird aber auf eine Marke Bezug genommen, kann es vom Sicherungsnehmer nicht verlangt werden, dem Verfall seiner Sicherheit zusehen zu müssen. Es muß ihm erlaubt sein, Schutzvorkehrungen gegen Einbußen an dem Sicherungsobjekt zu treffen.

Es wurde aber festgestellt, daß weder eine Einflußnahme auf die Geschäftsführung vorliegt. Sie wird lediglich teilweise kontrolliert. Noch wird der Sicherungsgeber durch eine zunehmende Bindung seines Vermögens zu Lasten der übrigen Gläubiger in die Insolvenz getrieben. Insofern fehlt es an einem Ansatzpunkt, der in einer Gesamtbetrachtung zu einem anderen Ergebnis führen könnte. Andere, darüber hinaus gehende Umstände, welche eine sittenwidrige Freiheitsbeeinträchtigung oder sonstige zu mißbilligende Folgen zeitigen könnten, sind nicht ersichtlich. Insbesondere kann der Zugriff auf die Marke als wesentlicher Bestandteil eines Unternehmens, ohne welches die werbenden Geschäfte nur schwerlich fortgeführt werden können, nicht ausreichen. Denn mit der ausdrücklichen Zulässigkeit, die Marke als Sicherungsmittel einzusetzen, § 29 I Nr.1 MarkenG, sowie der freien Übertragbarkeit und Verwertbarkeit, §§ 27 I, 29 I Nr.1, 30 MarkenG, kann dieser Umstand nicht als Argument gegen den Einsatz als Sicherheit dienen.

III. Zusammenfassung

Wenngleich die Klauseln, die sich zum Erhalt der Sicherheit als erforderlich herausstellten, den Sicherungsgeber auf den ersten Blick erheblich zu binden scheinen und die Untersuchung ihrer Verträglichkeit mit den allgemeinen Grenzen geradezu herausfordern, halten sie doch einer Nachprüfung stand. Gerade § 138 BGB, der wie auch § 307 BGB (ehem. § 9 AGBG) schon mancherlei Abreden in Sicherungsverträgen zu Fall brachte, steht den ergänzenden Regelungen für die Sicherungsphase nicht im Weg.

Die naheliegende Frage, ob durch die Klauseln der Sicherungsgeber seiner wirtschaftlichen Freiheit beraubt wird, kann abschließend mit Nein beantwortet werden. Weder ist in den oben entwickelten Vorgaben für den Gebrauch der Marke eine hinreichende Einflußnahme auf die unternehmerische Entscheidungshoheit des Sicherungsgebers zu sehen, welche den Sicherungsnehmer zum stillen Geschäftsinhaber machen würde. Noch sind die vom Sicherungsgeber geforderten Aufwendungen zum Werterhalt der Marke als ein Aussaugen zu qualifizieren. Schließlich bewegen sie sich lediglich auf obligatorischer Ebene, belassen aber dem Sicherungsgeber seine Entscheidungsgewalt und dienen dem berechtigten Interesse des Sicherungsnehmers am Erhalt seiner Sicherheit. Ansatzpunkte für eine von diesen Fallgruppen unabhängige Sittenwidrigkeit bestehen nicht.

4. Teil: Die Ausübungsphase

Kapitel 7: Die Verwertung von Sicherungsrechten an Marken

Neben die Bestellung der Sicherheit, durch die das Sicherungsrecht ins Leben gerufen wird, und die Sicherungsphase, in welcher die Sicherheit darauf wartet, bestimmend in das Rechtsverhältnis einzugreifen, tritt als dritter wesentlicher Abschnitt im Dasein einer Sicherheit die Befriedigung des Sicherungsnehmers aus dem Sicherungsgut. Doch nicht jedes Sicherungsgeschäft wird mit dieser sogenannten Ausübungsphase enden. Schließlich dient die Sicherheit nur der Absicherung des Ausfallrisikos, d.h. Ziel der Vertragsbeziehung bleibt, daß der Schuldner der gesicherten Forderungen diese abredegemäß begleicht. Erledigt sich der Sicherungszweck auf diese Weise, endet das Sicherungsrecht undramatisch nach allgemeinen Regeln[1].

Tritt der Sicherungsfall ein, hat die Sicherhiet zu erweisen, ob es die in sie gesetzten Erwartungen erfüllt. Bereits im Rahmen der Eignung als Sicherungsmittel wurde untersucht, welches Sicherungsrecht an Marken auch im Sicherungsfall eine Verwertung zuläßt und die Befriedigung der gesicherten Forderungen aus dem Erlös verspricht. Wie die Verwertung aber bei den einzelnen Sicherungsrechten aussehen kann bzw. von Gesetzes wegen aussehen muß, bedarf einer vertiefenden Betrachtung (nachfolgend A.). Darüber hinaus interessiert, wie sich die Sicherungsrechte an Marken in der Insolvenz des Sicherungsgebers verhalten, weil sich dies mit dem nun zum Handeln berufenen Insolvenzverwalter anders gestalten kann (nachfolgend B.). Ebenso stellt sich die Frage, in welcher Weise sich die Verwertung der Marke auf vom Sicherungsgeber bereits gekennzeichnete Produkte auswirkt, die seither noch nicht in den Verkehr gelangten. Denn grundsätzlich erstreckt sich das beliehene Recht auch auf bereits an Waren angebrachte Marken, so daß mit der Verwertung des Zeichenrechts auch die Berechtigung an den gekennzeichneten Produkten in Frage steht (nachfolgend C.).

A. Die Verwertung in Abhängigkeit der unterschiedlichen Sicherungsrechte

Tritt der Sicherungsfall ein[2], wird die Sicherheit verwertungsreif. Der Sicherungsnehmer ist nunmehr dazu ermächtigt, die gesicherten Forderungen über die Verwertung der Sicherheit zu be-

1 Je nach Art des Sicherungsrechts und Ausgestaltung geht es entweder automatisch unter oder der Sicherungsnehmer ist verpflichtet, es zum Erlöschen zu bringen bzw. an den Sicherungsgeber zu übertragen. Insoweit treten bei Sicherungsrechten an Marken keine Besonderheiten auf. Es kann auf die allg. Darstellungen verwiesen werden, vgl. nur Lwowski, KredSichR (8.A) RN 244 ff; BankRHdB-Ganter § 90 RN 462 ff.

2 Welche Umstände erfüllt sein müssen, damit der Sicherungsfall vorliegt, ist eine Frage des Sicherungsvertrags. In ihm können die Parteien nach Maßgabe der Gesetze selbst bestimmen, welche Voraussetzungen dafür erforderlich sein sollen. Regelmäßig wird dies zumindest die Säumnis bei der vereinbarten Rückzahlung des Kredits sein. Daneben können die Parteien aber weitere Voraussetzungen vereinbaren, wie eine Mahnung durch den Sicherungsnehmer oder den Verzug des Kreditschuldners. Die Fragen weisen aber bei Sicherungsrechten an Marken keine Besonderheiten gegenüber sonstigen Sicherungsgeschäften auf, so daß auf die bereits vorhandenen Darstellungen verwiesen werden kann, vgl. nur Lwowski KredSichR (8.A) RN 247 ff; BankRHdB-Ganter § 90 RN 424 ff.

friedigen. Wie dies zu geschehen hat, hängt von der jeweiligen Position ab, die dem Sicherungsnehmer vermöge des Sicherungsrechts eingeräumt wurde. Als mögliche Varianten wurden die Sicherungsübertragung, das Sicherungspfand sowie Nutzungsrechte wie Lizenz und Nießbrauch ausgemacht. Ferner ebenfalls denkbare Sicherungen wie Nutzungspfandrechte oder die Sicherungsabtretung der Gegenleistungsansprüche aus Nutzungsverträgen beinhalten darüber hinaus keine Eigentümlichkeiten. Das Nutzungspfandrecht ermöglicht lediglich, Nutzungsentgelte bereits während der Sicherungsphase zur Tilgung der gesicherten Forderungen zu vereinnahmen. Tritt aber der Sicherungsfall ein, so unterscheidet es sich nicht vom allgemeinen Pfandrecht an Marken. Gänzlich ohne spezielle Charakteristika ist die Sicherungsabtretung der Ansprüche auf Nutzungsentgelte Dritter. Indem die Forderungen den allgemeinen Gesetzmäßigkeiten gehorchen, folgt diese Sicherungsart schlicht den Regeln sonstiger Sicherungsabtretungen.

I. Die Sicherungsinhaberschaft

Wurde die Marke insgesamt auf den Sicherungsnehmer übertragen, kommt ihm mit dem Sicherungsfall die nicht mehr nur bedingte, sondern nunmehr volle Rechtsinhaberschaft zu. Diese berechtigt ihn grundsätzlich, sämtliche sich aus dieser Rechtsstellung abgeleitete Verfügungsmöglichkeiten wahrzunehmen. Trotzdem können sich auch noch zu diesem Zeitpunkt Einschränkungen aus dem Sicherungsvertrag oder sonstigen Umständen ergeben.

1. Allgemeine Grundsätze für die Verwertung

Als Inhaber der Marke hat der Sicherungsnehmer grundsätzlich dieselbe Stellung wie jeder andere Zeicheninhaber und damit die volle Verfügungsmacht. Allerdings wird zum Teil vertreten, daß wegen desselben Zwecks wie beim Sicherungspfand auch die dortigen Vorschriften entsprechend anzuwenden seien, sowohl was die Voraussetzungen für die Verwertung anbetrifft, als auch deren Durchführung. Da aber das Institut der Sicherungsübertragung als eigenständiges Sicherungsgeschäft anerkannt ist und gerade nicht als eine Umgehung der pfandrechtlichen Vorschriften verstanden wird[3], obliegt es gemäß der Privatautonomie den Parteien, wie sie die Verwertung durchführen wollen. Es steht ihnen frei, ob sie die Anwendbarkeit der Pfandrechtsbestimmungen vereinbaren oder ob sie die Verwertung anders regeln. Grundsätzliche Geltung können die Normen zum Pfandrecht nicht beanspruchen[4].

Folglich bleibt es den Parteien überlassen, im Sicherungsvertrag die Verwertung zu bestimmen. So kann der Vertrag Auflagen hinsichtlich der Art der Verwertung enthalten, wie beispielsweise die Verpflichtung zur öffentlichen Versteigerung, oder Vorgaben zum Verwertungsumfang, d.h. ob die Marke als ganzes der Verwertung zur Verfügung stehen soll oder nur konkret bestimmte Teile. Der Sicherungsvertrag kann zudem weitere Bedingungen festlegen, beispielsweise Fristen für einzelne Verwertungsschritte oder Ausschreibungsmodalitäten.

3 vgl. nur Bülow, KredSichR (5.A) RN 938 mwN
4 so auch Bülow KredSichR (5.A) RN 1038 ff; BankRHdB-Lwowski § 95 RN 13, 159; Lwowski KredSichR (8.A) RN 615.

Fehlt es im Sicherungsvertrag an entsprechenden Klauseln, ist der Sicherungsnehmer trotzdem nicht gänzlich frei, wie er das Sicherungsgut verwertet. Jedoch kann nicht im Wege einer ergänzenden Vertragsauslegung nun doch auf die Pfandrechtsnormen zurückgegriffen werden. Denn die strengen Normen der §§ 1273 ff BGB werden üblicherweise nicht dem hypothetischen Willen der Parteien entsprechen. Sie werden vielfach nicht zum günstigsten Verwertungsergebnis führen und daher den Interessen beider Seiten nicht gerecht[5]. Jedoch folgt aus dem fiduziarischen Charakter des Geschäfts, daß der Sicherungsnehmer auf die Interessen des Sicherungsgebers Rücksicht zu nehmen hat. Dies kann zu ähnlichen Vorschriften führen, wie sie auch das Pfandrecht kennt, ohne daß sie aber entsprechend anwendbar werden. Die Pflichten ergeben sich unmittelbar aus der vertraglich vereinbarten Treuhand, eventuell in Verbindung mit allgemeinen Rechtsgrundsätzen, die teilweise eine Ausformung in einzelnen Normen des Pfandrechts erfahren haben können[6].
Inhaltlich führt dies dazu, daß dem Sicherungsgeber ein Recht zur Ablösung seines Sicherungsguts einzuräumen ist[7]. Genauso gilt das Prinzip der schonenden Verwertung, welches dem Sicherungsnehmer nur solche zumutbaren Verwertungsalternativen beläßt, die den Sicherungsgeber nicht unnötig belasten[8]. Es hat aber nicht zur Folge, daß die Verwertung dem Sicherungsgeber prinzipiell vorher anzukündigen ist oder bestimmte Fristen einzuhalten sind[9]. Dieser Schutz ist nur in besonders gelagerten Fällen angezeigt, in denen der Sicherungsgeber nicht auf andere Weise Gelegenheit zur Abwehr der Verwertung erhält[10].

Neben diesen sich aus dem Vertrag selbst ergebenden Einschränkungen sind auch solche zu beachten, die auf zusätzlichen Umständen des Einzelfalls beruhen. Dies können insbesondere die bereits oben erwähnten Konflikte mit anderen Marken-, Kennzeichen- oder Namensrechten sein, oder eventuell auftretende Irreführungen des Rechtsverkehrs, wenn Dritte das Zeichen gebrauchen[11]. Auf die sich daraus ergebenden Schwierigkeiten und wie ihnen begegnet werden kann wurde aber bereits an anderer Stelle eingegangen[12].

2. *Die einzelnen Verwertungsalternativen*

Wie nun die Verwertung im einzelnen aussehen kann, richtet sich neben den Vereinbarungen der Parteien nach den grundsätzlichen Möglichkeiten, die mit der Rechtsposition verbunden

---

5 Ebenso Lwowski KredSichR (8.A) RN 615 mwN; Bülow KredSichR (5.A) RN 1039 mwN; BankRHdB-Lwowski § 95 RN 159 mwN; vgl.a. BGH NJW 1978, 695 (695); **a.A.**: Ennecc./Wolff/Raiser § 179 III 2.c. (S.737); Baur/Stürner SachR (17.A) § 57 VII 1 (S.631).

6 In diesem Sinne wohl auch BankRHdB-Lwowski § 95 RN 159; ähnlich Serick Bd.II S.98, der die Regeln aus dem Pfandrecht entsprechend anwenden möchte, die auf allgemeine Rechtsgedanken zurückzuführen sind; **a.A.** Bülow KredSichR (5.A) RN 1040 ff.

7 BankRHdB-Lwowski § 95 RN 156 mwN

8 Lwowski KredSichR (8.A) RN 258 mwN; Bülow KredSichR (5.A) RN 1041; Lwowski/Hoes WM 1999, 771 (773); Albrecht/Hombrecher WM 2005, 1659 (1661), die aber etwas zu eng auslegend es lediglich als „Verschleuderungsverbot" verstehen.

9 so aber Bülow KredSichR (5.A) RN 1040

10 BGHZ 124, 380 (390 f); ebenso BankRHdB-Lwowski § 95 RN 150.

11 Vgl. Rohnke NJW 1993, 561 (563) oder zu sog. Namensmarken Repenn/Spitz WM 1994, 1653 (1657).

12 vgl. oben Kap.4

sind. So kommt in Betracht, die Marke ganz oder lediglich in Teilen zu veräußern oder Dritten ein Nutzungsrecht an der Marke einzuräumen.

a) *Vollständige Veräußerung der Marke*

Die naheliegendste Verwertungsmethode stellt die komplette Veräußerung der Marke dar. Abgesehen davon, daß Dritte auf diese Weise die umfassende Rechtsposition erwerben und wegen der alleinigen Herrschaft über das Zeichen gerade hieran interessiert sein dürften, beinhaltet sie den Vorteil, daß keine Komplikationen aus dem Nebeneinander mehrerer Berechtigungen am selben Zeichen auftreten. Mithin bedarf es auch keiner Detailregelungen, um den Umfang der Berechtigung des Dritten festzulegen oder ein einheitliches Auftreten der Marke am Markt zu gewährleisten. Regelmäßig wird daher die vollständige Veräußerung der Marke für den Sicherungsnehmer die einfachste Verwertungsvariante darstellen.

Jedoch kann es für den Sicherungsgeber vielfach den Todesstoß bedeuten, wenn er seine Marke verliert[13]. Denn in aller Regel wird er sich bei Eintritt des Sicherungsfalls ohnehin bereits in Zahlungsschwierigkeiten befinden. Hat er dann zudem sein Markenrecht aufzugeben, das sowohl den Hauptteil des verbliebenen Unternehmenswerts ausmachen wird, als auch den wesentlichen Zugang zum Markt verkörpert, wird ihm in vielen Fällen keine Chance verbleiben, den Betrieb zu retten.
Trotzdem ist der Sicherungsnehmer nicht prinzipiell verpflichtet, hierauf Rücksicht zu nehmen. Sein Befriedigungsinteresse, zu dessen Sicherung beide Parteien das Geschäft abgeschlossen haben, bleibt vorrangig[14]. Lediglich wenn für den Sicherungsnehmer zumutbare Alternativen bestehen, wie seine gesicherten Forderungen erfüllt werden können, ist er aufgrund des Prinzips der möglichst schonenden Verwertung[15] angehalten, auf die komplette Veräußerung zu verzichten. Als Alternativen können sich die lediglich teilweise Veräußerung der Marke oder die Lizenzvergabe anbieten[16]. Die Befriedigung durch die Vergabe von Lizenzen wird dem Sicherungsnehmer aber selten zuzumuten sein. Denn die Gegenleistung, die er dafür erhält, besteht üblicherweise in wiederkehrenden Gebührenansprüchen. Folglich würde sich eine Befriedigung erst im Laufe der Zeit einstellen. Er müßte seine Forderung wiederum stunden, bis die jeweiligen Zahlungen zur Tilgung geführt haben. Dies würde für ihn eine erhebliche Einbuße darstellen, die ihm nicht zwangsweise auferlegt werden darf. Anders stellt es sich dar, wenn der Sicherungsnehmer sich freiwillig hierauf einläßt. Dies kann für ihn ratsam sein, wenn er neben den gesicherten Forderungen auch ungesicherte Ansprüche gegen den Sicherungsgeber besitzt, die bei der sonst drohenden Insolvenz mit einer Quote abgespeist würden[17].

---

13 Hierauf weist auch Rohnke NJW 1993, 561 (563) hin; vgl.a. Albrecht/Hombrecher WM 2005, 1659 (1663).

14 ebenso Lwowski/Hoes WM 1999, 771 (773); allerdings ist es den Parteien unbenommen, etwas anders zu vereinbaren, vgl. zu einem Vorschlag, um den Sicherunsggeber vor dem Ruin zu bewahren Albrecht/Hombrecher WM 2005, 1659 (1663).

15 Zur Begründung des Prinzips im Rahmen von Sicherungsgeschäften soeben unter 1.

16 In diesem Sinne auch Rohnke NJW 1993, 561 (563) und Lwowski/Hoes WM 1999, 771 (773)

17 ausführlicher hierzu unter c.

Wie die Veräußerung zu geschehen hat steht im Belieben der Parteien. Fehlt es an einer Regelung im Sicherungsvertrag, wird der Sicherungsnehmer trotzdem nicht allein nach eigenem Gutdünken verfahren können. Er hat vielmehr die Veräußerungsmethode zu wählen, die den größten Erlös verspricht, sofern sie nicht mit einem unzumutbaren Aufwand verbunden ist. Obgleich dies wegen der erforderlichen Prognose kaum vorhergesagt werden kann, ist zu erwarten, daß dies der freihändige Verkauf sein wird, eventuell unter Einschalten fachkundiger Hilfe[18].

Die Veräußerung erfolgt mittels eines einfachen, formfreien Vertrags[19]. Bei Marken kraft Eintragung ist die Umschreibung zwar nicht erforderlich, wegen der Endgültigkeit der Verfügung aber mehr als nur zu empfehlen. Hierzu muß der Voreingetragene, üblicherweise der Sicherungsgeber, in die Umschreibung einwilligen, § 31 III MarkenV. Die Erklärung sollte aber bereits mit dem Abschluß des Sicherungsgeschäfts dem Sicherungsnehmer ausgehändigt worden sein, um unnötige Verzögerungen bei der Verwertung zu vermeiden.

b) Teilweise Übertragung der Marke

Neben der Veräußerung der Marke als ganzes ist auch die lediglich teilweise Übertragung möglich. Die grundsätzliche Zulässigkeit dessen ergibt sich aus § 27 I MarkenG, der bei sämtlichen Marken den Teilübergang ausdrücklich vorsieht. Soweit zu erwarten ist, daß der Erlös zur Befriedigung der gesicherten Forderungen ausreicht, wird der Sicherungsnehmer dazu sogar verpflichtet sein. Denn aufgrund des Zwecks eines Sicherungsgeschäfts und den Interessen der Beteiligten hat sich der Sicherungsnehmer mit dem seinem Anliegen genügenden Teil zu bescheiden und im übrigen auf die Wünsche des Sicherungsgebers Rücksicht zu nehmen[20].

Wie eine Marke teilweise übertragen werden kann, richtet sich nach den Vorgaben zur Markenteilung. Bei Registermarken erfolgt sie durch Abtretung und Eintragung des abgetrennten Teils in das Markenregister. Zwar könnte man insbesondere wegen § 27 III MarkenG auf den Gedanken kommen, daß auch für den Teilübergang einer Marke die Eintragung lediglich deklaratorischen Charakter besitzt und für den Rechtsübergang nicht erforderlich ist[21]. Jedoch ergibt die Auslegung der Verweisung des § 27 IV MarkenG auf § 46 II, III 1-3 MarkenG sowie der Umstand, daß durch die Teilung ein eigenes Markenrecht entsteht, für welches wiederum § 4 Nr.1 MarkenG zu gelten hat, daß der Eintragung konstitutive Bedeutung für die Teilung und damit auch für die Teilübertragung zukommt[22].
Bei Marken, die unabhängig von einer Eintragung im Register existieren, erfolgt die Teilübertragung allein durch einen formfreien Abtretungsvertrag[23].

18 Insbesondere in Form von Verwertungsgesellschaften; eine Auswahl hierzu bietet Repenn, HdB Markenbewertung (1998) S.227.

19 Zur Übertragung einer Marke vgl.o. Kap.3 A.I.2.

20 Lwowski/Hoes WM 1999, 771 (773); Lwowski KredSichR (8.A) RN 258 mwN; zum Prinzip der schonenden Verwertung vgl.o. 1. und 2.a.

21 Dies vertritt Fezer MarkenR § 27 RN 24, der zur Begründung indirekt auf den Grundsatz des maiore ad minus verweist.

22 Ausführlich hierzu unter Abwägung aller Argumente bei einer nicht eindeutigen Gesetzeslage oben Kap.3 A.I.3.a.

23 näher dazu oben Kap.3 A.I.3.b.

Inhaltlich darf die Teilung nur in einzelne Produkte, Produktgruppen oder Waren- bzw. Dienstleistungsklassen erfolgen. Dies folgt zum einen aus dem Umstand, daß der abgetrennte Teil zur Eintragung ins Markenregister fähig sein muß, zum anderen aus dem auf Marken als absolute Rechte entsprechend anzuwendenden Grundsatz des numerus clausus der Sachenrechte[24]. Daher sind beispielsweise territoriale Aufspaltungen der Marke nicht möglich[25].

Weiterhin ist bei Teilungen nach Irreführungen des Rechtsverkehrs zu fragen. Schließlich erhalten unterschiedliche Inhaber voneinander unabhängige Rechte an demselben Zeichen, was es nicht unwahrscheinlich erscheinen läßt, daß der Verkehr bei denselben Zeichen auch von derselben betrieblichen Herkunft ausgeht. Doch nimmt das MarkenG diesen Umstand durch die Möglichkeit zur Markenteilung bewußt in Kauf. Es gibt beiden Marken sogar dieselbe Priorität, so daß wechselseitig keinerlei Ansprüche aus Kollisionen möglich sind[26]. Diese Rechtslage wird auch nicht durch § 5 UWG relativiert. Bei irrigen Vorstellungen über die betriebliche Herkunft wird die Norm durch das MarkenG verdrängt. Denn einerseits halten insoweit die Kollisionsvorschriften Sonderregeln bereit[27]. Andererseits läßt das MarkenG den die Irreführung auslösenden Umstand, die Rechtsübertragung, bewußt zu[28]. Soweit früher Dritten aus Furcht vor Irreführungen zum Erwerb lediglich von Markenteilen geraten wurde, in denen der bisherige Inhaber nicht aktiv war[29], ist dies für das MarkenG zu revidieren. Allein wenn der Verkehr über andere Eigenschaften wie bspw. spezielle Qualitätsmerkmale oder besondere Herstellungsmethoden in die Irre geführt wird, droht ein Eingreifen des UWG. Um dem zu begegnen, ist aber der teilweise Erwerb einer Marke nur bedingt eine Lösung. Hilfreicher sind hier aufklärende Zusätze[30].

c) Vergabe von Nutzungsrechten an der Marke

Eine dritte Möglichkeit, wie der Sicherungsnehmer seine Inhaberschaft an der Marke verwerten kann, stellt die Vergabe von Nutzungsrechten dar. Sie bietet den Vorteil, daß der Sicherungsgeber sein Markenrecht nicht dauerhaft verliert, sondern die eigene Nutzung lediglich zeitweise eingeschränkt ist. Es stellt insofern eine erheblich schonendere Verwertung dar, als wenn der Sicherungsgeber auch nur Teile seiner Marke gänzlich aufgeben müßte.

Man wird jedoch den Sicherungsnehmer selten wegen des Prinzips der schonenden Verwertung[31] auf diese Alternative verweisen können[32]. Denn unabhängig von der Art des zu verge-

---

24 ausführlich hierzu oben Kap.3 A.I.2.b.

25 Unbenommen bleibt den Parteien, Gebietslizenzen zu vereinbaren, vgl. § 30 II Nr.4 MarkenG; zu Lizenzen bei der Verwertung von Sicherheiten sogleich unten c.

26 vgl. Klaka GRUR 1995, 713 (716). Ohnehin verhält es sich bei Lizenzen kaum anders. Zwar kann hier der Markeninhaber weiterhin Einfluß auf den Lizenznehmer ausüben, § 30 II MarkenG, der Verkehr hat hierauf aber keinen Anspruch.

27 Dazu oben Kap.4 C.I.2.a.aa. mwN.

28 Baumbach/Hefermehl UWG § 3 RN 261

29 Hierzu riet noch unter der alten Rechtslage Rohnke NJW 1993, 561 (563, 564). Er wollte nicht jeden Irrtum über die betriebliche Herkunft ausschließen, bezog sich aber in seiner Begründung nur auf sonstige wertbildende Faktoren, außer der Herstellung in einem bestimmten Betrieb. Dies verdeutlicht die unbefriedigende Lage, wie sie unter dem WZG herrschte. Denn dort mußten durch die einseitige Betonung der Herkunftsfunktion der Marke hierunter sämtliche wertbildenden Umstände subsumiert werden.

30 Vgl. dazu ausführlich oben Kap.4 C. I.2.c.cc.

31 dazu oben 1.

benden Nutzungsrechts, ob Lizenz oder Nießbrauch, besteht der Erlös üblicherweise in einem wiederkehrenden Gebühren- bzw. Zinsanspruch. Lediglich in sehr seltenen Ausnahmen wird ein fester Betrag, eine Pauschale, vereinbart werden. Eher noch sind in der Praxis Zwischenformen anzutreffen, bei denen sowohl eine Einmalzahlung wie auch wiederkehrende Leistungen zu erfolgen haben[33]. Der Grund liegt einerseits in der Eigenart eines Dauerschuldverhältnisses, andererseits in der Vielzahl von Faktoren, die den Gebrauch des Zeichens durch Dritte jeweils in einem anderen Licht erscheinen lassen können[34]. Dem ist für beide Seiten am besten durch eine flexible, beispielsweise vom Umsatz abhängige, Gestaltung gerecht zu werden. Als Folge wird ein Sicherungsnehmer durch die Leistungen aufgrund des Abschlusses von Nutzungsverträgen regelmäßig noch nicht befriedigt. Er erhält durch den Gebühren- bzw. Zinsanspruch lediglich die Aussicht, im Laufe der Zeit seine gesicherten Ansprüche erfüllt zu bekommen. Dies entspricht aber nichts anderem als einer neuerlichen Stundung, bei der durch das Insolvenzrisiko des Lizenznehmers noch nicht einmal das Erreichen des Sicherungszwecks feststeht. Ein derartiges Ergebnis ist im Vergleich mit den sonstigen Verwertungsalternativen dem Sicherungsnehmer nicht zuzumuten.
Trotzdem kann aber eine Verwertung mittels Nutzungsrechten angebracht erscheinen. Dies wäre etwa der Fall, wenn der Sicherungsnehmer weitere, ungesicherte Ansprüche gegen den Sicherungsgeber besitzt, die bei einer Veräußerung der Marke in der Gefahr stünden, wegen einer Insolvenz des Sicherungsgebers lediglich in Höhe der Insolvenzquote bedient zu werden[35]. Denn erscheint es nicht aussichtslos, daß durch die lediglich über Lizenzen erfolgende Verwertung bei gleichzeitiger Weiterbenutzung des Zeichens durch den Sicherungsgeber die Sanierung erreicht werden kann, mag es für den Sicherungsnehmer eine echte Alternative darstellen[36].
Die Verwertung über Lizenzen wäre auch dann sinnvoll, wenn sehr geringe Anforderungen an den Sicherungsfall gestellt werden. Die Nutzungsentgelte könnten dann dazu dienen, bei zu legerer Rückzahlung der gesicherten Forderungen den Sicherungsgeber insoweit an die Leine zu legen[37].

Als Nutzungsrechte, die vergeben werden können, kommt der Nießbrauch und die Lizenz in Betracht. Wegen der weitaus größeren Gestaltungspalette wird man in der Praxis wohl aber

32 A.A. Lwowski/Hoes WM 1999, 771 (773).

33 Vgl. Stumpf/Groß, LizenzV (7.A) RN 113; zu den Gründen eingehend unten bei der Verwertung von Sicherungslizenzen, III.1.

34 Vgl. nur die nicht einmal abschließende Auflistung von Faktoren allgemein für Lizenzverträge bei Stumpf/Groß, LizenzV (7.A) RN 99; ausführlich zu den Zusammenhängen unten bei der Verwertung von Sicherungslizenzen, III.1.

35 Zur Bedeutung des Verlustes der Marke als „Todesstoß" für den Sicherungsgeber vgl.o. 2.a. sowie Rohnke NJW 1993, 561 (563).

36 Daß die Sanierung nicht aussichtslos erscheint, ist erforderlich, damit nicht die Gefahr einer Insolvenzverschleppung oder Gläubigergefährdung im Sinne von § 138 BGB entsteht, vgl. Lwowski KredSichR (8.A) RN 158, 160; Kümpel (2.A) RN 6.52 ff; BankRHdB-Ganter § 90 RN 328 ff. Regelmäßig wird für §138 BGB aber der Verzicht auf die Veräußerung nicht ausreichen.

37 Zum ähnlich gelagerten Fall bei Sicherungslizenzen unten III.1. In der Praxis werden sich die Kreditinstitute wahrscheinlich bereits von Anfang an die Ansprüche auf die Lizenzgebühren abtreten lassen. Vielleicht kann jedoch die Aussicht, der Sicherungsnehmer vergebe zusätzlich weitere Lizenzen, einen Kreditschuldner zu einer größeren Zahlungsdisziplin anhalten.

ausschließlich auf die Lizenz zugreifen. Sie wird durch schlichten formfreien Vertrag vereinbart und kann zwischen einfacher und ausschließlicher sowie dinglicher oder rein schuldrechtlicher Lizenz variieren und in verschiedener Hinsicht wie den Produkten, des Territoriums oder auch der Quantität begrenzt werden, vgl. § 30 II MarkenG[38]. Insbesondere kann auch die Vergabe von Lizenzen für Produkte oder Produktgruppen sinnvoll erscheinen, in denen der Sicherungsgeber noch nicht aktiv war und die auch nicht in einem sachlichen Zusammenhang zu ihnen stehen. Jedoch macht dieser sogenannte Markentransfer nur Sinn, wenn das Zeichen bereits eine hinreichende Verbreitung und Wertschätzung im Verkehr genießt, so daß der Lizenznehmer in erheblichem Umfang Kosten für den eigenen Marktauftritt einsparen kann[39].

II. Das Pfandrecht an Marken

Wurde von den Parteien zur Sicherung ein Pfandrecht vereinbart, hat sich die Verwertung nach den gesetzlichen Regelungen auszurichten. Für das Pfandrecht an Rechten sind das die §§ 1273 ff BGB und insbesondere § 1277 BGB. In der Praxis führten unter anderem diese Bestimmungen dazu, daß das Pfandrecht kaum eine Rolle spielt und üblicherweise die Sicherungsübertragung vorgezogen wird[40]. Daher wird mitunter auch dem Pfandrecht an Marken keine große Zukunft prognostiziert[41]. Es läßt sich der Literatur aber auch der andere Hinweis entnehmen, daß derzeit vornehmlich ein Pfandrecht bestellt wird, wenn Marken in den Haftungsverband aufgenommen werden sollen[42]. Dies läßt bereits Bedarf an einer systematischen Aufarbeitung der Verwertungsmöglichkeiten eines Pfandrechts an Marken erkennen.

1. Die Verwertungsmöglichkeiten nach § 1277 BGB

§ 1273 II BGB verweist für das Pfandrecht an Rechten auf die Regelungen zum Mobiliarpfandrecht, soweit die Bestimmungen der §§ 1273 ff BGB keine Sonderregelung enthalten. Beim Pfandrecht an Mobilien richtet sich die Verwertung nach den §§ 1228 ff BGB und erfolgt regelmäßig über eine öffentliche, den zivilrechtlichen Regeln folgende Versteigerung. Für das Pfandrecht an Rechten bestimmt nun aber § 1277 S.1 BGB, daß die Verwertung nach den Regeln der Zwangsvollstreckung zu erfolgen habe, das heißt insbesondere aufgrund eines dinglichen Titels und eines anschließenden Zwangsvollstreckungsverfahrens nach den §§ 857 I, 828 ff ZPO. Dies wird aber insofern eingeschränkt, „als nichts anderes bestimmt ist", § 1277 S.1 a.E BGB. Ganz überwiegend wird hieraus geschlossen, daß den Parteien auch die Möglichkeit zukommt, eine hiervon abweichende Vereinbarung über die Verwertung zu treffen[43]. Sie sind dabei allerdings

38 Zum Inhalt eines Lizenzvertrages vgl. oben Kap.3 B.I.3.b.

39 Hierauf weist ebenfalls Rohnke NJW 1993, 561 (563) hin. Zum Sinn und dem teilweise enormen Nutzen des Markentransfers vgl. Hätty, (1989); Mayerhofer (1995), aber auch Engeser in WirtWo v.21.10.2004.

40 Weber (6.A) S.118 f; vgl.a. Bülow, KredSichR (5.A) RN 19; Kümpel (2.A) RN 6.314 ff

41 so etwa Ingerl/Rohnke § 29 RN 7; ähnlich schon Rohnke NJW 1993, 561 (563)

42 Lwowski/Hoes WM 1999, 771 (774)

43 So auch die einhellige Meinung Lwowski/Hoes WM 1999, 771 (774); Rohnke NJW 1993, 561 (563); Pal-Bassenge § 1277 RN 3; Staud-Wiegand § 1277 RN 8; Soergel-Habersack (13.A) § 1277 RN 1; MüKo-Damrau § 1277 RN 1. Widersprüchlich Fezer MarkenR § 29 RN 7, der einerseits sagt, daß nur das förmliche Verfahren möglich sein soll, 4 Sätze später aber von der Zulässigkeit von Parteivereinbarungen spricht.

an § 1277 S.2 BGB gebunden, der die §§ 1229, 1245 II BGB für unverzichtbare Grenzen der Übereinkunft erklärt.

Den Parteien stehen daher bei einer sicherungshalber verpfändeten Marke zwei alternative Verwertungsverfahren offen. Entweder sie verwerten das Sicherungsgut nach § 1277 S.1 1.Alt. BGB i.V.m. §§ 704 I, 794, 857, 828 ff ZPO (nachfolgend 2.) oder sie vereinbaren ein abweichendes Verfahren, das sich aber im Rahmen der pfandrechtlichen Vorschriften bewegen muß (nachfolgend 3.).

2. *Das förmliche Verwertungsverfahren nach § 1277 S.1 1.Alt BGB*

Fehlt es an einer Vereinbarung der Parteien zur Verwertung des Pfandrechts oder ist eine entsprechende Vereinbarung unwirksam, so hat die Verwertung nach § 1277 S.1 1.Alt BGB zu erfolgen[44]. Einigten sich die Parteien über eine bestimmte Verwertung, hängt es vom Inhalt dieser Abmachung ab, ob daneben trotzdem die Verwertung mittels förmlichen Verfahrens möglich sein soll. In aller Regel wird aber der Sicherungsnehmer hieran wegen des erhöhten Aufwands kein Interesse haben. Soll nun die Verwertung nach § 1277 S.1 1.Alt BGB erfolgen, benötigt man einen dinglichen Titel, aufgrund dessen sodann die Zwangsvollstreckung betrieben werden kann.

a) *Der Titel*

Der Titel muß sich auf das bestellte Pfandrecht beziehen, ein vollstreckbarer Titel aus den gesicherten Forderungen reicht nicht aus. Er kann durch eine Klage auf Duldung der Zwangsvollstreckung in die Marke erstrebt werden. Es genügt aber auch eine vollstreckbare Urkunde im Sinne des § 794 I Nr.5 ZPO. Eine solche vollstreckbare Urkunde erscheint schon deshalb ratsam, weil sie die Kosten gering hält. Denn eine Klage verursacht höhere Auslagen, die der Pfandrechtsschuldner selbst durch sofortiges Anerkenntnis, § 93 ZPO, nicht auf den Gläubiger abwälzen kann. Schließlich ist letzterer auf den Titel angewiesen, um das Sicherungsgut verwerten zu können. Daher kannd der Schuldner die Kosten nur reduzieren, wenn er eine vollstreckbare Urkunde anbietet. Geht der Gläubiger darauf nicht ein, hat er die unnötig ausgelösten Gebühren zu tragen.

Unabhängig von der Art des Titels ist erforderlich, daß die Pfandreife nach §§ 1273 II, 1228 II 1 BGB vorliegt, also die gesicherten (Geld-)Forderungen fällig sind[45].

b) *Die Verwertung über das Zwangsvollstreckungsverfahren*

Aufgrund des Titels kann der Sicherungsnehmer nun das Zwangsvollstreckungsverfahren betreiben. Bei der Marke als Recht richtet sich dieses gemäß § 857 I ZPO nach den §§ 828 ff ZPO. Hiernach bedarf es zunächst eines Pfändungsbeschlusses, §§ 857 I, 829 I ZPO, welcher dem Markeninhaber als Schuldner des Duldungsanspruchs zuzustellen ist, §§ 857 I, 829 III

44 Allerdings können die Parteien auch noch nach Eintritt der Verwertungsreife eine Vereinbarung treffen, wie die Verwertung stattzufinden hat, näher dazu sogleich unter b.

45 Fezer MarkenR § 29 RN 6; Ingerl/Rohnke § 29 RN 7; Rohnke NJW 1993, 561 (563)

ZPO. Als Folge entsteht an der Marke neben dem vertraglichen Pfandrecht ein Pfändungspfandrecht, § 804 I ZPO. Jedoch soll nach überwiegender Ansicht das neu entstehende Pfandrecht nicht gemäß den allgemeinen Regeln im Rang hinter sämtlichen bereits bestehenden Pfandrechten zurückbleiben. Vielmehr ist ihm der Rang zu gewähren, den bereits das vertraglich vereinbarte Pfandrecht genießt[46]. Dies erscheint nicht weiter als billig. Ansonsten stände der Gläubiger durch das formelle Verwertungsverfahren in der Gefahr, seine ihm an dem Gegenstand eingeräumte Rechtsposition einzubüßen, könnten sämtliche Gläubiger des Pfandrechtsschuldners, auch die ungesicherten, bei früherer Vollstreckung in die Marke selbst aufgrund schuldrechtlicher Titel das vertragliche Pfandrecht aushebeln.

aa) Die Verwertung nach §§ 857 I, 835 ZPO durch Überweisung an Zahlungs Statt

Die weitere Vollstreckung erfolgt bei Forderungen wie auch bei sonstigen Vermögensrechten durch üblicherweise gleichzeitig mit der Pfändung ausgesprochene Überweisung an den Gläubiger, § 835 ZPO, für sonstige Vermögensrechte in Verbindung mit § 857 I ZPO[47]. Dies bietet sich aber bei Marken nur sehr bedingt an, denn es müßte eine Überweisung an Zahlungs Statt erfolgen, §§ 857 I, 835 I ZPO[48]. Hieran wird aber der Sicherungsnehmer regelmäßig kein Interesse haben, da er das Zeichen kaum selbst verwenden will. Er müßte daher auf eigene Kosten eine neuerliche Verwertung betreiben, die sich für ihn nur lohnt, wenn der Erlös höher wäre als der bei der Überweisung zugrunde gelegte Wert. Ist das der Fall, dann wäre die Marke zu Lasten des Schuldners unter Wert überwiesen worden. Das Vorgehen wäre daher nicht interessengerecht. Auch entstehen durch die für die Überweisung an Zahlungs Statt erforderliche Bewertung der Marke erhebliche Schwierigkeiten, die bereits die Befürchtung einer Übervorteilung heraufbeschwören. Man wird sie folglich bei Marken nicht zum Regelfall erheben dürfen[49]. Vielmehr wird sie lediglich ausnahmsweise in Betracht kommen. Mögliche Konstellationen könnten sein, daß sich kurzfristig keine adäquate Verwertung anbietet und der Gläubiger Gefahr läuft, nicht hinsichtlich sämtlicher seiner Ansprüche befriedigt zu werden, langfristig die Perspektiven aber besser zu bewerten sind. Oder der Gläubiger hat ausnahmsweise doch ein eigenes Interesse an der Marke, etwa wenn er sie zwar nicht selbst verwenden möchte, er aber über sie ein Investment anstrebt, indem er die Marke bei einem Unternehmen einbringt und an ihm eine Beteiligung in Höhe ihres Werts erstrebt[50].

---

46 vgl Pal-Bassenge § 1277 RN 3; MüKo-Damrau § 1277 RN 4; Soergel-Habersack (13.A) § 1277 RN 3; Staud-Wiegand § 1277 RN 5 mwN.

47 **A.A.** Repenn/Spitz WM 1994, 1653 (1658), die zusätzlich zur Überweisung eine besondere Anordnung verlangen und dies mit einem pauschalen Verweis auf § 857 ZPO begründen. Der Norm läßt sich dies aber nicht entnehmen. Vielmehr verweist § 857 I ZPO auf die §§ 828 ff ZPO, so daß gerade kein Unterschied zu den anderen Verwertungsverfahren von Rechten besteht.

48 Vgl. Zöller-Stöber (22.A) § 857 RN 13. § 857 V ZPO begründet keine Ausnahme von der Verweisung des § 857 I ZPO auf § 835 ZPO. Er verweist nur auf die Möglichkeiten nach § 844 ZPO, stellt aber keine eigene abweichende Verwertungsvorschrift dar.

49 ähnlich Volkmer S.167; Fezer MarkenR § 29 RN 24

50 Zur Einlagefähigkeit selbst von Lizenzen vgl. Götting AG 1999, 1; Die Übernahme der Marke als Kapitalanlage kommt dagegen nicht in Betracht, schließlich hängt der Wert des Zeichens von seiner Bekanntheit im Verkehr und damit vom Gebrauch ab. Den sicherzustellen und zu organisieren übersteigt aber den vertretbaren Aufwand für ein Finanzinstitut.

bb) Die Verwertung in sonstiger Weise nach §§ 857 I, 844 ZPO

Neben der Überweisung existiert mit §§ 857 I, V, 844 ZPO die Möglichkeit, auf Antrag auch andere Verwertungsvarianten zu beschließen. Antragsberechtigt sind sowohl Gläubiger als auch Schuldner[51]. Voraussetzung für eine positive Bescheidung durch das Vollstreckungsgericht ist lediglich, daß die andere Verwertungsart gegenüber der Überweisung vorteilhafter erscheint[52]. Vor dem Hintergrund der regelmäßig gegen eine Überweisung sprechenden und oben ausgeführten Gründe wird dies ohne weiteres bejaht werden können. Als Alternativen, wie die Marke verwertet werden kann, kommen die öffentliche Versteigerung, der freihändige Verkauf, aber auch die Sequestration bzw. das Überlassen zur Ausübung an Dritte in Betracht[53]. Ergänzend soll auch zu diesem Zeitpunkt die Überweisung an Zahlungs Statt im Auge behalten werden.

(1) Die öffentliche Versteigerung

Vorschriften, wie eine öffentliche Versteigerung von Rechten zu erfolgen hat, finden sich nicht im Gesetz. Es kann aber insoweit wesentlich auf die Regelungen der §§ 814, 816-819, 825 ZPO zur Versteigerung von Mobilien zurückgegriffen werden, soweit sich nicht aus der Art des Versteigerungsgegenstands etwas anderes ergibt.

Danach ist die Versteigerung durch einen Gerichtsvollzieher zu bewirken, § 814 ZPO. Hiervon kann auf Antrag abgewichen werden, wenn es für die Verwertung zuträglich erscheint, § 825 II ZPO[54]. Bei Marken wird es ratsam sein, die Ausnahme zur Regel werden zu lassen. Denn wegen des speziellen und weit engeren Marktes für Marken als für die sonstigen vom Gerichtsvollzieher versteigerten Gegenstände wird einerseits eine andere Bekanntmachung notwendig sein, andererseits sich zu entsprechenden Terminen kaum die Öffentlichkeit einfinden, die eine adäquate Versteigerung verspricht. Grundsätzlich wird es daher zwar nicht an dem notwendigen Know-how des Gerichtsvollziehers mangeln. Jedoch wird er kaum die erforderliche Infrastruktur zur Verfügung haben. Um diese besonderen Gegebenheiten zu berücksichtigen, erscheint es daher ratsam, die Versteigerung solchen Institutionen zuzuweisen, die sich auf die Verwertung von gewerblichen Schutzrechten und insbesondere von Marken spezialisiert haben[55]. Dies sind vor allem spezielle Verwertungsgesellschaften[56]. Daß es sich dabei nicht um Organe der Rechtspflege handelt, die öffentlich-rechtlichen Verfahrensbestimmungen verpflichtet sind, ist

---

51 Es besteht kein Anwaltszwang. Im Antrag, der bereits mit dem Pfändungsantrag verbunden werden kann, ist die gewünschte Anordnung zu bezeichnen. Der Antrag kann bis zur Entscheidung zurückgenommen werden, vgl. Zöller-Stöber (22.A) § 844 RN 4 iVm § 825 RN 16.

52 Zöller-Stöber (22.A) § 844 RN 1 mit Verweis auf § 825 RN 2

53 Ebenso Albrecht/Hombrecher WM 2005, 1659 (1691) mwN; ähnlich Fezer MarkenR § 29 RN 24; **a.A.** Lwowski/Hoes WM 1999, 771 (774), die unbegründet von einer obligatorischen öffentlichen Versteigerung ausgehen.

54 Zöller-Stöber (22.A) § 825 RN 2 ff; MüKo-Smid ZPO § 844 RN 14; vgl.a. BGHZ 119, 75 (77), der dies bei § 305 AO voraussetzt.

55 Im Ergebnis ebenso Repenn, HdB Markenbewertung, S. 11 f. Er verweist zur Begründung auf bereits gesammelte Erfahrungen in der Praxis, leider aber ohne sie genauer zu benennen.

56 Eine Auswahl an in Frage kommenden Verwertungsgesellschaften bietet Repenn, HdB Markenbewertung (1998) S.227.

um der Sache Willen hinzunehmen[57]. Zudem besteht die Möglichkeit, die Durchführung der Versteigerung an Auflagen zu binden.

Das einzuhaltende Verfahren muß sich grundsätzlich nach den §§ 816-817a ZPO richten. Allerdings wird man sich zu überlegen haben, ob der regelmäßige Versteigerungsort nach § 816 II ZPO angebracht erscheint, ebenso ob nicht besondere Wege der öffentlichen Bekanntmachung beschritten werden sollten. Weiterhin wird auch die Verpflichtung zur Barzahlung einen Erwerber unter Umständen überfordern, weshalb auch hier sinnvolle Alternativen wie eine Bankbürgschaft zuzulassen sind. Die Abweichungen sind nach § 825 ZPO auf Antrag des Gläubigers oder Schuldners durch das Vollstreckungsgericht zu beschließen, soweit die Parteien sich nicht bereits im Rahmen der ihnen zustehenden Möglichkeiten verständigt haben, vgl. § 816 I, II ZPO.

Ein Nachteil der Versteigerung liegt darin, daß sie das gleichzeitige Interesse mehrerer Personen voraussetzt, deren Wettbewerb sich zum Vorteil des erzielbaren Erlöses auswirkt. Dies ist aber bei einem zumindest derzeit noch kleinen Markt für Marken nicht unbedingt zu erwarten, so daß für eine sinnvolle Versteigerung es nicht selten an den notwendigen Umständen mangelt, auf denen das ihr zugrunde liegende Prinzip beruht.

(2) Der freihändige Verkauf

Eine andere Möglichkeit zur Verwertung stellt der freihändige Verkauf dar[58]. Gemeinhin wird er vom Gesetz nur für solche Waren und Rechte vorgesehen, bei denen ein Markt- oder Börsenwert ermittelt werden kann[59]. Auf diese Weise soll vermieden werden, daß der Verwertungsgegenstand zum Schaden des Schuldners unter Wert abgegeben wird. Trotzdem wird diese Verwertungsalternative von §§ 857 V, 844 I ZPO ermöglicht[60] und kann gerade bei Marken geboten sein. Dies verdeutlicht nicht zuletzt ein Blick auf die Schwierigkeiten, die mit der Versteigerung verbunden sind[61].

Besondere Bestimmungen, die bei einem freihändigen Verkauf zu beachten sind, finden sich nicht. Trotzdem wird man in Anlehnung an das Verfahren der Versteigerung grundsätzlich den Gerichtsvollzieher als zuständiges Organ anzusehen haben. Doch sollte auch hier die Angelegenheit auf einen noch geeigneter erscheinenden Dritten, regelmäßig auf eine Verwertungsgesellschaft für gewerbliche Schutzrechte, übertragen werden[62]. Zwar wäre hiergegen der Einwand denkbar, daß mangels eines speziellen Verfahrens die Gefahr des Verschleuderns besonders groß ist und daher nur staatlich autorisierte Stellen eine hinreichende Gewähr des Schuldnerschutzes bieten. Doch wird dies weder der tatsächlichen Lage noch den Interessen

57 Davon geht auch das Gesetz aus, wenn es die Verwertung durch private Personen zuläßt, vgl. Zöller-Stöber (22.A) § 825 RN 24.

58 **A.A.** Lwowski/Hoes WM 1999, 771 (774), die von einer obligatorischen öffentlichen Versteigerung ausgehen. Auch Ingerl/Rohnke nennen nur die öffentliche Versteigerung als Alternative, schränken dies aber durch den Zusatz „insbesondere" ein, Ingerl/Rohnke § 29 RN 7.

59 vgl. etwa §§ 1221, 1235 II BGB, § 821 ZPO

60 vgl. Thomas/Putzo § 844 RN 3; MüKo-Smid ZPO § 844 RN 12, 16; Stein/Jonas-Brehm § 844 RN 12; Zöller-Stöber § 844 RN 2, 6

61 hierzu soeben unter (1).

62 Vgl. hierzu die Ausführungen zur Versteigerung, oben (1).

der Beteiligten gerecht. Auf die Verwertung von gewerblichen Schutzrechten spezialisierte Stellen vermögen aufgrund ihres Know-hows regelmäßig ein breiteres, an der Marke interessiertes Publikum anzusprechen, mit der Folge daß auch der Erlös in aller Regel über dem durch einen Gerichtsvollzieher erzielbaren liegen wird. Diese Chance macht ein vermeintliches Risiko, welches mit der fehlenden Eingliederung der Verwertungsgesellschaft in den Justizapparat einher geht, mehr als wett. Um sicher zu gehen, daß gewisse Standards eingehalten werden, wird man auch hier der Verwertungsgesellschaft Auflagen erteilen können. So wäre auch denkbar, zuvor ein Wertgutachten einholen zu lassen, an dem ein Mindesterlös festgemacht werden kann.

Im Vergleich mit der öffentlichen Versteigerung bietet diese Verwertungsvariante erhebliche Vorteile. Eine Versteigerung kann nur sinnvoll durchgeführt werden, wenn gleichzeitig mehrere Interessenten vorhanden sind[63]. Fehlt es aber an dieser Grundvoraussetzung, ist eine Versteigerung zum Scheitern verurteilt. Der freihändige Verkauf eröffnet hingegen die Möglichkeit, in der Phase, in der noch nicht genügend sich auszustechen gewillte Interessenten sichtbar sind, mit dem oder den einzelnen zu verhandeln. Der erzielbare Wert der Marke wäre nicht rein auf das einseitige Gebot eines potentiellen Erwerbers angewiesen, sondern der zur Verwertung Berufene kann gleich einem Verkäufer selbst versuchen, die Höhe des Preises zu beeinflussen. Dieses Verfahren mag in der Regel etwas langwieriger sein als eine auf einen bestimmten Termin festgesetzte Versteigerung. Es bietet aber bis zu dem Punkt erheblich mehr Chancen, an dem der Aufwand der Verhandlungen durch die Anzahl der Interessenten erheblich anwächst. In diesem Fall wird die Zahl der potentiellen Erwerber bereits so groß sein, daß sich eine Versteigerung anbietet. Zudem bietet die freihändige Veräußerung den Vorteil, daß die Marke den Interessen der Erwerber gemäß in Teilen angeboten und übertragen werden kann.

(3) Das Überlassen von Gebrauchsrechten an Dritte bzw. die Sequestration

Die Verwertung kann weiterhin dadurch geschehen, daß Dritten Gebrauchsrechte an der Marke eingeräumt werden. Wie bei der Verwertung der Sicherungsinhaberschaft mittels Nutzungsrechten bieten sich hierfür in erster Linie Lizenzen an, da sie die breitere Gestaltungspalette zur Verfügung stellen[64].

Zur Vergabe der Lizenzen ist wiederum ein Vollstreckungsorgan vonnöten, um den Beschluß des Vollstreckungsgerichts umzusetzen. Auch hier wird man als erstes an den Gerichtsvollzieher zu denken haben. Führt man sich jedoch die zahlreichen dabei zu beachtenden Faktoren vor Augen, wie die spezielle Rechtsmaterie, die Vielzahl an Gestaltungsmöglichkeiten und vor allem die Auswirkung der Lizenzvergabe auf den Wert der Marke, so wird man recht bald zu der Erkenntnis gelangen, daß ein Gerichtsvollzieher überfordert ist. Schließlich handelt es sich um einen aufwendigen Prozeß, der sich nicht nur in der möglichst schnellen Vergabe von zahlreichen Lizenzen erschöpfen kann, die sodann in der Gefahr stehen, mangels einheitlichem Auftreten am Markt nicht die gewünschten Gebühren einzubringen. Vielmehr wird ein eigenes Konzept erforderlich sein, welches mittel- bis langfristig zu verfolgen ist und nicht auf einen vorschnellen quantitativen Erfolg abstellen darf. Dem wird aber nur eine mit der Materie vertraute Person ge-

63 Dazu oben (1).
64 Vgl.o. I.2.c.

recht werden können. Folglich wird man sinnvollerweise für diese Zeit einen Sequestor einsetzen, der mit der Verwaltung der Marke betraut wird[65]. Er ist kraft seines Amtes zur Vergabe der Nutzungsrechte berufen und aufgefordert, die Erlöse an den Gläubiger auszukehren.

In wieweit ihm zusätzlich Auflagen zu erteilen sind, wie die Berücksichtigung besonderer Interessen des Schuldners an der Marke, wird im Einzelfall zu prüfen sein. Regelmäßig wird dies nicht erforderlich werden, da der Gläubiger aufgrund seines Pfandrechts Anspruch auf die gesamte Marke hat. Der Schuldner wird daher kaum Gründe vorbringen können, die diese Rechtsposition einzuschränken geeignet sind. Insbesondere wird es ohnehin für den Gläubiger bereits eine nachteilige Verwertungsmethode darstellen, erfolgt nicht umgehend die Befriedigung der gesicherten Forderungen. Die Sequestration wird daher vornehmlich in den Konstellationen in Betracht kommen, in denen entweder eine Verwertung aufgrund Versteigerung oder freihändigem Verkauf für den Gläubiger nicht ratsam erscheint, oder der Schuldner doch ausnahmsweise Gründe geltend machen kann, die den Nachteil beim Gläubiger rechtfertigen[66].

(4) Die Überweisung an Zahlungs Statt

In den seltenen Fällen, in denen eine Überweisung der Marke an Zahlungs Statt in Betracht kommt, stellt sich im Rahmen des § 844 ZPO die Frage, in wieweit zu diesem Zeitpunkt nochmals auf die Regelverwertung umgeschwenkt werden kann. Sie ist in der Zwangsvollstreckung aber lediglich über §§ 857 I, 835 ZPO möglich und ausgeschlossen, sobald der Weg über §§ 857 I, 844 ZPO eingeschlagen wurde[67]. Dies folge aus dem Regel-Ausnahme-Verhältnis. Wurde jedoch erst der Antrag auf Verwertung nach § 84 ZPO gestellt, ohne daß bereits eine Entscheidung erfolgte, kann dieser noch bis zur Beschlußfassung zurückgenommen werden[68].

cc) Verwertung einer Marke mit namensrechtlich geschützten Bestandteilen

Aus dem Insolvenzrecht ist das Problem bekannt, daß bei der Verwertung von Marken mit namensrechtlich geschützten Bestandteilen der Insolvenzverwalter nach einer Ansicht bei der Verwertung der Zustimmung des Namensträgers bedürfe[69]. Aufgrund der vergleichbaren Konstellation stellt sich diese Frage auch hier, da die zur Verwertung berufene Verwertungsgesellschaft, der Gerichtsvollzieher oder ein Sequestor ebenfalls ohne direktes Mandat des Namensträgers handeln. Aber abgesehen davon, daß diese Sichtweise zumindest bei Marken zu recht kritisiert wird, weil der Namensträger nicht verpflichtet ist, sein Persönlichkeitsrecht bei der Bildung der Marke zu verwenden[70], fehlt es in den Fällen bereits an anderen Voraussetzungen.

---

65 Den Gedanken der Sequestration greift auch Fezer auf, Fezer MarkenR § 29 RN 24, allerdings ohne näher auf ihn einzugehen.

66 Eingehend zur Verwertung mittels Lizenzen vgl. die Darstellung zur Sicherungslizenz, III.1. Vgl.a. oben I.2.c.

67 Zöller-Stöber § 844 RN 6; relativierend MüKo-Smid ZPO § 844 RN 4, der eine Abänderung der einmal getroffenen Entscheidung zuläßt.

68 Zöller-Stöber (22.A) § 844 RN 4 mit Verweis auf § 825 RN 16

69 vgl. BGHZ 32, 103 (113 f)-Vogler; BGHZ 58, 322 (326); BGHZ 85, 221 (224); BGHZ 109, 364 (366 ff)-Benner; Repenn/Spitz WRP 1993, 737 (739); Kilger/K.Schmidt KO (16.A) § 1 Anm.2.D.c.cc.; ausführlich zum ganzen oben Kap.4 B.I.1.c.aa.

70 Eindrucksvoll und in voller Linie zu unterstützen Steinbeck NZG 1999, 133 (139); zum ganzen oben Kap.4 B.I.1.c.cc.

Denn die stattfindende Zwangsvollstreckung beruht auf einem Recht, bei dessen Bestellung der Namensträger mitwirkte. Ihm mußte dabei die Konsequenz einer späteren Verwertung bewußt sein, so daß der Bestellungsakt bereits die geforderte Zustimmung enthielte. Folglich stellen namensrechtlich geschützte Bestandteile von Marken kein Hindernis bei der Verwertung dar.

3. *Eigenständige Parteivereinbarung über Verwertung, § 1277 S.1 2.Alt BGB*

Daß die Parteien gemäß § 1277 S.1 a.E. BGB auch eine andere Verwertung des vertraglichen Pfandrechts vereinbaren können, wurde bereits festgestellt. Betrachtet man aber die Normen, die diese Freiheit nach § 1277 S.2 BGB eingrenzen, wird man gewahr, daß den Parteien nur ein beschränkter Spielraum verbleibt.

a) *Umfang der Abweichungen von § 1277 S.1 1.Alt BGB*

In wieweit die Parteien von der Regelung des § 1277 S.1 1.Alt BGB abweichen wollen, ist in ihr Belieben gestellt. So können sie vereinbaren, daß nach wie vor ein dinglicher Titel für die Verwertung vorausgesetzt wird, die sich daran anschließende Verwertung aber nicht den Bestimmungen zur Zwangsvollstreckung folgen soll, sondern hierfür die Absprachen maßgeblich sind[71]. Ihnen ist aber auch die Möglichkeit eröffnet, das förmliche Zwangsvollstreckungsverfahren samt dem dinglichen Titel abzulehnen und die Verwertung gänzlich neu zu regeln[72].

b) *Mögliche Inhalte der Vereinbarung*

Die Verwertungsarten, die von den Parteien vereinbart werden können, werden durch § 1277 S.2 BGB eingegrenzt. Aus § 1245 II BGB, der unter anderem § 1235 BGB als unverzichtbar vor der Verwertungsreife postuliert, ergibt sich, daß bei Pfandgegenständen, die keinen Börsen- oder Marktwert haben, lediglich die öffentliche Versteigerung vereinbart werden kann. Eine andere Alternative bietet sich den Parteien des Sicherungsgeschäfts zu diesem Zeitpunkt nicht[73]. Lediglich nach Fälligkeit der gesicherten Forderungen und der damit eintretenden Verkaufsberechtigung, § 1228 II BGB, läßt § 1245 II BGB die Disposition insbesondere über § 1235 BGB zu, so daß Vereinbarungen über andere Verwertungsarten möglich werden. Erst jetzt entfaltet

---

71 Daß die Parteien ein entsprechendes Vorgehen wählen, erscheint aber wenig hilfreich. Denn das Beibehalten des dinglichen Titels als Verwertungsvoraussetzung beinhaltet für keine der beiden Seiten einen erwähnenswerten Vorteil, sondern produziert lediglich zusätzliche Kosten. Wenn sich die Parteien über die Verwertung einigen können, dann ist ihnen zu empfehlen, auf einen Titel als zusätzliche Voraussetzung zu verzichten. Dies wird wohl auch der gängigen Praxis entsprechen.

72 Sie dürfen allerdings nicht lediglich auf den dinglichen Titel verzichten. Insoweit stehen die Voraussetzungen der Zwangsvollstreckung als förmliches Verfahren nicht zur Disposition.

73 A.A. Weber (6.A) S.277, allerdings ohne Begründung. Der von ihm angeführte Verweis auf RGZ 100, 277 vermag dies nicht zu stützen. Das RG sagt in RGZ 100, 274 (276) ausdrücklich das Gegenteil, nämlich daß gerade nur die öffentliche Versteigerung zu diesem Zeitpunkt vereinbart werden kann. Aber auch Staud-Wiegand § 1273 RN 19, Pal-Bassenge § 1273 RN 4 lassen aufgrund ihrer Formulierungen und trotz des Verweises auf § 1277 BGB vermuten, daß der freihändige Verkauf auch hier vereinbart werden kann. Denn eine Einschränkung auf die öffentliche Versteigerung findet in der Kommentierung keine Erwähnung, weder bei § 1277 BGB noch bei § 1273 BGB.

sich für die Parteien das umfassende Spektrum an Varianten, wie die Marke versilbert werden kann. Neben dem freihändigen Verkauf gehört hierzu die Übernahme der Marke durch den Sicherungsnehmer, § 1229 BGB, wie auch die Vergabe von Nutzungsrechten bzw. die Verwaltung durch einen Treuhänder.

Für das Pfandrecht an Marken folgt daraus, daß mangels Börsen- oder Marktwerts im Sicherungsvertrag lediglich die Verwertung mittels öffentlicher Versteigerung festgelegt werden kann. Dies führt aber zu den bereits im Wege des Zwangsvollstreckungsverfahrens beschriebenen Schwierigkeiten: Eine Versteigerung macht nur Sinn, wenn gewährleistet ist, daß eine ausreichende Anzahl an Bietern vorhanden ist[74]. Das kann aber nach derzeitigen Erfahrungen bei der Verwertung von Marken noch nicht sicher erwartet werden[75]. Den Sicherungsnehmer wird dies dann nicht stören, wenn er daneben auf hinreichend andere Sicherheiten zugreifen kann oder ihm selbst der unterhalb des Werts der Marke liegende Erlös zur Befriedigung seiner Forderungen ausreicht. Demgegenüber wird das Interesse des Schuldners in jedem Fall darauf gerichtet sein, ein möglichst hohes Verwertungsergebnis zu erzielen. Denn alles was über den Wert der gesicherten Forderungen hinaus erlöst wird, ist an ihn auszukehren[76]. Daher ist anzunehmen, daß er lediglich dann mit der Vereinbarung einer Versteigerung einverstanden sein wird, wenn die Voraussetzungen für ihren Erfolg absehbar sind. Vor dem Hintergrund dieser Interessenlage wird vielfach keine der beiden Seiten die Verwertung im Wege der öffentlichen Versteigerung als alleinige Methode vereinbaren wollen. Zumindest wird sich aber der Schuldner nur äußerst ungern hierauf einlassen. Zwar könnte er darauf hoffen, daß nach Eintritt der Verwertungsreife noch eine Einigung mit dem Sicherungsnehmer über eine andere Verwertungsart zustande kommt, zumal dieser sich im Zuge seiner ihm gegenüber obliegenden Treuepflichten hierauf einzulassen hat. Der Sicherungsgeber hat aber nachzuweisen, daß der freihändige Verkauf einen Mehrerlös verspricht, was ihm nicht immer ohne weiteres gelingen wird. Zudem wird man dem Sicherungsnehmer einen Einschätzungsspielraum zugestehen müssen. Daher ist nicht zu empfehlen, darauf zu vertrauen, daß eine entsprechende Einigung zustande kommt. Auf der anderen Seite bietet dem Sicherungsgeber das Verfahren nach § 1277 S.1 BGB mehr Möglichkeiten. Dort kann er über einen Antrag einen eigenen Verwertungsvorschlag machen, §§ 857 I, 844 ZPO, wobei das Gericht die Feststellung trifft, ob es sich um eine günstigere Alternative handelt[77]. Dieser Vorteil wird den Kostennachteil, der durch den dinglichen Titel entsteht, in aller Regel mehr als nur aufwiegen.

Daher ist den Parteien zu empfehlen, nicht vorschnell das auf den ersten Blick lästig und einengend empfundene förmliche Verwertungsverfahren nach § 1277 S.1 BGB über Bord zu werfen und um jeden Preis eine eigene Vereinbarung anzustreben. Ratsamer erscheint, sich sämtliche Optionen offen zu halten und das von Gesetzes wegen vorgesehene Verfahren bis zur Verwertungsreife nach § 1228 II BGB beizubehalten. Den Parteien bleibt dann immer noch die Möglichkeit, ein anderes Verwertungsverfahren zu vereinbaren. Etwas anderes mag gelten, wenn

74 vgl. dazu oben 2.b.bb.(1). u.(2).
75 ebenso Repenn, HdB Markenbewertung (1998) S.12
76 §§ 1247, 1252, 1223 I BGB
77 vgl.o. 2.b.bb.

bereits bei Abschluß des Sicherungsvertrags absehbar ist, daß eine Versteigerung allenfalls nur unwesentlich hinter anderen Verwertungsvarianten zurückbleiben wird.

c) *Zwingende Verfahrensvorschriften bei der Verwertung aufgrund Parteivereinbarung*

Verständigen sich die Parteien auf eine Verwertungsart, egal ob nun vor oder erst nach Eintritt der Pfandreife, so stellt sich die Frage, welche zwingenden gesetzlichen Vorgaben zu beachten sind. Schließlich regelt das Pfandrecht in den §§ 1228 ff BGB relativ dezidiert, wie die Verwertung bei Pfandrechten an Mobilien durchzuführen ist.

aa) Allgemein einzuhaltendes Verfahren

Der Zeitpunkt, ab welchem die Verwertung des Pfandes stattfinden kann, die sogenannte Pfandreife, § 1228 II BGB, steht in keinem Fall zur Disposition. Sie folgt unmittelbar aus dem Inhalt eines Pfandrechts. Parteien können allerdings zusätzliche Kriterien bestimmen, welche für die Verwertungsberechtigung vorliegen müssen. Dies folgt aus der Privatautonomie. Aufgrund des numerus clausus der Sachenrechte kann es sich bei den Abmachungen aber lediglich um schuldrechtliche Verpflichtungen handeln, welche die Rechtswirksamkeit einer trotzdem vorgenommenen Veräußerung nicht angreifen können. Sie führen lediglich zu Ansprüchen aus Vertragsverletzungen[78].

Darüber hinaus bestimmt § 1234 BGB, daß die Verwertung dem Schuldner zuvor anzudrohen ist, ehe sie nach Ablauf einer Frist von einem Monat erfolgen darf. Die Bestimmungen sind aber gem. § 1245 I BGB grundsätzlich abdingbar. Zwar verweist § 1277 S.2 BGB für das Pfandrecht an Rechten lediglich auf § 1245 II BGB, nicht aber auf dessen Abs. I. Trotzdem gilt die Vorschrift über § 1273 II BGB auch hier. Daher kann auf die Androhung samt der Wartefrist verzichtet werden[79]. Ohnehin führt ein Verstoß gegen diese Vorschriften nicht zur Unwirksamkeit der Verwertung, sondern löst lediglich verschuldensabhängige Ansprüche auf Schadensersatz aus, § 1243 II BGB.

bb) Unterschiede bei Verwertungsvereinbarung vor bzw. nach Eintritt der Pfandreife

Hinzu kommt für Verwertungsvereinbarungen vor Pfandreife, daß neben der lediglich möglichen öffentlichen Versteigerung[80] auf die Bekanntmachung in der nach § 1237 S.1 BGB bestimmten Form nicht verzichtet werden kann, §§ 1277 S.2, 1245 II BGB. Nach Fälligkeit der gesicherten

78 vgl. nur Pal-Bassenge § 1228 RN 2; Jauernig-Jauernig § 1228 RN 2

79 Ebenso wohl Pal-Bassenge § 1273 RN 4; Staud-Wiegand § 1273 RN 19 (unter 2.b.); MüKo-Damrau § 1273 RN 10; wahrscheinlich **a.A.** Lwowski/Hoes WM 1999, 771 (774); Lwowski KredSichR (8.A) RN 660, deren jeweilige Formulierung darauf hindeutet, daß nach ihrer Ansicht immer eine Androhung samt Einhaltung der Wartefrist zu erfolgen hat, letztere aber abkürzbar über § 368 HGB. Der BGH entschied zur Verwertung von Sicherungsübertragungen, daß zumindest dort dem Sicherungsgeber Gelegenheit zur Abwehr der Verwertung gegeben werden muß, weshalb er den Gedanken des § 1234 BGB analog anwendet, BGHZ 124, 380 (390 f). Daher ist zu vermuten, daß er die Norm nicht für gänzlich abdingbar hält, was aber § 1245 I BGB widerspräche.

80 vgl.o. b.

Forderungen kann die Vereinbarung freilich abgeändert werden, ohne die Vorgaben berücksichtigen zu müssen.

4. Zusammenfassung

Das Pfandrecht an Marken bietet demnach zwei unterschiedliche Wege, wie die Verwertung erfolgen kann: Einerseits das förmliche Verfahren über einen dinglichen Titel mit anschließendem Zwangsvollstreckungsverfahren, § 1277 S.1 1.Alt BGB, andererseits die Parteivereinbarung, § 1277 S.1 a.E. BGB, die aber engen gesetzlichen Grenzen unterworfen ist. Gemeinsam ist beiden Alternativen, daß sie jeweils von der Pfandreife abhängig sind, welche sich zwingend aus §§ 1273 II, 1228 II BGB ergibt. Insofern besteht für die Parteien lediglich die Möglichkeit, zusätzliche obligatorische Bedingungen für die Verwertungsreife aufzustellen.

Betrachtet man die Verwertung über das Zwangsvollstreckungsverfahren genauer, so fällt auf, daß sie bei weitem nicht so unattraktiv ist, wie es auf den ersten Blick erscheint. Zwar ist das Verfahren stark formalisiert, führt durch den zwingend vorgeschriebenen dinglichen Titel zu zusätzlichen Kosten und wird wegen der Abhängigkeit vom Vollstreckungsgericht regelmäßig mehr Zeit in Anspruch nehmen. Doch läßt sich das Verfahren abkürzen und die Kosten geringer halten, wenn eine vollstreckbare Urkunde geschaffen wird, § 794 I Nr.5 ZPO. Beim sich anschließenden Verfahren sind die Parteien nicht an den gesetzlichen Regelfall der Überweisung des Rechts an Zahlungs Statt gebunden, an welcher regelmäßig weder Sicherungsnehmer noch -geber interessiert sein werden. Vielmehr ermöglicht § 857 I i.V.m. § 844 ZPO beiden Parteien auch ohne das Einverständnis der anderen Seite per Gerichtsentscheid eine vielversprechendere Verwertungsvariante zu wählen. In Frage kommen die Versteigerung, der freihändige Verkauf oder eine Sequestration. Im Rahmen des Verfahrens ist man auch nicht auf einen Gerichtsvollzieher angewiesen, sondern kann die Verwertung durch spezialisierte Verwertungsgesellschaften anordnen lassen.

Demgegenüber bietet eine Parteivereinbarung zur Verwertung der Sicherheit nur eingeschränkte Möglichkeiten. Vor Eintritt der Pfandreife kann allein die öffentliche Versteigerung vereinbart werden, die derzeit aber nur in den seltensten Fällen eine adäquate Verwertungsalternative darstellen wird. Nach Fälligkeit der gesicherten Forderungen dürfen die Parteien zwar die volle Bandbreite der Verwertungschancen nutzen. Sie sind dabei aber auf eine neuerliche Übereinkunft angewiesen. Aufgrund der unterschiedlichen Vorstellungen der Parteien kann dies zu Schwierigkeiten führen, zumal der Sicherungsnehmer sich hierauf nur im Rahmen seiner Treuepflicht einzulassen hat, die ihm einen Einschätzungsspielraum bei der Wahl der geeigneten Verwertungsart beläßt. Der Sicherungsgeber hat anders als beim förmlichen Verfahren keine Gewähr, auf die Art und Weise der Verwertung Einfluß nehmen zu können. Daher erscheint es ratsam, auf eine Verwertungsvereinbarung im Sicherungsvertrag zu verzichten, zumal sie nach Eintritt der Verwertungsreife ohne weiteres nachgeholt werden kann und die Parteien nicht zwangsläufig auf das förmliche Verwertungsverfahren verwiesen sind.

III. Nutzungsrechte als Sicherheiten

Neben den herkömmlichen Sicherungsvarianten bleibt die Frage nach der Verwertung von sicherungshalber bestellten Nutzungsrechten an Marken. Als einer ihrer großen Vorteile hatte sich herauskristallisiert, daß sich der Umfang der Sicherheit exakter auf die gesicherte Forderungssumme abstimmen läßt und der Sicherungsgeber die Marke nicht dauerhaft verliert[81]. Ob sie sich allerdings auch adäquat verwerten lassen, haben sie noch unter Beweis zu stellen.

1. Sicherheit mittels Lizenz

Wurde eine Lizenz als Sicherheit vereinbart, hängen die Verwertungsoptionen von dem zwischen den Parteien vereinbarten Inhalt ab. Schließlich ist eine Lizenz einfach, alleinig oder ausschließlich sowie dinglich oder rein schuldrechtlich möglich, genauso wie sie in zahlreichen weiteren Punkten variieren kann[82]. Zudem können die Parteien Vereinbarungen über die Verwertung der Lizenz treffen. Dadurch ergibt sich eine Vielzahl an unterschiedlichen Konstellationen, deren Grundvarianten nachfolgend betrachtet werden sollen. Dies liefert das Handwerkszeug, um jede konkrete Lizenz beurteilten zu können. Als Verwertungsarten kommen dabei die Veräußerung und die Vergabe von Unterlizenzen in Betracht, wobei in beiden Fällen die Frage nach der zu erwartenden Gegenleistung zu stellen ist[83].

a) Verwertung durch Veräußerung der Position des Sicherungsnehmers

Mit dem Eintritt des Sicherungsfalls kommt dem Sicherungsnehmer die uneingeschränkte Rechtsposition an der Lizenz zu. Als üblicherweise dingliches Recht liegt es nahe, daß die Lizenz nun veräußert werden kann. Hieran wird der Sicherungsnehmer auch erhebliches Interesse haben. Schließlich will er die Marke nicht selbst gebrauchen. Jedoch wird manchen Lizenzarten die Übertragbarkeit abgesprochen, zumindest aber von der Zustimmung des Lizenzgebers abhängig gemacht. Jedoch wurde bereits festgestellt, dass die herkömmliche Ansicht über die Veräußerlichkeit der Lizenzen zumindest bei Sicherungslizenzen zu modifizieren ist[84]. Trotzdem ist nach den einzelnen Lizenzarten zu unterscheiden, in wieweit und unter welchen Voraussetzungen sie an Dritte übertragen werden dürfen. Steht die Veräußerlichkeit fest, knüpft sich für den Sicherungsnehmer das weitere Problem an, daß ihm daran gelegen sein wird, sofort eine möglichst hohe Zahlung zu erhalten. Hingegen wird bei Lizenzen die Gegenleistung üblicherweise in Form von wiederkehrenden Gebührenansprüchen vereinbart[85]. Folglich muß der Sicherungsnehmer sich mit dem Umstand auseinandersetzen, was er als Erlös erwarten darf.

---

81 Vgl. zum ganzen oben Kap.3 B.

82 ausführlich dazu oben Kap.3 B.I.2.

83 Daß beide Alternativen grundsätzlich möglich sind, wurde bereits im Rahmen der Eignungsprüfung als Sicherungsrecht bejaht, oben Kap.3 B.I.1.a. Daher soll hier der Vollständigkeit halber nur eine verkürzte Wiederholung erfolgen.

84 Dazu oben Kap. 3, B. I.1.a.aa.

85 Vgl. dazu oben I.2.c. und II.2.b.bb.(3).

aa) Befugnis zur Veräußerung einer Sicherungslizenz

Ob eine Lizenz übertragbar ist oder nicht, entscheidet sich primär nach dem vereinbarten Inhalt des Lizenzvertrags[86]. Fehlt es an einer ausdrücklichen Übereinkunft, ist der Inhalt der jeweiligen Lizenz in Abhängigkeit ihrer Eigenart und der Interessenlage auszulegen. Dabei ist besonders zu berücksichtigen, daß es sich hier um ein Sicherungsgeschäft handelt.

(1) Die einfache Lizenz

Bei einfachen Lizenzen wird überwiegend angenommen, daß sie unveräußerlich seien. Begründet wird dies mit der Befugnis des Vollrechtsinhabers, weitere Lizenzen vergeben zu dürfen[87]. Wird die einfache Lizenz jedoch als Sicherungsrecht eingesetzt, muß etwas anderes gelten. Hier ist den Parteien bewußt, daß die Lizenz nicht dem Eigengebrauch des Lizenznehmers dienen soll. Vielmehr ist dieser lediglich am darin verkörperten geldwerten Vorteil interessiert. Der Sicherungsgeber muß also bei der Bestellung der Lizenz davon ausgehen, daß sie verwertet und im Zuge dessen an einen Dritten übertragen wird. Folglich ist selbst bei Berechtigung des Lizenzgebers zur Vergabe von weiteren Gebrauchsrechten davon auszugehen, daß sicherungshalber bestellte einfache Lizenzen übertragbar sind[88].

(2) Ausschließliche und alleinige Lizenzen

Bei ausschließlichen sowie alleinigen Lizenzen wird überwiegend angenommen, daß sie ohne weiteres übertragbar sind, weil sich der Lizenzgeber jeglicher Verfügungsmacht begeben habe[89]. Teilweise wird vertreten, daß eine Übertragung nur mit Zustimmung des Inhabers des Vollrechts möglich sei[90].

Anders als bei der einfachen Lizenz wird hier die Möglichkeit der Übertragbarkeit nicht in Abrede gestellt. Doch wird die Abtretung von Sicherungslizenzen auch nicht mit dem Hinweis auf § 415 I BGB von einer Zustimmung abhängig zu machen sein, weil die Lizenz nicht nur Berechtigungen, sondern auch Verpflichtungen enthalte. Denn unabhängig davon, ob man auf eine dingliche Gebrauchsberechtigung den Gedanken des § 415 BGB anwenden kann, würde ansonsten der Sicherungszweck des Geschäfts gefährdet. Müßte der Sicherungsnehmer vor Verwertung der Sicherheit die Zustimmung des Sicherungsgebers einholen, könnte die Verwertung wenn nicht vereitelt, so doch zumindest erheblich verzögert werden. Sollte man daher eine Zustimmung

---

86 Lassen sich die Einschränkungen lediglich dem Sicherungsvertrag entnehmen, vermögen sie die Berechtigung des Sicherungsnehmers zur Veräußerung der Lizenz nur im Innenverhältnis zu beschränken. Bei Verstößen bleibt die Verfügung des Sicherungsnehmers wirksam. Der Sicherungsgeber hat nur die Möglichkeit, Ansprüche aus Vertragsverletzungen geltend zu machen.

87 BGHZ 62, 272 (276 f) mwN; Ingerl/Rohnke § 30 RN 11; Stumpf/Groß, LizenzV (7.A) RN 389 mwN; ausführlich Kap.3 B.I.1.a.aa.(1).

88 Ausführlich dazu oben Kap.3 B.I.1.a.aa.(2).

89 Ilzhöfer PatR (3.A) RN 177; Chrocziel, Gew. RS RN 131; Ingerl/Rohnke § 30 RN 11.

90 Stumpf/Groß, LizenzV (7.A) RN 368 f; Henn (4.A) RN 86 mwN. Die Ansicht stützt sich auf den Inhalt des Lizenzvertrags, der nicht nur eine Berechtigung beinhalte, sondern auch Verpflichtungen. Dies führe bereits bei rein obligatorischen Geschäften gem. §§ 415 I, 399 BGB zu einem Zustimmungsvorbehalt des Vertragspartners, der sich keine Schuldner aufdrängen lassen muß. Auch habe der Inhaber des Vollrechts ein berechtigtes Interesse daran, wer unter der Lizenz Produkte herstellt oder vertreibt. Schließlich wirkt sich gerade bei Marken das gesamte Auftreten am Markt auf das Image und die Einsetzbarkeit des Zeichens aus, vgl. Stumpf/Groß, LizenzV (7.A) RN 368 f mwN; zum Ganzen auch Kap.3 B.I.1.a.aa.(1).

fordern, wäre diese zumindest in einer Sicherungslizenz enthalten. Das Interesse des Sicherungsgebers an der Auswahl der ihm gegenüber verpflichteten Personen tritt insoweit hinter das mit der Sicherheit verfolgte Ziel zurück[91].

(3) Einschränkung der Veräußerungsbefugnis aufgrund fiduziarischer Treuepflicht

Der Sicherungsnehmer ist jedoch bei der Veräußerung nicht gänzlich frei. Denn der fiduziarische Charakter von Sicherungsgeschäften verpflichtet zur Rücksichtnahme bei der Verwertung[92]. Der Sicherungsnehmer hat die Belange des Vertragspartners zu berücksichtigen, soweit es ihm zuzumuten ist. Dies führt dazu, daß das Interesse des Sicherungsgebers an der Auswahl der Lizenznehmer, selbst bei eventuellen markenrechtlichen Ansprüchen gegen den Erwerber, vom Sicherungsnehmer zu beachten ist. Insofern wird es den Interessen am besten gerecht, wenn die Verwertung zwar nicht von der Zustimmung des Sicherungsgebers abhängig gemacht, es aber dem Sicherungsnehmer auferlegt wird, die am Erwerb interessierten Dritten zuvor dem Sicherungsgeber zu eröffnen. Er soll die Möglichkeit erhalten, begründete Bedenken zu äußern. Bringt er gewichtige Gründe vor und ist es dem Sicherungsnehmer zumutbar, auf sie einzugehen, hat die Veräußerung zu unterbleiben[93]. Veräußert der Sicherungsnehmer trotzdem die Lizenz, bleibt das Geschäfts wirksam. Es würden aber Pflichten des Sicherungsvertrags verletzt, was zu Schadensersatzansprüchen führen kann[94].

bb) Die Art der Gegenleistung

Noch offen ist die Frage, welcher Erlös mit der Veräußerung erzielt werden kann. Das Interesse des Sicherungsnehmers wird auf eine möglichst hohe sofortige Einmalzahlung gerichtet sein. Üblicherweise werden aber bei Lizenzen Entgelte in Form wiederkehrender Gebührenansprüche vereinbart[95].

(1) Die Interessenlage

Grundsätzlich wird bei Lizenzverträgen, wie bei sämtlichen Dauerschuldverhältnissen, die Gegenleistung in Form von wiederkehrenden Zahlungsverpflichtungen geschuldet. Denn der Lizenznehmer kann die Vorteile seiner Position erst im Laufe der Zeit ausschöpfen. Daher bietet sich ein Entgelt an, das diesem Umstand Rechnung trägt und erst peu à peu fällig wird. Entsprechend wird ein Erwerber einer Sicherungslizenz die Gegenleistung nur per wiederkehrendem Gebührenanspruch zu entrichten gewillt sein. Soll er im voraus für künftige Gebrauchsvorteile aufkommen, würde er quasi einen Kredit gewähren. Hierzu wird man ihn nur ermuntern können, wenn er dadurch einen Vorteil erlangt, regelmäßig finanzieller Natur. Also müßte die im voraus entrichtete Summe in ihrem Betrag unterhalb der über die Gebühren auflaufenden Zahlungen liegen. Dieser finanzielle Anreiz müßte außerdem das Risiko abgelten, daß sich die der Berechnung zugrunde gelegten Umstände ändern. Denn insbesondere kann die Marke bei Be-

91 vgl.o. Kap.3 B.I.1.a.aa.(2).

92 vgl. dazu oben I.1.

93 Man muß sich dabei jedoch bewußt sein, daß eine entsprechende Prüfung mancherlei Schwierigkeiten aufwirft. Daß aber entsprechend gewichtige Interessen vorgebracht werden, dürfte nicht häufig der Fall sein.

94 Vgl. dazu auch oben Kap.3 B.I.1.a.aa.(2).(d).

95 Vgl. dazu bereits oben I.2.c. und II.2.b.bb.(3).

kanntwerden der den Sicherungsfall auslösenden Zahlungsschwierigkeiten erheblich Schaden leiden.
Auf der anderen Seite hat der Sicherungsgeber ein Interesse daran, daß die Lizenz nicht unter Wert veräußert wird. Schon deshalb wird er sich selten mit einer Einmalzahlung anfreunden können. Weit wichtiger sind aber für ihn Art und Umfang des Gebrauchs, da er sich unmittelbar auf das Zeichen auswirkt. Trotz der pauschalen Abgeltung wird er daher entsprechende Parameter in der Lizenz verankert wissen wollen.

(2) Daraus abgeleitete Verwertungsberechtigung des Sicherungsnehmers

Vor diesem Hintergrund wird man kaum zu dem Schluß kommen können, der Sicherungsnehmer sei zur Veräußerung der Lizenz gegen eine Einmalzahlung berechtigt. Dies würde so stark von den üblichen und sinnvollerweise vereinbarten Gegenleistungen für ein Gebrauchsrecht abweichen, daß es nicht einmal vom Inhalt einer sicherungshalber gewährten Lizenz umfaßt ist. Denn der Sicherungsgeber würde in einem solchen Maß benachteiligt, daß sein Einverständnis nicht angenommen werden kann. Schließlich ist bei Abschluß des Sicherungsgeschäfts in keiner Weise absehbar, welche Abstriche am Erlös er im Sicherungsfall hinzunehmen hätte.
Akzeptiert der Sicherungsnehmer eine Lizenz als Sicherheit, so liegt es näher, einen Willen dergestalt anzunehmen, daß ihm die Befriedigung seiner gesicherten Forderungen mittels wiederkehrender Gebührenansprüche genügt. Schließlich entspricht dieser Verwertungserlös der regelmäßig zu erwartenden Gegenleistung und stellt das dar, worauf ein redlicher Sicherungsnehmer vertrauen darf[96]. Eine andere Beurteilung mag sich ergeben, wenn weitere Umstände zu berücksichtigen sind, die auf einen hiervon abweichenden Willen der Parteien schließen lassen.

b) Verwertung durch die Vergabe von Unterlizenzen

Eine andere Art, die Sicherungslizenz zu verwerten, ist die Vergabe von Unterlizenzen. Daß dies grundsätzlich möglich ist, wurde bereits bei der Suche nach geeigneten Sicherungsrechten an Marken festgestellt[97]. Allerdings zeigte sich, daß zwar jede Lizenz entsprechend ausgestaltet werden kann. Aus sich heraus umfassen aber nicht sämtliche Lizenzen diese Berechtigung. So lassen sich bei rein schuldrechtlichen Lizenzen[98] abgeleitete Nutzungsrechte bereits aus allgemeinen Gesichtspunkten nur schwer begründen. Sie stellen lediglich den Verzicht des Lizenzgebers dar, Ansprüche aus der Marke gegenüber dem Vertragspartner geltend zu machen. Diese Position mag zwar - im Rahmen des § 399 2.Alt. BGB - abtretbar sein. Mit Unterlizenzen würde aber der Markeninhaber durch den Lizenznehmer verpflichtet, sein Kennzeichenrecht auch Dritten gegenüber nicht geltend zu machen. Der schuldrechtliche, auf Wirkungen inter partes beschränkte Lizenzvertrag erführe eine Ausdehnung, die vom Zweck der Vereinbarung kaum

96 Dieses Ergebnis folgt unmittelbar aus dem fiduziarischen Charakter des Sicherungsgeschäfts, weshalb es automatisch Vertragsbestandteil wird, ohne daß es einer ausdrücklichen Regelung bedürfte. Im Gegenteil, vereinbaren die Parteien etwas abweichendes, muß sich die Klausel bei Formularverträgen insbesondere an § 307 II Nr.2 BGB messen lassen.

97 Vgl.o. Kap.3 B.I.1.a.bb.; vgl. dazu auch Fezer MarkenR § 30 RN 22; Ingerl/Rohnke § 30 RN 11; Althammer-Klaka (6.A) RN 5

98 Soweit sie in der Praxis überhaupt noch vereinbart werden, vgl. dazu Ingerl/Rohnke § 30 RN 10

gedeckt wäre[99]. Aber abgesehen von diesem speziellen Fall, der mangels praktischer Bedeutung schuldrechtlicher Lizenzen vorwiegend theoretischer Natur sein wird, sieht die überwiegende Meinung selbst bei dinglichen Gebrauchsrechten den Berechtigten nicht grundsätzlich zur Vergabe von Unterlizenzen befugt.

aa) Die einfache Lizenz

Bei einfachen Lizenzen wird die Berechtigung zur Vergabe von Unterlizenzen verneint. Begründet wird dies mit der Befugnis des Vollrechtinhabers, weiterhin selbst Lizenzen zu vergeben[100]. Er würde durch die parallele Berechtigung eines Lizenznehmers neben der ihm nicht möglichen Auswahl der Lizenznehmer auch insoweit beeinträchtigt, als die Menge der von ihm bestellbaren Lizenzen eingeengt würde. Schließlich kommt potentiell jeder, der sich vom Lizenznehmer eine Unterlizenz einräumen läßt, als unmittelbarer Vertragspartner des Vollrechtsinhabers in Betracht. Es gingen ihm daher zudem Einnahmen aus der Lizenzvergabe verloren[101].
Handelt es sich bei der einfachen Lizenz aber um ein Sicherungsrecht, vermag dieses Argument nicht in derselben Weise zu greifen. Die Vermögenseinbuße, die der Markeninhaber durch die nicht von ihm bestellten Lizenzen erleidet, erscheint ihm hier zumutbar. Schließlich dient das Sicherungsrecht gerade dazu, auf Kosten des Sicherungsgebers dem Berechtigten eine Vermögensposition einzuräumen, die dieser sodann verwerten darf. Soweit aber der Sicherungsnehmer sich aus der Veräußerung der Lizenz befriedigen kann, ist man geneigt, die Vergabe von Unterlizenzen als den für den Sicherungsgeber gewichtigeren Eingriff nicht zuzulassen[102]. Es würde in diesen Fällen eine unnötige Belastung des Sicherungsgebers darstellten. Verspricht dagegen die Verwertung mittels Unterlizenzen eine größere und bei weitem schnellere Chance, die Befriedigung zu erreichen, wird man wegen des Zwecks des Geschäfts dem Sicherungsnehmer die Vergabeberechtigung nicht vorenthalten dürfen. Vorausgesetzt die Parteien haben nichts gegenteiliges vereinbart.

bb) Die ausschließliche Lizenz

Im Gegensatz zur einfachen Lizenz geht die überwiegende Meinung bei ausschließlichen Lizenzen davon aus, daß sie auch die Berechtigung zur Vergabe von Unterlizenzen enthalten[103]. Dies liegt in der Tat nahe, da hier der Lizenznehmer sämtliche Nutzungs- und Gebrauchsrechte am

99 Dies wäre nur möglich, wenn die Position des Lizenznehmers gleichzeitig als Vertretungsmacht zu qualifizieren wäre, vermöge welcher er den Vollrechtsinhaber verpflichten dürfte. Dies kann ohne zusätzlichen besonderen Hinweis aber nicht in die schuldrechtliche Lizenz hineingelesen werden. Unbenommen bleibt es dem Lizenznehmer natürlich, eine lediglich zwischen ihm und dem Unterlizenzberechtigten wirkende Vereinbarung zu treffen, so zwar richtig Fezer MarkenR § 30 RN 22. Sie hilft letzterem aber nicht weiter, sieht er sich doch den Ansprüchen des Markeninhabers gegenüber. Er kann sich gerade nicht auf die Position des ersten Lizenznehmers berufen.

100 vgl. BGHZ 62, 272 (276 f)-Anlagengeschäft mwN; Ingerl/Rohnke § 30 RN 11; Althammer-Klaka (6.A) § 30 RN 5

101 vgl. dazu auch oben a.aa.(1). und Kap.3 B.I.1.a.bb.

102 Denn die Vergabe mehrerer Unterlizenzen kann neben dem höheren Ausfall an Lizenzeinnahmen beim Markeninhaber auch zu größeren Beeinträchtigungen des Markenimages führen. Hierauf wird noch einzugehen sein, vgl. dazu sogleich dd.

103 Althammer-Klaka (6.A) § 30 RN 5; Ingerl/Rohnke § 30 RN 11; Henn (4.A) RN 168 mwN; Gaul/Bartenbach (1993) K 70; weitere Nachweise zu Rspr. und Literatur bei Stumpf/Groß, LizenzV (7.A) RN 371 FN 28 f.

Lizenzgegenstand erhält. Beim Inhaber des Vollrechts verbleibt lediglich eine entkleidete Position[104]. Steht dem Lizenznehmer die Nutzung ausschließlich zu, so ist zu vermuten, daß er auch die Entscheidungshoheit über die Art der Nutzung hat und daher die Überlassung der Ausübung an Dritte möglich sein soll. Hiergegen wendet sich ein Teil der Literatur. Er sieht in der ausschließlichen Lizenz ein besonderes Vertrauensverhältnis begründet, welches einer Vergabe von Unterlizenzen entgegensteht. Denn es sei dem ursprünglichen Lizenzgeber nicht gleichgültig, wer den Lizenzgegenstand herstellt und vertreibt, selbst wenn ihm seine markenrechtlichen Ansprüche gegen den ursprünglichen Lizenznehmer verbleiben[105]. Er bedürfe daher bei der Bestellung von Unterlizenzen der Zustimmung durch den Schutzrechtsinhaber[106]. Dem ist aber entgegenzuhalten, daß auf diese Weise die Ausnahme zur Regel gemacht wird. Indem der Lizenznehmer sämtliche Nutzungsmöglichkeiten erhält, ist hiervon grundsätzlich auch die Unterlizenzierung erfaßt. Ein besonderes Vertrauen und Interesse des Lizenzgebers an der Auswahl von Unterlizenzberechtigten ist zwar nicht auszuschließen. Als Einschränkung der umfassend eingeräumten dinglichen Befugnis will der schlichte Verweis auf ein allgemeines, typischerweise sehr vages Vertrauensverhältnis nicht überzeugen.

Wurde die ausschließliche Lizenz als Sicherungsrecht gewährt, wurde der Vertrag bewußt mit dem Ziel geschlossen, dem Sicherungsnehmer die Chance zur Befriedigung seiner gesicherten Forderungen durch Verwertung der Rechtsposition zu eröffnen. Daher ist parallel zur herrschenden Meinung anzunehmen, daß hiervon auch die Vergabe von Unterlizenzen umfaßt sein soll. Lediglich in besonders gelagerten Fällen mag es Ausnahmen geben. Hierfür müssen aber besondere Gründe auf Seiten des Sicherungsgebers vorliegen[107].

cc) Die alleinige Lizenz

Die alleinige Lizenz ist nach ihren Befugnissen zwischen der einfachen und der ausschließlichen anzusiedeln. Wird sie eingeräumt, so bleibt der Inhaber des Schutzrechts zwar neben dem Lizenznehmer zum Gebrauch des Rechts befugt. Es ist ihm aber untersagt, weitere Nutzungsrechte zu vergeben[108]. Insbesondere wegen des lediglich durch den Eigengebrauch des Inhabers von der ausschließlichen Lizenz abweichenden Inhalts wird die alleinige Lizenz vielfach als deren Sonderfall gesehen[109]. Bei der Berechtigung zur Vergabe von Unterlizenzen werden daher dieselbem Ansichten vertreten wie bei der ausschließlichen Lizenz[110]. Dies erscheint sachgerecht, weil regelmäßig davon auszugehen ist, daß der Schutzrechtsinhaber bei Vereinbarung

104 vgl. dazu Stumpf/Groß, LizenzV (7.A) RN 36

105 Stumpf/Groß, LizenzV (7.A) RN 371 f mwN

106 Stumpf/Groß, LizenzV (7.A) RN 373, unterstützend verweist er auf die Regelungen im Pachtrecht, §§ 581 II, 596, 549 BGB.

107 Inwieweit bei der Verwertung die Interessen des Sicherungsgebers zu berücksichtigen sind und er zur Mitsprache berufen ist, wird im Rahmen des Umfangs der Berechtigung wieder aufzugreifen sein, dazu sogleich dd.

108 Vgl. zum Inhalt alleiniger Lizenzen Althammer.Klaka § 30 RN 5; Ingerl/Rohnke § 30 RN 10; Stumpf/Groß, LizenzV (7.A) RN 38; Gaul/Bartenbach (1993) RN K-77; Pagenberg/Geissler (1991) Kap.1 RN 3, 75 mwN, bei denen allerdings Vorsicht geboten ist, da sie den Begriff Alleinbenutzungsklausel im Zusammenhang mit ausschließlichen Lizenzen verwenden.

109 so etwa Stumpf/Groß LizwnzV (7.A) RN 38, 358 mwN; Henn (4.A) RN 145.

110 Stumpf/Groß LizwnzV (7.A) RN 358

einer alleinigen Lizenz sich nur den Vorteil des eigenen Gebrauchs sichern möchte, er im übrigen aber die Nutzung dem Lizenznehmer überläßt[111].
Auf eine sicherungshalber gewährte alleinige Lizenz können daher die Ausführungen zur ausschließlichen Lizenz ohne Einschränkung übertragen werden. Danach ist dem Lizenznehmer gestattet, Unterlizenzen zu vergeben. Lediglich in sehr speziell gelagerten Fällen wird man zu einem anderen Ergebnis kommen können[112].

dd) Grenzen der Berechtigung zur Vergabe von Unterlizenzen

Trotz der grundsätzlichen Berechtigung zur Vergabe von Unterlizenzen ist der Sicherungsnehmer hierbei nicht gänzlich frei. Insbesondere kommen inhaltliche Grenzen insoweit in Betracht, als einerseits die sicherungshalber bestellte Lizenz selbst Schranken unterworfen ist, andererseits die den fiduziarischen Rechtsgeschäften immanente Treue- und Rücksichtnahmepflicht zu beachten ist.

Selbstverständlich ist der Gläubiger bei der Verwertung der Lizenz an die ihm auferlegten Rahmenvorgaben gebunden. Er kann nur solche Unterlizenzen vergeben, die inhaltlich von der ihm eingeräumten Position gedeckt werden[113]. Anderenfalls hat der Markeninhaber gem. § 30 II MarkenG die Möglichkeit, gegen den Unterlizenznehmer vorzugehen.

Zudem müssen wie bei der Veräußerung der Sicherungslizenz[114] die sich aus dem fiduziarischen Charakter des Sicherungsgeschäfts ergebenden Verpflichtungen beachtet werden. So hat der Sicherungsnehmer mehr noch als bei der Veräußerung der Lizenz das Interesse des Sicherungsgebers an der Auswahl derer zu beachten, die künftig unter der Marke Produkte vertreiben dürfen. Schließlich ist das gesamte Auftreten am Markt bedeutsam für die Erscheinung und Wirkung des Zeichens, auch und gerade über die Laufzeit der Lizenzen hinaus. Trotzdem wird man keinen Zustimmungsvorbehalt des Sicherungsgebers annehmen können. Er widerspräche dem Ziel, welches mit dem Sicherungsgeschäft verfolgt wird. Der Sicherungszweck des Geschäfts würde nicht unwesentlich gefährdet, wenn der Sicherungsgeber die Verwertung auf diese Weise verhindern könnte. Daher wird auch hier der Sicherungsnehmer die am Erwerb einer Unterlizenz interessierten Dritten dem Sicherungsgeber bekannt zu machen haben und ihm die Möglichkeit geben müssen, Bedenken anzumelden. Kommt diesen ein hinreichendes Gewicht zu und ist es dem Sicherungsnehmer zumutbar, auf sie einzugehen, hat die Vergabe der Unterlizenz zu unterbleiben[115]. vergibt der Sicherungsnehmer trotzdem die Unterlizenz, ist sie zwar wirksam. Es

111 Auch hier mag der Wille des Lizenzgebers gegen den Gebrauch durch Dritte sprechen. Wie bei der ausschließlichen Lizenz ist darin aber eine Ausnahme zu erblicken, die im Einzelfall nachzuweisen ist und in den Vertrag Eingang gefunden haben muß.

112 Vgl. dazu sogleich unter dd.

113 Ingerl/Rohnke § 30 RN 11

114 dazu oben a.aa.(3). Die dortigen Gedanken finden hier ihre beinahe exakte Entsprechung.

115 Die Konstruktion ähnelt damit der gesetzlichen Lage bei der Pacht, § 581 I i.V.m. § 553 I BGB. Dies darf aber nicht dazu verleiten, hierin eine analoge Anwendung der Normen auf die Lizenz zu sehen. Die Lizenz bleibt ein Vertrag sui generis und unterscheidet sich von der Pacht nicht zuletzt durch die dingliche Wirkung erheblich. Auch beruhen die §§ 581 I, 553 I BGB auf einem besonderen Vertrauensverhältnis Verpächter-Pächter, das nicht ohne weiteres auf Dritte übertragen werden darf. Bei der Sicherungslizenz entstammt die

käme aber einer Verletzung des Sicherungsvertrags gleich, mit der Folge eventueller Schadenersatzansprüche.

c) *Gestaltung der Verträge*

Aufgrund der vorgenannten Umstände, aber auch wegen weiterer Aspekte, sind bei der Gestaltung der Verträge mehrere Punkte zu beachten. Einerseits betreffen sie das Sicherungsgeschäft selbst, insbesondere die Bestellung der Lizenz, andererseits interessieren Vorgaben für die Gestaltung der Unterlizenzverträge.

aa) Gestaltung des Sicherungsgeschäfts

Die Sicherungslizenz erlaubt dem Sicherungsnehmer prinzipiell sowohl die Veräußerung der Lizenz als auch die Vergabe von Unterlizenzen. Lediglich bei besonderen Aspekten ist im Einzelfall aufgrund der Treuepflicht des Sicherungsnehmers ein anderes Ergebnis möglich. Da dies aber teilweise dem herkömmlichen Verständnis bei Lizenzen widerspricht, empfiehlt sich zur Klarstellung die Aufnahme entsprechender Regelungen in den Lizenzvertrag. Auf diese Weise lassen sich unnötige Unsicherheiten vermeiden. Der Sicherungsnehmer sollte darin ausdrücklich zur Veräußerung der Lizenz und zur Vergabe von Unterlizenzen ermächtigt werden. Ebenso sollten die sich aus der Treuhand ergebenden Pflichten zur Rücksichtnahme im Vertrag konkretisiert und das Verfahren bei Uneinigkeit über die Bedeutsamkeit der Bedenken des Sicherungsgebers geregelt werden. Dies erleichtert eventuell erforderliche Streitentscheidungen und man erhält auch in dieser Hinsicht bestmögliche Klarheit.

Bei der Wahl der Verwertungsalternative, ob die Lizenz nun veräußert wird oder Unterlizenzen vergeben werden, wird entscheidendes Gewicht der Art der Lizenz und ihrer Verwertbarkeit am Markt zukommen. Grundsätzlich ist jedoch zu erwarten, daß die Vergabe von Unterlizenzen ergiebiger sein wird, weil durch die Mehrzahl der Verträge die Befriedigung schneller erreicht werden dürfte. Aber aufgrund der Besonderheiten und Enge des Marktes ist es dem Sicherungsnehmer ohnehin zu empfehlen, die Verwertung einer spezialisierten Gesellschaft zu übertragen, welcher auch sinnvollerweise die Entscheidung über die Verwertungsart zu überlassen ist[116].

Weiterhin trifft den Sicherungsnehmer der Nachteil, daß durch die Verwertung einer sicherungshalber gewährten Lizenz der Sicherungszweck nicht sofort erreicht wird. Die ganz überwiegend auf wiederkehrende Leistungen gerichteten Gebührenansprüche führen erst im Laufe der Zeit zur Befriedigung der gesicherten Forderungen. Dies bedeutet aber nichts anderes als eine neuerliche Stundung der kreditierten Forderungen. Als Ausgleich dieser Belastung des Sicherungsnehmers, die dem Sicherungsgeber auch dadurch zum Vorteil gereicht, daß er sein Markenrecht im Gegensatz zur Sicherungsübertragung und Verpfändung auf Dauer behalten kann, scheint es

---

Konsequenz aber der fiduziarischen Treuepflicht, nach welcher der Sicherungsnehmer dieInteressen des Sicherungsgebers zu berücksichtigen hat.

116 Zu den Gründen, die einen Spezialisten und eventuell einen Sequestor erforderlich machen vgl. die auch hier geltenden Überlegungen zur Verwertung eines Pfandrechts mittels Gebrauchsrechten, oben. II.2.b.bb.(3). Eine Liste an Verwertungsgesellschaften findet sich bei Repenn, HdB Markenverwertung (1998) S.227.

angebracht, den Sicherungsfall früher als üblich anzusetzen. Gemeinhin tritt er durch die außerordentliche Kündigung des Kredits wegen Schuldnerverzugs ein, wobei ein Kündigungsrecht in Anlehnung an § 543 I 1, II Nr.3 a. BGB mit Rückstand von 2 Monatsraten oder 10% der geschuldeten Summe angenommen wird[117]. Insofern könnte man bereits den Zahlungsrückstand einer Rate genügen zu lassen, verbunden mit einer Mahnung und Fristsetzung zur Abhilfe. Diese Regelung ist allerdings nicht Teil des Sicherungsgeschäfts, sondern betrifft den Kreditvertrag, den sie entsprechend abändert. Sie kann aber durchaus in das Sicherungsgeschäft aufgenommen werden.

bb) Die Gestaltung der Unterlizenzverträge

Die Verträge der Unterlizenzen richten sich grundsätzlich nach den allgemeinen Regeln für Markenlizenzen, vor allem nach § 30 MarkenG. Sie sind formfrei möglich, können ihrerseits schuldrechtlich oder dinglich, einfach, alleinig oder ausschließlich vereinbart und im Sinne des § 30 II MarkenG ausgestaltet werden. Dabei kann gerade auch die Vergabe von Lizenzen für Produkte oder Produktgruppen sinnvoll erscheinen, in denen der Sicherungsgeber seither noch nicht aktiv war. Jedoch macht dieser sogenannte Markentransfer nur Sinn, wenn das Zeichen bereits eine hinreichende Verbreitung und Wertschätzung im Verkehr genießt, so daß der Lizenznehmer in erheblichem Umfang Kosten für den eigenen Markteintritt einsparen kann[118]. Die Überwachung, ob die Verträge eingehalten werden, sowie die Berechtigung, Ansprüche wegen Verletzungen geltend zu machen, sollte dem Sicherungsgeber übertragen werden. Er besitzt einerseits im Gegensatz zum Sicherungsnehmer das erforderliche Know-how und wird andererseits ein beträchtliches Interesse an der Verfolgung dieser Rechte haben.

d) Zusammenfassung

Es ist festzuhalten, daß Sicherungslizenzen regelmäßig sowohl die Verwertung mittels Veräußerung wie auch die Vergabe von Unterlizenzen ermöglichen. Dies ist insofern bemerkenswert, als nach überwiegender Ansicht bei manchen Lizenzen weder die Übertragung noch das Einräumen von abgeleiteten Gebrauchsrechten möglich sein soll. Doch die dafür ausschlaggebenden Argumente können nur bedingt auf die Rechts- und Interessenlage bei Sicherungsgeschäften angewandt werden. Der besondere Zweck, der mit der Bestellung der Lizenz verfolgt wird, rechtfertigt eine andere Beurteilung. Dies läßt sich auch mit den Grundsätzen des Lizenzrechts vereinbaren, weil der Inhalt einer Lizenz trotz der regelmäßig dinglichen Wirkung keinem numerus clausus unterliegt, sondern von den Parteien frei vereinbart werden kann. Jedoch ist aufgrund der besonderen Interessenlage bei einfachen Lizenzen die Vergabe von Unterlizenzen nur ausnahmsweise zulässig.

---

117 BGH WM 1988, 195 (196) mwN; Canaris, BankVR (2.A) RN 1337; Soergel-Häuser § 609 RN 43 mwN

118 Rohnke NJW 1993, 561 (563).; zur praktischen Bedeutung des Markentrasfers vgl. Engeser in WirtWo v.21.10.2004, S.74 ff; vgl. a.Hätty, (1989); Mayerhofer (1995). Im übrigen kann auf die zahlreichen Ausführungen zur Gestaltung von Lizenzverträgen verwiesen werden, vgl. nur Pfaff Lizenzverträge RN 934 ff, 980 ff; Bühler (1996); Groß (1995); Engels (1999); Emmert (2001); Stumpf/Groß, LizenzV (7.A); Schulte-Beckhausen (2002).

Trotzdem sich diese Verwertungsoptionen durch Auslegung ermitteln lassen, empfiehlt sich zur Klarstellung und um Unsicherheiten vorzubeugen, daß in den Lizenzvertrag Klauseln mit der ausdrücklichen Ermächtigung zur Veräußerung und Vergabe von Unterlizenzen aufgenommen werden.

Indes folgt unabhängig von der Ausgestaltung des Lizenzvertrages aus dem fiduziarischen Charakter als Sicherungsgeschäft, daß der Sicherungsnehmer in zumutbarem Umfang zur Rücksichtnahme auf die Interessen des Sicherungsgebers verpflichtet ist. Dies führt bei der Verwertung von Lizenzen dazu, daß der Sicherungsnehmer, vor Übertragung seiner Position oder Vergabe einer Unterlizenz den Erwerber dem Sicherungsgeber anzuzeigen hat und ihm die Möglichkeit geben muß, Bedenken vorzubringen. Sind die Bedenken berechtigt und ist es dem Sicherungsnehmer zuzumuten, auf eine entsprechende Verwertung zu verzichten, hat er die konkrete Verwertungshandlung zu unterlassen. Setzt er sich darüber hinweg, führt dies allerdings nicht zur Unwirksamkeit der Verwertungshandlung. Als Folge ergeben sich allenfalls Schadensersatzansprüche wegen Vertragsverletzung.
Auch hier ist anzuraten, die Pflicht des Sicherungsnehmers zur Rücksichtnahme im Sicherungsgeschäft zu regeln und zu konkretisieren. Auf diese Weise wird das schwer greifbare Kriterium, wann berechtigte Interessen des Sicherungsgebers vom Sicherungsnehmer zu beachten sind, einfacher feststellbar, was wiederum zu einer gütlichen und schnelleren Verwertung beiträgt.

Als Gegenleistung werden lediglich wiederkehrende Gebührenansprüche zu erlösen sein. Denn die Grenze, ab der sich ein Dritter auf eine Einmalzahlung einlassen würde, wird regelmäßig den Sicherungsgeber übermäßig benachteiligen. Würde sie trotzdem vereinbart, verstieße dies gegen das Gebot der Rücksichtnahme. Daher ist die Verwertung für den Sicherungsnehmer immer mit einer neuerlichen Stundung der keditierten Forderungen verbunden. Es erscheint angebracht, diesen nicht unwesentlichen Nachteil, bei gleichzeitigen Vorteilen für den Sicherungsgeber, auszugleichen. Am gerechtesten erscheint insoweit, den Kreditvertrag abzuändern und als Kündigungsgrund und Auslöser des Sicherungsfalls anstatt der üblichen Säumnis zweier Rückzahlungsraten bereits den Verzug mit einer Rate ausreichen zu lassen, abhängig von einer Mahnung und Fristsetzung zur Abhilfe.

Abschließend ist auch hier anzuraten, daß wegen der Enge und Besonderheiten des Marktes die Verwertung einer spezialisierten Verwertungsgesellschaft übertragen werden sollte.

2. *Sicherheit durch Nießbrauch*

Daß sich auch der Nießbrauch als hinreichend verwertbares Recht ausgestalten läßt und er sich daher als Sicherheit eignet, wurde bereits festgestellt[119]. Wie eine Verwertung allerdings konkret stattfinden kann, steht noch offen.

a) *Verwertungsalternativen*

Als Verwertungsmöglichkeit kommt beim Nießbrauch allein die Verwertung mittels Gebrauchsüberlassungen an Dritte in Betracht. Denn die Veräußerung ist per Gesetz ausgeschlossen, §

119 dazu oben Kap.3 B.II.

1059 S.1 BGB. Es handelt sich hierbei um eine zwingende Norm, die von den Parteien nicht abbedungen werden kann[120].

Dem Nießbraucher stehen grundsätzlich sämtliche Nutzungen zu, §§ 1068 II, 1030 I BGB. Insofern umfaßt sein Recht unter anderem die Rechtsfrüchte in Form der Erträge aus Gebrauchsüberlassungen, §§ 100, 99 III BGB[121]. Folglich können sich für den Sicherungsnehmer zwei Einnahmequellen ergeben: zum einen bereits vor dem Sicherungsfall vom Sicherungsgeber abgeschlossene Nutzungsverträge, zum anderen von ihm selbst noch zu vereinbarende Verträge, § 1059 S.2 BGB. Neben diesen beiden Möglichkeiten stellt sich die Frage, wer zur Vergabe dinglicher Rechte, insbesondere dinglicher Lizenzen, berechtigt sein soll. Denn nach ganz überwiegender Ansicht sollen die Ausübungsverträge gem. § 1059 S.2 BGB lediglich schuldrechtlicher Natur sein. Am Gebrauch interessierte Dritte werden aber überwiegend an dinglichen Rechtspositionen interessiert sein, zumal Nutzungsrechte im Markenrecht überwiegend dergestalt vereinbart werden[122].

aa) Bereits vor dem Sicherungsfall bestehende Nutzungsverträge mit Dritten

Hat der Sicherungsgeber und Markeninhaber vor Eintritt des Sicherungsfalls bereits Verträge geschlossen, in denen Dritten der Gebrauch des Zeichens gestattet wurde, so stehen die sich aus dem Verhältnis ergebenden künftigen Ansprüche dem Nießbraucher zu[123]. Dies folgt aus dem grundsätzlich allumfassenden Nutzungsrecht des Nießbrauchers, §§ 1068 II, 1030 I BGB[124]. Es werden aber nur die Ansprüche umfaßt, die ein Entgelt für einen Gebrauch darstellen, der nach der Wirksamkeit des Nießbrauchs stattfindet[125]. Das heißt einem Sicherungsnehmer stehen nur die Leistungen für die nach dem Sicherungsfall gezogenen Nutzungen zu. Insoweit werden aber sämtliche vom Markeninhaber bereits abgeschlossenen Lizenzverträge erfaßt, unabhängig davon, wann sie geschlossen wurden. Die Ansprüche auf Zahlung der jeweiligen Lizenzgebühr entstehen in diesen Fällen direkt in der Person des Nießbrauchers[126].

Bereits hierdurch kann der Nießbrauch eine lukrative Einnahmequelle darstellen. Gleich der Sicherungslizenz vermag er aber dem Sicherungsnehmer selten die sofortige Befriedigung der gesicherten Forderungen bescheren. Vielmehr schafft er lediglich eine greifbare Aussicht, daß der Sicherungszweck erreicht wird, als anhand der früheren Gebührenzahlungen ein konkreter Anhaltspunkt für zu erwartende Zahlungen vorhanden ist[127].

---

120 vgl. dazu statt aller Staud-Frank § 1059 RN 2; MüKo-Petzold § 1059 RN 2.

121 dazu oben Kap.3 B.II.1.a.aa. Vgl. RGZ 124, 325 (329); Soergel-Stürner (13.A) § 1030 RN 9 mwN; MüKo-Petzoldt § 1030 RN 25 mwN.

122 vgl. Ingerl/Rohnke § 30 RN 10

123 vgl. nur Soergel-Stürner (13.A) § 1030 RN 9; MüKo-Petzoldt § 1030 RN 23

124 vgl. RGZ 124, 325 (329); Soergel-Stürner (13.A) § 1030 RN 14 mwN; MüKo-Petzoldt § 1030 RN 25 mwN

125 MüKo-Petzold § 1030 RN 28

126 RGZ 68, 10, (12 f); Soergel-Stürner (13.A) § 1059 RN 9; MüKo-Petzold § 1030 RN 23

127 Man wird sich auf ihn aber nicht gänzlich verlassen können, da gerade bei wirtschaftlichen Schwierigkeiten des Markeninhabers die ernste Gefahr besteht, daß die Marke im Verkehr an Ansehen verliert und darunter auch der Umsatz von Lizenznehmern leidet, an welchem sich regelmäßig die Höhe der Lizenzgebühr ausrichtet.

bb) Abschluß von Verträgen zur Ausübungsüberlassung, § 1059 S.2 BGB

Neben dem Anspruch auf die Vergütung aus bereits vom Markeninhaber geschlossenen Verträgen kommt dem Nießbrauchsberechtigten auch die Möglichkeit zu, die Ausübung der Nutzung Dritten zu überlassen, § 1059 S.2 BGB. Nach ganz herrschender Meinung kann dies aber lediglich schuldrechtlich geschehen[128]. Für den Dritten ist dies gegenüber dem Markeninhaber nicht mit Nachteilen verbunden. Denn eventuellen Bestrebungen, die Verwendung des Zeichens über Ansprüche aus der Marke zu verbieten, kann er sein abgeleitetes Recht entgegenhalten[129]. Daß es vom Bestand des Nießbrauchs abhängig ist, stellt im Vergleich zur Unterlizenz keinen Unterschied dar. Auch sie ist als abgeleitetes Recht auf den Bestand der vermittelnden Position angewiesen. Lediglich gegenüber anderen Personen als dem Markeninhaber und dem Nießbrauchsberechtigten vermag sich die schwächere Position auszuwirken. Ihnen gegenüber ist der Dritte nicht in der Lage, sich auf sein Recht zu berufen. Bedeutsam wird dies insbesondere bei Handlungen, welche das Recht des Dritten beeinträchtigen. Jedoch kann der Ausübungsberechtigte zur Ausübung der markenrechtlichen Ansprüche des Nießbrauchers ermächtigt werden[130].

Inhaltlich sind den Ausübungsverträgen kaum Grenzen gesetzt. Dies folgt aus dem Wesen des Nießbrauchs, welcher nicht wie die Lizenz auf bestimmte Bereiche eingeschränkt werden kann. Lediglich der Ausschluß einzelner Nutzungen ist zulässig, § 1030 II BGB, allerdings nur soweit darunter nicht der Charakter des Nießbrauchs als umfassendes Nutzungsrecht leidet[131]. Unabhängig davon muß aber auch hier die aus der Sicherungstreuhand erwachsende Pflicht des Sicherungsnehmers, die Interessen des Sicherungsgebers zu berücksichtigen, Beachtung finden[132]. Im Ergebnis sind demnach entsprechend zur Sicherungslizenz vor Vergabe der Ausübungsrechte die Erwerber dem Sicherungsgeber bekannt zu geben und bei Zumutbarkeit dessen Bedenken zu berücksichtigen.

cc) Vergabe dinglicher Lizenzen

Nachdem der Inhaber des Vollrechts die gesamte Nutzungsberechtigung auf den Nießbraucher übertragen hat, dieser aber nur schuldrechtlich Dritten den Gebrauch einräumen darf, bleibt die

---

128 Vgl. MüKo-Petzold § 1059 RN 4; Staud-Frank § 1059 RN 18 mwN; Soergel-Stürner (13.A) § 1059 RN 9; Westermann, SachR (7.A) § 140 3. (S.964), iVm § 139 4. (S.962), §121 V.2. (S.845); **a.A.** Enneccerus/Wolff/Raiser § 118 I (S.475 ff).

129 Bei den Ansprüchen aus der Marke ist dies im Rahmen des Merkmals „ohne Zustimmung des Inhabers" zu berücksichtigen, vgl. § 14 II, IV MarkenG.

130 BGH GRUR 1995, 54 (57)-Nicoline; Ingerl/Rohnke § 30 RN 40.Auch ein Unterlizenznehmer ist trotz seiner dinglichen Position auf die Mitwirkung des Markeninhabers angewiesen, § 30 III MarkenG, vgl. Fezer MarkenR § 30 RN 31. Die erforderliche Zustimmung kann aber bereits mit dem Lizenzvertrag ausgesprochen werden, ihm gar konkludent zu entnehmen sein. Sie wird aber wegen § 30 III MarkenG selbst bei einer ausschließlichen Lizenz nicht per se vermutet, im Gegensatz zum Patent- oder Urheberrecht, so ausdrücklich der Gesetzgeber BT-Drucks. 12/6581 S.86; vgl.a. OLG Münch Mitt.1997, 123 (125) Fan-Artikel; Ingerl/Rohnke § 30 RN 40, Fezer MarkenR § 30 RN 31; Althammer-Klaka § 30 RN 21, zum Urheberrecht BGH GRUR 1992, 310 (311).

131 Vgl. MüKo-Petzold § 1030 RN 30 mwN; Soergel-Stürner (13.A) § 1030 RN 10 mwN. Zur wohl im Vordringen befindlichen Ansicht, dass auch lediglich einzelne Nutzungsarten Gegenstand eines Nießbrauchs sein können vgl.o. Kap.3 B.II.2..

132 vgl.o. 1.a.aa.(3). und 1.b.dd.

Frage, wie dingliche Rechte, insbesondere Lizenzen, vergeben werden können. Dieses Problem gewinnt beim Sicherungsnießbrauch an Marken besonders Gewicht, weil nutzungswillige Dritte sich kaum mit einem Ausübungsrecht zufrieden geben, sondern auf eine dingliche Lizenz bestehen werden[133].

Von der herrschenden Meinung[134] - zumindest für Sachen abgelehnt - wird die Erweiterung des Nießbrauchs um eine Verfügungsmacht, auch wenn sie auf einzelne Verfügungsgeschäfte beschränkt würde, sog. Dispositionsnießbrauch. Zur Begründung wird auf den numerus clausus der dinglichen Rechte verwiesen. Von Gesetzes wegen seien die Verfügungsmöglichkeiten beim Nießbrauch auf bestimmte Fälle beschränkt worden. Dies dürfe man nicht auf diese Weise umgehen. Zulässig soll jedoch nach allgemeiner Meinung[135] sein, daß der Eigentümer bzw. Inhaber den Nießbraucher in einem gesonderten Geschäft gem. § 185 I BGB zur Verfügung ermächtigen kann, er folglich in eigenem Namen Dritten dingliche Rechte einräumen darf. Dies soll auch unwiderruflich möglich sein. Jedoch kann nicht gleichzeitig die Verfügungsbefugnis des Eigentümers bzw. Inhabers ausgeschlossen werden, § 137 BGB. Dies ist aber unschädlich, da Verfügungen, welche den Nießbraucher beeinträchtigen würden, ihm gegenüber unwirksam sind, arg. ex § 1071 I 1 BGB.

Es bietet sich daher beim sicherungshalber gewährten Nießbrauch an Marken an, daß sich der Sicherungsnehmer bei Bestellung des Nießbrauchs eine unwiderrufliche Ermächtigung einräumen läßt, auch dingliche Lizenzen vergeben zu dürfen. Auch sie wird durch die aus dem Treuhandverhältnis erwachsende Pflicht zur zumutbaren Berücksichtigung der Interessen des Sicherungsgebers begrenzt. Wurde keine Ermächtigung von den Parteien vereinbart, wird man sie aufgrund der Natur des Nießbrauchs nicht als konkludent im Sicherungsvertrag enthalten annehmen können. In diesen Fällen wird den Parteien keine andere Möglichkeit bleiben, als jeweils die Zustimmung der anderen Seite einzuholen, will eine der Parteien eine dingliche Lizenz vergeben.

b) Gestaltung der Verträge

Da auch der Nießbrauch nur zu einer Befriedigung über wiederkehrende Ansprüche führt, bedeutet dies für den Sicherungsnehmer wie bei der Lizenz einen Nachteil, der durch die Vorverlagerung des Sicherungsfalls ausgeglichen werden sollte[136].

Die Gestaltung der Verträge zur Überlassung der Ausübung des Nießbrauchs bereitet keine nennenswerten Schwierigkeiten. Schließlich handelt es sich bei ihnen um schlichte schuldrecht-

---

133 Ob dies sachgerecht ist, erscheint wegen der dargelegten geringen Unterschiede zur Unterlizenz fraglich. Trotzdem ist zu vermuten, daß Dritte auf Lizenzen zurückgreifen wollen, sei es der Einfachheit halber, sei es um sich auf gewohntem Terrain zu bewegen.

134 Vgl. nur MüKo-Petzold Vor § 1030 RN 4 mwN; Soergel-Stürner (13.A) § 1030 RN 19 mwN; Staud-Frank vor § 1030 RN 20; Pal-Bassenge § 1030 RN 8; Westermann, SachR (7.A) § 121 III.3. (S.840); **a.A.** Schön (1992) S.292 ff; Friedrich NJW 1996, 32 (32 f); eingeschränkt auf Nießbrauch durch Verfügungen von Todes wegen auch RGRK-Rothe Vor § 1030 RN 4.

135 Westermann, SachR (7.A) § 121 III.3. (S.840); MüKo-Petzold Vor § 1030 RN 4 mwN; Soergel-Stürner (13.A) § 1030 RN 19 mwN; Staud-Frank vor § 1030 RN 21; Pal-Bassenge § 1030 RN 8

136 vgl. dazu oben die Ausführungen bei Sicherungslizenzen 1.c.aa.

liche Vereinbarungen, die den allgemeinen Grundsätzen des Vertragsrechts folgen und insbesondere formlos möglich sind. Inhaltlich können sie nicht zuletzt aufgrund der Privatautonomie frei gestaltet werden. Gegenüber dem Markeninhaber entfalten sie als abgeleitetes Recht jedoch nur Wirkungen, wenn sie sich im Rahmen des eingeräumten Nießbrauchs bewegen. Allerdings wirken sich Einschränkungen des Sicherungsnehmers aus dem Sicherungsvertrag, etwa aus dem fiduziarischen Charakter des Geschäfts, nicht auf den Nießbrauch aus und beschränken den Sicherungsnehmer nicht bei seiner Vergabe von abgeleiteten Berechtigungen[137].

Die Gestaltung der Lizenzverträge zur Verwertung des Nießbrauchs richtet sich nach denselben Vorgaben wie sie bei den Sicherungslizenzen gelten[138]. Es sei hier nur nochmals betont, daß es zur Vergabe dinglicher Lizenzen durch den Nießbraucher einer besonderen Ermächtigung nach § 185 I BGB bedarf, die gleich bei Bestellung des Nießbrauchs unwiderruflich eingeräumt werden sollte.

IV. Zusammenfassung der Vor- und Nachteile der einzelnen Sicherungsrechte bei ihrer Verwertung

Die Verwertungsmöglichkeiten bei den einzelnen Sicherungsrechten lassen erhebliche Unterschiede erkennen. Es erscheint daher lohnenswert, die Vor- und Nachteile der einzelnen Sicherungsrechte in der Verwertung vergleichend gegenüberzustellen. Bereits jetzt kann aber allgemein zu sämtlichen Sicherungsrechten festgestellt werden, daß wegen des derzeit noch zu erwartenden engen Marktes für Marken und die aus ihnen abgeleiteten Rechte die Übertragung der Verwertung auf Gesellschaften zu empfehlen ist, die sich hierauf spezialisiert haben.

1. Die Sicherungsübertragung

Mit der sicherungshalben Abtretung der Marke hat der Sicherungsnehmer zweifelsohne die Position in der Hand, die ihm am umfassendsten erlaubt, die Marke zu verwerten und Befriedigung hinsichtlich seiner gesicherten Forderungen zu erlangen. Ihm steht die ganze Bandbreite der Verwertungsmöglichkeiten offen, sei es die Veräußerung der Marke als Ganzes, die lediglich teilweise Übertragung oder die Verwertung durch die Vergabe von Gebrauchsrechten an Dritte[139]. Diese Alternativen bestehen unabhängig davon, ob der bisherige Sicherungsgeber und Markeninhaber in den jeweiligen Bereichen bereits aktiv war oder ob die Verwertung über einen sogenannten Markentransfer erfolgt, d.h. der Dritte die Marke für Produkte einsetzen darf, die seither nicht vom Sicherungsgeber angeboten wurden. Die Auswahl, für welche Variante sich der Sicherungsnehmer entscheidet, obliegt allein seinem Ermessen. Ihn trifft lediglich insoweit eine Verpflichtung, als er in zumutbarem Umfang auf die Belange des Sicherungsgebers Rücksicht zu nehmen hat. Dies folgt aus dem Treuhandcharakter des Sicherungsgeschäfts. Danach

137 vgl. hierzu die insoweit auch hier anwendbare Argumentation zur Sicherungslizenz, 1.a.aa.(3).

138 Vgl. dazu oben 1.c.bb.

139 Um eine zügige Verwertung zu ermöglichen, sollte sich der Sicherungsnehmer aber zudem eine Eintrgaungsbewilligung des Sicherungsgebers bereits bei Bestellung der Sicherheit aushändigen lassen, wenn vor dem Sicherungsfall der Wechsel in der Inhaberschaft nicht im Markenregister eingetragen werden soll.

hat der Sicherungsnehmer zwar die beste und schonendste Verwertungsalternative zu wählen. Bei der Auswahl hat er jedoch einen Einschätzungsspielraum, der dem Sicherungsgeber regelmäßig nur die Möglichkeit beläßt, Vorschläge zu machen. Lediglich bei einem Nachweis, daß die vorgeschlagene Verwertung ausreichend oder gar besser ist, wird der Sicherungsgeber verpflichtet sein, ihn zu berücksichtigen. Doch selbst dann bindet die Pflicht als Bestandteil des Sicherungsvertrags die Parteien lediglich inter partes und vermag sich nicht auf die Rechtsbeziehungen gegenüber Dritten auszuwirken. Entgegen der Verpflichtung abgeschlossene Vereinbarungen werden nicht in ihrer Wirksamkeit beeinträchtigt.

Hieraus folgt denn auch der Nachteil des Sicherungsmittels. Der Sicherungsgeber hat kaum Einfluß auf die Verwertung, es sei denn er hätte ihn sich bei Abschluß des Sicherungsgeschäfts ausbedungen. Er ist auf Gedeih und Verderb den Entscheidungen des Sicherungsnehmers ausgeliefert. Dies gewinnt an Dramatik, wenn man sich die regelmäßige Bedeutung der Marke für einen Geschäftsbetrieb vergegenwärtigt. Mit ihrem Verlust wird vielfach dem Unternehmen der Kern, die Identität genommen. Wenn der Betrieb nicht bereits vorher insolvent war, so wird dies dem Unternehmen oft den Todesstoß versetzen[140]. Der Sicherungsnehmer wird sich aber selten auf eine weniger belastende Verwertung einlassen, weil sein vordringliches Ziel die alsbaldige Befriedigung seiner Forderungen ist. Selbst wenn es dem Sicherungsnehmer gelingen sollte nachzuweisen, daß über eine andere Verwertungsalternative ein höherer Erlös erzielt worden wäre und er somit Schadensersatzansprüche aufgrund Verletzung des Sicherungsvertrags geltend machen kann[141], wird ihn dies kaum vor dem Untergang des Unternehmens bewahren. Für den Aufbau einer neuen Marke wird abgesehen von dem damit verbundenen Aufwand weitaus mehr Kapital vonnöten sein, als ihm aus dem Anspruch zustehen wird.

Die Sicherungsabtretung wird daher zwar dem Interesse des Sicherungsnehmers bestmöglich gerecht. Sie ist aber für den Sicherungsgeber mit enormen Risiken verbunden.

2. *Die Verpfändung von Marken*

Auch das Pfandrecht bietet dem Sicherungsnehmer eine größtmögliche Auswahl an Verwertungschancen. Der große Unterschied zur Sicherungübertragung besteht darin, daß entweder ein förmliches Zwangsvollstreckungsverfahren erforderlich ist, § 1277 S.1 1.Alt BGB, oder die gewünschte Verwertungsart erst nach Eintritt des Sicherungsfalls vereinbart werden kann. Vor dem Sicherungsfall kann zwar § 1277 S.1 1.Alt BGB abbedungen werden. Es darf zu diesem Zeitpunkt aber nur die öffentliche Versteigerung vereinbart werden, §§ 1277 S.2, 1245 II, 1235 I BGB.

140 Rohnke NJW 1993. 561 (563)

141 Ein Schaden wird sich aber nur schwer nachweisen lassen. Vielleicht gelingt es noch, bessere Aussichten bei einer anderen Verwertungsalternative glaubhaft zu machen. Für einen Schadensersatzanspruch bedürfte es darüber hinaus eines konkret nachgewiesenen Schadens. Mangels vergleichbarer Fälle wird hierfür fast nur ein anderes, beziffertes Angebot ausreichen.

Doch ist das förmliche Verfahren bei weiten nicht so unflexibel, wie mitunter angenommen wird[142]. So reicht einerseits als Titel eine vollstreckbare Urkunde, § 794 Nr.5 ZPO. Andererseits kann über §§ 857 I, 844 ZPO jegliche Verwertungsart auf Antrag einer Partei vom Vollstreckungsgericht beschlossen werden. Die Parteien sind auch nicht an die Verwertung durch den Gerichtsvollzieher gebunden, sondern können die Verwertung durch eine hierauf spezialisierte Gesellschaft beantragen. Voraussetzung ist lediglich, daß die Verwertung über eine Versteigerung durch den Gerichtsvollzieher mit Schwierigkeiten verbunden ist. Dies wird quasi immer der Fall sein, denn es soll bereits ausreichen, daß mit der beantragten Verwertungsart ein höherer Erlös erzielt werden kann[143]. Damit steht beispielsweise sowohl die Verwertung über einen freihändigen Verkauf offen, wie auch die Sequestration.

Für den Sicherungsgeber bietet das Pfandrecht den Vorteil, daß er selbst auf eine bestimmte Verwertungsalternative dringen kann[144]. Der Sicherungsnehmer erleidet dadurch auch keine Einbußen. Schließlich ist das Vollstreckungsgericht gehalten, nur solche Alternativen zu genehmigen, die bessere Verwertungschancen aufweisen. Der Gläubiger steht lediglich insofern schlechter, als er einerseits nicht allein über das Sicherungsgut disponieren darf und er andererseits das förmliche Verfahren zu durchlaufen hat. Bei letzterem ist es den Parteien aber unbenommen, es nach Eintritt des Sicherungsfalls abzubedingen und eigene Vereinbarungen über die Verwertung zu treffen. Diese Nachteile erscheinen im Verhältnis zum Schutz des berechtigten Interesses des Sicherungsgebers an einer bestmöglichen Verwertung durchaus im Rahmen dessen, was einem redlichen Sicherungsnehmer zugemutet werden kann. Zudem bietet es dem Sicherungsnehmer den Vorteil, daß der Sicherungsgeber im nachhinein kaum die Verletzung der fiduziarischen Rücksichtnahmepflicht rügen kann. Er ist hier auf seine eigene Sorgfalt bei der Mitwirkung an der Verwertung zu verweisen.

3. *Sicherungshalber bestellte Gebrauchsrechte*

Die markanten Eigenarten bei der Sicherung mittels Lizenz oder Nießbrauchs liegen zum einen darin, daß der Sicherungsgeber nicht in der Gefahr steht, seine Marke zu verlieren. Zum anderen haben sie in aller Regel zur Folge, daß der Sicherungsnehmer nur über wiederkehrende Gebührenzahlungen befriedigt wird. Dies führt dazu, daß die üblicherweise mit dem Sicherungsfall fällig werdende verbleibende Kreditschuld erneut gestundet werden muß. Soll die Marke sodann über die Vergabe von Gebrauchsrechten verwertet werden, ist zudem darauf zu achten, daß gewisse markenstrategische Gesichtspunkte beachtet werden müssen, um keine Einbußen beim Erlös zu riskieren.

---

142 So etwa Lwowski/Hoes WM 1999, 771 (774), die von einer obligatorischen öffentlichen Versteigerung ausgehen. Ähnlich Rohnke NJW 1993, 561 (563), der ebenfalls die Flexibilität der förmlichen Verwertung als entscheidend geringer einschätzt als die eines freihändigen Verkaufs. Ingerl/Rohnke § 29 RN 7 sprechen immerhin von einer „schwierigeren Verwertung".

143 Zöller-Stöber (22.A) § 844 RN 1 iVm § 825 RN 8

144 A.A: Lwowski/Hoes WM 1999, 771 (774), die davon ausgehen, daß auch für den Sicherungsgeber die freie Verwertung von Vorteil sei. Diese Aussage erklärt sich aber aus der irrtümlich angenommenen obligatorischen öffentlichen Versteigerung im förmlichen Verfahren. Sie übersehen aber die Möglichkeit, die dem Sicherungsgeber mit § 844 ZPO an die Hand gegeben ist.

Zwar bietet insbesondere die Lizenz den Vorteil, daß sie durch die zahlreichen Abstufungsmöglichkeiten in ihrem Wert besser auf die Höhe der gesicherten Forderungen abgestimmt werden kann. Wegen der hinter anderen Sicherheiten zurückbleibenden Position, die sowohl in ihrem Wert unterhalb der Abtretung und Pfändung anzusiedeln ist, als auch einen engeren Markt für die Verwertung vorfinden dürfte, wird aber eine entsprechende Sicherheit nur dort in Frage kommen, wo selbst trotz dieser Umstände ein ausreichender Erlös erwartet werden kann. Dies wird entweder bei einem hohen Wert der Marke der Fall sein, oder wenn bereits sprudelnde Lizenzeinnahmen eine gesteigerte Wahrscheinlichkeit der alsbaldigen Befriedigung der gesicherten Forderungen begründen.

Wegen des beachtlichen Nachteils auf der Seite des Sicherungsnehmers, den er durch die nur verzögerte Befriedigung seiner Forderungen und dem damit neuerlich erforderlichen Kredit erleidet, ist es angebracht, ihm einen Ausgleich zu gewähren, zumal das Sicherungsrecht in besonderem Interesse des Sicherungsgebers liegt. Gerechtfertigt erscheint insoweit, den Sicherungsfall früher eintreten zu lassen und den regelmäßigen Kündigungsgrund der kreditierten Forderungen vorzuverlegen.

4. Zusammenfassung

Insgesamt läßt sich somit sagen, daß die Verpfändung von Marken entgegen der Rolle und Bedeutung des Pfandrechts bei beweglichen Sachen grundsätzlich einen besseren Interessenausgleich bei der Verwertung schafft als die Sicherungsübertragung. Letztere wird trotzdem für manche Fälle die günstigere Alternative bereithalten, insbesondere wenn zu erwarten ist, daß allein die komplette Veräußerung der Marke für eine Befriedigung des Sicherungsnehmers sorgen kann. Gebrauchsrechte kommen hauptsächlich dann in Frage, wenn absehbar ist, daß ihre Verwertung insbesondere durch die Vergabe von abgeleiteten Gebrauchsrechten zur Befriedigung in einem adäquaten Zeitraum ausreichen wird. Diese Einteilung kann jedoch nur als eine grobe Orientierungshilfe dienen. Bei sämtlichen Sicherungsrechten sollte die Verwertung spezialisierten Verwertungsgesellschaften übertragen werden.

B. Die Sicherungsrechte in der Insolvenz des Sicherungsgebers

Neben der allgemeinen Verwertbarkeit des Sicherungsrechts ist für einen Sicherungsnehmer von besonderem Interesse, wie sich die Sicherheit in der Insolvenz des Sicherungsgebers verhält. Denn nicht selten wird der Sicherungsfall zumindest in enger zeitlicher Beziehung zu einem Insolvenzverfahren stehen. Schließlich beruht der Eintritt der Verwertungsreife üblicherweise darauf, daß der Sicherungsgeber die Zahlungen auf die gesicherten Forderungen einstellt. Der Grund hierfür wird zumeist auf einem finanziellen Engpaß beruhen, welcher leicht in einer allgemeinen Zahlungsunfähigkeit und damit in der Insolvenz münden kann. Forciert wird das Zusammentreffen von Sicherungsfall und Insolvenzverfahren zusätzlich dadurch, daß seit Inkrafttreten der InsO bereits die drohende Zahlungsunfähigkeit zur Eröffnung eines Insolvenzverfahrens ausreicht, §§ 16, 18 I InsO.

Um die Auswirkungen einer Insolvenz auf Sicherheiten an Markenrechten festzustellen, ist es hilfreich, sich zuerst zu vergegenwärtigen, wie sich ein Markenrecht in der Insolvenz seines Inhabers verhält. Auf dieser Basis lassen sich sodann die einzelnen Sicherungsrechte an einer Marke separat auf ihr Verhalten hin betrachten.

I. Die Marke in der Insolvenz ihres Inhabers

Als Vermögensrecht gehört die Marke zur Insolvenzmasse, § 35 InsO[145]. Insoweit brachte das MarkenG keine Neuerung gegenüber der Rechtslage unter dem WZG. Auch dort fiel die Marke als Vermögensrecht in die Konkursmasse. Jedoch setzte man die Marke mangels isolierter Übertragbarkeit nicht als eigenen Posten an, geschweige denn maß man ihr einen eigenen Wert bei. Man betrachtete sie aufgrund ihrer Akzessorietät zum Geschäftsbetrieb ausschließlich als einen Bestandteil des Unternehmens. Insofern galt ihr Wert als im Unternehmenswert enthalten. Mit der Veräußerung des Geschäftsbetriebs sollte daher auch der Wert der Marke abgegolten sein[146].

Bereits durch das ErstG änderte sich diese Situation[147]. Die Marke wurde zu einem selbständigen Vermögensgut, welches auch eigenständig verwertet werden konnte. Dieser Gedanke wurde vom MarkenG aufgegriffen und weitergeführt. Als Folge ist die Marke seither als eigener Posten in das Verzeichnis der Insolvenzmasse, § 151 I InsO, und in die vom Insolvenzverwalter anzufertigende Vermögensübersicht aufzunehmen, § 153 I 1 InsO[148]. Es ist für sie ein eigener Wert anzusetzen, § 151 II 1 InsO, welcher mangels einfacher Feststellungs- oder Bewertungsmethoden regelmäßig über einen Sachverständigen zu ermitteln ist, § 151 II 3 InsO[149]. Darüber hinaus steht dem Insolvenzverwalter die Möglichkeit offen, die Insolvenz in das Markenregister eintragen zu lassen, § 29 III MarkenG[150].

Mit der Eröffnung des Insolvenzverfahrens verliert der insolvente Schuldner seine Verfügungsberechtigung, welche nun dem Insolvenzverwalter zusteht, §§ 81 I 1, 80 I InsO. Dieser tritt in vollem Umfang in die Position des Markeninhabers ein. Es obliegt nunmehr ihm, das Marken-

145 Vgl. nur Ingerl/Rohnke § 29 RN 15; Fezer MarkenR § 29 RN 25; Lwowski/Hoes WM 1999, 771 (776).

146 Zur Rechtslage unter dem WZG vgl. Repenn/Spitz WRP 1993, 737 (740); dies. WM 1994, 1653 (1659); Repenn NJW 1994, 175 (175 f).

147 Ausführlich dazu und mit Nachweisen Kap.1 B.3.

148 Lwowski/Hoes WM 1999, 771 (776); Fezer MarkenR § 29 RN 25

149 Vgl. dazu Smid-Smid InsO § 151 RN 7; Fezer MarkenR § 29 RN 29; Lwowski/Hoes WM 1999, 771 (776); vgl.a. Repenn/Spitz WM 1994, 1653 (1659). Bei der Bewertung hat der Sachverständige den Wert zu ermitteln, welcher der Marke in der Insolvenz zukommt. Dieser kann sich markant von jenem unterscheiden, welcher am Ende einer going-concern-Bewertung stünde. Denn nicht selten wird eine Insolvenz erheblich auf das Image des Unternehmens sowie seiner Marke durchschlagen und daher ihren Wert mindern; vgl. dazu oben Kap.1 C.II. sowie Fezer MarkenR § 29 RN 29 mwN.

150 Inwieweit dies Sinn macht, ist fraglich, weil derzeit nach ganz herrschender Meinung ein gutgläubiger Erwerb aufgrund der Registereintragung nicht möglich sein soll. Zudem wäre für einen Rechtsscheinserwerb die entsprechende Anwendung des § 81 I 2 InsO erforderlich. So wird derzeit lediglich die Vermutung des § 28 I MarkenG durchbrochen, der nach ganz herrschender Meinung ohnehin nur verfahrensrechtliche Bedeutung zukommt.

recht zu übertragen, zu belasten, Lizenzen zu vergeben oder die Ansprüche aus der Marke, insbesondere die Verletzungstatbestände nach § 14 II MarkenG, geltend zu machen[151].
Darüber hinaus gehört es zu den Aufgaben des Insolvenzverwalters, über den Verbleib der Marke zu entscheiden. So kann er sie gleich dem sonstigen Vermögen des Schuldners verwerten. Er kann die Marke aber auch weiter benutzen. Ist es das Ziel des Insolvenzverwalters, den Schuldner zu sanieren[152], wird er in aller Regel zumindest nicht gänzlich auf den weiteren Gebrauch einzelner Marken verzichten können. Schließlich verkörpern sie das Auftreten des Unternehmens am Markt und stellen den unabdingbaren Kontakt zum Kunden her[153].

II. Die einzelnen Sicherungsrechte an Marken in der Insolvenz des Sicherungsgebers

Die Interessenlage bei Sicherungsrechten an einer Marke ist dieselbe wie bei herkömmlichen Sicherheiten. Die Gläubiger des in die Insolvenz geratenen Markeninhabers wollen auf dessen Marke(n) als verwertbares und zum Teil beträchtliches Vermögen zugreifen. Ihr Interesse wird stellvertretend durch den Insolvenzverwalter geltend gemacht. Hingegen wird der Sicherungsnehmer einen alleinigen Anspruch auf das Sicherungsgut anmelden und es lediglich zur Befriedigung der gesicherten Forderungen verwenden wollen. Dies wie auch das allgemeine Verhalten einer Marke in der Insolvenz lassen bereits erahnen, daß die Lösung des Interessenkonflikts in weiten Teilen dem entsprechen wird, wie es von sonstigen Sicherheiten her bekannt ist.

1. Als Sicherheit abgetretene Marken

Wurde eine Marke als Sicherheit übertragen, zählt sie trotz der rechtlichen Eigentümerstellung des Sicherungsnehmers zum wirtschaftlichen Vermögen des Schuldners und daher zur Insolvenzmasse, arg.ex §§ 35, 47, 50 InsO. Dem Sicherungsnehmer steht aber ein Absonderungsrecht zu, §§ 50, 51 Nr.1 InsO[154], welches ihm das Recht zur abgesonderten Befriedigung gibt. Insofern besteht kein Unterschied zu sonstigen Sicherungsübertragungen.
Von diesem Grundsatz wird insofern abgewichen, als nach den §§ 165 ff InsO der Insolvenzverwalter zur Verwer-tung berufen sein kann. Daß es sich bei den Normen lediglich um Ausnahmen handelt, bestätigt § 173 I InsO. Die Verwertungsbefugnis des Insolvenzverwalters existiert aber lediglich bei Grundstücken, Mobilien sowie Forderungen, §§ 165, 166 I, II InsO. Für die sonstigen Rechte bleibt es laut der gesetzlichen Regelung beim Grundsatz.

---

151 Vgl. Fezer MarkenR § 29 RN 26; Lwowski/Hoes WM 1999, 771 (776); Ingerl/Rohnke § 29 RN 15, die zwar noch von den Normen der KO ausgehen, aber in RN 14 den inhaltlichen Gleichklang zur InsO betonen.

152 Ein Ziel der Reform war, die Zahl der Sanierungen zu steigern, vgl. die Amtl. Begr. BT-Drucks. 12/2443 S.77 f.

153 Repenn/Spitz WM 1994, 1653 (1659); Zur Bedeutung der Marke vgl. Kapferer (1992) S.9 ff; Arnold (1992) S.13 ff. Im übrigen ergeben sich für Marken im Insolvenzverfahren keine erwähnenswerten Besonderheiten, so daß insoweit auf die allgemeinen Darstellungen verwiesen werden kann.

154 Obgleich dies § 51 Nr.1 InsO nun erstmals ausdrücklich ausspricht, wurde dies trotz des für eine Aussonderung sprechenden Eigentums des Sicherungsnehmers wegen des treuhänderischen Charakters des Geschäfts bereits unter der KO ganz herrschend vertreten, vgl. nur Kilger/K.Schmidt KO (17.A) § 43 Anm.9.

Es liegt nun der Gedanke nahe, die Verwertungsbefugnis des Insolvenzverwalters auf sonstige Rechte entsprechend anzuwenden. Hierfür spräche vor allem eines der wesentlichen Ziele der Insolvenzrechtsreform, die Verbesserung der Sanierungschancen insolventer Unternehmen[155]. Würden ausgerechnet Marken dem Zugriff des Insolvenzverwalters entzogen, wäre dieses Ziel kaum noch zu erreichen[156]. Denn fehlt dem Insolvenzverwalter die Verwertungsbefugnis gem. der §§ 165 f InsO, ist er auch nicht berechtigt, die Marke weiterhin für das Unternehmen zu gebrauchen, § 172 I InsO. Dementspechend wird von einer Mindermeinung vertreten, § 166 InsO sei auf Rechte analog anzuwenden[157]. Begründet wird dies über die Entstehungsgeschichte der §§ 166, 172 InsO, wonach das Gesetz eine Regelungslücke aufweise. Zwar sah man bei den Vorarbeiten zur InsO das Bedürfnis, daß auch Rechte zur Fortführung des Betriebs benötigt werden und daher der Insolvenzverwalter Zugriff auf sie haben müsse. Jedoch habe der Gesetzgeber dieses Sichtweise beim entscheidenden Schritt aus den Augen verloren. Folglich sei wegen der entsprechenden Interessenlage § 166 InsO analog anzuwenden[158]. Dieser Sichtweise ist insofern zuzustimmen, als der Gesetzgeber tatsächlich im entscheidenden Moment die Rechte im Rahmen der §§ 166-173 InsO aus dem Blick verlor und § 199 I 2, III RegE unbedacht aus der Gesetzesvorlage nahm[159]. Jedoch darf § 166 InsO bei Rechten trotzdem nicht anaolg angewandt werden. Denn die Norm bezweckt nicht allein, daß insolvente Unternehmen fortgeführt werden können. Hinzu kommen muß der einfachere Zugriff des Insolvenzverwalters auf das Gut[160]. Nur in diesem Fall sollte die ebenfalls als schützenswert erachtete Position des Sicherungsnehmers[161] beschnitten werden. Sind darüber hinaus Gegenstände zur Fortführung des Betriebs erforderlich, bedurfte es einer Entscheidung des Insolvenzgerichts, § 199 I RegE. Auf diese Regelung verzichtete man jedoch, um das Gericht zu entlasten. Will man nun § 166 InsO analog auf Rechte anwenden, würde man nicht nur die Verwertungsbefugnis des Insolvenzverwalters weiter ausdehnen als es je ein Gesetzesentwurf vorsah. Auch würde eine Interessenabwägung zwischen dem Schutz der Sicherungsposition, der Fortführung des Betriebs und der Entlastung des Gerichts einseitig das Interesse an der Fortführung in den Vordergrund stellen. Dies widerspräche der Intention der InsO, die neben der potentiellen Sanierung auch die Liquidation untauglicher Marktteilnehmer regeln will, die in der Praxis weit bedeutendere Fall-

---

155 Vgl. nur Amtl. Begr. BT-Drucks. 12/2443 S.77 f; Smid-Smid InsO § 1 RN 2, 38 ff.

156 ebenso Pöggeler WRP 2002, 1241 (1243); Lwowski/Hoes WM 1999, 771 (776); Häcker RN 443.

157 Marotzke S.25 f; Häcker RN 224 ff mwN in RN 235 ff; ders ZIP 2001, 995 (997); Brämer S.361 ff; ohne jegliche Begründung Knüpfer S.112; **a.A.** Pöggeler WRP 2002, 1241 (1243); Lwowski/Hoes WM 1999, 771 (776); HeidelKom-Landfermann InsO § 166 RN 25 mwN; MüKo-Lwowski InsO § 166 RN 136; eine sehr gute Übersicht über die vertretenen Meinungen bietet Häcker RN 235 ff.

158 so insb. Häcker RN 262 ff, verdienstvoll ist v.a. dessen Aufarbeitung der Entstehungsgeschichte der entscheidenden Normen.

159 Insofern ist dem Ergebnis der ausführlichen Aufarbeitung der Entstehungsgeschichte durch Häcker, RN 337 ff, zuzustimmen.

160 Für Rechte folgt dies ausdrücklich aus der Begründung zu § 191 RegE, bei Sachen aus dem Zusammenspiel mit § 199 I RegE, BT-Ds 12/2443, S.178, 193. Insofern ist den Ausführungen Häckers, RN 331 ff, zu widersprechen; vgl.a. BGH WM 2002, 1797 (1798 ff).

161 Dazu Pöggeler WRP 2002, 1241 (1243) mwN

gruppe[162]. Die Abwägung, in wieweit die Sanierungschancen gesteigert werden sollen, muß als rechtspolitische Überlegung dem Gesetzgeber vorbehalten bleiben. Eine rechtliche Ungleichbehandlung von Gleichem liegt mithin nicht vor. Es hat daher bei der gesetzlichen Regelung zu bleiben, wonach sicherungshalber abgetretene Marken zur abgesonderten Befriedigung berechigen[163].

2. *Die Verpfändung*

Bei verpfändeten Marken stellt sich die Frage nach den Auswirkungen eines Insolvenzverfahrens in nahezu exakter Entsprechung zu sicherungshalber abgetretenen Marken. Denn gemäß §§ 50 I, 51 Nr.1 InsO stehen Pfandrecht und Sicherungsübereignung auf derselben Stufe[164]. So führt auch das Pfandrecht zu einem Absonderungsrecht, § 50 InsO, welches den Insolvenzverwalter an der Verwertung hindert. Wiederum läßt sich § 166 InsO nicht entsprechend anwenden, weil die Wertung bei Sachen oder Forderungen nicht ohne weiteres auf Rechte übertragen werden darf, auch wenn hierdurch der mit der Reform des Insolvenzrechts verfolgte Zweck, die Sanierungsquote zu erhöhen, in manchen Fällen vereitelt wird.
Letztendlich bleibt daher auch hier das Insolvenzverfahren ohne entscheidende Auswirkung auf die Position des Sicherungsnehmers. Ihm steht weiterhin die alleinige Verwertungsbefugnis zu, ohne daß ihn die Insolvenz des Sicherungsgebers sonderlich behelligen würde[165].

3. *Der Sicherungsnießbrauch*

Anders stellt sich die Lage bei einem sicherungshalber vereinbarten Nießbrauch dar. Er wird nicht in den §§ 50, 51 InsO als ein die Absonderung begründendes Recht aufgeführt. Vielmehr subsumiert man den Nießbrauch im allgemeinen zurecht unter § 47 InsO[166]. Das Aussonderungsrecht führt jedoch nur zur Aussonderung des Nießbrauchs, nicht der Marke. Faktisch bewirkt dies aber, daß auch die Verwertung der Marke durch den Insolvenzverwalter erheblich eingeschränkt wird. Er darf die Marke lediglich so verwerten, daß das Recht des Nießbrauchers nicht beeinträchtigt wird. Ansonsten ist dieser über einen Zustimmungsvorbehalt zur Mitwirkung berufen, § 1071 II BGB. Wird er übergangen, gilt die Verfügung ihm gegenüber als unwirksam[167]. Auch § 80 II 1 InsO vermag daran nichts zu ändern, der relative Veräußerungsverbote in der Insolvenz für unwirksam erklärt. Denn bei § 1071 I, II BGB handelt es sich nicht um ein rela-

---

162 Im Ergebnis ebenso Pöggeler WRP 2002, 1241 (1243); Außerdem enthält § 172 I InsO keine hinreichende Entschädigungsregelung, wenn der Insolvenzverwalter die Marke weiterhin benutzen dürfte.

163 Dies hat zur Folge, daß der Erlös aus der Verwertung der Marke auch nicht gemäß §§ 170, 171 InsO zur anteiligen Deckung der Kosten des Insolvenzverfahrens herangezogen werden kann. Denn die Regelung knüpft an die Verwertungsbefugnis des Insolvenzverwalters an, ebenso Lwowski/Hoes WM 1999, 771 (776). Dem Insolvenzverwalter bleibt nur die Möglichkeit, mit dem Sicherungsnehmer eine Vereinbarung über die Nutzung der Marke anzustreben. Seine Verhandlungsposition wird aber regelmäßig sehr schwach sein.

164 Daher kann in vollem Umfang auf die voranstehenden Ausführungen verwiesen werden, 1.

165 Dem Insolvenzverwalter bleibt wiederum lediglich die Möglichkeit des § 173 II InsO, vgl. dazu oben FN 163.

166 Vgl. nur Smid-Smid InsO § 47 RN 12 mwN; Pal-Bassenge vor § 1030 RN 7

167 vgl. nur Pal-Bassenge § 1071 RN 1; Jauernig-Jauernig § 1071 RN 1

tives Verbot in diesem Sinn[168]. Folglich wäre der Insolvenzverwalter nur noch in der Lage, die mit dem Nießbrauch belastete Marke als solche zu verwerten. Insbesondere stünde es ihm auch nicht zu, sie zu gebrauchen, da sämtliche Nutzungen allein dem Nießbraucher vorbehalten bleiben.

Fraglich ist, ob diese Einordnung auch beim sicherungshalber bestellten Nießbrauch gilt. Vergleichbar dem Sicherungseigentum oder der Sicherungsinhaberschaft bei Rechten steht er dem Sicherungsnehmer nur in Form einer eigennützigen Treuhand zu[169]. Diese sollte bereits unter der KO nur zur Absonderung führen. An dieser grundsätzlichen Einordnung hat die Reform des Insolvenzrechts nichts geändert, im Gegenteil, sie wurde durch die ausdrückliche Einbeziehung der Sicherungsübertragung in die Absonderungsrechte noch bestärkt. Nichts anderes kann daher für sonstige sicherungshalber gewährte Rechte gelten. Auch bei ihnen existiert die Bindung im Innenverhältnis, welche die ganz herrschende Meinung dazu veranlaßte, trotz der äußeren Rechtsstellung „nur" ein Absonderungsrecht anzunehmen. Dies gilt auch für den Sicherungsnießbrauch[170].

Indem der Sicherungsnießbrauch zur abgesonderten Befriedigung berechtigt, kann hinsichtlich der damit zusammenhängenden Fragen auf die Darstellung zur Sicherungsübereignung verwiesen werden[171]. Der Sicherungsnehmer ist selbst zur Verwertung berufen. Dem Insolvenzverwalter steht auch nicht der weitere Gebrauch der Marke zu, obgleich ihn das in seinem Sanierungsauftrag erheblich einschränken wird. Er hat allein die Möglichkeit, den Sicherungsnehmer gemäß § 173 II InsO zur Verwertung innerhalb einer angemessenen Frist aufzufordern und darf bei ungenutztem Verstreichen der Frist die Marke sodann selbst verwerten bzw. gebrauchen.

4. *Die sicherungshalber bestellte Lizenz*

Wurde von den Parteien als Sicherheit eine Lizenz vereinbart, scheinen die Normen zur Aus- oder Absonderung noch weniger zur Anwendung kommen zu können. Lizenzen richten sich als gegenseitige Verträge grundsätzlich nach den §§ 103 ff InsO[172]. Damit steht ihre Fortführung unter dem Vorbehalt der Zustimmung durch den Insolvenzverwalter, sofern von keiner Seite die Hauptleistung bereits vollständig erbracht worden ist, § 103 I InsO. Die Ausnahmevorschriften, insbesondere die §§ 108 I 2, 110 InsO, vermögen weder direkt einzugreifen noch sind sie ent-

168 Vgl. nur Smid-Smid/Rattunde InsO § 80 RN 74; Jauernig-Jauernig § 135 RN 2, 4

169 Vgl. statt vieler Kilger/K.Schmidt KO § 43 Anm. 9 mwN.

170 A.A. Lwowski/Hoes WM 1999, 771 (777).

171 Vgl.o. 1., insbesondere auch zur Frage, inwieweit das so gewonnene Ergebnis mit dem Zweck der InsO konform geht.

172 Vgl. nur Berger GRUR 2004, 20 (20) mwN; Obwohl man unterschiedlicher Ansicht ist, ob in der Lizenz ein Vertrag sui generis zu sehen ist (so die überwiegende Ansicht) oder sie sich nach den Vorschriften für Miete und Pacht richtet (so insb. Stumpf/Groß, LizenzV (7.A) RN 20 ff), ist man sich doch einig, daß es sich um einen gegenseitigen Vertrag handelt, unabhängig davon, ob ein dingliches Recht vereinbart wird oder nicht, vgl. dazu Kap.3 B.I. Aus diesem Grund stellt Berger Überlegungen an, wie dieses Ergebnis vermieden werden kann. Jedoch übersieht er bei seinem Vorschlag eines Lizenzsicherungsnießbrauchs, dass der Insolvenzverwalter mit dem ihm zustehenden Wahlrecht die Lizenz beseitigen kann, so dass der Nießbrauch ins Leere geht.

sprechend anwendbar[173]. Da sich aber Dauerschuldverhältnisse gerade dadurch auszeichnen, daß die Erfüllung erst sukzessive erfolgt, hier mittels der Gebrauchsüberlassung, auf der anderen Seite durch die in aller Regel wiederkehrende Verpflichtung zur Zahlung der Gebühren, hat keine Seite ihre Leistung voll erbracht. Insofern steht der Anwendung des § 103 InsO eigentlich nichts entgegen. Folglich wird einhellig vertreten, daß dem Insolvenzverwalter bei Lizenzverträgen ein Wahlrecht zusteht, ob er an der Vereinbarung festhalten oder hierauf verzichten möchte. Das Wahlrecht besteht dabei unabhängig davon, ob es sich um eine obligatorische oder dingliche Lizenz handelt[174]. Danach läge es allein in den Händen des Insolvenzverwalters, ob der Vertrag weiterhin Gültigkeit haben soll. Handelt es sich um eine sicherungshalber gewährte Lizenz, wäre seine Zustimmung zur Fortsetzung des Vertrags kaum zu erwarten. Schließlich würde der Insolvenzmasse keine entsprechende Gegenleistung zufließen. Die Folge wäre, daß eine Lizenz in der Insolvenz des Sicherungsgebers dem Sicherungsnehmer keine Gewähr bieten würde. Er würde sogar mit an Sicherheit grenzender Wahrscheinlichkeit seine Rechtsposition verlieren.

Vergleicht man diese Rechtsfolge mit denen bei anderen Sicherungsrechten an Marken, bestünde damit eine extreme Diskrepanz. Sie rührt zwar von der Besonderheit einer Lizenz als gegenseitigem Vertrag her. Doch führt man sich den Zweck eines Sicherungsgeschäfts vor Augen, der in sämtlichen Konstellationen derselbe ist, so will das Ergebnis nicht recht überzeugen. Zudem würde man auf diese Weise sowohl dem Sicherungsgeber als auch dessen Gläubigern einen Bärendienst erweisen. Kein Sicherungsnehmer wäre unter diesen Bedingungen bereit, sich als Sicherheit eine Lizenz einräumen zu lassen. Eine Marke käme nur noch per Sicherungsübertragung oder als Pfand in Betracht. Anders als es bei einer Lizenz der Fall wäre, müßte damit einerseits der Sicherungsgeber vom vollständigen und dauerhaften Verlust seiner Marke ausgehen. Andererseits könnten die Gläubiger in der Insolvenz wegen des Zugriffs des Sicherungsnehmers auf die komplette Marke mittels Absonderungsrecht auch nicht teilweise das Zeichen nutzen, genauso wie sie die Chance einbüßten, über die Sanierung des Unternehmens mehr als nur eine Insolvenzquote zu erhalten. Die Lizenz als Sicherungsmittel, die v.a. dem

173 Zwar könnten unter „Gegenstände" nach § 108 I 2 InsO problemlos Marken subsumiert werden. Die in ihrer Formulierung verunglückte Vorschrift (dazu HeidelKomm-Marotzke InsO § 108 RN 10) wurde aber lediglich aufgrund ausgezeichneter Lobbyarbeit der Leasingwirtschaft in das Gesetz aufgenommen und soll allein den Leasinggebern bei sicherungshalber abgetretenen Forderungen aus Pacht- und Mietverträgen dienen, vgl. HeidelKomm-Marotzke InsO § 108 RN 9. **A.A.** Fezer MarkenR § 29 RN 27, der von der Anwendbarkeit des § 108 InsO ausgeht, ohne dies allerdings zu begründen. Inzwischen hat er seine Position begründet, Fezer WRP 2004, 793. Dagegen spricht aber bereits der Ausnahmecharakter sowohl von § 108 I 1 InsO wie auch von § 108 I 2 InsO. Selbst wenn man Lizenzverträge mit der Mindermeinung noch den Miet- und Pachtverträgen zuordnen möchte, sollen zumindest bewegliche Sachen und Rechte gerade nicht von der Norm umfaßt sein, vgl. HeidelKomm-Marotzke InsO § 108 RN 8 mwN; FrankfKomm-Wegener InsO § 108 RN 4; Tintelnot ZIP 1995, 616 (620); eine neue Ansicht vertritt Kellenter, FS Tilmann (2003), S.807 ff, der aufgrund des Sukzessionsschutzes dem Benutzungsrecht Dinglichkeit zuspricht und den Lizenznehmer daher hinreichend schützen soll..

174 Vgl. nur Woeste S.115 f; Lwowski/Hoes WM 1999, 771 (777); Fezer MarkenR § 29 RN 27; Stumpf/Groß, LizenzV (7.A) RN 493; zum Patentrecht entsprechend Benkard § 15 RN 32. Daher wurde bereits die Forderung laut, man möge die Lizenz insolvenzbeständig ausgestalten, Brandt NZI 2001, 337 (343).

Markeninhaber nützt, indem der Wert des Zeichens zur Finanzierung nutzbar gemacht wird, ohne den Verlust der Marke zu riskieren, würde unbrauchbar.
Diese Betrachtung der Interessen der Beteiligten zeigt bereits, daß eine Anwendung des § 103 InsO auf die sicherungshalber gewährte Lizenz wenig sachgerecht wäre. Daneben sprechen aber auch andere Gründe gegen ein Wahlrecht des Insolvenzverwalters. So verfolgt die Sicherungslizenz denselben Zweck wie die übrigen Sicherheiten. Diese enge Verwandtschaft legt bereits nahe, daß mit den §§ 50, 51 InsO auch dieselbe Rechtsfolge zu gelten hat. Festmachen läßt sich dies an derselben treuhänderischen Bindung des Sicherungslizenznehmers, wie sie bei sämtlichen anderen Sicherungsrechten vorhanden ist, sowohl durch eine Ausübungsbeschränkung auf den Sicherungsfall im Innenverhältnis als auch durch die aus dem fiduziarischen Charakter erwachsenden Nebenpflichten. Diese eigennützige Treuhand soll aber regelmäßig ein Absonderungsrecht begründen[175]. Auch fehlt es an der gerade für die Fälle des § 103 InsO charakteristischen Gegenleistung. Sie besteht bei Lizenzverträgen üblicherweise in Gebührenansprüchen. Hierauf wurde bei der Sicherungslizenz aber gerade verzichtet. Eine Gegenleistung im Sinne des § 103 InsO kann auch weder in dem regelmäßig von der Sicherheitsleistung abhängig gemachten Kredit noch in den sonstigen Pflichten eines Lizenznehmers gesehen werden. Daß die Abhängigkeit des Kredits von der Sicherheitsleistung nicht ausreicht, zeigt bereits ein Vergleich mit den anderen Sicherheiten. Auch dort hängt das Darlehen üblicherweise vom Einräumen der Sicherheit ab, ohne daß dadurch ein synallagmatisches Verhältnis begründet würde. Im Gegenteil, es handelt sich um zwei voneinander unabhängige, abstrakte Geschäfte. Nicht anders verhält es sich bei der sicherungshalber gewährten Lizenz. Auch sie stellt ein abstraktes Geschäft zur Kreditierung der gesicherten Forderungen dar. Ein Synallagma besteht aber auch nicht insoweit, als aus einem Lizenzvertrag üblicherweise weitere Pflichten[176] erwachsen. Soweit sie überhaupt Bestandteil einer Sicherungslizenz sind[177], handelt es sich entweder um Ausgestaltungen des Gebrauchsrechts[178], welche keinen Austauschcharakter besitzen. Oder es handelt sich um Nebenpflichten, die qua definitionem kein Bestandteil eines Gegenseitigkeitsverhältnis sind[179].

Sicherungshalber gewährte Lizenzen stellen daher entgegen sonstigen Lizenzverträgen keine synallagmatsichen Kontrakte dar und unterfallen nicht § 103 InsO. Statt dessen sind sie entsprechend unter die §§ 50, 51 InsO zu subsumieren und begründen ein Absonderungsrecht, gleich den anderen Realsicherheiten[180].

---

175 Vgl. etwa FrankfKomm-Joneleit/Immberger InsO § 47 RN 43; Kilger/K.Schmidt KO § 43 Anm. 9 mwN.

176 Zu den Pflichten eines Lizenznehmers vgl. Schulte-Beckmann RN 63 ff; Pfaff LizenzV RN 934 ff; Stupf/Groß LizenzV (6.A) RN 98 ff.

177 So fehlen etwa sämtliche Pflichten, welche die Lizenzgebühr bestimmen. Ebenso wirde bereits oben ausgeführt, daß bei einer Sicherungslizenz den Sicherungsnehmer gerade keine Gebrauchs- oder Verteidigungspflicht treffen soll, dazu oben Kap.3 B.I.1.b. Entsprechendes muß für eine Pflicht zur Verbesserung des Lizenzgegenstands gelten, die mitunter im Vertag enthalten ist, vgl. Stumpf/Groß LizenzV (6.A) RN 166 ff.

178 Hierzu gehören etwa Bestimmungsn zum Umfang der Lizenz, zum räumlichen Geltungsbereich, aber auch Produktionsbeschränkungen, Vertriebsbindungen oder Abreden zum Bezug von Rohstoffen

179 Beispielsweise nachvertragliche Pflichten oder auch Pflichten zur Rückabwicklung des Vertrages, vgl. dazu Medicus AS (13.A) RN 475.

180 **A.A.** Lwowski/Hoes WM 1999, 771 (777)

5. *Sicherungshalber abgetretene Ansprüche auf Lizenzgebühren*

Auch bei sicherungshalber abgetretenen Gebühren- bzw. Zinsansprüchen aus Nutzungsverträgen des Sicherungsgebers mit Dritten treten Schwierigkeiten auf. Bereits bei der Bestellung der Sicherheit wurde auf das Risiko einer unzureichenden Sicherheit hingewiesen, weil ihr Bestand hinsichtlich erst noch entstehender Forderungen nicht garantiert ist[181]. Diese Unsicherheit steigert sich in der Insolvenz des Sicherungsgebers bis zu einer an Sicherheit grenzenden Wahrscheinlichkeit, daß das Sicherungsrecht untergehen wird.

Wurden mittelbare Rechtsfrüchte sicherungshalber abgetreten, ist das Verhalten der Sicherheit in der Insolvenz nicht nach dem Nutzungsrecht zu beurteilen, sondern dem Vertrag, dem die Gegenleistungspflicht entspringt. Dies ist bei Lizenzgebühren der Lizenzvertrag, bei Nießbrauchszinsen die schuldrechtliche Causa des Nießbrauchs.

Der Lizenzvertrag mit einem Dritten folgt als „normaler" Lizenzvertrag, anders als die Sicherungslizenz, dem § 103 InsO[182]. Der Vertrag wurde als Dauerschuldverhältnis von keiner Seite seither vollständig erfüllt. Also unterliegt sein Fortbestand der Dispositionsbefugnis des Insolvenzverwalters. Er kann entweder die weitere Erfüllung verweigern, § 103 II 1 InsO, oder den Vertrag anstelle des insolvent gewordenen Lizenzgebers erfüllen und seinerseits die Erfüllung durch den Dritten verlangen, § 103 I InsO. Verweigert der Insolvenzverwalter die Erfüllung, entstehen künftig keine weiteren Gebührenansprüche. Die insoweit erfolgte Vorausabtretung an den Sicherungsnehmer geht ins Leere. Eine Sicherheit existiert lediglich in Höhe der bereits entstandenen Gebührenansprüche. Diese werden aber üblicherweise durch ihre Erfüllung bereits erloschen sein. Der Sicherungsnehmer wird daher, wenn überhaupt, nur eine sehr geringe Sicherheit in Händen halten. Wählt der Insolvenzverwalter hingegen die Erfüllung des Vertrags, so stellt dies nach der Rechtsprechung und überwiegenden Ansicht[183] eine Neubegründung der vertraglichen Pflichten dar, die Verpflichtungen aus dem vor Insolvenzeröffnung geschlossenen Vertrag sind erloschen. Dies führt dazu, daß die Gebührenforderungen nach Insolvenzeröffnung zugunsten der Masse entstehen. Im voraus getroffene Verfügungen gehen wegen des Untergangs der ursprünglichen Vertragspflichten auch hier ins Leere. Demnach würde dem Sicherungsnehmer gleichfalls nur Forderungen für den Zeitraum vor der Eröffnung des Insolvenzverfahrens zustehen, soweit sie noch nicht durch Erfüllung untergegangen sind.
Im Ergebnis hält der Sicherungsnehmer, unabhängig von der Entscheidung des Insolvenzverwalters, kaum etwas in Händen[184]. Als Sicherheit ist die bloße Abtretung der Ansprüche auf Lizenzgebühren unbrauchbar.

Ließ sich der Sicherungsnehmer die Ansprüche auf Nießbrauchszinsen abtreten, hat dies dieselbe Konsequenz. Denn der Nießbrauch ist als dingliche Berechtigung zwar insolvenzfest[185]. Die als Sicherheit abgetretenen Ansprüche auf die Nießbrauchszinsen entstammen aber der

181 Dazu oben Kap.3 B.IV.2.

182 Zur Begründung vgl. die Ausführungen beim Lizenzvertrag, oben 4. und insb. FN 176

183 BGHZ 135 25 (26 f); 129, 336 (338); 106, 236 (242 ff); zustimmend Smid-Smid InsO § 103 RN 3 mwN; a.A. HeidelKomm-Marotzke InsO § 103 RN 2 mwN.

184 Vgl. hierzu auch Lwowski/Hoes WM 1999, 771 (777) mwN

185 vgl.o. 3.

schuldrechtlichen Causa, aufgrund der sich der Vollrechtsinhaber zur Bestellung des Nießbrauchs verpflichtet und er als Gegenleistung den wiederkehrenden Zinsanspruch erhält[186]. Bei dieser Nutzungsvereinbarung handelt es sich um ein synallagmatisches Dauerschuldverhältnis ähnlich der Lizenz oder auch der Miete bzw. Pacht. Folglich richtet sich der Vertrag, dem die sicherungshalber abgetretene Forderung entstammt, nach § 103 InsO, wobei wegen des Ausnahmecharakters der §§ 108, 110 InsO diese Normen wiederum nicht analog angewandt werden dürfen[187]. Im Ergebnis stehen daher dem Sicherungsnehmer, egal wie sich der Insolvenzverwalter entscheiden wird, nur die vor dem Insolvenzantrag aufgelaufenen Ansprüche auf Nießbrauchszinsen zu, die aber regelmäßig bereits beglichen sein werden[188].

Sicherungsabtretungen von Ansprüchen aus Gebrauchsüberlassungsverträgen haben daher in der Insolvenz keinen Bestand. Damit fehlt ihnen eine wesentliche Eigenschaft, um als vollwertiges Sicherungsmittel zu dienen. Selbst zusätzlich, als Abrundung zu anderen Sicherheiten, kann die Sicherheit kaum empfohlen werden. Schließlich ist ihr aufgrund dieser Zusammenhänge regelmäßig[189] kein eigener Sicherungswert beizumessen. Ist der Sicherungsnehmer aber durch die anderen Sicherheiten gegen den Ausfall mit den gesicherten Forderungen hinreichend geschützt, wird der Sicherungsgeber wegen Übersicherung die Freigabe der zusätzlich abgetretenen Gebührenansprüche verlangen können. Daher sollte auf sie allenfalls im Einzelfall zugegriffen werden.

III. Zusammenfassung

Im Gegensatz zur Rechtslage unter dem WZG verhalten sich Marken in der Insolvenz des Sicherungsgebers kaum anders als sonstige Vermögensrechte. Sie sind Teil der Insolvenzmasse, als selbständig verwertbare Güter in die entsprechenden Verzeichnisse aufzunehmen und unterliegen der Verwertungsbefugnis des Insolvenzverwalters.

Für die einzelnen Sicherungsrechte an Marken bedeutet dies, daß auch sie den allgemeinen Prinzipien folgen. Dies führt bei der Sicherungsabtretung wie der Verpfändung von Marken entsprechend den Sicherungsrechten an anderen Sicherungsgütern zu einem Absonderungsrecht des Sicherungsnehmers, §§ 50, 51 Nr.1 InsO. Nichts anderes gilt für sicherungshalber bestellte Nutzungsrechte. Auch sie ermöglichen ihrem Inhaber die abgesonderte Befriedigung. Dies folgt

186 Vgl. statt aller Pal-Bassenge § 1030 RN 7.

187 zu den Gründen vgl.o. bei der Lizenz 4. und insb. FN 176

188 Selbst wenn man mit einer Mindermeinung annehmen würde, daß der insolvente Schuldner mit der Bestellung des Nießbrauchs bereits seinen Part an der Causa für den Nießbrauch vollständig erfüllt hätte (ähnlich etwa zum Darlehen FrankfKomm-Wegener InsO § 103 RN 6), würde dies zu keinem anderen Ergebnis führen. Denn Vorausverfügungen über künftige Ansprüche, gerade auch solche zu Sicherungszwecken, bleiben nur in wenigen, speziell geregelten Ausnahmen wirksam, etwa nach den §§ 110 I 1, 114 I InsO. Aufgrund ihres Ausnahmecharakters dürfen diese Normen auch nicht als Grundlage für eine Analogie zu anderen Dauerschuldverhältnissen herangezogen werden. Dies erklärt sich aus dem Zweck des Insolvenzverfahrens, welches die umfassende Regelung der Vermögensverhältnisse des Schuldners zum Ziel hat. Folglich behält ein an den Nießbrauchszinsen berechtigter Sicherungsnehmer auch hier seine Sicherheit nur in Höhe der bereits vor Eröffnung des Insolvenzverfahrens entstandenen und noch nicht erfüllten Ansprüche.

189 Ausnahmen mögen dort möglich sein, wo eine Insolvenz quasi ausgeschlossen werden kann,

neben der Verwandtschaft mit den übrigen Sicherungsrechten insbesondere aus der treuhänderischen Stellung des Sicherungsnehmers. Sie läßt den sonst beim Nießbrauch einschlägigen § 47 InsO unanwendbar werden. Bei den Sicherungslizenzen kommt hinzu, daß das üblicherweise einen Lizenzvertrag kennzeichnende Synallagma fehlt, was den sonst für derartige Verträge einschlägigen § 103 InsO unanwendbar werden läßt.
Allein sicherungshalber abgetretene Gebührenansprüche aus Nutzungsverträgen können nicht auf dieselbe Stufe gestellt werden. Denn die Verträge, denen sie entstammen, unterliegen nach § 103 InsO der Dispositionsbefugnis des Insolvenzverwalters. Daher geht, egal wie der Insolvenzverwalter sich entscheidet, die Abtretung erst künftig entstehender Forderungen ins Leere. Als Sicherheit sind derartige Ansprüche denkbar ungeeignet.

Das Absonderungsrecht führt dazu, daß die Sicherungsrechte trotz der §§ 165 ff InsO dem Zugriff des Insolvenzverwalters entzogen sind. Zwar wurden ihm, um die Chancen für eine Sanierung des in die Insolvenz geratenen Unternehmers zu steigern, erweiterte Verwertungsmöglichkeiten von absonderungsberechtigtem Vermögen zugestanden. Marken sind aber - etwas überraschend - hiervon ausgenommen. Damit hat der Insolvenzverwalter auch nicht die Möglichkeit, die Marke zu gebrauchen, außer er vereinbart dies gesondert mit dem Sicherungsnehmer. Als Folge wird in diesen Fällen die Sanierung gestrauchelter Unternehmen kaum noch möglich sein. Für das Sicherungsrecht an einer Marke bedeutet dies aber, daß es mehr noch als andere Sicherheiten der Verwertungsdisposition des Sicherungsnehmers unterliegt. Zudem wird der Erlös nicht durch die anteilige Befriedigung der Insolvenzkosten geschmälert, wie es sonst bei Absonderungsrechten nach §§ 170, 171 I InsO der Fall ist.

C. Die Verwertungsbefugnis an Marken und die Berechtigung an Markenware

Durch die mit dem Sicherungsfall eintretende Verwertungsberechtigung des Sicherungsnehmers wird eine weitere Frage aufgeworfen. Sie betrifft das Zusammenspiel der Berechtigung einerseits an dem Zeichen und andererseits an bereits gekennzeichneter Markenware. Schließlich entspricht es gerade dem Zweck des Markenschutzes, daß er sich auf die Verwendung der Marke für Produkte erstreckt. Es drängt sich daher die Frage auf, in wieweit die Verwertungsberechtigung des Sicherungsnehmers den Zugriff auf die mit dem Zeichen versehenen Produkte eröffnet.

Ein ähnliches Problem wurde bereits praktisch relevant und in der Literatur diskutiert. Es betrifft den Fall, daß Markenware sicherungshalber übereignet wurde, bei der Verwertung durch den Sicherungsnehmer sich nun aber der an der Marke Berechtigte meldet und versucht, dies unter Hinweis auf das Zeichenrecht zu verhindern. In eindrucksvoller Weise wies Fischer[190] für eine Reihe von Unterfallgruppen nach, daß spätestens mit der Sicherungsübereignung der Ware der Einfluß des Markenrechts gebrochen war. Im Anschluß an diesen Komplex wurde von Lwowski / Hoes[191] die Frage aufgeworfen, wie es sich bei sicherungsübereigneten Waren verhält, die zwar

190 Der absolut lesenswerte Aufsatz von Fischer findet sich in den WM 1997, 597-606; ausführlich dazu sogleich unten I.1.

191 Lwowski/Hoes WM 1999, 771 (778 f)

mit dem Ziel hergestellt wurden, später einmal mit der Marke versehen zu werden, bei denen es aber vor Eintritt des Sicherungsfalls noch nicht zur Kennzeichnung gekommen war. Sie untersuchten, ob der Sicherungsnehmer das Zeichen noch an die Waren anbringen darf bzw. welche Vorkehrungen er zu treffen hat, um die Produkte als Markenware und damit zu einem höheren Preis verwerten zu können.

Beide Komplexe unterscheiden sich jedoch von der hiesigen Problemstellung. Wurde in ihnen Markenware, ob gekennzeichnet oder noch unmarkiert, als Sicherheit beliehen und die Auswirkung des Markenrechts auf deren Verwertung untersucht, stellt sich hier die Sachlage in umgekehrter Form: Sicherungsgut ist die Marke und zu prüfen ist die Auswirkung auf die gekennzeichneten Produkte. Freilich werden sich in mancherlei Hinsicht die Probleme samt ihren Lösungen ähneln. Insofern erscheint es hilfreich, sich zuerst die bereits besprochenen Fälle anzuschauen, um sich sodann der Lösung der neuen Problematik zuzuwenden.

I. Im Schrifttum bereits behandelte Konstellationen

Wie erwähnt ging einerseits Fischer der Frage nach, in welcher Weise der Markeninhaber oder, häufiger, an seiner Statt der Insolvenzverwalter die Verwertung von sicherungsübereigneter Markenware verhindern kann. Andererseits erweiterten Lwowski / Hoes den Problemkreis dahingehend, daß für noch nicht gekennzeichnete Produkte, die als Sicherheit dienen und unter der Zielsetzung hergestellt wurden, später als Markenware auf den Markt zu kommen, nun der Sicherungsnehmer die Gewähr wünscht, sie im Sicherungsfall auch als Markenware verwerten zu können.

1. Verwertung beliehener Markenware und das Einspruchsrecht des Markeninhabers

Überzeugend führt Fischer[192] aus, wie durch die Verwertung der sicherungshalber übereigneten Ware zwar durchaus berechtigte Interessen des Markeninhabers betroffen sind. Insbesondere sei zu erwarten, daß der Wert der Marke erheblich leide[193]. Er zeigt aber, daß trotzdem die Verwertung aufgrund markenrechtlicher Ansprüche nicht verhindert werden kann.

So ist einem Markeninhaber als Sicherungsgeber zu entgegnen, er habe durch das Sicherungsgeschäft zumindest konkludent eine die Ansprüche aus der Marke ausschließende Zustimmung erteilt, § 14 II, IV MarkenG. Andernfalls würde er sich widersprüchlich im Sinn eines venire contra factum proprium verhalten, § 242 BGB[194].
Wurde die Markenware von einem nicht lizenzberechtigten Zwischenhändler beliehen, steht dem Sicherungsnehmer gegen den intervenierenden Markeninhaber der Einwand der Erschöpfung zu, § 24 I MarkenG. Daran vermag auch nicht die Beeinträchtigung der Werbefunktion etwas zu ändern, die etwa aufgrund der außerhalb des üblichen Vertriebssystems oder der unterhalb der sonstigen Preispolitik erfolgenden Verwertung droht. Sie würde zwar vom Markeninha-

192 Fischer WM 1997, 597-606
193 Fischer macht dies an der Werbefunktion der Marke fest, Fischer WM 1997, 597 (597 f).
194 Fischer WM 1997, 597 (600 ff)

ber als störend wahrgenommen, kann die Einwendung aber nicht nach § 24 II MarkenG ausschließen[195].

Ist der Zwischenhändler Inhaber einer Lizenz, führt dies zu keinem anderen Ergebnis. Entweder ist der zur Verfolgung der Ansprüche berechtigte Lizenznehmer gleich einem Markeninhaber gebunden, d.h. entweder über eine konkludente Zustimmung oder über § 242 BGB. Oder der weiterhin die Ansprüche aus der Marke einfordernde Markeninhaber sieht sich wiederum dem Einwand der Erschöpfung gegenüber. Vereinbarungen im Lizenzvertrag, die sein gefährdetes Interesse absichern sollen, würden selbst bei einer dinglichen Lizenz lediglich schuldrechtliche Verpflichtungen bewirken, die sich nicht auf Dritte auszuwirken imstande sind[196].

Fischer kommt daher folgerichtig zu dem Schluß, daß Ansprüche aus einer Marke ein Sicherungsrecht an Markenware - abgesehen von vereinzelten Ausnahmen[197] - nicht beeinträchtigen können.

2. *Verwertung noch nicht gekennzeichneten Sicherungsguts als Markenware*

Lwowski / Hoes werfen im Anschluß an Fischer, dem sie in vollem Umfang beipflichten, die Frage auf, wie ein Sicherungsnehmer sicherstellen kann, daß das ihm übertragene Sicherungsgut, welches zwar zur Markierung bestimmt wurde, diese aber noch nicht empfangen hat, trotzdem als Markenware verwertet werden kann. Schließlich ist bei Kennzeichnung ein höherer Erlös zu erwarten[198]. Da das Anbringen der Marke auf der Ware, deren Aufmachung oder Verpackung ausdrücklich dem Markeninhaber vorbehalten ist, § 14 III Nr.1, II MarkenG, würde sich der Sicherungsnehmer bei eigenmächtiger Vornahme grundsätzlich einem Anspruch aus dem Markenrecht gegenüber sehen. Daß in der Übereignung noch nicht gekennzeichneter Ware eine die Ansprüche aus der Marke ausschließende Zustimmung oder Nutzungsberechtigung zu erblicken ist, kann ihrer Ansicht nach nicht angenommen werden[199]. Daher würde der Sicherungsnehmer,

195 Fischer WM 1997, 597 (602 ff)

196 Fischer WM 1997, 597 (605 f); zum letzten Aspekt auch Ingerl/Rohnke NJW 1994, 1247 (1254). Wenngleich Fischer insoweit widersprochen werden muß, als er Lizenznehmern markenrechtliche Ansprüche zuspricht, ohne sie von der Zustimmung des Markeninhabers abhängig zu machen, § 30 III MarkenG, ist ihm im Ergebnis zuzustimmen.

197 Sie betreffen insbesondere die Veränderungen von Originalware, Fischer WM 1997, 597 (602 f).

198 Selbst wenn der Sicherungsfall mit der Insolvenz des Markeninhabers zusammenfallen sollte und dadurch die Marke in ihrem Wert Schaden leidet, ist trotzdem bei Kennzeichnung der Produkte ein höherer Erlös zu erwarten, als wenn die Ware als „no-name" auf den Markt gelangt. Das noch vorhandene Renommee des Zeichens wird nicht umgehend gänzlich auf der Strecke bleiben. Lediglich wenn andere gravierende Gesichtspunkte hinzukommen, mag es im Einzelfall anders sein, z.B. wenn die berechtigte Befürchtung besteht, daß entscheidende sich anschließende Leistungen wie Service oder Wartung nicht mehr gewährleistet sind.

199 Lwowski/Hoes begründen dies mit dem Hinweis, daß auch nicht gekennzeichnete Ware verwertbar ist, daher die Markierung nicht zwangsläufig Bestandteil des Sicherungsgeschäfts sein muß, Lwowski/Hoes WM 1999, 771 (778). Diese Argumentation ist aber nicht zwingend. Denn der Wille der Parteien bei Abschluß des Geschäfts könnte gerade auf die Verwertung als Markenware gerichtet gewesen sein. Insofern bedarf es der Auslegung der Vereinbarung, um den konkreten Parteiwillen zu ermitteln. Das kann zum selben Ergebnis führen, muß es aber nicht zwangsläufig. Jedoch wird der Sicherungsnehmer kaum berech-

um notfalls die Markierung selbst vornehmen zu können, zumindest ein Gebrauchsrecht an dem Zeichen benötigen. Lwowski/Hoes empfehlen aus diesem Grunde einem Sicherungsnehmer, daß er sich bei der Bestellung der Sicherheit gleichzeitig einen Nießbrauch einräumen läßt[200].

Dieser Lösung ist zu widersprechen. Würde allein zu dem Grund, daß noch nicht gekennzeichnete, sicherungsübereignete Ware markiert werden kann, dem Sicherungsnehmer ein Nießbrach eingeräumt, würde in unverhältnismäßiger Weise Vermögen des Sicherungsgebers gebunden, mit der Folge, daß das Sicherungsgeschäft leicht die Grenze der Sittenwidrigkeit überschreitet. Denn durch den Nießbrauch des Sicherungsnehmers wäre der Markeninhaber oder ein an seine Stelle tretender Insolvenzverwalter nicht mehr in der Lage, weder die Marke selbst zu gebrauchen, noch den in ihr durch den Gebrauchsvorteil innewohnenden Wert anderweitig zu nutzen. Denn der Nießbrauch umfaßt sämtliche Nutzungsmöglichkeiten und damit jede sinnvolle Verwendung[201]. Der Wert der damit für den Markeninhaber unbrauchbar gewordenen Marke übersteigt aber den zusätzlichen Erlös, der durch die Verwertung von Markenware anstatt von sog. weißer Ware erzielt werden kann, um ein vielfaches. Je nach Wert der Marke würde dies wegen eines auffälligen Mißverhältnisses zwischen gesicherter Summe und Sicherungswert zur Sittenwidrigkeit der gesamten Sicherheit führen[202], zumindest aber einen gravierenden Verstoß gegen das jeder Sicherungstreuhand immanente Gebot der Rücksichtnahme darstellen. Zudem existieren entgegen der Annahme von Lwowski / Hoes andere Alternativen, wie die Verwertung als Markenware gewährleistet werden kann, die weit schonender mit dem Vermögen des Sicherungsgebers umgehen und trotzdem in der Insolvenz des Markeninhabers Bestand haben[203].

II. Die neue Konstellation mit der Marke als Sicherungsgut

Gingen Fischer und Lwowski / Hoes davon aus, daß Markenware als Sicherheit übereignet wurde und sich der Sicherungsnehmer Ansprüchen aus dem Markenrecht erwehren muß, dient hier die Marke als Sicherungsgut und steht in Konflikt mit der Berechtigung an Markenware. Es ist zu fragen, in welchem Maß sich die Position des Sicherungsnehmers ab der Verwertungsreife auf die bereits mit dem Zeichen versehenen Waren auswirkt. Weil sich ein Einfluß lediglich aus den markenrechtlichen Ansprüchen nach § 14 II, IV MarkenG ergeben kann, betrifft das Problem nur die Sicherungsnehmer, denen die Ansprüche aus der Marke zustehen (nachfolgend 1). Fernerhin müssen die Voraussetzungen für einen Anspruch nach § 14 II, IV MarkenG vorliegen (nach-

tigt sein sollen, selbst die Marke anbringen zu dürfen. Wenn überhaupt wird der Vertrag eine Verpflichtung des Sicherungsgebers begründen, die Kennzeichnung noch vorzunehmen.

200 Lwowski/Hoes WM 1999, 771 (778 f)

201 vgl.o. B.II.3.

202 Denn auch der Nießbrauch an einer Marke stellt einen beträchtlichen Vermögenswert dar, vgl.o. A.III.2.a. und Kap.3 B.II.1. Er müßte daher aufgrund der Sicherungsrechten vergleichbaren Bindung dem Wert der ohnehin bestellten Sicherheit hinzugerechnet werden. Es wäre zu erwarten, daß dadurch die Grenze zur Sittenwidrigkeit infolge anfänglicher Übersicherung überschritten würde, vgl.o. Kap.5 A.II.2.c.

203 Zu denken ist insbesondere an eine dingliche Lizenz, die ergänzend zur Sicherheit gewährt wird und auf den ganz speziellen Gebrauch zugeschnitten werden kann. Damit wäre das Markenrecht des Inhabers im übrigen nicht betroffen. Daß eine solche Lizenz auch in der Insolvenz des Markeninhabers entgegen der Annahme von Lwowski/Hoes Bestand hat, wurde oben nachgewiesen, B.II.4.

folgend 2.). Sollte sich danach ein Konfliktpotential zwischen Markenrecht und Eigentum an der Markenware ergeben, bleibt zu überlegen, wie dieser zu lösen ist (nachfolgend 3).

1. Sicherungsnehmer als Inhaber markenrechtlicher Ansprüche

Indem sich der Konflikt an den Ansprüchen aus § 14 II, IV MarkenG festmachen läßt, kann er bei sämtlichen Sicherungsnehmern auftreten, denen diese Ansprüche zustehen.

a) Der sicherungshalbe Inhaber der Marke

Ohne weiteres stehen einem Sicherungsnehmer, dem das Zeichenrecht als solches abgetreten wurde, sämtliche Ansprüche aus der Marke zu. Er ist lediglich bei der Ausübung im Innenverhältnis durch die Sicherungstreuhand eingeschränkt. Auf die Berechtigung an den markenrechtlichen Ansprüchen hat dies keine Auswirkung. Selbst wenn die Ansprüche aus Gründen der Zweckmäßigkeit dem Sicherungsgeber zur Ausübung überlassen wurden[204], weil er in aller Regel das größere Know-how und einen besseren Einblick in den Markt besitzt, ändert dies nichts an der Zuordnung der Ansprüche.

b) Der Pfandgläubiger

Einem Pfandgläubiger steht hingegen nur das Recht zu, die Marke zu verwerten. Er rückt nicht in die Stellung des Markeninhabers auf. Da die markenrechtlichen Ansprüche aber Ausfluß der Rechtsinhaberschaft sind, verbleiben sie beim Markeninhaber. Jedoch ist fraglich, ob es der Sache dienlich ist, wenn man dem Pfandschuldner nach Eintritt der Verwertungsreife diese Stellung weiterhin beläßt. Es ist zu befürchten, daß er angesichts des bevorstehenden Verlusts seines Rechts keinen großen Ehrgeiz an den Tag legen wird, die Position zu verteidigen. Auch ist zu bedenken, dass nach einer Verwertungsverfügung der Erwerber, ein Verwalter oder gar der Pfandgläubiger selbst sämtliche Rechte aus der Marke auf sich vereinigen kann, sie aber bis zu diesem Zeitpunkt noch dem Pfandschuldner zustehen sollen. In Betracht kommt daher, den Einschnitt bereits mit Eintritt der Verwertungsvoraussetzungen zu ziehen. Ab diesem Zeitpunkt steht das Pfand wirtschaftlich quasi dem Gläubiger zu[205]. Auf der anderen Seite ist der Pfandgläubiger nicht verpflichtet, seine Position geltend zu machen. Es ist ihm überlassen, ob er sich in die Stellung des Verfügungsberechtigten aufschwingen möchte oder hierauf verzichtet. Daher wird es bei der Verantwortung des Markeninhabers für das Geltendmachen der markenrechtlichen Ansprüche verbleiben müssen. Ist während der Verwertung zu befürchten, dass das Engaement des Inhabers bei der Verteidigung der Marke zu wünschen übrig lässt, wird dem

204 Hierzu wurde zum Schutz der Marke und des Sicherungsrechts geraten, vgl. nur die Zusammenfassung unter Kap.6 B.V. Die Ansprüche können dem Sicherungsgeber nicht abgetreten worden sein, vgl.o. Kap.6 FN 145.

205 Dieser Gedanke läßt sich auch im Gesetz finden. Denn nach den Regeln des Pfändungspfandrechts trifft den Schuldner mit der Beschlagnahme das Inhibitorium, §§ 857 I, 829 I 2 ZPO. Die darin zum Ausdruck kommende umfassende Verfügungsbeschränkung des Schuldners bedingt auf der anderen Seite, daß die Berechtigung insoweit treuhänderisch vom Gläubiger, im Zwangsvollstreckungsverfahren regelmäßig durch das zwischengeschaltete Vollstreckungsgericht wahrgenommen wird.

Pfandgläubiger aufgrund schädigenden Verhaltens des Schuldners lediglich ein Anspruch auf Verfolgung der Markenverletzungen zugestanden werden können. Der allerdings seinerseits im Wege der Vollstreckung bei Weigerung des Inhabers vom Pfandgläubiger verfolgt werden kann.

c) *Der Sicherungslizenznehmer*

Wurde dem Sicherungsnehmer eine Lizenz als Sicherheit eingeräumt, so wird es sich dabei normalerweise um eine dingliche Berechtigung an der Marke handeln[206]. Als Ausdruck der Dinglichkeit stehen ihm markenrechtliche Ansprüche zu, soweit sie zum Schutz der Position erforderlich sind. Der Lizenznehmer darf die Ansprüche allerdings nicht ohne die Zustimmung des Markeninhabers geltend machen, § 30 III MarkenG. Jedoch wird entsprechend zum Patentrecht mitunter vertreten, daß zumindest bei ausschließlichen Lizenzen dem Lizenznehmer die Verteidigung des Schutzrechts ohne wenn und aber zukomme[207]. Diese Sichtweise ist aber vor dem eindeutigen Wortlaut und nach dem Willen des Gesetzgebers nicht haltbar[208]. Die Norm unterscheidet gerade nicht nach der Art der Vereinbarung, sondern unterstellt jegliche Lizenz dem Zustimmungsvorbehalt. Allenfalls wird man im Einzelfall auf eine konkludente Zustimmung des Lizenzgebers schließen dürfen. Dies wird dann in Frage kommen, wenn der Vertrag kaum Vorgaben des Lizenzgebers kennt und deshalb der Verzicht auf die ihm selbst bei ausschließlichen Lizenzen verbleibenden Einflußnahmemöglichkeiten nahe liegt.

Für einen Sicherungsnehmer als Lizenzberechtigtem bedeutet dies, daß ihm zwar die Ansprüche nach § 14 II, IV MarkenG insoweit zustehen, als seine Lizenz verletzt wird. Um sie aber einem Eigentümer von Markenware entgegenhalten zu können, bedarf er der Zustimmung des Markeninhabers. Nicht selten wird aber gerade der Markeninhaber der Eigentümer der gekennzeichneten Produkte sein, so daß er kaum seine Einwilligung erklären wird. Auch wird man keine Pflicht des Sicherungsgebers zur Zustimmung annehmen können. Eingeräumt werden sollte dem Lizenznehmer lediglich die Möglichkeit, die Lizenz im Sicherungsfall durch Veräußerung oder Vergabe von Unterlizenzen zu verwerten. Da dies üblicherweise für die Befriedigung des Sicherungsnehmers ausreichen sollte, wird der Zugriff auf bereits markierte Produkte von den Parteien weder bedacht noch gewollt gewesen sein. Allerdings ist es den Parteien unbenommen, etwas anderes zu vereinbaren.

Damit wird ein Sicherungsnehmer an einer Lizenz grundsätzlich keine Ansprüche gegen den Eigentümer von Markenware geltend machen können.

d) *Der Sicherungsnehmer als Nießbraucher*

Schließlich bleibt der Inhaber eines sicherungshalber bestellten Nießbrauchs. Ihm stehen gegen Beeinträchtigungen seiner Position gemäß den §§ 1068 II, 1065 BGB dieselben Verteidigungs-

206 Zur Vereinbarung einer Lizenz als Sicherheit und den selten zu erwartenden rein schuldrechtlichen Berechtigungen vgl.Kap.3 B.I.1.a.

207 So Fischer WM 1997, 597 (599). Diese Sichtweise verkennt aber, daß ein § 30 III MarkenG entsprechender Passus in § 15 PatG fehlt.

208 BT-Drucks. 12/6581 S.86; OLG München NJW-RR 1997, 1266 (1267); Ingerl/Rohnke § 30 RN 40; Althammer-Klaka (6.A) § 30 RN 22; Fezer MarkenR § 30 RN 31; vgl.a.o. Kap.6 B.I.2.d.bb.

rechte zu wie dem Inhaber des Vollrechts. Damit ist er in der Lage, sich gegen jeglichen unbefugten Gebrauch der Marke zur Wehr zu setzen[209]. Folglich ist auch der Sicherungsnehmer als Nießbraucher mit Eintritt der Verwertungsreife befugt, die Ansprüche aus § 14 II, IV MarkenG geltend zu machen.

e) *Zusammenfassung*

Bei der Sicherungsübertragung wie auch dem –nießbrauch steht dem Inhaber mit Eintritt der Verwertungsreife die Möglichkeit zu, Ansprüche aus der Marke geltend zu machen. Auch bei Lizenzen ist dies nicht gänzlich ausgeschlossen. Bei ihnen hängt die Berechtigung des Sicherungsnehmers von der Zustimmung des Markeninhabers ab. Diese kann unter Umständen bereits Bestandteil des Lizenzvertrags sein.

2. *Die Voraussetzungen des § 14 II, IV MarkenG*

Wenn den Sicherungsnehmern markenrechtliche Ansprüche zustehen, muß weiterhin der Zugriff auf die Markenware von den § 14 II, IV MarkenG umfaßt sein. Dazu muß der Tatbestand einerseits in den Schutzbereich fallen und darf insbesondere nicht aufgrund Erschöpfung nach § 24 I MarkenG vom Anwendungsbereich ausgenommen sein[210]. Andererseits müssen die einzelnen Tatbestandsmerkmale des § 14 II, IV MarkenG vorliegen.

a) *Die Schutzgrenze der Erschöpfung, § 24 MarkenG*

Nach § 24 I MarkenG erschöpft sich ein Markenrecht, wenn es als Zeichen auf Waren angebracht wurde, die sodann vom Inhaber oder mit seiner Zustimmung in den Verkehr des Europäischen Wirtschaftsraums gebracht wurden[211]. In diesen Fällen soll sich der Markeninhaber nur

209 Der Grund liegt in der alleinigen Berechtigung zur Nutzung der Marke.

210 Wenngleich ohne inhaltliche Auswirkung kommen für die systematische Einordnung der Erschöpfung unterschiedliche Ansätze in Betracht. So deutet der Wortlaut des § 24 I MarkenG, der sich nahezu wörtlich an Art.7 MarkenRL anlehnt, auf eine Einwendung gegen die Ansprüche aus § 14 II, IV MarkenG hin. Das Markenrecht würde nicht an sich begrenzt. Auch könne sich eine Erschöpfung immer nur auf einzelne gekennzeichnete Waren beziehen, Ingerl/Rohnke § 24 RN 5. Indem aber die Erschöpfung einhellig allein am berechtigten Einbringen des Zeichens in den Verkehr festgemacht wird, setzt sie an einem eigenen, tatsächlichen Merkmal an. § 24 I MarkenG hängt gerade nicht von einer Verletzungshandlung ab, obwohl die Norm ihrem Wortlaut nach an einem Unterlassungsanspruch anknüpft. Sie entspricht daher einer negativen Schutzvoraussetzung und rechtfertigt nicht eineVerletzungshandlung. Die Erschöpfung grenzt daher den Markenschutz an sich ein. Dieses Verständnis wird dadurch gestützt, daß die Erschöpfung aus dem Funktionsverständnis der Marke abgeleitet wird und ergo dem Kern des Markenrechts selbst entspringt (vgl. BGHZ 41, 84 (91 ff)-Maja. Die Entscheidung bezieht sich zwar auf die alte Rechtslage; an der grundsätzlichen Verankerung der Erschöpfung hat sich aber durch die Reform nichts geändert.) Zurecht nimmt folglich Fischer an, daß sie eine inhaltliche Grenze des Markenrechts an sich darstellt, Fischer WM 1997, 597 (600).

211 Zur Auslegung von Art.7 I MarkenRL EuGH GRUR Int 1998, 695-Silhouette. Der EuGH widersprach damit dem EFTA-Gerichtshofs, GRUR Int 1998, 309-Maglite, der in der Norm die internationale Erschöpfung geregelt sah. Die EuGH-Entscheidung wurde vielfach kritisiert, vgl. nur Beckmann GRUR Int 1998, 836 (836 ff), Sosnitza WRP 1998, 951 (951 ff); Joller GRUR Int 1998, 751 (751 ff); Rohnke WRP 1999, 889 (889 ff); Baudenbacher GRUR Int 2000, 584 (584 ff). Mit Joller ist sie dahingehend zu verstehen, daß der Ball zur in-

ausnahmsweise auf die Ansprüche aus der Marke berufen können, § 24 II MarkenG. Hierzu hat er berechtigte Gründe vorzubringen, die den Ausschluß mit den Rechten aus der Marke nicht gerechtfertigt erscheinen lassen.

Die Ware wurde nach überwiegender Ansicht dann im Sinne des § 24 I MarkenG in den Verkehr eingebracht, wenn die tatsächliche Verfügungsgewalt an der Sache auf einen Dritten übertragen wurde[212]. Die Eigentumsverhältnisse sind unerheblich. Erforderlich ist aber, daß die Entscheidungsgewalt über die Ware nicht weiterhin derselben Stelle obliegt, wie es beispielsweise beim Verschieben der Ware innerhalb eines Konzerns der Fall ist[213] oder wenn lediglich an die Stelle des seither zur Zustimmung Berufenen der Insolvenzverwalter tritt[214]. Dies stellte der EuGH auch insofern klar, als das Anbieten zum Verkauf durch den Markeninhaber noch keine Erschöpfung bewirkt[215]. Allerdings muß der Wechsel in der Herrschaftsgewalt mit dem Willen des Markeninhabers geschehen sein, sei es durch seine eigene Handlung, sei es durch Dritte mit seiner Zustimmung.

Wendet man dies auf einen Konflikt zwischen Sicherungsnehmer und Eigentümer von Markenware an, so können dem Sicherungsnehmer nur dann markenrechtliche Ansprüche zustehen, wenn sich die Markenware noch beim Kennzeichnenden, einer seinen Weisungen unterworfenen Person oder bei einem zum Anbringen des Zeichens ermächtigten Lizenznehmer befindet. Nur in diesen Fällen ist die Ware noch nicht im Sinne des § 24 I MarkenG in den Verkehr gelangt. Lediglich wenn dies ohne Zustimmung des (damaligen) Markeninhabers erfolgt sein sollte, werden darüber hinaus Ansprüche möglich sein. Fehlt es daher am unmittelbaren Besitz, auf den der Sicherungsgeber oder ein Lizenznehmer zumindest per Weisung Einfluß nehmen kann, ist der Sicherungsnehmer mit den Ansprüchen aus der Marke ausgeschlossen.

Dieses Ergebnis erfährt durch § 24 II MarkenG insofern eine Einschränkung, als bei berechtigten Gründen die Ansprüche wiederaufleben können. Als Beispiel nennt das Gesetz die Verände-

ternationalen Erschöpfung an die Politik zurückgespielt wurde, Joller GRUR Int 1998, 751 (765). Diese nahm ihn auch in Form der EU-Kommission auf, die eine umfangreiche Studie zur Zweckmäßigkeit einer Rechtsänderung hin zur internationalen Erschöpfung anstellte, GRUR Int 2000, 628 ff, kam aber zum Ergebnis, daß dies derzeit nicht geboten sei, GRUR 2000, 651. Eher dürfte aber im Votum der Kommission die Kapitulation angesichts der Blockade mancher Mitgliedsstaaten zu sehen sein. Das Europ. Parlament will sich damit nicht abfinden und forderte die Kommission zu weiteren Untersuchungen auf, Beschl. v.3.10.2001 zu A5-0311/2001. Zur konkludenten Zustimmung bei Reimportfällen EuGH GRUR 2002, 156-Davidoff/Levi Strauss.

212 Vgl. nur Ingerl/Rohnke § 24 RN 7 i.V.m. § 14 RN 114; Althammer-Klaka (6.A) § 24 RN 7; Sack GRUR 1999, 193 (195); etwas enger faßt Fezer den Begriff, der zusätzlich verlangt, daß die Ware zum Zweck des Absatzes in den freien Wettbewerb auf den Markt gelangt, Fezer MarkenR § 24 RN 7d. Fischer will hingegen das Tatbestandsmerkmal bereits früher als erfüllt ansehen, und zwar wenn die Ware angeboten wird, Fischer WM 1997, 597 (601) mwN; zum Ankündigungsrecht als Spezialfall der Erschöpfung BGH GRUR 2003, 878 (879 f)-Audi.

213 Althammer-Klaka (6.A) § 24 RN 7; Ingerl/Rohnke § 24 RN 7; Fezer MarkenR § 24 RN 7e, Sack WRP 1998, 549 (550 ff); strittig bei Übergabe an Transportunternehmen.

214 Denn der Insolvenzverwalter nimmt allein die Position wahr, die seither der Schuldner innehatte. Der Übergang der Verwaltungs- und Verfügungsmacht ersetzt nicht bereits für sich rechtsgeschäftliche Willenserklärungen.

215 EuGH GRUR Int 2005, 314 (316)-Peak Holding.

rung oder Verschlechterung der Ware[216]. Hieraus wird abgeleitet, daß ein berechtigter Grund von einer Interessenabwägung abhängt, einerseits der Interessen des Markeninhabers, andererseits des Interesses der Allgemeinheit an einem freien Warenverkehr[217]. Das Interesse des Markeninhabers muß sich dabei aus den geschützten Funktionen der Marke herleiten lassen. Nur insoweit möchte das Gesetz dem Markeninhaber Schutz bieten. Im Ergebnis darf ein berechtigter Grund nur zurückhaltend angenommen werden. Schließlich stellt der freie Warenverkehr ein grundlegendes Prinzip sowohl der nationalen Wirtschaftsordnung wie auch der EG, als eine der vier Grundfreiheiten, dar[218]. Daher kann beispielsweise nicht schon das Anliegen des Markeninhabers ausreichen, den vom MarkenG geschützten Wert der Marke und ihre Werbefunktion über Vertriebssysteme markenrechtlich sichern oder gar steigern zu wollen[219].
Beim Streit eines Sicherungsnehmers mit dem Eigentümer von Markenware sind allerdings keine Anhaltspunkte ersichtlich, die einen berechtigten Grund nahelegen würden. Denn durch den Wechsel der Befugnis an der Marke wird weder in den Aussagegehalt der Marke eingegriffen, noch läßt sich eine andere relevante Beeinträchtigung von Markenfunktionen feststellen.

Es bleibt daher dabei, daß Ansprüche eines Sicherungsnehmers gegen den Eigentümer von Markenware wegen § 24 I MarkenG nur dann in Frage kommen, wenn sich die Waren noch bei der kennzeichnenden bzw. einer ihren Weisungen unterliegenden Person befinden oder die Übertragung des unmittelbaren Besitzes ohne Zustimmung des Markeninhabers geschah.

b) Die einzelnen Voraussetzungen des § 14 II, IV MarkenG

Sind die Ansprüche nach § 14 II, IV MarkenG nicht bereits durch Erschöpfung ausgeschlossen, müssen in den wenigen verbleibenden Fällen noch die einzelnen Voraussetzungen für ein Verbotsrecht vorliegen.

aa) Sanktionierte Handlungen

Für den Anspruch ist primär erforderlich, daß die zu unterbindende Handlung von den § 14 II, III, IV MarkenG sanktioniert wird. Allerdings wird dieses Merkmal keine Probleme bereiten, weil durch das Anbringen des Zeichens an der Ware bereits das explizit in § 14 III Nr.1 MarkenG genannte Beispiel verwirklicht ist[220]. Darüber hinaus werden auch die daran anknüpfenden

---

216 Vgl. BGH GRUR 2002005, 160 (161).SIK-Lock I; BGH GRUR 1996, 271-Gefärbte Jeans; Löwenheim in: FS Vieregge (1995) S.569; Nauta, GRUR Int 2004, 994.

217 vgl. nur Ingerl/Rohnke § 24 RN 5; Althammer-Klaka (6.A) § 24 RN 28; Fischer WM 1997, 597 (603 f); ähnlich Sack WRP 1998, 549 (570); **a.A.** Fezer MarkenR § 24 RN 35, der die berechtigten Gründe auf die Fallgruppen des § 242 BGB zurückführen möchte.

218 ebenso Ingerl/Rohnke § 24 RN 5

219 Fischer WM 1997, 597 (603 f) Bayreuther WRP 2000, 349 (354 ff); **a.A.** Sack WRP 1999, 467 (469 ff); ders. WRP 2000, 447 (457); Fezer GRUR 1999, 99 (105 ff); vgl.a. Fezer MarkenR § 24 RN 57b ff; Duijm (1997) S.71 ff.

220 Darüber hinaus erstreckt sich der Anspruch auch auf die mit der Marke versehenen Materialien, die nicht unmittelbar mit der Ware selbst verbunden sind und welche die Vermarktung der Ware unterstützen oder vorbereiten sollen, § 14 III Nr.5, IV Nrn.1, 2 MarkenG. Insofern kann bereits im Vorfeld der Warenkennzeichnung eingegriffen werden, vgl. Ingerl/Rohnke § 14 RN 132.

Handlungen wie der Besitz und das Anbieten der Waren sowie das Veräußern selbst ausdrücklich erfaßt, § 14 III Nr.2 MarkenG.

bb) Das Erfordernis einer Kollision

Unproblematisch ist auch das Erfordernis einer Kollision, welche entweder durch Identität der Zeichen oder über eine Verwechslungsgefahr gegeben sein muß, § 14 II Nrn.1, 2 MarkenG. Schließlich wird bei der Kennzeichnung der Ware gerade dieselbe Marke verwandt, so daß die Identität ein gewünschter Bestandteil der Handlung ist.

cc) Keine Zustimmung des Markeninhabers

Folglich bleibt lediglich das negative Tatbestandsmerkmal einer fehlenden Zustimmung des Markeninhabers zum Gebrauch, wie es in § 14 II, IV MarkenG gefordert wird.

Zustimmung meint eine Willenserklärung im herkömmlichen Sinn, in welcher der Markeninhaber auf das Geltendmachen seines Unterlassungsanspruchs verzichtet[221]. Dieses Verständnis führt aber bei Waren, bei denen das Markenrecht am angebrachten Zeichen noch nicht erschöpft ist, zu kuriosen Ergebnissen. Befindet sich die Ware noch im Besitz des Markeninhabers, fehlt es an einer entsprechenden Zustimmung. Denn weder wird der Markeninhaber sich selbst gegenüber Erklärungen abgegeben haben, daß er auf die Ansprüche aus der Marke verzichte, noch ist er hierzu rechtlich in der Lage[222]. Handelt es sich aber um Markenware, die von einem Lizenznehmer gekennzeichnet wurde, dann wird man in dem ihn dazu ermächtigenden Lizenzvertrag eine Zustimmung enthalten sehen müssen. Dies hätte zur Folge, daß ein Sicherungsnehmer aus den ihm zustehenden Markenansprüchen nicht gegen Lizenznehmer vorgehen könnte. Es wäre ihm aber nicht verwehrt, die Ansprüche gegen den Sicherungsgeber selbst geltend zu machen. Der lediglich abgeleitet berechtigte Lizenznehmer stünde besser als der originär berechtigte Sicherungsgeber. Um ein sachgerechtes Ergebnis zu erhalten, ist daher vom Zweck einer Zustimmung auszugehen. Er ist im Ausschluß von Ansprüchen zu sehen, sofern die Marke befugtermaßen verwandt wurde. Hierfür darf aber nicht der formale Akt einer Erklärung durch den Inhaber das Kriterium sein. Vielmehr ist es die vom Willen des Inhabers getragene Benutzung des Zeichens. Legt man diesen Maßstab zugrunde, muß erst recht beim Sicherungsgeber als bei Kennzeichnung zumindest wirtschaftlichem Inhaber des Markenrechts die Befugnis zum Gebrauch der Marke angenommen werden. Ist er weiterhin Besitzer der Markenware, kann ihm nicht im nachhinein ein Anspruch aus der Marke entgegengehalten werden, nur weil keine Zustimmung zum Gebrauch erfolgt ist. Insofern scheiden auch Ansprüche gegen den Sicherungsgeber als Besitzer gekennzeichneter Waren aus.

Kann sich der Eigentümer der Markenware auf eine Zustimmung berufen, schließt dies aber nicht zwingend jeden markenrechtlichen Anspruch aus. Von der Zustimmung können auch nur bestimmte Benutzungshandlungen erfaßt sein. So kann eine Lizenz etwa zur uneingeschränkten

---

221 vgl. BGH GRUR 1993, 574 (575)-Decker; Ingerl/Rohnke § 14 RN 26 mwN.

222 Der Verzicht ist als zweiseitiges Rechtsgeschäft nicht einseitig zu bewerkstelligen, vgl. Jauernig-Stürner § 397 RN 1, Pal-Heinrichs § 397 RN 1. Will man das Ergebnis auf anderem Wege erreichen, würde es einer inhaltlichen Begrenzung des Markenrechts gleichkommen. Auch hierzu ist der Inhaber eines Markenrechts wegen der dinglichen Wirkung nicht in der Lage.

Veräußerung der Ware ermächtigen, nur zu einem bestimmten Vertrieb oder gar allein zur Herstellung[223]. Sollte eine entsprechende Beschränkung gewollt gewesen sein, wird sie sich regelmäßig ausdrücklich in der Vereinbarung geregelt finden. Sie kann grundsätzlich aber auch den Umständen zu entnehmen sein. Dies ist in den Fällen möglich, in denen sich die Waren noch beim Sicherungsgeber befinden. Doch kann man hier zur Bestimmung der Befugnis auf die Sicherungsvereinbarung zurückgreifen. Aus ihr läßt sich schließen, welche Position dem Sicherungsnehmer eingeräumt werden sollte. Nur soweit dessen Berechtigung reicht, ist die vorher unbeschränkte Befugnis des Markeninhabers zum Gebrauch des Zeichens nun begrenzt. Die Sicherungsvereinbarung wird dem Sicherungsnehmer regelmäßig nur die Verwertung der Marke zugestehen wollen. Die gekennzeichneten Waren werden üblicherweise nicht umfaßt sein. Sämtliche Benutzungshandlungen hinsichtlich der Markenware wie das Feilbieten und Veräußern stehen demzufolge weiterhin dem Sicherungsgeber zu. Jedoch kann im Einzelfall die Auslegung der Sicherungsvereinbarung zu einem anderen Ergebnis führen.

Im Ergebnis wird also sehr selten eine Zustimmung im Sinn des § 14 MarkenG fehlen und der Sicherungsnehmer Ansprüche gegen den Eigentümer von Markenware nur in besonders gelagerten Ausnahmefällen geltend machen können. Solche Ausnahmen können vorliegen, wenn entweder das Sicherungsgeschäft dies vorsieht oder Dritten die Zustimmung nur für einzelne Gebrauchshandlungen erteilt wurde. In allen anderen Fällen wird sich entweder aus der Sicherungsvereinbarung oder der Berechtigung des Dritten ergeben, daß dem Sicherungsnehmer keine Ansprüche aus der Marke zustehen sollen, die ihm den Zugriff auf Markenware ermöglichen würden.

3. Lösung des Konflikts zwischen Sicherungsnehmer und Eigentümer der Markenware

In den wenigen verbleibenden Fällen, in denen dem Sicherungsnehmer ein Verbotsrecht gegenüber der weiteren Benutzung der Markenware zusteht, ist nach der Lösung des Konflikts zwischen der Marken- und der Sachberechtigung zu suchen. Das Gesetz kennt für diese Fälle nur den § 18 MarkenG.

Nach § 18 I MarkenG hat der aus der Marke Berechtigte bei widerrechtlich gekennzeichneten Produkten grundsätzlich einen Anspruch auf deren Vernichtung. Eine anderweitige Beseitigung der Kennzeichnung soll nur dann in Betracht kommen, wenn der Sachberechtigte anhand einer Interessenabwägung nachweisen kann, daß die Vernichtung unverhältnismäßig wäre. Das Gesetz erachtet daher in diesen Fällen selbst das Eigentum an Waren als grundsätzlich nicht schutzwürdig. Der unzulässige Gebrauch einer Marke führt dazu, daß das Eigentum quasi verwirkt wird. Lediglich in engen Grenzen sollen Ausnahmen möglich sein[224].

223 Vgl. zu den nach ihrem Umgangsrecht mit den markierten Waren unterschiedliche Lizenzarten Stumpf/Groß, LizenzV (7.A) RN 26 ff.

224 Zu den Voraussetzungen der Unverhältnismäßigkeit nach § 18 I MarkenG vgl. Trube MarkenR 2001, 225; Retzer in: FS Piper (1996) S.421 (423); Ingerl/Rohnke § 18 RN 17; Fezer MarkenR § 18 RN 39 mwN.

Wurde die Marke dagegen berechtigterweise an der Ware angebracht, fehlt es aber an einer Erlaubnis zu weiteren Benutzungshandlungen, vermag § 18 MarkenG nicht einzugreifen. Trotzdem wird der Sicherungsnehmer auch hier den weiteren Gebrauch unterbinden können. Es ist ihm jedoch nicht gestattet, auf die Ware selbst zuzugreifen, da das Markenrecht nicht das Eigentum an den Gegenständen umfaßt. Folglich bleiben den Parteien unterschiedliche Möglichkeiten, wie sie die sich gegenseitig lähmende Berechtigung an der Markenware auflösen können.
So kann der nunmehr an der Marke Berechtigte auch die weitere Verwendung des Zeichens genehmigen. Als Gegenleistung ist ihm ein Anspruch auf ein angemessenes Entgelt für dieses Gebrauchsrecht zuzugestehen. Andererseits ist dem Eigentümer der Markenware unbenommen, das Zeichen zu entfernen und die Ware sodann ohne die Kennzeichnung zu verwerten. Allerdings darf die Marke dabei keinen Imageverlust erleiden. Ist das Entfernen der Kennzeichnung technisch nicht möglich, so daß dem Sacheigentümer der Totalverlust seiner Position droht, und genehmigt der inzwischen an der Marke Berechtigte nicht die weitere Verwendung, erscheint eine Entscheidung nach billigem Interesse angebracht. Kriterium ist dabei, ob der Sacheigentümer darauf vertrauen durfte, daß er die Markenware als solche weiter verwerten kann. Ist das der Fall, wird man ihm einen Anspruch auf Genehmigung durch den Markenberechtigten zuzusprechen haben[225]. Fehlt es dagegen an einem schutzwürdigen Vertrauen auf der Seite des Sachberechtigten, geht dies zu seinen Lasten. Denn der Zeicheninhaber ist grundsätzlich nicht verpflichtet, für das Vermögen Dritter Sorge zu tragen. Er darf vielmehr auf seiner Position beharren.

III. Zusammenfassung

Beim Einsatz von Marken als Sicherungsmittel kann mit Eintritt der Verwertungsreife grundsätzlich ein Konflikt zwischen der Berechtigung des Sicherungsnehmers an der Marke und dem Eigentum an den mit der Marke gekennzeichneten Waren auftreten. Die Folge können unvereinbar nebeneinander stehende Ansprüche an der Markenware sein. Ein ähnliches Problem wurde bereits von anderen Autoren[226] aufgegriffen. In den dort behandelten Konstellationen bildete aber die Markenware das Sicherungsgut und der Inhaber des Markenrechts bzw. ein zur Verfügung berufener Dritter, insbesondere der Insolvenzverwalter, macht die dinglichen Ansprüche aus dem Schutzrecht geltend. Deren Erkenntnisse können hier aber nur indirekt von Nutzen sein.

Untersucht man die Fälle, in denen die Marke selbst als Sicherungsgut dient, ist festzustellen, daß insbesondere bei der Sicherungsübertragung und dem Sicherungsnießbrauch dem Sicherungsnehmer markenrechtliche Ansprüche zustehen können und damit die Pole für das Spannungsfeld vorhanden sind. Bei den Sicherungslizenzen hängt die Befugnis des Sicherungsneh-

225 Dieser Anspruch ist ihm unter Umständen selbst dann zuzubilligen, wenn die Markierung auch wieder beseitigt werden könnte. Jedoch wird ein erhebliches Vertrauensinteresse seitens des Sacheigentümers bei gleichzeitiger Verantwortlichkeit des Markenberechtigten vonnöten sein, damit der Eingriff in die Rechtsposition gerechtfertigt ist.

226 Fischer WM 1997, 597; Lwowski / Hoes WM 1999, 771 (778 f)

mers von einer zusätzlich erforderlichen Zustimmung des Markeninhabers ab. Aber auch hier wird man unter Umständen eine entsprechende Einwilligung dem Lizenzvertrag entnehmen können.

Die Sicherungsnehmer können vermöge dieser ihnen zustehenden Ansprüche aber nur in wenigen Ausnahmefällen die in der Markenware angelegte Benutzung des Zeichens unterbinden. Einerseits steht dem die Begrenzung des Markenrechts durch die Erschöpfung nach § 24 I MarkenG entgegen. Bereits dadurch grenzt sich ein potentieller Konflikt auf die Waren ein, die sich entweder noch im unmittelbaren Besitz des Sicherungsgebers, einer seinen Weisungen unterworfenen Person oder dem zur Kennzeichnung befugten Lizenznehmer befinden. Andererseits führen die Ansprüche nach § 14 II-IV MarkenG in den verbleibenden Fällen nur in seltenen Ausnahmen zum Erfolg. Regelmäßig werden sie am negativen Tatbestandsmerkmal der fehlenden Zustimmung scheitern. Denn unter einer Zustimmung ist nicht zwingend eine Erklärung zu verstehen, sondern vielmehr auf die Berechtigung zum Gebrauch des Zeichens abzustellen. Lizenznehmer werden sich auf ihre Lizenz berufen können, der kennzeichnende Sicherungsgeber auf seine zumindest vormals existierende Befugnis. Es bleiben lediglich die Konstellationen übrig, in denen sich entweder ausnahmsweise aus dem Sicherungsgeschäft eine Erstreckung der Ansprüche auf die Markenware ergibt, ohne daß im Vorfeld eine ausdrückliche Zustimmung zur Benutzung erteilt wurde. Oder es handelt sich um die Fälle, in denen die Zustimmung insbesondere an Lizenznehmer nur auf einzelne Verwendungsarten beschränkt wurde und nun ein darüber hinausgehender Gebrauch zu befürchten ist.

In diesen wenigen verbleibenden Fällen steht dem Sicherungsnehmer nun ein Verbotsrecht zu. Es erlaubt ihm, widerrechtlich gekennzeichnete Produkte grundsätzlich vernichten zu lassen, § 18 I MarkenG. Der Anspruch ist lediglich bei Unverhältnismäßigkeit ausgeschlossen, wobei eine andere Beseitigungsvariante zur Verfügung stehen muß. Handelt es sich dagegen um berechtigterweise markierte Waren, deren weitere Benutzung nur untersagt werden kann, so ist nach einem Interessenausgleich zu suchen. Grundsätzlich bleibt dem Sachberechtigten auch in diesen Fällen nichts anderes übrig, als die Marke von den Gegenständen zu entfernen. Der Sicherungsnehmer kann jedoch den weiteren Gebrauch der Marken auf den Waren gegen ein entsprechendes Entgelt gestatten. Unter Umständen wird er hierzu sogar verpflichtet sein, wenn der Sacheigentümer ein schutzwürdiges Vertrauen geltend machen kann. Im übrigen wird der Sicherungsnehmer aber auf den Markenansprüchen beharren können.

Schlußbetrachtung

Am Ende sollen noch einmal die einzelnen Ergebnisse der Untersuchung zusammengefaßt werden und einen Gesamteindruck von den Anforderungen, dem rechtlichen Rahmen sowie den vorgeschlagenen Lösungen vermitteln, wie Marken als Sicherungsmittel eingesetzt werden können. Sie werden sowohl ein Fazit wie auch einen Ausblick auf eventuelle Anwendungsbeispiele erlauben.

I. Die Untersuchungsergebnisse

1. Der Hintergrund

Obgleich schon längere Zeit insbesondere von der Wirtschaft gefordert, versagte das WZG der Marke die freie Verfügbarkeit und damit den Einsatz als Sicherungsmittel. Statt dessen wurde streng an der Hinweisfunktion des Zeichens auf die betriebliche Herkunft und der akzessorischen Bindung an den Geschäftsbetrieb festgehalten. Darin zeigte sich bereits früh eine Diskrepanz zum internationalen Markenrecht, welches in der PVÜ auch der notorischen Marke Schutz gewährte. Man glich sie aber über das Wettbewerbsrecht aus. So bedurfte es erst eines äußeren Anstoßes bis die durchaus vorhandenen Reformüberlegungen zum Ziel gelangten. Er fand sich in der auf europäischer Ebene initiierten Modernisierung des Markenrechts, deren Umsetzung der nationale Gesetzgeber - über einen durch die Wiedervereinigung erforderlich gewordenen Zwischenschritt - zum Anlaß für eine umfassende Reform des Kennzeichenrechts nahm. In ihr konnte der Gesetzgeber der wesentlich auf Drängen der Wirtschaft vorangetriebenen internationalen Entwicklung Rechnung tragen, welche sich insbesondere im TRIPs-Abkommen manifestiert hatte. Eingebettet in diese europäische und internationale Entwicklung trat am 1.1.1995 das MarkenG in Kraft, welches mit vielen, auch prägenden Prinzipien des WZG brach. Das Gesetz darf daher nicht in der Tradition der alten Rechtslage verstanden werden.

2. Die Eignung der Marke als Sicherungsmittel

Durch die Reform des Kennzeichenrechts wurden Marken zu absolut geschützten Immaterialgütern und frei verfügbaren Vermögensrechten. Sie besitzen damit die grundlegendsten Voraussetzungen für ein Sicherungsmittel: die Bonität und Liquidität. Zwar wurden Marken schon unter dem WZG als Immaterialgüter von der Eigentumsgarantie des Art.14 I GG erfaßt und als Vermögensrecht angesehen. Doch stand damals ihre rechtliche Ausgestaltung im Widerspruch hierzu. Erst mit dem MarkenG wurden sie dem Wettbewerbsrecht entrissen und zu eigenständigen Vermögenswerten, die als solche vom Gesetz geschützt werden. Dieser Wandel zieht sich gleich einem roten Faden durch die Regelungen des MarkenG und läßt sich vor allem an den §§ 14 I, 27-31 MarkenG wie auch dem erweiterten Schutzbereich festmachen. Insgesamt hat dies dazu geführt, daß der Wert des Zeichens rechtlich anerkannt und zumindest mittelbar geschützt wird. Darüber hinaus wird die Liquidität durch eine breite Palette an Verfügungsmöglichkeiten gewährleistet, die sich von der Übertragbarkeit über die Belastbarkeit bis hin zur Lizenzvergabeberechtigung und Teilbarkeit erstreckt. Die Eignung als Sicherungsmittel wird lediglich insoweit in Frage gestellt, als sich der Wert der Marke nicht einfach ermitteln läßt und als daß noch kein hinreichender Markt für Marken vorhanden ist, der eine Verwertung mit geringem Aufwand erwarten läßt. Die daraus resultierenden Schwierigkeiten stellen aber die Eignung als Sicherungsmittel nicht in Frage.

3. Auswirkungen der neuartigen Sicherheit auf Sicherungsgeschäfte

Trotz der Neuartigkeit des Sicherungsguts kann in vielen Bereichen auf die Erkenntnisse zu anderen Sicherungsmitteln zurückgegriffen werden. Beispielsweise kann für den Kern eines Sicherungsvertrags, der Sicherungszweckvereinbarung, auf die zahlreichen existierenden Darstellungen verwiesen werden. Lediglich auf folgende Bereiche wirkt sich das neuartige Sicherungsgut aus: den Bestellungsakt des Sicherungsrechts, die Vorkehrungen für die Sicherungsphase (Gebrauch des Sicherungsguts, Freigabe und Schutz gegen Verlust und Werteinbußen) sowie die Ausübungsphase, bei der v.a. die bestmögliche Verwertung und das Verhalten in der nicht selten parallel zum Sicherungsfall eintretenden Insolvenz des Sicherungsgebers interessiert.

4. Die Bestellung des Sicherungsrechts

Die vielfältigen Verfügungsmöglichkeiten bei Marken ermöglichen unterschiedliche Sicherungsvarianten. So können Marken übertragen, verpfändet oder es können an ihnen Nutzungsrechte zugunsten des Sicherungsnehmers bestellt werden. Rechtlich möglich, aber mit erheblichen Risiken behaftet und allenfalls in Ausnahmefällen in Betracht zu ziehen ist die Sicherung durch Abtretung der Gegenleistungsansprüche aus Nutzungsverträgen mit Dritten.

a) Die Sicherungsübertragung von Marken

Ausdrücklich bei sämtlichen Marken und durch Anmeldung begründeten Anwartschaften gestattet ist die Übertragung und damit auch die Sicherungsübertragung. Sie erfolgt grundsätzlich über eine formlose Abtretung, wobei sämtliche zur Identifizierung der Marke erforderlichen Angaben im Abtretungsvertrag enthalten sein müssen. Die Übertragung kann bei Marken kraft Eintragung fakultativ ins Register eingetragen werden, worauf aus Rücksicht auf die Interessen des Sicherungsgebers aber regelmäßig verzichtet werden dürfte. Weiterhin ist auch die teilweise Übertragung ausdrücklich vorgesehen. Im Gegensatz zur Übertragung des Vollrechts und sämtlichen in der Literatur zu findenden Stimmen setzt sie aber bei Registermarken nach § 4 Nr.1 MarkenG die Eintragung des abzutrennenden Teils voraus, was wesentlich aus der Eigenständigkeit der neu entstehenden Marke resultiert. Weil sie zu einer dauerhaften Trennung in mehrere Marken führt, wird diese Variante für den Sicherungsgeber wenig attraktiv sein. Einen Ausweg bietet die antizipierte Abtretung bei bis zum Sicherungsfall aufgeschobener Eintragung. Zur Klarstellung sollte die Konstruktion durch eine unwiderrufliche Teilungserklärung des Markeninhabers und einer dem abzutrennenden Teil entsprechenden ausschließlichen Lizenz zu treuen Händen ergänzt werden. Auf diese Weise lassen sich die Vorteile der lediglich teilweisen Beleihung der Marke ohne Nachteile für den Sicherungsgeber erhalten.

b) Die Verpfändung von Marken

Wie die Sicherungsübertragung ist auch die Verpfändung sämtlicher Marken und der Markenanwartschaft möglich. Lediglich künftige Marken sind nicht verpfändbar. Jedoch können sämtliche Voraussetzungen im Vorfeld geschaffen werden, damit die Marke in der juristischen Sekun-

de ihres Entstehens sogleich belastet wird. Die Verpfändung erfolgt mittels formloser Einigung, ist fakultativ eintragbar und hat keinen Publizitätspflichten zu genügen. Damit fehlt einer der beiden wesentlichen Gründe, die das Pfandrecht im Rechtsverkehr nahezu in die Bedeutungslosigkeit gedrängt haben.
Bei Marken, die auch Dritten zum Gebrauch überlassen werden, bietet das Nutzungspfandrecht eine interessante Variante. Es ermöglicht dem Sicherungsgeber, während der Sicherungsphase zusätzlich auf die mittelbaren Rechtsfrüchte zuzugreifen und sie zur Tilgung der gesicherten Forderungen zu verwenden. Die übrigen Nutzungsmöglichkeiten werden dem Sicherungsgeber zu belassen sein. Sie sind vom Nutzungspfandrecht auszuschließen.

c) Die sicherungshalber bestellte Lizenz

Obgleich als Nutzungsrecht gedacht lassen sich auch Lizenzen als Sicherungsrecht einsetzen. Sie gewähren über § 30 V MarkenG eine hinreichende Beständigkeit, die regelmäßig den Lizenznehmer treffenden Pflichten stehen nicht im Wege und sie eröffnen mit ihrer Veräußerlichkeit und der Berechtigung zur Vergabe von Unterlizenzen hinreichende Verwertungsoptionen. All das gilt grundsätzlich für sämtliche Lizenzarten, lassen sich die Verträge frei gestalten und auf die Bedürfnisse von Sicherungsgeschäften zuschneiden. Jedoch folgt aus dem fiduziarischen Charakter der Sicherung und der Bedeutung der Lizenz für den Markeninhaber eine Treuepflicht in Form eines Mitspracherechts des Sicherungsgebers bei der Verwertung. Bestellt wird die Sicherheit durch einen formfreien Vertrag, wobei die Parteien aufgrund ihrer Gestaltungsfreiheit die Lizenz nach Art, Dauer, Territorium und sachlichem Umfang auf den Einzelfall anpassen können.

d) Der Sicherungsnießbrauch

Weiterhin läßt sich der Nießbrauch als Sicherungsrecht einsetzen. Er eröffnet neben dem für den Sicherungsnehmer uninteressanten Eigengebrauch den Zugriff auf die Erlöse aus Nutzungsüberlassungen an Dritte. Die Verträge mit Dritten können entweder vom Sicherungsgeber vereinbart worden sein oder vom Sicherungsnehmer eingeräumt werden. Obgleich sich die durch den Nießbrauch lediglich möglichen obligatorischen Ausübungsberechtigungen verdinglichen lassen, empfiehlt sich zudem das Vereinbaren einer Ermächtigung zur Vergabe dinglicher Lizenzen. Ein Nießbrauch ist bei sämtlichen Marken möglich, selbst bei Anwartschaften, und wird durch formfreien Vertrag bestellt. Er ist fakultativ ins Markenregister eintragbar und läßt sich durch den Ausschluß einzelner Nutzungsvarianten bis zu einem gewissen Grad auf die Bedürfnisse der Parteien zuschneiden.

5. Mehrere Markenrechte am selben Zeichen

Bei Sicherungsrechten an Marken ist zu berücksichtigen, daß nach derzeitiger Rechtslage an einem Zeichen im Inland bis zu drei nationale Marken und ein europäisches Markenrecht bestehen können. Ein Sicherungsnehmer hat daher darauf zu achten, daß sich die Sicherung auf sämtliche Markenrechte erstreckt. Er riskiert sonst Einbußen an seiner Sicherheit bis hin zu ihrem Verlust. Deshalb sollte das Sicherungsrecht pauschal für alle möglichen Markenvarianten eingeräumt werden und auch erst künftige Markenrechte einbeziehen.

Wenngleich auf diese Weise der Problemkreis mehrfacher Berechtigungen am selben Zeichen in den Griff zu bekommen ist, ist doch Kritik an dieser Rechtslage zu üben. Nicht nur daß sie der natürlichen Betrachtungsweise widerspricht, sie läßt sich auch nicht mit der absoluten Rechtsposition und der ihr zugrunde liegenden Zuordnungsfunktion von Marken vereinbaren. Außerdem schafft sie unnötig die Gefahr auseinanderfallender Berechtigungen und Irreführungen des Verkehrs. Daher wird vorgeschlagen, die unterschiedlichen Entstehungsgründe für eine Marke als Begründungsvarianten für ein und dasselbe Markenrecht auszugestalten, flankiert von wenigen weiteren Gesetzesänderungen, um die neue Rechtslage adäquat auszugestalten. Die heutige Situation wirkt gleich einem bereits bei der Geburt zum Fossil erstarrten Zeitzeugen einer ehemaligen Entwicklung im Markenrecht.

6. Marken gleichzeitig als sonstige Kennzeichenrechte

Weiterhin können Marken Namen, Firmen oder sonstige Geschäftskennzeichen enthalten, genauso wie ein paralleler Werktitelschutz möglich ist. Anders als bei geographischen Herkunftsangaben als Bestandteil, die wettbewerbsrechtliche Konflikte auslösen können, droht hier spätestens bei der Verwertung der Marke eine Kollision. Im Gegensatz zur früheren Rechtslage bereitet dies aber heute keine Schwierigkeiten mehr. Nach den Reformen des Marken- wie auch des Firmenrechts ist im Gebrauch eines Namens iwS als Markenbestandteil oder bei sonstigen kollidierenden Schutzrechten des Sicherungsgebers zumindest eine konkludente Gebrauchserlaubnis anzunehmen, die sich obendrein aus der Verwendung der Marke als Sicherungsmittel ergibt. Lediglich die Art der Erlaubnis, ob dinglich oder obligatorisch, kann unterschiedlich zu beurteilen sein.

7. Durch Sicherungsgeschäfte ausgelöste Gefahr der Irreführung

Durch den bei Verwertung des Sicherungsguts drohenden Wechsel in der Berechtigung am Zeichen können Aussagen, die der Verkehr mit der Marke verbindet und Eigenschaften des Produkts oder des Herstellers betreffen, unrichtig werden. Es droht die Irreführung des Verkehrs, der sich hiergegen - außer bei Aussagen über die betriebliche Herkunft - mit Ansprüchen auf Schadensersatz oder der Beseitigung der Marke zur Wehr setzen kann. Entgegen der Meinung des BGH und weiter Teile der Literatur ist dabei auch im Rahmen des § 127 I MarkenG die Relevanz der Aussage für die Produktentscheidung zu fordern. Der Irreführungsgefahr kann aber in sämtlichen Fällen durch aufklärende Zusätze begegnet werden, bei § 49 II Nr.2 MarkenG über das entgegen anderer Meinungen als eigenständiges Tatbestandsmerkmal zu verstehende Erfordernis der konkreten Benutzung.

8. Gefahr des Verlusts der Sicherheit aufgrund Übersicherung

Trotz dessen daß es sich üblicherweise um Singularsicherheiten handelt, kann die Unwirksamkeit infolge Übersicherung drohen. Bei der Beurteilung kommt der Entscheidung des BGH GS, die den gordischen Knoten der jahrelangen Kontroverse zwischen den Zivilsenaten des BGH zerschlug, eine richtungsweisende Aufgabe zu, sie vermag aber nicht alle Fragen zu beantworten. Zur Bestimmung einer Übersicherung lassen sich die Gedanken des BGH GS zur entsprechenden Anwendung der Vermutung des § 237 BGB auf den stark schwankungsanfälligen Wert von Marken übertragen, wohlweislich unter der Prämisse, daß die Parteien bei begründetem

Anlaß im Einzelfall andere Vereinbarungen treffen können. Folglich liegt eine Übersicherung regelmäßig vor, wenn der aktuelle Wert der Sicherheit mehr als 150% der gesicherten Forderungen ausmacht. Die Rechtsfolgen richten sich nach der jeweiligen Art der Übersicherung. Handelt es sich um eine nachträgliche Übersicherung bei Formularverträgen steht dem Sicherungsgeber ein im Ergebnis, nicht aber in der Begründung zutreffend vom BGH GS angenommener, sich aus dem Sicherungsvertrag ergebender Freigabeanspruch zu. Eine Unwirksamkeit tritt nicht ein. Entsprechend verhält es sich bei nachträglichen Übersicherungen in Individualverträgen, wenn die Parteien sich nicht über eine Freigabeklausel geeinigt haben. Vereinbaren aber die Parteien eine Freigabeklausel oder verzichten bewußt auf sie, beurteilt sich der Fall nach § 138 BGB, an dem auch eine anfängliche Übersicherung zu messen ist, oder § 242 BGB. Wann ein entsprechender Verstoß vorliegen soll, ist sogar auf höchstrichterlich Ebene umstritten, weshalb ein neuer Streit der Zivilsenate des BGH droht. Im Ergebnis ist trotz der notwendigen Gesamtbetrachtung eine Sittenwidrigkeit grundsätzlich ab dem 3-fachen Wert der Sicherheit im Verhältnis zu den gesicherten Forderungen anzunehmen. Dieser Grenzwert ist je nach den Umständen im Einzelfall zu modifizieren.

9. Gefahr der Sittenwidrigkeit aufgrund Gläubigergefährdung

Ein weiterer Gefahrenherd besteht in Form der Sittenwidrigkeit aufgrund Gläubigergefährdung inklusive der Unterfallgruppen Kredittäuschung und Insolvenzverschleppung, wobei die Begrifflichkeiten in der Literatur uneinheitlich verwandt werden. Er findet seinen Auslöser in der fehlenden Publizität der Sicherheit. Jedoch wird nicht bereits die Beleihung einer Marke an sich für eine Sittenwidrigkeit ausreichen. Es ist aber ein Nährboden vorhanden, der beim Hinzutreten weiterer Umstände zur Unwirksamkeit des Sicherungsgeschäfts führen kann. Deshalb sind die Voraussetzungen im Auge zu behalten, insbesondere wenn beim Bestellen der Sicherheit die finanzielle Situation des Sicherungsgebers bereits angespannt ist. Allerdings kann der Gläubigergefährdung auf einfache Weise vorgebeugt werden, indem das gefährdende Sicherungsrecht ins Markenregister eingetragen wird, obschon der Sicherungsgeber hieran kein Interesse haben wird.

10. Interessen des Sicherungsgebers in der Sicherungsphase

Während der Sicherungsphase wird der Sicherungsgeber berechtigterweise daran interessiert sein, die Marke weiterhin nutzen zu können und nicht mehr benötigte Sicherheiten zurückzuerhalten.

a) Das Nutzungsrecht des Sicherungsgebers

In aller Regel werden während der Sicherungsphase beide Parteien ein Interesse daran haben, daß die Marke weiterhin benutzt wird. Ohnehin kommt dem Sicherungsgeber aus dem Wesen des Sicherungsvertrags ein Anspruch auf die Nutzung zu. Inhaltlich hat er aber nicht völlig freie Hand. Sein Recht ist begrenzt, soweit das Sicherungsziel gefährdet würde. Demnach wird der Sicherungsgeber die Marke nach Art und Strategie quasi frei gebrauchen dürfen. Die Vergabe von Nutzungsberechtigungen an Dritte, inklusive dem Merchandising, sind aber von einem ausbleibenden berechtigten Widerspruch des Sicherungsnehmers abhängig zu machen. Letzterem sind zudem die Erlöse aus den Nutzungsverträgen zuzusprechen, die mit den gesicherten Forderungen zu verrechnen sind. Ein Anspruch auf Mitwirkung, um eine weitere Beleihung der Marke zu ermöglichen, kommt dem Sicherungsgeber nach Maßgabe seines Freigabeanspruchs zu.

b) Der Freigabeanspruch des Sicherungsgebers

Der Freigabeanspruch setzt an der nicht interessengerechten Bindung von Kapital zu Lasten des Sicherungsgebers an und wurde bereits bei der Übersicherung angesprochen. Er folgt aus dem Wesen des Sicherungsvertrags, steht aber zur Disposition der Parteien. Grundsätzlich greift er ein, wenn endgültig nicht mehr benötigte Sicherheiten bestehen. Entsprechend zu § 237 BGB ist dies anzunehmen, wenn der aktuelle Wert der Sicherheit 150% der gesicherten Forderungen übersteigt, wobei bei berechtigtem Anlaß von dieser Vermutung abgewichen werden kann. Handeln die Parteien andere Voraussetzungen aus, kann dies insbesondere zur Sittenwidrigkeit des gesamten Sicherungsgeschäfts führen. Dies ist insbesondere anzunehmen, wenn die Freigabe verwehrt wird, obwohl der Wert der Sicherheit die 3-fache Summe der gesicherten Forderungen übersteigt. Inhaltlich richtet sich der Anspruch entweder auf die teilweise Rückübertragung der sicherungshalber abgetretenen Marke, den Austausch der Sicherheit oder die Anpassung eines sicherungshalber gewährten Nutzungsrechts.

11. Schutzvorkehrungen des Sicherungsnehmers während der Sicherungsphase

Der Sicherungsnehmer hat sich in der Sicherungsphase vor allem gegen den Untergang der Marke, den isolierten Verlust des Sicherungsrechts sowie gegen Werteinbußen zu schützen.

a) Schutzvorkehrungen gegen den Untergang der Marke

Da der Untergang der Marke gleichzeitig den Verlust des Sicherungsrechts bedeutet, sollte der Sicherungsnehmer hiergegen Vorkehrungen treffen. Wann allerdings Markenrechte erlöschen, läßt sich dem Gesetz nicht unmittelbar entnehmen. Die Auslegung ergibt jedoch, daß Registermarken mit ihrer Löschung untergehen, die übrigen Marken wenn die Schutzvoraussetzungen tatsächlich fehlen. Untergangsgründe sind für sämtliche Marken das Fehlen der Voraussetzungen nach §§ 3, 7 MarkenG, der Verzicht, die Kollision mit älteren Rechten sowie die Umstände des § 8 II MarkenG, die größtenteils auf alle Marken angewandt werden können. Hinzu kommt bei Registermarken die ungenügende Benutzung sowie der Schutzdauerablauf, bei den übrigen Marken der Verlust der erforderlichen Bekanntheit. Einem Sicherungsnehmer ist daher zu empfehlen, vor dem Bestellen der Sicherheit die Marke auf mögliche Gefahren durch die §§ 3, 7, 8 II MarkenG und auf potentielle Kollisionen hin zu untersuchen, obschon dies der Markeninhaber bereits gemacht haben wird. Weiterhin sollte der Sicherungsgeber zur bestmöglichen Verteidigung der Marke, nötigenfalls durch Zusätze und Abänderungen, und bei Marken nach § 4 Nrn.2, 3 MarkenG zur Benutzung in bisherigem Umfang verpflichtet werden. Bei Registermarken empfiehlt sich zudem, die Schutzdauer im Auge zu behalten und sich als Vertreter im Markenregister eintragen zu lassen. Diese Maßnahmen bieten zwar keinen umfassenden Schutz gegen den potentiellen Untergang der Marke. Sie gewähren aber ein hinreichendes Maß an Sicherheit, auf die Marke auch noch im Sicherungsfall zugreifen zu können.

b) Schutz gegen den isolierten Verlust des Sicherungsrechts

Ein Verlust allein des Sicherungsrechts, ohne daß die Marke untergeht, ist nur unter Mitwirkung des Sicherungsnehmers möglich. Denn ein gutgläubiger oder gutgläubig lastenfreier Erwerb wird allgemein abgelehnt. Nach einem hier vertretenen neuen Ansatz wäre aber ein Erwerb Kraft Rechtsscheins zu begrüßen, zumal er im Rahmen der derzeitigen Gesetzeslage möglich wäre, ja sie sogar schlüssiger erklären könnte, und erheblich zum Verkehrsschutz beitragen würde. Es wäre aber illusorisch, dem neuen Ansatz mehr zuzutrauen, als den Anstoß für eine Auseinandersetzung mit den aufgeworfenen Fragen zu liefern. Nicht zuletzt um nicht an praktischer Verwertbarkeit der Arbeit einzubüßen, wurde der Untersuchung im weiteren Verlauf die seither allgemein vertretene Ansicht zugrunde gelegt.

c) Schutz gegen Wertverlust der Sicherheit

Wenn die Marke an Wert einbüßt, droht auch ein Wertverlust der Sicherheit. Die Einbuße kann mit den Einreden der Verjährung oder Verwirkung auf rechtlichen Gründen beruhen, die sich direkt und indirekt auf den Schutzbereich als wertrelevantem Faktor auswirken. Überwiegend droht ein Wertverlust aber von Veränderungen der markenstrategischer und damit wirtschaftlicher Parameter, die sich zusammenfassen lassen im Wiedererkennungseffekt der Marke und ihrem Image. Schutz gegen Einbußen bieten in diesem Bereich ähnliche Maßnahmen, wie sie schon gegen den Verlust der Sicherheit empfohlen wurden. So ist dem Sicherungsgeber die Pflicht aufzuerlegen, die Ansprüche aus der Marke rechtzeitig und in vollem Umfang wahrzunehmen. Ebenso sollte er zur Nutzung des Zeichens im seither erfolgten Umfang verpflichtet werden. Hierbei empfiehlt es sich, die Art und Weise sowie den konkreten Umfang der Nutzung kontrollierbar zu fixieren. Um dem Interesse des Sicherungsgebers an einer Änderung der Markenverwendung Rechnung zu tragen, ist der Nutzungsplan mit einer Öffnungsklausel zu versehen, wonach der Sicherungsnehmer einer gleichwertigen und ebenfalls festzuschreibenden Nutzung zuzustimmen hat. Allerdings wird die Beschreibung der Nutzung nicht immer leichtfallen.

d) Absicherung der Schutzmaßnahmen

Obgleich der Sicherungsgeber üblicherweise ein eigenes Interesse an den ihm übertragenen Aufgaben haben wird, empfiehlt sich trotzdem, ihn zudem zur Einhaltung der Pflichten zu motivieren. Denn bei Verstößen blieben dem Sicherungsnehmer nur Ansprüche aus Vertragsverletzung, die in der Insolvenz lediglich mit einer Quote abgespeist würden. Ratsam erscheint daher, Pflichtverstöße mit einem Recht zur Kündigung des gesicherten Kredits zu sanktionieren. Diese vermeintlich harte Konsequenz ist nicht unangebracht, da sie lediglich den sonst gefährdeten Zweck der Sicherheit erreicht.

e) Knebelung des Sicherungsgebers durch die Schutzmaßnahmen?

Die Vorgaben an den Sicherungsgeber zum Schutz des Sicherungsnehmers fordern geradezu eine Überprüfung anhand der allgemeinen Grenzen, insbesondere des § 138 BGB heraus. Doch führen die Schutzmaßnahmen zu keiner Knebelung des Sicherungsgebers. Weder machen die Vorgaben zur Benutzung und Verteidigung der Marke den Sicherungsnehmer zum stillen Geschäftsinhaber, noch saugen die zum Werterhalt erforderlichen Aufwendungen den Sicherungsgeber aus. Auch eine von diesen Spezialfällen unabhängige Gesamtbetrachtung läßt keinen Schluß auf eine Sittenwidrigkeit zu.

12. Die Verwertung der Sicherungsrechte

Mit Eintritt des Sicherungsfalls kann die Sicherheit verwertet werden. Dabei gilt für alle Sicherungsrechte, daß die Verwertung in fachkundige Hände, etwa spezialisierte Verwertungsgesellschaften, gelegt werden kann und sollte.

a) Zur Sicherung übertragene Marken

Mit der Verwertungsreife erhält der Sicherungsnehmer dieselben Verfügungsbefugnisse, wie sie jedem Markeninhaber zustehen. Folglich kann der Sicherungsnehmer die Marke als ganzes, in Teilen oder über Nutzungsberechtigungen verwerten. Er hat dabei lediglich auf die Interessen des Sicherungsgebers Rücksicht zu nehmen, was insbesondere zu einem Ablöserecht sowie der Pflicht zur schonenden Verwertung führt. Letztere reicht aber nicht soweit, daß die vollständige Veräußerung der Marke ausgeschlossen wird, obgleich dies vielfach den Todesstoß für den Sicherungsgeber bedeuten kann. Lediglich wenn andere Verwertungsalternativen vorhanden sind, die eine umgehende Befriedigung ermöglichen, hat der Sicherungsnehmer auf sie auszuweichen, etwa wenn die teilweise Veräußerung der Marke für die Befriedigung ausreicht. Aus demselben Grund ist der Sicherungsnehmer auch nicht zur Verwertung mittels Lizenzen verpflichtet. Jedoch kann diese Verwertungsart für ihn günstiger sein, beispielsweise wenn er parallel ungesicherte Forderungen gegen den Sicherungsgeber besitzt. Die Parteien können unabhängig davon aber auch andere Vereinbarungen über Art und Umfang der Verwertung treffen.

b) Pfandrecht an Marken

Verpfändete Marken können entweder über Parteivereinbarungen oder ein förmliches Verfahren mittels eines dinglichen Titels und des Zwangsvollstreckungsverfahrens verwertet werden. Doch selbst im freien Verfahren sind die Parteien an gravierende Einschränkungen gebunden. So kann die Pfandreife nach §§ 1273 II, 1228 II BGB lediglich obligatorisch abgeändert und vor ihrem Eintritt nur die Verwertung mittels öffentlicher Versteigerung vereinbart werden, die derzeit keine adäquate Verwertungsalternative darstellt. Erst nach Eintritt der Verwertungsreife sind andere Verwertungsvarianten möglich. Jedoch muß sich der Sicherungsnehmer hierauf nur im Rahmen der ihn treffenden Treuepflicht einlassen, kann aber seinerseits auch nicht ohne Zustimmung des Sicherungsgebers die Sicherheit auf andere Weise verwerten. Demgegenüber bietet das förmliche Verfahren durchaus Vorteile. Zwar produziert der dingliche Titel zusätzliche Kosten und das Verfahren wird mehr Zeit in Anspruch nehmen. Doch relativiert sich dies, weil einerseits als Titel eine vollstreckbare Urkunde ausreicht. Andererseits sind die Parteien weder an die Regelfallverwertung mittels Überweisung noch an die öffentliche Versteigerung gebunden. Vielmehr können sie jede besser geeignet erscheinende Verwertungsart erwirken, etwa den freihändigen Verkauf oder die Sequestration. Ebenfalls sind die Parteien nicht an den Gerichtsvollzieher gebunden, sondern können die Verwertung über eine spezialisierte Gesellschaft betreiben lassen. Eine entsprechende Entscheidung des Vollstreckungsgerichts ergeht auf Antrag einer der beiden Parteien. Damit ist das förmliche Verfahren flexibler und interessengerechter als das freie Verfahren, erlaubt es den Parteien ohne Mitwirkung des anderen, auf eine adäquate Verwertung zu dringen. Außerdem bleibt es den Parteien unbenommen, nach Eintritt der Verwertungsreife anstatt des förmlichen das freie Verfahren zu wählen. Das Pfandrecht an Marken ist damit mindestens so geeignet wie die sicherungshalbe Abtretung. Es bietet dem Sicherungsgeber erhebliche Vorteile, ohne den Sicherungsnehmer übermäßig einzuschränken.

c) Sicherungshalber bestellte Lizenzen

Die Verwertung von sicherungshalber gewährten Lizenzen erfolgt entweder über ihre Veräußerung oder über die Vergabe von Unterlizenzen. Beides ist grundsätzlich bei sämtlichen Sicherungslizenzen möglich. Jedoch wird bei einfachen Lizenzen die Vergabe von Unterlizenzen nur ausnahmsweise erlaubt sein. Der Sicherungsnehmer hat aufgrund seiner Pflicht zur Rücksichtnahme die Erwerber der Unter-/ Lizenzen dem Sicherungsgeber vor der Verwertung anzuzeigen und seine Bedenken abzuwarten. Werden berechtigte Bedenken geäußert und ist ihre Berücksichtigung zumutbar, ist der Sicherungsnehmer verpflichtet, einen anderen Erwerber zu suchen. Trotzdem vorgenommene Verfügungen sind jedoch wirksam. Obgleich sich diese Verwertungsbefugnisse durch Auslegung ermitteln lassen, empfiehlt sich wegen der Abweichung vom herkömmlichen Verständnis die Aufnahme klarstellender Regelungen in den Lizenzvertrag. Ebenso sollte im Vertrag geregelt werden, wann berechtigte Bedenken vorliegen. Da als Gegenleistung nur wiederkehrende Ansprüche zu erlösen sind, sollte zudem der Kreditvertrag dahingehend angepaßt werden, daß die gesicherten Forderungen bereits bei Säumnis einer Monatsrate fällig gestellt werden können.

d) Sicherungshalber bestellter Nießbrauch

Ein sicherungshalber bestellter Nießbrauch ist über Nutzungsberechtigungen für Dritte verwertbar. Zu ihnen gehören einerseits die bereits bestehenden Nutzungsverträge, deren nach dem Sicherungsfall auflaufende Erlöse nun dem Nießbraucher zustehen. Andererseits läßt der Nießbrauch die Vergabe obligatorischer Ausübungsberechtigungen zu. Obschon diese sich im Interesse der erwerbenden Dritten über Ermächtigungen verdinglichen lassen, empfiehlt sich, daß sich der Sicherungsnehmer eine - unwiderrufliche - Ermächtigung zur Vergabe dinglicher Nutzungsrechte, insbesondere von Lizenzen, einräumen läßt. Bei der Vergabe der Nutzungsrechte unterliegt der Nießbraucher denselben Grenzen wie der Inhaber von Sicherungslizenzen. Ebenso empfiehlt sich eine Regelung, die gesicherten Forderungen ab Säumnis bereits einer Rate fällig stellen zu können.

13. Die Sicherungsrechte in der Insolvenz des Sicherungsgebers

In der Insolvenz des Sicherungsgebers verhalten sich Sicherungsrechte an Marken kaum anders als sonstige Sicherheiten. So erlauben sie allesamt dem Berechtigten die abgesonderte Befriedigung. Dies gilt selbst für sicherungshalber bestellte Nutzungsrechte. Lediglich zur Sicherung abgetretene Gegenleistungsansprüche aus Nutzungsverträgen an Marken erweisen sich in der Insolvenz als untaugliches Sicherungsmittel. Das Absonderungsrecht bei Sicherheiten an Marken ist sogar - etwas überraschend - der Verwertung durch den Insolvenzverwalter entzogen, dem dadurch die Sanierung des angeschlagenen Unternehmens ohne Zugeständnisse des Sicherungsnehmers kaum noch möglich ist. Die Rechtspositionen stehen daher mehr noch als andere Sicherheiten zur Disposition des Sicherungsnehmers, dem der Erlös ungeschmälert zufließt.

14. Zugriffsbefugnis des Sicherungsnehmers auf Markenware

Ergänzend ist das Spannungsfeld zwischen der Berechtigung an der Marke und dem Eigentum an Markenware zu erwähnen. Die Sicherungübereinung und der -nießbrauch eröffnen markenrechtliche Ansprüche. Bei Lizenzen hängen die Ansprüche von der Zustimmung des Markeninhabers ab. Die Ansprüche erlauben dem Sicherungsnehmer aber nur in wenigen Fällen den Zugriff auf bereits gekennzeichnete Produkte. Einerseits steht dem die Erschöpfung entgegen, andererseits eine Zustimmung im Sinne von § 14 II-IV MarkenG. Es verbleiben lediglich die Konstellationen, in denen sich die Produkte noch unter der Herrschaft des Markeninhabers, eines Lizenznehmers oder einer ihren Weisungen unterstehenden Person befinden und sich das Sicherungsgeschäft nach dem Willen der Parteien auf die Markenware beziehen soll oder die Marke lediglich aufgrund einer auf einzelne Gebrauchsarten beschränkten Erlaubnis gekennzeichnet wurde. In diesen Fällen steht dem Sicherungsnehmer ein Verbotsrecht und ein Vernichtungsanspruch zu, es sei denn der Eigentümer der Ware kann sich auf ein schutzwürdiges Interesse berufen. Ist das der Fall ist der weitere Gebrauch des Zeichens gegen ein entsprechendes Entgelt zu gestatten.

II. Fazit und Ausblick auf Anwendungsmöglichkeiten

Das Umdenken im Markenrecht, welches auf breiter internationaler Ebene stattfand und in Deutschland in der Reform des Rechts der Kennzeichen vorerst gipfelte, führte dazu, daß die wirtschaftliche Bedeutung und Funktion von Marken endlich auch rechtlich anerkannt wurde. Dies ermöglichte, daß der in ihnen verkörperte Wert nunmehr auch zur Sicherung von Krediten eingesetzt werden kann. Über die quasi umfassende Verfügbarkeit von Marken ist dies gleich auf unterschiedliche Weise möglich: Entweder über herkömmliche Sicherungen wie die Sicherungsübertragung und Verpfändung oder über sicherungshalber bestellte Nutzungsrechte. Allesamt bieten sie eine hinreichende Gewähr, sich aus ihnen im Sicherungsfall befriedigen zu können. Denn sie lassen sich sowohl so ausgestalten, daß sie die Sicherungsphase unbeschadet überstehen, als auch haben sie selbst in der Insolvenz des Sicherungsgebers Bestand, sogar mehr noch als herkömmliche Sicherheiten.

Schwierigkeiten bereitet die Sicherung mittels Marken kaum. Weder die mitunter unnatürlich anmutende mehrfache Berechtigung an ein und demselben Zeichen, noch die allgemeinen Grenzen vermögen die Eignung der Marken als Sicherungsmittel wesentlich einzuschränken. Lediglich § 138 BGB verdient beim Hinzutreten zusätzlicher Umstände ein gewisses Augenmerk. Am ehesten problematisch ist die schwierige Feststellung des Markenwerts sowie der (noch) kleine Markt für Marken. Aber selbst diese Punkte schränken die Eignung der Marke als Sicherungsmittel nicht sonderlich ein.

Vergleicht man die Sicherungsmöglichkeiten, ist festzustellen, daß eine vorschnelle Ausrichtung auf die Sicherungsübertragung nicht unbedingt sachgerecht ist. Sie bietet zwar dem Sicherungsnehmer die einfachste Verwertung. Interessengerechter erscheint aber die Verpfändung einer Marke. Die sonst bei Pfandrechten als störend empfundenen Nachteile der Publizität und des förmlichen Verwertungsverfahrens liegen hier nicht in derselben Weise vor. Vielmehr stehen auch hier die Verwertungsoptionen offen, wie sie das sicherungshalber übertragene Vollrecht kennt. Zwar wird die Verwertung trotzdem höhere Kosten verursachen und längere Zeit in Anspruch nehmen. Dies sollte aber vor dem Hintergrund hingenommen werden, daß dadurch der Sicherungsgeber auf den Umfang und die Art der Verwertung Einfluß nehmen kann, was wegen der Bedeutung der Marke für ein Unternehmen angebracht erscheint. Interessant erweitern läßt sich ein Pfandrecht in Form eines auf mittelbare Rechtsfrüchte beschränktes Nutzungspfandrecht. Wenig attraktiv erscheint dagegen die lediglich teilweise Sicherungsübertragung einer Marke. Sie kommt vornehmlich in Frage, wenn die Teilung bis zum Sicherungsfall aufgeschoben wird. Hier liegt es dann nicht fern, gleich auf ein Nutzungsrecht als Sicherheit überzugehen. Derartige Sicherheiten setzen jedoch voraus, daß die Marke entweder einen so hohen Wert besitzt, daß die gesamte Beleihung nicht erforderlich, evtl. sogar unverhältnismäßig erscheint, oder wenn die Marke gerade auf den Gebrauch durch Dritte ausgelegt ist. Alles in allem wird aber immer im Einzelfall zu entscheiden sein, welches Sicherungsrecht am geeignetsten erscheint.

Sucht man nach Anwendungsmöglichkeiten für den Einsatz von Marken als Sicherungsmittel, lassen sich bereits ohne eingehende wirtschaftliche Betrachtung erste Fälle ausmachen.

- Unternehmen mit einer bedeutenden Marke

Sie werden in aller Regel andere Finanzierungsmöglichkeiten haben und daher kaum ihre Marken hierfür verwenden wollen. Allenfalls wird es dann in Betracht kommen, wenn beispielsweise Tochterunternehmen zum Einsatz der Marke in neuen Produktfeldern gegründet werden. Aber selbst hier wird die Gefahr der Verwässerung der Marke das Unternehmen von der Beleihung zurückschrecken lassen.

- Unternehmen mit ehemals berühmter / bekannter Marke

Für Gläubiger von Unternehmen mit einer ehemals bedeutenden Marke kann in einem schwierigen Geschäftsumfeld die Marke die lukrativste Alternative einer Sicherheit sein. Denn sollte die Marke selbst durch eine Insolvenz an Image einbüßen, wird es trotzdem weniger Aufwand bedeuten, die Marke zu reanimieren, statt eine gänzlich neue Marke im Bewußtsein des Verkehrs zu verankern. Dies mag schon der Umstand illustrieren, daß man sich gemeinhin länger an das Gute erinnert denn an schlechte Erfahrungen. Beispielhaft für einen derartigen Fall mag die Insolvenz des Nähmaschinenherstellers *PFAFF* sein, dessen Firma zumindest als Ausstattung Schutz genossen haben wird und auch heutzutage noch in vielen Köpfen verankert sein dürfte.

- Unternehmen ohne bedeutsame Betriebsgüter, beisp. Dienstleistungsunternehmen

Manche Unternehmen arbeiten ohne aufwendige und teure Betriebsgüter. Obgleich oder vielleicht gerade weil sie keine besonderen Vermögenswerte besitzen, kann sich der Wert des Unternehmens in seiner Marke kulminieren. Sie ist daher der Wert, welcher auch als Sicherheit in Frage kommt.

- Unternehmen mit lizenzorientierter Markenstrategie

Einen Sonderfall der vorgenannten Fallgruppe stellen Unternehmen dar, die ebenfalls ohne Einsatz bedeutsamer eigener Vermögenswerte eine Marke halten, die sie selbst nur insofern gebrauchen, als sie allein die Markenpersönlichkeit generieren. Der produktspezifische Gebrauch des Zeichens wie die Produktion und der Vertrieb wird Lizenznehmern überlassen. Auch hier wird ein Unternehmen allein die Marke als Sicherheit anbieten können. Die Beleihung der Marke wird hier geradezu die idealtypische Ergänzung der gesamten Unternehmensstrategie sein.

Diese Aufzählung an möglichen Anwendungsfällen kann und will nicht abschließend sein, nicht zuletzt weil eine juristische Untersuchung hier ihre Grenze finden muß. Sie vermag aber vielleicht dazu beizutragen, daß sich weitere Gedanken über mögliche Anwendungsfelder anschließen. Insbesondere vor der immer noch wachsenden Bedeutung von Marken und ihrer relativ jungen eigenständigen Verfügbarkeit darf man daher gespannt sein, wie sich gerade auch der Einsatz der Marke als Sicherungsmittel entwickeln wird.

Literaturverzeichnis

Monographien

Aaker, David A.	Management des Markenwerts Frankfurt/Main, New York 1992
Aaker, David A.	Building Strong Brands New York,1996
Adjouri, Nicholas	Die Marke ist die Botschaft - Die kommunikative Funktion der Marke und ihre Interdependenzen zur Werbung Münsterschwarzach, 1994
Arnold, David	Modernes Markenmanagement Wien, 1992
Bauer, Hans H. / Huber, Frank	Der Wert der Marke Mannheim, 1997
Baumbach, Adolf / Hefermehl, Wolfgang,	Warenzeichenrecht und internationales Wettbewerbs und Zeichenrecht München 12.Aufl. 1985 ***zit.: Baumbach/Hefermehl WZG***
Baur, Jürgen / Stürner, Rolf,	Sachenrecht München 17.Aufl. 1999
Beater, Axel	Nachahmen im Wettbewerb - Eine rechtsvergleichende Untersuchung zu § 1 UWG Tübingen, 1995
Bechtold, Rainer,	GWB München 2.Aufl. 1999
Becker-Eberhard, Ekkehard	Die Forderungsgebundenheit der Sicherungsrechte Bielefeld, 1993
Bergler, Reinhold	Psychologie des Marken- und Firmenbildes Göttingen, 1963
Berger, Hannes	Markenlizenz und Kapitalersatz: Die Anwendung der Eigenkapitalersatzregeln nach § 32a III GmbHG auf Markenlizenzen von Gesellschaftern Frankfurt/M, 1999
Berkemeier, Astrid	Die Verwertung von Immaterialgüterrechten Berlin, 1984
Berlit, Wolfgang	Wettbewerbsrecht anhand ausgewählter Rechtsprechung München 1993
Berlit, Wolfgang	Das neue Markenrecht München,; 6.Aufl. 2005 (4.Aufl. 2000)
Bernhardt, Wolfgang / Kraßer, Rudolf,	Lehrbuch des Patentrechts München 4.Aufl. 1986
Bock, Andreas	Kennzeichenrechtliche Kollisionsprobleme bei Erweiterung des Hoheitsgebiets unter besonderer Berücksichtigung der Vereinigung Deutschlands Frankfurt/M., 1997
Bismarck, Wolf-Bertram von / Baumann, Stefan	Markenmythos - Verkörperung eines attraktiven Wertesystems Frankfurt/Main, 1995
Bodenhausen, G.H.C.,	Pariser Verbandsübereinkunft zum Schutz des gewerblichen Eigentums - Kommentar Köln Berlin u.a. 1971 (Ersterscheinen 1968, in anderer Sprache)

Bokelmann, Gunther,	Das Recht der Firmen und der Geschäftsbezeichnungen Berlin u.a. 5.Aufl. 2000
Bonn, Volkmar	Der Rechtsschutz von Marken mit gesteigerter Verkehrsgeltung Trier, 1997
Brämer; Antje	Die Sicherungsabtretung von Markenrechten Tübingen, 2005
Brauer, Ulrich	Der Einfluß von Voreintragungen auf die Schutzfähigkeit von erneut angemeldeten identischen Marken für Produkte anderer Markenklassen - Registerrechtliche Untersuchung vor dem Hintergrund von Markentransfermaßnahmen Frankfurt/M. 1995
Braitmayer, Oliver	Die Lizenzierung von Marken - eine entscheidungs- und transaktionskostentheoretische Analyse Frankfurt/M, 1998
Buchner, Herbert	Die Bedeutung des Rechts am eingerichteten und ausgeübten Gewerbebetrieb für den deliktsrechtlichen Unternehmensschutz München, 1971
Buddenberg, Michael	Kennzeichen- und Geschmacksmusterrecht, Name, Firma, Warenzeichen, Ausstattung, Urheberrecht, Rechtsschutz der industriellen Formgebung Köln, 1992
Bühler, Gregor,	Die freie Markenlizenzierung, Eine Untersuchung nach marken-, lauterkeits- und produktehaftpflichtrechtlichen Gesichtspunkten, unter Berücksichtigung der Rechtslage in der Europäischen Union Basel, 1996; Diss: Ruswil 1995
Bülow, Peter	Recht der Kreditsicherheiten - Sachen und Rechte, Personen Heidelberg, 6. Aufl. 2003 (5.Aufl. 1999)
Busse, Rudolf / Starck, Joachim,	Warenzeichengesetz nebst Pariser Verbandsübereinkunft und Madrider Markenübereinkommen Berlin u.a. 6.Aufl. 1990 ***zit.: Busse/Starck WZG***
Bydlinski, Franz	Juristische Methodenlehre und Rechtsbegriff Wien u.a. 2.Aufl. 1991
Canaris, Claus-Wilhelm,	Bankvertragsrecht Berlin u.a. 4.Aufl. 2005 (2.Aufl. 1981) ***zit. Canaris BankVR (2.A)***
Canaris, Claus-Wilhelm	Handelsrecht München, 23.Aufl. 2000 (22.Aufl. 1995) ***zit.: Canaris HandelsR (Aufl.)***
Celli, Alessandro L.	Internationales Kennzeichenrecht Basel, München, 2000
Christians, Andreas,	Immaterialgüterrechte und GATT - Die Initiative zur Fortentwicklung des internationalen Schutzes geistigen Eigentums im Rahmen der Uruguay-Runde Frankfurt/M Bern u.a. 1990
Chrocziel, Peter,	Einführung in den Gewerblichen Rechtsschutz und das Urheberrecht München 1995
Claussen, Carsten Peter	Bank- und Börsenrecht München, 3.Aufl. 2003
Daniels, Silja	Die dreidimensionale Marke Hamburg, 1999

Dreiss, Uwe / Klaka, Rainer	Das neue Markengesetz: Entstehung und Erlöschen, Verfahren, Kollision und gerichtliche Durchsetzung Bonn, 1995
Duijm, Bernhard	Die Wettbewerbspolitik der EG gegenüber vertikalen Vertriebssystemen Baden-Baden, 1997
Eckardt, Diederich	Die Anfechtungsklage wegen Gläubigerbenachteiligung Bielefeld, 1994
Emmerich, Volker	Das Recht des unlauteren Wettbewerbs München 7.Aufl. 2004 (5.Aufl. 1998) ***zit.: Emmerich, Unlauterer Wettbewerb***
Emmert, Reinhold	Die Stellung der Markenrecht im deutschen Privatrecht Berlin, 2001
Engels, Stephan	Die Rechtsnatur der Markenlizenz unter der Geltung des Markengesetzes von 1995 Köln, 1999
Enneccerus, Ludwig / Wolff, Martin / Raiser, Ludwig	Lehrbuch des Bürgerlichen Rechts - Sachenrecht Tübingen, 10.Aufl. 1957
Esser, Josef /Schmidt, Eike	Schuldrecht Band I Allgemeiner Teil - Teilband 1: Entstehung, Inhalt und Beendigung von Schuldverhältnissen Heidelberg, 8.Aufl. 1995
Fammler, Michael	Der Markenlizenzvertrag - Becksche Musterverträge Bd.34 München, 2000
Feuerpfeil, Lars	Markenlizenz und Funktionslehre Münster, 1999
Fezer, Karl-Heinz,	Der Benutzungszwang im Markenrecht Berlin, 1974
Fezer, Karl-Heinz	Markenrecht München, 3.Aufl. 2001 (1.Aufl. 1997; 2.Aufl 1999) ***zit.: Fezer MarkenR***
Fischer, Reinfrid / Klanten, Thomas,	Bankrecht, Grundlagen der Rechtspraxis Köln 3.A 2000
Fleckenstein, Jürgen	Der Schutz territorial beschränkter Kennzeichen Frankfurt/M., 1999
Forkel, Hans	Gebundene Rechtsübertragungen, Bd.I Berlin 1977
Funk, Axel,	Die Qualitätsfunktion der Marke im Recht der USA und nach dem neuen deutschen Markengesetz München 1995
Gamm, Otto-Friedrich, Freiherr von	Warenzeichengesetz München Berlin 1965
Gamm, Otto-Friedrich Freiherr von	Wettbewerbsrecht, in zwei Bänden Köln, Berlin u.a., 5.Aufl., 1987
Gaul, Dieter / Bartenbach, Kurt,	Patentlizenz- und Know-how-Vertrag Köln 3.Aufl. 1993
Göbel, Jürgen,	Übersicherung und Freigabeklauseln in vorformulierten Kreditsicherungsverträgen Berlin 1993

Götting, Horst-Peter	Persönlichkeitsrechte als Vermögensrechte Tübingen, 1995
Gouga, Aphroditi	Übertragung und Lizenzierung der Marke im deutschen und griechischen Recht München, 1996
Groß, Michael,	Markenlizenzvertrag Heidelberg 1995
Gross, Kurt / Diepold, Hugo / Hintzen, Udo,	Musteranträge für Pfändung und Überweisung Köln 6.Aufl. 1996
Großner, Ivo	Der Rechtsschutz bekannter Marken - Markengesetzliche Betrachtungen Konstanz, 1998
Grundmann, Stefan	Der Treuhandvertrag - insbesondere die werbende Treuhand München, 1997
Hadding, Walter	Welche Maßnahmen empfehlen sich zum Schutz des Verbrauchers auf dem Gebiet des Konsumentenkredits? - Gutachten zum 53. Deutschen Juristentag Berlin 1980 München, 1980
Häcker, Robert	Abgesonderte Befriedigung aus Rechten Köln, 2002
Hätty, Holger	Der Markentransfer Heidelberg, 1989
Henn, Günther,	Patent- und Know-how-Vertrag - Handbuch für die Praxis - Heidelberg 4.Aufl. 1999
Henning-Bodewig, Frauke / Kur, Annette	Marke und Verbraucher - Funktionen der Marke in der Marktwirtschaft Band 1 Grundlagen, (1988) Band 2 Einzelprobleme (1989) Weinheim, 1988/89
Herrmann, Andreas	Produktmanagement München, 1998
Hess, Harald,	InsO, Kommentar zur Insolvenzordnung mit EGInsO, Band 1: Insolvenzordnung Heidelberg 1999
Hinny, Pascal	Die steuerrechtliche Behandlung der Marke im Konzern St. Gallen, 1995
Homann, Timm	Die Marke als Instanz der strategischen Unternehmensführung - Ein Beitrag zur markentechnischen Führungslehre Diss Hamburg, 1999
Ilzhöfer, Volker,	Patent-, Marken, Urheberrecht München 3.Aufl. 1999 ***zit.: Ilzhöfer, PatR (3.A)***
Ingerl, Reinhard,	Die Gemeinschaftsmarke Stuttgart u.a. 1996
Institut f. gew. Rechtsschutz INGRES, Zürich (Hrgb.)	Marke und Marketing Bern, 1990
Irmscher, Markus	Markenwertmanagement - Aufbau und Erhalt von Markenwissen und -vertrauen im Wettbewerb Frankfurt/Main 1997

Jährig, Alfred / Schuck, Hans / Rösler, Peter / Woite, Manfred	Handbuch des Kreditgeschäfts Wiesbaden, 5.Aufl. 1989
Joller, Gallus,	Verwechslungsgefahr im Kennzeichenrecht - Eine rechtsvergleichende Untersuchung der Anforderungen an die Unterscheidbarkeit von Kennzeichen im Marken-, Firmen-, Lauterkeits- und Namensrecht Bern 2000
Just, Clemens	Die Gemeinschaftsmarke im System des internationalen Markenschutzes Frankfurt/M. u.a., 2000
Kapferer, Jean	Die Marke - Kapital des Unternehmens Landsberg/Lech 1992
Keller, Erhard,	Der Schutz eingetragener Marken gegen Rufausnutzung - nach deutschem und europäischem Recht Baden-Baden 1994
Keller, Kevin Lane	Strategic Brand Management - Building, Measuring, and Managing Brand Equity New Jersey 1998
Kilger, Joachim / Schmidt, Karsten,	Insolvenzgesetze KO / VglO / GesO München 17.Aufl. 1997 ***zit.: Kilger/K.Schmidt, [Gesetz]***
Klaka, Rainer / Schulz, Andreas	Die europäische Gemeinschaftsmarke Bonn, 1996
Klippel, Diethelm,	Der zivilrechtliche Schutz des Namens - Eine historische und systematische Untersuchung Paderborn u.a. 1985
Knaak, Roland	Recht der Gleichnamigen - Eine rechtsvergleichende Untersuchung zu Inhalt und Grenzen eines kennzeichenrechtlichen Sondertatbestandes Köln u.a., 1979
Knaak, Roland	Firma und Firmenschutz Köln u.a., 1986
Knüpfer, Thomas	Marken als Kreditsicherheit Diss 2003, Frankfurt / Main
Kochendörfer, Mathias	Die Verwirkung des Unterlassungsanspruchs im Markenrecht Frankfurt/M., 2000
Köhler, Helmut / Piper, Henning,	Gesetz gegen den unlauteren Wettbewerb mit Zugabeverordnung, Rabattgesetz und Preisangabeverordnung München 1995
Kohler, Josef	Warenzeichenrecht (Vorauflage: Recht des Markenschutzes mit Berücksichtigung ausländischer Gesetzgebungen, 1884) Mannheim, Leipzig 1910
Kohls, Rainer	Bankrecht München, 2.Aufl. 1997
Koppelmann, Udo	Produktmarketing - Entscheidungsgrundlagen für Produktmanager Berlin u.a., 6.Aufl. 2000 (5.Aufl. 1997)
Krauß, Oliver	Die internationale Erschöpfung des Markenrechts unter Berücksichtigung der Gesetzgebung und der Markenfunktionen Lohmar u.a. 1999

Kochendörfer, Mathias	Die Verwirkung des Unterlassungsanspruch im Markenrecht Frankfurt, M., 2000
Kohl, Helmut	Verwässerung berühmter Kennzeichen Konstanz, 1973
Kümpel, Siegfried	Bank- und Kapitelmarktrecht Köln, 3. Aufl. 2003 (2.Aufl. 2000)
Lange, Martin	Die Klauselwerke der Kreditwirtschaft - Eine Untersuchung ausgewählter Probleme Bielefeld, 1995
Lange, Paul	Marken- und Kennzeichenrecht München, 2006
Larenz, Karl	Allgemeiner Teil des Bürgerlichen Rechts München 7.Aufl. 1989 (8.Aufl. 1997 gemeinsam mit Wolf, Manfred)
Larenz, Karl,	Methodenlehre der Rechtswissenschaft Berlin u.a. 6.Aufl. 1991 ***zit.: Larenz, Methodenlehre***
Larenz, Karl / Canaris, Claus-Wilhelm,	Methodenlehre der Rechtswissenschaft (Studienausgabe) Berlin u.a. 3.Aufl. 1995
Latour, Susanne	Namen machen Märkte - Handbuch zur Entwicklung von Firmen- und Produktnamen Frankfurt/Main, Nem York, 1996
Lehmann, Donald R. / Winer, Russel S.	Product Management Chicago u.a. 1997
Leitherer, Eugen	Die Entwicklung des Markenwesens - von den Ursprüngen bis zu Beginn der 50er Jahre Nürnberg, 1954
Loschelder, Michael	Deutsche Geographische Herkunftsangaben Köln, Berlin 1992
Löwenheim, Ulrich,	Warenzeichen und Wettbewerbsbeschränkung Bad Homburg, 1970
Lüdecke, Wolfgang / Fischer, Ernst,	Lizenzverträge Weinheim/Bergstr. 1957
Lwowski, Hans-Jürgen	Das Recht der Kreditsicherung Berlin, 8.Aufl. 2000, (7.Aufl. 1994 Scholz/Lwowski) ***zit.: Lwowski KredSichR (Aufl.)***
Marotzke, Wolfgang	Das neue Insolvenzrecht - dargestellt am recht der Mobiliarsicherheiten Regensburg, 1999
Marz, Martin	Der Schutz von eintragungsfähigen Marken nach dem Markengesetz - Eine Untersuchung zum Anwendungsbereich des neuen MarkenG unter besonderer Berücksichtigung der neuen markenfähigen Zeichen München 1997
Mauer, Dietrich	Der Anfechtungsprozeß - Gläubigeranfechtung und Konkursanfechtung nach altem und neuem Insolvenzrecht Düsseldorf 2000
Maurer, Hartmut	Allgemeines Verwaltungsrecht München 12.Aufl. 1999
Mayerhofer, Wolfgang	Imagetransfer - Die Nutzung von Erlebniswelten für die Positionierung von Ländern, Produktgruppen und Marken Wien, 1995

Mayrhofer, Matthias	Rufausbeutung im Recht des unlauteren Wettbewerbs Berlin, 1995
Medicus, Dieter	Allgemeiner Teil des BGB Heidelberg 7.Aufl. 1997 ***zit.: Medicus, BGB AT (7.A)***
Medicus, Dieter	Schuldrecht I, Allgemeiner Teil München 16.Aufl. 2005 ***zit.: Medicus, AS (13.A)***
Meyer, Anja	Der Begriff „bekannte Marke" im MarkenG Berlin, 1995
Michalski, Udo	Die Marke in der Wettbewerbsordnung nach Inkrafttreten des Markengesetzes Baden-Baden, 1996
Michel, Wolf-Friedrich	Der Schutz geographischer Herkunftsangaben durch das Markenrecht und certification marks Berlin, 1995
Miosga, Willy	Internationaler Marken- und Herkunftsschutz München 1967
Mittas, Tatjana	Der Schutz des Werktitels nach UWG, WZG und MarkenG Berlin, 1995
Mühlendahl, Alexander v.	Territorial begrenzte Markenrechte und einheitlicher Markt Köln u.a., 1980
Mühlendahl, Alexander von / Ohlgart, Dietrich C. / Bomhard, Verena	Die Gemeinschaftsmarke Bern, München 1998
Müller, Gernot	Das Image des Markenartikels - Die Erforschung und die Gestaltung des Image als Dominante des Markenartikel-Marketing Frankfurt/Main u.a. 1971
Müller, Markus	Die Firmenlizenz Köln u.a., 1995
Nägele, Thomas	Die rechtsverletzende Benutzung im Markenrecht Baden-Baden, 1999
Niehues, Henrik	Deutsche Marke, Gemeinschaftsmarke und internationale Registrierung - Verknüpfungen und Überschneidungen der Schutzsysteme Starnberg, 2000
Obermüller, Manfred	Insolvenzrecht in der Bankpraxis (Vorauflage: „Handbuch Insolvenzrecht für die Kreditwirtschaft") Köln 6.Aufl. 2002 (5.Aufl. 1997)
Olins, Wally	Corporate Identity - Strategie und Gestaltung Frankfurt/M., New York 2.Aufl. 1990
Pagenberg, Jochen / Geissler, Bernhard	Lizenzverträge Köln u.a. 5. Aufl. 2003 (3.Aufl. 1991)
Pawlowski, Hans-Martin	Methodenlehre für Juristen Heidelberg, 3.Aufl. 1999
Pfaff, Dieter (Hrgb.)	Lizenzverträge - Formularkommentar - München 1999
Pöpel, Volker	Die unwahr gewordene Firma Berlin, 1995

Prandzioch, Annette — Das Europäische Markenamt - Funktion und Bedeutung der Gemeinschaftsmarke
Hamburg, 1999

Rehbinder, Manfred — Urheberrecht
München, 11.Aufl. 2001

Reimer, Eduard — Wettbewerbs- und Warenzeichenrecht
Köln, Berlin 3.Aufl. 1954 ; 4.Aufl., 1966-1972, bearbeitet von Bruno Richter / Wilhelm Trüstedt / Ludwig Heydt ***zit.: Reimer (3.A) bzw. Reimer-Bearbeiter (4.A) Bd.***

Reinhard, Tim — Die geographische Herkunftsangabe nach dem Markengesetz - unter Berücksichtigung internationaler Regelungen
Würzburg, 1999

Repenn, Wolfgang — Umschreibung gewerblicher Schutzrechte
Köln u.a., 1994

Repenn, Wolfgang — Handbuch der Markenbewertung und Markenverwertung
München, 1998 ***zit.: Repenn, HdB Markenbewertung***

Richrath, Jochen — Die Übersicherungsproblematik bei nichtakzessorischen Kreditsicherheiten - Funktion und inhaltliche Gestaltung des Sicherungsvertrags
Bayreuth, 1995

Riehle, Gerhard — Markenrecht und Parallelimport
Stuttgart, 1968

Rößler, Bernd — Die Rufausbeutung als Unlauterkeitskriterium in der Rechtsprechung zu § 1 UWG
Köln, Berlin u.a. 1997

Sambuc, Thomas — Der UWG-Nachahmungsschutz
München, 1996

Sander, Matthias — Die Bestimmung und Steuerung des Werts an Marken
Heidelberg, 1994

Sattler, Henrik — Monetäre Bewertung von Markenstrategien für neue Produkte
Stuttgart, 1997

Schackert, Susanne — Verwechslungs- und Assoziationsgefahr als Determinaten für den Schutzumfang der Marke
Starnberg, 2001

Schlaberg, Frank — Wettbewerbsvorteil und Bewertung von Marken - Entwicklung eines Bewertungsmodells zur Effizienzsteigerung im Markenmanagement und -controlling auf Basis mikroökonomisch und finanztheoretisch fundierter Untersuchung
Bamberg 1997

Schluep,Walter R. — Das Markenrecht als subjektives Recht
Basel 1964

Schmidt, Karsten — Gesellschaftsrecht
Köln u.a. 4.Aufl. 2002 (3.Aufl. 1997)

Schmidt, Karsten — Handelsrecht
Köln u.a. 5.Aufl. 1999

Schmidt, Klaus (Hrgb.) — Corporate Identity in Europa - Strategien, Instrumente, Erfolgreiche Beispiele
Frankfurt/M. New York 1994

Schön, Wolfgang — Der Nießbrauch an Sachen
Köln 1992

Schönfeld, Thomas	Die Gemeinschaftsmarke als selbständiger Vermögensgegenstand eines Unternehmens Baden-Baden 1994
Schreiner, Rupert	Die Dienstleistungsmarke Köln, Berlin u.a. 1983
Schulte-Beckhausen, Thomas	Das Verhältnis des § 1 UWG zu den gewerblichen Schutzrechten und zum Urheberrecht München, 1994
Schulte-Beckhausen, Thomas	Markenlizenzverträge Köln, 2002
Schulz, Birgit	Die relevante Benutzungshandlung im deutschen Markenrecht Frankfurt/M., 1997
Schünemann, Wolfgang B.	Wettbewerbsrecht München, Wien 1989
Schuster, Silke	Die Ausnahmen vom markenrechtlichen Erschöpfungsgrundsatz Frakfurt/M., 1998
Senti,Richard	WTO - System und Funktionsweise der Welthandelsorganisation Zürich, Wien 2000
Serick, Rolf	Eigentumsvorbehalt und Sicherungsübertragung Bd. I: Der einfache Eigentumsvorbehalt (1963) Bd.II: Die einfache Sicherungsübertragung - Erster Teil (1965, 2.unv. Aufl. 1986) Bd.III: Die Einfache Sicherungsübertragung - Zweiter Teil (1970) Bd.IV: Verlängerungs- und Erweiterungsformen des Eigentumsvorbehalts und der Sicherungsübertragung - Erster Teil Verlängerungsformen und Kollisionen (1976) Bd.V: Verlängerungs- und Erweiterungsformen des Eigentumsvorbehalts und der Sicherungsübertragung - Zweiter Teil: Erweiterungsformen, Dritter Teil:Sonstiges (1982) Bd.VI: Verlängerungs- und Erweiterungsformen des Eigentumsvorbehalts und der Sicherungsübertragung - Driter Teil: Sonstiges (Vergleich, InsO) (1986) Heidelberg 1963-1986 ***zit: Serick Bd.***
Serick, Rolf	Eigentumsvorbehalt und Sicherungsübertragung - Neue Rechtsentwicklungen Heidelberg, 2. Aufl. 1993 ***zit.: Serick, EV und SÜ (2.A)***
Simon, Heinz	Die Marke ist die Botschaft Hamburg, 1994
Sommer, Rudolf	Psychologie der Marke - Die Marke aus Sicht des Verbrauchers Frankfurt/Main, 1998
Spuhler, Oliver	Das System des internationalen und supranationalen Schutzes von Marken und geographischen Herkunftsangaben Berlin, 2000
Staehelin, Alesch	Das TRIPs-Abkommen - Immaterialgüterrechte im Lichte der globalisierten Handelspolitik Bern 1997
Stannigel, Hellmut / Kremer, Eduard / Weyers, Gustav	Beleihungsgrundsätze für Sparkassen - Kommentar und Handbuch Stuttgart 1984

Steckler, Brunhilde — Grundzüge des Gewerblichen Rechtsschutzes
München 2.Aufl. 1996

Straub, Wolfgang — Mehrfache Berechtigung an Marken
Bern 1998

Streber, Albert Christian — Die internationalen Abkommen der Bundesrepublik Deutschland zum Schutz geographischer Herkunftsangaben
Köln Berlin u.a. 1994

Stumpf, Herbert / Groß, Michael — Der Lizenzvertrag
Heidelberg 8.Aufl. 2005 (7.Aufl. 1998)

Thewes, Stephanie — Der Schutz der dreidimensionalen Marke nach dem Markengesetz
Starnberg, 1999

Thomasberger, Wolfgang — Rufausbeutung im Wettbewerbsrecht - Ein Problem des ergänzenden wettbewerbsrechtlichen Leistungsschutzes
Frankfurt/Main u.a., 1993

Troller, Alois — Die mehrseitigen völkerrechtlichen Verträge im internationalen gewerblichen Rechtsschutz und Urheberrecht
Basel 1965

Ulmer, Eugen — Warenzeichen und unlauterer Wettbewerb in ihrer Fortbildung durch die Rechtsprechung
Berlin 1929

Unger, Fritz — Konsumentenpsychologie und Markenartikel
Heidelberg, 1986

Upshaw, Lynn B. — Building Brand Identity - A Strategy for Success in a Hostile Marketplace
New York u.a. 1995

Viefhues, Martin — Nationale Patente und Marken im Binnenmarkt
Bonn, 1994

Volkmer, Jochen — Das Markenrecht im Zwangsvollstreckungsverfahren
Berlin, 1999

Wadle, Elmar — Fabrikzeichenschutz und Markenrecht
Bd.1: Entfaltung (1977)
Bd.2: Historisch-dogmatische Grundlinien (1983)
Berlin u.a., 1977, 1983.

Wadle, Elmar — Geistiges Eigentum - Bausteine zur Rechtsgeschichte
Weinheim u.a., 1996

Waldmann, Bettina — Der wettbewerbsrechtliche Schutz von Kennzeichnungsrechten, insb. Warenezeichen
Konstanz, 1991

Weber, Hansjörg — Kreditsicherheiten - Recht der Sicherungsgeschäfte
München, 6.Aufl. 1998

Weinmann, Conrad — Die Rechtsnatur der Lizenz
Bern 1996

Westermann, Harry (Bearbeitet von Westermann, Harm Peter / Gursky, Karl-Heinz / Eickmann, Dieter), — Sachenrecht
Heidelberg 7.Aufl. 1998

Will, Stefanie — Der Markenschutz nach § 14 Markengesetz. Eine Untersuchung zum neuen Markengesetz nach der Umsetzung der Ersten Richtlinie des Rates vom 21. Dezember 1989 zur Angleichung der Rechtsvorschriften in den Mitgliedsstaaten über Marken (89/104/EWG)
Baden-Baden, 1996

Woeste, Cordula — Immaterialgüterrechte als Kreditsicherheit im deutschen und US-amerikanischen Recht
Osnabrück, 2002

Wolf, Ernst — Lehrbuch des Sachenrechts
Köln u.a., 1979

Wolff, Hans J. / Bachof, Otto / Stober, Rolf — Verwaltungsrecht Band 2
München 6.Aufl. 2000 ***zit. Wolff-Stober, Allg. VwR***

Wolters, Jan Christian — Die Freigabeklausel im Kreditsicherungsvertrag - Eine Studie zur formularmäßigen Sicherheitenfreigabe
Baden-Baden 1995

Zeuner, Mark — Die Anfechtung in der Insolvenz - Ein Handbuch - unter Einbeziehung des AnfG 1999
München 1999

Sammelwerke mehrerer Autoren

Kommentare

Benkard, Georg — Patentgesetz
München 10. Aufl. 2006 (9.Aufl. 1993) ***zit.: Benkard-Bearbeiter, PatG***

Busse, Rudolf — Patentgesetz
Berlin, 6.Aufl. 2004 (5.Aufl. 1999) ***zit. Busse-Bearbeiter, PatG***

Eickmann, D. / Flessner, A. / Irschlinger, F. / Kirchhof, H-P./ Kreft, G. / Landfermann, H-G. / Marotzke, W. — Heidelberger Kommentar zur Insolvenzordnung
Heidelberg 4.Aufl. 2005 ***zit.: HeidelKomm-Bearbeiter InsO***

Ekey, Friedrich / Klippel, Diethelm (Hrgb.) — Heidelberger Kommentar zum Markenrecht
Heidelberg, 2003 ***zit.: HeidelKomm-Bearbeiter MarkenR***

Glanegger, Peter / Güroff, Georg / Kusterer, Stefan / Niedner, Jochen / Peuker, Monika / Ruß, Werner / Selder, Johannes / Stuhlfelner, Ulrich — Heidelberger Kommentar zum Handelsgesetzbuch Handelsrecht Bilanzrecht Steuerrecht
Kommentar zum Handelsgesetzbuch mit den Rechnungslegungsvorschriften nach dem Bilanzrichtlinien-Gesetz und den Steuern der kaufmännischen Personenunternehmen
Heidelberg, 6.Aufl. 2002 (5.Aufl. 1999) ***zit.: HeidelKomm-Bearbeiter HGB***

Hefermehl, Wolfgang, Köhler, Helmut / Bornkamm, Jürgen (Hrgb.) — Wettbewerbsrecht Gesetz gegen den unlauteren Wettbewerb, Preisangabeverordnung
München 24.Aufl, 2006 ***zit..: Hefermehl/Köhler/Bornkamm-Bearbeiter***
(vor UWG-Reform:, 21.Aufl. 1999; vor Erlaß des MarkenG 16.Aufl. 1990
zit.: Baumbach/Hefermehl UWG

Ingerl, Reinhard / Rohnke, Christian — Markengesetz, Kommentar
München, 2.Aufl. 2002 (1.Aufl. 1998)

Jauernig, Othmar (Hrgb.)	Bürgerliches Gesetzbuch mit Gesetz zur Regelung des Rechts der Allgemeinen Geschäftsbedingungen München, 11.Aufl. 2004 (9.Aufl. 1999) ***zit.: Jauernig-Bearbeiter***
Kirchhof, Hans-Peter / Lwowski, Hans-Jürgen / Stürner, Rolf	Münchener Kommentar zur Insolvenzordnung, Bde 1-3 München, 2002 ***zit.: MüKo-Bearbeiter InsOt Zusatz)***
Koller, Ingo / Roth, Wulf-Henning / Morck, Winfried	Handelsgesetzbuch München, 2.Aufl. 1999 ***zit.: Koller/Roth/Morck-Bearbeiter***
Mitglieder des Bundesgerichtshofs (Hrgb.)	Das Bürgerliche Gesetzbuch - mit besonderer Berücksichtigung der Rechtsprechung des Reichsgerichts und des Bundesgerichtshofs Berlin, New York, 12.Aufl. Bd.1-7 mit Teilbänden, 1974-2000 ***zit.: RGRK-Bearbeiter***
Palandt, Otto (Begr.)	Bürgerliches Gesetzbuch mit Nebengesetzen München 64.Aufl. 2005 ***zit.: Pal-Bearbeiter***
Rebmann, Kurt / Säcker, Franz Jürgen / (Hrgb. ab 4.Aufl. gemeinsam mit Rixecker, Roland	Münchener Kommentar zum Bürgerlichen Gesetzbuch München ***zit.: MüKo-Bearbeiter (4.Aufl. mit Zusatz)*** 4.Aufl, 2000-2006
Schmidt, Karsten (Hrgb.)	Münchener Kommentar zum Handelsgesetzbuch München, Bd.1-7 1996-2005 (Bd.1, 2, 2.Aufl. 2005) ***zit.: MüKo HGB-Bearbeiter***
Schultz, Detlef von (Hrgb.)	Markenrecht Kommentar Heidelberg, 2.Aufl. 2006 (1.Aufl. 2002) ***zit.: Schultz-Bearbeiter***
Smid, Stefan (Hrgb.)	Insolvenzordnung (InsO) Stuttgart u.a. 2.Aufl. 2001 (1.Aufl. 1999) ***zit:Smid-Bearbeiter InsO***
Soergel, Hans Theodor (Begr.)	Bürgerliches Gesetzbuch - mit Einführungsgesetz und Nebengesetzen Stuttgart u.a. ***zit.: Soergel-Bearbeiter, bei 13.A mit Zusatz***) 12.Aufl. Bd. 1-10, 1987-1999; 13.Aufl. 1999-2006;
Staub, Hermann (Begr.)	Handelsgesetzbuch - Großkommentar Berlin u.a. 4.Auflage, 1982-1995 ***zit.: Staub-Bearbeiter***
Staudinger, Jürgen von (Begr.)	Kommentar zum Bürgerlichen Gesetzbuch mit Einführungsgesetz und Nebengesetzen Berlin u.a., 13.Aufl. 1993-2006 ***zit.: Staud-Bearbeiter***
Ströbele, Paul / Hacker, Franz	Markengesetz ***zit.: Ströbele-Bearbeiter (Aufl.) bzw.*** Köln u.a. 8.Aufl. 2006 (6.Aufl. 2000 Althammer/Ströbele/Klaka, ***zit.: Althammer-Bearbeiter (Aufl.)***)
Ulmer, Peter / Brandner, Hans Erich / Hensen, Horst-Diether / Schmidt, Harry	AGB-Gesetz, Kommentar zum Gesetz zur Regelung der Allgemeinen Geschäftsbedingungen Köln 8.Aufl. 1997 ***zit.: Ulmer/Brandner-Bearbeiter***
Wimmer, Klaus (Hrgb.)	Frankfurter Kommentar zur Insolvenzordnung, Neuwied u.a. 3. Aufl. 2002 (2.Aufl. 1999) ***zit.: FrankfKomm-Bearbeiter***
Wolf, Manfred / Horn, Norbert / Lindacher, Walter	AGB-Gesetz, Gesetz zur Regelung des Rechts der Allgemeinen Geschäftsbedingungen München 4.Aufl. 1999 ***zit.: Wolf/Horn/Lindacher-Bearbeiter***
Zöller, Richard (Begr.)	Zivilprozeßordnung - mit GVG, Einführungsgesetzen, Int. Zivilprozeßrecht, Kostenanmerkungen - Kommentar Köln 25.Aufl. 2004 ***zit.: Zöller-Bearbeiter***

Festschriften (Alphabetisch geordnet nach Jubilaren)

Straus, Joseph (Hrgb.)	Aktuelle Herausforderungen des geistigen Eigentums Festgabe von Freunden und Mitarbeitern für FRIEDRICH-KARL BEIER zum 70.Geburtstag Köln u.a. 1996
Ebenroth, Carsten / Hesselberger, Dieter / Rinne, Manfred (Hrgb.)	Verantwortung und Gestaltung Festschrift für KARLHEINZ BOUJONG zum 65.Geburtstag München, 1996
Pfeiffer, Gerhard / Kummer, Joachim / Scheuch, Silke (Hrgb.)	Festschrift für HANS ERICH BRANDNER zum 70.Geburtstag Köln, 1996
Deutsches Patentamt (Hrgb.)	DPA - 100 Jahre Marken® - Amt - Festschrift München, 1994
Prinz, Matthias / Peters, Butz (Hrgb.)	Medienrecht im Wandel - Festschrift für MANFRED ENGELSCHALL Baden-Baden, 1996
Ahrens, H.-J. / Bornkamm, J. / Gloy, W. / Starck, J. / Ungern-Sternberg, J.v.	Festschrift für WILLI ERDMANN – zum 65. Geburtstag Köln u.a., 2003
Großfeld, Bernhard / Sack, Rolf / Möllers, Thomas / Drexel, Josef / Heinemann, Andreas (Hrgb.)	Festschrift für WOLFGANG FIKENTSCHER zum 70.Geburtstag Tübingen, 1998
Enzinger, Michael / Hügel, Hanns F. / Dillenz, Walter	Aktuelle Probleme des Unternehmensrechts Festschrift GERHARD FROTZ zum 65. Geburtstag Wien, 1993
Erdmann, Willi / Mees, Hans-Kurt / Piper, Henning / Teplitzky, Otto / Hefermehl, Wolfgang / Ulmer, Peter (Hrgb.)	Festschrift für OTTO-FRIEDRICH FREIHERR VON GAMM Köln u.a. 1990
Wild, Gisela / Schulte-Franzheim, Ine-Marie / Lorenz-Wolf, Monika (Hrgb.)	Festschrift für ALFRED-CARL GAEDERTZ zum 70. Geburtstag München, 1992
Beier, Friedrich-Karl / Kraft, Alfons / Schricker, Gerhard / Wadle, Elmar (Hrgb.)	Gewerblicher Rechtsschutz und Urheberrecht in Deutschland Festschrift zum 100jährigen Bestehen der Deutschen VEREINIGUNG FÜR GEWERBLICHEN RECHTSSCHUTZ UND URHEBRRECHT und ihrer Zeitschrift in 2 Bänden Weinheim, 1991
Bopp, Thomas / Tilmann, Winfried (Hrgb.)	Recht und Wettbewerb – Festschrift für HORST HELM zum 65. Geburtstag München, 2002
Schertz, Christian / Omsels, Hans-Hermann (Hrgb.)	Festschrift für PAUL W. HERTIN zum 60. Geburtstag am 15.November 2000 München, 2000

Kruse, Jörn / Mayer, Otto G. (Hrgb.)	Aktuelle Probleme der Wettbewerbs- und Wirtschaftspolitik. ERHARD KANTZENBACH zum 65. Geburtstag Baden-Baden, 1996
Badura, Peter / Scholz, Rupert (Hrgb.)	Wege und Verfahren des Verfassungslebens Festschrift für PETER LERCHE zum 65. Geburtstag München, 1993
Immenga, Ulrich / Möschel, Wernhard / Reuter, Dieter (Hrgb.)	Festschrift für ERNST-JOACHIM MESTMÄCKER zum siebzigsten Geburtstag Baden-Baden, 1996
Hefermehl, Wolfgang / Nipperdey, Hans Carl (Hrgb.)	Festschrift für PHILIPP MÖHRING zum 65. Geburtstag am 4.September 1965 München u.a., 1965
Bohmhard, Verena / Pagenberg, Jochen / Schennen, Detlef	Harmonisierung des Markenrechts – Festschrift für Alexander v. MÜHLENDAHL Köln, 2005
Bruchhausen, Karl / Hefermehl, Wolfgang / Hommelhoff, Peter / Messer, Herbert (Hrgb.)	Festschrift für RUDOLF NIRK zum 70. Geburtstag am 11.Oktober 1992 München, 1992
Zollner, Bernward / Fitzner, Uwe (Hrgb.)	Festschrift für WILHELM NORDEMANN Baden-Baden, 1999
Erdmann, Willi / Gloy, Wolfgang / Herber, Rolf (Hrgb.)	Festschrift für HENNING PIPER München, 1996
Westermann, Harm-Peter / Rosener, Wolfgang (Hrgb.)	Festschrift für KARLHEINZ QUACK zum 65. Geburtstag am 3.Januar 1991 Berlin u.a. 1991
Berger, Klaus Peter / Ebke, Werner F. / Elsing, Siegfried / Großfeld, Bernhard / Kühne, Gunter (Hrgb.)	Festschrift für OTTO SANDROCK zum 70. Geburtstag Heidelberg, 2000
Horn, Norbert / Lwowski, Hans-Jürgen / Nobbe, Gerd (Hrgb.)	Bankrecht - Schwerpunkte und Perspektiven Festschrift für HERBERT SCHIMANSKY Köln, 1999
Ohly, A. / Bodewig, T. / Dreier, T. / Götting, H-P. / Haedicke, M. / Lehmann, M. (Hrgb.)	Perspektiven des geistigen Eigentums und Wettbewrbsrechts – Festschrift für GERHARD SCHRICKER zum 70. Geburtstag München, 2005
Baur, Jürgen F. / Hopt, Klaus J. / Mailänder, K. Peter (Hrgb.)	Festschrift für ERNST STEINDORFF zum 70. Geburtstag am 13.März 1990 Berlin u.a., 1990
Frändberg, Ake / Göranson, Ulf / Hastad, Torgny (Hrgb.)	Festskrift till STIG STRÖMHOLM Uppsala, 1997

Keller, Erhard / Plassmann, Clemens / Falck, Andreas v. (Hrgb.)	Festschrift für WINFRIED TILMANN zum 65. Geburtstag Köln u.a, .2003
Loewenheim, Ulrich / Raiser, Thomas (Hrgb.)	Festschrift für FRITZ TRAUB zum 65. Geburtstag Frankfurt/Main 1994
Westphalen, Friedrich Graf v. / Sandrock, Otto (Hrgb.)	Festschrift für REINHOLD TRINKNER zum 65. Geburtstag Lebendiges Recht: Von den Sumerern bis zur Gegenwart Heidelberg, 1995
Roeber, Gerhard (Hrgb.)	Der Urheber und seine Rechte - Ehrengabe für EUGEN ULMER Baden-Baden, 1965
Kunz, Hans Peter / Mühlendahl, Alexander v. / Stauder, Dieter, Ullrich, Hanns (Hrgb.)	Gewerblicher Rechtsschutz, Urheberrecht, Wirtschaftsrecht Mitarbeiterfestschrift zum 70.Geburtstag von EUGEN ULMER mit Beiträgen aus dem deutschen, ausländischen und internationalen Recht Köln u.a. 1973
Habersack, M. / Hommelhoff, P. / Hüffer, U. / Schmidt, K.	Festschrift für PETER ULMER zum 70. Geburtstag am 2.Januar 2003 Berlin, 2003
Baur, Jürgen F. / Jacobs, Rainer / Lieb, Manfred / Müller-Graf, Peter-Christian (Hrgb.)	Festschrift für RALF VIEREGGE zum 70. Geburtstag am 6.November 1995 Berlin u.a., 1995

Sonstige Schriften

Adrian, Johann / Nordemann, Wilhelm / Wandtke, Artur-Axel (Hrgb.)	Erstreckungsgesetz und Schutz des geistigen Eigentums - Rechtseinheit im gewerblichen Rechtsschutz und Urheberrecht nach der deutschen Einigung Berlin, 1992 ***zit.: Autor in: Adrian/Nordemann/Wandtke, Erstreckungsgesetz***
Adrian, Johann / Nordemann, Wilhelm / Wandtke, Artur-Axel (Hrgb.)	Josef Kohler und der Schutz des geistigen Eigentums in Europa Berlin 1996
Badura, Peter / Ehlers, Dirk / Erichsen, Hans-Uwe / Ossenbühl, Fritz / Papier, Hans-Jürgen / Rudolf, Walter / Rüfner, Wolfgang	Allgemeines Verwaltungsrecht Berlin, New York 13.Aufl. 2005 (11.A 1998) ***zit.:Badura-Bearbeiter, Allg.VwR***
Beier, Friedrich-Karl/ Schricker, Gerhard (Hrgb.)	From Gatt to TRIPs Weinheim, 1996
Bruhn, Manfred (Hrgb.),	Handbuch Markenartikel, Bände I-III Stuttgart 1994 ***zit.: Autor in: HdB Markenartikel Bd.***
Deutscher Juristentag (Hrgb.)	Verhandlungen des 53. Deutschen Juristentags, Berlin 1980 Band 1: Gutachten Band 2: Sitzungsberichte München, 1980
Esch, Franz-Rudolf (Hrgb.),	Moderne Markenführung Wiesbaden 3.Aufl. 2001 (2.Aufl 2000) ***zit.: Autor in: Moderne Markenführung***
Gloy, Wolfgang (Hrgb.)	Handbuch des Wettbewerbsrechts München 3.Aufl. 2004 (2.Aufl 1997)

Horn, Norbert (Hrgb.)	Die AGB Banken 1993 Berlin u.a. 1994
Schimansky, Herbert / Bunte, Hermann-Josef / Lwowski, Hans-Jürgen (Hrgb.)	Bankrechts-Handbuch, Bd. I-III München, 2.Aufl. 2001 ***zit.: BankRHdB-Bearbeiter***
Schricker, Gerhard / Beier, Friedrich-Karl (Hrgb.)	Die Neuordnung des Markenrechts in Europa - 10.Ringberg-Symposium des Max-Planck-Instituts für ausl. und int. Patent-, Urheber- und Wettbewerbsrecht, 16.-21.9.1996 Baden-Baden 1997 ***zit: Autor in: Neuordnung des Markenrechts in Europa)***
Schricker, Gerhard / Henning-Bodewig, Frauke (Hrgb.)	Neuordnung des Wettbewerbsrechts (11.Ringberg-Symposium des MPI f. GRUR) Baden-Baden, 1998/99
Schricker, Gerhard / Stauder, Dieter (Hrgb.)	Handbuch des Ausstattungsrechts - Festgabe für Friedrich-Karl Beier zum 60.Geburtstag Weinheim 1986 ***zit: Autor in: AusstattungsHdB***

AUFSÄTZE

Aaker, Jennifer L.	Dimensionen der Markenpersönlichkeit in: Moderne Markenführung, S.91
Adrian, Johann	Schutz geistigen Eigentums nach der Herstellung der deutschen Einheit in: Erstreckungsgesetz und Schutz geistigen Eigentums (1992), S.11
Ahrens, Claus	Die Notwendigkeit eines Geschäftsbetriebserfordernisses für Geschäftsbezeichnungen nach dem neuen Markengesetz GRUR 1995, 635 - 640
Ahrens, Hans-Jürgen	Geographische Herkunftsangaben - Tätigkeitsverbot für den BGH? - Über gemeinschaftsrechtlichen Eigentumsschutz und Importbehinderungen kraft Irreführungsschutzes GRUR Int 1997, 508-515
Ah-Yue Lou, Michael	Stars als Marke - Risiko und Chance MA 1991, 404,
Albert, Florian / Heath, Chri-stopher	Markenrecht und Parallelеinfuhr GRUR 1998, 642-647 (= IIC 1997, 24 ?)
Albert, Wolfgang	Übergangsprobleme im Markenrecht GRUR 1996, 174 - 177
Albrecht, Carsten	§ 47 Erstreckungsgesetz - der Beginn des warenzeichenrechtlichen Paradieses? GRUR 1992, 660 - 664
Albrecht, Carsten / Hombrecher, Lars	Aspekte der Vertragsgestaltung bei der Kreditsicherung mit Markenrechten WM 2005, 1689
Albrecht, Friedrich	Irreführung von Marken als Eintragungshindernis sprachlich betrachtet – Können Wörter überhaupt täuschen? GRUR 2003, 385-393
Auteri, Paolo	Die Übertragung der Marke für einen Teil der Europäischen Union im Lichte der Art. 30, 36 und 85 EG-Vertrag und der EG-Verordnung Nr. 4064/89 in: FS für Beier (1996), S.501-519

Baeumer, Ludwig	Die berühmte Marke in neuen Gewändern in: FS für Beier (1996) S.227-231
Balz, Manfred	Paradigmenwechsel im Warenzeichenrecht? Zu einigen Grundsatzproblemen der Europamarke RabelsZ 1981, 317
Bastian, Eva-Marina	Der neue Trademark Law Treaty in: FS für Beier (1996) S.213-225
Bastian, Eva-Maria	Der Markenrechtsvertrag in: Neuordnung des Markenrechts in Europa (1997), S. 36
Baudenbacher, Carl	Erschöpfung der Immaterialgüterrechte in der EFTA und die Rechtslage in der EU GRUR Int 2000, 584-596
Bauer, Robert	Die Ware als Marke; - Gedanken zur BGH-Entscheidung „Füllkörper" GRUR 1996, 319 - 321
Baukelmann, Peter	Der Ausschluß der Abtretbarkeit von Geldforderungen in AGB - Fragen zu § 354a HGB, in: FS für Hans Erich Brandner (1996)
Bayreuther, Frank	Gewerblicher und bürgerlicher Rechtsschutz des Vereinssymbols - zugleich eine Urteilsanmerkung zu OGH Urteil v.17.9.1996 und OLG München Urteil v.8.8.1996 WRP 1997, 820-825
Bayreuther, Frank	Rechtsprobleme im Zusammenhang mit dem Schutz von Vertriebsbindungssystemen nach Markenrecht WRP 2000, 349-362
Becker, Jochen	Einzel-, Familien- und Dachmarken als grundlegende Handlungsoptionen in: Moderne Markenführung S.269
Beckmann, Roland Michael	Die Reichweite des Erschöpfungsgrundsatzes nach neuem Markenrecht - Zugleich Anm. Zum Urteil des EuGH v. 16.7.1998 Rs C-355/96-Silhouette GRUR Int 1998, 836-841
Beier, Friedrich-Karl	Niederschrift über die Diskussion auf der Arbeitssitzung der Fachgruppe für Handels- und Wirtschaftsrecht und für gewerblichen Rechtsschutz und Urheberrecht der Gesellschaft für Rechtsvergleichung über das Thema „Wege zur Vereinheitlichung des europäischen Markenrechts" am 8. April 1960 in Bremen GRUR Int 1960, 357
Beier, Friedrich-Karl	Gedanken zum Verhältnis von Warenzeichen- und Ausstattungsschutz im künftigen deutschen Markenrecht GRUR 1967, 628
Beier, Friedrich-Karl	Territorialität des Markenrechts und internationaler Wirtschaftsverkehr GRUR Int 1968, 8-17
Beier, Friedrich-Karl	Hundert Jahre Pariser Verbandsübereinkunft - ihre Rolle in Vergangenheit, Gegenwart und Zukunft GRUR Int 1983, 339
Beier, Friedrich-Karl	Gewerblicher Rechtsschutz und freier Warenverkehr im europäischen Binnenmarkt und im Verkehr mit Drittstaaten GRUR Int 1989, 603 - 615
Beier, Friedrich-Karl	Mißbrauch einer beherrschenden Stellung durch Ausübung gewerblicher Schutzrechte? in: FS für Quack (1991), S.15-32

Beier, Friedrich-Karl — The Developement of Trademark Law in the Last Twenty-Fife Years
IIC 1995, 769-781

Beier, Friedrich-Karl — Entwicklung und Grundprinzipien des internationalen Markenschutzes
in: FS Strömholm (1997), S.85-108

Beier, Friedrich-Karl — Von der EWG-Marke zur Gemeinschaftsmarke - Teil I
in: Neuordnung des Markenrechts in Europa (1997), S.59

Beier, Friedrich-Karl / Krieger, Ulrich — Wirtschaftliche Bedeutung, Funktion und Zweck der Marke,
GRUR Int 1976, 125

Beier, Friedrich-Karl / Kur, Annette — Deutschland und das Madrider Markenabkommen
GRUR Int 1991, 677

Bercovitz, Alberto — Marken und Urheberrecht
GRUR Int 2001, 611-616

Berg — Die geographische Herkunftsangabe - ein Konkurrent für die Marke?
GRUR Int 1996, 425

Berger, Christian — Der Lizenzsicherungsnießbrauch – Lizenzerhaltung in der Insolvenz des Lizenzgebers
GRUR 2004, 20-25

Berlit, Wolfgang — Änderungen des UWG durch das Markenrechtsreformgesetz
NJW 1995, 365

Berlit, Wolfgang — Das neue Markenrecht
WiB 1995, 49

Berlit, Wolfgang — Die Entwicklung des Markenrechts seit 1994
WiB 1996, 621

Berlit, Wolfgang — Die Erschöpfung des Markenrechts im Lichte aktueller Rechtsprechung des Europäischen Gerichtshofs
WiB 1996, 1098

Berlit, Wolfgang — Rechtsprechungsübersicht: Die Entwicklung des Markenrechts seit 1996
WiB 1997, 516 - 519

Berlit, Wolfgang — Markenrechtliche und europarechtliche Grenzen des Markenschutzes
GRUR 1998, 423-433

Berlit, Wolfgang — Multimedia und Marken: aktuelle Tendenzen der markenrechtlichen Rechtsprechung
NJW 1999, 701

Berlit, Wolfgang — Die Verkehrsbekanntheit von Kennzeichen (§§ 9 II Nr.3, 14 II Nr.3, 15 III MarkenG)
GRUR 2002, 572-578

Berlit, Wolfgang — Der Begriff der Verkehrsdurchsetzung (§ 8 Abs.3 MarkenG)
WRP 2002, 636-639

Bernd, Ralph / Sander, Matthias — Der Wert von Marken - Begriffliche Grundlagen und Ansätze zur Markenbewertung
in: HdB Markenartikel (1994), S.1353

Bettinger, Thorsten — Die WIPO-Vorschläge zum Schutz von Marken und anderen Zeichenrechten im Internet
WRP 2001, 789-796

Beuthin, Volker / Wasmann, Dirk — Zur Herausgabe des Verletzergewinns bei Verstößen gegen das Markengesetz; - Zugleich Kritik an der dreifachen Schadensberechnung -
GRUR 1997, 255 - 261

Biel, Alexander L. Grundlagen zum Markenwertaufbau
in: Moderne Markenführung, S.61

Bock, Christian Ausgewählte Aspekte des Protokolls zum Madrider Markenabkommen und der Gemeinsamen Ausführungsverordnung
GRUR Int 1996, 991

Bodewig, Theo Erschöpfung der gewerblichen Schutzrechte und des Urheberrechts in den USA
GRUR Int 2000, 597, 610

Boës / Deutsch Die „Bekanntheit nach dem neuen Markenrecht und ihre Ermittlung durch Meinungsumfragen
GRUR 1996, 168

Bogdandy, Armin v. Die Überlagerung der ZPO durch WTO-Recht - Zum Schutz geistigen Eigentums nach dem Hermès-Urteil des EuGH
NJW 1999, 2088-2090

Bork, Reinhard Kennzeichenschutz im Wandel - Zum Verhältnis des bürgerlichrechtlichen zum wettbewerbsrechtlichen Schutz der berühmten Marke gegen Verwässerungsgefahr
GRUR 1989, 725

Bornkamm, Joachim Markenrecht und wettbewerbsrechtlicher Kennzeichenschutz – Zur Vorrangthese der Rechtsprechung
GRUR 2005, 97-102

Bornkamm, Joachim Kennzeichenrecht und Irreführungsverbot
In: FS Mühlendahl (2005), S.9

Brandi-Dohrn, Matthias Die kommende Neuordnung des Kennzeichenrechts: Das Markenrechtsreformgesetz,
BB 1994, Beil. 16

Brandner, Hans Erich Wann ist Rufausbeutung im Wettbewerb nicht unlauter?
in: FS Vieregge (1995), S.81-89

Brandt, Sven Softwarelizenzen in der Insolvenz
NZI 2001, 337 -343

Braun, Alban Voraussetzungen und Gefahren der Sicherungszession als Mittel der Kreditsicherung
DStR 1995, 1592-1595

Bühling, Jochen Die Markenlizenz im Rechtsverkehr
GRUR 1998, 196-200

Bülow, Peter Anmerkung zu BGH v. 10.5.1994 - XI ZR 65/93
EWiR 1994, 731

Bülow, Peter Einführung in das Recht der Kreditsicherheiten
JURA 1995, 198-205 + 1996, 190-196

Bülow, Peter Die These von der Doppelkausa im Kreditsicherungsgeschäft - ein Holzweg
NJW 1997, 641-643

Busche, Jan Der Schutz selektiver Vertriebssysteme gegen Außenseiterwettbewerb - Abschied vom Dogma der Lückenlosigkeit?
WRP 1999, 1231-1237

Büscher, Wolfgang Der Schutz geographischer Herkunftsangaben nach der Warsteiner-Entscheidung des EuGH
In: Festschrift für Willi Erdmann (2003), S.237-249

Büscher, Wolfgang Neuere Entwicklungen der Rechtsprechung des Europäischen Gerichtshofs und des Bundesgerichtshofs zu den geographischen Herkunftsangaben
GRUR Int 2005, 801-809

Bußmann, Kurt — Freie Übertragbarkeit der Marke
GRUR 1949, 170

Canaris, Claus Wilhelm — Gesamtunwirksamkeit und Teilgültigkeit rechtsgeschäftlicher Regelungen
in:FS Steindorff (1990), S.519

Canaris, Claus-Wilhelm — Deckungsgrenzen und Bewertungsmaßstab beim Anspruch auf Freigabe von Sicherheiten gemäß § 242 BGB
ZIP 1995, 1577

Canaris, Claus Wilhelm — Die Problematik der Sicherheitenfreigabe im Hinblick auf § 9 AGBG und § 138 BGB
ZIP 1996, 1109

Canaris, Claus Wilhelm — Voraussetzungen und Inhalt eines Anspruchs auf Freigabe von Globalsicherheiten nach § 242 BGB
Zugleich eine Besprechung des Antwortbeschlusses des VII. Zivilsenats des BGH vom 10.Oktober 1996 und des Vorlagebeschlusses des IX. Zivilsenats vom 6.März 1996
ZIP 1997, 813

Croon, C. — Wege zur Vereinheitlichung des europäischen Markenrechts
GRUR Int 1960, 341

Danwitz, Thomas von — Ende des Schutzes der geographischen Herkunftsangabe? - Verfassungsrechtliche Perspektiven -
GRUR 1997, 81-90

Decken, Angelika von der — Keine Verpfändbarkeit von Titelschutzrechten nach dem neuen Markenrecht?
in: FS Engelschall (1996), S.205-216

Deichsel, Alexander — Das Recht der Marke und das Markenrecht
FAZ v.14.12.1998 S.27

Deichsel, Alexander — Markentechnische Beobachtungen zum Markenschutz
GRUR 1998, 336-345

Derenberg, Walter J. — Der Mythos des Trademark „Registration“ Treaty (TRT)
GRUR Int 1973, 101

Derleder, Peter — Absatzorganisation durch verlängerten Eigentumsvorbehalt: Wie ist die Hürde des § 354a HGB zu nehmen?
BB 1999, 1561

Deutsch, Volker — Der Schutz von Marken und Firmen außerhalb des Wettbewerbsbereichs
in: FS Gaedertz (1992), S.99-109

Deutsch, Volker — Der Werktitel als Gegenstand des Rechtsverkehrs
WRP 1998, 14-17

Deutsch, Volker — Anspruchskonkurrenz im Marken- und Kennzeichenrecht
WRP 2000, 854-858

Deutsch, Volker — Zusätzlicher Schutz für Werktitel durch Markeneintragung
GRUR 2004, 642-646

Drexl, J. — Nach „GATT und WIpO“: Das TRIPs-Abkommen und seine Anwendung in der europäischen Gemeinschaft
GRUR 1994, Int 777

Drobnig, Ulrich — Die Verwertung von Mobiliarsicherheiten in einigen Ländern der Europäischen Union
RabelsZ 60 (1996), S.40-57

Droste, Helmut / Reimer, Dietrich — Zur Reform des deutschen Warenzeichengesetzes - Bericht über die Arbeit des Unterausschusses „Warenzeichenrechtsreform" des Fachausschusses für Wettbewerbs- und Warenzeichenrecht
GRUR 1974, 636-649

Düx, Heinz — Neue Rechtsprechung des BGH zur Verwechslungsgefahr im Markenrecht - Sind Namen zukünftig Schall und Rauch?
WRP 2000, 1238-1242

Eckhardt, Diederich — Kreditsicherung versus Insolvenzanfechtung
ZIP 1999, 1417

Ehring, Lothar — Schutz von Marken und Handelsnamen nach dem TRIPS-Übereinkommen der WTO
MarkenR 2003, 57-60

Eichmann, Helmut — Das Verhältnis von Mustern zu Marken
in: FS Nirk (1992), S.165-193

Eichmann, Helmut — Der Schutz bekannter Kennzeichen
GRUR 1998, 201-214

Einem, Christoph von — Die neue EU-Gemeinschaftsmarke, Checkliste zur Anmeldung
WiB 1996, 605

Einem, Christopf v. / Lorenz, Kerstin — Die neue EU-Gemeinschaftsmarke
WiB 1996, 553

Eisenführ, Günther — Begriff und Schutzfähigkeit von Marke und Ausstattung
in: FS GRUR II (1991), S.765

Engels, Ulfert. — Kennzeichengerichte und Kennzeichenkammern
WRP 1997, 77 - 82

Ensthaler, Jürgen — Änderung des BGH zum wettbewerbsrechtlichen Schutz von Vertriebssystemen - Entbehrlichkeit des Lückenlosigkeitserfordernisses NJW 2000, 2482-2483

Erdmann, Willi — Schwerpunkte der markenrechtlichen Rechtsprechung des Bundesgerichtshofs
GRUR 2001, 609-615

Ernst-Moll, Jürgen — Die berühmte und die bekannte Marke
GRUR 1993, 8

Esch, Franz-Rudolf — Ansätze zur Messung des Markenwerts
in: Moderne Markenführung S.937

Esch, Franz-Rudolf / Langner, Tobias — Gestaltung von Markenlogos
in: Moderne Markenführung S.465

Esch, Franz-Rudolf / Langner, Tobias — Branding als Grundlage zum Markenaufbau
in: Moderne Markenführung S.407

Esch, Franz-Rudolf / Wicke, Andreas — Herausforderungen und Aufgaben des Markenwertmanagements
in: Moderne Markenführung S.3

Fammler, Michael — Die Gemeinschaftsmarke als Kreditsicherheit
WRP 2006, 534-540

Faupel, Rainer — GATT und geistiges Eigentum - Ein Zwischenbericht zu Beginn der entscheidenden Verhandlungsrunde
GRUR Int 1990, 255

Fezer, Karl-Heinz — Aspekte einer Rechtskritik an der economic analysis of law und am property-rights-approach
JZ 1986, 817-824

Fezer, Karl-Heinz — Das Markenrecht im Aufwind des Europäischen Binnenmarkts - Überlegungen zum Markenschutz in Europa nach dem Urteil des Europäischen Gerichtshofs vom 17. Oktober 1990 - „HAG II"
in: FS Gaedertz (1992), S.153-179

Fezer, Karl-Heinz — Die Ausstrahlungswirkung berühmter und bekannter Marken im Wettbewerbsrecht
in: FS Nirk (1992), S.247-262

Fezer, Karl-Heinz — Rechtsverletzende Benutzung einer Marke als Handeln im geschäftlichen Verkehr - Abschied von der markenmäßigen Benutzung im Markenrecht -
GRUR 1996, 566

Fezer, Karl-Heinz — Anwendungsbereich des § 23 MarkenG
WRP 1996, 973-977

Fezer, Karl-Heinz — Die Markenfähigkeit der GbR
in: FS Boujong (1996), S.123

Fezer, Karl-Heinz — Kennzeichenschutz an Namen fiktiver Figuren - Werktitelrechte und Markenrechte an Namen von Comics und Characters als Werke und Produkte -
WRP 1997, 887-891

Fezer, Karl-Heinz — Liberalisierung und Europäisierung des Firmenrechts
ZHR 161 (1997), S.54

Fezer, Karl-Heinz — Ausschließliche Zuständigkeit der Kennzeichengerichte und der Gemeinschaftsmarkengerichte
NJW 1997, 2915-2918

Fezer, Karl-Heinz — Grundprinzipien und Entwicklungstendenzen im europäischen und internationalen Markenrecht - Richtlinienkonforme Auslegung - Internationale Markenaufteilungen - Funktionenlehre - Markenrechtlicher Designschutz
WRP1998, 1-14

Fezer, Karl-Heinz — Markenfunktionale Wechselwirkung zwischen Markenbekanntheit und Produktähnlichkeit
WRP 1998, 1123-1127

Fezer, Karl-Heinz — Erste Grundsätze des EuGH zur Verwechslungsgefahr - oder: „Wie weit springt die Raubkatze?"
NJW 1998, 713-716

Fezer, Karl-Heinz — Wettbewerbsrechtlicher und markenrechtlicher Bestandsschutz funktionsfähiger Distributionssysteme selektiven Vertriebs von Außenseiterwettbewerbs - Die Bedeutung der Rechtsprechung des EuGH für die Vertriebsbindungssysteme in den Mitgliedsstaaten der EU
GRUR 1999, 99

Fezer, Karl-Heinz — Olfaktorische, gustatorische und haptische Marken - Markenorchideen als innovative Wirtschaftsgüter
WRP 1999, 575

Fezer, Karl-Heinz — Was macht das Zeichen zur Marke? - Die latente Herkunftsfunktion als rechtliche Voraussetzung der Eintragungsfähigkeit einer Marke (§8 Abs.2 Nr.1 bis 3 MarkenG, Art.3 Abs.1 lit b bis d MarkenRL, Art. 7 Abs.1 lit b bis d GMV)
WRP 2000, 1-8

Fezer, Karl-Heinz — Kumulative Normenkonkurrenz im Kennzeichenrecht - Ein Beitrag zur autonomen Anwendung des MarkenG, UWG und des BGB nach § 2 MarkenG
WRP 2000, 863-872

Fezer, Karl-Heinz — Die Gesellschaft bürgerlichen rechts als Inhaberin von Kennzeichenrechten
In: FS für Peter Ulmer (2003), S.119-127

Fezer, Karl-Heinz — Lizenzrechte in der Insolvenz des Lizenzgebers
WRP 2004, 793-808

Finniss, Guillaume — Wege zur Vereinheitlichung des europäischen Markenrechts
GRUR Int 1960, 337

Fischer, Oliver — Bei Marken hängt Daimler Chrysler die Telekom ab - Stuttgarter Autokonzern verfügt über wertvollste „Corporate Brand" der Dax-Unternehmen • Siemens steht erst ganz am Anfang
FTD v.5.3.2001 S.7

Fischer, Thomas — Widerspruchsrecht des Markeninhabers bei der Verwertung von sicherheitsübereigneter Ware?
WM 1997, 597 - 606

Forkel, Hans Prof. Dr. — Zur Zulässigkeit beschränkter Übertragungen des Namensrechts
NJW 1993, 3181 - 3183

Franzen, Ottmar — Die praktische Nutzung der Markenbewertungssysteme
MA 1995, 562

Franzen, Ottmar / Trommelsdorff, Volker / Riedel, Frank — Ansätze der Markenbewertung und der Markenbilanz
in: HdB Markenartikel (1994), S. 1373

Friedrich, Walther J. — Nießbrauch in neuem Gewand,
NJW 1996, 32

Fritze, Ulrich — Der Einfluß von Werbebeschränkungen auf Marken
GRUR Int 2000, 387-392

Frommeyer, Ingo — Marke und Werktitel beim „edlen Indianerhäuptling" – Anmerkung zu BGH „Winnetou"
GRUR 2003, 919-921

Fuchs, Andrea — Allgemeiner Kennzeichenschutz für geistige Produkte - zugleich ein Beitrag zum Verhältnis von Werktitel und Marke
GRUR 1999, 460-467

Füllkrug — Spekulationsmarken - Eröffnet der Wegfall des Geschäftsbetriebs die Möglichkeit, Formalrechte zu mißbrauchen?
GRUR 1994, 679

Gamm, Otto-Friedrich Frhr. v. — Die Auswirkung der Rechtsprechung des Gerichtshofs der Europäischen Gemeinschaften auf das Warenzeichenrecht
GRUR Int 1975, 185

Gamm, Otto-Friedrich Frhr. v — Markenbenutzung und Benutzungszwang
in: FS GRUR Bd. II (1991), S.801

Gamm, Otto-Friedrich Frhr. v. — Zur Warenzeichenrechtsreform
WRP 1994, 793-798

Gamm, Otto-Friedrich, Frhr. v. — Schwerpunkte des neuen Markenrechts - Referat anläßlich der GRUR-Jahrestagung am 3.6.1994
GRUR 1994, 775

Gamm, Otto-Friedrich, Frhr. v. — Rufausnutzung und Beeinträchtigung bekannter Marken und geschäftlicher Bezeichnungen
in: FS Piper (1996), S.537

Ganter, Hans Gerhard	Die nachträgliche Übersicherung eines Kredits ZIP 1994, 257
Ganter, Hans Gerhard	Aktuelle Probleme der Kreditsicherheiten in der Rechtsprechung des Bundesgerichtshofs WM 1996, 1705-1719
Ganter, Hans Gerhard	Rechtsprechung des BGH zum Kreditsicherungsrecht, Teil I + II WM 1998, 2045 + 2081
Ganter, Hans Gerhard	Aktuelle BGH-Rechtsprechung zum Kreditsicherungsrecht WM 1999, 1741
Ganter, Hans Gerhard	Die ursprüngliche Übersicherung WM 2001, 1-7
Gauß, Holger	„Human Brands" – Markenschutz für Name, Bildnis, Signatur und Stimme einer Person WRP 2005, 570-581
Giefers, Hans-Werner	Die rechtserhaltende Benutzung der Marke in abgewandelter Form - Fortsetzung oder Ende von „Arthrex forte"? in: FS Vieregge (1995), S.267
Gloy, Wolfgang	Notwendigkeit und Grenzen der Hamonisierung des Warenzeichenrechts in der Europ. Gemeinschaft in: FS v. Gamm (1990) S.257-269
Gloy, Wolfgang	Geographische Herkunftsangaben, wettbewerbsrechtliche Relevanz und klarstellende Zusätze in: FS Piper (1996) S.543
Gold, Gabriele	Steuerliche Abschreibungsmöglichkeit für Marken? DB 1998, 956
Götting, Horst-Peter u.a.	Länderbericht Deutschland in: AusstattungsHdB (1986), S.199
Götting, Horst-Peter	Die Entwicklung des Markenrechts vom Persönlichkeits- zum Immaterialgüterrecht in: FS Beier (1996), S.233-242
Götting, Horst-Peter	Die Einlagefähigkeit von Lizenzen an Immaterialgüterrechten AG 1999, 1-9
Götting, Horst-Peter	Protection of Well-Known, Unregistered Marks in Europe and the United States IIC 2000, 389-407
Groh, Thomas / Wündisch, Sebastian	Die Europäische Gemeinschaft und TRIPS: Hermès, Dior und die Folgen GRUR Int 2001, 497-506
GRUR-Ausschuß für Wettbewerbs- und Warenzeichenrecht	Grundsätze für die Schaffung einer EWG-Marke GRUR Int 1960, 359
Güldenberg, Hans G.	Der volkswirtschaftliche Wert und Nutzen einer Marke GRUR 1999, 843-847
Habersack, Mathias	Haustürgeschäfterichtlinie und Realkreditverträge WM 2000, 981
Hacker, Franz	Allgemeine Grundsätze der Beurteilung der Verwechslungsgefahr bei Kombinationszeichen - Bemerkungen zur neuen Rechtsprechung - GRUR 1996, 92

Hacker, Franz	Rechtsgrund und Reichweite des § 8 II Nr.1 MarkenG GRUR 2001, 630-635
Hacker, Franz	Die Benutzung einer Marke „als Marke" als rechtliche Voraussetzung für den Erwerb, die Aufrechterhaltung und die Verletzung von Marken GRUR Int 2002, 502-511
Häcker, Robert	Verwertungs- und Benutzungsbefugnis des Insolvenzverwalters für sicherungsübertragene gewerbliche Schutzrechte ZIP 2001, 995-1000
Hadding, Walter	Vorüberlegungen zu einem Allgemeinen Teil des Rechts der Kreditsicherheiten in: FS Frotz (1993), S.495
Hadding, Walther / van Look, Frank	Vertraglicher Abtretungsausschluß - Überlegungen de lege lata und de lege ferenda WM 1988, Sonderbeilage 7
Hager, Johannes	Der lange Abschied vom Verbot der geltungserhaltenden Reduktion JZ 1996, 175
Harte-Bavedamm, Henning	Ende der geographischen Herkunftsbezeichnung? - „Brüsseler Spitzen" gegen den ergänzenden nationalen Markenschutz GRUR 1996, 717
Harte-Bavendamm, Henning	Einleitende Anmerkungen zum Aufsatz „Marketechnische Beobachtungen zum Markenschutz" von Prof. Dr. Alexander Deichsel GRUR 1998, 335-336
Harte-Bavendamm, Henning / Bomhard, Verena v.	Abgrenzungsvereinbarungen und Gemeinschaftsmarken GRUR 1998, 530-542
Harte-Bavendamm, Henning / Scheller, Eva	Die Auswirkungen der Markenrechtsrichtlinie auf die Lehre von der internationalen Erschöpfung WRP 1994, 571 - 577
Hartwig, Henning	Zur Zulässigkeit produktbezogener Sponsoring-Werbung - Zugleich Anmerkung zu OLG Stuttgart, Urteil vom 18. September 1998 - 2 U 25 /98 WRP 1999, 744
Heath, Christopher	Bedeutet TRIPS wirklich eine Schlechterstellung von Entwicklungsländern? GRUR Int 1996, 1169
Hefermehl, Wolfgang	Zum Schutz der Farbe als Kennzeichnungsmittel in: FS Möhring (1965), S.225-244
Heine, Joachim Friedrich	Das neue gemeinschaftsrechtliche System zum Schutz geographischer Bezeichnungen GRUR 1993, 96
Heiseke, Jürgen	Fabrik- und Händlermarken WRP 1976, 282
Helle, Jürgen	Wirtschaftliche Aspekte zivilrechtlichen Persönlichkeitsschutzes RabelsZ 60 (1996), S.448-474
Helm, Horst	Der Schutz geographischer Herkunftsangaben nach dem Markengesetz in: FS für Vieregge (1995) S.335
Helm, Marianne	Die Unterscheidungsfunktion der Kollektivmarke nach neuem Markenrecht WRP 1999, 41-45

Helm, Marianne — Zur ergänzenden Anwendung wettbewerbsrechtlicher Bestimmungen auf markenrechtliche Tatbestände
GRUR 2001, 291-295

Henning-Bodewig, Frauke / Bastian, Eva-Marina — Länderbericht Benelux-Staaten
in: AusstattungsHdB (1986), S.107

Herzig, Norbert — Grundkonzeption einer bilanziellen Marktbewertungspflicht für originäre und derivate Finanzinstrumente
BB 1997, Beilage 5 (zu Hft 15)

Heydt, Ludwig — Wege zur Vereinheitlichung des europäischen Markenrechts
GRUR Int 1960, 348

Heydt, Ludwig — Anmerkung zum BGH-Urteil I ZR 38/70 v.7. Juli 1971 - Nocado
GRUR 1971, 575

Heydt, Ludwig — Anmerkung zum BGH-Urteil I ZR 44/71 v.26.Mai 1972 - „Baader"
GRUR 1973, 365

Heydt, Ludwig — Nationale Markenrechte und sonstige Rechte in dem Entwurf einer Verordnung über die Gemeinschaftsmarke der EG-Kommission
GRUR Int 1979, 123

Hilpert, Hanns Günther — TRIPS und das Interesse der Entwicklungsländer am Schutz von Immaterialgüterrechten in ökonomischer Sicht
GRUR Int 1998, 91-99

Holeweg, Annette — Europäischer und internationaler gewerblicher Rechtsschutz und Urheberrecht - Tabellarischer Überblick und aktuelle Entwicklungen
GRUR Int 2001, 141-165

Höpperger, Marcus — Die WIPO-Initiative zum Schutz berühmter und bekannter Marken
in: Neuordnung des Markenrechts in Europa (1997), S.42

Horn, Norbert — Die AGB Banken als Grundlage des Bankprivatrechts,
in: Horn (Hrgb.), Die AGB Banken 1993 (1994), S. 65

Hüttemann, Rainer — Unternehmensbewertung als Rechtsproblem
ZHR 162 (1998), S.563

Ingerl, Reinhard — Der Regierungsentwurf zum neuen Markengesetz: Zwischenstation zum europäischen Markenrecht
WiB 1994, 109

Ingerl, Reinhard — Umgehung des markengesetzlichen Benutzungszwangs durch Wiederholungseintragungen?
Mitt. 1997, 391-393

Ingerl, Reinhard — Der Schutz eingetragener Marken vor Wiedergabe als Gattungsbezeichnung in Nachschlagewerken
WRP 1997, 817-820

Ingerl, Reinhard — Die markenrechtliche Rechtsprechung des Europäischen Gerichtshofs - Weichenstellungen für die Entwicklung des europäischen Markenrechts
GRUR Int 2001, 581-590

Ingerl, Reinhard — Rechtsverletzende und rechtserhaltende Benutzung im Markenrecht
WRP 2002, 861-870

Ingerl, Reinhard — Der wettbewerbsrechtliche Kennzeichenschutz und sein Verhältnis zum MArkenG in der neuen rechtspechung des BGH und in der UWG-Reform
WRP 2004, 809-816

Ingerl, Reinhard / Rohnke, Christian. — Die Umsetzung der Markenrechtsrichtlinie durch das deutsche Markengesetz NJW 1994, 1247 - 1255

Irrlinger / Schröter — Die Schutzfähigkeit von Marken nach dem Recht der ehemaligen DDR GRUR 1993, 425

Jacobs, Rainer — Werktitelschutz für Computerspiele und Computerprogramme GRUR 1996, 601

Jaeger-Lenz, Andreas / Freiwald, Sven — Die Bedeutung der Erweiterung des Madrider Markensystems für die Markenrechtliche Praxis GRUR 2005, 118-123

Jauernig, Othmar — Zur Rechts- und Parteifähigkeit der Gesellschaft bürgerlichen Rechts NJW 2001, 2231-2232

Joachimsthaler, Erich A. / Aaker, David A. — Aufbau von Marken im Zeitalter der Post-Kommunikation in: Moderne Markenführung S.509

Johannes, Hartmut — Zum „Kaffee-Hag"-Urteil des Gerichtshofs der Europäischen Gemeinschaften GRUR Int 1975, 111

Joliet, Rene — Markenrecht und freier Warenverkehr: Abkehr von HAG I GRUR Int 1991, 177 - 184

Joller, Gallus — Zur territorialen Reichweite des Erschöpfungsgrundsatzes im MarkenR - Silhouette einer Zwischenbilanz GRUR Int 1998, 751-765

Jsay, Hermann — Die Selbständigkeit des Rechts an der Marke GRUR 1929, 23

Jung, Peter — Firmen von Personenhandelsgesellschaften nach neuem Recht ZIP 1998, 677-684

Kaeuffer, Jürgen — Die Marke in Euro und Cent MarkenR 2000, 396

Kaltner, Jonathan A. — Die Verbraucherfunktion - eine neue EG-Markenfunktion? EWS 1995, 12-15

Kartte, Wolfgang — Die gemeinschaftliche Nutzung von Warenzeichen im Spannungsfeld zwischen GWB und Warenzeichenrecht in: FS Quack (1991), S.609-624

Kellenter, Wolfgang — Schutzrechtslizenzen in der Insolvenz des Lizenzgebers In: FS Tilmann (2003), S.807-825

Keller, Erhard — Die zeichenmäßige Benutzung im Markenrecht - Umfang und Grenzen der markenrechtlichen Abwehrbefugnis GRUR 1996, 607

Keller, Kevin L. — Kundenorientierte Messung des Markenwerts in: Moderne Markenführung S.967

Kern, Kerstin — Verwertung der Personalfirma im Insolvenzverfahren BB 1999, 1717

Kiethe, Kurt / Groeschke, Peer — Der Designschutz dreidimensionaler Marken nach dem Markengesetz WRP 1998, 541-549

Kircher, Sybille — Gestaltung von Markennamen in: Moderne Markenführung S.445

Klaka, Rainer — Erschöpfung und Verwirkung im Lichte des Markenrechtsreformgesetzes
GRUR 1994, 321 - 330

Klaka, Rainer — Markenrechtliche Erschöpfungslehre im neuen Licht (gestern - heute - morgen)
in: FS Traub (1994), S.173-191

Klaka, Rainer — Vor- (Weiter-) Benutzung im Kennzeichnungsrecht
in: FS v. Gamm (1990) S.271-288

Klaka, Rainer — Die Markenteilung
GRUR 1995, 713-721 = in: FS Vieregge (1995), S.421-441

Klaka, Rainer / Krüger, Christof — Zur Problematik örtlich begrenzter Kennzeichenrechte
in: FS Gaedertz (1992) S.299-315

Klawitter, Christian / Hombrecher, Lars — Gewerbliche Schutzrechte und Urheberrechte als Kreditsicherheiten
WM 2004, 1213-1219

Klette, Chr. Manfred — Zur rechtserhaltenden Benutzung durch Verwendung abweichender Markenformen
WRP 2000, 913-920

Klinkert, Friedrich / Schwab, Florian — Markenrechtlicher Raubbau an gemeinfreien Werken - ein richtungsweisendes „Machtwort" durch den Mona Lisa - Beschluß des Bundespatentgerichts?
GRUR 1999, 1067-1074

Kliems, Hubertus — Zur Neuregelung der Nichtbenutzungseinreden im Markenrecht
GRUR 1999, 11-16

Kliems, Hubertus — Reduzierter Schutz für Unternehmenskennzeichen in kollidierenden Marken - Zugleich ein Beitrag zur „Prägetheorie" -
GRUR 2001, 635-643

Knaak, Roland — Zur Wirksamkeit und Kündbarkeit von zeichenrechtlichen Abgrenzungsvereinbarungen
GRUR 1981, 386

Knaak, Roland — Die Kennzeichenrechte in der deutschen Einigung
GRUR Int 1993, 18

Knaak, Roland — Der Schutz geographischer Herkunftsangaben im neuen Markengesetz
GRUR 1995, 103

Knaak, Roland — Der Schutz geographischer Angaben nach dem TRIPS-Abkommen
GRUR Int 1995, 642

Knaak, Roland — Zur Einbeziehung des Schutzes der Unternehmenskennzeichen in das deutsche Markengesetz
in: FS Beier (1996) S.243-252

Knaak, Roland — Markenrecht und TRIPS-Übereinkommen
in: Neuordnung des Markenrechts in Europa (1997), S.19

Knaak, Roland — The Legal Enforcement of the Community Trade Mark and of Prior National Rights
IIC 1998, 754-776

Knaak, Roland — Grundzüge des Gemeinschaftsmarkenrechts und Unterschiede zum nationalen Markenrecht
GRUR Int 2001, 665-673

Knaak, Roland / Tilmann, Winfried — Marken und geographische Herkunftsangaben - Bericht für die Deutsche Landesgruppe
GRUR Int 1994, 161

Kochendörfer, Mathias — Die Verwirkung des Unterlassungsanspruchs nach § 21 Markengesetz
WRP 2001, 1040-1051

Kochendörfer, Mathias | Die Rechtsprechung zur verwirkung nach § 21 Markengesetz
WRP 2005, 157-167

Koller, Ingo | Sittenwidrigkeit der Gläubigergefährdung und Gläubigerbenachteiligung
JZ 1985, 1013

Köhler, Helmut | Namensrecht und Firmenrecht
in: FS Fikentscher (1998), S.494

Köndgen, Johannes | Die Entwicklung des Bankkreditrechts in den Jahren 1995-1999
NJW 2000, 468

Koos, Stefan | Der Name als Immaterialgut
GRUR 2004, 808-815

Körner, Eberhard / Gründig-Schnelle, Kerstin | Markenrecht und Produktschutz durch die dreidimensionale Marke
GRUR 1999, 535-541

Kraft, Alfons | Die Stellung des Europäischen Gerichtshofs zum Warenzeichen im Lichte des HAG-Urteils
GRUR Int 1975, 283

Kraft, Alfons | Verbraucherschutz im Markenrecht
GRUR 1980, 416

Kreile, Reinhold | Die Sozialbindung des geistigen Eigentums - Ein Beitrag zur Lehre über die Schranken des Urheberrechts
in: FS Peter Lerche (1993), S.251-266

Kretschmer, Friedrich | Ministerrat verabschiedet EG-Markenrecht
GRUR 1994, 95-97

Krieger, Albrecht | Europäisches Markenrecht im Werden
GRUR Int 1979, 279

Krieger, Albrecht / Mühlendahl, Alexander von | Die Madrider Diplomatische Konferenz zum Abschluß eines Protokolls zum Madrider Abkommen über die internationale Registrierung von Marken - Bericht der deutschen Delegation
GRUR Int 1989, 734

Krieger, Ulrich | Die Lissaboner Konferenz - Bericht von Mitgliedern der deutschen Delegation - D. Unlauterer Wettbewerb und Herkunftsangaben
GRUR Int 1959, 58 (90)

Krieger, Ulrich | Zur Aktivlegitimation im Warenzeichenrecht
in: FS Gaedertz (1992), S.331-336

Krings, E. Ph. | Haben §§ 14 Abs.2 Nr.3 und 15 Abs.3 MarkenG den Schutz der berühmten Marke sowie des berühmten Unternehmenskennzeichens aus §§ 12, 823 Abs.1, 1004 BGB ersetzt?
GRUR 1996, 624

Kroher, Jürgen | Importe von Originalware nach neuem Markenrecht
in FS für Beier (1996), S.253-263

Krüger, Christof | Zum gedanklichen Inverbindungbringen im Sinne der §§ 9 I 2, 14 II 2 Markengesetz
GRUR 1995, 527 - 530

Kühnemann, Herbert | Die Lissaboner Konferenz - Bericht von Mitgliedern der deutschen Delegation - F. Allgemeine Fragen
GRUR Int 1959, 58 (104)

Kunz-Hallstein, Hans-Peter — Europäisierung und Modernisierung des deutschen Warenzeichenrechts - Fragen einer Anpassung des deutschen Markenrechts an die EG Markenrichtlinie
GRUR Int 1990, 747-759

Kunz-Hallstein, Hans-Peter — Perspektiven der Angleichung des nationalen Markenrechts in der EWG
GRUR Int 1992, 81 - 91

Kunz-Hallstein, Hans-Peter — Die absolute Bindung der Marke an den Geschäftsbetrieb und ihre Aufhebung durch das Erstreckungsgesetz
GRUR 1993, 439

Kunz-Hallstein, Hans-Peter — Die Funktion der Marke nach europäischem und künftigem deutschen Markenrecht
in: FS 100 Jahre Markenamt (1994), S.147

Kunz-Hallstein, Hans Peter — Das Protokoll zum Madrider Markenabkommen
in: Neuordnung des Markenrechts in Europa (1997), S.30

Kunz-Hallstein, Hans-Peter — Zur Frage der Parallelimporte im internationalen gewerblichen Rechtsschutz - Neuer Wein in alten Schläuchen? -
GRUR 1998, 268-271

Kunz-Hallstein, Hans-Peter — Zur „Benutzungslast" im Markenrecht
GRUR 2001, 643-647

Kunz-Hallstein, Hans Peter — Zur Bedeutung der Kennzeichnungskraft für den Schutz eingetragener Marken gegen Verwechslung
In: FS für Tilmann (2003), S.389-401

Kunze, Gerd Dr. — Der Markenrechtsvertrag
WRP 1996, 982 - 989

Kur, Annette — Schutz nicht eingetragener, aber notorisch bekannter Marken (Art.6bis PVÜ) und Schutz berühmter Marken
GRUR Int 1990, 605

Kur, Annette — Die notorisch bekannte Marke im Sinne von 6bis PVÜ und die „bekannte Marke" in Sinne der Markenrichtlinie
GRUR 1994, 330 - 340

Kur, Annette — Entwicklung und gegenwärtiger Stand des internationalen Markenschutzes
MA 1994, 560

Kur, Annette — TRIPs und das Markenrecht
GRUR Int 1994, 987

Kur, Annette — Die Harmonisierung der europäischen Markengesetze; Resultate - offene Fragen - Harmonisierungslücken
GRUR 1997, 241 - 254

Kur, Annette — TRIP's and Trademark Law
in: From GATT to TRIPs, S.93

Kur, Annette — Der Schutz nicht eingetragener Marken
in: Neuordnung des Markenrechts in Europa (1997), S.134

Kur, Annette — Markenrecht, Verbraucherschutz und Wettbewerbsrecht
in: Die Neuordnung des Markenrechts in Europa (1997) S.190-234

Kur, Annette — Die WIPO-Vorschläge zum Schutz notorisch bekannter und berühmter Marken
GRUR 1999, 866-875

Lehman, Jon / Stenshoel, Eric — Between Berne and Madrid: Movement of the United States Toward International Copyright and Trademark Protection
in: FS Quack (1991), S.57-71

Lehmann, Michael — Der Schutz geschäftlicher Bezeichnungen im neuen Markengesetz
FS Beier (1996) S.279-288

Lehmann, Michael — Domains - weltweiter Schutz für Name, Firma, Marke, geschäftliche Bezeichnung im Internet ?
WRP 2000, 947-950

Lehmann,Michael / *Schönfelöd, Thomas* — Die neue europäische und deutsche Marke: Positive Handlungsrechte im Dienste der *Informationsökonomie*
GRUR 1994, 481 - 489

Lehmann-Richter, Arnold — Die Umwandlung einer Marke in eine Gattungsbezeichnung
WRP 2002, 1391

Leßmann, Herbert — Weitergeltung von Lizenzen bei Veräußerung des zugrundeliegenden Schutzrechts bzw. anderer Lizenzierung
DB 1987, 145

Levin, Marianne — Der Schutz außerhalb des Gleichartigkeitsbereichs in der EU aus schwedischer Sicht
GRUR Int 1996, 455-462

Lewinski, Silke v — Europäische Integration jenseits der Union - Geistiges Eigentum im Netzwerk intereuropäischer Beziehungen
in: FS Beier (1996) S.607

Liebelt-Westphal, Ulf — Die gesetzliche Deckungsgrenze bei der Gewährung von Sicherheiten
Zugleich eine Besprechung des Antwortbeschlusses des VII. Zivilsenats des Bundesgerichtshofs vom 10.Oktober 1996, ZIP 1997, 234, auf die Anfragen des IX. und XI. Zivilsenats, BGH ZIP 1996, 1429 und BGH ZIP 1996, 957
ZIP 1997, 230

Lindner, Michael / Schrell, Andreas — Die Gemeinschaftsmarke im Überblick
WRP 1996, 94 - 98

Linstow, Bernhard von — Die Verwendung fremder Zeichen zur Bezeichnung fremder Waren - Ein Beitrag zum markenmäßigen Gebrauch
WRP 2000, 955-959

Loewenheim, Ulrich — Gealterte und gefärbte Jeans - Zur Benutzung der Marke an veränderter Originalware
in: FS Vieregge (1995), S.569-583

Loewenheim, Ulrich — Nationale und internationale Erschöpfung von Schutzrechten im Wandel der Zeiten
GRUR Int 1996, 307

Loschelder, Michael — Der Titelschutz als besonderes Kennzeichnungsrecht
in: FS Vieregge (1995) S.585-602

Loschenlder, Michael — Die sogenannte einfache geographische Herkunftsangabe
In: FS für Tilmann (2003), S.403-414

Lückenbach, Andreas — Der Benutzungszwang im Markenrecht aufgrund der Neuregelung durch das Markengesetz - gesetzgeberische Ziele und deren Umsetzung durch die Rechtsprechung
GRUR 2000, 7-12

Lüder, Tilman E. — Die Rolle des nationalen Markenrechts in einem europäischen Binnenmarkt
EuZW 1994, 112

Luhberger, Andreas — Die neue Rechtsprechung des Bundesgerichtshofs zum Vertriebsbindungsschutz - praktische Konsequenzen
WRP 2000, 139-148

Lüke, Gerhard — Grundfragen des Zessionsrechts
JuS 1995, 90 - 96

Lwowski, Hans-Jürgen — Die anfängliche Übersicherung als Grund für die Unwirksamkeit von Sicherheitenbestellungen (§ 138 BGB)
in: FS Schimanski (1999), S.389

Lwowski, Hans-Jürgen / Groeschke, Peer — Die Konzernhaftung der §§ 302, 303 AktG als atypische Sicherheit?
WM 1994, 613

Lwowski, Hans-Jürgen / Hoes, Volker — Markenrechte in der Kreditpraxis
WM 1999, 771-779

Mager, Knut — Zur Zulässigkeit von Parallelimporten patentgeschützter Waren
GRUR 1999, 637

Mailänder, Peter — Gemeinschaftsrechtliche Erschöpfungslehre und freier Warenverkehr
in: FS Gaedertz (1992) S.369-391

Mangini, Vito — Die Marke: Niedergang der Herkunftsfunktion?
GRUR Int 1996, 462

Mansani, Luigi — Der Schutz des Markeninhabers aufgrund der neueren Gemeinschaftsrechtsprechung
in: FS Beier (1996), S.289-302

Medicus, Dieter — Anmerkung zu BGH GS, Beschl. V. 27.11.1997 - GSZ 1 u.2/97
EWiR 1998, 155

Medicus, Dieter — Anmerkung zu BGH v.12.3.1998 - IX ZR 74/95, ZIP1998, 684
EWiR 1998, 627

Meister, Herbert — Erste Erfahrungen mit dem neuen Markengesetz
MA 1995, 507 - 513 , + 572 - 576

Meister, Herbert — Die Verteidigung von Marken. Eine Skizze zum neuen Recht
WRP 1995, 366 - 377

Meister, Herbert — Von der Signa zur Gemeinschaftsmarke
WRP 2003, 1389-1408, WRP 2004, 305-323 + 543-563

Meyer, Alfred Hagen — § 5 MarkenG; eine kurze Betrachtung anhand eines Fallbeispiels
WRP 1995, 799-800

Meyer, Andreas — Das deutsche und französische Markenrecht nach der Umsetzung der Ersten Markenrichtlinie (RL 89/104/EWG)
GRUR Int 1996, 592 - 612

Meyer-Kessel, Ulf — Die Darlegungs- und Beweislast im Rahmen des Erschöpfungseinwands nach § 24 MarkenG
GRUR 1997, 878-880

Michel, Erich — Die Behandlung kollidierender Markenrechte durch das Erstreckungsgesetz
WiB 1994, 387

Moser von Filseck — Die Lissaboner Konferenz - Bericht von Mitgliedern der deutschen Delegation - C. Marken
GRUR Int 1959, 58 (81)

Mountstevens, Andrew — Der markenrechtliche Schutz technisch bedingter Warenformen und naturgetreuer Warenabbildungen nach der Ersten Markenrichtlinie 89/104/EWG
GRUR Int 2000, 393-400

Mühlendahl, Alexander von — Das künftige Markenrecht der Europäischen Gemeinschaft
GRUR Int 1989, 353

Mühlendahl, Alexander von — Das neue Markenrecht der Europäischen Union
in: FS 100 Jahre Markenamt (1994), S.215

Mühlendahl, Alexander von	Von der EWG-Marke zur Gemeinschaftsmarke - Teil II in: Neuordnung des Markenrechts in Europa (1997), S.81
Mühlendahl, Alexander von / Mühlens, Peter	Gewerblicher Rechtsschutz im vereinten Deutschland GRUR 1992, 725
Munz, Martin	Die Zuordnung einer Marke durch Verkehrsgeltung des Zeichens iVz Hersteller und Händler nach Beendigung des Vertagsverhältnisses (§ 4 Nr.2 MarkenG) GRUR 1995, 474 - 477
Nauta, Walther	Ausnahmen vom erschöpfungsgrundsatz im Markenrecht GRUR Int 2004, 994-1002
Nobbe, Gerd	Aktuelle Entwicklungen zu Sicherungsübereignung und Globalzession im Lichte des AGB-Gesetzes ZIP 1996, 657
Nobbe, Gerd	Konsequenzen aus dem Beschluß des Goßen Senats in Zivilsachen des Bundesgerichtshofs zur Sicherheitenfreigabe in: FS Schimansky (1999) S.433
Nordemann, Wilhelm	Deutsches Wettbewerbsrecht um die Jahrtausendwende in: Josef Kohler und der Schutz des geistigen Eigentums in Europa (1996), S.141-145
Novak, Meinhard	Rechtsprechung der Europäischen Gerichtshöfe zum Markenrecht EuZW 2001, 613-622
Obergfell, Eva Inès	„Warsteiner" - ein Fall für den EuGH - zugleich eine Anmerkung zu BGH, Beschl. Vom 2.7.1998 - I ZR 54/96 - und BGH, Urt. Vom 2.7.1998 - I ZR 55/96 GRUR 1999, 551-558
Obergfell, Eva Inès	„Qualitätsneutrale" geographische Herkunftsangaben als Schutzdomäne des nationalen Rechts - Zur Entscheidung des EuGH vom 7.11.2000 - Rs. C-312/98 (Warsteiner) GRUR 2001, 313
Oelschläger, Kay	Zur Entstehung des Werktitelschutzes WRP 1998, 469-472
Ohly, Ansgar	Trade Marks and Parallel Importation - Recent Developments in European Law IIC 1999, 512-530
Oppenhoff, Walter	Wandel der Markenrechtskonzeption? GRUR Int 1973, 433
Osenberg, Ralph	Markenschutz für gemeinfreie Werke GRUR 1996, 101 - 104
Over, Uwe	Für und Wider der Einführung eines nachgeschalteten Widerspruchsverfahrens im Zuge der bevorstehenden Markenrechtsreform WRP 1993, 596 - 602
Over, Uwe	Neue Möglichkeiten internationalen Markenschutzes für den deutschen Markeninhaber WiB 1994, 761
Pagenberg, Jochen	Berühmte und bekannte Marken in Europa - Die Bestimmung der Verkehrsbekanntheit vor den nationalen und europäischen Instanzen in: FS Beier (1996) S.317-332
Pagenberg, Jochen	Das Widerspruchsverfahren der Gemeinschaftsmarke - Neue Strategien im Markenrecht - GRUR 1998, 288-293

Pahlow, Louis — Firma und Firmenmarke im Rechtsverkehr – Zum Verhältnis von § 23 HGB und §§ 27 ff MarkenG
GRUR 2005, 705-712

Pauly, Holger / Roth, Marwin H. — Ist die Lückenlosigkeit noch zu halten? - Zugleich eine Rechtsprechungsübersicht nach der „Cartier"-Entscheidung
GRUR 1997, 431-436

Pelzer, Martin — Besicherte Darlehen von Dritten an Konzerngesellschaften und Kapitalerhaltungsvorschriften
GmbHR 1995, 15

Pfeiffer, Thomas — Anmerkung zu BGH, Vorlagebeschl. v. 6.3.1997 - IX ZR 74/95
EWiR 1997, 483

Pfeiffer, Thomas — Anmerkung zu BGH, Vorlagebeschl. v. 13.5.1997 - XI ZR 234/95
EWiR 1997, 725

Pfeiffer, Tim — Abenteuer Markenrecht - Durchsetzung von markenrechtlichen Ansprüchen in Großbritannien
WRP 2001, 1152-1160

Pfeiffer, Thomas — Übersicherung, Freigabeanspruch, Freigabeklauseln - Unsicherheiten im Recht der Sicherungsgeschäfte - Ursachen, Auswege
WM 1995, 1565

Pickrahn — Das Bekämpfen von Parallelimporten nach dem neuen Markengesetz
GRUR 1996, 383

Piper, Henning — Der Schutz bekannter Marken
GRUR 1996, 429

Plaß, Gunda — Neue Grundsätze für das Recht der Gleichnamigen?
WRP 2000, 40-48

Plaß, Gunda — Die Rechtsstellung des Markenlizenznehmers nach § 30 III und IV MarkenG
GRUR 2002, 1029

Plassmann, Clemens — Die Darlegungs- und Beweislast bei § 24 Abs.1 MarkenG
WRP 1999, 1011-1018
(ergänzte Version von: FS Nordemann (1999), S.173)

Pöggeler, Wolfgang — Grundlagen und Probleme der Sicherungsabtretung
JA 1996, 551-557

Pöggeler, Wolfgang — Die sicherungsübereignete oder vertraglich verpfändete Marke in der Insolvenz des Sicherungsgebers
WRP 2002, 1241

Priester, Hans-Joachim — Ansatz des originären Firmenwertes in Einbringungs- und Umwandlungsbilanzen
in: FS Nirk (1992), S.893-913

Pucher, Georg — Der zeitliche Anwendungsbereich der nur EWR-weiten Erschöpfung im Markenrecht
WRP 1998, 362-368

Raßmann, Christian — Verwechslungsgefahr und Schutzumfang im neuen Markenrecht - ein völliger Neubeginn? -
GRUR 1997, 580-591

Reimer, Eduard,F — Für die Einführung der freien Übertragbarkeit der Marke im internationalen und im deutschen Warenzeichenrecht
GRUR 1949, 181

Rellermeyer, Klaus — Objektive Bezugsgrößen für die Bewertung von Kreditsicherheiten - Ist das Wirksamkeitserfordernis des Bundesgerichtshofs erfüllbar? Teil I + II
WM 1994, 1009 + 1053

Repenn, Wolfgang — Pfändung und Verwertung von Warenzeichen
NJW 1994, 175 - 176

Repenn, Wolfgang — Ermittlung des Verkehrswerts von Marken - System Repenn
Mitt 1994, 13-20

Repenn, Wolfgang — Das Warenzeichen in der Konkursmasse
ZiP 1994, 1565

Repenn, Wolfgang / Spitz, Volker — Die Pfändung und Verwertung von Warenzeichen
WRP 1993, 737 - 740

Repenn, Wolfgang / Spitz, Volker — Die Marke als selbständiges Wirtschaftsgut
WM 1994, 1653 - 1659

Retzer, Konrad — Einige Überlegungen zum Vernichtungsanspruch bei der Nachahmung von Waren oder Leistungen
in: FS Piper (1996) S.421

Ricketson, Sam — The Future of Traditional Intellectual Property Conventions in the Brave New World of Trade-Related Intellectual Property Rights
IIC 1995, 872-899

Riehle, Gerhard — Funktion der Marke und europäisches Markenrecht - Versuch einer dualen Deutung
MarkenR 2001, 337

Rimmelspacher, Bruno — Anmerkung zu BGH v.12.3.1998 - IX ZR 74/95, WM 1998, 856
WuB I.F.4.-1.98

Rings, Rolf — Patentbewertung - Methoden und Faktoren zur Wertermittlung technischer Schutzrechte
GRUR 2000, 839-848

Rohnke, Christian — Firma und Kennzeichen bei der Veräußerung von Unternehmensteilen
WM 1991, 1405 - 1410

Rohnke, Christian — Bewertung von Warenzeichen beim Unternehmenskauf
DB 1992, 1941 - 1945

Rohnke, Christian — Warenzeichen als Kreditsicherheit
NJW 1993, 561 - 564

Rohnke, Christian — Das Ende der innergemeinschaftlichen Erschöpfung
WRP 1999, 889-892

Rohnke, Christian — Gemeinschaftsmarken oder nationale Marken?
GRUR Int 2002, 979

Rossiter, John R. / Percy, Larry — Aufbau und Pflege von Marken durch klassische Kommunikation
in: Moderne Markenführung S.493

Rößler, Bernd — Die Ausnutzung der Wertschätzung bekannter Marken nach dem neuen Markenrecht
GRUR 1994, 559

Rößler, Bernd — Zum wettbewerbsrechtlichen Unlauterkeitsgehalt der Rufausbeutung
GRUR 1995, 549

Roth, Herbert — Geltungserhaltende Reduktion im Privatrecht
JZ 1989, 411

Röttger, Martin — Gedanken zur Schaffung einer EWG-Marke
GRUR Int 1959, 329

Ruijsenaars, Haijo E. — Merchandising von Sportemblemen und Universitätslogos - Ein markenrechtliches Lösungsmodell für Europa?
GRUR Int 1998, 110-119

Rupp, Hans Heinrich — Eigentumsschutz gewerblicher Schutzrechte in der Europäischen Gemeinschaft am Beispiel der Warenzeichenrechte
- Zur Rechtsprechung des EuGH von Hag I zu Hag II -
in: FS Peter Lerche (1993), S.487-497

Saar, Stefan — Zur Rechtsstellung des Schuldners nach § 354a Satz 2 HGB
ZIP 1999, 988

Sack, Rolf — Die rechtlichen Funktionen des Warenzeichens
GRUR 1972, 402 + 445

Sack, Rolf — Sonderschutz bekannter Marken de lege ferenda
BB 1993, 869 - 873

Sack, Rolf — Sonderschutz bekannter Marken
GRUR 1995, 81

Sack, Rolf — „Doppelidentität" und „gedankliches Inverbindungbringen" im neuen deutschen und europäischen Markenrecht
GRUR 1996, 663

Sack, Rolf — Der markenrechtliche Erschöpfungsgrundsatz im deutschen und europäischen Recht
WRP 1998, 549-576

Sack, Rolf — Probleme des Markenschutzes im Ähnlichkeitsbereich
WRP 1998, 1127

Sack, Rolf — Markenrechtlicher Schutz von Vertriebsbindungen
WRP 1999, 467-474

Sack, Rolf — Die Erschöpfung von gewerblichen Schutzrechten und Urheberrechten nach deutschem Recht
WRP 1999, 1088-1115

Sack, Rolf — Die Erschöpfung von gewerblichen Schutzrechten und Urheberrechten nach europäischem Recht
GRUR 1999, 193-215

Sack, Rolf — Der Erschöpfungsgrundsatz im deutschen Immaterialgüterrecht
GRUR Int 2000, 610-616

Sack, Rolf — Markenrechtlicher Schutz von Vertriebsbindungen
WRP 1999, 467-474

Sack, Rolf — Markenschutz und UWG
WRP 2004, 1405-1425

Saenger, Ingo — Ende der Unsicherheiten bei den Globalsicherheiten? - Zugleich eine Besprechung zu BGH GS, Beschl. V. 27.11.1997 - GSZ 1 u. 2/97
ZBB 1998, 174

Saint-Gal, Yves — Über die Zweckmäßigkeit einer gemeinsamen Marke für die Länder der Europäischen Wirtschaftsgemeinschaft
GRUR Int 1960, 169

Saint-Gal, Yves / Röttger, Martin — Das Problem der Schaffung einer EWG-Marke
GRUR Int 1960, 500

Sambuc, Thomas	Was soll das Markenrecht? - Ein Beitrag zur Funktionslehre WRP 2000. 985-991
Schafft, Thomas	Internet-Domains als Kreditsicherheit BB 2006, 1013-1017
Schanda, Reinhard	Die Wirkung der Markenlizenz gegenüber Dritten - Eine Untersuchung zum österreichischen und deutschen Recht GRUR Int 1994, 275
Scherer, Inge	Normative Bestimmung von Verwechslungs- und Irreführungsgefahr im Markenrecht GRUR 2000, 273-278
Schluep, Walter R	Die markenrechtliche Rechtsprechung des EuGH aus schweizerischer Sicht in: Hefermehl/Ipsen/Schluep/Sieben, Nationaler Markenschutz und freier Warenverkehr in der Europäischen Gemeinschaft (1979), S.228
Schluep, Walter	Zum Vergleich der Wettbewerbsphilosophien der EWG und der Schweiz in: FS Gaedertz (1992)
Schmidt, Holger	Urheberrechte als Kreditsicherheit nach der Neuregelung des Urhbervertragsrechts WM 2003, 461-473
Schmidt, Karsten	Gutgläubiger Eigentumserwerb trotz Abtretungsverbots in AGB - Zur Bedeutung des § 354a HGB für die Praxis zu § 366 HGB NJW 1999, 400
Schmidt, Karsten	Die BGB-Außengesellschaft: rechts- und parteifähig, NJW 2001, 993
Schmidt, Lutz G.	Definition of a Trade Mark by the European Trade Mark Regime - A Theoretical Exercise? IIC 1999, 738-752
Schmieder, Hans-Heinrich	Neues deutsches Markenrecht nach europäischem Standard NJW 1994, 1241
Schmieder, Hans-Heinrich	Neues Markenrecht ab dem 1.1.1995 NJW 1994, 3335
Schmieder, Hans-Heinrich	Name-Firma-Titel-Marke: Grundzüge des Rechts an der Bezeichnung JuS 1995, 119-123
Schmieder, Hans-Heinrich	Erste Erfahrungen mit dem neuen Markengesetz NJW 1997, 2908-2914
Schmieder, Hans-Heinrich	Die Entwicklung des Markenrechts seit Ende 1997 NJW 1999, 3088-3096
Schmieder, Hans-Heinrich	Die Entwicklung des Markenrechts seit Mitte 1999 NJW 2001, 2134, 2144
Schneider, Martin	Die notorische Marke: Entstehung eines neuen Markentyps im internationalen Recht und ihre Konsequenzen für das schweizerische Recht GRUR 1998, 461
Scholz, Kai-Steffen	Die BGB-Gesellschaft nach dem Grundsatzurteil des BGH vom 29.1.2001 NZG 2002, 153
Scholz, Ulrich	Die Änderung der Gleichgewichtslage zwischen namensgleichen Unternehmen und das Recht auf die Namensmarke - Zwei Fragen aus dem Recht der Gleichnamigen GRUR 1996, 679
Schön, Wolfgang	Kreditbesicherung durch abhängige Kapitalgesellschaften ZHR 159 (1995), 351

Schricker, Gerhard — Die Berufung auf ältere Marken Dritter -Rechtsvergleichende Untersuchung zum deutschen, französischen und schweizerischen Recht
GRUR Int 1965, 285

Schricker, Gerhard — Lizenzverträge über löschbare Warenzeichen
GRUR 1980, 650-660

Schricker, Gerhard — Einführung (rechtsvergleichende Darstellung)
in: AusstattungsHdB (1986), S.199

Schricker, Gerhard — Rechtsfragen der Firmenlizenz
in: FS v. Gamm (1990), S.289-301

Schricker, Gerhard — Der Schutz des Werktitels im neuen Kennzeichnungsrecht
in: FS Vieregge (1995), S.775-791

Schricker, Gerhard — Zum Schutz bildlicher Unternehmenskennzeichen
GRUR 1998, 310-314

Schroeter, Klaus Alfred — Zur unlauteren Annäherung an fremde Kennzeichen
WRP 1968, 125

Schroeter, Klaus Alfred — Ausstattungsanwartschaft und wettbewerblicher Schutz von Kennzeichen - Zum „halazon"-Urteil des Bundesgerichtshofs
WRP 1968, 436

Schulz, Andreas — Grenzlinien zwischen Markenrecht und wettbewerblichem Leistungsschutz
In: FS für Horst Helm (2002), S.237-252

Schulz, Klaus-Peter — Die Neuregelung des Firmenrechts
JA 1999, 247-251

Schwartz, Gustav — Freie Übertragbarkeit der Marke?
MA 1955, 147

Sefzig, Wulf - Rüdiger — Warenzeichenübertragungen ohne Geschäftsbetrieb vor dem 1.Mai 1992 nach dem neuen Markengesetz
GRUR 1993, 711 - 717

Seitel, Hans-Peter — Nationale Wettbewerbsordnungen als Basis internationaler Wettbewerbspolitik
WuW 96, 888 - 899

Serick, Rolf — Nachträgliche Übersicherung eines Kredits - Freigabeklauseln und das Warten auf den Spruch des Großen Senats
ZIP 1995, 789

Serick, Rolf — Nachträgliche Übersicherung durch fiduziarische Kreditsicherheiten vor dem Bundesgerichtshof und zwingendem Gewohnheitsrecht
WM 1995, 2017

Serick, Rolf — Formularverträge und Mobiliarsicherheiten mit Freigabeklauseln in höchstrichterlicher Rechtsprechung: Vereinbartes Gewohnheits- oder kautelarisches Kreditsicherungsrecht
BB 1995, 2013

Serick, Rolf — Gewohnheitsrecht und fehlende vertragliche Deckungsgrenze bei fiduziarischen Kreditsicherheiten - Von der fehlenden, weil nicht „erkorenen" Deckungsgrenze zur „geborenen" Haftobergrenze
Hommage für Reinhold Trinkner zum 65.Geburtstag
WM 1997, 345

Söllner, Alfred — Zum verfassungsrechtlichen Schutz geistigen Eigentums
in: FS für Traub (1994), S.367-374

Sonnenhol, Jürgen / Groß, Wolfgang — Besicherung von Krediten Dritter an Konzernunternehmen
ZHR 159 (1995), 388

Sosnitza, Olaf — Territoriale Grenzen markenrechtlicher Erschöpfung und Europarecht - Anmerkung zu EuGH, WRP 1998, 851 - „Silhouette"
WRP 1998, 951-959

Sosnitza, Olaf — Aktuelle Probleme im europäischen und deutschen Markenrecht
WRP 2003, 1186-1193

Sosnitza, Olaf — Gedanken zur Rechtsnatur der ausschließlichen Lizenz
In: FS für Schricker (2005), S.183-196

Starck, Joachim — Marken und sonstige Kennzeichnungsrechte als verkehrsfähige Wirtschaftsgüter - Anmerkungen zum neuen Markenrecht
WRP 1994, 698 - 703

Starck, Joachim — Markenmäßiger Gebrauch - Besondere Voraussetzung für die Annahme einer Markenverletzung?
GRUR 1996, 688

Starck, Joachim — Rechtsprechung des Bundesgerichtshofs zum neuen Markenrecht
WRP 1996, 269 - 274

Stein, Claus / Ortmann, Martina — Bilanzierung und Bewertung von Warenzeichen
BB 1996, 787-792

Steinbeck, Anja — Die Verwertbarkeit der Firma und der Marke in der Insolvenz
NZG 1999, 133-140

Stickelbrock, Barbara — Urheberrechtliche Nutzungsrechte in der Insolvenz
WM 2004, 549-563

Straus, Joseph — Der Beitrag Deutschlands zur Entwicklung des internationalen gewerblichen Rechtsschutzes
GRUR Int 2003, 805-812

Ströbele, Paul — Die Eintragungsfähigkeit neuer Markenformen
GRUR 1999, 1041-1050

Ströbele, Paul — Chiemsee - Aufbruch zu neuen Ufern? - Anmerkung zum „Chiemsee"-Urteil des EuGH vom 4. Mai 1999
WRP 2000, 1028-1033

Stumpf, Karin — Die Eintragung von Lizenzen im Markenregister
MarkenR 2005, 425-429

Teplitzky, Otto — Aktuelle Fragen beim Titelschutz
AfP 1997, 450

Terlau, Matthias — BB-Kommentar zu BGH v.12.3.1998 - IX ZR 74/95, BB 1998, 866
BB 1998, 1498

Terzlaff, Christian — Die anfängliche Übersicherung
ZIP 2003, 1826

Thun, Andrea — Zur Markenrechtsfähigkeit der Gesellschaft bürgerlichen Rechts
GRUR 1999, 862-865

Tiedtke, Klaus — Anmerkung zu BGH, Beschl. v.23.1.1996 - XI ZR 257/94
EWiR 1996, 339

Tilmann, Winfried — Das neue Markengesetz und die Herkunftsfunktion
ZHR 158 (1994) S.371-389

Tilmann, Winfried — Ausschließlicher Schutz für geographische Herkunftsbezeichnungen nach der EG-VO 2081/92
GRUR 1996, 959

Tintelnot, Albrecht — Die gegenseitigen Verträge im neuen Insolvenzverfahren
ZIP 1995, 616

Traub, Fritz — Zur Bindung der Marke und Firma an den Geschäftsbetrieb
in: Josef Kohler und der Schutz des geistigen Eigentums in Europa (1996) S.133-140

Troller, Alois — Wesen und Unwesen der Marke
in: FS Möhring (1965) S.291-314

Trube, Claus Moritz — Der Vernichtungsanspruch nach § 18 MarkenG bei „nicht-erschöpfter" Ware
MarkenR 2001, 225

Uhlenbruck, Wilhelm — Die Firma als Teil der Insolvenzmasse
ZIP 2000, 401

Ullmann, Eike — Der Schutz der Angabe zur geographischen Herkunft - wohin? - Die geographische Herkunftsangabe im Wettbewerbsrecht und im Markenrecht
GRUR 1999, 666-673

Ullrich, Hanns — Staatsgrenzen und Warenzeichen
GRUR Int 1975, 291

Ulmer, Peter — Die zeichenrechtlichen Grenzen der Händlerwerbung mit Herstellermarken - Zum „Ankündigungsrecht" des Zeicheninhabers
NJW 1969, 11

Ulmer, Peter — Die Gesamthandsgemeinschaft - ein noch immer unbekanntes Wesen?
AcP 198 (1998), 113

Ulmer, Peter — Die höchstrichterlich „enträtselte" Gesellschaft bürgerlichen Rechts
ZIP 2001, 585

Vanzetti, Adriano — Funktion und Rechtsnatur der Marke
GRUR Int 1965, 128 + 165

Vanzetti, Adriano — Die Funktion der Marke in einem System der freien Übertragbarkeit
GRUR Int 1999, 205-212

Vierheilig, Wilfried — Sittenwidrige Annäherung an fremde Kennzeichen
GRUR 1977, 704

Vogt, Stefan — Markenrechtsänderungsgesetz 1996
NJW 1996, 2776

Vogt, Stefan — Die Entwicklung des Wettbewerbsrechts in den Jahren 1995-1997
NJW 1997, 2558-2571

Völker, Stefan — Das geistige Eigentum beim Unternehmenskauf
BB 1999, 2413-2421

Völp, Fromut — Vermarktung bekannter Marken durch Lizenzen
GRUR 1985, 843-850

Wadle, Elmar — Der Weg zum gesetzlichen Schutz des geistigen und gewerblichen Schaffens - Die deutsche Entwicklung im 19.Jahrhundert
in: FS GRUR Bd.1 S.93

Wagner, Franz — Die Übertragung einer Marke nach Übergang des Geschäftsbetriebs gemäß § 27 Abs.2 Markengesetz
WiB 1996, 838

Wahlert, Jobst v.	Markenartikel und Kennzeichenschutz MA 1994, 568 - 576
Weber, Hansjörg	Die Rechtsprechung des Bundesgerichtshofs zur Freigabe von Kreditsicherheiten WM 1994, 1549
Weinberg, Peter / Diehl, Sandra	Erlebniswelten für Marken in: Moderne Markenführung S.185
Wertenbruch, Johannes	Die Markenrechtsfähigkeit der BGB-Gesellschaft DB 2001, 419
Wertenbruch, Johannes	Die Firma des Einzelkaufmanns und der OHG / KG in der Insolvenz ZIP 2002, 1931
Wichard, Johannes Christian	Weltweite oder europaweite Erschöpfung von Markenrechten? GRUR 1997, 711-714
Wichard, Johannes Christian	Von Warstein nach Europa? - Was verdrängt die Verordnung (EWG) Nr. 2081/92? WRP 1999, 1005-1010
Wiegand, Wolfgang / Brunner, Christoph	Übersicherung und Freigabeanspruch NJW 1995, 2513
Wilde, Günther	Probleme der warenzeichenmäßigen Benutzung von Kennzeichnungen GRUR 1968, 477
Windisch, Ernst	Patent und Marke - Variationen des Immaterialgüterschutzes in: FS v. Gamm (1990), S.477-501
Zeising, Jörg	Die insolvenzrechtliche Verwertung und Verteidigung von gewerblichen Schutzrechten Mitt. 2000, 206-210 + 353-359 + 2001, 240-250 + 287-292
Zorzi, Nadia	Die Verkehrsfähigkeit der Marke im italienischen Recht und in der Gemeinschaftsmarkenverordnung GRUR Int 1997, 781-795
Zunft	Die Übertragung der Eigentumsanwartschaft gemäß § 930 BGB NJW 1957, 445

Christian Müller

Die Haftungsverwirklichung nach der Insolvenzordnung als Steuerungsinstrument des Mobiliarkreditsicherungsrechts

Frankfurt am Main, Berlin, Bern, Bruxelles, New York, Oxford, Wien, 2005.
XXI, 313 S., 5 Abb., 3 Tab.
Europäische Hochschulschriften: Reihe 2, Rechtswissenschaft. Bd. 4290
ISBN-10: 3-631-54567-3 / ISBN-13: 978-3-631-54567-6 · br. € 56.50*

Die Arbeit befaßt sich mit den Möglichkeiten und Grenzen der Steuerung der besitzlosen Mobiliarsicherheiten durch ein Insolvenzgesetz. Es wird aufgezeigt, daß auch die Insolvenzordnung als Nachfolgerin der Konkursordnung die Anzahl der mangels Masse nicht eröffneten Insolvenzverfahren eben wegen dieser Sicherheiten kaum wirksam verringern konnte. Die bereits im Zuge der Insolvenzrechtsreform aufgekommenen Reformansätze werden unter verfassungsrechtlichen Gesichtspunkten untersucht und die Grenzen der gesetzgeberischen Gestaltungsfreiheit abgesteckt. Schließlich wird der Versuch unternommen, Lösungswege aufzuzeigen, die das Manko der mangelnden Publizität abmildern und zugleich eine stärkere Europarechtskonformität bewirken.

Aus dem Inhalt: Die historische Entwicklung der Konkursordnung · Der gesetzliche Rahmen des Mobiliarkredites im BGB · Die Entwicklung der heutigen Mobiliarkreditsicherungsmittel · Das Versagen der Konkursordnung · Die Insolvenzrechtsreform zur InsO · Bestehende Defizite · Systematisierung der Reformvorschläge · Der gesetzgeberische Gestaltungsspielraum · Grenze des Art. 14 GG · Art. 3 GG · Art. 9 GG · Art. 103 GG · Alternative Lösungsansätze · Europarechtskonformität · Chancen für den deutschen Mobiliarkredit

Printed by
CPI books GmbH, Leck

Kolibri 360 GmbH
Ferdinand-Jühlke-Straße 7
99095 Erfurt, Deutschland
produktsicherheit@kolibri360.de